suhrkamp taschenbuch
wissenschaft 456

In *Das Selbst und die Welt der Objekte* (stw 242) hat Edith Jacobson dargestellt, wie beim Kind die Selbst- und die Objektrepräsentanzen errichtet werden und welche Rolle sie für die Entwicklung von Objektbeziehungen und Identifizierungen wie auch für die Identitätsbildung spielen. Diese Themen sind für das Verständnis der Psychosen von größter Bedeutung; nicht minder wichtig sind Fragestellungen bezüglich der Affekte und Stimmungen. Im ersten Kapitel von *Depression* erörtert Edith Jacobson daher Grundprobleme und ungelöste Fragen der psychoanalytischen Affekttheorie. Alle weiteren Kapitel sind im wesentlichen klinisch orientiert und enthalten ausführliche Fallgeschichten.

Edith Jacobson, 1897 in Haynau (Schlesien) geboren, absolvierte ihre Lehranalyse bei Otto Fenichel. 1935 wurde sie verhaftet und aufgrund ihrer Weigerung, Informationen über eine im antifaschistischen Widerstand arbeitende Patientin preiszugeben, zu zweieinhalb Jahren Zuchthaus verurteilt. 1938 konnte sie nach Prag fliehen; im gleichen Jahr emigrierte sie von dort nach New York.

Edith Jacobson
Depression

Eine vergleichende Untersuchung normaler, neurotischer
und psychotisch-depressiver Zustände
Übersetzt von Heinrich Deserno

Suhrkamp

Titel der Originalausgabe:
*Depression. Comparative Studies of Normal, Neurotic,
and Psychotic Conditions*
© International Universities Press, Inc., New York 1971

CIP-Kurztitelaufnahme der Deutschen Bibliothek
Jacobson, Edith:
Depression: e. vergleichende Unters. normaler,
neurot. u. psychot.-depressiver Zustände / Edith
Jacobson. Übers. von Heinrich Deserno. - 1. Aufl. -
Frankfurt am Main: Suhrkamp, 1983.
(Suhrkamp-Taschenbuch Wissenschaft; 456)
Einheitssacht.: Depression ⟨dt.⟩
ISBN 3-518-28058-9
NE: GT

suhrkamp taschenbuch wissenschaft 456
Erste Auflage 1983
© Suhrkamp Verlag Frankfurt am Main 1977
Suhrkamp Taschenbuch Verlag
Alle Rechte vorbehalten, insbesondere das
des öffentlichen Vortrags, der Übertragung
durch Rundfunk und Fernsehen
sowie der Übersetzung, auch einzelner Teile
Druck: Georg Wagner, Nördlingen
Printed in Germany
Umschlag nach Entwürfen von
Willy Fleckhaus und Rolf Staudt

1 2 3 4 5 6 – 88 87 86 85 84 83

Danksagung

Ich möchte Frau Paula Gross für ihre hingebungsvolle Arbeit sowie Unterstützung bei der Vorbereitung und Niederschrift dieses Buches danken. Auch Frau Lottie M. Newman will ich meine tiefe Dankbarkeit für ihre hilfreichen organisatorischen Ratschläge und die Herausgabe dieses Buches aussprechen. Außerdem möchte ich an dieser Stelle des verstorbenen Ernst Kris gedenken, der mich bei meiner Arbeit außerordentlich angeregt und ermutigt hat, indem er die früheren Arbeiten, die diesem Buch zugrunde liegen, mit mir diskutierte.

Inhalt

Danksagung 9
Vorwort 11

TEIL I

1. Zur psychoanalytischen Theorie der Affekte 17
Definitionen von Affekten, Emotionen und Gefühlen . . . 18
Die Beziehung der Affekte zu den psychischen Systemen und
den Trieben 22
Die Einteilung der Affekte 24
Die kontroversen Vorstellungen über Spannungsaffekte und
Abfuhraffekte 30
Die Lust-Unlust-Eigenschaften der Affekte 33
Lust-Unlust-Eigenschaften und ihre Beziehungen zur psychi-
schen Ökonomie 36
Der Drang zur Veränderung der psychischen Situation . . . 40
Abschließende Bemerkungen über die Beziehung zwischen den
Lust-Unlust-Prinzipien und der psychischen Ökonomie . . . 45
Die Modifizierung der Affekte unter dem Einfluß des Realitäts-
prinzips und der strukturellen Differenzierung 48
Das Moment der Geschwindigkeit bei den affektiven Erlebnissen 58

2. Über das Lachen und den Sinn des Komischen in der Kindheit 62
Die auslösenden Reize und der Ablauf des Lachens 62
Beobachtungen in einer Kindertagesstätte 71
Frau A. 72
Herr B. 81
Die Bedeutung des Lachens in den geschilderten Fällen . . . 84
Exkurs — Karikatur und Komikerfilm 86

*3. Zur Beschaffenheit und Funktion normaler und pathologi-
scher Stimmungen* 90
Allgemeine Merkmale von Stimmungen 90
Die ökonomische Funktion der Stimmungen —
Frühe Stimmungsprädispositionen und ihre Entwicklung . . 99
Zwei Formen normaler Stimmungsveränderungen —
Traurigkeit und Trauer, Fröhlichkeit und Freude 107

Eine vergleichende Untersuchung von normalen, neurotischen und psychotischen Stimmungsabweichungen — drei Fallbeispiele 116

4. Verleugnung und Verdrängung 140

Verleugnung und »Deck«-Phantasien bei Psychosen 140
Falldarstellung — Herr F. 144
Die Abwehrmechanismen des Patienten F. 151
Theoretische Erörterung des Unterschieds und des Zusammenwirkens von Verleugnung und Verdrängung 156
Die regressive Konkretisierung psychischer Realität 164
Die psychotische Verleugnung 171

5. Die Depersonalisation 179

Kurzer Überblick der psychoanalytischen Arbeiten zur Depersonalisation 180
Depersonalisationszustände bei politischen Gefangenen . . . 184
Frau G. 193
Herr H. 195
Herr F. 198
Frau J. 204
Schlußfolgerungen 207

TEIL II

6. Nosologische und theoretische Probleme der depressiven Zustände 215

Begriffsverwirrung und verschiedene Forschungsmethoden . . 215
Die Unterscheidung von »einfacher« psychotischer und akuter psychotischer Depression 220
Die Arbeiten von Edward Bibring, Margaret S. Mahler und David L. Rubinfine 225
Zusammenfassung eigener Ansichten 233

7. Eine besondere Reaktionsweise auf frühen Objektverlust . . 236

Familienroman und früher Objektverlust 236
Mary K. 238
Robert H. 245
Paul L. 249
Vergleich und Zusammenfassung 254

8. Der Einfluß frühkindlicher Konflikte auf wiederholte depressive Zustände 259
Peggy M. — differentialdiagnostische Fragen 259
Der Fallbericht 262
Zusammenfassung des Fallberichts 279
Abschließende Bemerkungen über den grundlegenden depressiven Erkrankungsvorgang 284

9. Zur psychoanalytischen Theorie der zyklothymen Depression 287
Ein allgemeines metapsychologisches Konzept der Psychose . . 287
Das klinische Bild der manisch-depressiven Persönlichkeit — Herr N. 290
Zur Entstehung des depressiven Zustands 295

10. Psychotische Identifizierungen 304
Zur Entwicklung der Identifizierungsvorgänge 304
Frau O. 311
Frau P. 317
Der Vergleich von manisch-depressiven mit schizophrenen Identifizierungsmechanismen 325
Zusammenfassung 328

11. Über Unterschiede zwischen schizophren-depressiven und melancholisch-depressiven Zuständen 330
Die Auffassungen von E. Bleuler, E. Kraepelin und J. Lange 330
Janet Q. — der Krankheitsverlauf . . . . : . 333
Die frühkindlichen Konflikte und Identifizierungen der Patientin 336
Die Bedeutung früh auftretender affektiver Störungen für die Differentialdiagnose 342
Der Mangel an bewußten Schuldgefühlen als ein weiteres Kriterium für die Differentialdiagnose 345
Zusammenfassung 349

12. Zur erschwerten Handhabung der Übertragung bei der psychoanalytischen Behandlung von Patienten mit schweren Depressionen 354
Die wichtigsten Fragestellungen und die Eingrenzung des Themas auf Patienten mit erheblich gestörter Ich-Struktur . 354
Herr R. — die Entfaltung der Übertragung in vier typischen Stadien 358

Die pathologische Interaktion zwischen manisch-depressiven
Patienten und ihren Partnern 363
Die emotionale Einstellung des Analytikers zum schwer depres-
siven Patienten 370

13. Über das Agieren und den Drang zu Verrat und Treuebruch
bei paranoiden Patienten 377
Verrat als besondere Form des Agierens 377
Herr V. 379
Herr W. 386
Bemerkungen zur paranoiden Symptombildung, paranoiden
Persönlichkeit und Homosexualität 391
Christus-Identifizierung und Judas-Konflikt 396

Anhang 399
Bibliographie 407
Namenverzeichnis 423
Sachverzeichnis 426
Verzeichnis der Fälle 448

Vorwort

Im vorliegenden Buch werden diejenigen theoretischen und klinischen Probleme erörtert, die bei meiner Arbeit mit Borderline-Fällen und Ambulanzpatienten der manisch-depressiven oder schizophrenen Psychosengruppe eine wesentliche Rolle spielten. Ursprünglich war mein Interesse an dieser Patientengruppe in den späten zwanziger Jahren entstanden, da ihre Störung Fragen im Hinblick auf die Überich-Entwicklung aufwarf; ich habe mich in einigen frühen psychoanalytischen Veröffentlichungen mit diesen Fragen auseinandergesetzt (1930; 1937). Man konzentrierte sich damals besonders auf die Psychologie des Ichs und seiner Abwehrmechanismen. Außerdem behandelte ich während dieser Zeit eine Patientin, die unter wiederkehrenden, schweren depressiven Zuständen litt; da sie einer Psychoanalyse zugängig war, konnte ich an ihr die Ich- und Überich-Pathologie in den entsprechenden Zuständen untersuchen. Das in ihrem Fall überraschend gute therapeutische Ergebnis ermutigte mich, ähnliche Patienten zu behandeln und zu beobachten.

Es läßt sich jedoch nicht umgehen, die psychologische Untersuchung der affektiven Störungen auf weitere Bereiche auszudehnen. Bei einer Untersuchung pathologisch veränderter Stimmungen stellen wir fest, daß es depressive und gehobene (*elated*), erregte hypomanische und manische Zustandsbilder nicht nur bei allen Psychosen, sondern auch bei allen Arten von Psychoneurosen gibt (Lewin, 1950). Selbst psychisch gesunde Menschen zeigen innerhalb gewisser Grenzen beträchtliche Schwankungen ihrer Stimmungslage. Durch diese Beobachtung wurde ich veranlaßt, die Untersuchung zyklothymer Depressionen auf entsprechende affektive Zustände und Stimmungsschwankungen bei den Schizophrenien auszudehnen. Ich wollte bei verschiedenen Psychosearten die Pathologie der Emotionen, der Vorstellungen und der zugrundeliegenden Konflikte untersuchen und miteinander vergleichen; darüber hinaus versuchte ich, die Unterschiede in den Stimmungslagen zu beschreiben, wie man sie einerseits bei psychotischen, andererseits bei neurotischen und normalen Menschen vorfindet.

Die vergleichende Untersuchung normaler und pathologischer seelischer Erscheinungen ist eine anerkannte und berechtigte Forschungsmethode. Die Pionierarbeit von Freud und Abraham hat uns sicherlich zu derartigen Vergleichen ermutigt. Auch einige klinische Psychiater, die an der rein psychologischen Untersuchung seelischer

Störungen nicht interessiert waren, äußerten ihre Überzeugung, es könne sich bei der Zyklothymie um eine pathologische Steigerung normaler – und biologisch begründeter – Schwankungen der Stimmungsaktivität handeln. Derartige vergleichende Untersuchungen – insbesondere, wenn sie die psychotischen Störungen miteinbeziehen – bedürfen als Voraussetzung und Fundament der Klärung vieler grundlegender klinischer wie theoretischer psychoanalytischer Fragen, vor allem auf dem Gebiet der Ich- und Überich-Pathologie. In *Trauer und Melancholie* (1917), vor allem aber in seiner Analyse des Falls Schreber (1911) schuf Freud die Grundlage für eine psychoanalytische Erforschung der Psychosen; ein weiterer Fortschritt auf diesem Gebiet war jedoch erst möglich, als Freud seine neue Strukturtheorie entwickelt hatte und sich mit der Rolle auseinandersetzte, die der Aggression für die menschliche Entwicklung zukommt.

Ich halte es für bemerkenswert, daß Freud während dieser Entwicklungsphase der Psychoanalyse seine Arbeiten *Neurose und Psychose* (1924 b [1923]) und *Der Realitätsverlust bei Neurose und Psychose* (1924 e) schrieb und wieder auf das Problem der Affekte zurückkam. Das Ergebnis stellte eine neue Angsttheorie (1926) dar, deren Schwerpunkt auf der Annahme ruhte, alle Affekte entstünden im Ich. Mit diesen aufschlußreichen Schriften von Freud, den ausgezeichneten Arbeiten von Hartmann, Kris und Loewenstein zu den Fragen der Ich-Psychologie, Mahlers Untersuchungen der infantilen Psychosen und noch einigen hervorragenden Veröffentlichungen von Helene Deutsch ist eine theoretische Grundlage entstanden, von der weitere klinische und theoretische Forschungen ausgehen können.

Wenn wir psychiatrische Fälle vom Gesichtspunkt der gegenwärtigen Ich-Psychologie aus beobachten und theoretische Schlüsse ziehen wollen, sehen wir allerdings, daß unsere Begriffe und Konzepte bislang noch nicht eindeutig definiert sind und häufig sogar Verwirrung stiften; aus diesem Grund war ich gezwungen, mein Vorhaben in verschiedenen Forschungsrichtungen voranzutreiben.

In meinem Artikel und dem gleichlautenden Buch über *Das Selbst und die Welt der Objekte* (1954, 1964 [1973]) stellte ich dar, wie beim Kind die Selbst- und die Objektrepräsentanzen errichtet werden und welche Rolle sie für die Entwicklung von Objektbeziehungen und Identifizierungen wie auch für die Identitätsbildung spielen. Diese Themen sind für das Verständnis der Psychosen von größter Bedeutung; nicht minder wichtig sind Fragestellungen bezüglich der Affekte und Stimmungen. Zu Recht hob Rapaport in seiner Arbeit *On a*

Psychoanalytic Theory of Affects (1953) hervor, daß wir noch keine zufriedenstellende allgemeine Theorie der Affekte entwickelt hätten. Aus diesem Grund habe ich an den Anfang dieses Buches ein Kapitel gesetzt, in dem Grundprobleme und ungelöste Fragen der psychoanalytischen Affekttheorie erörtert werden.

Mit Ausnahme des genannten ersten Kapitels sind alle folgenden im wesentlichen klinisch orientiert. In den meisten werden ausführliche Fallgeschichten dargestellt, und ich möchte hervorheben, daß alle, auch einige sehr schwer gestörte Patienten, mit der üblichen psychoanalytischen Methode behandelt wurden. In den Kapiteln des ersten Teils handelt es sich um Fallmaterial, das aus der Behandlung neurotischer Patienten stammt; im zweiten Teil lege ich Material vor, das der psychoanalytischen Behandlung von Borderline- und psychotischen Patienten, die unter Depressionen litten, entnommen ist. Ich bin an mein Hauptthema Depression auf verschiedenen Wegen herangegangen; einige Untersuchungen handeln von Fragen der Entwicklung, andere von besonders charakteristischen Abwehrmechanismen oder davon, wie die Identifizierungen und Objektbeziehungen beschaffen sind. Beim Vergleich von normalen, neurotischen und psychotischen Phänomenen erörtere ich auch die Probleme der Differentialdiagnose und der Behandlung. In einem Anhang schildere ich meine Eindrücke, die ich aus langfristigen Beobachtungen gewonnen habe; dabei geht es um Patienten, die ich in ihrer Kindheit behandelte, und eine Reihe von Erwachsenen, deren Lebensschicksal ich über viele Jahre hinweg, bei einigen länger als 35 Jahre, verfolgen konnte.

Einige Kapitel gehen auf früher veröffentlichte Arbeiten zurück; andere werden in diesem Buch erstmals veröffentlicht. Sie wurden alle gründlich verbessert, neu geschrieben, gekürzt oder erweitert. Sie ergänzen und stehen im engen Zusammenhang mit meinem schon erwähnten Buch über *Das Selbst und die Welt der Objekte* (1964 [1973]) und meiner Sigmund-Freud-Vorlesung *Psychotischer Konflikt und Realität* (1967 [1972]).

Dieses Vorwort soll die Lektüre des vorliegenden Buches erleichtern, indem es den allgemeinen Bezugsrahmen der einzelnen Kapitel angibt, die von recht verschiedenartigen Themen handeln. Es würde mich freuen, wenn dieses Buch und die beiden erwähnten Monographien unser klinisches Verständnis für die psychotischen Patienten erweitern könnten und besonders auch für die narzißtischen Störungen und Borderline-Fälle, die heutzutage unsere psychoanalytische Praxis füllen. Außerdem hoffe ich, daß meine Arbeiten einen Beitrag darstellen zur weiteren Entwicklung unserer psychoanalytischen Ich-Psychologie und einer zukünftigen psychoanalytischen Theorie der Psychosen.

Teil I

1. Zur psychoanalytischen Theorie der Affekte*

Freuds erste Theorie der Neurose, die gewissermaßen eine Affekttheorie war, hat seit ihrer Entstehung nichts von ihrer praktischen
Bedeutung verloren. Autoren wie Ferenczi und W. Reich, die sich
streitbar für Verbesserungen unserer Behandlungstechnik einsetzten,
hatten immer wieder und mit Nachdruck darauf hingewiesen, daß
Deutungen wirkungslos seien, solange sie beim Patienten keine intensiven emotionalen Reaktionen hervorbrächten. Wenn wir auch heute
wissen, daß es meist eine therapeutisch unerwünschte Nebenwirkung
ist, wenn affektive Ausbrüche entstehen, so weist doch die Frage, wie
wir mit den emotionalen Einstellungen und Reaktionen unserer Patienten umgehen sollen, auf eine der zentralen Schwierigkeiten unserer klinischen Arbeit hin.

Die Störung oder Pathologie affektiver Phänomene steht besonders
bei psychotischen Zuständen im Vordergrund; wenn wir jedoch dar-
angehen, pathologische Affektzustände wie die neurotischen und psychotischen depressiven Zustände unter klinischen und metapsychologischen Gesichtspunkten zu untersuchen, wird uns deutlich, daß wir
eine schlüssig und stimmig aufgebaute Affekttheorie benötigen. Wir
haben es bislang in der Psychoanalyse versäumt, eine entsprechende
Theorie zu entwickeln. Es hat in der Tat den Anschein, daß die Entwicklung der psychoanalytischen Triebtheorie uns von dem Bemühen
abgehalten hat, gleichermaßen genaue und klare theoretische Konzepte von den Affekten und ihren Beziehungen zu den psychischen
Trieben auszuarbeiten.

Freud selber wies auf unser dürftiges Wissen über die Affekte hin
(1920 g; 1926 d) und machte uns wieder auf dieses schwierige Problem
aufmerksam. In *Hemmung, Symptom und Angst* (1926 d) schuf er die
Grundlage für klarere und modernere Auffassungen. Wir stellen
allerdings mit Erstaunen fest, wenn wir uns nach weiteren psychoanalytischen Abhandlungen zu diesem Thema umsehen, wie wenige
Analytiker sich an dieses zwar herausfordernde, jedoch äußerst

---

* Diesem Kapitel liegt meine frühere Arbeit »*The Affects and Their
Pleasure-Unpleasure Qualities in Relation to the Psychic Discharge Processes*« zugrunde, die erstmals in »*Drives, Affects, Behavior*« veröffentlicht wurde (Bd. I, hrsg. R. M. Loewenstein. New York, International
Universities Press, 1953, S. 38–66). Die vorliegende Fassung wurde beträchtlich verändert und erweitert.

schwierige Problem heranwagten und Freuds Arbeit auf diesem Gebiet weiterführten. Daher erscheint es lohnend, im folgenden eine Reihe ungelöster Schwierigkeiten, umstrittener Fragestellungen und sich widersprechender Meinungen zu erörtern.

Definitionen von Affekten, Emotionen und Gefühlen

Man erhält bei einer genaueren Betrachtung der wesentlichen Veröffentlichungen über die Affekte unweigerlich einen starken Eindruck von unserer terminologischen Verwirrung. Sowohl von Rapaport (1942) wie auch von Reid (1950) wurde beklagt, wie nachteilig der Mangel an genauen Definitionen im Bereich der Emotionalität sei; dieser Zustand hat sich jedoch bis heute nicht geändert. Andererseits müssen wir uns darüber im klaren sein, daß sich präzise Definitionen, obgleich sie eine erste Voraussetzung für klares theoretisches Denken sind, meist erst als ein Ergebnis theoretischer und klinischer Forschung entwickeln.

Ich möchte Freuds Definitionen von Affekten, Emotionen und Gefühlen an den Anfang stellen. In der ersten Phase der psychoanalytischen Theoriebildung setzte Freud die Affekte mit den energetischen Kräften oder Energien gleich. Später definierte er den Affekt als eine bewußte, subjektive Empfindung (1915 d) Er erörterte die Vorstellungsrepräsentanzen der Triebe und schrieb in diesem Zusammenhang: »Für dieses andere Element der psychischen Repräsentanz hat sich der Name *Affektbetrag* eingebürgert; es entspricht dem Triebe, insofern er sich von der Vorstellung abgelöst hat und einen seiner Quantität gemäßen Ausdruck in Vorgängen findet, welche als Affekte der Empfindung bemerkbar werden« (S. 255).

In diesen Äußerungen setzte Freud den Affekt nicht mit dem Trieb gleich, sondern sah in ihm einen bewußt wahrgenommenen Ausdruck des zugrundeliegenden triebhaften Vorgangs. So gesehen ist der Affekt der eine Bestandteil der Triebrepräsentanz, den man von ihrem anderen Anteil, der Vorstellungsrepräsentanz, unterscheiden muß.

In *Das Unbewußte* (1915 e) definierte Freud den Unterschied zwischen Affekten und Gefühlen. Die Bezeichnung »Affekte« wird der gesamten Ausstattung des menschlichen Organismus mit psychophysiologischen Abfuhrphänomenen zugeordnet, die physiologisch sind, soweit sie sich in Körperveränderungen ausdrücken, psychologisch, sofern sie als Gefühle wahrgenommen werden.

18

Vergleichen wir Freuds Definitionen mit denjenigen von Rapaport, Reid oder Cobb (1950)[1], so fällt allein schon bei den Buchtiteln der letztgenannten Autoren ein terminologischer Unterschied auf: die amerikanische Psychologie gibt sowohl für die physiologischen wie auch für die psychologischen Erscheinungen dem Terminus »Emotion« den Vorzug. Rapaport (1942) stellte aber fest, daß dieser Terminus »so allgemeine Anwendung findet, daß es Schwierigkeiten bereitet, seine genaue Bedeutung zu ermitteln« ... Mal wird die Bezeichnung »Emotion« gebraucht, um ein *Phänomen* zu benennen, mal um auf die *Dynamik*, die einem Phänomen oder einer Gruppe von Phänomenen zugrunde liegt, hinzuweisen. So bezieht sich beispielsweise bei der Beschreibung irgendeiner einzelnen »Emotion« wie Furcht oder Wut der Ausdruck »Emotion« auf ein Phänomen; dagegen bezieht er sich im Zusammenhang mit einer psychosomatischen Erkrankung auf die Dynamik und die Ätiologie der Störung. Außerdem weist der Ausdruck »Emotion«, wenn er gebraucht wird, um Phänomene zu beschreiben, mal auf physiologische und motorische Phänomene wie den Gesichtsausdruck hin, mal auf Phänomene des bewußten Erlebens wie »Gefühle«. Und in ähnlicher Weise bezieht derselbe Ausdruck sich, wenn er gebraucht wird, um die der »Emotion« zugrunde liegenden dynamischen Vorgänge zu benennen, auch auf die physiologische Dynamik (S. 11).

Rapaport ist jedoch nicht für die Einführung einer neuen, verbesserten und unzweideutigen Terminologie. Er zieht es vor, Emotionen unter psychosomatischen Gesichtspunkten zu betrachten, als Vorgänge mit physiologischen und psychologischen Manifestationen. Seiner Auffassung nach kann ein emotionaler Vorgang auf beiden Ebenen, nämlich der physiologischen wie der psychologischen, unmittelbaren und augenblicklichen Ausdruck finden; wird der gleiche Vorgang je-

1 Die Bücher von Rapaport und Cobb geben ein Zeugnis unserer wachsenden Bemühungen ab, die gegenwärtigen physiologischen und psychologischen Theorien zur Emotionalität miteinander in Beziehung zu setzen und die somatischen wie die psychischen Erscheinungen als jeweils verschiedene Äußerungsformen desselben zugrunde liegenden dynamischen Geschehens zu erklären. Während Rapaports Vorstellungen auf Freuds Triebtheorie und dem Verständnis des Unbewußten aufbauen, vermissen wir die genannten Annahmen in Cobbs theoretischen und auch in seinen klinischen Darstellungen. Daher ist der physiologische Teil von Cobbs Buch für den Analytiker, der so wenig Zeit für physiologische Studien hat, interessanter und lehrreicher.

doch an einer unverzüglichen Abfuhr gehindert, kann er »in eine chronische Veränderung (*alteration*) der physiologischen Vorgänge einmünden, wie wir sie bei den psychosomatischen Störungen vorfinden, oder aber in eine psychologische Veränderung, wie sie bei Neurosen, Psychosen und Charakterstörungen vorkommt« (S. 11 f).

Reid ist in mancher Hinsicht tiefer in die Schwierigkeiten eingedrungen, die sich auf der Suche nach präzisen Definitionen ergeben. Auf der einen Seite unterstützte er in Übereinstimmung mit einer Definition von Hinsie und Shatzky (1940) die Auffassung, daß der Terminus »Emotion« in seiner Bedeutung auf »den persönlichen, bewußt empfundenen Affekt« einzuschränken sei. Andererseits meinte er, derselbe Terminus müsse in seiner Bedeutung erweitert werden, damit auch der »relevante« kausale Kontext – worunter er diejenigen äußeren und inneren, genetisch determinierten Faktoren versteht, welche die Emotion stimulieren – einbezogen wird. Seine Schlußfolgerung lautete: »Eine Emotion ist physiologisch, psychologisch und sozial zugleich – da die anderen Menschen, die um uns sind, in unserer zivilisierten Umwelt gewöhnlich die stärksten Emotionen hervorrufenden (*emotogenic*) Reize darstellen« (S. 30 f).

Wenn wir von Reids langatmigen Formulierungen auf Freuds einfache, aber treffende Definitionen und Rapaports klare Feststellungen zurückblicken, können wir zu dem Schluß kommen, daß nichts dagegen spricht, den Terminus »Emotion« in die Psychoanalyse zu übernehmen oder ihn bereitwilliger zu verwenden. Die gegenwärtigen Fortschritte in der physiologischen und psychologischen Forschung lassen es überdies angemessen erscheinen, Freuds ursprüngliche Definition zu erweitern. Die Bezeichnungen »Emotionen« und »Affekte« könnten synonym gebraucht werden, um die komplexe Reihe psychologischer wie physiologischer Erscheinungen insgesamt zu benennen. Bei dieser Definition könnten die affektiv-motorischen Phänomene und Verhaltensmuster einbezogen werden und zugleich auch alle diejenigen Erscheinungen, für die der Ausdruck »Affektäquivalente« üblich geworden ist. Außerdem könnte diese Definition noch – ergänzend zu Freuds kurzem Hinweis auf die Vorgänge an Blutkreislauf und Sekretion – die gesamten neurophysiologischen und endokrinologischen Aspekte, die nach und nach im Verlauf einiger Jahrzehnte der Forschung entdeckt wurden, einschließen. Die Bezeichnung »Gefühle« könnte man dagegen auf die subjektiv empfundenen Erlebnisse begrenzen.

Wir könnten Reids Einschränkungen des Begriffs »Emotion« auf den

»heftiger erregten Zustand des Organismus« nur dann übernehmen, wenn wir noch eine andere eigene Bezeichnung für die »ruhigeren« Affektäußerungen auf psychologischer wie auf somatischer Ebene fänden. Solange uns aber eine derartige Bezeichnung fehlt, können wir schlecht die Existenz aller ruhigeren, anhaltenden, zusammengesetzten Gefühle und Gefühlszustände, die uns im Umkreis unserer täglichen psychoanalytischen Beobachtung begegnen, ignorieren.

Die Definitionen Hinsies und Shatzkys wie auch die von Reid eignen sich für den Experimentalpsychologen und den Neurophysiologen, die lediglich einzelne »heftige« Affekte und nicht die ganze Spannweite menschlicher Gefühle untersuchen. Bei diesen Definitionen wird aber nicht berücksichtigt, daß sich unser Leben ununterbrochen in dynamischen Vorgängen vollzieht, die ihren Ausdruck im ständigen Wechsel von ruhigen und erregten psychologischen wie physiologischen emotionalen Zuständen finden. Definitionen dieser Art können uns leicht dazu verleiten, Emotionen als pathologische oder außergewöhnliche Phänomene schlechthin anzusehen und zu vergessen, daß wir selbst bei sehr »unbeteiligten« (»detached«) Ich-Zuständen und Ich-Funktionen niemals ohne Emotionen und Gefühle sind[2]. Die weitreichenden Folgerungen aus diesen Feststellungen werden immer wieder in diesem Buch erörtert.

Ich teile Brierleys Ansicht (1937), »daß wir einen Gutteil Verwirrung vermeiden könnten, wenn wir für verschiedene Grade von Affektivität entsprechend verschiedene Bezeichnungen verwenden würden«. Wir könnten die Bezeichnung »Affekte« für die heftigeren Zustände wie Wut oder Angst gebrauchen und den Terminus »Gefühle« anwenden, wenn wir die gemäßigteren oder ruhigeren, länger anhaltenden, inneren Empfindungen wie Zuneigung, Mitleid, Glücklichsein und Liebe oder auch Ressentiment meinen. Eine Unterscheidung, die sich auf verschiedene Intensitäten bezieht, ist jedoch nicht grundlegend und kann folglich auch nicht deutlich sein. Brierleys eigene Terminologie beispielsweise gründet sich nicht auf quantitative, sondern auf qualitative und genetische Überlegungen. An dieser Stelle möchte ich darauf hinweisen, daß ich aus praktischen Gründen keineswegs immer genau an der vorgeschlagenen begrifflichen Unterscheidung von Emotionen, Affekten und Gefühlen festhalten werde.

---

2 Kurt Goldstein (1951) kommt zu ähnlichen Auffassungen, obgleich er von einem anderen Untersuchungsansatz ausgeht.

Die Beziehungen der Affekte zu den psychischen Systemen
und den Trieben

Als Freud seine Arbeiten zur Metapsychologie schrieb, benutzte er
zur Darstellung des psychischen Apparats noch ein topographisches
(oder topisches) Modell. Ihn beschäftigten zwei grundlegende und
eng zusammenhängende Fragestellungen; in welchem der psychischen
Systeme (*Bw – Ubw*) entstehen Affekte und Gefühle, und wie ist
ihre Beziehung zu den Trieben? Im Hinblick auf die erste Frage
sagte Freud (1915 e): »... daß das System *Bw* normalerweise die
Affektivität wie den Zugang zur Motilität beherrscht (S. 277)...
Wir können auch in umgekehrter Darstellung sagen: Solange das
System *Bw* Affektivität und Motilität beherrscht, heißen wir den
psychischen Zustand des Individuums normal ... Während die Herrschaft des *Bw* über die willkürliche Motilität fest gegründet ist, dem
Ansturm der Neurose regelmäßig widersteht und erst in der Psychose
zusammenbricht, ist die Beherrschung der Affektentwicklung durch
Bw minder gefestigt« (S. 278).
Diese Bemerkungen, die sich auf den begrenzten Einfluß des System
Bw auf die Affekte beziehen, können leicht so verstanden werden,
als hätte Freud das Unbewußte für diejenige Stätte angesehen, an
der die affektive Entwicklung ihren Ursprung nimmt. Freud legte
aber in derselben Arbeit ausführlich dar, daß alle Affekte sich im
System *Bw* (oder im Ich, wie wir heute lieber sagen) entwickeln – mit
Ausnahme der Angst. Diese Ausnahme machte er seiner anfänglichen
Theorie wegen, der zufolge Libido durch Verdrängung in Angst
verwandelt wird[3]. Wir wollen festhalten, daß in der genannten
Theorie (und im Gegensatz zu Freuds eigenen Definitionen) die Beziehungen zwischen Triebenergien und Affekten nicht klar definiert
werden. Brierley und Rapaport haben jedoch mit Recht darauf hingewiesen, daß es wichtig ist, zwischen dem Affekt – also einem
Ausdruck des seelischen Triebes – und dem Trieb selber einen Unterschied zu machen und die wechselseitigen Beziehungen zu untersuchen.
Rapaport (1942) kam bei seiner Untersuchung der Beziehung zwischen Emotionen, Erinnerungen und Trieben zu dem Schluß, »die
Gedächtnisorganisation und das emotionale Erleben seien zwei der
vielen Ausdrucksformen jener grundlegenden Faktoren, die man

3 1915 d, S. 255 f. (Anm. d. Übers.).

psychische Energien, Strebungen oder Triebe nennen kann« (S. 271). Im Vorwort zur zweiten Ausgabe seines Buches hat Rapaport jedoch selbst darauf hingewiesen, daß er bei seinen Darstellungen Freuds spätere Angsttheorie und die Entwicklung der psychoanalytischen Ich-Psychologie während der letzten Jahrzehnte noch nicht einbezogen hatte.

In *Hemmung, Symptom und Angst* (1926 d) beschäftigte sich Freud erneut mit dem Problem der Affekte, insbesondere mit dem Angstaffekt. Wir können die Hauptpunkte seiner neuen Theorie wie folgt zusammenfassen:

1. Angst ist nicht das Ergebnis der Verdrängung, sondern sie bewirkt die Verdrängung;
2. Angst entsteht im Ich, und zwar nach einem Verhaltensmuster, das wahrscheinlich phylogenetisch präformiert ist, beim Einzelnen jedoch physiologisch durch das Geburtstrauma geschaffen und psychologisch vom Ich in Gefahrensituationen als Signal reproduziert wird.

Freud (1926 d) stellte fest: »Die Angst ist ein Affektzustand, der natürlich nur vom Ich verspürt werden kann. Das Es kann nicht Angst haben ... Dagegen ist es ein überaus häufiges Vorkommnis, daß sich im Es Vorgänge vorbereiten oder vollziehen, die dem Ich Anlaß zur Angstentwicklung geben« (S. 171).

Die neue Angsttheorie Freuds vernachlässigte den ökonomischen Gesichtspunkt. Da man das Ich als ein System betrachtete, das mit eigener Energie ausgestattet ist, verlor die Frage, woher es die Energie zur Entwicklung von Aktivität bezieht, an Bedeutung.

Freud äußerte sich außer zur Angst nur in wenigen Bemerkungen zu Ursprung und Beschaffenheit anderer Affekte. Indem er die Affekte mit erblichen hysterischen Anfällen verglich[4], betrachtete er alle Affekte als sozusagen erbliche, früher einmal zweckgemäße und im Dienste der Anpassung stehende Reaktion auf Traumen, die von der Realität gesetzt wurden. Demzufolge stellt die Angst einen Spezialfall dar, insoweit sie nämlich das ist, was von Nunberg (1932) als »fixierter Affekt« herausgestellt wurde[5].

Selbstverständlich stehen Freuds Äußerungen über den historischen Ursprung der Affekte mit seinen umgearbeiteten Triebtheorien im Einklang, das heißt mit seinem Begriff des Wiederholungszwangs und seiner hypothetischen Annahme von Lebens- und Todestrieben,

4 1926d [1925], S. 121–122 (Anm. d. Übers.).
5 2. Aufl., 1959, S. 222 (Anm. d. Übers.).

die danach streben, frühere Zustände, die durch die traumatisierende
Einwirkung der Realität gestört wurden, wiederherzustellen. Wir
wollen in diesem Zusammenhang festhalten, daß Freud mit all diesen
Behauptungen zu seiner früheren Vorstellung von der historischen
Bedeutung des »Traumas« zurückkehrte.

Die neue Angsttheorie Freuds hat unser theoretisches und klinisches
Denken in mehrfacher Hinsicht stark beeinflußt. Sie eröffnete unserem
Verständnis von der normalen und der neurotischen Entwicklung
neue Ausblicke. Freuds Erörterung des physiologischen Faktors für
die Entstehung des Angst(verhaltens-)musters gab der Forschung auf
psychophysiologischer Ebene, insbesondere auf dem Gebiet der Psy-
chosomatik, neue Impulse. Das Gewicht, das er dem kausalen Einfluß
realer Geschehnisse für die Entwicklung seelischen Lebens beimaß,
ließ wieder darauf aufmerksam werden, welche Rolle die Realität
für emotionale Reaktionsmuster spielt.

Die Einteilung der Affekte

Unsere gegenwärtige Angsttheorie steht in größerer Übereinstimmung mit dem Lust-Unlust-Prinzip als Freuds frühere rein ökonomische Hypothese. Wir richten heute unser Augenmerk auf den
Ursprung und die einzigartige Funktion der Angst als desjenigen
spezifisch unlustvollen Affekts, der die Verdrängung in Gang setzt.
Die früheren Annahmen, wonach sich Lust durch die Einwirkung
des Realitätsprinzip in Unlust umwandelte, und die Verdrängung
ihrerseits dazu diente, Unlust zu vermeiden, ließen die wichtige
Signalfunktion gewisser unlustvoller Affekte und damit auch ihren
lenkenden Einfluß auf die psychischen Vorgänge außer acht.

Wie Freud selber feststellte, hatte sich das verwirrende Umsetzungs-
und Umwandlungsproblem durch seine neue Angsttheorie gelöst. Dadurch lag es nahe, daß er sich Angst oder reaktiv gebildete Affekte
wie Scham und Ekel nicht mehr als Abkömmlinge oder Umwandlungen des ursprünglichen Triebes vorstellte, sondern in ihnen Äußerungsformen unmittelbarer Ich-Reaktionen auf die ursprünglichen
Triebe sah. Daraus läßt sich vor allem der Vorschlag ableiten, Affekte besser allgemein und weiter ausholend als Verkörperungen zugrunde liegender energetischer und nicht allein triebhafter Vorgänge
zu definieren. Wenn es aber Affekte gibt, die mit triebhaften Abfuhrvorgängen in Zusammenhang stehen, und andere, die Ich-Reaktionen darstellen, werden wir durch diese neue Auffassung gezwun-

gen, verschiedene Affekttypen zu unterscheiden, ihre Eigenart zu definieren und nach geeigneten Einteilungen zu suchen.

Das Bedürfnis nach einer Einteilung stammt aber nicht nur aus unserer gegenwärtigen Einsicht in das Wesen der Angst und verwandte Affekte, sondern ebenso aus der Tatsache, daß die Ich-Psychologie während der letzten Jahrzehnte den Weg bereitet hat, Affekte und Affektzustände wie Kummer, Schuldgefühle, Depression, Langeweile, Apathie, Lachen und gehobene Stimmung (*elation*) zu verstehen.

Eine geeignete psychoanalytische Einteilung der Affekte sollte auf den folgenden unentbehrlichen Überlegungen beruhen. Sie sollte erstens der Verknüpfung der affektiven Phänomene mit den entsprechenden psychoökonomischen Vorgängen und den Verteilungen der Besetzungsenergie Rechnung tragen; zweitens müßte sie dem gegenwärtigen Stand unserer Theorie entsprechen. Daher sollten Einteilungen die neue Angsttheorie einbeziehen sowie die Unterscheidung von libidinöser und aggressiver Energie einerseits, neutralisierter (desexualisierter, desaggressivierter) Energie andererseits. Es sollten weiterhin genetische Gesichtspunkte, die modernen strukturellen Unterscheidungen und der gegenwärtige Stand der Ich-Psychologie Berücksichtigung finden.

Durch eine Sammlung von Einteilungen könnte eine gute Grundlage für systematische Untersuchungen von affektiver Entwicklung und affektiven Schicksalen entstehen. Wir werden jedoch sehen, daß sich bei der Suche nach geeigneten Einteilungen viele schwierige und ungelöste Fragen ergeben, was die Beschaffenheit und Eigenschaften der Affekte betrifft. Angesichts dessen, daß wir die Affekte und die Bedeutung ihrer Eigenschaften nur ungenügend verstehen, ist es auch nicht verwunderlich, daß die meisten psychoanalytischen Einteilungen sich als jeweils nur begrenzt brauchbar erwiesen haben.

Wenn wir Landauers (1938) und Glovers (1948) Meinungen, Unterscheidungen und Einteilungen vergleichen, treten komplizierte Widersprüche auf, die sich entweder aus dem einen Versuch ergeben, alle Affekte – und damit wird an Freuds frühen Definitionen festgehalten – als Triebrepräsentanzen anzusehen, oder aus dem anderen Versuch, die Affekte von den Trieben zu sondern und sie ausschließlich in den Bereich des Ichs zu verlegen. Landauer (1938) vertritt den letztgenannten Versuch; seine interessanten, aber irreführenden und spekulativen Vorstellungen bringen die Affekte eher in einen Gegensatz zu den Trieben als sie mit ihnen in Beziehung zu setzen.

Andererseits zeigt uns ein Blick in Glovers Arbeit (1948), welche Komplikationen und Widersprüche entstehen, wenn wir an überkommenen Definitionen und Begriffsbildungen festhalten. Er unterscheidet zwischen einfachen und zusammengesetzten, primären und sekundären Affekten, zwischen Spannungs- und Abfuhraffekten. Immerhin stellt seine Unterscheidung zwischen einfachen Affekten (oder Affektkomponenten) und zusammengesetzten Affekten (oder Affektmischungen) einen konstruktiven Versuch dar, die Affekte auf die ihnen zugrunde liegenden Triebe zu beziehen und eine feste Grundlage für die Untersuchung spezifischer Affekte zu schaffen. Brierley (1937) versucht den Rahmen für derartige Untersuchungen abzustecken. Ihres Erachtens sollte im Mittelpunkt die allmähliche Fusion früher Affektkomponenten zu komplexen, erwachsen-emotionalen Einstellungen und Erlebnisweisen stehen; außerdem seien die Entsprechungen zwischen Triebentwicklung und affektiver Entwicklung zu beachten. Ich halte Brierleys Vorschlag, wie die Affekte einzuteilen seien und daß für die verschiedenen Stufen der Entwicklung verschiedene Bezeichnungen verwendet werden sollten, für sehr konstruktiv. Ihre besondere Terminologie ist jedoch im Hinblick auf die allgemein übliche Verwendung des Ausdrucks »Emotion«, wie wir ihn weiter oben definiert haben, unpraktisch.

Glovers zweiter Vorschlag, zwischen primären und sekundären Affekten zu unterscheiden, führt in Schwierigkeiten, die er zum Teil selbst bemerkt. So macht er das Zugeständnis, daß die Angst, obgleich reaktiv, ohne Zweifel ein primärer Affekt sei. Da er aber darauf besteht, den einfachen Affekt als »eine spezifische emotionale Reaktion auf jedes gegebene Schicksal eines einzelnen Triebes« (S. 45) zu definieren, ist er gezwungen, auf den »Selbsterhaltungstrieb« zurückzugreifen. Von daher kann man aber weder seine Unterscheidung noch seine Definition von primären und sekundären reaktiven Affekten akzeptieren.

Wir sollten erwägen, ob wir diese Einteilung nicht durch eine andere, die von unseren heutigen strukturellen Konzepten Gebrauch macht, ersetzen können. Bestimmte Affekte wurden schon immer strukturell charakterisiert; so ist es üblich, zum Beispiel Schuldgefühle dadurch zu definieren, daß sie von einer Spannung zwischen dem Ich und dem Überich herrühren. Wenn auch alle Affekte letztlich Ich-Erlebnisse (*ego experiences*) sind und sich im Ich entwickeln, so muß doch eine ihrer qualitativen Determinanten der Ausgangspunkt für jene ihnen zugrunde liegende energetische Spannung sein, die sich an jedem Punkt innerhalb der psychischen Organisation entwickeln kann und von der die Affekte induziert werden.

Eine derartige Klassifizierung der Affekte würde jedoch nicht nur die strukturellen Vorstellungen in die Affekttheorie einfügen, sondern auch psychoökonomische Überlegungen wieder einführen, die wir unter dem Einfluß von Freuds abschließender Erörterung des Angstaffekts eher vernachlässigt haben. Ich halte es für nützlich, die beiden genannten Gesichtspunkte – die Strukturtheorie und den ökonomischen Gesichtspunkt – mit der gegenwärtigen Auffassung der Angst und ihr ähnlicher Affekte zu verknüpfen und möchte die folgende Einteilung vorschlagen:

1. Einfache und zusammengesetzte Affekte, die durch *intra*systemische Spannungen entstehen:

a. Affekte (wie sexuelle Erregung oder Wut), die unmittelbar von (sexuellen oder aggressiven) Triebspannungen, das heißt von Spannungen *im Es,* herrühren;

b. Affekte, die sich unmittelbar aus Spannungen *im Ich* entwickeln (zum Beispiel Realangst und körperlicher Schmerz, aber auch die Anteile von länger anhaltenden Gefühlen und Gefühlseinstellungen wie Objektliebe und -haß oder Sachinteressen).

2. Einfache und zusammengesetzte Affekte, die durch *inter*systemische Spannungen ausgelöst werden:

a. Affekte, die durch Spannungen *zwischen Ich und Es* ausgelöst werden (zum Beispiel Triebangst, Anteile von Ekel, Scham und Mitleid);

b. Affekte, die durch Spannung *zwischen Ich und Überich* hervorgerufen werden (z. B. Schuldgefühle und Komponenten der Depression).

Es wird sicher aufgefallen sein, daß mit der Verwendung des Begriffs »Spannung« das Problem des Konflikts umgangen wurde. Im Hinblick auf die psychoanalytische »Konflikt«-Theorie der Neurose muß ich jedoch wenigstens darauf hinweisen, daß Spannung und Konflikt nicht gleichgesetzt werden können.

Während nämlich Affekte, die aus *inter*systemischen Spannungen entstehen (wie es für die Schuldgefühle zutrifft), sicherlich immer einen intrapsychischen Konflikt zum Ausdruck bringen, können dagegen Affekte, die aus *intra*systemischen Spannungen entstehen, zwar auch auf einen »Konflikt« hinweisen, was jedoch nicht der Fall sein muß. Außerdem möchte ich hinzufügen, daß ich in meiner Einteilung keine Spannungen, daß heißt »Konflikte« zwischen dem Ich und der

Realität aufgenommen habe. Jeder Affekt enthält, in größerem oder kleinerem Ausmaß, eine emotionale Reaktion auf die Realität; die zugrundeliegende psychische Spannung jedoch kann sich, auch wenn sie von äußeren Reizen ausgelöst wird, nur *innerhalb* der psychischen Organisation und nicht zwischen dieser und der Außenwelt entwickeln.

Meine letzten Bemerkungen weisen schon darauf hin, daß sich der Wert der oben vorgeschlagenen Einteilung wahrscheinlich als begrenzt herausstellen wird. Wenn wir nicht im Auge behalten, daß die meisten und insbesondere die länger anhaltenden Gefühle, die Gefühlszustände und Stimmungen (die im einzelnen im dritten Kapitel erörtert werden), etwas Zusammengesetztes sind, verleitet uns diese Einteilung zu allzu großen Vereinfachungen.

Gefühle und emotionale Einstellungen, die ich in diesem Zusammenhang meine, sind zum Beispiel: Freundlichkeit und Herzlosigkeit, Sympathie und Grausamkeit, Liebe und Feindseligkeit, Traurigkeit, Kummer und Glück, Niedergedrücktheit, gehobene Stimmung (*elation*) und viele andere der stark individuell ausgeprägten Affekte beziehungsweise affektiven Zustände, die unseren verschiedenen Ich-Funktionen entsprechen; letztlich sind damit unsere persönlichen Interessen für die Objekte und die Dinge gemeint. Bei den aufgezählten Phänomenen handelt es sich jeweils um äußerst komplexe Mischungen von Affektkomponenten, die den beiden Hauptgruppen der oben vorgeschlagenen Einteilung angehören.

Nehmen wir einen scheinbar einfachen Affekt und analysieren seinen weitreichenden unbewußten Hintergrund, so können wir feststellen, daß er zugleich durch einen äußeren Reiz wie durch *inter*systemische und *intra*systemische Spannungen ausgelöst werden kann. So kann ein Wutausbruch, der in meiner Einteilung zu *1. a.* zählt, durch einen äußeren Grund ausgelöst sein. Zugleich aber kann er Ausdruck eines plötzlichen Durchbruchs von Aggression sein, die durch einen Kampf zwischen dem Ich und dem Es, durch einen Abwehrvorgang des Ichs gegen irgendeinen anderen Trieb (einen sexuellen Impuls) oder durch die Abwehr einer Überich-Anforderung (durch das Ich) lange gehemmt wurde.

Der grundlegende theoretische Wert dieser Einteilung besteht mit anderen Worten darin, daß sie unter dynamischen und strukturellen Gesichtspunkten den jeweiligen Affekttyp annähernd festlegt; dagegen vermag sie die Bedeutung selbst eines einzelnen und anscheinend einfachen Affekts nicht zu enthüllen. Genaugenommen kann sich der endgültige affektive Ausdruck bei einer reifen und sehr hoch differenzierten psychischen Organisation aus einer Reihe von *inter*systemischen und *intra*systemischen psychischen Spannungen entwickeln, die sich ihrerseits wiederum gegenseitig bedingen, aufeinander einwirken und gleichzeitig, oder auch nacheinander, an verschiedenen Stellen des psychischen Apparats entstehen können. Deshalb kann man die Affekte auch nur durch eine gleichzeitige Untersuchung der mit ihnen verknüpften Wahrnehmungserlebnisse sowie der bewußt und unbewußt ablaufenden Vorstellungen verstehen.

Rapaport hat bei seiner Darstellung der Affekte 1952 auf dem jährlichen Treffen der Amerikanischen Psychoanalytischen Gesellschaft und in seiner Arbeit *On the Psycho-Analytic Theory of Affects* (1953) ebenfalls auf die Vereinfachung, die meiner Einteilung anhaftet, hingewiesen. Er hat noch weitergehend behauptet, daß sie »eine erfolgreiche Neuformulierung der früheren ›Konflikt-Theorie‹ der Affekte in strukturellen Begriffen darstellt« (S. 192). Ich halte seine Argumentation nicht für richtig. Wie ich schon betonte, sind Spannung und Konflikt nicht identisch, es sei denn, wir erweiterten den Konfliktbegriff in unzulässiger Weise. Außerdem hatte ich auch festgestellt, daß Affekte der Ausdruck eines Konflikts sein *können*, aber nicht sein müssen. Wir können natürlich nicht leugnen, daß es Affekte und affektive Zustände gibt, die einen Konflikt ausdrükken, aber ich habe jedenfalls in diesem und auch im dritten Kapitel der vorliegenden Monographie wie auch in anderen Veröffentlichungen (1954 b, 1964) besonders nachdrücklich darauf hingewiesen, daß Affekte und Gefühle an sich normale psychische Äußerungen sind.

Rapaport (1953) stellte außerdem die Frage, ob meine Theorie »mit ihrer vereinfachenden Einteilung nicht die theoretische Berücksichtigung der vielen Schattierungen und Varianten solcher Affekte ausschließt, die durch die Triebbeherrschung entstehen, wie auch andere, die als Varianten der anhaltenden Affektzustände anzusehen sind . . ., die als quasi-stabile Gebilde erscheinen, in denen sich komplexe Es-, Ich- und Überich-Anteile mit ihren wechselnden Gleichgewichten zu einer Art von Substruktur vereinigen« (S. 193).

Dies hatte ich in der Veröffentlichung, die Rapaport kurz darauf diskutierte, auch meinerseits festgestellt. Rapaport hat jedoch auf einen anderen Gedanken hingewiesen, den ich für sehr wichtig halte. Er bemerkte, »der strukturelle Gesichtspunkt scheint nicht bei der Analyse von Ich-, Es- und Überich-Faktoren haltzumachen; er führt zu einer Untersuchung der Strukturierung innerhalb der genannten

Strukturen wie auch der Strukturierung von Funktionen, mittels derer die Anteile aller Strukturen verknüpft werden« (S. 193).
Diese Überlegungen führen uns zu einer Frage, mit der ich mich in meiner ursprünglichen Arbeit, die dem vorliegenden Kapitel zugrunde liegt, nicht ausführlich auseinandergesetzt hatte, nämlich der Frage nach den affektiven »Abwehrvorgängen (den Energieverteilungen der Gegenbesetzung), die als Veränderungen von Abfuhrschwellen angesehen werden können«. Rapaport behauptete: »Die Aufstauung von Trieben durch Abwehrvorgänge führt zu immer intensiverem und vielfältigerem Gebrauch von Kanälen der Affektabfuhr und den ihnen zugehörigen Affektladungen« (S. 194). Ich stimme Rapaports Erklärungen völlig zu wie auch denen, die sich auf »die Entwicklung einer aufsteigenden Motivationshierarchie« beziehen. Vieles, was hier dargelegt wird, habe ich, wenn auch mit anderen Worten, in meiner Arbeit (1954 b) und meinem Buch über *Das Selbst und die Welt der Objekte* (1964 [1973]) auf den Seiten 96 bis 98 formuliert.

Die kontroversen Vorstellungen über Spannungsaffekte
und Abfuhraffekte

Glovers (1948) weitere qualitative Unterscheidung von Spannungs- und Abfuhraffekten wirft einige grundlegende Fragen auf, deren Erörterung für eine psychoanalytische Affekttheorie wichtig ist. Dazu gehört die Frage, ob Affekte entweder eine Äußerung von Spannung oder von Abfuhr oder auch von beiden sind; dieses Problem steht wiederum in engem Zusammenhang mit der rätselhaften Lust-Unlust-Qualität von Gefühlen, und unsere mangelhaften Kenntnisse über Affekte und Gefühle spiegeln sich in den weit auseinandergehenden Ansichten verschiedener Autoren zu dieser Frage.
Brierley (1937) weist darauf hin, daß Freud in *Hemmung, Symptom und Angst* (1926 d) noch am Abfuhrmodell festhält. Das ist zutreffend; wir wollen jedoch festhalten, daß Freud, wenn er von den Unlustqualitäten der Spannung sprach, die unlustvollen Affekte zu ansteigender Spannung in Beziehung setzte. Ich stimme mit Brierley zwar darin überein, daß unsere moderne Auffassung über die Rolle des Angstaffekts in der normalen und der neurotischen Entwicklung auf den ersten Blick dem Abfuhrmodell zu widersprechen scheint, hoffe aber zeigen zu können, daß das Spannungsmodell und das Abfuhrmodell einander eigentlich nicht widersprechen.

Mein Eindruck von Brierleys Ausführungen ist, daß ihrem Spannungsmodell Schlußfolgerungen zugrundeliegen, die von der besonderen Art und der Signalfunktion des Angstaffekts abgeleitet sind. Selbstverständlich legt die Eigenschaft der Angst selber schon nahe, sie als ein Spannungsphänomen zu beschreiben.

Bevor ich jedoch meinen eigenen Standpunkt darstelle, möchte ich Rapaports Meinung (1942) zu dieser Frage zitieren. Er greift auf die Theorie MacCurdys (1925) zurück, nach der Emotionen zwar Abfuhräußerungen sein sollen, jedoch von stellvertretender oder ersatzweiser Art, wie sie lediglich auftreten, wenn psychische Kräfte oder Energien an einer unverzüglichen und angemessenen motorischen Abfuhr gehindert sind. Diese Theorie führt zu Rapaports Ansichten, die er vertrat, als er sein Buch *Emotions and Memory* (1942) schrieb. Er hielt damals am Abfuhrmodell fest, kam jedoch offensichtlich zu dem Schluß, alle Affekte entstünden aus Libido, die durch Verdrängung aufgestaut worden sei. Später revidierte er seine Vorstellungen, die auf eine »Konflikt«-Theorie der Affekte hinausliefen, also auf genau das, wovon er annahm, es sei in meiner Einteilung enthalten.

Trotz der Unterschiede zwischen MacCurdys Vorstellungen, Rapaports neueren Formulierungen und Brierleys Interpretationen ihrer klinischen Beispiele nehme ich an, daß in den genannten Arbeiten jeweils einige sehr wichtige Fragestellungen enthalten sind. Die Autoren kommen sich alle in der folgenden Annahme recht nah, daß die Affekte allgemein als pathologische Äußerungen anzusehen sind, hervorgerufen durch eine Aufstauung psychischer Energie, die nicht adäquat abgeführt werden kann. Damit werden wir an Reids Definition der Emotion »als einem heftigen, erregten Zustand des Organismus« und die weit verbreitete Vorstellung, Neurotiker seien »emotionell« oder »Gefühlsmenschen« (*»emotional people«*), erinnert.

Wenn Brierley mit Recht annimmt, daß unsere modernen Vorstellungen über die Angst und ihre Funktion ihre Ansichten unterstützen, so wird hierin der Einfluß von Freuds zweiter Angsttheorie besonders deutlich. Wir können sicherlich auch nicht bestreiten, daß die Angst und ihr verwandte, unlustvolle Affekte »Spannungs«-Eigenschaften haben. Meiner Ansicht nach steht jedoch die Auffassung Brierleys, auch wenn sie selber dies annimmt, nicht in Übereinstimmung mit dem Lustprinzip. Wenn man annimmt, daß Lust und Unlust die seelischen Vorgänge kontrollieren oder regulieren, so heißt das, daß sie als »Indikatoren« – ein Begriff, der von Hartmann (1927) ge-

31

braucht wurde – oder als Signale wirksam werden und auf diese Weise der Regulation der psychischen Ökonomie dienen. Dagegen erlaubt uns Freuds Formulierung, die seelische Organisation ziele darauf ab, Schmerz zu vermeiden und Lust zu gewinnen, Lust wenigstens als letztendliches Ziel anzusehen.

So scheinen Brierleys Ansichten und andere, ihnen ähnliche Vorstellungen, daß die Affekte ganz allgemein als Spannungsäußerungen anzusehen seien und durch eine Aufstauung psychischer Energie entstünden, die lustvollen Affekte außer acht zu lassen, die, übereinstimmend mit Freuds ursprünglicher Auffassung, mit einem Spannungsabfall verbunden sind. Wenn Freud diese ursprüngliche Auffassung auch später revidiert hat, so wäre es doch absurd, beispielsweise Gefühle von Entspannung als Spannungsäußerung anzusehen. Wir dürfen nicht vergessen, daß lustvolle Affekte keinesfalls nur mit allen normalen Ich-Funktionen verknüpft sind, sondern daß sie auch in einer besonderen Verbindung zu den Vorgängen der unmittelbaren Triebabfuhr, das heißt den primärprozeßhaften Erlebnissen, stehen. Affekte, die einer sexuellen oder oralen Befriedigung Ausdruck geben, können nicht herangezogen werden, um die Annahme zu stützen, daß *alle* Affekte als Folge gehemmter motorischer Abfuhr entstehen, auch wenn es zutrifft, daß Frustration, Hemmung und Verdrängung die Intensität und Qualität von Affekten verändern[6]. Während der Ich- und Überich-Entwicklung werden die Affekte tatsächlich in zunehmendem Maß abgewandelt, und dieser Umstand gestattet uns, eine große Zahl der Affekte und affektiven Zustände bei Erwachsenen als Spannungsaffekte zu charakterisieren.

Der Ansatzpunkt zu Brierleys – meines Erachtens falschem – Spannungsmodell findet sich wohl in ihrer Annahme, das Bewußtsein sei ein Sinnesorgan, und die Affekte entstünden durch eine Erregung der inneren psychischen Oberfläche. Sicher sind unsere Empfindungen und Gefühle Phänomene unserer inneren Wahrnehmung. Wenn wir Freuds Diagramm des psychischen Apparats im Kapitel VII der *Traumdeutung* (1900 a, S. 542–546) und seiner zugehörigen Beschreibung folgen, daß nämlich die psychischen Vorgänge vom Wahrnehmungs- zum Motilitätssystem verlaufen, könnten wir versucht sein, die Gefühle an den Beginn – das Wahrnehmungsende – des

6 Ich halte es nebenbei auch für unrichtig, alle Neurotiker als hyperaffektive Persönlichkeiten zu charakterisieren; sie können hyper- oder hypoaffektiv sein oder andere quantitative wie auch qualitative Zeichen affektiver Störungen zeigen.

Reflexbogens zu lokalisieren. Andererseits schließen Freuds Begriff der »Wahrnehmungs-Identität« und seine Auffassung, daß Träume Wunscherfüllungen darstellen, die Gleichsetzung von Reiz und Wahrnehmung aus. Genaugenommen entspricht Freuds Diagramm der psychischen Vorgänge, das mit dem Modell des Reflexbogens übereinstimmt, nicht dem psychoökonomischen Konzept eines seelischen Abfuhrvorgangs. Unter psychoökonomischem Gesichtspunkt führt ein äußerer oder innerer Reiz zu Spannungsanstiegen, die schließlich in psychischer Entspannung oder Abfuhr enden; dieser Vorgang findet seinen Ausdruck sowohl in motorischen Phänomenen wie auch in Empfindungen und Gefühlen, die von der äußeren wie der inneren Oberfläche des Bewußtseins wahrgenommen werden. Wir sprechen daher in zutreffender Weise, wenn wir Empfindungen und Emotionen meinen, von »Antworten« oder »Reaktionen« auf den Reiz. Während sich in einem neurophysiologisch orientierten Diagramm ein psychischer Vorgang so darstellen läßt, daß er von der Reizwahrnehmung zur motorischen Reaktion hin verläuft, sollte derselbe seelische Vorgang in dynamischen und psychoökonomischen Begriffen eher durch folgenden Ablauf beschrieben werden: Anstieg intrapsychischer Spannung, hervorgerufen durch einen äußeren oder inneren Reiz →Spannungsabfuhr →sensorische, affektive und motorische Reaktion[7]. Meine bisherigen Argumente gegen das Spannungskonzept der Affekte reichen jedoch noch nicht aus, um dieses Thema nun zu verlassen. Wir können offensichtlich keine eindeutige Position beziehen, bevor wir uns nicht mit der noch ungelösten Frage nach den Lust-Unlust-Qualitäten der Gefühle und ihren Beziehungen zur psychischen Ökonomie auseinandergesetzt haben.

Die Lust-Unlust-Eigenschaften der Affekte

In den *Drei Abhandlungen zur Sexualtheorie* (1905 d) schrieb Freud: »Trotz aller in der Psychologie darüber herrschenden Meinungsver-

7 In diesem Zusammenhang möchte ich auf eine Stelle bei Fenichel (1945) verweisen: »Reizaufnahme und Reizabfuhr, Wahrnehmung und motorische Reaktion hängen außerordentlich eng zusammen; sie sind untrennbar miteinander verknüpft« (S. 57–58). Fenichel weist seinerseits auf eine entsprechende Arbeit Freuds hin, *»Notiz über den ›Wunderblock‹«* (1925 a [1924]), in der die ursprüngliche Verbindung von Wahrnehmung und motorischer Reaktion dargestellt wird.

schiedenheiten muß ich daran festhalten, daß ein Spannungsgefühl den Unlustcharakter an sich tragen muß. Für mich ist es entscheidend, daß ein solches Gefühl den Drang nach Veränderung der psychischen Situation mit sich bringt, treibend wirkt, was dem Wesen der empfundenen Lust völlig fremd ist. Rechnet man aber die Spannung der sexuellen Erregtheit zu den Unlustgefühlen, so stößt man sich an der Tatsache, daß dieselbe unzweifelhaft lustvoll empfunden wird« (S. 110).

Im weiteren Verlauf dieser Überlegungen untersuchte Freud sehr sorgfältig das Lusterlebnis der sexuellen Erregung wie auch ihrer Abfuhr und führte die Unterscheidung von Vorlust und Endlust ein. Leider wird durch die Erklärung, die Freud für den Mechanismus der Vorlust fand und die ihm den Einblick in die Psychologie des Witzes ermöglichte, unser Problem nicht genau geklärt.

Freud hat diese Fragestellung selber nicht für gelöst gehalten. Das wird uns an mehrfachen Erörterungen dieses Problems in seinen späteren theoretischen Arbeiten deutlich. In *Jenseits des Lustprinzips* (1920 g) schrieb er:

»Wir haben uns entschlossen, Lust und Unlust mit der Quantität der im Seelenleben vorhandenen – und nicht irgendwie gebundenen – Erregung in Beziehung zu bringen, solcher Art, daß Unlust einer *Steigerung*, Lust einer *Verringerung* dieser Quantität entspricht. Wir denken dabei nicht an ein einfaches Verhältnis zwischen der Stärke der Empfindungen und den Veränderungen, auf die sie bezogen werden; am wenigsten – nach allen Erfahrungen der Psychophysiologie – an direkte Proportionalität; wahrscheinlich ist das Maß der Verringerung oder Vermehrung *in der Zeit* das für die Empfindung entscheidende Moment« (S. 4; Hervorhebungen von der Autorin).

Wie wir noch sehen werden, hatte Freud den Gedanken, den er im letzten Satz des Zitats ausdrückte, in seiner Arbeit *Das ökonomische Problem des Masochismus* (1924 c) wieder aufgenommen. In *Das Ich und das Es* (1923 b) finden wir nochmals, daß Freud in auffallender Weise an seiner Ansicht festhielt, jegliche Spannung oder Erregung sei unlustvoll, und lustvoll sei nur die Erregungsabnahme oder die Beseitigung von Spannung. Selbst bevor Freud von der Existenz eines Todestriebes überzeugt war (in Übereinstimmung mit einer Ansicht Schopenhauers, die ungefähr lautet, das eigentliche Ziel und Ergebnis des Lebens sei der Tod), erinnern uns seine Auffassungen über Lust und Unlust an den genannten Philosophen, der Lust auch als die Abwesenheit von Schmerz definierte. Es entsprach daher einer

34

logischen Folge, daß Freud im Rahmen seiner Todestriebtheorie zunächst das Lustprinzip mit dem Nirwanaprinzip gleichsetzte. Er meinte, das Lustprinzip stünde im Dienst des Nirwanaprinzips; seine Äußerungen hierzu waren jedoch gelegentlich recht verwirrend (siehe beispielsweise 1920 g, S. 60 f). Er stellte Lebens- und Todestrieb als entgegengesetzte Triebkräfte gegenüber; den Todestrieb sah er »jenseits des Lustprinzips«.

Wie können wir diese These mit der Annahme in Einklang bringen, daß es das letztendliche Ziel beider Triebe sein soll, Spannung zu beseitigen, woran, dann jedoch nur im Fall des Lebenstriebs, eine Lustprämie geknüpft ist? Es überrascht uns nicht, daß Freud selbst diese gedankliche Unklarheit zu berichtigen versuchte (1924 c): »Aber wir haben das Lust-Unlustprinzip unbedenklich mit diesem Nirwanaprinzip identifiziert. Jede Unlust müßte also mit einer Erhöhung, jede Lust mit einer Erniedrigung der im Seelischen vorhandenen Reizspannung zusammenfallen, das Nirwana- (und das mit ihm angeblich identische Lust-) Prinzip würde ganz im Dienst der Todestriebe stehen, ... und würde die Funktion haben, vor den Ansprüchen der Lebenstriebe, der Libido, zu warnen, welche den angestrebten Ablauf des Lebens zu stören versuchen. Allein diese Auffassung kann nicht richtig sein. Es scheint, daß wir Zunahme und Abnahme der Reizgrößen direkt in der Reihe der Spannungsgefühle empfinden, und es ist nicht zu bezweifeln, daß es lustvolle Spannungen und unlustige Entspannungen gibt. Der Zustand der Sexualerregung ist das aufdringlichste Beispiel einer solchen lustvollen Reizvergrößerung, aber gewiß nicht das einzige. Lust und Unlust können also nicht auf Zunahme oder Abnahme einer Quantität, die wir Reizspannung heißen, bezogen werden, wenngleich sie offenbar mit diesem Moment viel zu tun haben. Es scheint, daß sie nicht an diesem quantitativen Faktor hängen, sondern an einem Charakter desselben, den wir nur als qualitativ bezeichnen können. Wir wären viel weiter in der Psychologie, wenn wir anzugeben wüßten, welches dieser qualitative Charakter ist« (S. 372).

An dieser Stelle wies Freud wieder darauf hin, welche Bedeutung der Zeitfaktor für die Gefühlseigenschaften hat: »Vielleicht ist es der Rhythmus, der zeitliche Ablauf in den Veränderungen, Steigerungen und Senkungen der Reizquantität; wir wissen es nicht« (S. 372). Freud zog aus diesen Erörterungen den Schluß, daß die Bezeichnung des Lustprinzips als »Wächter des Lebens« nicht abgelehnt werden kann (S. 373).

Wir stellen fest, daß von den drei genannten Prinzipien lediglich das erste, das Nirwanaprinzip, dessen Ziel die Beseitigung von Spannungen ist, ein ökonomisches Prinzip darstellt. Das zweite, das Lust- und Unlustprinzip, bezieht sich auf Gefühlseigenschaften. Das dritte, das Realitätsprinzip, erfaßt die Faktoren, die das Lust- und Unlustprinzip modifizieren. Bezüglich der Lebenstriebe hatte Freud kein ökonomisches Prinzip, wie etwa das Konstanzprinzip, erwähnt, das auf irgendeine Weise mit dem Lustprinzip verknüpft sein könnte. Ebensowenig stellte er die Beziehungen zwischen den Affektqualitäten und dem Todestrieb dar, mit Ausnahme der Bemerkung, daß der letztere jenseits des Lustprinzips liege.

Vielleicht überging Freud bewußt und aus Vorsicht diese Fragen. Wenn Lust wie Unlust sowohl mit dem Ansteigen wie auch mit dem Abfallen der psychischen Spannung verbunden werden können, und der Todestrieb jenseits des Lustprinzips liegt, dann bleiben die Beziehungen zwischen Lust-Unlustqualitäten und psychischer Ökonomie in der Tat sehr im Dunkeln. Wir sehen, daß Freuds neuere Ansichten und Berichtigungen sehr weitreichend sind, und wir dadurch auf viele neue Probleme stoßen. In jedem Fall ergibt sich aus ihnen, daß die Gesetzmäßigkeiten von Lust und Unlust – kurz, das Lustprinzip – nicht als ökonomisches Prinzip angesehen werden können.

Lust-Unlust-Eigenschaften und ihre Beziehungen zur psychischen Ökonomie

Ich bin der Ansicht, daß uns die Untersuchung eines komplexen affektiven Erlebnisses, an dem alle strukturellen Systeme beteiligt sind, keine klare und ausreichende Auskunft über die eigentlichen Beziehungen von Lust oder Unlust zu Spannung und Entspannung geben kann. Daher scheint mir eine erneute Erörterung des sexuellen Lusterlebnisses – das in meiner Einteilung zur Untergruppe *1. a.* zählt – den günstigsten Zugang zu diesem Problem darzustellen. (Ich möchte hinzufügen, daß ich mit der Wahl des sexuellen Lusterlebnisses als geeignetes Beispiel für die folgenden Überlegungen nicht sinngemäß alle Affekte als bewußt empfundene Erlebnisse ansehe.) Wir wollen auf Freuds frühere Äußerungen zu diesem Thema zurückgehen.

Es war die logische Folge seiner physiologischen Ausbildung und Orientierung, daß Freud Unlust mit einem Anstieg, Lust mit einem

Abfall von Spannung in Beziehung setzte, denn für ihn diente der Reflex als Modell des psychischen Apparats. Bei der Betrachtung der lustvollen Erlebnisse im Sexualakt schien lediglich die Erklärung der Vorlust größere theoretische Schwierigkeiten zu bieten. Aber sowohl die Vorlust wie auch die Endlust, die mit der orgastischen Abfuhr sexueller Energie verbunden ist, stellen affektive Erlebnisse zusammengesetzter Art dar. Die besondere kreisende und schwingende (*oscillating*) Qualität des Orgasmus besteht darin, daß er rhythmische Gefühlswellen höhepunktartiger Erregung mit sich bringt, die in Gefühle von Entspannung und schließlich in Befriedigung übergehen. Das orgastische Abfuhrerlebnis besteht daher nicht einfach in der Lust der Entspannung. Es schwankt zwischen zwei entgegengesetzten Lustqualitäten, die sich miteinander mischen: einer starken Erregungslust, in der sich die bis auf einen Höhepunkt ansteigende Spannung ausdrückt, und einer Entspannungslust, die auf einen endgültigen Spannungsabfall hinweist. Aus dieser Eigenschaft der orgastischen Endlust müssen wir schließen, daß der Abfuhrvorgang sowohl das Ansteigen wie auch das Abfallen der Spannung umfaßt; und weiterhin, daß beides, trotz wechselnder Qualität, Lust auslösen kann. Diese Betrachtungsweise ist dazu geeignet, die Widersprüche aufzulösen, die dem Anschein nach zwischen Freuds Abfuhrkonzept der Affekte und Brierleys Annahme, alle Affekte seien Spannungsphänomene, bestehen. Die Affekte können offensichtlich, auch wenn sie einem Abfuhrvorgang zugeordnet sind, sowohl ansteigende wie abfallende Spannung ausdrücken. Es zeigt sich, daß es unrichtig und irreführend ist, »Spannung« mit »Abfuhr« gleichzusetzen; diese Ungenauigkeit hat sich leider in unserer Terminologie niedergeschlagen.

Die Begriffe »Spannung«, »Erregung« und »Erregtheit« oder die Bezeichnungen »Abfuhr« und »Entspannung« werden häufig synonym verwendet. Ich würde meinen, daß »Erregung« oder »Erregtheit« lediglich eine Gefühlsqualität bezeichnen, die einem Anstieg psychisch-energetischer Spannung entspricht. Die Begriffe »Spannung« und »Entspannung« könnten wir für die Gefühlsqualitäten oder die entsprechende Höhe der energetischen Spannung verwenden. Diesen statischen Bezeichnungen gegenüber weist »Abfuhr« auf etwas Dynamisches hin. Daher kann es sich nur auf den Fluß der psychischen Kräfte, das heißt den energetischen Vorgang selbst beziehen, der in einem Absinken von Spannung endet. Höchst bemerkenswert ist, daß Freud die Affekte an keiner Stelle als »Abfuhr«-Phänomene, die im Gegensatz zu »Spannungs«-Phänomenen stehen sollen, beschrieb, sondern definierte, daß sie »Abfuhrvorgängen entsprechen«[8].

Wenn wir Spannung und Abfuhr zueinander in Beziehung setzen, müssen wir beachten, daß beim sexuellen wie auch bei irgendeinem anderen psychischen Entladungsvorgang, der sich von der Tiefe des psychischen Apparats zu seiner Oberfläche hin entfaltet, die Stärke des Reizes, während die Abfuhr schon in Gang gekommen ist, einen Spannungsanstieg bewirken kann, bis schließlich ein Punkt erreicht ist, an dem die Energie, die an die psychische Oberfläche gelangt ist, insgesamt verteilt werden und das Spannungsniveau absinken kann. Wir können uns, um zu einer deutlicheren Vorstellung dieser Zusammenhänge zu kommen, ein Behältnis von der Art einer Badewanne vorstellen, bei der das Wasser zu gleicher Zeit ein- und abfließt. Solange die zufließende Menge größer als die abfließende ist, wird der Wasserspiegel ansteigen. Wenn das Volumen des Zustroms abnimmt, beginnt der Wasserspiegel zu sinken, und nachdem der Zufluß abgestellt ist, wird das Wasser schließlich ganz ablaufen. Ich weiß, daß dieser Vergleich mit Hilfe »quantitativer« Begriffe eine zwar brauchbare, aber doch auch fragwürdige Vereinfachung darstellt. Die Beziehungen zwischen dem Ansteigen und Abfallen von Spannung und den Abfuhrvorgängen sind offensichtlich sehr kompliziert.

Wir können uns die Kompliziertheit der Zusammenhänge zwischen psychischer Spannung und Abfuhrvorgängen vorstellen, wenn wir daran denken, daß der psychische Apparat ein ausgedehntes Gebiet ist, in dem an einem Punkt das Niveau der energetischen Spannung ansteigen kann, während es an anderen Stellen absinkt. Rapaport (1953) hat uns den richtigen Hinweis gegeben, daß die Abfuhrvorgänge nämlich nur *eine* Art der vielfältigen psychischen Vorgänge sind. Es findet ständig eine Verteilung freibeweglicher Energie statt, die dann an irgendeinem Ort gebunden wird, während sie an einem anderen freigesetzt, entbunden und abgeführt wird. Besetzungs- und Gegenbesetzungsvorgänge laufen gleichzeitig an verschiedenen Orten der psychischen Organisation ab. Dabei kann es sich um Änderungen in der Besetzung mit sowohl libidinösen wie aggressiven oder auch mit neutralen psychischen Kräften handeln, um Veränderungen, was die Beschaffenheit der Gegenbesetzung betrifft, und überdies um Be-

8 1915e, S. 277 (Anm. d. Übers.).

setzungsverschiebungen von einem Ort des psychischen »Bereichs« zu einem anderen. Unsere Affekte jedoch, und besonders unsere bewußten Gefühlserlebnisse, geben, worauf ich schon weiter oben hingewiesen habe, trotz ihres komplexen, subtilen und hochdifferenzierten Aufbaus wenig von den erwähnten komplizierten Verhältnissen in der Tiefe des psychischen Apparats preis. Durch sie teilt sich gar nichts über die vielfältigen Veränderungen des Spannungsniveaus unterhalb einer gewissen Schwelle mit, da sie nicht der Ausdruck »gebundener« psychischer Energie, sondern des energetischen Flusses sind[9], und dies auch nur dann, wenn dieser Energiestrom eine bestimmte Spannungsschwelle überschritten hat.

Die vorausgegangenen Überlegungen zu den Zusammenhängen zwischen steigender und fallender Spannung und den Abfuhrvorgängen helfen uns bei der Klärung unserer beiden schwierigen Fragen, der Kontroverse zwischen dem Spannungs- und Abfuhrmodell und der Beziehung von Lust und Unlust zu Spannung und Entspannung.

Bezüglich der ersten Frage kann ich nur wiederholen, daß die Art der Fragestellung offenbar falsch war. Das Problem liegt nicht darin, ob Affekte entweder Spannungs- oder Abfuhrphänomene sind. Zweifellos sollten wir an Freuds ursprünglicher Definition festhalten, nach der die Affekte Abfuhrvorgängen entsprechen; wir sollten seine Definition jedoch um die Feststellung ergänzen, daß Affekte wohl ebenso gut die Anstiege wie auch die Verminderungen von Spannung im Verlauf eines Abfuhrvorgangs ausdrücken können, und daß sie während der Initialphase eines anhaltenden Spannungsanstiegs entstehen. Wenn die Affekte – im Gegensatz zur Abfuhr – nicht der Ausdruck von Spannung sind, sondern den Fluß freibeweglicher, entbundener psychischer Energie und die Veränderungen des Spannungsniveaus – oder das Ausmaß der Erregung im Verlauf eines Abfuhrvorgangs – anzeigen, erhält Brierleys Spannungsmodell eine größere Bedeutung. Ihre Stellungnahme gegen das Abfuhrmodell verliert jedoch ihren Sinn. Unter dem Aspekt der von mir vorgetragenen Auffassung scheint eine Unterscheidung, die Glover zwischen Spannungs- und Abfuhraffekten trifft, keinesfalls günstig. Man sollte die Affekte besser danach unterscheiden, ob sie entweder den Abfuhrvorgang in der Phase ansteigender oder fallender Spannung zum Ausdruck bringen, oder ob es sich, im Fall bewußter affektiver

9 Bezeichnenderweise bezog Freud (1920 g), wie auch weiter oben schon erwähnt wurde, Lust und Unlust »auf die Quantität der im Seelenleben vorhandenen – und nicht irgendwie gebundenen – Erregung« (S. 4).

Erlebnisse, unter deskriptivem Gesichtspunkt um Gefühle von emotionaler Spannung, Erregung oder Entspannung handelt.

Der Drang zur Veränderung der psychischen Situation

Die Untersuchung des orgastischen Lusterlebnisses bestärkte Freud in seiner abschließenden Auffassung, denn es zeigte, daß selbst bei einem primärprozeßhaften Erlebnis wie der sexuellen Erregung und dem Orgasmus die Lust, wenn auch von »verschiedener Qualität«, sowohl mit einem Anstieg wie auch mit einem Abfall von Spannung verknüpft sein kann.

Rapaport (1953) fragte sich, ob ich nicht die Affekte mit den subjektiv empfundenen Erlebnissen oder sogar mit ihren Lust-Unlust-Eigenschaften gleichsetzen würde. Ich hatte zuvor selbst auf diese Unterschiede hingewiesen. Das Beispiel des Orgasmus, das heißt eines subjektiv empfundenen Erlebnisses, diente mir dazu, die Zusammenhänge zwischen den Affekten, ihren Lust-Unlust-Eigenschaften und den Abfuhrvorgängen zu untersuchen. Es trifft jedoch zu, daß meine Schlußfolgerungen, die mit Freuds Feststellung über die Beziehung zwischen Lust-Unlust zu Spannung und Entspannung in Übereinstimmung stehen, eine Verwendung von »Lust« und »Unlust« ausschließt, die sie, wie Rapaport und in ähnlicher Weise auch Gill und Schur vorschlagen, lediglich zu Hauptbezugspunkten der ökonomischen Situation erhebt.

An dieser Stelle möchte ich einige Anmerkungen zu Schurs interessantem Buch *Das Es und die Regulationsprinzipien des psychischen Geschehens* (1966 [1973]) machen. Seine Erörterung der Prinzipien von Lust und Unlust, der ausdrückliche Unterschied, den er zwischen diesen Regulationsprinzipien sieht, und seine Verwendung der Begriffe »Lust« und »Unlust« in diesem besonderen Zusammenhang, stellen uns sicherlich vor eine Reihe von anspruchsvollen Fragen.

Schur definiert das Unlustprinzip dadurch, daß es »sich am genauesten mit der *Notwendigkeit* deckt, sich vor übermäßiger Reizerregung, die von außen auf den seelischen Apparat einwirkt, zurückzuziehen, wobei ›außen‹ nicht nur außerhalb des Organismus, sondern außerhalb des seelischen Apparates meint« (S. 115). Er betont, daß es beim Unlustprinzip, im Gegensatz zum Lustprinzip, das eine »Annäherungs«-Reaktion mit sich bringt, »keine motivierende Kraft

40

gibt, ein Objekt zu *suchen*, nur um sich dann von ihm zurückzuziehen« (S. 122). Dies ist zweifellos zutreffend; jedoch kommt Schur in diesem Zusammenhang nicht auf die alternativen Möglichkeiten von Flucht (Rückzug) oder Kampf als Reaktionen auf äußere und innere Gefahr zu sprechen.

In dem kurzen Abschnitt über »Das Es und der Aggressionstrieb« meint Schur: »Aufgrund unserer klinischen Erfahrungen können wir annehmen, daß auch der Aggressionstrieb der Regulierung durch das Lust-Unlustprinzip unterworfen ist« (S. 97). Auch in dem Zusammenhang, wo er betont, daß aggressive Abfuhr »meist mit einer Abfuhr des libidinösen Triebes verknüpft ist« (S. 97), erwähnt er die Kampfreaktion auf Gefahr nicht; sie ist jedoch sehr wichtig, und zwar ebenso für den evolutionären Gesichtspunkt (der Kampf ums Überleben) wie auch für das Verstehen innerer Konflikte und Abwehrvorgänge. Hartmann (1950 [1972]) wies darauf hin, daß für den Aufbau der Gegenbesetzung mehr oder weniger neutralisierte aggressive Triebenergien verwendet werden.

Nach Schurs Definition steuert das Lustprinzip »das Bedürfnis, handelnd oder in der Phantasie eine Situation wiederzuerschaffen, die einmal durch Aufhebung von Triebspannung das Erlebnis der Befriedigung gestattet hatte« (S. 117). In seinem Sinn würde das Lustprinzip ebenfalls die »Kampf«-Reaktion steuern, da sie auch eine »Annäherungs«-Reaktion einbezieht und zu lustvoller aggressiver Erregung wie auch abschließender Befriedigung durch die Aufhebung von Triebspannung führen kann.

Daraus müssen wir schließen, daß die »Flucht«-Reaktion (Rückzug) vom Unlustprinzip, die »Kampf«-Reaktion dagegen vom Lustprinzip gesteuert wird. Wir stoßen auf die Schwierigkeiten, die von Schurs scharfer Trennung zwischen Lustprinzip und Unlustprinzip herrühren. Diese Trennung zwingt ihn schließlich, weitere Unterscheidungen vorzunehmen: während sexuelle Stimulierung auf eine lustvolle Abfuhr abzielt und demzufolge vom Lustprinzip gelenkt wird, »löst das Unlusterlebnis (übermäßige Reizerregung, später Gefahr) den Rückzug aus und wird vom Unlustprinzip reguliert« (S. 121).

Auf der Ebene des Erlebens arbeitet Schur die Unterschiede heraus zwischen Entspannungsgefühlen, die dem Verschwinden von Spannung (Schmerz, Gefahr etc.) folgen, und Lustgefühlen, die Folge einer Triebbefriedigung sind. Diese unterschiedlichen affektiven Eigenschaften existieren ohne Zweifel. Andererseits kann jedoch

jede exzessive Stimulierung – die sexuellen Erregungen eingeschlossen – in Unlust enden und bis an den Punkt des Schmerzes
reichen, wie auch jede lustvolle (sexuelle oder aggressive) Triebbefriedigung Entspannungsgefühle auslösen kann. Überdies bringen sogar
derart unlustvolle Abfuhrvorgänge wie das Weinen Gefühle von
Erleichterung und Entspannung zustande. Diese Überlegungen führen zur Frage, welcher Art die Beziehung zwischen dem (den) Lust-
Unlustprinzip(-prinzipien) und dem affektiven Erlebnis von Lust
und Unlust ist.

Freud war der Verwirrung stiftenden Gleichsetzung des Lust-Un-
lustprinzips mit dem Nirwana- und Konstanzprinzip sehr nahe;
Schur wirft sie alle zusammen. Er meint: »Die Prinzipien Unlust-
Konstanz-Nirwana-Lust sind ökonomische Regulationsprinzipien;
sie regulieren Anhäufung beziehungsweise Vermeidung von Erre-
gungsspannung und umfassen auch das Suchen nach Reizen und
Objekten zur Spannungsabfuhr« (S. 127)[10]. Daraus folgt, daß Schur
in Verbindung mit diesen Regulationsprinzipien die Bezeichnung
Lust und Unlust lediglich als Bezugspunkte für die ökonomische Situation, das heißt für (exzessiven) Spannungsanstieg oder -abfall
verwendet.

Aus diesem Grund kritisiert Schur an Freud und an anderen Autoren,
mich eingeschlossen, sie würden nicht deutlich zwischen den Prinzipien und den affektiven Erlebnissen unterscheiden. Im Gegensatz zu
Schur neige ich aus klinischen und theoretischen Gründen dazu, an
der Idee eines Konstanzprinzips festzuhalten. Weiterhin bin ich, in
Übereinstimmung mit Freud, der Ansicht, daß die Begriffe Lust und
Unlust Bezugspunkte für (bewußte) Gefühlsqualitäten sind und es
bleiben sollten. Schurs diesbezügliche Vorstellungen stehen mit seiner
Auffassung in Übereinstimmung, daß Affekte nicht der Ausdruck
von Vorgängen der Triebabfuhr sind, sondern komplexe Ich-Reaktionen auf triebhafte (energetische) Vorgänge darstellen. Daraus
folgt, daß Schur die Verknüpfung der Affekte und ihrer Lust-Unlust-
eigenschaften mit den triebhaften Vorgängen, den ökonomischen Bedingungen und deshalb auch mit den steuernden Lust-Unlust*prinzi-*

10 Ich möchte Schurs Ansicht hinzufügen: »Diese Feststellungen sollen die
Bedeutung der ökonomischen Formulierungen nicht schmälern; sie sind sinnvoll und heuristisch brauchbar; sie sollen nur die Behauptung entkräften,
daß eine ökonomische Betrachtungsweise per se ohne Hinzuziehung der anderen metapsychologischen Gesichtspunkte ausreichend sei« (S. 164). Dies
ist sicherlich zutreffend.

pien auflöst. Dies würde meines Erachtens die Wahl neuer Bezeichnungen für die Regulationsprinzipien erforderlich machen.

Es ist interessant, daß Schur bei seinen langen Zitaten aus *Das ökonomische Problem des Masochismus* Freuds wichtige Feststellung (1924 c, S. 372) über lustvolle Erregung und unlustvolle Spannungsgefühle, die ich weiter oben zitiert habe, nicht mitaufgenommen hat.

Am Ende meiner Auseinandersetzung mit Schurs Vorstellungen möchte ich betonen, daß ich seine Definition des Lustprinzips für sehr brauchbar halte. Sie bringt eine beträchtliche Erweiterung des ursprünglichen Konzepts mit sich, die bis zu einem gewissen Ausmaß auch das Problem berücksichtigt, dem ich hier ganz besondere Beachtung schenkte, nämlich der lustvollen und unlustvollen Spannung sowie der lustvollen und unlustvollen Abfuhr.

Damit bin ich wieder bei den Lust-Unlust-Eigenschaften der Affekte angelangt. Der wichtigste Grund für Freud, an der Ansicht festzuhalten, daß Spannung nicht lustvoll sein könne, hatte darin bestanden, daß es im Fall der Vorlust einen Drang zur Veränderung der psychischen Situation gibt. Wir finden keinen weiteren Versuch von ihm, dieses schwierige Problem zu lösen.

Im Kapitel VII der *Traumdeutung* (1900 a) definierte Freud den Wunsch als psychische Strebung, die aus Unlust entsteht und auf Lust zielt[11, 12]. Diese Definition ließe sich nur noch schwer halten, wenn wir annehmen sollen, daß ein »Drang zur Veränderung« ebenfalls aus Lust entstehen kann. Wenn es irgendeinen Wunsch gibt, der mit Lust verknüpft ist, so ist es der Wunsch, daß die Lust fortdauern möge. Dieser Wunsch bezieht sich jedoch auf unsere Angst, Lust zu verlieren. Es klingt sehr widersprüchlich, daß Lust Wünsche oder ein Drängen zur Veränderung der psychischen Situation mit sich bringen soll, so daß wir Freuds Dilemma leicht verstehen können.

Wir können diese Schwierigkeit mit Hilfe folgender Auffassung lösen; wenn wir Schmerz (und Lust) vermeiden und neue Lust gewinnen wollen, so ist es nicht unbedingt nötig, daß wir uns das Andauern einer ganz bestimmten Lust wünschen. Schließlich gibt es eine außerordentliche Vielzahl von Lusterlebnissen. Der Drang nach einer Veränderung, der in einer lustvollen Situation entsteht, kann sich sowohl auf eine größere Intensität wie auch auf eine andere Eigen-

11 1900 a, S. 571 f. (Anm. d. Übers.).
12 Schur (1966) widmet sich in zwei Kapiteln einer Auseinandersetzung mit der Entwicklung des Wunsches unter phylogenetischen und ontogenetischen Gesichtspunkten.

schaft der Lust beziehen. Ich nehme wieder das Beispiel der sexuellen Lust zu Hilfe; demnach würde der Drang nach einer Veränderung während der Phase der Vorlust nicht den Wunsch nach Entspannung ausdrücken, sondern den nach einem Höhepunkt; selbst in der orgastischen Erregung ist die Erwartung einer Endlust der Entspannung fest verankert. Darüber hinaus können wir an einem Zustand der Entspannung, der nach einer Phase genußvollen Ausruhens eingetreten ist, beobachten, wie das Bedürfnis nach Reizen, die eine andere Art von Lust, nämlich Erregungslust, auslösen, ansteigt; in vorsichtiger Formulierung denke ich an ein Bedürfnis nach einer anderen Art von Abfuhrvorgängen, die intensivere Erregung mit sich bringen sollen.

Wenn dies zutrifft, müssen wir daraus schließen, daß *Spannungslust* den Drang nach intensiverer Erregung, die *Lust des Höhepunkts* den Drang nach Entspannung, und *Entspannungslust* das Verlangen nach erneuter, lustvoll erlebter Spannung auslöst. In dieser schematischen Auffassung spiegelt sich der *dynamische Ablauf des Lebens* wider, der nicht nur in einem unvermeidlichen Wechsel von Unlust und Lust besteht, der von den Anforderungen der Realität herrührt, sondern auch, soweit er lustvoll ist, beständig zwischen Lusterlebnissen von Erregung und Entspannung wechselt, die mit Abfuhrvorgängen verknüpft sind, die ihrerseits wiederum, bezogen auf ein bestimmtes mittleres Niveau, mit Anstiegen und Verminderungen von psychischer Erregung zusammenhängen.

In diesem Fall sollten wir die Bedeutung des »Wünschens« weiter auslegen. Es wäre zwar immer ein Wünschen nach Lust darunter zu verstehen, aber es würde ein Streben nach Lust oder Lustzyklen darstellen, das verschiedene Eigenschaften hat und zwischen Erregung und Entspannung wechselt. Diese Folgen oder Zyklen entsprächen unserer biologischen Existenz und hätten ihre Wurzeln in unserem Triebleben. Angesichts der großen Vielzahl lustvoller Erlebnisse können wir jedoch auch, wie ich weiter oben erwähnt habe, den Drang nach einer Veränderung verspüren, der auf eine bestimmte Lustart gerichtet ist.

Wenn Goethe meint, »nichts ist schwerer zu ertragen als eine Reihe von guten Tagen«[13], hatte er damit offensichtlich im Sinn, daß wir uns während eines bestimmten anhaltenden Lusterlebnisses allmählich unlustvoller Gefühle bewußt werden, die den »Drang nach einer

13 In Goethes Sammlung »*Sprichwörtlich*« von 1815 (Anm. d. Übers.).

Veränderung« des Zustands anzeigen. Der Wunsch nach der Ersetzung einer Art von Lusterlebnis durch eine andere beeinträchtigt sicherlich die Lusteigenschaften des ursprünglichen Erlebnisses, indem unlustvolle Anteile hinzutreten, die sich mit den ursprünglichen Lustanteilen vermischen und von ihnen mehr oder weniger verdeckt werden. Es gilt wohl allgemein, daß wir aus einem bestimmten Erlebnis, das eine längere Zeit dauert, selten reine und unvermischte Lust gewinnen können[14].

Hier stoßen wir auf das Problem der Stimmungen, das im dritten Kapitel erörtert wird. Hier möchte ich lediglich erwähnen, daß wir uns im Fall eines Stimmungswechsels ungefähr so fühlen, daß wir heute Abend »irgend etwas anderes« als gestern Abend tun möchten. Dies kann mit einer Gesamtveränderung der Abfuhrmuster zusammenhängen. Wenn unsere Fragestellung hiermit auch nicht wirklich gelöst ist, so hat uns diese theoretische Auseinandersetzung vielleicht dem Verständnis der Wechselwirkungen zwischen dem Lust-Unlustprinzip und der psychischen Ökonomie nähergebracht.

Abschließende Bemerkungen über die Beziehungen zwischen den Lust-Unlustprinzipien und der psychischen Ökonomie

Wie ich weiter oben feststellte, hat Freud bei seiner letzten Erörterung der Frage, die uns beschäftigt, kein ökonomisches Gesetz mehr erwähnt, das, in Entsprechung zu dem Nirwanaprinzip, die Lebenstriebe steuert. Er nannte lediglich das Lust- und das Realitätsprinzip. In praktischer Hinsicht arbeiten wir jedoch alle mit der Prämisse eines Konstanzprinzips, das mit dem Lust-Unlustprinzip in Einklang stehen muß.

In *Jenseits des Lustprinzips* (1920 g) beschrieb Freud dieses Gesetz mit dem Bestreben der psychischen Organisation, das Spannungsniveau konstant oder so niedrig wie möglich zu halten. Wir können die letztere der beiden Möglichkeiten streichen, da sie zu irrtümlichen Gleichsetzungen von Lust-Unlust- und Nirwana-Prinzip führte. Wie

14 Ernst Kris machte in einer Diskussion dieser Arbeit auf H. Deutschs (1927) Ansichten aufmerksam. Ihre Vorstellungen haben vieles mit den hier dargestellten gemein, mit der Ausnahme jedoch, daß sie besonderes Gewicht auf die treibende Kraft der ewigen Unbefriedigtheit menschlicher Wesen legt, wohingegen ich das Verlangen nach einer Veränderung hervorhebe, das auch aus Lust entstehen kann.

soll jedoch das Lust-Unlustprinzip mit einem Konstanzgesetz bedeutungsgleich sein, wenn durch Spannung wie auch durch Entspannung sowohl Lust als auch Unlust ausgelöst werden können? Diese Frage erhebt sich angesichts der Ergebnisse, die unsere vorausgegangene Untersuchung des Orgasmus erbrachte. Der Nachweis, daß auch unmittelbare sexuelle Abfuhr ein Lusterlebnis in Gang setzt, das Spannungslust, höhepunktartige Erregungslust und Entspannungslust umfaßt, führte mich zur Annahme, daß der psychischen Organisation ein Bestreben nach Lustfolgen (Lustzyklen) innewohnt, innerhalb derer Erregung und Entspannung sich abwechseln und mit Spannungsschwingungen um ein mittleres Spannungsniveau herum übereinstimmen. Wenn diese Hypothese richtig wäre, hätte das Lustprinzip nicht die Aufgabe, eine Spannungsentlastung zu bewirken. Das Lustprinzip und seine spätere Modifizierung, das Realitätsprinzip, würden lediglich den Verlauf der Schwingungen um eine Mittellinie der Spannung, das heißt die Art oder Form der Abfuhrvorgänge, lenken.[15] Die Lusteigenschaften wären so lange an die Ausschläge des Spannungspendels nach beiden Seiten hin gebunden, wie den entsprechenden physiologischen Abfuhrvorgängen bestimmte bevorzugte Kanäle zur Auswahl stünden und die Spannungsveränderungen einen ganz bestimmten Verlauf nehmen könnten – dem Anschein nach in Abhängigkeit mit bestimmten noch unbekannten Verhältnissen zwischen den Erregungsgrößen einerseits und Geschwindigkeit wie Rhythmus der Abfuhr andererseits.

Die vorgetragene Auffassung würde, wenn wir sie als Funktionsbestimmung des Lustprinzips annehmen, als unmittelbarer Gegensatz zu einem Gesetz der Konstanz erscheinen. Die Annahme jedoch, daß das (die) Lust-Unlustprinzip(-ien) unabhängig von oder gar gegensätzlich zu den psychoökonomischen Gesetzen wirkt, läßt sich nicht halten.[16] Daraus müssen wir schließen, daß das Konstanzprinzip neu

---

15 Dieser Vorschlag stünde in Übereinstimmung mit Schurs erweitertem Konzept des Lustprinzips, hätte er nicht das Befriedigungserlebnis mit der Beseitigung von Triebspannung gleichgesetzt und außerdem eine Darstellung lustvoller Erregung (wie beim Lachen) und unlustvoller Abfuhr (wie durch das Weinen) vermieden. Die genannten affektiven Reaktionen werden im zweiten und dritten Kapitel besprochen.

16 Auch wenn die genannte Annahme die Vorstellung von Freud, die Lebenstriebe seien »störende Elemente«, unterstützt, würde sie zu einer Gleichsetzung des Konstanzprinzips mit dem Nirwanaprinzip führen und sie in Gegensatz zum Lustprinzip bringen.

zu definieren ist, damit eine Übereinstimmung mit dem Lustprinzip entsteht.

Dies legt uns auch eine Betrachtung der verschiedenen Arbeitsweisen der psychischen Organisation nahe, die als Funktionen mit den psychoökonomischen Gesetzen im Einklang stehen müssen. Die grundlegenden Regeln, denen das psychische Leben folgt, dienen der Beherrschung und Befriedigung der psychischen Triebe, den Aufgaben der Anpassung und der Selbsterhaltung. Ein Versagen jeder einzelnen dieser Funktionen entspricht und bedingt Störungen der psychischen Ökonomie.

Ein ökonomisches Gesetz, das auf die Erhaltung eines konstanten Spannungsniveaus abzielt, wäre jedoch den genannten komplexen Funktionen nicht angemessen. Daher müssen wir uns nach einer anders lautenden und erweiterten Beschreibung der psychoökonomischen Gesetze umsehen. Wir können ein Prinzip der Konstanz in dem Sinn anerkennen, daß es durch ein Bestreben charakterisiert ist, ein Gleichgewicht und eine ausgeglichene Verteilung der energetischen Kräfte innerhalb der psychischen Organisation aufrechtzuerhalten. Wie Rapaport (1953) betonte, gehört jedoch »Spannung« als solche zur Vorstellung von einer »psychischen Organisation«. Die Funktion des Konstanzprinzips bestünde nicht in der Spannungsreduktion, sondern in der Errichtung und Erhaltung einer unveränderlichen Mittellinie der Spannung und eines gewissen Spielraums für die Schwingungsausschläge; des weiteren hätte dieses Prinzip die Aufgabe, die Rückkehr des Spannungspendels zur Mittellinie durchzusetzen und die Abfolge der Spannungsschwingungen zu steuern.

Demnach wären die Lust- und Unlustprinzipien dem umfassenderen Konstanzprinzip untergeordnet. Nicht die Abweichung von der Mittellinie an sich würde Störungen des psychischen Gleichgewichts darstellen, sondern jeder der folgenden Faktoren brächte eine Störung der psychischen Ökonomie zustande; wenn das Spannungspendel von der günstigeren und biologisch vorbestimmten lustvollen Richtung abweicht, wenn das (unveränderliche) Aufrechterhalten der Spannungsmittellinie scheitert, wenn diese Mittellinie ober- oder unterhalb einer bestimmten Höhe zu liegen kommt oder der Spielraum der Spannungsschwingungen sich vergrößert oder verkleinert.

Die Modifizierung der Affekte unter dem Einfluß des
Realitätsprinzips und der strukturellen Differenzierung

Die vorausgehenden Schlußfolgerungen zu den Affekten und ihren
Lust-Unlust-Eigenschaften wurden aus der Untersuchung der sexuellen
Erregung und des Orgasmus, das heißt von libidinösen, primärprozeß-
haften Lusterlebnissen, gewonnen, die der Gruppe *1. a.* meiner Eintei-
lung der Affekte angehören. Wir haben uns noch nicht mit der Art und
den Eigenschaften derjenigen Affekte auseinandergesetzt, die sich im
Verlauf der strukturellen Differenzierung und der Bildung des Sekun-
därvorgangs unter dem Einfluß des Realitätsprinzips entwickeln.
Ich beabsichtige nicht, die Modifizierungen der Emotionen, ihre
»Zähmung« und die affektiven Abwehrvorgänge, die während der
Ich- und Überich-Bildung entstehen[17], ausführlich zu erläutern, muß
mich aber wenigstens auf einige grundlegende Aspekte der affektiven Entwicklung konzentrieren, insbesondere auf die Veränderungen der Affektqualitäten, die sich mit der Integration der sogenannten »Spannungs«-Affekte in die psychische Organisation ergeben.
Im Sinne einer kurzen Einführung werde ich mit der Erörterung der
Affektqualitäten fortfahren, die mit aggressiver Abfuhr verbunden
sind, sowie mit den psychischen Gesetzen, die diese Abfuhr steuern.
Was die psychischen Gesetze oder Prinzipien betrifft, so habe ich bislang Freuds Annahme des Todestriebs und des Nirwanaprinzips
außer acht gelassen. Wir können jedoch nicht länger der Frage aus
dem Wege gehen, ob die aggressiven Triebe »jenseits des Lustprinzips« sind und von einem »Nirwanaprinzip« gesteuert werden, oder
ob sie den gleichen Prinzipien gehorchen wie die libidinösen Triebe.
Ein Blick auf die psychoanalytische Literatur zeigt, daß die meisten
Analytiker, obgleich sie die Existenz einer Reihe dem Wesen nach
verschiedener Triebarten annehmen, es ablehnen, mit der Todestriebtheorie zu arbeiten. Es könnte die Hauptursache dieser Ablehnung
sein, daß Freuds Annahme von Lebens- und Todestrieben sich auf
ziemlich spekulative Vermutungen gründete, die seinen früheren Be-
griffsbestimmungen und Definitionen der Triebe fremd waren. Jedenfalls können triftige Argumente gegen die Todestriebtheorie vorge-
bracht werden. (Ich verweise nochmals auf die Ausführungen Schurs
zu diesem Thema).
Die Aggression und ihre Abkömmlinge stehen nicht nur im Dienst

17 Ich habe diese Themen in meinem Buch über *»Das Selbst und die Welt
der Objekte«* (1964 [1973]) ausführlich dargestellt.

der gesamten lustvollen, libidinösen Vorgänge und der Ich-Funktionen; wie Hartmann, Kris und Loewenstein (1949) zeigten, kann eine rein aggressive Entladung zweifellos ebenfalls Lust auslösen. Der Lustgewinn ist jedoch offensichtlich nicht das oberste Ziel der Aggression. Ich habe weiter oben erwähnt, daß Gefahrensituationen normalerweise unvermischte aggressive Energien freisetzen, die im Dienst der Selbsterhaltung gebraucht werden. Diese normalen Aufgaben und Schicksale der Aggression können schwerlich als der Ausdruck eines Kampfes zwischen den Todestrieben und den Lebenstrieben erklärt werden, wobei die Todestriebe von den Lebenstrieben nach außen gerichtet und in Schach gehalten werden, bis zum Zeitpunkt des endgültigen Sieges der Todestriebe, an dem der Tod eintritt. Auch wenn die beiden Triebarten sich als Gegensätze gegenüberstehen, miteinander in Konflikt geraten können und jeweils einer der Triebe dem Zweck dienen kann, den jeweils anderen abzuwehren, werden sie doch wohl gleichermaßen durch das Konstanzprinzip und die Lust-Unlustprinzipien gesteuert, und es kommen ihnen komplementäre Aufgaben im Dienst des Lebens zu. Zu dieser Annahme stellt die gefährliche Wirkung reiner, unkontrollierter Aggression auf die Außenwelt keinen Widerspruch dar[18]. Jedoch bieten diejenigen masochistischen Phänomene, auf die Freud sein Todestriebkonzept stützte, Schwierigkeiten für unser Verständnis. Selbstdestruktive Tendenzen, wie sie bei depressiven Zuständen vorkommen, scheinen nicht auf die Erhaltung oder Wiederherstellung eines konstanten Spannungsniveaus, sondern eher auf seine Beseitigung abzuzielen. Wie kann das Lustprinzip bei Menschen wirksam sein, die unbeherrschbare Wünsche nach Selbstdestruktion zeigen?

Wir können uns das Verständnis des Masochismus unter dem Gesichtspunkt des Konstanzprinzips und der Lust-Unlustprinzipien erleichtern, wenn wir uns mit dem Realitätsprinzip und seinem Einfluß auf die Abfuhrvorgänge befassen, wobei wir nicht auf die Annahme eines Nirwanaprinzips zurückgreifen müssen.

18 Vom Standpunkt der Selbsterhaltung aus gesehen, hat es den Anschein, als sei die Beherrschung der aggressiven Triebkräfte und ihres emotionalen Ausdrucks sogar von größerer Wichtigkeit als die Lenkung der libidinösen Triebe, da unkontrollierte Aggression im Gegensatz zur Libido zu echten körperlichen Verletzungen führen und in der Selbstdestruktion enden kann. Hierin liegt der Grund, weshalb eine Reduzierung der libidinösen Triebkräfte, die zur Aggressionskontrolle nötig sind, derart verhängnisvolle Folgen nach sich zieht.

Fenichel beschrieb in *The Ego and the Affects* (1941) und in *The Psychoanalytic Theory of Neurosis* (1945 [1975]) sehr schön, wie die psychische Organisation mit der Entwicklung des Ichs, der Entstehung von Denkvorgängen und Vorstellungen sowie der zunehmenden Triebneutralisierung eine sich immer mehr vergrößernde Macht über die Verteilung und Freisetzung der Triebenergien und damit auch über die affektiven Äußerungen gewinnt.

Die Bindung von psychischer Energie durch das Ich in Form von dauerhaften Objektbesetzungen führt wahrscheinlich vor allem, wie Freud früh bemerkte (1900 a), zu einem allgemeinen Anstieg des Spannungsniveaus (der »Spannungsmittellinie«). Unter Berücksichtigung der Annahme von Triebabfuhrschwellen können wir vermuten, daß die Bindung psychischer Energie einem Anstieg der Schwellenwerte entspricht, oberhalb derer affektive und motorische Abfuhr unbedingt erforderlich werden. Die Auswirkungen der Ich-Bildung auf die Abfuhrvorgänge und die affektive Entwicklung muß man unter verschiedenen Aspekten beschreiben.

In der Regel sehen wir den Übergang von affektiver zu funktioneller, motorischer Aktivität, soweit er zu einer allgemeinen Bändigung der Affekte mit dem Ziel einer adäquaten Funktionsweise des Ichs führt, als die größte Leistung des Ichs bezüglich der Affekte an. Das Ich erreicht die Unterwerfung und Zähmung der Affekte durch seine wachsende Fähigkeit, die Abfuhr mit Hilfe von Gegenbesetzungen zu hemmen, zu lenken und einzuschränken; außerdem erreicht es einen Handlungsaufschub durch die Einfügung von Denkvorgängen.

Obgleich Fenichel (1941) sich auf das Thema konzentrierte, wie das Ich die Affekte zähmt und Abwehrvorgänge gegen sie einsetzt, erwähnte er auch, daß die Affekte bei diesem Vorgang normalerweise nicht auf bloße Signale oder Sicherheitsventile für die Abfuhrvorgänge reduziert werden, die nur dann in Kraft treten, wenn eine angemessene motorische Funktion nicht ausgeübt werden kann. In der Tat können die Affekte, müssen es aber nicht, als Signale oder Sicherheitsventile arbeiten. Die Entwicklung vernunftgemäßen Handelns bedeutet nicht, daß emotionale Reaktionen verschwinden; diese Vorstellung wird jedoch unterstützt, wenn man die affektiven Reaktionen den angemessenen Triebhandlungen oder der vernunftorientierten Arbeitsweise des Ichs zu strikt gegenüberstellt. Ich möchte nochmals betonen, daß selbst beim Saugen, der frühesten triebhaften und funktionellen Aktivität des Kindes, eine intensive, affektiv-motorische Reaktion sich mit einer angemessenen oder angepaßten Funktion verbindet. Sowohl die biologische Abhängigkeit des Kindes wie auch die langsame Reifung seines Ichs und die Hemmung der infantilen Sexualität und Aggression, die jede für sich Triebhandlungen und Ich-Funktionen entweder verhindern oder einschränken, machen die Sicherheitsventil-Funktion der Affekte unentbehrlich; diese Funktion bleibt auch während der ganzen Kindheit von besonderer Bedeutung.

Außerdem sind die Affekte für den Tatbestand verantwortlich, daß das emotionale Leben des Menschen eine unabhängige Existenz erhält, nicht nur neben, sondern auch gleichsam abgetrennt vom vernunftgemäßen Denken und Handeln. Was uns zu menschlichen Wesen macht, ist in der Tat nicht allein die Entwicklung unserer Denkvorgänge, sondern auch die Entstehung eines weiten Bereichs von Gefühlen, von komplexen, emotionalen Einstellungen und affektiven Zuständen, die beim Tier nicht bekannt sind.

Obgleich die Organisation und Differenzierung erwachsenen emotionalen Lebens teilweise von der Zähmung der Affekte abhängen, stellt diese Bändigung doch nur einen Aspekt der affektiven Entwicklung dar. Der andere Aspekt besteht darin, daß sich durch die Reifung und die Entwicklung sowohl der Trieb- wie der Ich-Organisation eine unschätzbare Anzahl neuer Kanäle zur affektiven und motorischen Abfuhr eröffnet. In diesem Sinn führt die Entwicklung der Selbst- und Objektrepräsentanzen und der Objektbeziehungen, der Ich-Funktionen, Sublimierungen und des erwachsenen sexuellen Verhaltens zur Entstehung von Affektkomponenten mit neuen Eigenschaften, die in der Folge mit früheren infantilen Affektkomponenten zu neuen Einheiten integriert werden. Diese Entwicklungsrichtung stellt zumindest einen ebenso großen Beitrag wie die zähmende Kraft des Ichs und Überichs für die konstruktive Umformung der Affekte und Affekteigenschaften dar, für die Gestaltung komplexer Affektmuster, emotionaler Dispositionen und Einstellungen sowie der anhaltenden Gefühlszustände. Oder kürzer gesagt: diese Entwicklung dient ebensosehr der Bereicherung wie auch der hierarchischen und strukturellen Organisation unseres Gefühlslebens.

Wir wollen diese verschiedenen Einflüsse im Auge behalten, wenn ich mich jetzt auf eine der charakteristischen Veränderungen konzentrieren werde, die während dieser Entwicklungsvorgänge zustandekommt, nämlich die Entstehung von Affekten, die in deutlicher Weise Spannungseigenschaften zeigen, und die Brierley (1936 [1937]) zu der Annahme veranlaßten, daß alle Affekte Spannungsphänomene seien. Dies gilt nicht nur für unlustvolle Affekte wie die Signalangst, Ekel, Scham und Schuldgefühle, sondern auch für viele lustvolle Teilaffekte, die beim Erwachsenen auftreten. Die Unfähigkeit des kleinen Kindes, Spannungen auszuhalten, ist allgemein bekannt; allmählich lernt es jedoch nicht nur, Spannungen zu tolerieren, sondern sie auch zu genießen.

Die Untersuchung der Spannungstoleranz und der Spannungsaffekte beim Erwachsenen setzt vor allem voraus, daß wir klarstellen, was wir unter infantiler Spannungsintoleranz verstehen. Ich habe die Behauptung aufgestellt, daß unmittelbar triebhafte Lusterlebnisse auch lustvolle Spannungsanstiege mit sich bringen. Beobachtungen an kleinen Kindern scheinen unsere Annahme zu stützen, daß bestimmte Abfuhrarten, die mit Erregung, das heißt mit Spannungslust verbunden sind, schon bei der infantilen psychischen Organisation eine Rolle spielen. In diesem Zusammenhang verweise ich darauf, daß Lewin (1950) am Vorgang des Stillens eine erste aktive Phase (Erregung) und eine anschließende passive Phase unterschied. Die Spannungslust als solche können wir nicht als eine Leistung des Ichs ansehen; jedoch erwirbt das Kind im Verlauf der Ich- und Über-ich-Bildung normalerweise die Fähigkeit, Spannungsanstiege zu tolerieren oder sogar zu genießen, die es vorher nicht ertragen konnte.

Unsere nächste Frage bezieht sich auf die Beschaffenheit der lustvollen und unlustvollen »Spannungsaffekte«, die mit der Entwicklung der psychischen Instanzen oder Systeme entstehen. Sind sie ebenso wie die Affekte, die mit der Erlebnis- und Funktionsweise des Primärvorgangs verknüpft sind, der Ausdruck von Abfuhrvorgängen? Fenichel hielt zwar am Abfuhrmodell der Affekte fest, aber er überging diese Frage bei seiner Darstellung der Spannungsaffekte. Ich meine nicht, daß wir irgendwelche Fakten finden können, die zu der Annahme im Gegensatz stehen, daß auch die Spannungsaffekte der Ausdruck von Abfuhrvorgängen sind, wenn auch einer Abfuhr, die möglicherweise unvollständig ist und in jedem Fall vom Ich unter dem Einfluß des Realitätsprinzips modifiziert, gehemmt und verzögert wird. Durch Einsetzung des Systems Ich wird, insoweit es der unmittelbaren Abfuhr entgegenarbeitet und auf sie einwirkt, besonders der Verlaufsabschnitt der initialen Spannungsanstiege während des Abfuhrvorgangs ausgedehnt und modifiziert; damit wird auch die charakteristische Spannungsqualität geschaffen, die diesem Affekttyp anhaftet.

Am Beispiel der Angst kommen uns keine Zweifel über ihre Spannungsqualität. Wenn sie sich genügend ausgebreitet hat, weisen ihre Anzeichen und Symptome jedoch deutlich darauf hin, daß auch sie der Ausdruck eines Abfuhrvorgangs ist; einer Abfuhr nämlich, die ursprünglich durch das psychobiologische Leid oder Elend des Neugeborenen erzwungen wird, die der Anpassung an seine neuen Existenzverhältnisse dient, später aber fixiert und auf ein Signal reduziert wird, das in Situationen äußerer und innerer Gefahr zur Wirkung kommt. Das Abfuhrmodell läßt uns auch verstehen, warum die Angst dermaßen leicht libidinisiert (sexualisiert), das heißt unmittelbar als eine gleichzeitige Abfuhrmöglichkeit für sexuelle Energie genutzt werden kann; und warum sie in komplexen Mischungen mit anderen Affektkomponenten bei vielen lustvollen Erlebnisweisen des Erwachsenen, besonders bei solchen, die wir als »Schauer« (»thrill«) bezeichnen, eine so wichtige Rolle spielen kann[19, 20].

Die Herausbildung, Integration und Internalisierung des Musters oder Schemas der Signalangst und die wichtige ökonomische Funktion, die dieser Affekt erhält, sind ein charakteristischer Ausdruck dafür, wie das Realitätsprinzip und die Ich-Bildung im allgemeinen auf die affektive Entwicklung einwirken.

Man kann am besten verstehen, von welcher Bedeutung das Realitätsprinzip für die affektive Entwicklung ist, wenn man nochmals die Beziehungen zwischen den Lust-Unlustprinzipien und dem Gesetz der Konstanz überdenkt. Während das Konstanzprinzip, in Übereinstimmung mit der weiter oben vorgetragenen Auffassung, ganz allgemein die Erhaltung des psychischen Gleichgewichts zum Ziel hat,

19 Meine Bemerkung über unvollständige Abfuhr bezieht sich besonders auf länger anhaltende oder chronische Zustände von unlustvoller, ängstlicher oder schmerzhafter Spannung, die eine psychoökonomische Verfassung darstellen können, deren Hauptmerkmal die sich wiederholende, abgeschwächte und unzureichende, unlustvolle Abfuhr kleiner Beträge psychischer Energie ist.

20 In seinem Buch *Thrills and Regressions* (1959) setzte sich M. Balint mit den genannten komplexen lustvollen affektiven Erlebnissen, die den Akzent des »Schauers« (»thrill«) tragen, auseinander, indem er sie mit den frühen, unreifen Objektbeziehungen in Zusammenhang bringt. Im Vorwort zur deutschen Ausgabe dieses Buches, das den Titel *Angstlust und Regression* (1960) trägt, wies Balint selbst auf die nur unvollkommene Übersetzbarkeit von »thrill« hin, das auch die hier gemeinten affektiven Erlebnisse so treffend bezeichnet (Anm. d. Übers.; siehe auch zweites Kapitel, S. 66).

versucht das Lustprinzip den Verlauf der Schwingungen um die Mittellinie günstigen und bevorzugten Abfuhrmustern gemäß zu lenken. Es ist daher wahrscheinlich, daß sich das Lustprinzip in bestimmten Situationen selbständig macht und die beiden Prinzipien dann gegeneinander arbeiten. Das Lustprinzip kann besondere ökonomische Erfordernisse hervorbringen oder sich sogar auf Kosten des allgemeinen psychischen Gleichgewichts durchsetzen.

Der erste Fall tritt immer dann ein, wenn die Realität mit unseren Wünschen nach Lust kollidiert. Es werden unlustvolle oder schmerzliche Empfindungen auftreten, sobald das Konstanzprinzip versucht, die Wiederherstellung des psychischen Gleichgewichts mit der Hilfe von Abfuhrvorgängen zu erzwingen, die nicht mehr in Übereinstimmung mit den bevorzugten, lustvollen Mustern der Abfuhr vonstatten gehen. Die Einsetzung des Realitätsprinzips innerhalb der psychischen Organisation bedeutet jedoch mehr; sie stellt eine teilweise Unterordnung des Lustprinzips unter andere Funktionen des Konstanzprinzips dar. Dies zeigt sich im Bemühen des Ichs, bestimmte abgeschwächte, unlustvolle Abfuhrvorgänge innerhalb der psychischen Organisation aus psychoökonomischen Gründen anzuerkennen, fest zu integrieren und sogar zu internalisieren.

Das Angstsignal als eine spezielle Art abgeschwächter unlustvoller Abfuhr, die das Ich in Gefahrensituationen auslöst, ist jedoch nur *ein* besonders gutes Beispiel für die vorübergehende Aufhebung des Lustprinzips zugunsten vorrangiger ökonomischer Ziele. Durch seinen größer werdenden Einfluß auf die untergeordneten Lust-Unlustprinzipien erreicht das Konstanzprinzip ganz allgemein einen Zuwachs an Spannungstoleranz, da nicht nur die Signalangst, sondern auch viele andere unlustvolle Spannungsaffekte im Sinn der Signalfunktion herausgebildet und integriert werden. Überdies fördert das Konstanzprinzip auch die Entstehung zusammengesetzter, lustvoller Spannungsaffekte.

Die Frage nach der Spannungstoleranz und Spannungslust des Erwachsenen führt uns jedoch nochmals zu jenem anderen Aspekt der affektiven Entwicklung zurück, den ich besonders hervorheben möchte. Ich denke dabei an die Tatsache, daß dem wenig entwickelten seelischen Apparat nur eine begrenzte Anzahl psychophysiologischer Funktionsstrecken und somit auch Formen der lustvollen affektiven Abfuhr zur Verfügung stehen. Deshalb wird durch die infantile Spannungsintoleranz auch die Unfähigkeit des Kindes zum Ausdruck gebracht, seelische Energien ebenso über die Kanäle reifer Ich-Funktionen und Sublimierungen wie auch mittels erwachsener Triebaktivität abzuführen. Das Kind kann keine Spannung aushalten, da seine psychische Organisation für eine angemessene affektive und motorische Abfuhr noch nicht ausgerüstet ist.

Während der prägenitalen Phase zum Beispiel ist die Trieborganisation noch nicht derart vorbereitet, daß eine vollständige, lustvolle genitale Abfuhr zustandekommen kann; bei manchen Kindern kann dieser Zustand bis zur Pubertät bestehen bleiben. Das Schema oder Muster lustvoller genitaler Abfuhr hat sich noch nicht herausgebildet. Daher wird eine übermäßige sexuelle Reizung, und insbesondere die vorzeitige genitale Stimulation des Kindes, Angst hervorrufen und – unabhängig von gleichzeitiger Untersagung der Sexualität – zu dem führen, was Greenacre (1952, 1971) mehrfach in ihren Arbeiten dargestellt hat: die Erregung greift von dem stimulierten Gebiet auf andere erogene Zonen über und führt zu diffusen Abfuhrvorgängen und entsprechenden affektiven Erlebnissen, in denen sich lustvolle und eindeutig schmerzliche Sinnes- und Gefühlsqualitäten mischen. Die vorzeitige Förderung oder gar Erzwingung von Ich-Funktionen und Sublimierungen bei einem Kind hat wohl eine ähnliche Wirkung.

Wir können zusammenfassend sagen, daß der Erfolg oder das Scheitern der affektiven Entwicklung, was sich besonders in der Entstehung von normaler Spannungstoleranz und von Abfuhrmustern zeigt, die lustvolle Spannungsaffekte zustande kommen lassen, vom bestmöglichen Zusammenwirken dreier Haupteinflüsse abhängt. *Erstens* vom Realitätsprinzip (das im wesentlichen durch die Verbote und Forderungen der Eltern vertreten wird); dieses führt zugunsten ökonomischer Ziele zu einer Zähmung der Affekte und einer gewissen Reduzierung der Lust, indem es die unmittelbare Triebabfuhr zügelt, das Handeln aufschiebt und abgeschwächte, unlustvolle Affekte mit Signalfunktion hinzufügt; *zweitens* von der Reifung der Triebe, bei der sich neue Formen unmittelbarer lustvoller Triebabfuhr entwickeln, und *drittens* von der Reifung des Ichs, die, soweit sie zur Entwicklung der Denkvorgänge, der Urteilsfunktion, den autonomen Ich-Funktionen und den Sublimierungen führt, teilweise die Notwendigkeit von Angstsignalen aufhebt und noch unzählige neue Kanäle für lustvolle, funktionell-motorische und affektive Abfuhr hervorbringt.

Da die Eröffnung neuer Wege zur lustvollen Abfuhr die gelungene Mischung von abgeschwächten unlustvollen Spannungskomponenten mit lustvollen Anteilen zu zusammengesetzten lustvollen Affekten fördert, wirkt sich der Reifungsprozeß in vielerlei Hinsicht zugunsten des Lustprinzips aus und gewinnt ihm einen großen Bereich zurück, den es unter dem Einfluß des Realitätsprinzips verloren hatte. Während die Erlangung von Spannungstoleranz, die Integration und die Internalisierung der Spannungsaffekte vom Angsttypus auf den Sieg des Realitätsprinzips über das Lustprinzip hinweisen, unterstreicht die Entwicklung einer fundierten, zuverlässigen Urteilsfunktion und einer Vielzahl von zusammengesetzten Spannungs-Lust-Erlebnissen die Tendenz des Lustprinzips, sich erneut durchzusetzen.

Wahrscheinlich ist die Anerkennung und Integration unlustvoller affektiver Abfuhrmodi bis zu solchem Ausmaß, daß sie Lustqualitäten gewinnen, mit dem Moment lustvoller »Antizipation« verbunden. Es scheint, daß die Erwartung zukünftiger Befriedigung lustvolle Affektkomponenten hervorruft, die wir, obgleich sie der lustvollen Reihe angehören, auch, und mit Recht, als Signalaffekte bezeichnen können.

Wir nähern uns mit der Beschreibung der drei Haupteinflüsse auf die affektive Entwicklung, und besonders auf die Entwicklung von Spannungstoleranz und Spannungslust unter den Gesichtspunkten der psychischen Regulationsprinzipien, dem Problem der masochistischen Phänomene und dem neurotischen wie psychotischen emotionalen Verhalten im allgemeinen. Wiederholte Erlebnisse vorzeitiger, übermäßiger sexueller Stimulierung zusammen mit sexuellen Verboten und verfrüht auferlegten Sublimierungen können dazu führen, daß angstvolle und schmerzliche affektive Abfuhrvorgänge fixiert, internalisiert und mit lustvollen affektiven Abfuhrmodi vermischt werden. Daraus kann sich die Entwicklung pathologischer emotionaler Verhaltensmuster von masochistischer Art ergeben.

Bei den neurotischen Beschwerden hat das Lustprinzip den Großteil seiner Macht verloren, wenn man auch seine Anstrengungen, sich erneut durchzusetzen, nicht unterschätzen darf. Die herausragenden Beispiele der Internalisierung unlustvoller Abfuhrmodi aus psychoökonomischen Gründen finden wir jedoch in den masochistischen Zuständen. Während die masochistischen Perversionen (und nach meiner Erfahrung besonders diejenigen, die man bei Schizophrenen findet) ein extremes pathologisches Beispiel der Mischungen von unlustvollen und lustvollen Affektkomponenten darstellen, kann das Lustprinzip beim moralischen Masochismus, und besonders in den depressiv-affektiven Zuständen, den ökonomischen Erfordernissen voll-

ständig zum Opfer fallen. Hierin liegt der Grund, warum diese Zustände uns »jenseits des Lustprinzips« erscheinen. Im Falle von Trauer und Depression versucht das Konstanzprinzip dadurch eine Art von Gleichgewicht wiederherzustellen, daß es zunächst die Gesamtheit der psychischen Abfuhrvorgänge unlustvoll verlangsamt und hemmt; dann treten Abfuhrvorgänge auf, deren Art und Verlauf schmerzlich ist und die bei der Depression unter dem Gesichtspunkt der Selbsterhaltung außerdem noch gefährlich werden. Nach dieser Auffassung würden selbst destruktives Verhalten und sogar Mord nicht darauf hinweisen, daß die aggressiven Triebe jenseits der Einwirkung des Lustprinzips liegen und auf die völlige Beseitigung von Spannung *zielen*. Unsere Erklärung würde dagegen lauten: zunächst fällt das Lustprinzip der Anstrengung, das psychische Gleichgewicht wiederherzustellen, zum Opfer; dann kann auch das Konstanzprinzip bei seinem Versuch, um jeden Preis eine Verminderung des hohen Spannungsniveaus durchzusetzen, bezüglich der Aufgabe der Selbsterhaltung scheitern und eine völlige Beseitigung der Spannung nur noch mit Hilfe der Selbstdestruktion erreichen. Ich verweise in diesem Zusammenhang auf Schurs (1966 [1973]) sinnreiche Darstellung des Wiederholungszwangs. Er nimmt an, daß »zwanghaftes Wiederholen« in bezug auf traumatische Erlebnisse einen Versuch darstellt, »die traumatische Situation *ungeschehen* zu machen« (S. 142, 145).
Es gibt jedoch auch pathologische Zustände, die zeigen, wie das Lustprinzip über die ökonomischen Prinzipien gleichsam triumphiert, was immer dann eintreten kann, wenn lustvollen Abfuhrvorgängen ohne Rücksicht auf die allgemeine psychische Ökonomie und die Aufgaben der Anpassung wie auch der Selbsterhaltung nachgegangen wird. Man kann dies am perversen und delinquenten Verhalten von Menschen beobachten, die das Realitätsprinzip nicht akzeptiert haben. Die deutlichsten Beispiele sind allerdings die manischen Zustände, in denen gebundene, hauptsächlich aggressive Energie ununterbrochen mobilisiert und mit rascher Geschwindigkeit nach außen abgeführt wird. Derartige Vorgänge können eine anhaltende und recht lustvolle affektive Verfassung hervorrufen, die jedoch auf Kosten der psychischen Ökonomie eintritt, in der Folge völlig zusammenbricht und zu einer allgemeinen energetischen Verarmung des psychischen Apparats führt. Auf die manische Erregtheit kann daher, ungeachtet der Tatsache, daß das Lustprinzip vorherrscht, und die Aggression nicht gegen das Selbst, sondern nach außen abgeführt wird, ein Zustand psychophysiologischer Erschöpfung folgen, der nicht weniger gefährlich als

ein Zustand ist, bei dem Selbstmordimpulse und -handlungen vorherrschen.

Das Moment der Geschwindigkeit bei den affektiven Erlebnissen

In meiner ziemlich ausführlichen Darstellung der Lust-Unlusteigenschaften der Affekte und ihrer Beziehungen zum Anstieg und Abfall von Spannung habe ich bisher die Frage nach jenen Gesetzmäßigkeiten unberührt gelassen, die bestimmen, unter welchen Bedingungen Anstiege oder Verminderungen psychischer Spannung Lust oder Unlust hervorrufen. Wie schon erwähnt, stellte Freud schließlich fest, die Affektqualitäten stünden wohl nicht in einem direkten Verhältnis zur absoluten Spannungshöhe; sie scheinen eher von den Veränderungen beim Spannungsanstieg oder -abfall wie auch der Beziehung zwischen diesen Veränderungen und der Geschwindigkeitsgröße, mit der die psychischen Prozesse ablaufen, abzuhängen. Wir sind uns zwar der außerordentlichen Rolle, die das Moment der Geschwindigkeit für die psychische Entlastung spielt, bewußt, wissen jedoch sehr wenig darüber. Es hat sich aber bei der Untersuchung spezifischer affektiver Phänomene bewährt, den Einfluß der Geschwindigkeit auf die affektiven Eigenschaften zu beachten.

Einschlägige Beispiele dafür sind die Untersuchungen von Sterba (1946) sowie von Kohut und Levarie (1950) zum Musizieren und Musikerleben; des weiteren der Beitrag von Kris (1939) zur Psychoanalyse des Lachens, eines affektiven Erlebnisses, das eintritt, wenn eine hohe Spannung aufgebaut und dann plötzlich und schnell entbunden wird. Kris hob die Wichtigkeit des Plötzlichen und das Moment der »Überraschung« bei diesem affektiven Erlebnis hervor.

Die Analyse des Lachens zeigt, daß die Erhaltung eines bestimmten konstanten Verhältnisses zwischen dem gegebenen Betrag der Erregung und der Geschwindigkeit ihrer Abfuhr nicht erforderlich ist, damit ein psychisches Ergebnis Lust hervorruft, sondern daß es für die jeweiligen, spezifischen Lust- und Unlustqualitäten auf die Geschwindigkeitsgröße, die Veränderungen der Spannung und die zwischen ihnen sich verändernden Verhältnisse ankommt.

Auf den ersten Blick sieht es so aus, als stünden hohe Geschwindigkeiten und lustvolle Gefühle sowie niedrige Geschwindigkeiten und unlustvolle Gefühle, natürlich abhängig von den Beträgen der abzuführenden Erregung, in direkter Proportionalität zueinander. Trieberregung, die unmittelbar abgeführt wird, scheint Lust hervorzurufen;

wird der gleiche Erregungsbetrag jedoch gehemmt und daher viel langsamer abgeführt, scheint er Unlust zu erwecken. Daß diese Vorstellung aber nicht richtig sein kann, bemerken wir, wenn wir uns daran erinnern, wie viele affektive Ausbrüche schmerzlicher Art sind und wie häufig sexuelle Abfuhr zu rasch eintritt. Daraus müssen wir schließen, daß Vorgänge mit hoher Geschwindigkeit unlustvolle Gefühle hervorrufen können und daß viele langsam ablaufende psychische Entladungsvorgänge lustvoll sind, wie beispielsweise diejenigen, die bei anhaltenden, lustvollen Gefühlszuständen auftreten. Allerdings können wir in diesen Fällen die genauen Proportionen zwischen dem Betrag der Erregung und der Geschwindigkeit, mit der sie abgeführt wird, nicht bestimmen. Leider hält uns, wie oben schon angedeutet, die fehlende Möglichkeit zu quantitativen Messungen der psychischen Kräfte und der Geschwindigkeitsverhältnisse im Bereich vager Vermutungen gefangen.

Soviel kann als sicher gelten: wenn wir beispielsweise von der hohen Spannung unlustvoller Gefühle reden, beziehen wir uns nicht auf die absolute Höhe der Spannung. So kann der Betrag sexueller Erregtheit sehr groß sein, wenn der Energiestrom den äußerst lustvollen, orgastischen Höhepunkt erreicht, während vergleichsweise niedrigere Spannungsbeträge als unlustvolle Erregung wahrgenommen werden können, wenn die Geschwindigkeit des psychischen Vorgangs, besonders während der Phase ansteigender Spannung, abgebremst wird und die Beschleunigung sich durch Hindernisse, die die Abfuhr versperren, ändert.

Sicherlich finden wir bei der psychischen Organisation des Erwachsenen eine größere Anzahl von Lusterlebnissen, die nicht durch Vorgänge mit hoher Geschwindigkeit hervorgerufen sind, wie es bei der unreifen psychischen Organisation vorkommt. Dies hängt mit der Entwicklung des Ichs und der Annahme des Realitätsprinzips, das heißt der graduellen Modifizierung der affektiven Schemata oder Muster, die ich weiter oben erwähnt habe, zusammen. Im Hinblick auf das Moment der Geschwindigkeit hat man unter der Spannungstoleranz und Spannungslust des Erwachsenen zu verstehen, daß es dem Ich gelungen ist, neue, lustvolle Schemata psychischer Vorgänge mit geringer Geschwindigkeit zu entwickeln, die, wie sich an der neurotischen Hyperaffektivität zeigt, von einem schwachen Ich nicht zustande gebracht werden können. Auf der anderen Seite aber versucht das neurotische Ich in größerem Ausmaß als das normale Ich, und infolge der Schwere der Verdrängung, bei bestimmten unerwünschten psychischen Vorgängen, Beschleunigungen zu verhindern und den Verlauf der Entladung und der Abfuhr abzubremsen oder zu modifizieren.

Ich möchte über die Beziehung, die zwischen Geschwindigkeit, Rhythmus und den verschiedenen Arten der Triebenergie, das heißt Libido, Aggression und neutralisierten Trieben, bestehen könnte, wenigstens noch ein paar Vermutungen äußern. Was zuerst ins Auge sticht, ist die besonders wichtige Rolle, die der Rhythmus bei den libidinösen Vorgängen im Gegensatz zur Entladung der aggressiven Triebkräfte spielt. Bei der prägenitalen und genitalen libidinösen Entladung hängt dies offensichtlich mit der besonderen Wechselwirkung von sensorischer und motorischer Erregung zusammen, die sich gegenseitig auslösen und steigern. Außerdem kann das Phänomen des Höhepunkts und die entsprechenden Geschwindigkeitskurven, die sich an der genitalen Triebabfuhr wie auch an vielen zielgehemmten libidinösen Vorgängen zeigen, mit den unterschiedlichen psychophysiologischen Wegen erklärt werden, die zur Abfuhr beider Triebformen benutzt werden. Betrachten wir andererseits die Explosivität der aggressiven Phänomene, so können wir schließen, daß die unmittelbare aggressive Entladung mit größerer Geschwindigkeit als die direkte libidinöse Entladung einzutreten scheint. Dies würde bedeuten, daß die Lust-Unlust-Eigenschaften der beiden Triebarten von verschiedenen Geschwindigkeitsprinzipien abhängen. Weiterhin können wir durch die Beobachtung erregter Affektzustände wie der Wut, dem Lachen und dem Orgasmus, die für sich genommen jeweils zu krampfartigen Phänomenen führen können, vermuten, daß zwischen der Erregung des motorischen Systems und der hohen Geschwindigkeit des Energiestroms ein besonderer Zusammenhang besteht. Dies unterstreicht, welchen Einfluß die psychophysiologischen Kanäle, die von den Trieben benutzt werden, auf die Geschwindigkeit der Abfuhr und somit auch auf die entstehende Affektqualität haben.

Die psychoanalytische Untersuchung der Triebschicksale hat uns gelehrt, daß den libidinösen Trieben eine besondere Plastizität und Flexibilität eigen ist. Diese Eigenschaft der libidinösen Triebe hängt wahrscheinlich mit den vielfältigen Wegen zusammen, über die Libido entladen werden kann. Die libidinösen Vorgänge zeigen zugleich auch eine größere Veränderlichkeit in der Geschwindigkeit und Beschleunigung ihrer Entladung.

Während Aggression immer mit »Aktivität« und »Explosivität« zusammengebracht wird, ist es üblich, zwischen passiven und aktiven

Formen libidinöser Lust zu unterscheiden – ungeachtet der Tatsache, daß alle Triebe selbstverständlich »aktiv« sind. Die auffälligen Unterschiede zwischen genitaler Aktivität und prägenitaler passiver Lust, wie sie beim Saugen oder durch rhythmisches Streicheln und Schaukeln gewonnen wird, hängen sicherlich mit unterschiedlicher Geschwindigkeit und Beschleunigung zusammen. Bei der prägenitalen passiven Lust hat es den Anschein, daß durch die sensorische oder propriozeptive Reizung kleine Beträge von Triebenergie freigesetzt werden, die mit langsamer Geschwindigkeit leicht und lustvoll abgeführt werden können, während die Geschwindigkeitskurve bei der genitalen Abfuhr einen »dramatischen« Verlauf nimmt.

Wenn wir diese verschiedenen Formen erotischer Lust untersuchen, werden wir uns der wichtigen Rolle bewußt, die Außenreize für die Geschwindigkeitsverhältnisse bei den psychischen Vorgängen spielen. Die Repräsentanzen unserer Vorstellungen, des Selbst und der Objekte, stellen im Ich Hauptbereiche dar, wo die psychische Energie sich ansammelt, in dauerhaften Besetzungen gebunden und dadurch an unmittelbarer Abfuhr gehindert wird. Andererseits hat es den Anschein, daß die Funktion der Außenreize nicht nur darin besteht, die Freisetzung gebundener psychischer Energie zu unterstützen, sondern daß sie auch in dem erregten Gebiet dazu dienen, eine Art Sammelpunkt zu bilden und zu besetzen, der den Energiestrom anzieht und zur Stelle der endgültigen Abfuhr lenkt. Die Geschwindigkeit der Abfuhrvorgänge und die affektiven Qualitäten sind daher in großem Ausmaß von der Eigenschaft und Intensität der äußeren Reize abhängig. Der regulierende und selektive Einfluß der verschiedenen äußeren Reizformen auf die Art und Geschwindigkeit der psychischen Entladung ist für die spezielle Untersuchung affektiver Phänomene von großer Bedeutung.

Ich schließe mit einer Bemerkung über die Geschwindigkeitsverhältnisse bei psychischen Vorgängen, wie sie die sublimierten und autonomen Ich-Funktionen darstellen, wobei hauptsächlich neutralisierte Energie entladen und abgeführt wird. Offensichtlich ist es gerade diese zunehmende Neutralisierung, die im Verlauf der Ich-Bildung mit ihrer Veränderung der Triebqualitäten nicht nur die Bindung freibeweglicher Energie, sondern auch die Aufnahme und Entstehung komplexer lustvoller affektiver Erlebnisse zuläßt, an denen sich die feinen Variationen zwischen hoher und niedriger Geschwindigkeit zeigen, durch die so viele der höherentwickelten Lusterlebnisse bestimmt sind.

2. Über das Lachen und den Sinn des Komischen in der Kindheit*

In diesem Kapitel möchte ich unsere Aufmerksamkeit auf eine besondere emotionale Äußerung lenken, auf das Lachen nämlich und die Entstehung des Humors bei Kindern. Das klinische Material, das ich zur Bestätigung meiner Thesen heranziehen werde, stammt nicht aus Kinderanalysen, sondern es wurde aus zwei Behandlungsfällen von Erwachsenen gewonnen. Das bringt gewisse Vorteile; häufig können wir in der Analyse von Erwachsenen ihre Persönlichkeitszüge bis zu ihren Wurzeln in ganz bestimmten Kinheitserlebnissen zurückverfolgen, und die Mechanismen, die solchen frühen Reaktionen zugrundeliegen, werden bei diesem Vorgehen meist vollständiger aufgeklärt, als es in der Analyse von Kindern möglich ist.

Die auslösenden Reize und der Ablauf des Lachens

Die psychologische Literatur über das Lachen und die damit verwandten Phänomene wie Witz, Humor und das Komische ist so umfangreich, daß ich, anstatt eine vollständige Bibliographie aufzuführen, auf zwei Verzeichnisse verweisen möchte, die sich in der Arbeit von Blatz, Allin und Millichamp (1936), *A Study of Laughter in the Nursery School Child,* finden. In der einen Tabelle werden Autoren aufgeführt, die Theorien über das Lachen entwickelt haben; die andere gibt einen Überblick der beobachtenden und experimentellen Untersuchungen zum Lachen und Lächeln bei Kindern von verschiedenem Alter.

In der psychoanalytischen Literatur gibt es einige grundlegende Beiträge zum Verständnis des Komischen. Freud hatte die Auseinandersetzung mit diesem Thema in *Der Witz und seine Beziehung zum Unbewußten* (1905 c) eröffnet; seine Arbeiten berücksichtigten ökonomische und topographische Betrachtungsweisen. Freud zeigte, wie sich das Lachen, das durch einen Witz hervorgerufen wird, aus einer Ersparung psychischen Aufwands ergibt, die einem kurzen Aufheben hemmender Kräfte zu verdanken ist und wodurch eine Rückkehr zu

---

* Erstveröffentlichung in *The Psychoanalytic Study of the Child* (1946), Bd. 2, S. 39–60.

infantiler Lust zugelassen wird[1]. Später wiesen Freud und andere Autoren darauf hin, welche Rolle dem Ich und dem Überich bei Schöpfungen der Komik und beim Humor zukommen. Reik (1929) untersuchte die Wirkung von Introjektion und Projektion beim jüdischen Witz und stellte einen Vergleich mit manisch-depressiven Mechanismen an. Freud (1927 d) deutete den Humor als einen großartigen Triumph des Narzißmus und des Lustprinzips über die Ungunst der realen Verhältnisse, der durch eine augenblickliche Verschiebung der Besetzung vom Ich auf das Überich bewirkt werde; das Überich tröste, gewissermaßen aus der Vogelperspektive, das eingeschüchterte Ich, vergleichbar dem Vater, der seinem Kind bei einer harmlosen Schwierigkeit Trost zuspricht[2]. Kris (1938) ergänzte Freuds ökonomische Theorie über das Lachen und den Witz, indem er auf die Bedeutung »der Geschwindigkeit, mit der Spannung aufgehoben wird« und »das Element von Plötzlichkeit bei diesem ökonomischen Vorgang, (der) für die Art der Lust am Komischen verantwortlich ist«, hinwies. Außerdem äußerte er die Ansicht, daß »die meisten komischen Phänomene wohl mit vergangenen Konflikten des Ichs verbunden sind und dem Ich helfen, seinen Sieg zu wiederholen und damit halbwegs assimilierte Furcht zu überwinden« (S. 89). Es erscheint möglich, diese und andere analytische Theorien durch klinische Untersuchungen, insbesondere des Lachens und der Komik bei Kindern, zu bestätigen.

Von Brackett (1933), Blatz, Allin und Millichamp (1936), Dearborn (1900), Justin (1922), Enders (1927), Kenderdine (1931) und Washburn (1929) wurden einige spezielle psychologische Untersuchungen über das Lächeln und das Lachen bei Kindern im Vorschul- und im Schulalter veröffentlicht. Bühler (1930), Gesell (1925) und viele andere berührten ebenfalls dieses Thema. Die Mehrzahl dieser Autoren hatte aus der Beobachtung des körperlichen, sozialen und vorstellungsmäßigen Erlebens vor allem nützliche Fakten über die Reize zusammengetragen, durch die das Lächeln und das Lachen hervorgerufen werden. Die Kinderanalytiker haben zu diesem Thema bisher keine Beiträge geleistet.

Aus der Materialsammlung, die sich auf Kinder bis zum Alter von drei Jahren bezieht, können wir eine anschauliche Gruppierung der verschiedenen Reize in Übereinstimmung mit allgemeinen Merkmalen entnehmen; dieses Vorgehen ist nützlich, da es zu Hypothesen

1 G. W., Bd. 6, S. 133 (Anm. d. Übers.).
2 G. W., Bd. 14, S. 385 f. (Anm. d. Übers.).

über die infantilen Ursprünge der Lächel- und Lach-Reaktion anregt.

Die Übersicht, die uns Blatz, Allin und Millichamp geben, zeigt an erster Stelle, daß besonders das Lächeln, aber auch das Lachen, bei Säuglingen und Kleinkindern als allgemeine Reaktionsweise in Erwartung oder auf eine intensive Befriedigung jeglicher Art eintritt. Weiterhin läßt uns diese Übersicht erkennen, daß sich das Lächeln – und noch augenfälliger das Lachen – auf einer wenig höheren Entwicklungsstufe (zwei Jahre und zwei Monate) mit einer großen Anzahl von Erlebnissen verbindet, die allesamt mit dem motorischen System zusammenhängen.

Untersuchungen von Spitz und Wolf (1946), auf der Grundlage von Kailas Forschungsarbeit (1935), zeigten, wie bei Kindern das Lächeln als eine soziale Antwort auf eine näherkommende Person ausgelöst wird, und zwar besonders durch die Verbindung der horizontal-vertikalen Gesichtskonfiguration mit dem rhythmischen Kopfnicken zum Gesicht des Kindes hin. Dies allein weist schon auf die Bedeutung hin, die der Bewegung als einem Reiz, der das Lachen auslöst, zukommt.

Sehen wir von den rein emotionalen und vorstellungsmäßigen Reizen ab, die von Blatz u. a. aufgeführt wurden, dann können wir drei Reizgruppen erkennen, die bei Kindern im Alter von zwei Monaten bis zu zwei Jahren das Lachen auslösen:

1. kurze, vor allem rhythmische, exterozeptive Reize – Berührung (Kitzeln), Licht (kräftige Farben, künstliche Lichtquellen) und Schall (laute Geräusche);

2. propriozeptive Reize – als Reiz wirken zunächst und vor allem rhythmische Bewegungen, eine von außen herbeigeführte oder willkürlich entstandene, rasche motorische Aktivität des gesamten Körpers oder einzelner Körperteile (zu einem früheren Zeitpunkt beispielsweise das Schütteln der eigenen Hände und Arme oder der eines anderen; später aktives Spielen, körperliche Fortbewegung und das Sprechen);

3. die Beobachtung plötzlicher oder rascher Bewegungen von Personen oder Gegenständen (frühe Beispiele sind Gesten, rhythmisches Händeklatschen, Vom-Knie-Rutschen, Guck-Guck-Spiel und schnelle Bewegungen von Spielzeugen oder glänzenden Gegenständen; später auffallende oder absurde mimische Äußerungen wie Grimassen, Lachen und Spaßmachen).

Gewöhnlich sind die Reize der ersten und der dritten Gruppe miteinander verknüpft – das Schütteln einer Kinderklapper oder eines glänzenden Spielzeugs, rhythmisches Händeklatschen, lustige Geräusche, Schwatzen, Lachen und spaßiges Reden. Diese Reize gehen alle mit auffallenden Gesten oder Ausdrucksbewegungen des Gesichts einher. Deshalb können Geräusch- und Lichtreize unter der ersten wie unter der dritten Gruppe eingeordnet werden.

Man kann annehmen, daß die Beobachtung von Ausdrucksbewegungen, wie sie in der dritten Gruppe aufgeführt werden, eine »anstekkende«, erregende Wirkung auf das motorische System ausübt. Beispiele finden wir im Gähnen, Weinen und Lachen von Erwachsenen. Damit ist gesagt, daß ein Kind, das rasche Bewegungen beobachtet, an diesem Erlebnis nicht vollständig teil hat. Es beteiligt sich emotional und findet im Lachen Entspannung, statt am ganzen Geschehen teilzunehmen. Da die Reize der dritten Gruppe auch zu jenen Reizen zählen, auf die Kinder zwischen dem dritten und zwölften Lebensmonat am frühesten und häufigsten reagieren, ist es sicher auch nicht zu gewagt, wenn wir annehmen, daß gerade die Unfähigkeit des Säuglings, Wahrnehmungserregungen mit entsprechender motorischer Aktivität zu beantworten, zu einer Einschränkung motorischer Spannungsabfuhr führt. Dafür aber entspannt sich das Kind im Lachen, an dem nur jene Muskelgruppe beteiligt ist, die schon früh trainiert wird und daher funktionsbereit ist. Wir erinnern uns in diesem Zusammenhang an eine Feststellung von Kris (1939) – in der Entwicklungsgeschichte der menschlichen Art wird die Sprache der Gesten durch die verbale Sprache ersetzt; ebenso lebt im Lachen die archaische motorische Lust wieder auf und wird sozial zugelassen.

Bevor wir die drei Reizgruppen weiter untersuchen, müssen wir uns die Frage stellen, ob zwischen dem Lächeln, mit dem eine intensive Befriedigung beantwortet oder erwartet wird, und dem Lachen, das durch eine Erregung des motorischen Systems ausgelöst wird, eine Verbindung besteht. Da jedes infantile Verlangen nach einer Entspannung sucht, die sich über das motorische System herstellt, fällt es uns nicht weiter schwer zu verstehen, daß jede Art von intensiver Befriedigung ein Lächeln auslösen kann, in dem wir das gemäßigtere Gegenstück zum Lachen sehen können, während sich das Lachen selbst, da es eine stärkere Reaktion darstellt, auch wesentlich spezifischer mit Erlebnissen (psycho-)motorischer Art verbindet. Da aber die Erregung des motorischen Systems als solche noch kein Lachen hervorruft, müssen wir nach den besonderen Bedingungen und Anteilen der Erregung suchen, die dafür verantwortlich sind, daß es zum Lachen kommt. Wie Kris hervorhob, scheint dem Moment der Geschwindigkeit größte Bedeutung zuzukommen, das heißt der Plötzlichkeit, mit der ein Reiz auftaucht und der Schnelligkeit der Bewegung. Außerdem gibt es noch gewisse affektive Voraussetzungen für die Entstehung des Lachens.

Wir wollen uns Beobachtungen von sehr frühen und einfachen Erlebnissen, die zum Lachen führen, zuwenden, zum Beispiel wenn man mit einem kleinen Kind spielt und es einem anderen Erwachsenen in die Arme wirft oder wenn einer der Untersucher plötzlich wieder unter dem Tisch hervorkommt. Schon bei diesen einfachen Erlebnissen entsteht eine Sequenz von Affekten, an der man zwei Phasen unterscheiden kann, nämlich eine Phase der Erregung und eine Phase der endgültigen Abfuhr. Diese Phasen wechseln einander rhythmisch ab und bringen die Lachsalven hervor.

Die erste Phase kennzeichnet ein »Erschauern« (»thrill«), das heißt eine angstvolle Spannung; dadurch, daß sich dieser Spannung rasch ansteigende Lust beimischt, lösen sich die Ängste auf, die offensichtlich von der Geschwindigkeit, den unvermutet entstehenden, erregenden Bewegungen, also der Intensität des motorischen Erlebnisses herrühren. Die Lustkomponente besteht einesteils in unmittelbarer motorischer Lust; zum andern Teil scheint es sich bei ihr um eine rein emotionale Freude zu handeln, die sich daraus ergibt, daß dem Kind die Harmlosigkeit des Vorgangs bewußt wird und es außerdem ein höchst lustvolles Ende erwartet. Diese wichtigen emotionalen Voraussetzungen für die Entstehung des Lachens stammen aus mehreren Quellen, aus Erinnerungen, vorausgegangenen und ähnlichen Erlebnissen des Lachens oder sozialen Faktoren wie die fröhliche, freudige und verheißungsvolle Haltung derjenigen Person, die mit dem Kind umgeht oder von ihm beobachtet wird. In der frühesten Reaktion des Lächelns, wie sie von Spitz und Wolf (1946) untersucht wurde, wird das Element der Antizipation durch den visuellen Eindruck verkörpert, der aus der Konfiguration des Gesichts, das sich dem Kind zuwendet, gewonnen wird.

Zur zweiten Phase gehört die endgültige Abfuhr, die häufig als überraschender Höhepunkt eintritt und wahrscheinlich deshalb entsteht, weil die Bewegung unerwartet verlangsamt oder angehalten wird. So kommt plötzlich und unter intensiver, lustvoller und krampfartiger motorischer Abfuhr im Lachen eine Entspannung zustande.

Diese beiden Phasen wie auch die zu ihnen gehörenden affektiven und emotionalen Anteile können an einem typischen Spiel veranschaulicht werden, das mit Kindern unter einem Jahr gespielt wird und sie zum Lachen bringt. Das Kind liegt auf dem Bauch; man fährt mit der Hand seinen Körper entlang, mit zunehmender Geschwindigkeit und in Richtung des Gesichts. Zunächst begleitet man diese Bewegung mit Geräuschen und Mienenspiel, die leicht furchterweckend sind; dann hält man plötzlich inne, kitzelt das Kind im Nacken und lacht. Nach anfänglichem Erschauern bricht das Kind in Lachen aus.

Bei diesem und anderen ähnlichen Erlebnissen des Lachens spielt die Überraschung eine wichtige Rolle; dieser Faktor bewirkt, daß das Lachen plötzlich ausbricht. Übrigens unterscheidet sich das Lachen im angeführten Beispiel kaum vom Lachen bei den Rummelplatzvergnügungen, zum Beispiel beim Berg- und Talbahnfahren. Die rasche Abfahrt steht für die erste Phase des Erschauerns; in der sich anschließenden zweiten Phase wird die Geschwindigkeit geringer und es kommt zum Lachen. Darauf folgt eine neue rasche, »riskante« Abfahrt, die wiederum eine Lachsalve auslöst.

Wir wollen die Anteile, die in jeder der drei weiter oben unterschiedenen Gruppen von frühen Erlebnissen des Lachens auftreten, zusammenfassen. Das Lachen kommt als abschließende und stark lustvolle motorische Entladung zustande, wenn eine intensive, insbesondere rhythmische Erregung, die einen Teil oder das ganze motorische System ergreift, ein plötzliches oder überraschendes, rasch verlaufendes und genußvolles Erlebnis hervorbringt, das wiederum lustvolle Erwartungen von Entspannung weckt, obgleich es zunächst auf Gefahr hinweist. Die ursprüngliche, enge Beziehung zwischen Lachen und motorischem Erlebnis ebnet späteren Entwicklungsstufen des Lachens den Weg, auf dem es sich von komplexen Erlebnissen der Körperbeherrschung schließlich bis zu einem Sieg des Ichs über die reale, äußere und die triebhafte, innere Welt entwickelt.

Blatz u. a. (1936) interpretierten ihre Beobachtungen von Kindern in Tagesstätten auf eine Weise, die der psychoanalytischen Theorie ziemlich nahe kommt: »Man kann das Lachen und wahrscheinlich auch das Lächeln als sozial annehmbare Ticks oder kompensatorische Mechanismen der Motorik betrachten; sie gehen mit der Lösung von Konflikten einher, die den Betreffenden für längere oder kürzere Zeit in die Klemme brachten« (S. 27). Die Versuchssituationen, die in dieser Arbeit beschrieben wurden, zeigen deutlich, daß die Art dieser Konflikte mit physischer Kontrolle oder anderen Ich-Leistungen zusammenhängt. Zu diesen körperlichen Leistungen gehört beispielsweise, wenn ein Kind lacht, sobald es am Ende einer Rutschbahn auf dem Boden ankommt, in ein Schwimmbecken gesprungen ist, oder wenn ein Spielzeug, mit dem es geworfen hat, im Wasser landet. Immer gehören zu diesen Beispielen sowohl intensive, schnelle motorische Aktivität wie auch zielgerichtetes Handeln oder körperliche Leistung. Wir können auch sagen, das Lachen, dessen Entstehung wir in der weiter oben beschriebenen Gruppe mit plötzlichen oder raschen rhythmischen Bewegungen oder intensiver, spielerischer und zielloser Aktivität verknüpft haben, kommt in diesen Beispielen durch eine erfolgreiche motorische Funktionsweise zustande, die im Dienst des Ichs steht. Schließlich kann das Lachen, wie eine andere Reihe von Experimenten zeigt, die von Blatz u. a. durchgeführt wurden, mit Ich-Leistungen verbunden werden, die nicht mehr an körperliche Aktivitäten geknüpft sind.

In diesem Zusammenhang sprechen Blatz u. a. von »einem Abschluß oder einer Ergänzung der Geschehnisse«. Ihrer Ansicht nach kann man in den meisten Fällen des Lachens annehmen, daß »die Kinder das Ende des Geschehnisses voraussahen ... ihre Erfahrung hatte sie gelehrt, dieses Ergebnis zu erwarten. Sie hatten (aber auch) durch ihre Erfahrungen gelernt, daß die betreffenden Handlungsweisen Gefahrenelemente in sich schließen« (S. 26). Ich denke, daß diese Beobachtungen und Schlußfolgerungen mit der Hypothese, die Kris (1938) aufstellte und mit meinen eigenen Formulierungen in diesem Kapitel, gut übereinstimmen.

Der Unterschied, der für komplizierte und einfache Arten von Reizen, die das Lachen hervorbringen, den Ausschlag gibt, haben wir in einer Wendung zu narzißtischen Lustkomponenten zu sehen, die durch die Teilnahme des Ichs am Lachen hervorgerufen wird. Je mehr das Lachen über den Ausdruck motorischer Aktivität hinaus mit Ich-Leistungen, die sich auf körperliche Funktionen und die Beherrschung der Triebkonflikte beziehen, verbindet, desto wichtiger werden die narzißtischen Lustanteile. Mit dieser zunehmenden Beteiligung des Ichs werden die Ängste, die zunächst von der Geschwindigkeit der Bewegungsreize ausgelöst wurden, durch andere Ängste ersetzt, die sich darauf beziehen, daß das Ich bei der Beherrschung von realen, äußeren oder triebhaften, inneren Gefahren scheitern könnte. Das Lachen kommt in beiden Fällen jedoch nur zustande, wenn die Ängste sich dadurch rasch auflösen, daß Lust zu erwarten ist. Bei den späteren Erlebnissen des Lachens bedeutet dies, daß ein Sieg des Ichs zu erwarten ist; diese Erwartung beruht auf dem Wissen, daß man gelernt hat, eine gefährliche Situation dieser Art zu beherrschen.

Der kategoriale oder einordnende Faktor spielt bei komplizierteren komischen Vorgängen, insbesondere bei der Darbietung von Komik eine besondere Rolle. Die Kenntnis, daß es sich um Komik handelt, die in der Erwartung besteht, daß nun ein Witz erzählt oder ein Bild gezeigt wird, das etwas Spaßiges ausdrückt, oder auch der glückliche Ausgang einer komischen Darbietung, trägt in großem Ausmaß zur »Erwartung von Vergnügen« bei, die den Ängsten entgegenwirkt.

In allen Fällen setzt das Lachen offensichtlich »nach dem Ende des Geschehnisses« ein. Besteht der Reiz in einer schnellen Bewegung, dann beginnt das Lachen, wenn die Bewegung zum Stillstand kommt; bei komplexeren Erlebnissen tritt das Lachen dann ein, wenn mit dem Moment des Erfolgs die Leistung gesichert ist. Allem Anschein nach müssen wir an dieser Stelle die Rolle, die dem Überich zukommt, in Betracht ziehen. Das Lachen wird vom Überich gleichsam als wohlverdiente Belohnung gestattet, und das erfolgreiche Ich kann es sich nun leisten, die Abwehr aufzulassen; es regrediert zu unkontrollierter infantiler Lust und findet Entspannung über den harmlosen Abfuhrweg des Lachens.

Was den Witz angeht, so kann man sagen, er verführt das Ich dazu, daß es dem Überich »eins auswischt« und daß es außerhalb der Reichweite des strengen Überichs durch das Lachen eine regressive, infantile Befriedigung zuläßt. Für den Humor gilt, daß das betreffende Erlebnis mit einem Gefühl realen Versagens, oder einer Identifizierung mit diesem Versagen, beginnt; ein Teil des Ichs überwindet dieses Versagen, indem er sich distanziert und auf die Höhe des Überichs erhebt. Das Ich macht das Versagen ungeschehen, indem es die Stärke des Überichs dagegensetzt – als wollte es sagen: gleichviel wo auch immer etwas geschieht, mein »wahrer« Kern ist unversehrbar.

Ich möchte einen weiteren wichtigen Sachverhalt hervorheben. Je einfacher und unreifer der Reiz ist, der das Lachen auslöst, desto mehr kommt im Lachen »reine, unkontrollierte motorische Lust« zum Ausdruck. Dagegen führt die zunehmende Komplexität der Reize dazu, daß der Rahmen für die Vielzahl von Affekten und Emotionen, die über das Lachen zur Abfuhr kommen, sich erweitert; gleichzeitig werden die Schattierungen des Lachens reichhaltiger und umfassen, um nur einige Beispiele zu nennen, feinsinniges, empfindsames Vergnügen, volles, freudiges Lachen, leicht ironisches, aber auch grimmiges, zynisches oder triumphierendes Lachen. Während sich immer mehr komplexe Reize herausbilden, bleiben die einfachen, unreifen Reizformen zum Teil wirksam, und das Lachen des Erwachsenen stammt unter Umständen aus Quellen, worin alle Reizformen zusammenwirken.

Wie weiter oben erwähnt wurde, spielen Beobachtungen für die Auslösung des Lachens beim Erwachsenen eine besondere Rolle; sie stellen aber auch beim Lachen des Kindes einen sehr wirksamen und häufigen auslösenden Reiz dar. Es ist äußerst interessant, die frühen, einfachen Erlebnisse des Lachens dieser Art, wenn beispielsweise die Beobachtung rascher Bewegungen zum Lachen führt, mit späteren, wo man über das körperliche oder moralische Versagen eines anderen Menschen lacht, und mit noch komplexeren Erlebnissen zu vergleichen, wie beispielsweise dem Lachen über Witze, Cartoons und Komik-Darbietungen.

Zunächst möchte ich das Lachen bei der Beobachtung von raschen Bewegungen mit dem Lachen vergleichen, das auftritt, wenn man ein körperliches Versagen beobachtet. Stellen wir uns zum Beispiel einen Menschen vor, der stolpert und auf der Straße hinfällt. Im ersten Fall lacht das Kind offensichtlich deshalb, weil es an den Bewegungen teilnimmt. Im zweiten Fall reagiert es mit seinem Lachen auf das »lächerliche« Versagen des anderen Menschen, was dessen Körperbeherrschung anlangt. Unter dem Gesichtspunkt der vorausgegangenen Ausführungen können wir den emotionalen Vorgang, der das Lachen hervorruft, auf folgende Art interpretieren. Zunächst fühlt sich der Beobachter versucht, an der beobachteten, unkontrollierten Bewegung teilzunehmen, empfindet aber auch Furcht durch diese Teilnahme. (Kinder ahmen häufig den Gang Betrunkener oder ähnliches »Versagen« nach und lachen dabei.) Der Beobachter kann seine eigenen Ängste rasch überwinden, indem er sich seiner eigenen Körperbeherrschung vergewissert. Nachdem er auf diese Weise sein Gefühl der Überlegenheit hergestellt hat, kann er sich entspannen und sich überdies wieder gestatten, an dem Erlebnis in Form einer ähnlich unkontrollierten, jedoch sozial akzeptierten und harmlosen Entladung, dem Lachen nämlich, teilzunehmen. Dieses Lachen bedeutet zweierlei, Lust und narzißtischer Triumph. Außerdem dient es als zusätzliches Ventil für aggressive Impulse, wofür es auch die Bezeichnung Schadenfreude gibt.

Beobachtungen in einer Kindertagesstätte

Man hat die Rolle, die den Triebkonflikten bei der Entstehung des kindlichen Lachens zukommt, bislang nicht berücksichtigt. Mit Ausnahme der Arbeit von Annie Reich (1949) über *The Structure of the Grotesque-Comic Sublimation* wurden keine klinischen Studien veröffentlicht, mit denen man die Richtigkeit der psychoanalytischen Theorie zu diesem Thema prüfen könnte. Wie ich schon in den einleitenden Sätzen bemerkte, stammt das klinische Material, das ich hier vorstellen möchte, aus der Analyse von erwachsenen Patienten und nicht von Kindern. Es bezieht sich jedoch auf das Lachen bei Kindern, das durch Beobachtungen, die Triebkonflikte mobilisierten, ausgelöst wurde.

Vor der Darstellung dieser Fälle möchte ich einen Bericht einfügen. Er enthält direkte Beobachtungen, die in einer Kindertagesstätte gemacht wurden. Ein psychoanalytisch geschulter Beobachter beschreibt, wie Vorschulkinder auf Situationen, die eine Triebgefahr mit sich bringen, kichernd und lachend reagieren.

»Kinder beiderlei Geschlechts im Alter von zwei, drei und vier Jahren reagieren auf Angstsituationen mit sehr viel Gekicher. Mit zwei und drei Jahren kichern sie häufig in Situationen, die mit dem Gewahrwerden des unterschiedlichen Geschlechts zusammenhängen. Bei der eigentlichen Beobachtung der anatomischen Verschiedenheiten lachen sie nicht, sondern sind eher sehr aufmerksam, überrascht, verwundert und ähnliches. Zur gleichen Zeit aber kichern sie über ›absurde‹ Verschiebungen. Sie wenden beispielsweise die Worte, die mit den Geschlechtsorganen oder mit den Ausscheidungsfunktionen zusammenhängen, auf andere Objekte an und lachen schallend. Oder sie verändern die Worte ein wenig und benutzen sie außerhalb ihres Zusammenhangs. Ein Kind zum Beispiel, das seinen Kot als ›Bah-Bah‹ (*»po-po«*) bezeichnet, nennt den Penis eines anderen Kindes ›Bah-Bah-Schwänzchen‹ (*»po-po-pony«*) und macht daraus einen Riesenspaß. In ähnlicher Weise lachen die Kinder unmäßig über alle absurden (das heißt verschobenen) Situationen: ein Kind zieht sich einen Überschuh ohne den Schuh darunter an, und die gesamte Kinderschar im Spielzimmer lacht; oder ein Kind zieht sich die Schuhe oder die Kappe eines anderen an, worauf das Gekicher losgeht, ganz gleich, ob diese Handlung aus Versehen oder als Clownerie geschah. Mit drei und vier Jahren kichern und lachen die Kinder dann auch, während sie Geschlechtsunterschiede beobachten.«

Auf den ersten Blick scheinen diese Beobachtungen der These von Kris (1938) zu widersprechen, daß »die Lust am Komischen ... sich auf eine frühere Leistung des Ichs bezieht, deren Zustandekommen eine lange Zeit des Übens erforderte« (S. 85). Kinder zwischen zwei und vier Jahren haben selten eine vollständige Beherrschung ihrer Ausscheidungsfunktionen erlangt und fangen gerade an, sich mit dem gefährlichen Problem des Geschlechtsunterschieds auseinanderzusetzen. Dieser deutliche Widerspruch läßt sich jedoch auflösen, wenn man berücksichtigt, daß die oben berichteten Reaktionen der Kinder in einer Gruppensituation beobachtet wurden. Man darf annehmen, daß die Kinder in einer Gruppe ausreichende, wechselseitige Ich-Stützung voneinander erfahren und dadurch zeitweise das Gefühl haben, daß sie Situationen meistern können, die sicherlich jedem von ihnen große Angst machen würden, wenn sie solchen Situationen alleine gegenüberstünden. Außerdem wird in dem Bericht darauf hingewiesen, daß die Kinder über eine längere Zeitspanne hinweg (vom zweiten bis zum dritten Jahr) auf Abwehrmaßnahmen wie Verschiebung, Wortentstellungen und Symbolismen angewiesen sind und damit ihr Gealbere und Gekichere zustande bringen, bevor sie auf Angstsituationen unmittelbar mit Lachen reagieren können (im dritten und vierten Lebensjahr). Es erscheint daher gerechtfertigt, wenn wir annehmen, daß diese Beobachtungen der These von Kris nicht widersprechen, sondern sie eher bestätigen. Der Umstand, daß Gruppenreaktionen komplexer sind als individuelle Reaktionen und von ihnen abweichen, verleiht der psychoanalytischen Untersuchung von Einzelfällen besondere Bedeutung.

Die beiden Kindheitserinnerungen, über die im folgenden berichtet wird, tauchten bei meinen erwachsenen Patienten zu einem Zeitpunkt wieder auf, als die psychoanalytische Arbeit sich auf den auffallenden Sinn für Humor dieser Patienten konzentrierte. Während der Behandlung hatten sie diesen Humor als wirksame Abwehr eingesetzt.

Frau A.

Bei dieser Patientin handelte es sich um eine fünfzig Jahre alte Lehrerin an der Höheren Schule. Nach wenigen und enttäuschenden Ehejahren hatte sie sich von ihrem ersten Mann scheiden lassen und sich wieder mit einem geschiedenen Mann verheiratet, der sie auch ziemlich unglücklich machte. Im Klimakterium traten bei ihr schwere Depressionen auf, die durch die Lungenentzündung ihres einzigen Kindes, ein Sohn von ihrem ersten Ehemann, ausgelöst wurden. Ich möchte mich im folgenden jedoch nicht ihrer Depression, sondern einem Persönlichkeitszug widmen, der zum Vorschein kam, wenn sie in einem normalen oder leicht hypomanischem Zustand war.

Sobald die Patientin aus ihrer Depression herausgekommen war, verwandelte sie sich in eine andere Person, in eine Frau von Charme und sprühendem Geist, die andere Menschen mit ihrem ausgezeichneten Sinn für Humor beeindruckte. Frau A. besaß eine außerordentliche Wahrnehmungsfähigkeit – besonders für menschliche Schwächen. Sie war daher in der Lage, sowohl über andere Menschen wie auch über sich selber verblüffend gute, trockene Bemerkungen zu machen, die genau »ins Schwarze trafen«. Ihre Art, Menschen zu charakterisieren, war überraschend subtil und witzig; sie wechselte, übereinstimmend mit ihrer seelischen Verfassung, zwischen »liebevollem Verspotten« und scharfem Angriff. Sie hatte ihr Ausdrucksmittel in Worten gefunden, und man konnte sagen, daß sie ein geborener Karikaturist war. Sie selber lachte eigentlich nicht besonders viel, auch nicht, wenn es ihr gut ging, und selten geschah es, daß sie laut lachte.

In normalem und ausgeglichenem Zustand war ihr Humor gutartig, und sie gebrauchte ihn beispielsweise, um ihren Schülern über schmerzliche Situationen der Bloßstellung hinwegzuhelfen. Mit dem Beginn einer Depression konnte ihr Humor grimmige Züge annehmen und allmählich in bitteren Vorwürfen und Beschwerden untergehen. Ihr Lächeln und ihr Charme verloren die Spontaneität und wurden zunächst unnatürlich und verkrampft, später zwanghaft. Ihr unnatürliches, peinlich berührendes oder aggressiv-rechtfertigendes Lachen während solcher Phasen wies offensichtlich auf die Abwehrfunktion ihres Humors hin, denn es trat immer dann auf, wenn an unbewußte Ängste gerührt wurde.

In ihrer Analyse fiel Frau A. eine Kindheitserinnerung wieder ein, die die unbewußten Ursprünge ihres Sinns für Humor erhellte. Als sie ungefähr vier Jahre alt war, sah sie einen kleinen Jungen urinieren und reagierte darauf mit einem »unergründlichen Gefühl innerer Belustigung«. Als sie an dieses Ereignis zurückdachte, war Frau A. fest der Meinung, ihre Belustigung hätte das Gefühl zum Ausdruck gebracht, daß dies »eine ganz schön lustige Art von Tätigkeit für einen schwachen, kleinen Jungen war«. Sie konnte sich nicht erin-

73

nern, neidisch gewesen zu sein. Es war bezeichnend für sie, daß sie niemals, soweit sie sich erinnern konnte, offen den Wunsch verspürte, ein Junge oder ein Mann zu sein, wie es häufig in Verbindung mit einer unverfälschteren Art des Penisneids der Fall ist. Immerhin glaubte Frau A., daß sie durch diese Darbietung einen »inneren Kitzel« verspürte und daß »der Kitzel eine Spur von Neid war«. Die Bedrohung des Ichs war in ihrem Erleben beträchtlich mit erotischer Erregung vermischt, und das innere Lachen hatte in der Folge sogar das äußerliche Zeigen ihrer Gefühle ersetzt. Der Junge, den sie beobachtet hatte, gehörte zu einer Familie, in der es viele Söhne gab. Diese Familie wohnte im Nachbarhaus, gehörte zu einer Minderheitengruppe und einer viel niedrigeren sozialen Schicht. Auf eine unbestimmte Art brachte sie diese Jungen mit schmutzigen und sexuellen Handlungen in Verbindung. In ihrer Familie gab es nur Mädchen. Sie hatte drei ältere Schwestern und eine jüngere. Der Vater war zu dieser Zeit der einzige Mann in der Familie. (Ein Bruder kam zur Welt, als sie sieben Jahre alt war.)

Ihr Vater kam aus einem sozial und kulturell niedrigerem Milieu als ihre Mutter. Dazu kam noch, daß der Vater wie auch die beiden älteren Schwestern von Frau A. – die eine war ein Wildfang, eine »Range«, die andere war für ihren »männlichen Grips« bekannt – mit Hernien, einem körperlichen Defekt also, belastet waren. Dementsprechend hatte Frau A. ihre Vorstellung, was und wie ein Junge sei, mit moralischer und physischer ebenso wie mit sozialer, nationaler und rassischer Minderwertigkeit gleichgesetzt. Später entsprach die Wahl ihrer Ehemänner und ihrer beruflichen Bekannten dieser Auffassung; besonders ihr erster Ehemann hatte sich in vielerlei Hinsicht wie ein schwacher, kleiner Junge und nicht wie ein Mann verhalten.

Es schien zunächst so, daß ihre geringschätzige Einstellung Jungen gegenüber ihren Vater einschloß. Das Material, das in der ersten Phase der Analyse zum Vorschein kam, deutete darauf hin, daß jedoch die Person ihres Großvaters im Mittelpunkt ihrer ödipalen Zuneigung und Bewunderung von Männern stand. Ihre Gefühle für den Vater, eine sonderbare, paranoide Persönlichkeit von zweifelhaftem Charakter, der sie zurückgewiesen und ignoriert hatte, bestanden seit ihrer Kindheit aus einem Gemisch von Groll, Kränkung und Verachtung.

Erst in der letzten Phase der Analyse konnten wir sehr frühe sexuelle Erlebnisse mit dem Vater aufdecken, die in ihrem Gefühlsleben tiefe Spuren hinterlassen hatten. Sie wurden erstmals in Verbindung mit zwei Träumen berührt. Im einen Traum stand sie vor Gericht, weil sie ein Kind umgebracht haben sollte, ein Verbrechen, für das sie sich nicht schuldig fühlte. Im anderen Traum fiel ein Baby vom Tisch, während sie mit ihrer beruflichen Arbeit beschäftigt war, und wiederum hatte sie das Gefühl, daß nicht sie daran schuld war.

In beiden Träumen hatten sich die wiederholten und leicht paranoiden Beschwerden von Frau A. niedergeschlagen, daß sie ausgenutzt und verkannt werde oder daß man ihr die Schuld an den Vergehen anderer gab. Der erste Traum war mit einem gegenwärtigen Erlebnis verknüpft. Ein Schuldirektor und Kollege ihres Mannes stand vor Gericht, weil er eine Minderjährige, die seine Schülerin war, verführt und ihr Ansehen zerstört haben sollte. Frau A. hatte offen zum Ausdruck gebracht, daß sie seine Tat verurteilte. Als man ihn freisprach, war sie sehr bestürzt, so, als ob sie an seiner Stelle verurteilt worden sei. Der zweite Traum bezog sich besonders auf ihren ersten Ehemann. Sein Verhalten war in einem Ausmaß unverantwortlich gewesen, das ihre Verachtung seiner moralischen Schwächen völlig rechtfertigte. Er wollte, daß sie der Kopf der Familie war, daß sie immer geben sollte, und hatte niemals zugelassen, daß sie sich etwas nahm oder bekam. Zugleich hatte er ihr Unrecht getan, Schuld zugeschoben und seine eigenen Erfahrungen und Verfehlungen gewissermaßen auf sie projiziert. Frau A. hatte zu Recht angenommen, daß er wegen ihrer besseren intellektuellen Fähigkeiten auf sie eifersüchtig war. Während sie in Wirklichkeit vor jeglichem Wettstreit sowohl mit Männern wie mit Frauen zurückschreckte, hatte er sie als eine männlich-konkurrierende Frau hingestellt, die sie in Wirklichkeit nicht war.

Die Schwierigkeiten erreichten einen Höhepunkt, als Frau A. ihr Kind zur Welt brachte. Ihr Mann hatte ihr ständig vorgeworfen, sie sei eher eine Karrierefrau als eine Mutter. In Wirklichkeit aber waren ihre Probleme zu dieser Zeit nicht entstanden, weil sie ihre Mutterschaft nicht akzeptieren wollte, sondern weil ihr Ehemann völlig darin versagte, die Rolle eines Vaters zu übernehmen und die Familie zu versorgen. Schon bald nach der Entbindung mußte sie wieder arbeiten gehen. Sie machte ihm bittere Vorhaltungen, daß sie seinetwegen das Glück, Mutter zu sein, hatte entbehren müssen, und meinte, wenn es anders gekommen wäre, hätte sie ihre Mutterschaft mit ungeheurer Freude erlebt. Er hatte sich in der Tat so verhalten, als ob es ein Verbrechen war, daß sie ein Kind bekam und daß sie dafür zu büßen hätte.

Die neurotische Einstellung ihres Ehemannes bewirkte, daß Frau A. sich zu Unrecht wegen aggressiver, männlicher wie auch wegen übermäßig besitzergreifender, weiblicher Wünsche angegriffen fühlte; zugleich wurden ihr die Rollen des Mannes und der allzeit gebenden Mutter aufgezwungen, als eine Art Strafe für Fehler, die nicht ihre, sondern die ihres Mannes waren.

Das psychoanalytische Material zeigte, wie Frau A. unbewußt die Person des unsittlichen Schuldirektors mit der Person ihres Ehemanns vermischt hatte und wie beide Männer ihren Vater repräsentierten. Sie hatte ihrem Vater, der von Beruf Richter war, immer vorgeworfen, er besäße keine echten moralischen Maßstäbe, sondern lediglich gesetzliche Regeln. Sie wußte von früher Kindheit an, daß er, der Vertreter der Justiz, eine geheime Liebesbeziehung zu einem Mädchen unterhalten hatte und bei diesem regelmäßig zu Gast war. Frau A. hatte als kleines Mädchen ihre Neugierde, was die sexuellen Handlungen der Erwachsenen betrifft, von den Eltern auf ihren Vater und seine Geliebte verlagert. Eine Deckerinnerung aus der Zeit, als sie vier oder fünf Jahre alt war, enthüllte, was sie damals vermutete. Sie war mit ihrer Schwester unterwegs, um kurz bei dieser jungen Frau vorbeizugehen. Sie hatte ein Paket dabei, in dem sich eine Zahnbürste befand, die die junge Frau nach einem Besuch bei ihnen vergessen hatte. Als die junge Frau scherzhaft fragte, was in dem Paket sei, antwortete das Kind: »Ihre Zahnbürste.« Darauf lachte die junge Frau und machte eine witzige Bemerkung über ein so großes Paket, das nur eine Zahnbürste enthalte. Das Kind fühlte sich lächerlich gemacht und war sehr verletzt.

Weitere Assoziationen zeigten, daß Frau A. sich mit dieser jungen Frau bezüglich ihres Vaters identifiziert hatte. Später ließ der Vater seine Geliebte mit einem unehelichen Kind allein. Die Patientin träumte wiederholt von Tumoren. Sie erkrankte während der Analyse an Dickdarmentzündungen und entwickelte in diesem Zusammenhang Phantasien von einem »ungeborenen zweiten Kind« und von Empfängnis durch den Mund, wodurch bösartige Magenkrankheiten entstünden. Es erwies sich, daß all diese Phantasien, die zunächst im Zusammenhang mit Beobachtungen ihres Vaters und seiner Geliebten zu stehen schienen, ihre Wurzeln in noch früheren Kindheitserlebnissen hatten.

Als Säugling war Frau A. krank und schwach gewesen. Sie hatte Ernährungsstörungen. Ihre Mutter war eine gewissenhafte, jedoch überaus strenge und kalte Frau, die ihr zwar niemals Liebe, aber eine gute

76

Pflege gegeben hatte. Die Mutter trotzte damit vor allem dem Vater, der das Kind für lebensunfähig gehalten hatte. Die Entwicklung des kleinen Mädchens verzögerte sich. Sie wurde von ihrer Familie viel gehänselt und als kleiner Dummkopf hingestellt, bis zu dem Zeitpunkt, als sie in die Schule kam und eine hervorragende Schülerin wurde. Die zweite Schwester, der Liebling des Vaters, stach in ihrer Erinnerung als diejenige heraus, die sie unaufhörlich ärgerte, indem sie ihr zuerst schmeichelte und sich dann über sie lustig machte, weil sie auf die Schmeicheleien hereingefallen war. Zwischen ihrem dritten und vierten Lebensjahr, kurz vor dem Ereignis der »inneren Belustigung«, bekam die Patientin eine schwere Lungenentzündung. Als sie schwer krank im Bett lag, konnte sie mithören, wie ihr Vater meinte, es sei besser für sie, wenn sie stürbe. Das Kind wurde gesund und vergaß diesen »Todessatz« niemals.

In der letzten Phase der Analyse stellte sich heraus, daß die Mädchen, als sie noch nicht zur Schule gingen, sehr gern sexuellen Spielen, gegenseitiger Exhibition und wahrscheinlich auch genitaler Berührung, nachgegangen waren. Den Höhepunkt dieses Entwicklungsabschnitts stellte der längere Besuch einer kleinen Cousine und ihres Bruders dar. Die Handlungen dieser Kindergruppe zeigten sich in den Träumen der Patientin als »Massenpartys«, bei denen Frau A. gewöhnlich die Rolle eines vernachlässigten Außenseiters spielte. Es fanden sich genügend Hinweise für die Annahme, daß die Patientin vor ihrem dritten Lebensjahr prägenitale wie genitale Überstimulierung und eine Art vaginaler Masturbation erlebt hatte. Außerdem mußte sie während dieser Zeit einen intensiven Neid auf die weiterentwickelten Geschlechtsorgane und -funktionen ihrer älteren Schwestern empfunden haben. Sie war der Ansicht gewesen, daß sie »keine Klitoris – nun, fast keine« besaß und deshalb nicht manuell, wie ihre Schwestern, masturbieren konnte.

Es ist bemerkenswert, daß in diesem Fall, wo die älteren Schwestern die ersten Personen waren, an denen sexuelle Handlungen beobachtet wurden, der »Klitorisneid« dem »Penisneid« vorausging und sich später mit ihm vermischte. Während der frühen Kindertage waren die »Klitoris-Mädchen« für sie die überlegenen Kinder, die sie später mit den kleinen »Penis-Jungen« gleichsetzte und den Erwachsenen gegenüberstellte. Dies erklärte auch die großen Schwierigkeiten, die Frau A. in ihrem späteren Leben überwinden mußte, wenn es zu einer Konkurrenz sowohl mit Männern wie mit Frauen kam.

Diese Phase ungehemmter sexueller Erlebnisse endete, früher als es üblich ist, damit, daß Frau A. zwischen drei und vier Jahren ihre schwere Krankheit bekam. Es schloß sich ein Zeitraum an, der durch die völlige Unterdrückung von Sexualität und Aggression gekennzeichnet war; diese Unterdrückung wurde durch den Aufbau sehr starker und überstrenger Reaktionsbildungen bewerkstelligt.

Mit weiteren Assoziationen über Mädchen, die gegen ihren Willen oder im bewußlosen Zustand geschwängert wurden, tauchten undeutliche Erinnerungen daran auf, daß sie von ihren älteren Schwestern und ihrem Cousin, als sie noch fast ein Baby war und »zu dumm, um zu wissen, was sie tat«, zu sexuellen Handlungen verführt wurde. Als die Analyse weiter fortschritt, wies das Material mehr und mehr auf sehr frühe sexuelle Ereignisse hin. Wahrscheinlich hatte das Kind vor seinem vierten Lebensjahr eine sexuelle Szene zwischen dem Vater und einem deutschen Hausmädchen und möglicherweise auch eine Abtreibung, die an demselben Mädchen vorgenommen wurde, beobachtet.

Ein Traum stellte dar, wie sie in einer Wiege lag und einen großen Penis sah, auf den ein Lichtstrahl gerichtet war; an diesen Traum knüpfte sich die Erinnerung, wie ihr der Vater, als sie schreiend im Bett lag, seine große Hand auf ihren Mund preßte. Die weiteren Assoziationen ließen annehmen, daß Frau A. als kleines Mädchen zwischen zwei und drei Jahren das Genitale ihres Vaters gesehen haben mochte. Sie selber meinte mit starker innerer Überzeugung, daß sie in Wirklichkeit von ihm verführt worden wäre, seinen Penis anzufassen. Weiteres Material, das sich auf ihren Vater bezog, machte das folgende Ereignis glaubhaft. Sie war wohl, als sie als Kleinkind im Bett lag, mit ihrem Gesicht nahe an sein Genitale gekommen und hatte daraufhin Stuhlgang, wofür der Vater sie schlug. Der Penis ihres Vaters schien in diesen Erinnerungen mit der Brust ihrer Mutter vermischt; es konnte daher gut sein, daß diese Erinnerungen sich eher auf ihre Mutter als auf ihren Vater bezogen. Ganz gleich, welches Ausmaß diese Erlebnisse mit ihrem Vater wirklich annahmen, das kleine Mädchen war offensichtlich in panikartige sexuelle Erregung geraten. Was an diesen Erlebnissen besonders war, klärte sich mit Hilfe der Assoziationen zur oben erwähnten Deckerinnerung auf, in der der Vater seine Hand auf ihren Mund preßte. Die sexuelle Erregung brachte abwehrende Wünsche zum Vorschein, mit dem Inhalt, dem Vater die Finger abzubeißen; diese Wünsche wiederum verdeckten tieferliegende orale Aggressionen gegen sein Genitale und, zuunterst, Impulse, ihrer aggressiven Mutter die Brüste abzubeißen. Es stellte sich heraus, daß alles, was in ihrem Fall in der präödipalen Phase geschehen war – daß sie den Penis ihres Vaters betrachtet und berührt und wahrscheinlich auch eine Fellatio beobachtet hatte – überwältigende visuelle und orale Impulse geweckt hatte, die mit panikartigen Erregungen verschmolzen.

Demnach stellte sich als Kern ihrer Phantasien über orale Empfängnis und »das ungeborene zweite Kind« die Illusion eines inkorporierten, intraanalen oder intravaginalen Baby-Phallus heraus. Ihre illusorische Vorstellung von einem Penis, der im Innern ihres Körpers verborgen ist, wurde, wie es oft der Fall ist, durch die frühe Erregung analer wie auch vaginaler Empfindungen unterstützt.

Es wurde uns klar, wie das kleine Mädchen die Zurückweisung und Verspottung durch ihre Familie, aber auch die Lungenentzündung, als Auswirkungen ihrer frühen sexuellen Phantasien und Erfahrungen erlebte. Es waren Strafen, die ihr der Vater, der grausame Richter, zu Unrecht auferlegte – er, der sie zum Tode verurteilte, während er selber der eigentliche Missetäter war. In der gleichen Weise erlebte sie im späteren Leben ihre schlechten Erfahrungen in der Ehe, im Beruf und die Krankheit ihres Kindes. Daraus bestand der unbewußte Kern ihrer Beschwerden, daß sie immer die Schuld bekam oder bestraft wurde für »Vergehen ohne Schuld«, für Missetaten, die der Ankläger selbst begangen hatte. Es ist auch verständlich, daß diese Beschwerden sich um Gefühle drehten, in denen Vorwürfe wegen männlicher und weiblicher Kastrationsstrebungen und aggressivem Verlangen nach einem Penis oder einem Kind spürbar wurden.

Wir wenden uns wieder der Kindheitserinnerung zu, in der sie als Mädchen den kleinen Jungen urinieren sah. Die Aufdeckung des frühen sexuellen Erlebnisses mit ihrem Vater erhellt den unbewußten Hintergrund ihrer Reaktion der »inneren Belustigung«. Der Anblick des kleinen Jungen und der anschließende Vergleich zwischen seinem und ihrem Genitale mußte traumatisch wirken, denn er erregte Penisneid und Furcht, orale und genitale Kastrationswünsche, Impulse zu urinieren wie auch Ängste, daß sie selber kastriert würde. Sie überwand den emotionalen Aufruhr, indem die früheren Szenen wieder in ihr wach wurden und das weitaus eindrucksvollere Bild vom Genitale ihres Vaters heraufbeschworen. Auf diesem Weg kam es zu einem Vergleich zwischen früherem und jetzigem Erlebnis, der mit den Worten der Patientin lautete: »Mit dem verglichen, was ich früher gesehen habe, war das nichts.«

Der Vergleich zwischen Situationen der Vergangenheit und der Gegenwart läßt verschiedene Schlußfolgerungen zu. Oberflächlich und wirklichkeitsnah bezieht sich der Vergleich einerseits auf ihre eigene unterschiedliche Position und andererseits auf den Unterschied zwischen ihren Partnern bei den beiden Erlebnissen. In der Vergangenheit war sie ein hilfloses Baby, unwissend, durch das große Genitale des Vaters leicht zu verführen und zu überwältigen; seither war sie größer geworden, hatte sich verändert, und es gab eigentlich keinen Grund, sich über so etwas Unbedeutendes wie den Penis eines kleinen Jungen zu erregen. Auf einer tieferen, irrationalen Ebene zog sie jedoch aufgrund ihrer unbewußten Phantasie einen Vergleich, der weit über die Realität hinausging: »Verglichen mit dem großen Penis, den ich, nicht allein mit meinen Augen, sondern auch in der Phantasie durch Mund und Genitale in mich aufgenommen habe, ist der Penis des kleinen Jungen unbedeutend, minderwertig. Es ist ›lächerlich‹, wie er sich mit seinem Auftritt ›aufspielt‹«. Ihre Schlußfolgerung führte zu einer Umkehr der beängstigenden gegenwärtigen – und auch der darunterliegenden vergangenen – Situation: »Mir fehlt kein Penis, *ich* bin nicht kastriert und lächerlich, sondern *er* – ich dagegen besitze im Inneren meines Körpers ein mächtiges Genitale.«

Die Patientin mußte jedoch, da ihrer narzißtischen Aufwertung (*inflation*) und der Projektion ihrer eigenen Unzulänglichkeit auf den Jungen anstößige Phantasien zugrundelagen, eine weitere Rechtfertigung zustande bringen, indem sie noch ihr Schuldgefühl auf den Partner projizierte. Sie griff nochmals auf die vergangenen Erlebnisse zurück, insbesondere auf ihr geheimes Wissen von den verbotenen sexuellen Handlungen ihres Vaters und ihrer Schwestern, und brachte die Reihe ihrer Vorstellungen zu folgendem Ende: ». . . und es geschieht ihm ganz recht, wenn man über ihn lacht, denn ich habe nichts Falsches getan. Die echten Missetäter sind – er, mein Vater und meine Schwestern.« Nachdem sie sich derart entlastet hatte, konnte sich das kleine Mädchen mit rechtschaffenem Spaß der Beobachtung und sogar einem inneren Lachen überlassen. Sie befreite sich mit dem gleichen emotionalen Vorgehen von sexuellen und aggressiven Spannungen und überwand jedenfalls für diesen Augenblick und mit Erfolg, das Trauma der Kastration. Ihre Reaktion »innerer Belustigung« anstelle offenen Lachens drückte aus, daß ihr »innerer Penis« und ihre »inneren Erlebnisse« den äußeren Genitalen des kleinen Jungen und seiner »protzigen« Zurschaustellung überlegen waren. Diese Einstellung hielt Frau A. während ihres ganzen Lebens aufrecht.

Ihr »inneres Lachen« stellte zweierlei dar: eine emotionale Abfuhr sowie ein Triumphieren ihres Ichs, das sich auf Kosten des kleinen Jungen und – auf tieferer Ebene – ihres Vaters frei von Schuld und Furcht fühlte. Das Vergnügen des kleinen Mädchens erhöhte sich außerdem noch, weil ihr der Anblick des Jungen gleichzeitig bewies, daß er nicht wirklich kastriert war, denn immerhin hatte er einen kleinen Penis.

Dieses Kindheitserlebnis mit dem kleinen Jungen formte Frau A.s künftigen Sinn für Humor. Ich möchte erwähnen, daß der Mechanismus der Projektion, der in humorvoller Stimmung zu reichlichem Gewinn von Lust und narzißtischer Befriedigung führte, teilweise auch während depressiver Phasen fortbestand; da ihm dann aber eine andere ökonomische Aufgabe zufiel, wirkte er sich nur noch als Abwehr aus, die sich in den paranoiden Klagen und Vorwürfen der Patientin äußerte und gelegentlich von unnatürlichem und krampfhaftem Lachen begleitet waren. Zugleich aber identifizierte sich die Patientin während der depressiven Phasen in Träumen und Assoziationen häufig gerade mit den Menschen, die sie sonst zur Zielscheibe ihres Spotts machte.

Herr B.

Ein anderer Patient berichtete in seiner Behandlung eine Kindheitserinnerung, in der das Lachen eine ähnliche Rolle spielte. Auch die Mechanismen, die zum Lachen führten, waren in verschiedener Hinsicht ähnlich wie beim ersten Fallbeispiel.

Herr B., ein vierzigjähriger Junggeselle, besaß eine besondere Begabung, die darin bestand, daß er auf liebenswerte Weise gute Witze und lustige Anekdoten erzählen konnte. Sein Humor hatte jedoch nicht nur angenehme Seiten, da er sich gelegentlich eher krampfhaft, grimmig oder gar zynisch zeigte. Dafür möchte ich ein besonders interessantes Beispiel geben. Herr B. war außerordentlich musikalisch, aber es fehlte ihm an wirklicher Kreativität, und darüber ärgerte er sich sehr. Seine Lieblingsbeschäftigung bestand darin, die schwächste Komposition eines großen Musikers herauszusuchen und eine Transkription für zwei Klaviere anzufertigen. Diese Aufgabe führte er meisterhaft aus, jedoch auf eine Art, die auf seine Zuhörer überwältigend lustig wirkte.

Herr B. war wegen phobischer Ängste und Problemen mit seinen Liebesbeziehungen in die Behandlung gekommen. Er war ein typischer Don Juan und hatte sich auf unzählige Abenteuer mit promiskuösen Mädchen eingelassen, unterhielt aber auch länger dauernde, geheim gehaltene Beziehungen zu sehr angesehenen verheirateten Frauen. Ständig quälten ihn Befürchtungen, daß die Ehemänner seiner Geliebten, zu denen er immer in freundlichen, persönlichen und sogar geschäftlichen Beziehungen stand, seine Affären entdecken und sich an ihm rächen könnten, indem sie ihn gesellschaftlich und finanziell ruinierten.

Die Art und Weise, in der Herr B. seine Freundinnen wählte und die Dreiecksbeziehungen einrichtete, wies deutlich auf seine infantil-sexuellen Fixierungen hin. In einer seiner sexuellen Lieblingsphantasien, die er auch gelegentlich während der Behandlung ausagierte, malte er sich aus, wie ein anderer Mann mit seiner eigenen Geliebten den Geschlechtsverkehr ausführte; er war der Beobachter und sein besonderes sexuelles Interesse richtete sich auf den Moment, wenn die Frau einen Orgasmus bekam. Die Analyse seiner Perversion nahm wegen der komplizierten Triebschicksale viel Zeit in Anspruch. Er erinnerte sich an ein interessantes Kindheitserlebnis, das sich als ein Vorläufer seiner späteren Perversion wie auch seines Gefühls für Humor herausstellte und bei dem er auch die Rolle eines Zuschauers einnahm.

Im Alter von sieben Jahren verbrachte er seine Sommerferien mit seiner Mutter in einem vornehmen Erholungsort. Er fühlte sich einsam, da er zunächst keinen richtigen Anschluß fand. Die anderen Kinder außer ihm gehörten zu einer höheren sozialen Schicht. Sie waren besser gekleidet als er und benahmen sich feiner. Ihre Eltern waren angesehen und vornehm, seine Mutter dagegen eine geschiedene Frau. Allmählich jedoch akzeptierte diese Gruppe ihn, und er konnte sich ihnen anschließen. Eines Tages arrangierten die Jungen und Mädchen ein Spiel, das damit endete, daß alle sich küßten. Er beteiligte sich nicht daran; zunächst war er überrascht und verwundert, daß diese »netten« Kinder etwas dieser Art taten. Plötzlich aber geriet er in eine freudige, übermütige Stimmung, klatschte mit den Händen und stachelte aufgeregt die anderen an, in ihren sexuellen Vergnügungen fortzufahren und noch weiter zu gehen.

Die Assoziationen zu dieser Deckerinnerung kreisten um seinen Konflikt mit der Masturbation. Der Junge wurde in dem betreffenden Sommer von sexuellen Phantasien, die sich auf die »netten und unschuldigen« kleinen Mädchen um ihn herum bezogen, nahezu völlig in Anspruch genommen. Seine Gedanken verursachten ihm schwere

82

Schuldgefühle, als hätte er die Mädchen in seiner Vorstellung »verdorben« oder »vergewaltigt«. Er war sich sicher, daß die anderen »ordentlichen« Jungen aus »gutem amerikanischem Haus« nie masturbierten und auch nicht solche Phantasien wie er hatten. In voller Bewunderung ihrer gesellschaftlichen und moralischen Überlegenheit hatte er versucht, die Fassade eines wohlgeratenen Jungen aufrechtzuerhalten, der den anderen – jedenfalls was die moralische Unbescholtenheit anging – eigentlich gleichgestellt war.

Mit der Szene, bei der sich alle küßten, war für ihn eine Illusion zusammengebrochen; seine Entdeckung, daß diese Jungen und Mädchen sich eigentlich schlechter als er benahmen, ließ frühkindliche Erinnerungen besonders an solche Situationen aufleben, wo man ihn bei sexuellen Handlungen ertappt hatte. Die maßgebende Erinnerung ging auf ein Erlebnis zurück, das er mit fünf Jahren hatte. Zum gleichen Zeitpunkt, als man ihn bei sexuellen Handlungen überraschte, kamen seine Eltern in den Geruch moralischer Verfehlungen. Sein Vater hatte, obgleich er ursprünglich mit der Tante des Patienten verlobt war, deren Schwester verführt und mußte diese, als sie schwanger wurde, heiraten, obgleich das Kind vor der Heirat zur Welt kam. Nach zwei Jahren hatten sie sich scheiden lassen; als diese Tante den Jungen bei einem sexuellen Spiel mit ihrer kleinen Tochter entdeckte, machte sie ihm und seiner Mutter eine heftige Szene und gab zu verstehen, daß sie im unmoralischen Verhalten seiner Eltern den Grund für seine Unanständigkeit sähe.

Der Junge konnte keine echte Latenzphase durchlaufen, weil er zu früh das Vertrauen in die moralischen Werte seiner Eltern verloren hatte. Da er sich dazu verurteilt fühlte, ebenso schlecht zu sein, wie es von seinen Eltern behauptet wurde, baute er reaktive Ideale auf, die er jeweils solchen überlegenen und unbescholtenen Familien zuschrieb, wie sie ihm in dem erwähnten Erholungsort begegneten. Er war jedoch unfähig, sich wirklich mit ihnen zu identifizieren, und bemühte sich daher, sie zu imitieren. Dies führte zu einer sich vergrößernden Spaltung seiner Persönlichkeit, in der sich die Heuchelei oder doppelte Moral seiner Eltern niederschlug. Er richtete gleichsam die äußere Fassade eines braven, unschuldigen Kindes auf, führte jedoch ein geheimes, gut getarntes inneres Leben, das von aggressiven, sexuellen Phantasien völlig ausgefüllt war. Durch sein »Geheimnis« wurde er im Hause und auch im Umgang mit anderen Kindern schüchtern und furchtsam; er befürchtete ständig, »erkannt« zu werden. Als er in die Schule kam, trieben die anderen Kinder ihren

Spott mit ihm, bezeichneten ihn als verweichlicht oder als »Heulsuse«, da sie in ihm ein übermäßig behütetes und braves Kind sahen. Es zeigte sich, wie er auf die Verspottung reagierte, als er sich in der Behandlung an eine Situation erinnerte, in der er, im Beisein seiner Eltern, uriniert hatte. Die Mutter hatte auf sein Genitale gedeutet und lachend zum Stiefvater gesagt: »Schau nur, wie niedlich!« Der Junge schämte sich derart, als wäre er beim Masturbieren überrascht worden.

Als er sah, wie die Jungen und Mädchen in dem Erholungsort sich küßten, lebte seine vorausgegangene Desillusionierung, die er im Hinblick auf seine Eltern erfahren hatte, wieder auf, jetzt aber nur bezüglich dieser Kinder und nicht auch ihrer Eltern. Ungeachtet ihrer großartigen, überlegenen Eltern wurden diese Kinder entlarvt; sie waren nicht besser, sondern schlechter als er, der schlechter Eltern Sohn war. Als sie ausagierten, was er, seit er seine kleine Cousine verführt hatte, ausschließlich in Masturbationsphantasien erlebte, erwiesen sie sich als diejenigen, die es verdienten, daß man über sie lachte. Seine erstaunliche Entdeckung deprimierte ihn zunächst, bewirkte aber bald eine große Entlastung von Schuldgefühlen und eine Aufwertung seines Ichs. Diese Hebung seiner Stimmungslage wies darauf hin, daß er unvermutet einen moralischen Sieg über die anderen, auf der tiefsten Bedeutungsebene über seine Eltern, erringen konnte. Indem er ein harmloser, passiver Betrachter blieb, konnte er nun seine eigenen sexuellen Wünsche durchs Zuschauen insgeheim befriedigen; seine Affekte entluden sich, wenn er Beifall spendete und lachte.

Die Bedeutung des Lachens in den geschilderten Fällen

Wenn wir die Kindheitserinnerungen dieser beiden Patienten zusammenfassen und miteinander vergleichen, zeigt sich, daß sie sowohl von der Oberfläche her gesehen wie auch im innersten Unbewußten viele Gemeinsamkeiten haben. Die Analysen brachten ans Licht, daß beide Patienten vor den erwähnten besonderen Ereignissen häufig lächerlich gemacht oder verspottet wurden; es ist anzunehmen, daß sexuelle Versündigungen den Anlaß boten. Beide hatten in ihrer frühen Kindheit Entdeckungen über das Sexualleben ihrer Eltern oder deren Ersatzpersonen gemacht, die sie sehr erschütterten. In beiden Fällen bezogen die Erinnerungen sich darauf, daß die Patienten Zeugen einer sexuellen Handlung anderer Kinder waren; zu ihrer Überraschung erregten diese Handlungen plötzlich triebhafte Impulse in ihnen, insbesondere Neid und den Wunsch, an den Handlungen teilzunehmen, ebenso aber auch große Ängste. Der Kastrationskonflikt, der beim ersten Fallbeispiel deutlicher im Mittelpunkt steht als beim zweiten, wurde von beiden Kindern mit einem erfolgreichen Projektionsmechanismus abgewehrt, durch den sie erreichten, daß sie über die anderen Beteiligten lachen konnten. Zu diesem Zweck dienten ihnen frühere Kindheitserinnerungen, die zum einen enthielten, was die Kinder von den sexuellen »Verfehlungen« ihrer Eltern wußten; zum anderen bezogen sich diese Erinnerungen auf sexuelle Vorkommnisse, die den jetzigen ähnelten und an denen die Kinder selber aktiv beteiligt waren.

Der Vergleich zwischen der gegenwärtigen und früheren Situationen ermöglichte beiden Kindern, ihre eigene Sündhaftigkeit zu verleugnen und auf ihre Kameraden zu projizieren. Indem sie die Rollen umkehrten, konnten sie sich dafür, daß man sie bloßgestellt und lächerlich gemacht hatte, rächen. Auf diesem Weg fanden sie zu einer gewissen Überlegenheit, die sich sowohl auf ihre Verführer und die jetzige Versuchungssituation wie auch auf ihre mit Schuld beladene Vergangenheit erstreckte. Als vorwiegend passive Beobachter fühlten sich beide Kinder frei genug, an dem sexuellen Spiel teilzunehmen, indem sie den anderen auf die gleiche Weise zuschauten und über sie lachten, wie sie früher selber beobachtet und ausgelacht wurden. Bei beiden brachte der Spaß oder das Lachen zum Ausdruck, daß ihr Ich und das Lustprinzip einen Sieg errungen hatten, der sie von verpönten aggressiven und libidinösen Triebspannungen befreite.

Die aktuelle Situation selbst, die mit früheren Ereignissen verschmolz und sich ihrer bediente, bot diesen Kindern offensichtlich eine Möglichkeit, gegenwärtige wie auch vergangene Erlebnisse zu bewältigen. Dieser erfolgreiche Ausgang schien auf die Fortschritte in der Ich-Entwicklung zurückzugehen, die seit den frühen Erlebnissen stattgefunden hatten. Wenn sie jetzt zurückschauten, fühlten sich diese Kinder für das stark genug, was ihnen damals unmöglich war, nämlich eine ausreichende Kontrolle ihrer eigenen Triebimpulse. Die wachsende Kontrollfähigkeit setzte sie instand, ihre verführenden Kameraden und Eltern zu entlarven, zu verachten und auszulachen. Überdies ging es bei den Ereignissen, die bei ihnen das Lachen auslösten, um Menschen, die weder ihre Eltern noch andere Erwachsene waren; die von ihnen entlarvten und ausgelachten Sünder waren, auch wenn sie sie als Überlegene bewunderten oder beneideten, Kinder in ihrem Alter. Ich habe betont, daß der Junge, über den ich berichtete, die anderen Kinder herabsetzte, indem er sie abwertend zu mißratenen Sprößlingen ehrenwerter Eltern machte. So konnte er an der Idealisierung ihrer Eltern festhalten und zugleich die Verfehlungen der Kinder entlarven.

Ebenso interessant wie das Vergleichen von jetziger und früherer Situation ist, daß die »innere Belustigung« des Mädchens wie auch das Lachen des Jungen von der Gewißheit unterstützt wurden, dem anderen sei im Grunde »nichts wirklich Schlechtes oder Ernstliches« zugestoßen. So stellte das Mädchen bei ihrer Beobachtung des kleinen Jungen fest, daß er einen Penis hatte; der Junge wußte, daß er ein Spiel beobachtet hatte, das die betreffenden Kinder billigten und dabei blieben, was sie waren: »saubere kleine Mädchen« und »nette amerikanische Jungen«. Als Herr B. später die Dreieckszene wiederholte, entrüstete er sich über seine Freundin, die das »ernst nahm«, anstatt die Situation »nur als kleines lustiges Spiel« zu betrachten.

In beiden Fällen konnte die Analyse für das Lachen diejenigen Faktoren aufdecken, die Freud in seinen Ausführungen über den Humor (1905 c, 1927 d) postulierte: die veränderte narzißtische Besetzung, die Erhebung des Ichs, der Triumph des Lustprinzips und »die Ersparung an psychischem Aufwand«. Dennoch entspricht die Belustigung, die die beiden Kinder empfanden, nicht einem echten humoristischen Vorgang; sie ging vielmehr dem Sinn für Humor voraus, den beide in ihrem späteren Leben in Form charakteristischer Züge ihrer Persönlichkeit ausbildeten. Da es sich um eine infantile Reaktionsweise handelte, fehlte ihr die wertvolle Weisheit und die nachsichtige Überlegenheit, die dem echten Humor zukommt. Das Lachen dieser Kinder bedeutete aber, daß sie auf Kosten ihrer Kameraden einen narzißtischen Sieg errungen hatten; es stellte eine Art Vergeltungsmaßnahme dar und ihr Frohlocken gründete sich auf Projektionsmechanismen, die beim Vergleichen des jetzigen Erlebnisses mit früheren in Gang gesetzt wurden.

Exkurs – Karikatur und Komikerfilm

Eine andere Besonderheit, die den geschilderten Kindheitserinnerungen gemeinsam ist, besteht darin, daß beide Kinder sich wie die Zuhörerschaft bei einer komischen (lustigen) Darbietung verhielten. Diese Besonderheit veranlaßte mich, dieses Kapitel mit einem kleinen

Exkurs in das Gebiet der Komik abzuschließen. Ich denke dabei an die Art von Komik, die sich im amerikanischen Komikerfilm finden läßt. In diesen Filmen wird der Held in eine endlose Reihe von Unglücksfällen, Katastrophen und Verfolgungen verwickelt, auf die das Publikum mit brüllendem Lachen reagiert. Die komische Wirkung ist so ähnlich wie bei dem Clown, der alles falsch macht und ständig verprügelt wird, oder sie ähnelt dem spaßigen Zwerg früherer Jahrhunderte, jener mißgestalteten Figur, die ihre Herren mit grotesken, launenhaften Einfällen unterhält. Kris (1934) ordnete die Figur des Clowns der Karikatur zu. Er verfolgte die Ursprünge der Karikatur zurück bis zu den Zauberformeln der Primitiven und dem Glauben, daß das Bild mit dem abgebildeten Objekt identisch ist. Die Karikatur hängt zwar mit früheren Bräuchen zusammen, Feinde im Bild durch verzerrte Darstellungsweisen zu bestrafen, soll aber in Wirklichkeit nicht den Gegner, sondern den Betrachter bewegen oder treffen. Der Künstler wird nicht vom magischen Denken, vom Primärprozeß beherrscht, sondern er beherrscht ihn und setzt ihn für seine künstlerischen Ziele ein.

Der Clown und sein modernes Gegenstück, der hilflose und glücklose Filmheld, sind im Unterschied zur Karikatur (Spottbild) Figuren, die leben, sich durch Gebärden ausdrücken, sprechen und handeln; daher üben der Clown oder der komische Filmheld eine längere Wirkung als die Karikatur auf den Zuschauer aus. Andererseits ähneln sie sich darin, daß der Clown und der komische Filmheld ebenso wie die Karikatur mit bestimmten übertriebenen Merkmalen ausgezeichnet sind, die ihre unterlegene Persönlichkeit »entlarven« und sie lächerlich machen. Und genau das haben die beiden Patienten mit den Kindern, denen sie zuschauten, in ihrer Phantasie vollzogen. Was sie durch einen komplizierten emotionalen Vorgang erreichten, durch den sie eine potentiell gefährliche Situation in eine Darbietung verwandelten, die ihrem subjektiven Ermessen nach vor allem lustig war, das erreicht der komische Künstler bei seinem Auftritt. Offenbar regt er in den Zuschauern ähnliche psychische Mechanismen an, wie sie in den beiden Kindern abliefen und ihr Lachen hervorbrachten.

Stellen wir uns wieder den Filmkomiker vor, der bei seinen lächerlichen Vorhaben ins Unglück gerät, hinfällt und sich verletzt, verfolgt oder verprügelt wird. Das Publikum tobt vor Lachen, während normalerweise die Darbietung von so viel Leid und Unglück zu unlustvollen Identifizierungen führt und Angst, Aggression, Abscheu, Sympathie und Mitleid erweckt. Bei genauerer Beobachtung stellt man jedoch fest, daß die Lachsalven kurzfristig von Spannung unterbrochen werden, die sich in einem neuen Ausbruch von Lustigkeit wieder entlädt. Diese eingeschobenen Spannungszustände erinnern noch einmal an meine Bemerkung über das Lachen, das entstehen kann, wenn man einen Menschen stolpern und fallen sieht: die Identifizierung mit dem Helden, die innere Teilnahme an seinen Handlungen, kann eine komische Wirkung nicht abwenden, sondern löst sie sogar aus (Kris, 1939).

Die Zuschauer sind versucht, sich mit dem vom Schicksal verfolgten Helden zu identifizieren, aber sie entkommen alsbald der schmerzlichen Sympathie und schauen auf den Unglückseligen herab. Der Betrachter kann sich beim Anblick dieses Zerrbildes eines Helden, seiner grotesken Gebärden und Handlungen, sagen: »Das kann mir nicht passieren. Ich bin anders; im Vergleich zu diesem Versager bin ich ein wunderbarer Mensch.« Mit anderen Worten: der Komikerfilm ermöglicht dem Zuschauer, daß er sich nach einer probeweisen Identifizierung rasch wieder vom leidenden Helden distanziert und diesem (ebenso wie sich die erwähnten Patienten verhielten) all seine eigene, gefürchtete Unterlegenheit und die Minderwertigkeitsgefühle, zuschiebt, die er selber noch wegen früherer Verfehlungen und Schwächen, die er längst gemeistert hat, hegt. Wenn er die Gefahr schmerzlicher Sympathien mit Erfolg abwehren kann, löst er sie vom Opfer ab und wechselt selber zu den Verfolgern über. Er empfindet nun (wie die beiden Kinder), daß dieser unmögliche Kerl zu Recht bestraft wird; seine Affekte und die erwachten, eigenen infantilen Impulse entladen sich in Lachen und Schadenfreude. Was den komischen Helden verletzt, bereitet dem Zuschauer Lust, der er sich um so ungehinderter hingeben kann, da er sich gewiß ist, daß die Geschichte »ein gutes Ende« nimmt. Keinesfalls wird etwas Ernstliches geschehen. Von Nietzsche stammt die Äußerung, die Bedeutung des Lachens liege darin, daß man sich am Unglück anderer freut, dabei aber ein gutes Gewissen hat.

Wem der Humorist Wilhelm Busch bekannt ist, wird sich vielleicht an die letzten Verse der *Frommen Helene*, eine der besten Schöpfungen Buschs, erinnern. Da wird Onkel Nolte, der für den Leser und Betrachter steht, dargestellt, nachdem er vom tragikomischen Tod seiner sündhaften Nichte Helene erfahren hat. Zunächst ist er traurig, dann moralisiert er und blickt schließlich mit einem breiten Grinsen scheinheilig zum Himmel auf.

Als Onkel Nolte dies vernommen,
War ihm sein Herze sehr beklommen.
Doch als er nun genug geklagt:
»Oh!« sprach er – »Ich hab's gleich gesagt!
Das Gute – dieser Satz steht fest –
Ist stets das Böse, was man läßt!
Ei ja! – Da bin ich wirklich froh!
Denn, Gott sei Dank! Ich bin nicht so!«

3. Zur Beschaffenheit und Funktion normaler und pathologischer Stimmungen*

Allgemeine Merkmale von Stimmungen

Bei meiner Untersuchung der Stimmungen möchte ich von einem praktischen, alltäglich vorkommenden Beispiel ausgehen; ich denke an einen jungen Mann namens John und seine innerhalb eines Normalbereichs liegenden Stimmungsschwankungen.

John hatte sich in Anne verliebt, und seine emotionale Situation rief Erlebnisse hervor, die ihrerseits auffallende Stimmungen wachriefen. John verbrachte mit Anne einen sehr schönen Abend. Sie hatte auf sein Werben zustimmend und vielversprechend reagiert. Nachdem er sich von ihr in einer sehr glücklichen Stimmung verabschiedet hatte, war er zu Hause mit wunderbaren Tagträumen in den Schlaf gefallen und am anderen Morgen bestgelaunt aufgewacht. Er machte sich eifrig an seine tägliche Arbeit und sah ungeduldig dem kommenden Abend entgegen, den er wieder mit seinem Schatz verbringen wollte. Seine gehobene, glückliche Stimmung hielt den ganzen Tag über an.

Als er Anne jedoch am späten Nachmittag anrief und an die gemeinsame Verabredung erinnerte, traf es ihn hart, daß sie beschlossen hatte, ihn, ohne Gründe dafür anzugeben, die nächsten drei Tage nicht zu sehen. Seine Stimmung sank drastisch. Vergebens bemühte er sich in den nächsten Tagen über das Telefon, daß sie ihren Entschluß ändere oder ihm doch wenigstens eine plausible Erklärung für ihr Verhalten gäbe. Ihre Reaktionen wechselten; mal war sie freundlich, sogar liebenswert, mal kühl, distanziert oder sogar feindselig. Sie schien mit sich in einem Konflikt zu sein, dessen Gründe dem unglücklich Verliebten unbekannt waren.

---

* Dieses Kapitel geht auf meine frühere Arbeit *On Normal and Pathological Moods: Their Nature and Functions* zurück, die ich 1957 in *The Psychoanalytic Study of the Child*, Bd. 12, S. 73–113, veröffentlichte. Die Änderungen der vorliegenden Fassung folgte ich eigenen Formulierungen in *Das Selbst und die Welt der Objekte* (1964 [1973]) und den Vorschlägen in E. M. Weinshels Vortrag über *Some Psychoanalytic Considerations on Moods*, den er am 16. Dezember 1967 in New York hielt und 1970 veröffentlichte. Auch in seinem Beitrag zur Podiumsdiskussion mit dem Thema *The Theory of Affects* machte er auf eine Reihe von wichtigen Teilfragen aufmerksam, die ich vernachlässigt hatte.

Je nachdem wie ihre Einstellung war, schwankte John während dieser Tage zwischen mehr guten, erwartungsvollen und ärgerlichen, gereizten, traurigen, hoffnungslosen, mutlosen und niedergeschlagenen Stimmungen hin und her. Wenn er guter Laune war, konnte er in allem, was auf ihn zukam, eine Befriedigung für sich sehen; er schlief sehr gut, konnte früh aufstehen, und das regnerische Wetter machte ihm ebensowenig zu schaffen wie das unliebenswürdige Verhalten seines Chefs und die Nachlässigkeit seiner Sekretärin. Soweit seine Aufmerksamkeit nicht von Gedanken an Anne durchkreuzt wurde, konnte er schneller, einfallsreicher denken und handeln, als es ihm üblicherweise möglich war; es fiel ihm leicht, mit den vielfältigen Schwierigkeiten in Geschäft und Alltag zurechtzukommen. War er jedoch gerade in schlechter und ärgerlicher Stimmung, dann verhielt er sich seinem Vorgesetzten gegenüber gereizt, seiner Sekretärin gegenüber geriet er in Wut und mit einem anderen Autofahrer fast in eine Schlägerei. Überkam ihn Traurigkeit, so wurde er von Erinnerungen an vergangene und gegenwärtige betrübliche Ereignisse überschwemmt und war den Tränen nahe. War er entmutigt und niedergedrückt, so fühlte er sich unentschlossen und träge, war überhaupt nicht in der Lage, zu arbeiten oder sonstwie aktiv zu sein.

Auch die Eigenarten seines Charakters, das heißt seine Reaktionsbildungen, wurden von seinen Stimmungen angegriffen. Eigentlich war John freundlich und zu intensivem Mitleid fähig, wenn er mit Leid konfrontiert wurde. War er jedoch in einer glücklichen und gehobenen Stimmung, dann neigte der erfolgreiche Verliebte dazu, von den Schattenseiten des Lebens nicht die geringste Notiz zu nehmen. Schwankte hingegen seine Stimmung zwischen Hoffnungslosigkeit, Mutlosigkeit und Wut, dann brachte ihn der Anblick von Leiden entweder dazu, daß er sich selber bemitleidete, oder daß er alles, was um ihn herum war, verachtete und sich darüber ärgerte. Außerdem zeigte sich an Johns schnellen und intensiven Gefühlsänderungen, daß bei ihm eine (konstitutionelle oder erworbene) Neigung bestand, sowohl auf lustvolle wie auf schmerzliche Erlebnisse mit zwar nicht pathologischen, jedoch sehr starken Stimmungsschwankungen zu reagieren.

Anhand der Beschreibung der verschiedenen, miteinander verwandten seelischen Phänomene, die sich an John zeigten, können wir im Hinblick darauf, wie die Stimmungen im Gegensatz zu affektiven Zuständen anderer Art beschaffen sind, einige grundlegende Unterschiede feststellen. Johns Verliebtheit beispielsweise ist zwar ein an-

91

haltender Gefühlszustand, aber sicherlich keine Stimmung. Mit dem wechselnden Glück in seiner Liebe machte er eine Vielzahl von Lust- und Unlusterlebnissen durch, die sich abwechselnd in spezifischen libidinösen und spezifischen aggressiven Abfuhrmustern ausdrückten, und Johns sexuelle und emotionale Bedürfnisse, seinen Wunsch nach Entspannung, seine Befriedigung oder seine Frustration, seine Enttäuschung und seine Unzufriedenheit widerspiegelten. Auch diese verschiedenen emotionalen Reaktionen stellen selber noch keine Stimmungen dar, lösten aber eine Reihe von Stimmungszuständen aus.

Diese wechselnden Stimmungen fanden ihren Ausdruck sowohl in den besonderen Eigenschaften seiner Gefühle wie auch in der Art seiner Denkvorgänge und seiner Leistungen während des ganzen Tages, ganz gleich auf welchen Gegenstand sie sich bezogen. Sie beeinflußten seine emotionalen Reaktionen, seine Einstellungen und sein Verhalten nicht nur im Hinblick auf seine Freundin, sondern auch bezüglich seiner Arbeit und der gesamten, ihn umgebenden Welt der Objekte; sie wirkten sich auch auf die Wahl und den Verlauf aller seiner Handlungsweisen aus.

In diesen Zusammenhang gehören auch Weinshels (1970) Äußerungen; er spricht von der vieldeutigen, schattenhaften oder sogar auch glatten, »schlüpfrigen« *(slippery)* Qualität der Stimmungen, hebt ihre komplexe, sehr hoch entwickelte Beschaffenheit hervor und weist auf die Unterschiede wie auch die engen Beziehungen hin, die zwischen Stimmungen und spezifischen Charakterzügen bestehen.

Es scheint, daß Stimmungen eine Art Querschnitt des jeweiligen gesamten Ich-Zustands darstellen, und daß sie allen Äußerungen des Ichs für einen längeren oder kürzeren Zeitraum eine besondere, einheitliche Färbung verleihen. Da Stimmungen sich nicht auf einen spezifischen Inhalt oder ein besonderes Objekt beziehen, sondern sich durch bestimmte Eigenschaften äußern, die allen Gefühlen, Gedanken und Handlungen eigen sind, könnte man sie sogar als eine Art Barometer des Ich-Zustands bezeichnen.

Das Durchgängige einer Stimmung, ihre einheitliche Färbung, ihre Eindeutigkeit und Eindringlichkeit sowie die augenfälligen Verbindungen, die zwischen den verschiedenen Äußerungsformen einer Stimmung bestehen, bewirken auch ihre Auffälligkeit oder Deutlichkeit. In der Tat können wir durch das Verhalten und den Gesichtsausdruck eines Menschen vermuten, in welcher Stimmung er ist, auch wenn er selber sich dieser Stimmung nicht völlig bewußt ist. Wir brauchen dazu nicht die gesamte und komplexe Skala seiner Gefühle und Gedanken zu kennen. Stimmungsäußerungen stellen eigentlich eine Einheit dar; auch wenn der Gefühlsaspekt einer einzelnen Stimmung im Vordergrund steht, ist es selbstverständlich unzureichend, nur diesen Gefühlsaspekt und nicht gleichzeitig auch die dazugehörigen Phänomene in den Bereichen des Denkens, der Einstellungen und der Handlungen zu untersuchen.

Meine Feststellungen stimmen mit der knappen Definition in Websters *Dictionary* überein, worin eine Stimmung ausdrücklich nicht als affektiver Zustand bezeichnet wird, sondern als »eine bestimmte seelische Verfassung, die besonders von Emotionen beeinflußt wird, wie es der Fall ist, wenn wir zum Arbeiten aufgelegt sind«. Diese Definition weist auch auf die Tatsache hin, daß Stimmungen – wie in dem Beispiel, das ich weiter oben gegeben habe – von wichtigen emotionalen Erlebnissen ausgelöst werden, die sich in einem oder mehreren fokalen Abfuhrvorgängen ausdrücken. Diese Erlebnisse können von innen (durch physiologische oder rein psychologische Vorgänge) oder von außen angeregt werden und müssen nicht zu voller Bewußtheit gelangen. Die Bedeutung dieser Erlebnisse kann sich von der gegenwärtigen Realität her bestimmen oder dadurch, daß diese Erlebnisse mit wichtigen, bewußten oder unbewußten Erinnerungen assoziativ verknüpft sind. In der einsetzenden Stimmung aber äußert sich, ganz gleich welchen Anteil die Vergangenheit oder gegenwärtige Geschehnisse an dem stimulierenden Erlebnis haben, der übergreifende und sich auf alle anderen Abfuhrmuster ausbreitende Einfluß jenes fokalen Abfuhrvorgangs, in dem sich das betreffende Erlebnis ausdrückt. Folglich müssen Stimmungen allgemeine Eigenschaften und charakteristische Abweichungen vom Geschwindigkeitsverlauf und Rhythmus der Gesamtsumme triebhafter Abfuhrvorgänge widerspiegeln, die sich während einer bestimmten, begrenzten Zeitspanne entwickeln. Sie können auch als vorübergehende Fixierung sich generalisierender Modifizierungen der Abfuhr bezeichnet werden. Sobald sich eine Stimmung durchgesetzt hat, beeinflußt sie alle Reaktionsmuster auf Reize oder Objekte der verschiedensten Art, einschließlich der in meinem Beispiel vorkommenden typischen, individuell erworbenen emotionalen Reaktionen auf besondere Reize, das heißt die Reaktionsbildungen wie Scham oder Mitleid, individuelle Vorlieben oder Abneigungen.

In scharfer Unterscheidung zu den affektiven Zuständen wie Liebe, Haß und ihren vielfältigen Abkömmlingen, die sich aufgrund spezifischer, möglicherweise jedoch komplexer Spannungsverhältnisse entwickeln und mit klar umrissenen Vorstellungsrepräsentanzen verknüpft sind, besteht die Eigenart von Stimmungen darin, daß ins einzelne gehende Qualitäten von ihnen abgelöst sind, und die Veränderungen der fokalen affektiven Abfuhrmuster auf alle anderen Abfuhrwege übergehen. Dagegen wird die Eigenart affektiver Zustände nicht allein durch eine spezifische Triebqualität und die Stabilität sowie Intensität der Besetzungen bestimmt, sondern auch (und im Gegensatz zu den Stimmungen) durch die spezifischen Objekte, die mit diesen Gefühlen besetzt werden.

Es ist auch bemerkenswert, daß die genannten objektgerichteten emotionalen Zustände als solche nicht nur durch Lust-Unlusteigenschaften charakterisiert sind. Gefühle von Lust oder Unlust entstehen nur mit der Befriedigung oder Frustration zugrundeliegender Triebregungen, und unter dem Einfluß von Ich und Überich, die zur Ausgestaltung der verschiedenen Abfuhrmuster beitragen. Darüberhinaus können solche Gefühlszustände – und die Abfuhrreaktionen, die sich mit den verschiedenen Veränderungen der Gefühle entwickeln – in Stimmungen übergehen, indem sie sich ausbreiten und den Gesamtbereich des Ichs für eine bestimmte Zeitspanne beherrschen. Auf diese Weise verwandelt sich die Wut auf jemanden in eine wütende oder zornige Stimmung, gehen Liebe oder Haß in eine Art feindselige Stimmung über und Angst wird zu ängstlicher Stimmung, sobald nämlich diese Zustände sich von der alleinigen Verbindung mit besonderen, ausgewählten Objekten oder Vorstellungen ablösen.

Wir können bei einer Durchsicht unseres allgemeinen Wortschatzes zur Bezeichnung von Stimmungen feststellen, daß dieses Vokabular einen sehr weiten Bereich seelischer Zustände erfaßt. Die Eigenschaftsworte für Stimmungen beziehen sich keineswegs nur auf Lust-Unlustqualitäten und auf ein gehobenes oder niedriges Stimmungsniveau; sie beschränken sich auch nicht allein auf Gefühlseigenschaften, sondern weisen auf Aspekte hin, die in den Bereich der Vorstellungen, Funktionen und des Verhaltens gehören und in den jeweiligen Stimmungsäußerungen vorherrschen. Unsere Stimmung kann beispielsweise schwerfällig, schwunglos, rege und schöpferisch sein oder nachdenklich, besinnlich und auch weise oder beschaulich.

Außerdem sprechen wir davon, wie Webster aufführt, wir seien *in* der Stimmung – oder nicht – dieses und jenes zu tun, wenn wir nämlich gerade an diesem Morgen zum Arbeiten aufgelegt sind oder nicht, am Abend in der Stimmung sind, unserer Lieblingsbeschäftigung nachzugehen und später uns vergnügen oder ausruhen wollen.

Eine einzelne Stimmung kann sich einerseits in Verbindung mit jeder Art von Objekten geltend machen oder durchsetzen, andererseits vermag sie auch ganz bestimmte Absichten oder Vorhaben anzuregen. Im letzteren Fall verwenden wir zur Beschreibung der Stimmungsqualität eine andere Kategorie wie bei den guten oder schlechten, freundlichen oder zornigen Stimmungen; wir beziehen uns auf ein Gewahrwerden oder eine Regung, die uns anzeigen, daß zu diesem Zeitpunkt das Muster unserer Abfuhrvorgänge für bestimmte Ziele, Absichten oder Objekte besonders günstig ist. So wird beispielsweise ein Mensch, der sich fröhlich fühlt, in der Stimmung sein, Witze zu erzählen oder anzuhören. Den Stimmungen dieser Art kann ein Erlebnis mit besonderen Eigenschaften vorausgehen, dessen Wiederholung oder auch Vermeidung wünschenswert scheint. Eine befriedigende Arbeit kann dazu führen, daß unsere Arbeitsstimmung anhält, oder daß wir uns sogar noch mehr in die gleiche Arbeit vertiefen. Haben wir von einer bestimmten Aktivität genug, können unbewußte oder bewußte, wunschbestimmte Phantasien aufkommen und eine gegenteilige Stimmung bewirken, etwa anstelle von Arbeit nämlich nach Lust zu streben.

Es ist nahezu unmöglich, die Vielzahl der Stimmungen zu ordnen, ohne dafür Kategorien zu verwenden, die sich überschneiden oder auf verschiedenen Ebenen liegen. Man kann Stimmungen *erstens* und nach üblichem Beispiel in gute oder schlechte einteilen; diese Unterscheidung bezieht sich in erster Linie auf Lust-Unlusteigenschaften, deutet jedoch an, daß insgesamt die Abfuhr der libidinösen gegenüber den aggressiven Trieben den Ausschlag gibt – in diesem Sinn müssen wir sowohl ärgerliche wie niedergedrückte Stimmung als »schlechte« Stimmungen sehen. Jemand kann jedoch auch in einer triumphierenden Stimmung sein und sie als gut und lustvoll empfinden, obgleich ihr vor allem eine aggressive Abfuhr zugrundeliegt.

Stimmungen können *zweitens* auch unter dem Gesichtspunkt der Abfuhrgeschwindigkeit als hohe oder niedrige Stimmungslagen voneinander unterschieden werden, die wiederum nicht völlig den guten oder schlechten Stimmungseigenschaften entsprechen. Man kann sich bei einem Überwiegen sowohl der libidinösen wie auch der aggressiven Abfuhrphänomene in einer lustvollen wie auch unlustvollen Art erregt oder sogar »überdreht« fühlen. Oder man ist in einer mehr ruhigen Stimmung, die freudig oder auch trübsinnig sein kann.

Schließlich können wir eine *dritte* Unterscheidung danach vornehmen, ob die Stimmungsphänomene besonders im Bereich der Gefühle, der Gedanken oder der Handlungen hervorstechen; wir sprechen dann davon, daß unsere Stimmung glücklich oder unglücklich ist, daß wir gedankenvoll oder »schwer von Begriff« sind, in einer unternehmungslustigen oder trägen, einer enthusiastischen oder apathischen Stimmung sind (Greenson; 1953, 1962).

Wir sehen an den gegebenen Beispielen, daß die Versuche, Stimmungen zu klassifizieren, weder besonders aussichtsreich noch sehr konstruktiv sind. Der Versuch einer Einteilung nach Eigenschaften gleich welcher Kategorie macht uns jedoch darauf aufmerksam, daß wir normalerweise eine dualistische Vorstellung von Stimmungen haben, wenn wir sie mit Begriffspaaren wie gut oder schlecht, glücklich oder unglücklich, gehoben oder gedrückt, aktiv oder passiv, freundlich oder unfreundlich etc. bezeichnen. Selbstverständlich kommt hierin der unverwechselbare Dualismus sämtlicher psychobiologischer Geschehnisse zum Vorschein, der Triebdualismus nämlich und die Schwankungen zwischen Spannung und Entspannung, sowie der unvermeidliche Wechsel zwischen Lust und Unlust, den die Realität erzwingt.

Soweit haben wir Stimmungen durch eine zeitweilige Fixierung generalisierter Abfuhrveränderungen definiert; auslösend ist ein bedeutsames Erlebnis, und die Eigenschaften des Abfuhrschemas, das zu diesem Erlebnis gehört, übertragen sich auf das Gesamt der Abfuhrmuster. Wie sollen wir uns aber im einzelnen vorstellen, daß sich die Eigenschaften eines fokalen Abfuhrgeschehens allen anderen, gleichzeitig ablaufenden Abfuhrvorgängen aufdrängen?

Damit sich eine Stimmung entwickelt, muß das Erlebnis, von dem sie hervorgerufen wird, besonders intensiv sein; dadurch bewirkt es derart hohe energetische Spannungen, daß diese über eine fokale Abfuhr weder unmittelbar noch ausreichend entbunden werden können. Für diesen Fall verbleiben die Erinnerungen an das hervorrufende Erlebnis erheblich überbesetzt, wodurch sie Einfluß auf die Energie- und Besetzungsverhältnisse im Gesamtbereich des Ichs erlangen können.

Bei John beispielsweise hinterließ sein glückliches Erlebnis mit Anne nicht nur eine intensiv besetzte Erinnerung an seinen anfänglichen Erfolg und seine Befriedigung; sein Erlebnis wirkte so anregend, daß es ihn für eine bestimmte Zeit mit zusätzlicher libidinöser Energie versorgte, die ausreichte, um die narzißtischen und objektgerichteten Besetzungen in allen Bereichen seines Ichs mittels allgemeiner Besetzungsverschiebungen anzuheben. So waren an jenem erfreulichen Tag die libidinösen Ressourcen, über die John verfügte, größer, die aggressiven Energien dagegen verringert. Folglich hob sich sein Selbstwertgefühl nicht nur als Liebhaber, sondern auch im Hinblick auf seine Fähigkeiten in anderen Bereichen; desgleichen hatte er nicht nur Anne stärker mit libidinöser Energie besetzt, sondern auch seine ganze Umwelt. Damit kam die Antizipation als wichtiger Faktor ins Spiel. John zog verallgemeinernde Schlüsse aus seinem anfänglichen Erfolg und erwartete weitere glückliche und befriedigende Erlebnisse. Diese Erwartungen waren dem ersten Erlebnis mit Anne nachgebildet, richteten sich aber nicht nur auf sie, sondern auch auf alle anderen Objekte, die um ihn waren.

Man kann diese innere Situation oder Verfassung auch in anderer Weise beschreiben. Generalisierte Besetzungsverschiebungen führten dazu, daß sich die libidinösen Energien auffüllten und neu verteilten; offensichtlich entstanden dadurch zeitweilige, qualitative Veränderungen der Konzepte des Selbst *in toto* und der gesamten Objektwelt. Die Konzepte des Selbst und der Objekte hatten eine besondere, optimistische Färbung angenommen, die von ihrer gewohnten Beschaffenheit abwich. In John hatten sich generalisierte, komplementäre Vorstellungen festgesetzt: er hielt sich für einen aktiven, erfolgreichen, unbekümmerten jungen Mann und schätzte dementsprechend auch seine Umwelt ein, nämlich als einen Ort, an dem es befriedigend, wohlwollend und lustvoll zugeht. Diese Vorstellungen entsprechen, was die Objektwelt betrifft, einer generalisierten Übertragung bestimmter überbesetzter und lustbetonter Eigenschaften Annes auf alle anderen Objekte; was John selbst anlangt, stellten diese Vorstellungen die entsprechende Generalisierung und vorübergehende Fixierung eines momentanen, überbesetzten und lustvollen Aspekts seines Selbst dar. Es leuchtet ein, daß die Überbesetzung solcher einzelnen Vorstellungen nur aufrechterhalten werden kann, wenn alle ihnen widersprechenden Schlußfolgerungen aus früheren Erlebnissen unterbesetzt werden, das heißt, wenn mißliebige Erinnerungen vorübergehend verleugnet werden. (Die Tendenz zur Generalisierung werde ich im vierten Kapitel darstellen.) Damit, daß ich die in Frage stehenden Vorstellungen »komplementär« nenne, möchte ich ausdrücken, daß sie immer einen bestimmten Aspekt der Beziehung zwischen den Repräsentanzen des Selbst und der Objektwelt widerspiegeln. In der Tat fühlen wir uns, wenn wir in einer besonderen Stimmung sind, bewußt wie ein anderer Mensch und stehen zur Welt in einer anderen Beziehung; die Welt ihrerseits sieht in Beziehung zu uns verändert aus.

Was John betrifft, so wurden seine nunmehr lustvolleren, zuversichtlichen Vorstellungen zum Vehikel entsprechender hoffnungsvoller Phantasien, die ihn ihrerseits zu weiteren lustvollen Reaktionen und erfolgreichen, befriedigenden Handlungen bewegten. Wäre John ein außerordentlicher Erfolg bei einem geschäftlichen Wettbewerb gelungen, hätte auch sonst seine Stimmung sich ebenso gehoben. In seiner besonderen Verfassung jedoch hätte ihm ein solcher Erfolg zu einer Triumphstimmung verholfen, in der Objekte und Ziele aller Art stärker aggressiv besetzt sind und wodurch weitere aggressive Reaktionen und Handlungen angestoßen werden. Dies soll uns lediglich zeigen, in welchem Ausmaß das jeweilige Verhältnis von Libido zu Aggression und die Verteilung beider auf die Besetzungen der Selbst- und Objektrepräsentanzen, die Stimmungsqualitäten und den Ich-Zustand insgesamt beeinflussen. Da unsere Stimmungen sich auf unsere Einstellungen und Verhaltensmuster auswirken, tendieren auch die Reaktionen, die wir auf unsere Handlungen hin erhalten, so lange dazu, die Vorstellungen, die unserer Stimmung zugrundeliegen, zu unterstützen und zu fördern, bis ein ausreichendes Einwirken der Realität diese Auffassungen und damit auch unsere Stimmung verändert. Johns gute Stimmung hielt beispielsweise so lange an, wie die Überbesetzung seiner glücklichen Erinnerungen und der Vorstellungen, die er sich aufgrund dieser Erinnerungen machte, angesichts der Realität aufrechterhalten werden konnte. Ich werde den Einfluß, den die Realität auf unsere Stimmungen nimmt, später ausführlicher besprechen.

Um zu wiederholen: es scheint, als könne ein Erlebnis nur dann eine Stimmungsveränderung bewirken, wenn es qualitative Veränderungen an den Repräsentanzen des Selbst und der Objektwelt zustande bringt; und es leuchtet ein, daß die vorübergehende Fixierung derart deutlicher Veränderungen dann ihrerseits einen generalisierten Einfluß auf die Eigenschaften aller Abfuhrmuster ausübt.

Diese Beschreibung hat deshalb klinischen Wert, weil sie sich unmittelbar auf uns bekannte Phänomene bezieht, die wir an pathologischen Stimmungszuständen beobachten können. Wir wissen, daß in der depressiven und der gehobenen (Ver-)Stimmung das Selbst im ganzen als andersartig empfunden wird, als schlecht und minderwertig oder als gut und erhaben; in entsprechender Weise erscheint die umgebende Objektwelt ins Unangenehme oder Angenehme verwandelt. Wir sollten jedoch bedenken, daß unsere Selbst- und Objektrepräsentanzen nicht allein in pathologischen, sondern auch in allen anderen Arten der Stimmungsänderung den genannten qualitativen Veränderungen unterliegen. Gewisse Stimmungsschattierungen, die im Bereich der Norm liegen und nur wenig Bezug zu besonderen Lust-Unlustqualitäten haben, nehmen ebenfalls ihren Ursprung in, allerdings sehr subtilen, Veränderungen der Selbst- und Objektrepräsentanzen. Es handelt sich dabei um Stimmungen, deren Eigenschaften nicht auf emotionale oder funktionale Merkmale, sondern auf Vorstellungstendenzen hinweisen wie zum Beispiel die Stimmungen der Besinnung, des Nachdenkens oder der Anschauung, auf die ich mich weiter oben bezogen habe.

An dieser Stelle möchte ich nochmals Weinshels Arbeit (1970) zitieren. Darin äußert er die Befürchtung, er habe die »strukturellen« Aspekte der Stimmungen vielleicht zu stark betont; ich hatte damals die Stimmungen eigentlich nicht als »psychische Strukturen« betrachtet oder zumindest vermieden, diese Bezeichnung so weitgehend anzuwenden, wie Rapaport vorschlug. Davon abgesehen stimme ich jedoch völlig mit Weinshels »entscheidender Feststellung« überein: »(Stimmungen) sind psychologische Strukturen von verschiedener Komplexität und Stabilität; sie zeigen ein gewisses Maß von Synthese und Organisation und hängen von der Mitwirkung jedes der drei psychischen Systeme ab... Wir können beobachten, daß eine Stimmung sowohl aus einem Gemisch von Affekten wie auch aus den Ergebnissen verschiedener Abwehraktivitäten, die gegen die Affekte gerichtet sind, besteht. Wahrscheinlich trägt die Gesamtstruktur zum Vorgang der Affektbindung bei, und die gebundenen Affekte liefern auch ihrerseits einen Beitrag zur Gesamtstruktur der Stimmung. Manchmal erscheinen uns die affektiven Abfuhrvorgänge, die mit den Stimmungen verbunden sind, heftig und relativ archaisch; gelegentlich zeigt sich aber auch an den beteiligten Affekten, daß sich hoffdifferenzierte Strukturen zur Affektabfuhr entwickelt haben. Häufig kommen die beiden genannten Extreme auch nebeneinander vor« (S. 315).

Ich halte diese Feststellungen insgesamt für sehr wichtig, besonders was die Beschaffenheit und Funktion von Stimmungen anlangt.

Die ökonomische Funktion der Stimmungen
Frühe Stimmungsprädispositionen und ihre Entwicklung

Wir verdanken Freud (1917 e [1915]) den Einblick in die förderliche, ökonomische Funktion der Trauerarbeit, durch die eine allmähliche

Ablösung und Rückkehr der Libido zu gegenwärtigen, realistischen Zielen und Befriedigungen bewerkstelligt wird. Freud zog den Schluß, der pathologische depressive Prozeß (die »melancholische Arbeit«)[1] habe die gleiche ökonomische Wirkung. Unsere vorausgegangene Untersuchung der Vorgänge, die den Stimmungszuständen im allgemeinen zugrundeliegen, gibt uns nun die Möglichkeit, Freuds ökonomische Betrachtungen weiterzuführen.

Wenn es ein Merkmal aller Stimmungen ist, daß sie eine wiederholte affektive Abfuhr und Entladung an einer großen Zahl und Vielfalt von Objekten gestatten, dann muß für eine derartige Abfuhr kleiner Energiemengen unter Mitwirkung der Realitätsprüfung auch gelten, daß sie psychische Energie aus festen Positionen freisetzt und neuen Besetzungen den Weg eröffnet. Sicherlich dient diese schrittweise Abfuhr dazu, das Ich vor den Gefahren einer jähen, überwältigenden Abfuhr zu schützen; das bedeutet aber nicht, daß Stimmungen wiederholte, plötzliche und dramatische Abfuhrreaktionen wie Ausbrüche und Anfälle von Schluchzen, Lachen oder Zorn ausschließen, sondern daß sie auch diese auslösen können. Hieraus ergibt sich, daß Stimmungen im allgemeinen eine ausgesprochen zweckmäßige, aber auch ursprüngliche ökonomische Funktion erfüllen. Der endgültige ökonomische Erfolg wird jedoch weitgehend davon abhängen, in welchem Ausmaß dieser ausgedehnte Abfuhrvorgang echte, wirksame Realitätsprüfung zuläßt; gerade in dieser Hinsicht können wir zwischen normalen und anormalen Stimmungszuständen ausschlaggebende Unterschiede feststellen, die weiter unten bei der vergleichenden Untersuchung von normalen und pathologischen Stimmungen besprochen werden.

Angesichts der einfachen Beschaffenheit und Funktion von Stimmungen verwundert es nicht, daß wir bei Menschen, die unfähig sind, Spannungen zu tolerieren oder Versagungen, die ihnen ein Verlust auferlegt, zu ertragen, eine Tendenz zur Verstimmung, zu unangemessenen Stimmungen und auffälligen oder anhaltenden Stimmungsschwankungen vorfinden. Ihr Ich arbeitet vorzugsweise auf der Ebene des Primärprozesses, mit großen Mengen deneutralisierter psychischer Energie, die sich jäh zu entladen drohen.

Wir müssen annehmen, daß diese einfache Art ökonomischer Regulation von den betreffenden Menschen so stetig und augenfällig zu Hilfe genommen wird, weil sie ihrer bedürfen. Ihrem Ich mangelt es offen-

---

1 *G. W.*, Bd. 10, S. 443 (Anm. d. Übers.)

bar an der Leistungsfähigkeit für feine, »sekundärprozeßhafte« Modi ökonomischer Arbeitsweise und affektiver Abwehr; die Zahl wie auch die Art der Abfuhrkanäle und differenzierten Abfuhrmuster, die ihr Ich zur Verfügung hat, reichen offensichtlich nicht aus. Da diese Verhältnisse auf archaische Ich- und Überich-Strukturen hinweisen, die entweder regressiv verändert sind oder in ihrer Entwicklung zum Stillstand kamen, überrascht es uns nicht, daß pathologische Stimmungen bei den psychotischen Störungen so häufig sind. Wenn auch Psychotiker, und bis zu einem gewissen Grad auch Neurotiker, eine ökonomische Notwendigkeit und damit auch eine Neigung zu auffällig abweichenden Stimmungen mit pathologischen Eigenschaften zeigen, müssen wir jedoch unterstreichen, daß auch das normale Ich sich den Einsatz und Gebrauch dieser einfachen seelischen Modalität bewahrt.

Aus guten Gründen kann Weinshel nicht der Nachdrücklichkeit zustimmen, mit der ich ursprünglich die einfache, unreife Beschaffenheit und Funktion von Stimmungen vertrat. Was ich damals über Stimmungen im allgemeinen dachte, war wohl über Gebühr durch die klinische Beobachtung pathologischer Stimmungen beeinflußt. Weinshel (1970) hebt zutreffend hervor, daß » ... es so außerordentlich viele und verschiedene Stimmungen gibt, die sich nach ihrer Struktur und Organisation, also nach der Art der Zusammensetzung ihrer Komponenten wie auch in ihrer Gesamtbeziehung zum Ich und dessen Arbeitsweise, erheblich voneinander unterscheiden. Man sollte daher besser von archaischen Elementen einer Stimmung sprechen, statt Stimmungen pauschal als archaisch zu bezeichnen ... Neben den mehr archaischen Abfuhrmustern können wir bei Stimmungen auch andere Abfuhrmuster feststellen, die auf einer höheren Ebene ablaufen und stärker organisiert sind; sie zeigen sowohl die Aktivität des Primärprozesses wie auch des Sekundärprozesses, Spannungserhaltung wie auch Abfuhrzwang ... Die beteiligten Vorgänge sind nicht notwendigerweise archaisch, sondern im Gegensatz nicht selten neutralisiert, relativ hoch differenziert und entwickelt ... ohne die ›Quasi-Stabilität‹, die durch die Stimmungsstruktur hergestellt wird, würde die ungeordnetere affektive Abfuhr auf viele dieser Funktionen störend einwirken ... Wir sollten allerdings nicht nur auf die Komplexität und Stabilität der Stimmungsstrukturen achten, sondern auch auf die ›Gewandtheit‹ (*»elegance«*), mit der das Ich oft die unterschiedlichen psychischen Elemente, die verschiedener Herkunft sind und vielfältige Entwicklungsebenen widerspiegeln, zu einer einheitlichen und harmonischen Form oder Gestalt verbindet. Außerdem möchte ich noch betonen ... daß dies nicht für alle Stimmungen gilt und das Ausmaß dieser Gewandtheit, Harmonie und Stabilität bei verschiedenen Stimmungen, aber auch bei derselben Stimmung zu verschiedenen Zeitpunkten, sehr unterschiedlich ist« (S. 317). Meines Erachtens stellen die zitierten Äußerungen einen wichtigen Beitrag für unser Verständnis dar, wie Stimmungen beschaffen sind und welche Aufgabe sie haben.

An Johns Beispiel habe ich eine Abfolge ziemlich normaler Stimmungserscheinungen beschrieben, die nach seinem Erlebnis mit Anne auftraten. Sicherlich besaß John eine deutliche Neigung zu starken und raschen Stimmungsschwankungen, und seine Fähigkeit, narzißtische und objektlibidinöse Besetzungen ungeachtet äußerer Einflüsse in einem ausgeglichenen Verhältnis zueinander zu halten, war offenbar nicht allzu gut ausgebildet. Auch wenn die Art seiner Stimmungen innerhalb des üblichen affektiven Rahmens blieb, können wir seine Stimmungsinstabilität als Grenzbefund oder zumindest als Ausdruck einer bestimmten Stimmungsprädisposition auffassen. An Menschen mit eindeutigen, fest umrissenen Stimmungsprädispositionen stellen wir fest, daß auffallend häufig besondere, vorübergehend fixierte Veränderungen der Vorstellungen des Selbst und der Objektwelt wiederkehren, die sich auf generalisierte Schlußfolgerungen und Übertragungen aus der Vergangenheit gründen. Bei Menschen mit chronischen Stimmungsabweichungen, wie bei eingefleischten Pessimisten oder Optimisten, haben sich diese Vorstellungen oder Konzepte und die aus ihnen hervorgehenden Abfuhrmuster dauerhaft verfestigt (*fixated*)[2].

Wenn wir im Rahmen allgemeiner affektiver Prädispositionen bleiben, können wir tatsächlich schon in der frühesten Kindheit individuelle Prädispositionen für besondere jeweils vorherrschende oder

---

2 Es liegt auf der Hand, daß hier die Bedeutung von »Fixierung« eine andere ist als die im allgemeinen psychoanalytischen Sprachgebrauch übliche. Entweder verstehen wir unter einer (infantilen) Fixierung die Tendenz, auf bestimmte Reize mit bevorzugten Abfuhrmustern zu reagieren, die sich in früheren Entwicklungsphasen herausgebildet haben, oder wir meinen mit Fixierung auch die dauerhafte Überbesetzung einer einzelnen, bewußten oder unbewußten Objektrepräsentanz. In unserem Zusammenhang möchte ich vermuten, daß eine dauerhafte Fixierung an ein Liebesobjekt auch immer mit einer Fixierung an entsprechende Aspekte der Selbstrepräsentanzen einhergeht.

wiederkehrende Stimmungszustände beobachten – zum Beispiel ausgeglichene oder unausgeglichene, gute oder schlechte, und deutlich schwankende Stimmungen. Natürlich sind bei kleinen Kindern die affektiven Äußerungen insgesamt lauter und intensiver, da ihre Überich-Kontrolle noch unzureichend ist. Gewöhnlich sind ihre Stimmungen von kurzer Dauer und raschem Wechsel. Ihre Unfähigkeit, Stimmungen, insbesondere schmerzlicher Art, längere Zeit aufrechtzuerhalten, hängt zusammen mit der relativen Instabilität ihrer Objektbesetzungen, mit ihrer Spannungs- und Schmerzintoleranz und ihrer raschen Bereitschaft, Ersatzobjekte und Ersatzbefriedigungen zu akzeptieren.

Die Skala affektiver Äußerungen ist beim Kind eingeschränkt; dies geht auf einen dem Entwicklungsstand gemäßen Mangel der Ich-Differenzierung zurück. Die frühkindlichen Prädispositionen für Affekte und Stimmungen unterliegen, da sie das Ergebnis von konstitutionellen und umweltbedingten Einflüssen, von Triebreifung, Ich- und Überich-Bildung sind, vielfältigen Veränderungen. Dennoch bildet sich in diesen Prädispositionen ein hervorstechendes Merkmal der gesamten Persönlichkeit für jede Entwicklungsphase heraus.

Die allgemeine affektive Prädisposition eines Menschen läßt erkennen, daß er bestimmte, ihm eigene affektiv-motorische Reaktionen bevorzugt. In seiner Stimmungsprädisposition zeigt sich dagegen, wie er – in mehr oder weniger großem Ausmaß sowie für längere oder kürzere Zeit – an besondere Vorstellungen über sein Selbst und die Welt fixiert ist; demzufolge hält er auch an bestimmten affektiv-motorischen Abfuhrmustern fest, wobei die Berücksichtigung der verschiedenen äußeren Reize eher gering ist.

Wenn wir die Einflüsse betrachten, die schon in früher Kindheit die Entstehung von pathologischen Stimmungsprädispositionen bestimmen, können wir uns leicht ein Bild davon machen, was es bedeutet, wenn ein Kind wiederholt oder für längere Zeit der gleichen Art von Erfahrung ausgesetzt ist. Entbehrung oder übermäßige Befriedigung beispielsweise wirken sich auf die Entwicklung von Stimmungen besonders schädigend aus, wenn das Kind sich noch in einer Phase befindet, in der das bedürfnisbefriedigende Objekt noch sein Hauptrepräsentant der Objektwelt ist. Das Kind, das noch nicht zwischen verschiedenen Objekten unterscheiden kann, folgt einer natürlichen Tendenz, indem es Besetzungen leicht von einem Objekt auf alle anderen verschiebt; wird es von den genannten Einflüssen betroffen, dann wird es seine unreife Tendenz, Erfahrungen zu generalisieren, beibehalten. Diese unreife Tendenz wird dann zum Träger einer fest umrissenen, anormalen Stimmungsprädisposition.

Aus der psychoanalytischen Untersuchung manisch-depressiver Zustände, die eine schwere Störung (*pathology*) der Überich-Funktionen aufweisen, wissen wir, daß die Überich-Bildung einen außerordentlichen Einfluß auf die Entstehung der Affekt- und Stimmungskontrolle und dadurch auch auf die Stimmungsprädisposition nimmt. In meiner Arbeit (1954) und in dem Buch über *Das Selbst und die Welt der Objekte* (1964 [1973]) habe ich bei der Darstellung des komplexen Kontrollsystems, das mit der Einsetzung des Überichs entsteht, dieses Thema schon gestreift. Es wird ausreichen, wenn ich hier wiederhole, daß die Überich-Bildung sich insgesamt modulierend auf das emotionale Ausdrucksverhalten auswirkt und daß sich die Hebungen und Senkungen des Selbstwertgefühls zu Indikatoren und Regulatoren für die selbst- und objektgerichteten Besetzungen im gesamten Ich wie auch für die resultierenden Abfuhrvorgänge entwickeln.

Wir müssen uns jedoch darüber im klaren sein, daß die Hauptfunktion des Überichs beim Erwachsenen selektiver Art ist. Das heißt konkret, daß Schuldgefühle, solange ihre Ausdehnung begrenzt ist und sie mit besonderen, bewußten oder unbewußten, verbotenen Strebungen zusammenhängen, als wirksame Warnsignale oder richtungweisende Signale dienen können. In diesem Fall lösen sie keine Stimmung aus, sondern setzen die Abwehraktivität des Ichs in Gang. Das Vorhandensein, aber auch das Fehlen eines generalisierten Überich-Drucks führt zur Hemmung oder zur Stimulation der Ich-Aktivität; die Geschwindigkeit der objektgerichteten Abfuhr wird ungeachtet einzelner Ziele und Objekte in vereinheitlichter Weise verlangsamt oder erhöht. Wenn dies der Fall ist, dann beziehen sich Billigung oder Mißbilligung von seiten des Überichs nicht mehr auf einzelne, unannehmbare Triebregungen, sondern auf vereinfachte, gegensätzliche Vorstellungen vom gesamten Selbst. Das Selbst wird »schwarz-weiß« gesehen: »gut sein« läßt eine Belohnung erwarten, »böse sein« zieht eine Bestrafung nach sich.

Derart generalisierte Vorstellungen entstehen auch bei Normalen und rufen Stimmungsschwankungen hervor, die innerhalb gewisser Grenzen bleiben. Um den Preis der Überich-Funktion auf höherem Niveau setzt das Ich vorübergehend eine einfachere ökonomische Modalität ein. Strukturelle Überich-Defekte oder Regressionen des Überichs führen jedoch dazu, daß die Signalfunktion des Überichs auf

Dauer verlorengeht; an ihre Stelle tritt entweder eine Neigung zu auffallend raschen oder extremen pathologischen Stimmungsumschwüngen oder zu mehr oder weniger fixierten Veränderungen (Hebungen und Senkungen) des Stimmungsniveaus.

Es besteht sicher kein Zweifel, wie wichtig das Überich und seine Entstehung dafür ist, daß sich eine allgemeine Affekt- und Stimmungskontrolle entwickeln kann. Dennoch muß ich meine Äußerung wiederholen, daß manche Kinder lange vor der Überich-Bildung eine eindrucksvolle Stabilität ihrer Gestimmtheit zeigen, während andere an ungewöhnlich wechselhaften Stimmungen oder sogar infantilen Störungen der Gestimmtheit leiden.

Die Deutlichkeit solcher frühkindlichen Affekt- und Stimmungsprädispositionen zeigt uns, in welchem Ausmaß sie von folgenden Faktoren determiniert werden: von der Tiefe und Intensität der Objektbeziehungen, die das Kind hat, von der ihm eigenen Triebstärke wie auch seiner Art, auf Versagung, Kränkung oder Entbehrung mit geringerer oder größerer, schnell vorübergehender oder länger anhaltender Ambivalenz zu reagieren. Dieser Faktoren wegen sollten wir den Einfluß, den das Überich und die Überich-Bildung auf die einzelnen Stimmungen und die Stimmungslage nimmt, nicht überschätzen. Überdies lockert sich in der Adoleszenz, wenn die Reifungsvorgänge zum Abschluß kommen, der starre, kontrollierende Zugriff des Überichs, und das Ich erlangt mehr Anpassungsfähigkeit und Freiheit. Dann erstreckt sich der Einfluß des Überichs im wesentlichen auf die Regulation des Stimmungsniveaus und ganz allgemein auf die Abschwächung und Modulation der Stimmungen und Affekte. In den vielfältigen und reichhaltigen affektiven Farbtönen schlagen sich jedoch die Struktur des Ichs und die Freiheitsgrade seiner Reaktionen nieder.

Allerdings dürfen wir aus dem Beitrag, den das Überich leistet, damit unsere Stimmungen und Affekte sich auf einem verhältnismäßig gleichen Niveau halten, nicht den Schluß ziehen, daß beim Normalen die Vielfalt der Stimmungsäußerungen geringer sei. Das Gegenteil trifft zu; beim Vergleich von normalen und pathologischen Stimmungsäußerungen stellt sich auf eindrucksvolle Weise heraus, daß es Menschen mit pathologischen und auffälligen Stimmungseigenschaften oder Stimmungsschwankungen an all den feinen Schattierungen und Nuancen fehlt, die der Normale besitzt. Die Gründe hierfür können sowohl in Ich-Defekten (*ego defects*) wie in einer archaischen oder defekten Überich-Struktur liegen. Daraus folgt, daß Stimmungseigenschaften und -schwankungen uns nicht nur auf die gegenwärtige konflikthafte oder konfliktfreie Situation eines Menschen hinweisen, sondern auch die Störungen von Ich und Überich anzeigen.

Diese Hinweise sind für die Symptomatik und Diagnostik der Psychosen von besonderer Bedeutung. In Fällen, wo die Stimmung für einen längeren Zeitabschnitt auf einem hohen oder niedrigen Stimmungsniveau fixiert bleibt, zeigt sich der Verlust unterschiedlicher Stimmungsschattierungen sehr deutlich. Es hat den Anschein, als würden die feineren Stimmungsschattierungen von den dunkel-düsteren Schatten einer gedrückten Stimmung gleichsam verschluckt und vom gleißenden Licht einer gehobenen Stimmung überstrahlt. In der entstehenden Stimmungsmonotonie ist der Grund zu finden, warum nicht nur chronisch depressive, sondern auch chronisch hypomanische Menschen sehr an unseren Nerven zerren. Meines Erachtens gelten diese Überlegungen nicht nur für Stimmungen, sondern für affektive Phänomene im allgemeinen.

Weinshel tendiert dazu, alle gezähmten oder kontrollierten Affekte als Signalaffekte einzustufen. Ihm möchte ich entgegenhalten, daß die subtileren, sehr verfeinerten Affekte ebenso wie die intensiven Gefühle, die in der Liebe, im Kunstgenuß oder der Freude an der Natur erlebt werden, »kontrollierte« Affekte sein können und daß jede Art von Affekt eine Signalfunktion haben kann, sie aber nicht – oder nicht nur – haben muß. Je stärker die Affektivität und die Stimmungen gestört sind, um so eingeschränkter und geringer ist die Vielfalt der affektiven Skala und der emotionalen Farbtöne. Meine Feststellung erscheint auf den ersten Blick unrichtig, wenn wir an die hysterischen Persönlichkeiten denken, deren Affekte und Stimmungen sich häufig in einem funkelnden Glanz zeigen. Aber die Affekte der Hysteriker sind, obgleich sie sich äußerst intensiv und dramatisch äußern, nicht echt moduliert. Die Breite ihrer Gefühlsfarben ist eingeschränkt, da ihnen die feineren, gedämpften Schattierungen von Emotionen und Stimmungen fehlen. Noch irreführender kann in dieser Hinsicht die schillernd-irisierende Affektivität schizophrener Patienten sein. Gelegentlich fasziniert uns die ungewöhnliche, fremdartige und unheimliche Art ihrer Affekte und Stimmungen; aber diese Affektivität ist nicht reichhaltig, warm und pulsierend, sondern sie hat eine kühle und brüchige Qualität. Eine affektive Störung äußert sich nicht nur in übermäßig starken oder schwachen Affekten und Stimmungen, in anormalen Stimmungsschwankungen und der pathologischen Reduzierung feiner emotionaler Schattierungen zugunsten gröberer oder fremdartiger Affekte und Stimmungen; die emotionale Störung zeigt sich auch an den auffallenden Unterschieden von affektiver Wärme und Kälte, die ich früher beschrieben habe (1954, 1964)[3].

Die wesentlichen Punkte, die ich soweit vorgetragen habe, möchte ich zusammenfassen. Stimmungen sind Ich-Zustände. Sie zeichnen sich durch generalisierte Veränderungen der Abfuhrvorgänge aus. Diese Veränderungen beeinflussen vorübergehend die Eigenschaften aller Gefühle, Gedanken und Handlungen. Sie werden durch intensive Erlebnisse hervorgerufen, die ihrerseits hohe energetische Spannungen herstellen. Dadurch fließt die psychische Energie sozusagen über und breitet sich mittels Energieverlagerungen im gesamten Bereich des Ichs aus. Diese energetischen Vorgänge werden von generalisierten Übertragungsäußerungen begleitet; dieses Phänomen unterstreicht die Unterschiede, die zwischen Stimmungen und objektgerichteten Gefühlszuständen bestehen. Die objektgerichteten Gefühlszustände sind durch libidinöse oder aggressive Besetzungen von bestimmten Objekten charakterisiert; dagegen wird in den Stimmungen die Eigenart des auslösenden Erlebnisses auf alle Objekte und Erlebnisweisen übertragen und ausgedehnt. Daher verleihen Stimmungen der äußeren Welt insgesamt und damit auch dem Selbst eine besondere Färbung[4]. Da Stimmungen eine graduelle, sich wiederholende Abfuhr oder Entladung an vielen Objekten gestatten und der Realitätsprüfung unterliegen, muß man in ihnen eine besondere ökonomische Modalität des Ichs sehen.

Zwei Formen normaler Stimmungsveränderungen:
Traurigkeit und Trauer, Fröhlichkeit und Freude

Da sich meines Erachtens die Zustände von Traurigkeit und Trauer, Fröhlichkeit und Freude (*cheerful elation*) außerordentlich gut dazu

3 In *Das Selbst und die Welt der Objekte* (1973) auf den Seiten 96 bis 98 (Anm. d. Übers.).
4 An mehreren Stellen dieses Kapitels wird in der Übersetzung der Terminus Objektwelt eingesetzt, wo bei der Autorin nur *world* steht. Die Berechtigung zu dieser Präzisierung leitet sich aus den Definitionen der Autorin in *Das Selbst und die Welt der Objekte* ab. Aber auch im 9. Kapitel des vorliegenden Buches verwendet die Autorin nur noch die Begriffe »Objektwelt« oder »Welt der Objektrepräsentanzen« (Anm. d. Übers.).

eignen, die bisher vorgetragenen Ansichten zu verdeutlichen, möchte ich diese beiden normalen gegensätzlichen Stimmungsformen neu überprüfen und ausführlicher untersuchen.

Freud stellte in *Trauer und Melancholie* (1917 e [1915]) dar, daß trauernde Menschen dazu neigen, bei ihren Erinnerungen an die glückliche Vergangenheit zu verweilen. Dies scheint jedoch meiner Auffassung zu widersprechen, daß gerade die Überbesetzung des auslösenden Erlebnisses, das im Falle der Trauer ein tragisches Verlusterlebnis ist, die Stimmung hervorruft. Da aber die Bezeichnung »Trauer« (*grief*) einen bestimmten Zustand der Traurigkeit (*sadness*) aussondert, der länger anhält, tiefer geht und durch den Verlust eines Liebesobjekts entsteht, möchte ich meine Untersuchung lieber auf die Traurigkeit im allgemeinen ausdehnen, anstatt sie auf den Zustand der Trauer einzuschränken. Daher wollen wir zunächst das Wesen der Traurigkeit untersuchen und die Art der Erlebnisse, durch die diese affektive Verfassung ausgelöst wird.

Traurigkeit ist sicherlich eine emotionale Äußerung, mit der das Ich auf Leid reagiert. Das Leid kann von realen äußeren oder von inneren, bewußten wie unbewußten Quellen herrühren; außerdem kann Leid auch in der Identifizierung mit dem Leiden anderer entstehen. Jenes Leid, das sich zur Traurigkeit steigert, scheint immer von Erlebnissen oder Phantasien auszugehen, die einen Verlust oder eine Entbehrung bedeuten. Dabei kann es sich um das Verlorengehen einer Befriedigung handeln, die man zuvor erlangte oder erwartete; die gleiche Rolle können ein Liebesverlust, der durch eine Trennung entsteht, oder der Verlust eines Liebesobjekts im Falle der Trauer spielen. Selbstverständlich kann unser Leid auch körperliche Ursachen haben; die Traurigkeit scheint allerdings nicht unmittelbar aus körperlicher Verletzung oder körperlichem Schmerz zu entstehen. Bei Krankheiten, insbesondere mit langwierigem Verlauf, kann die Traurigkeit aus dem emotionalen Leiden entstehen, das die körperliche Krankheit begleitet und auf den Verlust triebhafter und emotionaler Befriedigungen zurückgeht. Die Traurigkeit rührt zwar von Verlust- und Entbehrungserlebnissen her, die ihrerseits leicht Aggressionen entstehen lassen, aber ihre Eigenschaften deuten darauf hin, daß sie mit vorwiegend libidinösen Besetzungen einhergeht. So schließen beispielsweise ärgerliche und traurige Stimmungen einander aus, wenn es auch ziemlich häufig vorkommt, daß Aggressivität dazu dient, das schmerzliche Gefühl von Traurigkeit abzuwehren.

Wir können mit anderen Worten sagen, daß die Traurigkeit als solche im Gegensatz zur Depression nicht mit einem aggressiven Konflikt, weder mit der äußeren Realität noch intrapsychisch, zusammenhängt. Und sie entsteht sicherlich nicht aus einer inneren Spannung zwischen Ich und Ichideal, sondern sie scheint von Spannungen innerhalb des Ichs herzurühren. Es sieht zwar praktisch oft so aus, daß bei Zuständen von Traurigkeit auch depressive Züge auftreten und umgekehrt bei depressiven Zuständen Gefühle von Traurigkeit im Vordergrund stehen. Die klinischen Beobachtungen legen jedoch nahe, daß die Traurigkeit nur so lange im Vordergrund einer Depression steht, wie auch die libidinöse Besetzung der Objektwelt dadurch aufrechterhalten werden kann, daß die Aggression von Objekten weg und auf das Selbst gerichtet wird.

Bei schwer depressiven Patienten, die ihre Libido von der Objektwelt abgezogen haben, kann während der Behandlung sogar eine starke Sehnsucht nach Traurigkeit auftreten. Mehr noch: sie erkennen bewußt, sie empfänden wieder »Gefühle für die Welt«, wenn sie nur traurig sein und weinen könnten. Erst wenn es ihnen gelingt, ihre verlorenen Liebesobjekte, und die mit ihnen zusammenhängenden angenehmen Erinnerungen, wieder libidinös zu besetzen, bricht bei ihnen vielleicht eine erleichternde »süße Traurigkeit« durch.

Im Gegensatz zu derartigen depressiven Zuständen stellen wir an jeder Art von Trauer und normaler Traurigkeit fest, wie ausschließlich die betreffenden Menschen von ihren glücklichen Erinnerungen an die Vergangenheit erfüllt sind, oder wie die erhoffte Befriedigung, die sie nicht erlangen konnten, sie völlig in Anspruch nimmt und außerdem schmerzliche Wünsche, diese Befriedigung doch noch zu erhalten oder wiederzuerleben, hinzukommen. Auf den Widerspruch, der dem Anschein nach bei trauernden Menschen zwischen der nicht zu leugnenden Überbesetzung ihrer glücklichen Vergangenheit und einer zu vermutenden Überbesetzung jener argen Geschehnisse besteht, die die Trauer auslösten, habe ich hingewiesen.

An dieser Stelle soll uns das Beispiel einer kürzlich verwitweten Frau weiterhelfen. Sie war in schwerer Trauer. In einem Interview mit ihr konnte ich leicht beobachten, daß sie einige Zeit über das vergangene und glückliche Leben mit ihrem Ehemann sprechen wollte. Als sie dann auf die schmerzliche Zeit zu sprechen kam, in der ihr Mann krank war und verstarb, brach sie in Tränen aus; erneut griff sie ihre schönen Erinnerungen auf, aber als sie bei den tragischen Ereignissen und ihrer gegenwärtigen schmerzlichen Situation anlangte, brach ihr Kummer wieder hervor.

Diese schwankende Haltung oder Einstellung ist wohl ein bezeichnender Ausdruck für die Vorgänge, die den Zuständen von Traurigkeit und Trauer zugrunde liegen. Offensichtlich hat ein schmerzlich erlebter Verlust eine innere Dichotomie zur Folge. Zum einen scheint der seelische Schmerz, ähnlich wie physischer Schmerz, libidinöse Triebenergien zu erneuern und zu mobilisieren, die dadurch, daß sie Erinnerungen an die glückliche Vergangenheit zufließen, entsprechend hochbesetzte Sehnsüchte nach der verlorenen Befriedigung wachrütteln. Andererseits wird die hochbesetzte Erinnerung an das tragische Ereignis zum Vehikel trauriger Ahnungen und Erwartungen. Die wunschbestimmten Phantasien wie auch die schmerzlichen Erwartungen breiten sich aus. Sie heften sich leicht an alle Objekte, zu denen der vom Verlust betroffene Mensch eine Beziehung aufnehmen möchte. Insbesondere jene Phantasien und Erwartungen, die an verlorene Objekte oder verlorene Lust geknüpft sind, scheinen zu einer heimwehähnlichen Suche nach dem verlorenen Glück aufzufordern. Konfrontiert man einen Menschen, den ein Verlusterlebnis schmerzt, mit dem, was er nicht erreichen oder zurückgewinnen kann, so bestätigt nun auch die Realität seine traurigen Erwartungen, und das unheilvoll veränderte, tragische Bild, das dieser Mensch von seinem Selbst und der Objektwelt hat, verfestigt sich. Indem sich der Verlust an vielen Objekten wiederholt, kommt es zu unzähligen Abfuhrvorgängen, die trotz Wiederaufleben und Neubesetzung von traurigen Erinnerungen auch Erleichterung mit sich bringen. Gleichzeitig wecken auch diese Wiederholungen glückliche Erinnerungen und wunschbestimmte Phantasien. Auf diese Weise wird durch den Einfluß der Realität eine Kreisbewegung eingeleitet und unterstützt, die ebensolang wie die Stimmung anhält und sich in affektiven Abfuhrvorgängen äußert, die allmählich schwächer werden. Die anhaltende Realitätsprüfung bewirkt schließlich, daß auf die wunschbestimmten Phantasien schrittweise verzichtet und Libido für neue Ziele frei wird.

Hieraus scheint zu folgen, daß Zustände von Traurigkeit oder Trauer als Kontrastwirkung[5] entstehen, die von Schwankungen zwischen gegensätzlichen, aber gleichermaßen überbesetzten Erinnerungen und

5 Über das Kontrastprinzip der Gefühle siehe auch W. Wundts *Grundzüge der physiologischen Psychologie* (1910), Leipzig, S. 347 f. Außerdem erwähnte Freud (1905 c) in *Der Witz und seine Beziehung zum Unbewußten*, im Zusammenhang mit der Analyse des Komischen, den »psychologischen Kontrast« (S. 214, 226; Anm. d. Übers.).

Phantasien hervorgerufen wird. Die enttäuschende Suche nach dem verlorenen Glück läßt den Kontrast zur glücklichen Vergangenheit scharf hervortreten, malt die zunächst einladende, dann aber enttäuschende Realität in düsteren Farben und läßt die Objektwelt als versagend und leer, das Selbst beraubt und arm empfinden.

Trifft es wirklich zu, daß Traurigkeit und Trauer nicht nur zu einer Verarmung der Objektwelt, sondern auch des Selbst (des Ichs) führen? Freud (1917 e) wies bei seinem Vergleich von Trauer und Depression auf die »Herabsetzung des Ichgefühls« und die »Ichverarmung« bei der Melancholie hin, die beim Trauernden entfällt. »Bei der Trauer ist die Welt arm und leer geworden, bei der Melancholie ist es das Ich selbst« (S. 431).

Jedes alltägliche Beispiel bestätigt uns aber, daß auch die Traurigkeit das Selbst affiziert, wenn auch in einer Art, die sich von der Depression außerordentlich unterscheidet. Hier stoßen wir auf den entscheidenden Punkt. Freuds Äußerungen beziehen sich auf die Herabsetzung des Selbstwertgefühls in der Depression, also auf die negative Beurteilung der Objektwelt und des Selbst, die aber für Traurigkeit und Trauer nicht typisch ist. Da der traurige Mensch an seiner Vergangenheit hängt, fühlt er, daß ihm etwas genommen worden ist; er erlebt sich aber nicht als schlecht, wertlos oder leer. Mit anderen Worten: In seiner gegenwärtigen Situation ist die libidinöse Besetzung seines Selbst zwar verringert, aber nicht zugunsten von Aggression; die libidinösen Objektbesetzungen bleiben ebenfalls, wenn auch reduziert, bestehen. Die kostbaren Erinnerungen an eine glückliche Vergangenheit und ein vormals wertvolles Selbst verhindern, daß die aggressive Besetzung des Selbst und der Objektwelt zunimmt und entweder zu einer wütenden oder zu einer deprimierten Stimmung führt. Auf diesen Punkt, insbesondere auf die verschiedenen Einstellungen zur Vergangenheit, werde ich später, wenn ich die Depression darstelle, zurückkommen.

Ein trauernder Mensch kann, da die Festigkeit seines Selbstwertgefühls und seiner Objektbeziehungen nicht grundlegend erschüttert ist, in der Lage sein, seine gewohnten Beziehungen, Interessen und Aktivitäten fortzuführen. Die Befriedigung, die sie ihm sonst gewähren, kann der Trauernde zwar in Anspruch nehmen und gleichsam verzehren, aber er kann sie eigentlich nicht genießen, da jedwede Lust, wenn sie überhaupt entstehen darf, vom Schmerz um das Verlorene, das Gesuchte und Vermißte durchdrungen ist. Wir können beispielsweise beobachten, wie ein trauriger Mensch von einem wunderbaren Konzert, dem er zuhört, tief bewegt wird und es auch genießt, aber gleichzeitig von schmerzlichen Gefühlswellen erfaßt wird und in Tränen ausbricht. Wenn die Trauer sehr tief ist, sehen wir natürlich häufiger, daß die betroffenen Menschen ihre Objektbeziehungen einschränken, weil die Erinnerung an ihr verlorenes Glück und die Hoffnungslosigkeit angesichts ihrer Zukunft sie weitgehend ausfüllt. Manche verweigern sich Erlebnissen, die sie mit dem verlorenen Liebesobjekt nicht vereinbaren können; andere schrecken vor allem zurück, was sie zu schmerzlich auf ihren Verlust aufmerksam macht. Aber auch wenn die Objektwelt trauernder Menschen vorübergehend eingeschränkt und eng ist, auch wenn all ihre Erlebnisse einen Zug von Traurigkeit haben, sind ihre Objektbeziehungen, soweit aufrechterhalten, hinsichtlich ihrer libidinösen Qualität unverändert. Im gleichen Maß wie sich die libidinösen Eigenschaften der Objektbeziehungen verändern, mischen sich Feindseligkeit oder Depression der Traurigkeit bei.

Da das Selbst, solange die Traurigkeit überwiegt, keine volle Befriedigung erlangen kann, sind die Objektbeziehungen und die Ich-Aktivitäten von gedämpfter Art. Ihnen fehlt der Pulsschlag freudiger Aktivität, fehlen jene augenfälligen und wellengleichen, periodischen Anstiege der narzißtischen und objektgerichteten Besetzungen, die das Ergebnis voller Befriedigungen sind und neue lustvolle Erlebnisse und Handlungen vorbereiten. Offenbar hängt die Beklemmung, die über einem »stillen Traurigsein« liegt, mit einer allgemeinen Einschränkung von unbehinderter affektiv-motorischer Abfuhr zusammen. Diese Einschränkung wird von einer verminderten »Übertragung« auf die Realität bewirkt; diese Übertragung ist entweder zu schmerzlich, um ertragen werden zu können, oder sie wird bei hoffnungslosem Trauern sogar unnötig. Die affektive Hemmung, die bei den Äußerungen des Trauerns auftritt, kann jedoch auch auf ein tiefer liegendes Ambivalenzproblem hinweisen; dann hat die Traurigkeit depressive Züge. Auf jeden Fall ist die Abfuhr durch Weinen, Schreien oder Schluchzen um so stärker und ungehemmter, je fester und beharrlicher das Verlangen mit der Realität verknüpft und konfrontiert wird. So kann die Traurigkeit zu einem erleichternden und sogar kostbaren Erlebnis werden. Diese wiederholten, dramatischen und stürmischen Abfuhrvorgänge werden, auch wenn sie schmerzlich sind, von einer Erleichterung gefolgt, die nachhaltiger ist, wenn die affektiv-motorische Abfuhr vollständig ist (Schluchzen) und sich nicht nur sekretorisch (ruhiges Weinen) äußert.

Unser Mitgefühl, das für den nicht erleichterten, »still-traurigen« Menschen sogar noch intensiver ist, hängt mit diesen Vorgängen zusammen.

An dieser Stelle möchte ich mich auf die Annahmen beziehen, die Bibring (1953) in seiner Arbeit über die Depression formuliert hat. Als erstes möchte ich bezweifeln, ob man eine Gestimmtheit, das heißt einen Ich-Zustand als primäre Ich-Reaktion, vergleichbar der Angst, ansehen kann[6]. Obgleich ich keine Einwände dagegen hätte, traurige oder auch depressive Reaktionen als primäre Reaktionen in diesem Sinne zu beschreiben, bin ich überzeugt und habe auch darzulegen versucht, daß die Entstehung eines depressiven Zustands mit einem komplexeren Besetzungsvorgang zusammenhängt. Überdies gibt es die von Bibring angeführte Situation der Hilflosigkeit und Hoffnungslosigkeit, die aus der Unfähigkeit, die Umstände zu verändern, entsteht, sicherlich auch in Trauerzuständen ohne depressive Züge. Meine klinischen Beobachtungen können Bibrings Hypothese nicht bestätigen, aber diese Fragestellung bedarf noch weiterer Untersuchung.

Häufig ist Traurigkeit mit Selbstmitleid vermischt, das ihr ein besonderes, narzißtisch-befriedigendes Element hinzufügt. Die Überbesetzung gilt jetzt mehr als der verlorenen Befriedigung der Vorstellung vom »armen, entbehrenden Selbst, das der Liebe und des Mitgefühls bedarf«. Dieses Element übt eine unangenehme Wirkung auf den Beobachter aus, die mit seinem berechtigten Verdacht zusammenhängt, daß dieses arme Selbst wichtiger als das verlorene Objekt geworden ist.

Zustände von Fröhlichkeit oder normaler, freudig gehobener Stimmung stellen das lustvolle Gegenstück zur Traurigkeit dar. Ähnlich wie die Traurigkeit beruhen sie auf libidinösen Vorgängen, führen jedoch zu lustvoller Abfuhr. Wenn man die Zustände von Traurigkeit und Trauer den fröhlichen, glücklichen Stimmungen gegenüberstellt, stößt man auf eine interessante Frage. Rühren jene lustvollen Stimmungen auch von einem inneren »Kontrast« her? Oder entstehen sie einfach immer dann, wenn sich eine glückverheißende Erwartung, die von einer ungewöhnlichen und lustvollen Wunscherfüllung ausgelöst wird, allen anderen Erlebnissen aufdrängt? Das auslösende Erlebnis muß, damit es in eine fröhliche, glückliche Stimmung münden kann, eine Besonderheit haben, durch die es unge-

6 Siehe auch 6. Kapitel, S. 225–230 (Anm. d. Übers.).

wöhnlich oder außergewöhnlich wird. Das legt uns zumindest nahe, daß ein gewisser »Kontrast« der ereignislosen Vergangenheit gegenüber besteht. Praktisch gesehen erwächst Freudigkeit sehr häufig aus einem glücklichen Ereignis, das einen früheren, sorgenvollen und traurigen Zustand ablöst. Ein Beispiel dafür ist, wenn jemand die Rückkehr eines Liebesobjekts, dessen Abwesenheit ihn kürzlich noch traurig machte, erwartet oder erlebt; in diesem Fall bringt die Gegenwart eine Wunscherfüllung, die im Gegensatz zur schmerzlichen Vergangenheit steht und reichliche, freudige Erwartungen auslöst, durch die das Selbst und die Objektwelt in leuchtenden »Kontrast«-Farben gezeichnet werden.

Auch die Freudigkeit entsteht, analog zur Traurigkeit, aus einem Gegensatz heraus, der allerdings umgekehrter Art ist: das Leben, das einerseits unlustvoll war und so zu bleiben drohte, stellt sich andererseits als lustvoll heraus und läßt nun weitere Befriedigung erwarten. Wir erinnern uns daran, daß Freud (1917 e) in *Trauer und Melancholie* diesen Kontrast als diejenige Erfahrung erwähnte, die eine normale gehobene Stimmung motiviert. Fröhliche und freudige gehobene Stimmungen entstehen durchaus nicht immer in der Folge von angespannten, sorgenvollen oder traurigen Verfassungen; sie bringen gewiß nicht nur die Entlastung von Schwierigkeiten zum Ausdruck. Ebensowenig können wir der Annahme zustimmen, daß pathologische Zustände gehobener Stimmung nichts anderes als Entlastungsreaktionen nach einer vorausgegangenen Depression sind. Wir sollten uns aber daran erinnern, daß der Lustgewinn immer ein »Zurückgewinnen« ist, das unvermeidlich Erinnerungen an frühere Verluste, Entbehrungen oder ganz allgemein Leiden heraufbeschwört, und zwar umso mehr, je intensiver und unerwarteter die Wunscherfüllung eintritt.

Wir sollten in diesem Zusammenhang auch daran denken, was wir über die Psychologie des Lachens wissen. Das Lachen ist die lebhafteste Äußerung der Fröhlichkeit; man kann es mit dem Weinen vergleichen, das bei der Traurigkeit auftritt. Die Überraschungswirkung stellt den wichtigsten Anteil dieser affektiven Reaktion dar. Sie kommt dadurch zustande, daß eine hohe Spannung aufgebaut wird, der eine plötzliche, unerwartete und heftige Entspannung folgt. Wir stoßen auch hier auf den Gedanken an einen »Kontrast«. Der Spannungsanstieg wäre unlustvoll und mit unangenehmen Erwartungen verbunden, stünde ihm nicht eine freudige emotionale Atmosphäre gegenüber, auf die sich »gegensätzliche« Erwartungen von fröhlicher Entspannung gründen. Gerade das plötzliche Moment dieser Entspannung bewirkt, daß wir in Lachen ausbrechen (siehe dazu das zweite Kapitel).

Wir können nach diesen Überlegungen wohl vermuten, daß die »Kontrastwirkung«, wie sie sich durch den Faktor des »Unerwarteten« herstellt, in allen Zuständen der Freude, Fröhlichkeit und lustvoll gehobenen Stimmung eine wichtige Rolle spielt. In vorsichtiger Ausdrucksweise können wir sagen, daß freudige Stimmungen durch Lusterlebnisse hervorgehoben werden, die von unerwarteter Intensität sind und in scharfem Kontrast zu einer vorausgegangenen Indifferenz oder unangenehmen Situation stehen. In jedem Fall muß die Wendung, daß die Welt oder das Leben nun schöner und reicher aussehen, der Tatsache entspringen, daß die Wirklichkeit, indem sie unerwartet hohe Lust gewährt, Erwartungen, die sich aus der Vergangenheit herleiten, widerspricht oder durchkreuzt. Falls wir in einer freudigen Stimmung sind, können wir in der Tat häufig einen befremdenden Unterton der Überraschung oder Verwunderung darüber feststellen, daß unser Leben so schön sein kann. Wir können annehmen, daß jener Faktor des Unerwarteten, der das auslösende Ereignis kennzeichnet, auch bei der Entstehung trauriger Stimmungen wirksam ist. Sehr gute oder besonders schlechte Ereignisse scheinen immer »unerwartet« einzutreten. Damit mag die Beobachtung zusammenhängen, daß in jenen Fällen, wo eine Krankheit mit tödlichem Ausgang langwierig verläuft, die Verwandten während der Zeit der Vorbereitung auf das Schlimmste ihren Kummer durchgearbeitet haben und nicht mehr trauern oder sogar erleichtert sind, wenn der Tod tatsächlich eintritt.

Einige Bemerkungen darüber, wie unleugbar nahe Traurigkeit und Freude, Weinen und Lachen beieinander liegen, möchte ich hinzufügen. Dabei denke ich nicht an die Tatsache, daß auch heftiges Lachen eine sekretorische Abfuhr mit sich bringen kann, das heißt zu Tränen führt. Ich denke an den eigenartig schillernden (*scintillating*) Zustand »zwischen Lachen und Weinen«, an den Begriff der »Tragikomik«. Wir können solche in der Mitte liegenden oder vermischten Zustände und den raschen Übergang von der einen in die gegensätzliche Verfassung leicht verstehen, wenn wir uns daran erinnern, daß diese gegensätzlichen Stimmungen jeweils aus einem Kontrast von glücklichen und unglücklichen, guten und schlechten Vorstellungen entstehen. Bei normalen Stimmungen ist es die Realität, die festlegt, ob die Stimmung nach der guten oder der schlechten Seite der Gefühlsskala ausschlägt und ob sich die eine oder die andere Vorstellung festigt. Tragikomische Situationen können gleichzeitig wie auch abwechselnd die dunkleren oder helleren Seiten des Lebens betonen; dadurch erzeugen sie einen gemischten oder schwankenden, schillernden, traurig-humorvollen Stimmungszustand.

Eine vergleichende Untersuchung von normalen, neurotischen und psychotischen Stimmungsabweichungen

Unser Verständnis der affektiven Zustände hängt in großem Ausmaß davon ab, in welchem Rahmen, in welchem symptomatischen und psychodynamischen Gesamtbild sie normalerweise auftreten. Wenn wir lediglich von einem phänomenologischen Gesichtspunkt ausgehen, fehlt uns häufig die Möglichkeit, zwischen normalen Stimmungsabweichungen und jenen, die aus pathologischen Wünschen oder aus einem neurotischen Konflikt entstehen, zu unterscheiden. In diesem Fall ist nicht die Stimmung selber von pathologischer Art, sondern ihre Motive. In anderen Fällen, wo sich die Symptombildung in der Entstehung eines Stimmungszustands, einer depressiven Verstimmung beispielsweise, erschöpft, kommen uns ernstliche differentialdiagnostische Zweifel, ob diese Verstimmung neurotischer oder psychotischer Art ist. Ursache dieser Schwierigkeiten ist, daß Stimmungen mit normalen wie auch pathologischen Eigenschaften oder Motiven in jedem Fall eine ökonomische Modalität des Ichs darstellen, mit der eine primärprozeßhafte Art des seelischen Geschehens wieder eingesetzt wird.

Stimmungen können, da sie Übertragungsphänomene allgemeiner Art mit sich bringen, zu einer vorübergehenden Beeinträchtigung des Urteils- und Unterscheidungsvermögens führen, die das eigene Selbst und die Welt der Objekte betrifft. Sie können eine unreife, »subjektive«, vorurteilsvolle oder sogar wahnhafte Art des Fühlens, Denkens und Handelns hervorbringen, die der Realitätsprüfung widersteht. Der Stimmungszustand klingt in dem Maße ab, wie die Realitätsprüfung sich wieder durchsetzt. Da in normalen wie in anormalen Stimmungen eine Seite der Wirklichkeit einen besonderen Anstrich erhält oder zumindest übertrieben wird, während andere, gegensätzliche Seiten ausgelöscht oder abgeschwächt werden, bringen Stimmungen in einem gewissen Ausmaß Mechanismen mit sich, die die Realität verleugnen und verzerren. Die Art dieser Verleugnung ist völlig verschieden von jener, die bei normalen und bei pathologisch motivierten Stimmungszuständen auftritt; sie gibt uns wichtige differentialdiagnostische Kriterien an die Hand.

Bei normalen Stimmungen erstreckt sich die Verleugnung meistens nicht auf das auslösende äußere Ereignis – oder seine naheliegende emotionale Tragweite –, von dem die Stimmung hervorgerufen wird. Wenn jemand über den Tod seiner Frau trauert oder sich sehr über die Rückkehr seines Sohnes freut, sind die Gründe für diese Stimmungen realitätsorientiert und zumeist bewußt. Weinshel wies aber darauf hin, daß viele Menschen auch bei normalen Stimmungen nicht wissen, was ihre Stimmung hervorrief. Überdies stellte Freud zutreffend fest, daß für den trauernden Menschen die Welt leer geworden ist, zumindest von seinem subjektiven Standpunkt aus gesehen. Die düstere Farbe, in der ihm die Welt erscheint, resultiert aus dem, was wir eine normale Verleugnung nennen können; verleugnet werden die möglichen Ersatzbefriedigungen, die das Leben gewähren könnte, wenn der Trauernde nur in der Lage wäre, sie zu akzeptieren. In diesem Fall, wie auch bei allen anderen normalen Gestimmtheiten, hat die Stimmung sicherlich eine realistische Grundlage. Man hat häufig ein deutliches, gelegentlich sogar schmerzliches Wissen davon, daß die eigene Stimmung »subjektiver« Art ist; das Selbst und die Objektwelt haben sich als solche nicht verändert, sondern sie »erscheinen« nur verändert, »weil man in dieser oder jener Stimmung ist«. Vorstellungen, die zu dieser Stimmung im Gegensatz stehen, werden nicht völlig ausgelöscht, und die qualitativen Veränderungen bleiben innerhalb normaler Grenzen.

Daher liegen Stimmungen in einem normalen Bereich und sind in ihrer Eigenschaft angemessen, solange sie mit der momentanen äußeren und inneren Realität in Einklang stehen und man sie als vorübergehende Ich-Zustände ansehen kann, die bewußten Reaktionen auf wirklichkeitsnahe Ereignisse zuzuordnen sind; sie fügen sich der Realitätsprüfung, sind demnach beherrschbar und von begrenzter Dauer. Je weniger sich jemand der Ursprünge seiner Stimmungen bewußt ist, desto schwerer gelingt es ihm, die psychische Situation zu meistern und um so unangemessener sind die Eigenschaften seiner Stimmungen. Selbstverständlich hängt die Dauer einer Stimmung auch von der Tragweite des auslösenden Erlebnisses ab. Letztere kann beispielsweise in der Trauer so schwerwiegend sein, daß der ökonomische Vorgang, um sein Ziel zu erreichen, viel Zeit erfordert. An der Trauer zeigt sich besonders gut, daß die Dauer einer Stimmung als solche kein Kriterium dafür ist, ob wir eine normale oder pathologische Stimmung vor uns haben. Wenn Trauer oder andere Stimmungen schnell vorübergehen, kann dies sehr wohl mangelhafte oder oberflächliche Objektbeziehungen zum Ausdruck bringen; die Ursachen können in einer besonderen affektiven Abwehr oder anderen Arten der Abwehr liegen. Wenn zum andern die Trauer sehr lange anhält, kann dies entweder an der Schwere des Verlusts liegen oder aber daran, daß der Betroffene unfähig ist, die unbewußten Konflikte zu lösen, die mit dem verlorenen Objekt zusammenhängen.

Freud hat aus der Tatsache, daß sogar Zustände psychotischer Depression eine Tendenz haben, sozusagen spontan vorüberzugehen, den Schluß gezogen, daß der ökonomische Vorgang bei diesen Zuständen im wesentlichen demjenigen bei der Trauer gleicht. Diese Folgerung ist nicht völlig richtig, denn sobald unbewußte Konflikte an der Entstehung einer Stimmung beteiligt sind, verhindern sie, daß der ökonomische Vorgang sein Ziel erreicht. Ich habe schon darauf hingewiesen, daß die ökonomische Funktion pathologisch motivierter Stimmungen eingeschränkt ist. Das Scheitern des ökonomischen Vorgangs beruht auf der Tatsache, daß infantile Fixierungen eine Realitätsprüfung verhindern, die ausreichen würde, ein echtes Freisetzen psychischer Energie aus der ursprünglichen und fixierten Position zu sichern. Im Grunde geschieht das Gleiche wie bei verdrängten infantilen traumatischen Erfahrungen; der Betroffene versucht unbewußt, das Trauma zu überwinden, indem er es wiederholt. Dies führt zwar jedesmal zu erleichternden, affektiven Abfuhrreaktionen; da jedoch durch die Verdrängung eine Realitätsprüfung, die zu einer Beherrschung der traumatischen Situation führen würde, verhindert wird, dauert das Wiederholen so lange an, bis das verdrängte Erlebnis bewußt gemacht wird.

In ähnlicher Weise lassen Stimmungen, die unbewußte Ursprünge haben, nur eine Art unechter Realitätsprüfung zu. Die dadurch entstehenden, sich wiederholenden Abfuhrreaktionen sind insofern von ökonomischem Nutzen, als sie schließlich zu einem vorübergehenden Verschwinden der Stimmung führen. Die Überbesetzung der pathogenen, verdrängten Erinnerungen überdauert aber die Stimmung und bringt mit sich, daß die Realität zu einer ständigen Quelle neuer Anlässe wird. Damit stellt sich der gestörte (ängstliche, feindselige oder deprimierte) affektive Zustand wieder her. Wenn die Stimmungsabweichung aus einem pathologischen narzißtischen Konflikt entsteht, wird die Realitätsprüfung noch unwirksamer oder, wie bei psychotischen Stimmungszuständen, sogar unmöglich.

Im allgemeinen lassen Stimmungen, die durch narzißtische Konflikte entstehen, eine geringere Realitätsprüfung zu als Stimmungen, die durch Konflikte mit der Außenwelt einsetzen. Die Konflikte mit der Außenwelt ziehen zwar auch das Selbst in Mitleidenschaft – worauf bei der Trauer hingewiesen wurde – erfordern aber vorwiegend eine Prüfung der äußeren Realität. Bei narzißtischen Konflikten ist die gestörte Stimmung Folge der Diskrepanz zwischen den Selbstrepräsentanzen einerseits und dem Ichideal (Überich) oder der wunschbestimmten Imago des Selbst andererseits. Daher zwingen narzißtische Konflikte vor allem zu einer Prüfung der inneren Realität, und die äußere Realität kann lediglich als (Hilfs-)Mittel benutzt werden, mit dem das Selbst seinen Wert durchsetzt. Leider wurzeln die selbstkritischen Instanzen, die unsere innere Realität prüfen, tief im Unbewußten. Sie sind daher äußerst eigenmächtig und willkürlich. Es kommt noch hinzu, daß unsere Selbstrepräsentanzen im allgemeinen weniger realitätsorientiert sind als unsere Objektrepräsentanzen; dementsprechend ist selbst bei normalen Menschen die Selbstwahrnehmung nicht sonderlich gut entwickelt. Unsere Möglichkeiten zu einer richtigen Selbsteinschätzung sind daher bestenfalls begrenzt. Konstruktive Realitätsprüfung setzt introspektive Fähigkeiten voraus, aber es hat den Anschein, daß diese Fähigkeiten eine rare Gabe sind.

Auch bei Stimmungen, die von einem narzißtischen Konflikt, dessen Grundlage realitätsbezogen ist, ausgelöst werden, zeigt sich eine erschwerte Realitätsprüfung. Denken wir an das einfache Beispiel eines Mannes, der deprimiert ist, weil er mit seiner Arbeit schlecht zurechtkommt. Seine Depression rührt von dem Widerspruch her, der zwischen seinen eigenen narzißtischen Erwartungen und seinem realen Versagen besteht. Durch sein Versagen fühlt er sich zeitweise ganz und gar ungenügend. Selbstverständlich beeinflußt die Mißbilligung seiner Vorgesetzten dieses Bild, das er sich von sich selbst macht; wahrscheinlich gilt es ihm als Bestätigung. Je vernünftiger jedoch seine Erwartungen sind und je stärker sich seine Selbsteinschätzung auf ein zutreffendes, rationales Urteil gründet, desto leichter wird sich sein Selbstwertgefühl wiederherstellen, wenn er sich bei seiner Arbeit durchsetzen kann. Obgleich er seine Ich-Funktionen im Rahmen der äußeren Realität prüft, das heißt in seinem Arbeitsbereich, behält der kritische Anteil seines Ichs – bei Konflikten moralischer Art das Überich – das letzte Wort und bestimmt, ob sein Selbst, und dementsprechend auch seine Stimmung, gut oder schlecht ist.

Das Vorkommen solcher Stimmungen zwingt mich, meine frühere Feststellung, nach der Stimmungen mit einer generalisierten, zeitweiligen Übertragung von einem Objekt auf die gesamte Objektwelt zusammenhängen, abzuändern. Bei Stimmungen, die wegen narzißtischer Konflikte entstehen, geht es nicht um objektgerichtete Sehnsüchte, die an die Welt herangetragen und durch sie befriedigt werden sollen, sondern um narzißtische Wünsche. Und man kann vorab sagen, daß der Konflikt und die aus ihm entstehende Stimmung um so pathologischer sind, je höher und illusorischer einerseits die narzißtischen Erwartungen und je weniger realitätsbezogen andererseits die Objekt- und Selbstrepräsentanzen sind. Eine Frau, die unbewußt glaubt, sie sei kastriert, zugleich aber ein phallisches Bild von sich hat, ist gezwungen, in jedem kleinen Fehler eine Bestätigung für ihre Minderwertigkeit zu finden und mit Depressionen zu reagieren.

Da das Überich in der frühen Kindheit entsteht und aus ihr seine Macht schöpft, widerstehen Stimmungen, die durch unbewußte Überich-Konflikte ausgelöst werden, besonders hartnäckig der Realitätsprüfung; sie wird schließlich unmöglich, wenn das Überich entweder die Objektwelt mitsamt ihren Werten und Urteilen ersetzt hat, das Selbst verurteilt und bestraft oder, im entgegengesetzten Fall, wenn das Überich seine kritischen Funktionen aufgibt[7].

Einige konkrete Beispiele sollen mir dazu dienen, die für neurotische und psychotische Zustände verschiedenen Arten von Verleugnung und Verzerrung (*distortion*) zu untersuchen. Nehmen wir an, jemand gerät, weil er zehn Minuten auf sein Frühstück warten muß, in eine schlechte (gereizte, ärgerliche oder deprimierte) Stimmung. Sicherlich würden wir vermuten, daß er neurotisch ist. Seine Stimmung steht in übertriebenem Verhältnis zur Wichtigkeit des auslösenden äußeren

---

7 Wir haben zu beachten, daß die Sehnsucht von echt depressiven Menschen nach Liebe und Anerkennung nicht, wie es bei der Trauer der Fall ist, in glücklichen Erinnerungen an die Vergangenheit wurzelt. Diese Sehnsüchte sind reaktiver Art. Sie sind, auch wenn sie mit der (Objekt-)Welt verknüpft erscheinen, von der vergangenen wie auch von der gegenwärtigen Realität weit entfernt. Zum Beispiel reagierte eine Frau auf den Verlust ihres Ehemanns mit einem schweren paranoid-depressiven Zustand, in dem sie klagte, wie sehr sie von der Welt enttäuscht und wie sinnlos ihr Leben sei. Als man sie an andere Witwen und deren schlechte Lage erinnerte, sagte sie: »Die besitzen zumindest glückliche Erinnerungen, mit denen sie leben können.«

Ereignisses. Sie verzerrt zweifellos die Lebensumstände dieses Menschen, seine Situation in der Welt, und ist, wenn nicht unangemessen, so doch zumindest irrational motiviert. Wenn jemand aber, nachdem er eine erfolgreiche öffentliche Rede gehalten hat, in eine tiefe Depression verfällt, würden wir ihn als ernstlich krank ansehen, da seine Reaktion auf den Erfolg und die sich einstellende Stimmung unangemessen, das heißt paradox ist. Durch das Absinken seines Selbstwertgefühls und seiner Stimmungslage, die beide von einem umfassenden, bewußten und intellektuellen Gewahrwerden seines Erfolgs isoliert sind, wird aufgrund unbewußter Konflikte masochistischer Art die Bedeutung dieses Erfolgs verleugnet. Nehmen wir als letztes Beispiel einen sich aufopfernden, treuen Ehemann, der seine Frau verliert und darauf mit einer gehobenen Stimmung reagiert, die sich in einer hektischen Suche nach lustvollen Erlebnissen äußert; auch hier handelt es sich um ein schwer pathologisches Zustandsbild. Wenn eine Stimmung dieser Art durch eine Verleugnung der tatsächlichen Ereignisse ausgelöst wird, ist sie definitiv psychotisch, da die Realität durch die Phantasien des Betroffenen nicht verzerrt, sondern völlig ersetzt wird. Die Verleugnung wäre weniger schwer und nicht unbedingt psychotisch, wenn jemand nur die Tragweite, die das reale Erlebnis für ihn hat, verleugnet (Lewin, 1950). Es ist üblich, daß wir in solchen Fällen davon sprechen, eine tieferliegende Traurigkeit werde verleugnet. Dies trifft den Sachverhalt nicht richtig, denn die Verleugnung eines Stimmungszustandes geht auf andere Weise vor sich. Häufig werden Menschen, deren Verhalten, Gesichtsausdruck und Haltung ihre schlechte Stimmung verrät, dieser Verfassung nicht gewahr oder behaupten sogar, sie seien guter Dinge. Viele Patienten, die uns objektive Zeichen einer Depression präsentieren, suchen den Arzt wegen körperlicher Beschwerden auf und können die richtige Diagnose für ihre Verfassung nicht akzeptieren. Bei diesen Fällen ist die Stimmungswahrnehmung (*mood awareness*)[8] betroffen und eine bestehende Stimmung wird verleugnet.

Diese Beispiele zeigen uns, daß wir die Verleugnung und Verzerrung, die mit der Entstehung einer Stimmung zusammenhängen können,

8 Die Wahrnehmung von Stimmungen, die vor allem eine Gefühlswahrnehmung ist, entwickelt sich als Teil der Selbstrepräsentanz und ist somit ein narzißtisches Phänomen. Dagegen sind die Affekte und Stimmungen als solche Ich-Erlebnisse, die sowohl das Selbst als auch die Objekte umfassen.

nicht nur der Art, sondern auch dem Grad nach unterscheiden müssen. Im allgemeinen zieht die Verleugnung sowohl das Selbst wie auch die Objektwelt in Mitleidenschaft; sie kann aber zu auffälligeren Verzerrungen der einen oder der anderen Seite führen. Sie richtet sich gegen das auslösende Ereignis selbst, gegen seine Tragweite oder die Bedeutung, die es hat. Wir sollten überdies unterscheiden, ob die Verleugnung unmittelbar gegen die äußere Realität arbeitet, oder ob sie in erster Linie die innere Vorstellungswelt beeinflußt und erst in zweiter Linie, durch die Projektion, auf die äußeren Objekte und Tatsachen einwirkt. Schließlich gibt es auch die Möglichkeit, daß ein bestehender, angemessener oder unangemessener, Stimmungszustand sekundär mit Hilfe der Verleugnung abgewehrt wird; dabei handelt es sich um eine Störung der Stimmungswahrnehmung. Wir können diese Überlegungen zu den verschiedenen Arten der Verleugnung[9], zu den normalen und anormalen Stimmungen und den Einschränkungen der Realitätsprüfung in diesen Stimmungen, anwenden, wenn wir einige besondere Stimmungszustände und ihre pathologischen Gegenstücke miteinander vergleichen.

Der herkömmliche Vergleich zwischen Trauer und Depression (Freud, 1917 e) war in gewisser Hinsicht irreführend, da er zumindest stillschweigend nahelegte, daß depressive Zustände immer pathologisch seien und somit zur normalen Qualität der Trauer in Gegensatz stünden. Es kommt hinzu, daß in bahnbrechenden Arbeiten von Freud (1917 e), Abraham (1911, 1924) und Rado (1928), in einer Arbeit von Melanie Klein (1948) und in Lewins eindrucksvollen Untersuchungen der Depression und verwandter Zustände (1950) besonderer Wert auf die Rolle gelegt wurde, die frühkindliche Reaktionsmuster für die Formung oder Herausbildung depressiver Zustände spielen. Wir neigen aufgrund dieser Ergebnisse dazu, depressive Zustände mit introjektiven und projektiven Mechanismen in Zusammenhang zu bringen; wir verknüpfen sie mit schweren Ambivalenzkonflikten, die zur Regression auf orale und anale, narzißtische Positionen führen.

Leider verlieren wir leicht die Tatsache aus dem Blick, daß die depressiven wie die gehobenen Stimmungszustände auch im Rahmen normaler Gestimmtheiten entstehen können[10]. Das letztere sollte an Johns Beispiel gezeigt werden, der auf seine verschiedenen Erlebnisse

9 Weitere Aspekte der Verleugnung werden im 4. Kapitel behandelt.
10 In *Trauer und Melancholie* (1917 e) besprach Freud normale Zustände gehobener Stimmung.

mit Anne abwechselnd Zustände freudig gehobener, trauriger, ärgerlicher und deprimierter Stimmungen ausbildete. Alle diese Reaktionen waren ausreichend in der Realität verwurzelt und führten zu angemessenen Gestimmtheiten, die sich quantitativ und qualitativ innerhalb normaler Grenzen hielten. Auch die gelingende Realitätsprüfung zeigte, daß diese Stimmungen im Bereich des Normalen lagen. Es blieb nicht dabei, daß Johns Stimmung sich leicht auf die wechselnden Haltungen von Anne einstellte. Als Anne nach einigen Wochen die schwierige Beziehung abbrach, kamen Johns Gefühle eine Zeitlang sehr durcheinander. Aber schließlich gelang es ihm, sein affektives Gleichgewicht wiederherzustellen; einige Monate später faßte er eine befriedigende Zuneigung zu einem anderen Mädchen.

Dieses Beispiel kann gewiß zeigen, daß die unterschiedlichen Eigenschaften der Traurigkeit und der Depression als solche noch nicht der Traurigkeit den Charakter des Normalen und der Depression eine pathologische Qualität verleihen. Da diese Unterschiede entstehen, wenn die libidinösen oder die aggressiven Kräfte im Gesamtbereich des Ichs vorherrschen, weisen sie auch auf die Gefahren hin, die den deprimierten wie auch den feindseligen Stimmungszuständen innewohnen. Während der libidinöse Charakter der Traurigkeit und der Trauer (ohne depressive Züge) anzeigt, daß kein Konflikt besteht, entwickeln sich dagegen feindselige und depressive Zustände immer aus aggressiven Spannungen und sind daher der Ausdruck einer Konfliktsituation, eines neurotischen oder psychotischen Konflikts oder eines Konflikts mit der Realität. Derartige Gestimmtheiten haben mit anderen Worten ein pathologisches Potential, das in dem Maße zum Tragen kommt, wie das Unbewußte in den Konflikt eindringt oder wie, im schlimmeren Fall, regressive Prozesse in Gang kommen. Außerdem ist die narzißtische Störung, die Beeinträchtigung des Selbst, über die ich im Zusammenhang mit der Traurigkeit schon gesprochen habe, selbst bei einer normalen Depression unheilvoller und folgenreicher für die Ich-Funktionen als bei reiner Traurigkeit.

Es ist das aggressive, strenge oder tadelnde Element, das dem Selbst oder der Objektwelt bei feindseligen oder depressiven Stimmungen Werteigenschaften anderer Art verleiht als bei der Traurigkeit. Die Werte, deren Verlust oder Gewinn Traurigkeit oder freudig gehobene Stimmung erwecken, sind lustvoller Art, stellen Befriedigung dar, die aus der Welt gezogen werden. Wir können sie Es-Werte nennen. Dagegen erscheinen in depressiven Stimmungen oder Zuständen von aggressiver Erregung und Feindseligkeit die Objektwelt und das Selbst unzulänglich, fehlerhaft, schlecht oder ungerecht. Sie werden hinsichtlich ihrer Stärke, Fähigkeit, Größe oder moralischen Makellosigkeit herabgesetzt und streng getadelt, das heißt sie werden an Ich- oder Überich-Werten gemessen. Der Kern der narzißtischen Störung besteht daher bei einer Depression immer im Erlebnis eines Versagens, wobei es sich nicht notwendigerweise um ein moralisches Versagen handeln muß. Je mehr das Überich zu dem Konflikt beiträgt, desto moralisch schlechter wird die Vorstellung vom Selbst, und umso mehr wird das Selbst Bestrafungen erwarten, die von außen oder von innen vollzogen werden. Es kommt allerdings auch häufig vor, daß durch bewußte Gefühle und Vorstellungen der Unzulänglichkeit verborgene, konflikthafte Schuldgefühle abgewehrt werden.

Qualitative Veränderungen dieser Art an dem Verhältnis zwischen der Objektwelt und dem Selbst kommen auch im Bereich normaler feindseliger und depressiver Verstimmungen vor. Die besondere Veränderung oder Störung dieses Verhältnisses hängt jedoch vom individuellen Konflikt ab, der diesem Verhältnis zugrunde liegt und entweder realitätsbezogen, neurotisch oder psychotisch ist; außerdem hängt die besondere Ausprägung dieses Verhältnisses von dem Schicksal ab, das die Triebe in der Entwicklung nehmen. Wir wissen, daß die Intensität feindseliger und depressiver Stimmungen dadurch zunehmen kann, daß die Aggression vom Selbst – oder von der Objektwelt – abgelenkt wird. Daraus folgt, daß ärgerliche oder wütende Stimmungen nicht in erster Linie durch eine Verletzung oder Enttäuschung verursacht sein müssen. Sie können auch aus narzißtischen Konflikten entstehen, wenn beispielsweise die auf das Selbst gerichtete Aggression aus konflikthaften Schuldgefühlen oder Mißerfolgserlebnissen sekundär auf die Objektwelt gelenkt wird. Man kann sich auf diese Weise vor einer depressiven Verstimmung schützen. Auch bei normalen Menschen ist diese Neigung, die Schuld eher bei der Außenwelt als bei sich selber zu suchen, überaus verbreitet.

Umgekehrt gesehen, können depressive Zustände dadurch ausgelöst werden, daß sich Aggression von den Objekten auf das Selbst verlagert. Da dieser Vorgang einer Abwertung der Objektwelt vorbeugt, dient er als wirksame Abwehr von Ambivalenzkonflikten, besonders dann, wenn die Ambivalenzkonflikte die Gefahr mit sich bringen, daß man ein wichtiges Liebesobjekt verliert. Ich möchte betonen, daß diese Veränderungen der Triebschicksale an sich nicht mit introjektiven und projektiven Mechanismen zusammenhängen müssen. Ob jemand sich selbst für die Unzulänglichkeiten der Welt tadelt oder der Welt die Schuld für seine eigenen Fehler zuschreibt, hängt vom Ausmaß ab, in dem er introjektive und projektive Mechanismen verwendet. Wenn projektive Mechanismen eingesetzt werden, nehmen feindselige Zustände paranoide Eigenschaften an. Ich werde auf die Frage nach den paranoiden Stimmungszuständen zurückkommen.

An dieser Stelle möchte ich mich mit den Veränderungen beschäftigen, die für das Selbst und die Objektwelt aus diesen Triebschicksalen entstehen. Wie ich schon weiter oben festgestellt habe, nehmen das Selbst und die Objektwelt in den Stimmungszuständen »komplementäre« Eigenschaften an. Wird im Falle der Depression die Ablenkung der Aggression auf das Selbst jedoch von einer reaktiven libidinösen Überbesetzung der Objektwelt begleitet, können sich gegensätzliche Eigenschaften ausbilden; die Objektwelt erscheint dann auf Kosten des schlechten, entwerteten Selbst verklärt, aufgewertet, idealisiert und sogar ins Grandiose erhoben (*aggrandized*). Bei den feindseligen Zuständen ist das Verhältnis umgekehrt; zu Gunsten eines aufgewerteten, guten und wertvollen Selbst erscheint die Objektwelt wertlos, schlecht und unzulänglich.

Bei Menschen, deren Beziehung zur Objektwelt sich nur über narzißtische Identifizierungen vollzieht, sind alle Konflikte, auch diejenigen, die mit der Objektwelt zusammenhängen, ihrer Art nach narzißtisch. Jede Entwertung der Objektwelt fällt auf das Selbst zurück, da die Grenzen zwischen den Selbst- und Objektrepräsentanzen unscharf sind[11]. In diesem Fall werden das Selbst und die Objektwelt so empfunden, als hätten sie identische Eigenschaften angenommen. Wir können dies sowohl an lustvollen, hypomanischen Stimmungen beobachten, die das Selbst und die Objektwelt ideal, wertvoll und wunderschön erscheinen lassen, wie auch in jenen pessimistischen, depressiven Verstimmungen, worin sich das Selbst und die Objektwelt gleichermaßen als schlecht, unlustvoll, leer oder wertlos darstellen.

Bei diesen Überlegungen war ich von der Verlagerung aggressiver Besetzungen zwischen dem Selbst und der Objektwelt ausgegangen, wie man sie bei feindseligen und bei depressiven Zuständen beobach-

11 Diese Vorgänge werden im 9. und 10. Kapitel, die von psychotischen Identifizierungen bei zyklothymen und schizophrenen Patienten handeln, ausführlicher dargestellt.

ten kann. Ich halte es jedoch für notwendig darauf hinzuweisen, daß depressive Zustände nicht immer aus dem Versuch entstehen, Ambivalenzkonflikte dadurch zu lösen, daß die Aggression vom Liebesobjekt (der Objektwelt) auf das Selbst abgelenkt wird. Sie können auch unmittelbar aus einem Konflikt entstehen, der in erster Linie narzißtischer Art ist. Hinsichtlich der melancholischen Depression wies Freud (1917 e) auf diesen Punkt hin; im gleichen Zusammenhang deutete er die Möglichkeit einer primären, endogenen Ich-Verarmung an[12]. Narzißtische Konflikte aber, die depressive Zustände entstehen lassen, weisen keineswegs immer auf eine narzißtische Regression hin, die zur Triebentmischung führt. Depressive Zustände mögen durch infantile narzißtische Konflikte beeinflußt oder verstärkt werden; aber auch reale Erfahrungen des Versagens, der Unzulänglichkeit oder eines moralischen Vergehens können einen depressiven Zustand unmittelbar bewirken.

Um noch einmal auf das oben angeführte Beispiel zurückzukommen: Jemand, der seine Arbeit schlecht verrichtet, kann, auch wenn er nicht neurotisch ist, auf sein eigenes Versagen mit einem depressiven Zustand und allgemeinen Gefühlen der Unzulänglichkeit reagieren. Diese werden, wenn man den Betroffenen als normal einzuschätzen hat, in dem Maß schwächer werden, wie er fähig wird, sich zu behaupten und seine Arbeit sich verbessert. Falls er sich versucht fühlte, eine moralisch schlechte oder fragwürdige Handlung zu begehen, oder falls er sie sogar wirklich begangen hat, wären wir nicht überrascht, wenn er mit einer Depression und Gefühlen der Reue reagierte.

Ich möchte einige kurze Beispiele von traurigen, unglücklichen und feindseligen Gestimmtheiten geben, damit wir die jeweils besonderen Einflüsse untersuchen können, die in Form verschiedenartiger, realer oder neurotischer Motivationen und Konfliktsituationen auf die Eigenschaften der entstehenden Stimmungen und, in Abhängigkeit von der unterschiedlichen Realitätsprüfung, auf den Verlauf und das Schicksal dieser Stimmungen einwirken.

12 »Ein wahrscheinlich somatisches, psychogen nicht aufzuklärendes Moment kommt in der regelmäßigen Linderung des Zustandes zur Abendzeit zum Vorschein. An diese Erörterungen schließt die Frage an, ob nicht Ichverlust ohne Rücksicht auf das Objekt (rein narzißtische Ichkränkung) hinreicht, das Bild der Melancholie zu erzeugen, und ob nicht direkt toxische Verarmung an Ichlibido gewisse Formen der Affektion ergeben kann« (S. 440; Anm. d. Übers.).

Beim ersten Beispiel handelt es sich um Fräulein C., eine attraktive, kokettierende hysterische junge Frau, die unbewußt auf der Suche nach einem inzestuösen Liebesobjekt war und zu überraschenden, unberechenbaren Stimmungsveränderungen neigte. Sie litt abwechselnd an dramatischen depressiven und ziemlich unkontrollierten feindseligen Zuständen. Je nach ihrer momentanen Stimmung klagte sie, daß entweder der Mangel an Gelegenheit oder ihr fehlender Liebreiz sie daran hinderten, einen Ehemann zu bekommen. Immer dann, wenn sie einen Mann kennenlernte, der sich für sie interessierte und nach einem geeigneten Partner aussah, verschwand vorübergehend ihre schlechte Stimmung, kehrte jedoch zurück, sobald sich aus diesen Begegnungen nichts Ernsteres entwickelte. Zuletzt war es ihr gelungen, eine vielversprechende Neigung zu einem netten jungen Mann zu fassen, der ihrem Bruder ähnelte. Schuldgefühle zwangen sie aber, auf diesen Mann zu verzichten, da ihre Objektwahl von ihrem inzestuösen Wunsch determiniert war. Sie brachte es fertig, ihn durch ihr unberechenbares Verhalten dermaßen zu verärgern, daß er schließlich die Geduld verlor und von ihr abließ. Diese Ablehnung warf sie in eine ernste, ängstlich-unruhige Depression, in der sie fortwährend in unkontrolliertes, ausgiebiges Weinen und Schluchzen ausbrach. Nach der Erholung von dieser Depression hätte sie wahrscheinlich ihre enttäuschende Suche (und die wiederkehrenden, reaktiven Depressionen wie auch die feindseligen Zustände) fortgesetzt, wenn sie nicht zu dem Entschluß gekommen wäre, in eine psychoanalytische Behandlung zu gehen.

Mein zweites Beispiel veranschaulicht eine normale Trauer mit depressiven Zügen. Frau D., eine Witwe mittleren Alters, war nach dem Verlust ihres Ehegatten in einer Verfassung von tiefer Trauer. Sie wandte sich an mich, um bestimmte familiäre Schwierigkeiten zu besprechen. Obgleich sie keine Patientin für eine Psychoanalyse war, gaben diese Gespräche ein aufschlußreiches Bild von ihrem emotionalen Zustand. Sie war eine Frau mit sehr intensivem Gefühlsleben und lebhaftem affektiven Ausdruck; entsprechend stürmisch waren die Äußerungen ihrer Trauer. In Gegenwart anderer konnte sie sich zwar beherrschen, weinte aber stark, wenn sie allein war und lebte gleichsam mit den Erinnerungen an den geliebten Partner. Immer wieder verspürte sie das Bedürfnis, jene Orte in den Bergen aufzusuchen, an deren Schönheit sie sich mit ihrem Mann zusammen erfreut hatte. In ihrer Trauer vermochte sie der Anblick der Landschaft sogar noch stärker zu bewegen; ein schöner Ausblick, Sonnenaufgang oder Sonnenuntergang ließen sie nun vollends in Tränen ausbrechen, denn sie verband diese Erlebnisse mit den Erinnerungen an die Freuden, die sie mit ihrem Ehemann gemeinsam erlebt hatte. Wenn auch mit fehlender Begeisterung, so hielt sie doch trotz ihrer dramatischen Reaktionen gewissenhaft an ihrer Arbeit fest. Auch die Befriedigung und der Trost, die sie in ihrer Arbeit fand, waren mit einer Traurigkeit vermischt, die alles durchdrang. Sie fühlte sehr deutlich, daß sie, obgleich sie ihre gesellschaftliche Aktivität verringerte, des Zusammenseins mit jenen alten Freunden ausgesprochen bedurfte, die auch enge Freunde ihres Mannes waren und mit ihr über ihn sprechen wollten. Frau D. berichtete mir, daß sie sich zu Anfang ihrer Trauer sehr niedergeschlagen und reumütig gefühlt hatte, weil sie ihrem Ehemann gegenüber in so vielerlei Hinsicht versagt habe. Sie bereute besonders, daß sie sich von ihm häufig hatte provozieren lassen und in Wut geraten war. Sie weinte, als sie darüber sprach, und bei den Schuldgefühlen, mit denen sie reagierte, schien es sich um ein ähnlich lebhaftes und schmerzliches Erleben zu handeln.

Frau D.s Trauerreaktion unterschied sich auffallend von derjenigen ihrer Freundin, Frau E., die sie einige Monate später zu mir schickte, weil sie sich über ihren Zustand Sorgen machte. Auch Frau E. war Witwe. Eineinhalb Jahre zuvor hatte sie ihre Schwester, mit der sie über das übliche Maß hinaus eng verbunden war, verloren, und war seit dieser Zeit in einem chronisch-depressiven Zustand, von dem sie nicht genesen konnte. Im Gegensatz zu Frau D. zeichnete sich ihre Persönlichkeit durch zwanghafte Züge aus; sie war übermäßig betrübt, aber auch ziemlich distanziert. Ihr Gefühlsleben war leer geworden. Schönheiten der Natur existierten für sie nicht mehr; sie konnte kein Gefühl für sie aufbringen. An nichts fand sie ernsthaftes Interesse, nicht einmal an ihrer Arbeit. Zugleich fühlte sie sich sehr ruhelos. Sie mied die Gesellschaft ihrer Freunde und zog es vor, in ihrer Freizeit Gelegenheitsbekanntschaften zu machen oder auf Parties zu gehen. Es zeigte sich, daß dieses Verhalten mit der Grundstruktur ihrer Abwehr übereinstimmte. Sie hatte eine Konfrontation mit den schmerzlichen Aspekten der Realität immer vermeiden können, indem sie vor einer tieferen Beziehung zur Außenwelt zurückschreckte, es sei denn, sie war sich sicher, daß ihr Lust und Befriedigung zuteil wurde. Ihre Distanz, aber auch ihre eifrige Suche nach oberflächlichem Vergnügen, schützten sie davor, daß jene schmerzlichen Gefühle auf sie einstürmten, denen Frau D. ausgesetzt war. Der zwanghafte Stil ihrer affektiven Abwehr ließ annehmen, daß bei ihr viel intensivere Ambivalenzkonflikte vorhanden waren als im Fall von Frau D. Frau E. sprach viel von ihren Schuldgefühlen über alles und jeden – mit Ausnahme ihrer verstorbenen Schwester. Offensichtlich mußte sie diese Schuldgefühle verleugnen und verschieben, weil sie nicht in der Lage war, die Intensität ihres Konflikts mit der Schwester und die Feindseligkeit, aus der dieser Konflikt erwuchs, zu ertragen.

Wenn wir die Stimmungszustände in diesen drei Fällen miteinander vergleichen, stellen wir fest, daß die zentralen Konflikte von Fräulein C., die ihre feindseligen und unruhig-ärgerlich-deprimierten Verstimmungen hervorriefen, eindeutig keine Ambivalenzkonflikte, sondern ödipale Konflikte waren. Sie litt nicht daran, daß sie unfähig war zu lieben. Ihr feindseliges Verhalten Männern gegenüber stellte eine Abwehr ihrer inzestuösen Triebimpulse dar. Und ihre Wut über das Leben, über die Welt, »die ihr keine günstigen Gelegenheiten boten«, richtete sich unbewußt auf ihre ödipale Rivalin, ihre Mutter. In der gleichen Weise bezogen sich ihre depressiven Klagen, daß es ihr an Anziehungskraft fehle, darauf, daß sie unfähig war, mit ihrer Mutter zu konkurrieren und zu rivalisieren. Diese Klagen enthüllten ihr unbewußtes Strafbedürfnis, das von ihren konflikthaften Schuldgefühlen wegen der inzestuösen Triebimpulse hervorgerufen wurde. Die Rationalisierungen über ihre Mißstimmungen wie auch ihre feindselige Stimmung selbst verschwanden jeweils und rasch, wenn sie einen vielversprechenden Mann kennenlernte; ihre Depression verlor sich, sobald es ihr gelang, seine Aufmerksamkeit zu wecken. Als ich weiter oben von einer unechten oder Pseudo-Realitätsprüfung sprach, hatte ich einen Sachverhalt dieser Art im Sinn. Die Patientin konnte die Realität nur innerhalb des Bereichs jener Stimmungsmotive prüfen, die ihr bewußt wurden. Sie trauerte zwar über den Verlust ihres Liebhabers, wußte jedoch nicht, warum sie ihn verloren hatte und warum sie keinen Mann finden oder akzeptieren konnte. Ihre unbewußten ödipalen Konflikte lieferten den Grund für ein Agieren, das seinerseits unvermeidlich dazu führte, daß ihre Mißstimmungen immer wiederkehrten.

Im Falle von Frau D. können wir einen ziemlich normalen Trauervorgang feststellen, der das, was ich zuvor über Traurigkeit und Trauer äußerte, in vielerlei Hinsicht bestätigt und veranschaulicht. Allein die konflikthaften Gefühle von Feindseligkeit, die sie ihrem verstorbenen Ehemann gegenüber hegte, gaben ihrer Traurigkeit eine depressive Färbung. Sie war sich damals und auch bei unseren Gesprächen dieser Gefühle offensichtlich völlig bewußt. Dies ermöglichte, daß Vorgänge der Introspektion einsetzten. Die Prüfung ihrer inneren Realität reichte aus, und sie konnte recht bald ihre Reue und die davon ausgelöste Depression überwinden.

Ganz anders war es bei Frau E. Sie reagierte auf den Verlust ihrer Schwester derart, daß ihre Trauer in eine chronisch-depressive Verfassung überging, die sich meines Wissens selbst nach Ablauf von zwei Jahren nicht wesentlich veränderte. Eine Reihe pathogener Züge waren zusammengekommen und brachten die übermäßig lang andauernde Störung zustande. Bei ihrem Fall lag das Hauptproblem in einem Ambivalenzkonflikt infantilen Ursprungs, der zu offenen Feindseligkeitsäußerungen ihrer Schwester gegenüber geführt hatte. Nach dem Tod der Schwester versuchte Frau E. ihre Feindseligkeit zu vergessen und zu verleugnen. Da sie sich aber mit der Tragweite ihres Verlusts nicht auseinandersetzen konnte, gelang es ihr auch nicht, ihre Trauer über ihre Schwester, die sie doch sehr innig geliebt hatte, frei auszudrücken. Um die Traurigkeit nicht erleben zu müssen, um ihr auszuweichen, ließ sie sich auf oberflächliche Vergnügungen ein, die in ihr das Gefühl der Leere hinterließen. Frau E. ergriff, mit anderen Worten, die Flucht vor einer Prüfung der äußeren wie auch ihrer inneren Realität. Die unheilvolle Tatsache, daß sie das Ausmaß ihres Verlusts, die Art ihrer früheren Beziehung zur Schwester und die eigentlichen Gründe für ihre Schuldgefühle verleugnete, schloß eine Realitätsprüfung aus, die es ihr ermöglicht hätte, ihren Konflikt zu lösen. Ihr waren jedoch nicht einmal erleichternde Abfuhrreaktionen möglich, durch die sie Schritt für Schritt wieder ein normales Stimmungsniveau erreicht hätte.

Der Unterschied, den wir feststellen können, wenn wir bei diesen drei Menschen die deprimierten Zustände hinsichtlich ihrer Auswirkung auf die Ich-Funktionen vergleichen, ist beeindruckend. Sicherlich war Fräulein C. durch ihre Verstimmungen in ihren Aktivitäten beeinträchtigt. Sie war ständig von ihren Gedanken an Männer in Anspruch genommen; ihre Fähigkeit, sich auf ihre Arbeit und andere Ziele zu konzentrieren, wurde von ihrem Agieren und den daraus entstehenden Gefühlsschwankungen untergraben. Sie zeigte jedoch keine Zeichen einer allgemeinen depressiven Hemmung ihres Gedankenablaufs und ihrer Handlungen.

In Frau D.s Fall bewirkte die Trauer, daß sie gewisse Beziehungen und Aktivitäten vorzog, während sie gleichzeitig andere einschränkte oder ausschloß.

Frau E. dagegen litt unter einer depressiven Hemmung ihrer Denk-vorgänge und ihrer Arbeit; diese Hemmungen verbargen sich hinter ihren ruhelosen Scheinaktivitäten.

Aus diesem Vergleich läßt sich schließen, daß das Ausmaß, in dem deprimierte Zustände generalisierte Hemmungen bewirken, von der Art und der Intensität der zugrundeliegenden Ambivalenzkonflik-te abhängen wie auch vom Umfang, in dem die Depression darauf hinzielt oder den Sinn hat, Feindseligkeit von der Welt (dem Liebes-objekt) abzuwenden.

Die Hemmung der Ich-Funktionen in depressiven Zuständen führt uns zu einer weiteren Frage, nämlich zu den unterschiedlichen Iden-tifizierungen in der Trauer und in der Depression. In Frau D.s Fall fiel mir eine Besonderheit deutlich auf. Sie sprach von einer Trauer-reaktion, die sie auch in der Vergangenheit, nach anderen Objektver-lusten, an sich erlebt hatte. Dies gehört zur Identifizierung mit dem Liebesobjekt, die üblicherweise auf den Verlust eines geliebten Men-schen folgt. Weiter oben erwähnte ich, daß Traurigkeit aus der Iden-tifizierung mit dem Leiden anderer entstehen kann. Dieser Umstand spielt auch bei Frau D.s Trauer eine Rolle. Die Krankheit, an der Herr D. verstarb, war kurz, aber sehr schmerzlich gewesen. Die Ehefrau hatte sein Leiden mit ihm geteilt; nach seinem Tod fuhr sie darin fort, sich so zu fühlen und zu verhalten, als ob sie mit ihm den schmerzlichen Verlust des Lebens teilte. Sie tat es in der gleichen Weise, wie sie frü-her an den vielfältigen Vergnügungen des Lebens teilhatte. Ihre Phantasien bezogen sich daher nicht nur auf den Verlust ihrer eige-nen Befriedigungen, die sie mit ihrem Ehemann und durch ihn erhal-ten hatte, sondern sie schlossen auch die Freuden mit ein, die er erlebt hatte und die für ihn mit seinem Tod zu Ende waren. Ich habe zwar in der Literatur keine Hinweise auf diese Reaktion gefunden, denke aber, daß sie sicherlich eine übliche Äußerungsform des Trauerns dar-stellt, die sich häufig durch schmerzliche Ausbrüche in folgender Form äußert: »Wenn er – oder sie – noch lebten und diese oder jene schö-ne Sache sehen oder gar erleben könnte!« Bezeichnenderweise reagier-te Frau E. nicht in dieser Art.

In Frau D.s Fall schien diese magische Phantasie von der Identifizie-rung damit, daß das Liebesobjekt seine Lebensfreuden verloren hat, zum Ausgangspunkt bestimmter Überich- und Ich-Identifizierungen zu werden, die im Verlauf der Trauerphase allmählich entstanden und zu bleibenden strukturellen Veränderungen im Ich führten. Ich konnte tatsächlich beobachten, daß die erwähnten, besonders schmerzlichen Gedanken sich in eine zunehmende, schöpferische Vertiefung in jene Interessen und Aktivitäten umwandelten, die ihren Ehemann besonders erfreut hatten oder die er besonders gern verfolgte. Frau D. verhielt sich so, als könnte sie dadurch, daß sie ihre eigenen Anstrengungen in jenen Bereichen verdoppelte, das, was ihr Ehemann verloren hatte, wieder ausgleichen. Als ihre Trauer vorüber war, berührte sie beispielsweise der Anblick der erwähnten schönen Berglandschaft noch stärker als zuvor; ganz allgemein verfolgte sie die Interessen ihres Ehemannes, an denen sie teilhatte, viel stärker. Daneben wurde sie besonders in jenen Bereichen ihrer eigenen Arbeit ehrgeizig, für die er besonderes Interesse gezeigt hatte und die seinen Wünschen für sie entsprachen (Überich-Identifizierung). Jahre später, wenn sie auf diesen Gebieten Leistungen vollbracht hatte, verspürte sie bei dem Gedanken, wie sehr ihr Ehemann sich über ihren Erfolg gefreut hätte, schmerzliche und traurige Gefühle. Ihre späteren, realitätsorientierten Identifizierungen ersetzten, wenn wir sie von ihrer anfänglichen Identifizierung mit dem Schicksal des Ehemanns her sehen, nicht nur den verlorenen Gatten und die Befriedigungen, die er ihr geboten hatte, sondern sie ersetzten auch das Leben, das er verloren hatte, und die Befriedigungen, die er durch sie und mit ihr erhielt. Diese Zweiseitigkeit zeigt uns, daß die Identifizierungen in der Trauer auch dazu dienen, die innere Beziehung zu dem Objekt, das nun verloren ist, als Erinnerung zu erhalten.

An diesem Fall sehen wir, wie sich bei der Trauer die Identifizierungen zu einem konstruktiven, schöpferischen Ausgang der Trauerarbeit entwickeln. Es ist möglich, daß die Identifizierungen immer auf einem magischen Phantasieniveau ihren Anfang nehmen; allmählich aber erheben sie sich auf die Ebene des Ichs und bringen gelegentlich stabile, selektive Ich-Veränderungen hervor. Offenbar kann die Libido, die in der Trauerarbeit frei wird, nicht unverzüglich für neue persönliche, zwischenmenschliche Objektbeziehungen Verwendung finden, die eine verlorene Beziehung ersetzen würden. Stattdessen wird sie von den Identifizierungen aufgenommen und in neuen Sublimierungen und Ich-Funktionen gebunden. Wir können in der Tat häufig feststellen, wie trauernde Menschen, nachdem der mehr stürmische Anfang ihrer Trauer vorüber ist, ihre Arbeitsanstrengungen verdoppeln oder sich in neue Aktivitäten vertiefen, die sich auf Identifizierungen mit dem verlorenen Objekt gründen.

Wir wissen, in welchem Ausmaß Ambivalenzkonflikte die Errichtung derartiger Identifizierungen während der Trauer stören. Frau E. beispielsweise flüchtete vor ihrer Trauer genau in jene oberflächlichen Vergnügungen, die ihre ziemlich strenge, schwierige und kranke Schwester mit ihr weder teilen wollte noch konnte und offen von sich gewiesen und getadelt hatte. Daher entsteht der Eindruck, daß Frau E.s Aktivitäten aus ihrer Auflehnung gegen die ältere Schwester, einer Mutterfigur, entspringen. Und wir können andererseits annehmen, daß ihre Schuldgefühle sie nicht nur am Vergnügen hinderten, sondern auch für die depressiven Reaktionen verantwortlich waren, die sich bei ihrer Suche nach oberflächlichem Vergnügen einstellten.

Eine andere Art der Trauerreaktion konnte ich bei einigen Patienten beobachten, die eine zwanghafte Persönlichkeitsstruktur hatten. Sie bildeten zwar Identifizierungen mit dem ambivalent geliebten, verlorenen Objekt aus, reagierten aber mit einer Depression, wenn sie sich selbst bei eben den Haltungen oder Charakterzügen ertappten, die sie an ihrem Liebesobjekt abgelehnt hatten. Oder in anderen Worten: diese Patienten identifizierten sich mit dem verlorenen Objekt, da sie es geliebt hatten; da sie es aber auch gehaßt hatten, bestraften sie sich dadurch selbst für ihre Feindseligkeit, daß sie zunächst die schlechten Eigenschaften des Objekts zusammen mit seinen guten übernahmen (masochistische Identifizierungen) und sich schließlich dieser Eigenschaften wegen selber haßten.

Die Identifizierungsvorgänge in der Trauer können also viele verschiedene Schicksale nehmen; sie können konstruktiv, schöpferisch verlaufen, oder sie lösen sekundär und unter dem Einfluß neurotischer Ambivalenzkonflikte depressive Verstimmungen und andere pathologische Erscheinungen aus. In beiden Verläufen bringen diese Identifizierungen jedoch strukturelle Veränderungen im Ich hervor und entstehen schrittweise als das Ergebnis der Trauerarbeit, während die narzißtischen Identifizierungen im Rahmen psychotischer Störungen den Beginn einer depressiven Phase einleiten und kennzeichnen. Da die zuletzt genannten Identifizierungsvorgänge auf archaischen Inkorporationsphantasien beruhen, ist ihr Einfluß auf das Ich nicht konstruktiv, sondern führt zur Entstehung wahnhafter Vorstellungen.

Hiermit bin ich bei den feindseligen oder psychotisch-depressiven Stimmungszuständen angelangt, die ich eher kurz besprechen möchte. Ich habe weiter oben erwähnt, daß unsere Kriterien nicht in jedem Fall ausreichen, um auf den ersten Blick neurotische und psychotische Stimmungszustände voneinander zu unterscheiden. Haben wir aber die Gelegenheit, diese Zustandsbilder sowohl klinisch über einen längeren Zeitraum zu beobachten wie auch psychodynamisch zu untersuchen, dann entdecken wir in der Beschaffenheit und Struktur von neurotischen und psychotischen Gefühlszuständen charakteristische Unterschiede, auch dann, wenn die psychotischen Zustände nicht zu einer wahnhaften Symptombildung führen. Welche Faktoren bestimmen die verschiedenen Eigenschaften und den unterschiedlichen Verlauf?

Psychotische Störungen zeichnen sich durch schwere und tiefe regressive Vorgänge aus. Diese Vorgänge erstrecken sich auf alle psychischen Systeme und gehen mit einer Deneutralisierung und Entmischung der Triebe einher. Folglich entsteht ein bedrohlicher Überschuß von deneutralisierter Aggression, die in alle psychischen Systeme eindringen kann. Diese aggressiven Triebenergien können die Überich-Funktionen gleichsam entwurzeln, das Ich überschwemmen und zu destruktiven Handlungen bewegen oder herausfordern. Oder sie häufen sich im Überich an, ersticken auf diese Weise alle Ich-Funktionen und führen möglicherweise zur Selbstdestruktion. Die Triebentmischung sowie die Ich- und Überich-Regression bewirken, daß die Konflikte, die ihrerseits die Stimmungszustände auslösen, auf einem sehr unreifen, narzißtischen wie auch sadomasochistischen Niveau zutage treten. Die Mechanismen, die der Abwehr und Restitution dienen, sind ihrer Art nach ebenfalls archaisch.

Selbstverständlich sind diese Gegebenheiten von größtem Einfluß auf die Entstellungen des Selbst und der Objektwelt; sie tragen dazu bei, daß die Realitätsprüfung in psychotischen Stimmungen unwirksam wird. Wie wir wissen, sind besonders dann, wenn sich ein Wahn entwickelt, die Wahngedanken und die entsprechenden Stimmungsäußerungen verhärtet und entziehen sich mehr oder weniger den äußeren Einflüssen und Geschehnissen. Sie zeigen einen Rückzug von der Objektwelt an, mit dem sich auch die Gestimmtheit von der Realität und ihrer Prüfung entfernt.

Ich möchte die einzelnen, verschiedenartigen pathologischen Veränderungen und wahnhaften Entstellungen, die sich an den Selbst- und Objektrepräsentanzen während der Entstehung einer psychotisch-feindseligen oder psychotisch-depressiven Stimmung abspielen, nicht weiter ausführen. Die entsprechenden klinischen Bilder sind uns, ebenso wie die einzelnen Mechanismen, die zu diesen Erscheinungen führen, hinreichend vertraut. Aber ich werde kurz auf die besondere Art jener Introjektions- und Projektionsmechanismen eingehen, die zu psychotischen Identifizierungsformen führen können.

Verschiebungen der Aggression zwischen den Selbst- und den Objektrepräsentanzen müssen nicht immer mit Introjektionen und Projektionen einhergehen; darauf habe ich früher schon hingewiesen. Introjektionen und Projektionen sind keineswegs immer gleichbedeutend mit der Introjektion von Objektimagines in die Selbstimagines (beziehungsweise in das Überich) oder mit der Projektion von Selbstimagines auf die Objektimagines. Nur die hier zuletzt genannten Vorgänge sind für psychotische Zustände charakteristisch; durch sie entstehen die verschiedenen Formen pathologischer Identifizierungen bei den unterschiedlichen Psychoseformen, und sie verleihen auch den Entstellungen des Selbst und der Objektwelt ihre jeweils spezifischen und individuellen psychotischen Eigenschaften.

Das Thema der psychotischen Identifizierungen wird in der zweiten Hälfte dieses Buches behandelt. Ein Teilbereich dieses Themas gehört jedoch in den vorliegenden Zusammenhang. Bei der melancholischen Depression haben die Selbstrepräsentanzen des Patienten gerade jene Eigenschaften angenommen, die er unbewußt seinem Liebesobjekt zuschreibt. Da diese Art der Identifizierung zu einer verfestigten (fixated), möglicherweise wahnhaften, jedoch nur qualitativen Veränderung seiner gesamten Selbstrepräsentanz führt, muß sie einen Stimmungszustand auslösen und auch ein Teil dieser Stimmung sein.

Dagegen wird ein Patient mit einer schizophrenen wahnhaften Identifizierung davon überzeugt sein, daß er ein anderer Mensch »geworden« ist. Es scheint, daß sich in diesem Falle die Selbstrepräsentanz nicht infolge der Identifizierung qualitativ verändert hat, sondern daß der betreffende Patient seine eigene Identität gegen eine neue, wahnhafte Identität ausgewechselt hat. Obgleich diese neue Identität natürlich den Ich-Zustand im ganzen beeinflußt, ist diese Identitätsersetzung nicht mit der Entstehung einer Stimmung verbunden. Sicherlich äußert ein Mensch, wenn er sich für Napoleon hält, grandiose Einstellungen und ein entsprechendes Verhalten; aber seine Verfassung schwankt eher zwischen Zuständen, die freundlich-wohlwollend, aggressiv-tyrannisch und feindselig-paranoid sind und allesamt mit seinen paranoiden Wahngedanken in Einklang stehen.

Selbstverständlich gilt meine Aussage gleichermaßen für die wahnhaften Veränderungen, die mit der Objektwelt vor sich gehen. Solange sie qualitativer Art sind, erscheint die Welt der Objekte ablehnend, anklagend und mit Absicht kränkend. Als Teil einer feindseligparanoiden oder depressiv-paranoiden Stimmung (oder einer Verfassung, in der sich diese Qualitäten mischen) können sich ausgedehnte paranoide Wahnvorstellungen entwickeln. Echte paranoide Wahnvorstellungen, durch die kürzlich noch wohlvertrauten Menschen eine neue Identität verliehen wird, treten im Rahmen einer Stimmung nicht auf. Damit hängt auch zusammen, warum Patienten mit verfestigten und systematisierten Wahnvorstellungen der Verfolgung äußerlich unauffällig und ruhig erscheinen, bis sie ein Gewehr zur Hand nehmen und Herrn X. erschießen, weil sie »wissen«, daß er nicht ihr alter Rechtsanwalt oder Arzt ist, sondern ein Geheimagent, der eine kommunistische Verschwörung gegen sie anstiftet.

Diese Unterscheidung von zwei Arten der psychotischen Identifizierung, der einen, die qualitative wahnhafte Veränderungen des Selbst und der Welt bewirkt, die wiederum Stimmungszustände auslösen, und der anderen, die neue Identitäten ins Leben ruft, hat klinische Bedeutung. Sie läßt uns verstehen, warum sich paranoide Vorstellungen der letztgenannten Art zur Systematisierung eignen. Da sie nicht mit generalisierten Übertragungsphänomenen einhergehen, sondern auf bestimmte, einzelne Objekte eingeschränkt und festgelegt sind, bleiben große Bereiche des Ichs unberührt. In jenem Bereich des Ichs, wo sich das paranoide System entwickelt, werden sich die Wahnvorstellungen selbstverständlich ausbreiten, von einem Objekt auf ein anderes überspringen oder sich schrittweise auf eine Anzahl von Personen ausdehnen, die mit der Verschwörung verknüpft und zu einem Teil von ihr werden.

Diese Einschränkung auf einen bestimmten Bereich des Ichs, der von anderen Bereichen gesondert bleibt, ist für die echte Paranoia besonders charakteristisch. Wir wissen, daß Patienten mit einer Paranoia völlig gesund und in ihrem Gefühlsleben ungestört erscheinen, bis irgendeine Sache berührt wird, die mit dem paranoiden Bereich zusammenhängt; nur dann wird ihre paranoische Erkrankung manifest. Gerade diese Lokalisierung ermöglicht, daß der Wahn sich schrittweise systematisiert; dagegen tritt bei paranoiden Stimmungen diese Entwicklung nicht auf.

Wir können bei paranoiden Schizophrenen beides beobachten – paranoide Vorstellungen im Rahmen eines paranoiden Stimmungszustands und echte paranoide Wahnvorstellungen mit oder ohne Systematisierung. Paranoide Stimmungszustände, insbesondere jene, die einen zyklischen Verlauf nehmen, können uns große Schwierigkeiten bereiten, wenn wir entscheiden wollen, ob diese Zustände der Ausdruck einer schizophrenen oder einer manisch-depressiven Psychose sind; allein die Beobachtung über längere Zeit erlaubt uns, eine zutreffende Differentialdiagnose zu stellen.

Das soeben besprochene Problem führt uns sogleich zu einer anderen Frage. Warum und unter welchen Umständen erschöpft sich der pathologische Vorgang (die erste Form der oben erwähnten psychotischen Identifizierungen) darin, daß ein psychotischer Stimmungszustand ohne weitere Symptombildung entsteht, wie es bei den manisch-depressiven Erkrankungen der Fall ist? Warum entsteht also dieser Zustand, der sich zu einem Höhepunkt steigern kann, dann schrittweise und spontan wieder vergeht und nach dem der Betroffene praktisch wiederhergestellt ist, bis eine neue Episode einsetzt? Ich kann diese Frage zwar nicht beantworten, möchte es aber wagen, versuchsweise einige Hypothesen aufzustellen.

Die Bedingungen der frühkindlichen Umwelt nehmen sicherlich einen außerordentlichen pathogenen oder prädisponierenden Einfluß auf die Entstehung von Psychosen; sehr belastende und erregende Erlebnisse in der Gegenwart rufen den psychotischen Zusammenbruch schließlich hervor. Wenige Psychiater zweifeln jedoch daran, daß den Psychosen endogene, bislang unbekannte physiologische Vorgänge zugrundeliegen. Je plötzlicher das pathologische, psychophysiologische psychotische Geschehen einsetzt, desto rascher werden die Vorgänge der Regression und der Triebentmischung ablaufen. Der in diesem Fall wie mit einem Schlag vorhandene Überschuß destruktiver Triebenergie kann sich gegen das Ich richten und es insgesamt gleichsam überrennen. Um es anders auszudrücken: das überraschte Ich ist nicht in der Lage, mehr auszurichten, als unverzüglich eine Stimmung entstehen zu lassen, die als eine Art Sicherheitsventil für die Abfuhrvorgänge dient. Stimmungen stören jedoch leicht, da sie Zustände darstellen, die das gesamte Ich erfassen, jene einzelnen Abwehrvorgänge, die der Lösung umschriebener Konflikte dienen. Damit wird die Bildung weiterer Symptome außer denjenigen, die ein Teil des Stimmungszustands sind und ihn zum Ausdruck bringen, ausgeschlossen. Wir dürfen dabei aber nicht außer acht lassen, daß die Reihe der Symptome bei psychotischen Stimmungszuständen viel umfangreicher ist als bei neurotischen Stimmungen. Wir denken dabei nicht nur an die physiologischen Symptome wie Schlaflosigkeit, Gewichts- und Appetitverlust, sondern auch an die Vielfalt hypochondrischer Beschwerden.

Man kann einwenden, daß den schizophrenen Episoden wie auch den psychotisch-depressiven Phasen ein Stadium vorausgeht, das den drohenden Ausbruch der akuten Erkrankung ankündigt, und daß häufig der Eindruck entsteht, daß depressive oder hypomanische Phasen sich schrittweise entwickeln. Die akute Episode bricht jedoch in den meisten Fällen plötzlich aus. Manisch-depressive Patienten, deren Depression sich langsam verschlechtert, können sich dennoch genau an jenen Tag erinnern, als ihre Depression anfing. Oft wissen sie auch den Tag, als die Depression wieder aufhörte, als sie »aufwachten« und sich unvermittelt »wieder anders, gesund fühlten«. Meine Vermutung, daß in dem jähen akuten Krankheitsausbruch der Grund dafür liegt, weshalb das gesamte Ich betroffen ist und sich unverzüglich eine Stimmung entwickelt, läßt sich erhärten, wenn wir zum Vergleich eine prognostisch günstigere Verlaufsform der Schizophrenie heranziehen. Die wiederkehrenden Episoden und die Symptomatologie werden bei dieser Form durch einen schizophrenen Prozeß hervorgerufen, der sich langsam entwickelt und erst den einen, dann den anderen Bereich beeinträchtigt oder sich langsam ausdehnt, auf die gesamte Persönlichkeit übergreift und gelegentlich zu einer allgemeinen seelisch-geistigen Desintegration führt. Natürlich zeigen solche Patienten individuelle Verstimmungen. Sie können in ihrem reaktiven Verhalten zu unvermuteten, unangemessenen Stimmungsschwankungen und affektiven Ausbrüchen neigen. Uns beeindrucken die verflachten, kalten Eigenschaften ihrer Affekte und die Einbuße, die ihr Gefühlsleben erleidet. Im Verlauf dieser chronischen oder sich progressiv entwickelnden Störungen findet sich jedoch kaum ein Stadium, in dem länger anhaltende und charakteristische Stimmungszustände das klinische Gesamtbild beherrschen.

Die Frage nach den unterschiedlichen Einflüssen, die plötzlich oder langsam entstehende physiologische Veränderungen auf die Symptomatologie ausüben, stellt uns nochmals vor das ökonomische Problem, mit dem ich dieses Kapitel beenden möchte.

Eine meiner Schlußfolgerungen lautete, daß psychotische Stimmungszustände, die zu einer wahnhaften Entwicklung führen, nur wenig Realitätsprüfung zulassen. Ich habe aber erwähnt, daß die länger anhaltende und sich wiederholende Abfuhr sich als solche ökonomisch auswirkt, indem die Stimmung schließlich, wenigstens für einige Zeit, abklingt. In den verhängnisvoll ruhig und lähmend verlaufenden Formen der Depression bei manisch-depressiven Patienten und beim kataton-depressiven Stupor bleibt jedoch kaum eine Möglichkeit zur affektiven Abfuhr nach außen übrig. Die Abfuhr ist sozusagen stumm und verläuft zentripetal[13]. Patienten mit melancholischen Formen

13 *Das Selbst und die Welt der Objekte* (1973), S. 19 bis 22 (Anm. d. Übers.).

der Depression, die sich selbst heftig angreifen, stehen sich daher in gewisser Hinsicht besser, da ihre auf das Selbst gerichtete Aggression zumindest in den Selbstanklagen einen Abfuhrweg findet.

Wie ist es unter diesen Bedingungen möglich, daß depressive Zustände, die keine Spannungsentlastung durch eine Abfuhr nach außen zulassen, dennoch abklingen? Wir wissen, daß auch Patienten, die Monate oder sogar Jahre in einem katatonen Stupor verbracht haben, eines Tages vielleicht aufstehen, sich bewegen, essen, sprechen und innerhalb kurzer Zeit gleichsam ins Leben wieder zurückkehren. Beobachtungen dieser Art lassen uns vermuten, daß depressive oder manische Zustände nicht durch den ökonomischen Prozeß, mit dem die Stimmung zusammenhängt, beendet werden, sondern durch physiologische Veränderungen, die überraschend oder langsam einsetzen können. Diese physiologischen Vorgänge verändern wohl auch das Verhältnis von aggressiven und libidinösen Energien zugunsten der libidinösen Triebenergien und ermöglichen dadurch dem Patienten, daß er die äußere Welt wieder mit Libido besetzt. Ich habe aus meiner klinischen Beobachtung den Eindruck gewonnen, daß nur von dem Moment an, wo der Patient seine Abfuhr wieder auf die Außenwelt richten und die Außenwelt wieder mit psychischer Energie besetzen kann, seine Stimmung eine wirkungsvolle ökonomische Funktion zurückerhält. Die Wirksamkeit dieser ökonomischen Funktion vergrößert sich, wenn der Patient der Therapie zugänglich wird und die Realität prüfen kann. Hierin liegt der Grund, weshalb die Psychotherapie innerhalb einer psychotisch-depressiven Phase den größten Nutzen gegen Ende der Phase bringt.

4. Verleugnung und Verdrängung*

Im vorigen Kapitel habe ich schon erwähnt, daß der Mechanismus der Verleugnung bei normalen, besonders aber bei pathologischen Stimmungszuständen eine wichtige Rolle spielt. Die Verleugnung ist auch von besonderer Bedeutung für die Depersonalisationszustände; sie werden zusammen mit dem Verleugnungsmechanismus im vorliegenden wie auch im nachfolgenden Kapitel behandelt. Ich werde in beiden Kapiteln Fallmaterial von demselben Patienten vorlegen, da es sich für eine Untersuchung der Phänomene, die wir besprechen wollen, gut eignet.

Verleugnung und »Deck«-Phantasien bei Psychosen

Unter den vielfältigen Abwehrvorgängen, die das Ich einsetzt, scheinen bestimmte Mechanismen wie die Isolierung, Verleugnung, Introjektion und Projektion bei Borderline- oder psychotischen Patienten eine weitaus größere Rolle zu spielen als bei Neurotikern. Es hat den Anschein, als gebrauchten diese Patienten die aufgezählten Abwehrvorgänge, weil die Fähigkeit ihres Ichs zur Verdrängung nicht ausreicht. Allerdings erfaßt diese Ansicht nicht die noch wesentlich komplizierteren Einzelheiten.
Sicherlich bieten uns diese Patienten keine festgefügte Verdrängungsschranke mit stabilen Gegenbesetzungen im Ich, die lediglich bestimmten Es-Strebungen und Es-Abkömmlingen Durchtritt und Einlaß ins Ich gewährt. Dem Anschein nach besitzen latent psychotische Patienten recht starre Reaktionsbildungen; sie sind zumeist zwanghafter Art, und es stellt sich heraus, daß sie sehr zerbrechlich sind. Wie wir während der Behandlung beobachten können, klammern sich die Patienten an diese Reaktionsbildungen, wenn sie mit Erschrecken gewahr werden, der mögliche Zusammenbruch dieser Reaktionsbildungen könne sie in eine offene Psychose führen. Betrachten wir, wie die Verdrängungen bei diesen Patienten beschaffen sind, dann überrascht uns die folgende Entdeckung. Die gleichen Patienten, die einerseits jederzeit bewußte inzestuöse und homosexuelle Phantasien, also unentstellte Es-Inhalte, vorbringen können, besitzen andererseits

---

* Erstveröffentlichung in *Journal of the American Psychoanalytic Association* (1957), Bd. 5, S. 61–92.

140

Amnesien, hinter welchen gleichsam wie hinter einem eisernen Vorhang, der nicht von der Stelle zu bewegen ist, jene Zeiten der Kindheit liegen, die für sie am wichtigsten, am stärksten traumatisch waren. Ihre ödipale und präödipale Vergangenheit ist gleichsam in Begriffen der Gegenwart lebendig oder kann in ihnen lebendig werden; zugleich aber ist sie von der eigentlichen Geschichte ihrer frühen Kindheit, die nicht ans Licht gebracht werden kann, abgetrennt.

So kann ich beispielsweise von einem neunzehnjährigen schizophrenen Jungen berichten, in dem von Zeit zu Zeit und in großem Ausmaß prägenitale und genitale, inzestuöse und homosexuelle Phantasien aufkamen. Er erinnerte sich an eine Reihe von Kindheitserlebnissen mit Eltern und Kinderfrauen, die ihn sehr kränkten, und wiederholte die Erzählung dieser Erlebnisse, um seine paranoiden Abwehrvorgänge abzustützen. Es war ihm jedoch unmöglich, irgendeine frühe Kindheitserinnerung vorzubringen, die dazu geeignet gewesen wäre, daß wir sie mit seinen jetzigen Phantasien verknüpfen und zu einer verstehenden Rekonstruktion seiner Vergangenheit hätten verwenden können. Ich konnte nach weiterer Beobachtung bei ihm, wie auch bei anderen psychotischen Patienten, sehen, daß diese unverhüllten, ständig variierenden Phantasien und Triebimpulse an die psychische Oberfläche kamen, als seine Reaktionsbildungen zusammenbrachen. Es handelte sich bei diesen Phantasien also um bestimmte losgelöste Bruchstücke des Es, die im jeweiligen Augenblick dazu dienten, andere und bedrohlichere Phantasien zu verdecken (screening) und zu verleugnen. In jenen Phasen entstanden in diesem Jungen immer dann, wenn er sich von einem jungen Mädchen sexuell erregt fühlte, inzestuöse Phantasien in offener Form. Sie verdeckten seinen Wunsch, sich von seiner Mutter zu befreien, indem er sie umbrächte. Es gab auch andere Phasen, wo er überwältigende Versuchungen passiver, masochistischer und homosexueller Art verspürte und ihn zugleich Impulse bedrängten, Frauen auf der Straße zu vergewaltigen, niederzustechen oder zu würgen.

Wir können folglich sagen, daß jene Patienten Teile ihres Es uns nicht allein deshalb bieten, weil ihre Verdrängungsschranke niedergebrochen ist, sondern weil sie diese Es-Anteile weitergehend als einen zwar schlechten, aber wenigstens vorübergehenden Ersatz für andere und angemessenere Abwehrmechanismen des Ichs aufbieten. Entsprechend dem Ausmaß, in dem strukturelle Differenzierung und Trieb-Neutralisierung verlorengehen, werden Struktur-Konflikte von Konflikten zwischen gegensätzlichen Triebregungen ersetzt. Gemeint sind jene Triebregungen, die ins Ich eingedrungen sind und nun benutzt werden, um sich jeweils gegenseitig und abwechselnd zu verdecken und zu verleugnen. Da aber solche Phantasien im Dienste der Abwehr ihrerseits leicht zu Panik führen, können Phantasievariationen entstehen, deren Sprunghaftigkeit die verzweifelte Flucht des Patienten von einer Triebposition in die andere sichtbar macht.

Gelegentlich hat es bei diesen Patienten den Anschein, daß die frühkindlichen Erinnerungen, die Erinnerungen jüngeren Datums und ihre Erinnerungsschwächen auch einen ähnlichen Zusammenschluß bilden und im Dienste einer ähnlichen Funktion stehen. So können Amnesien wichtige Abschnitte der Kindheit umschließen und verbergen, während sich zugleich das Erinnerungsmaterial aus anderen frühkindlichen Phasen so klar darstellt, daß wir Verdacht schöpfen. Diese frühkindlichen Erinnerungen unterscheiden sich qualitativ von den Erinnerungen bei Neurotikern, da sie eigenartig und auffallend unentstellt sein können. Beispiele dafür sind detaillierte Erinnerungen an sexuelle Szenen oder andere Ereignisse. Des weiteren aber sind diese Erinnerungen entweder emotional isoliert und die Besetzung ist von ihnen abgezogen, oder aber sie sind affektiv überbesetzt und werden so berichtet, als ob sie gerade eben geschähen[1]. Wiederum gewinnen wir den Eindruck, daß diese allzu gut und deutlich sichtbaren Erinnerungsinseln, auch wenn ihnen die Struktur von Deckerinnerungen fehlt, eine Abwehrfunktion besitzen. Sie schützen und sichern die vollständige Amnesie besonders erschreckender oder enttäuschender Geschehnisse in der Kindheit. Die Patienten, über die wir hier sprechen, sind zwar nicht völlig verwirrt, aber sie können beispielsweise außerstande sein, uns zu erzählen, wie sie den vergangenen Tag zugebracht haben. Sie konzentrieren sich statt dessen verzweifelt auf ein nebensächliches Thema, auf eine infantile Phantasie oder ähnliches. Es ist also bedeutsam, daß diese eigenartigen Amnesien nicht einzelne schmerzliche Erlebnisse auslöschen, also selektiv wirken, sondern daß sie Erlebnisse sozusagen pauschal in Dunkelheit hüllen.

Die Art dieser Phantasien weckt in uns selbstverständlich den Verdacht, daß sie mit Mechanismen zusammenhängen, durch die sowohl

---

1 Mahler und Elkisch (1953) haben die »ausgesponnene Erinnerung« psychotischer Kinder als Beweis für die Unfähigkeit des Ichs genommen, eine Verdrängung durchzuführen. Die Ergebnisse ihrer Untersuchungen über Psychosen im Kindesalter sind für dieses Kapitel von großer Bedeutung; sie fügen sich sehr gut in die Beobachtungen und Auffassungen ein, die ich weiter unten vorstellen möchte.

die innere wie die äußere Realität massiv verleugnet wird[2]. Untersuchungsergebnisse bei bestimmten Neurotikern, die gelegentlich eine ähnliche Art von frühkindlicher Amnesie und Vergessen von gegenwärtigen Ereignissen zeigen, verstärken unseren Verdacht. Allerdings sind diese Patienten im Gegensatz zu Psychotikern üblicherweise in der Lage, ihre Erlebnisse wieder aufzufinden. Ich möchte hinzufügen, daß latent psychotische Patienten, je näher sie dem Zustand einer offenen Psychose kommen, um so stärker dazu neigen, die gegenwärtige Realität zu ignorieren und die Vergangenheit oder das, was sie für die Vergangenheit halten, im Übermaß zu besetzen. Wenn sie das vorbringen, was sie für Erinnerungen halten, oder wenn sie emotional überbesetzte, phantastische Rekonstruktionen ihrer frühkindlichen und ihrer kürzlichen Vergangenheit aufstellen, sind sie den hysterischen Patienten vergleichbar, die uns von Erinnerungen an frühkindliche Verführungsszenen berichten, die sich jedoch als Phantasien erweisen. Bei den latent psychotischen Patienten stellen sich derartige Erinnerungen als wahnhafte Verzerrungen der Vergangenheit heraus, das heißt, sie stellen eine Re-Projektion gegenwärtigen Phantasiematerials auf die Vergangenheit dar. Und anders als Hysteriker neigen solche Patienten natürlich zu einer wahnhaften Überzeugung, was die Richtigkeit oder Wahrheit der von ihnen angenommenen Erinnerungen betrifft.

An dieser Stelle möchte ich meine Überlegungen zu psychotischen Patienten abbrechen. Ich wollte hervorheben, daß wir angesichts solcher verwirrender Beobachtungen nicht einfach von einer Schwäche oder Mangelhaftigkeit der Verdrängung bei diesen Patienten sprechen können. Sie zeigen komplexe Abweichungen ihres Abwehrsystems, die den forschenden Psychoanalytiker herausfordern. Dies geht aber über den Rahmen unserer Erörterung hinaus. Als ich 1957 diese Arbeit schrieb, nahm ich an, daß jede neue Beobachtung über das Wesen der Verleugnung, über ihre Arbeitsweise im Gegensatz zur Ver-

---

2 Hier beziehe ich mich auf Eisslers Arbeit (1955) *An Unusual Function of an Amnesia.* Die Amnesie seiner Patientin »besaß nicht nur die Funktion der Verleugnung, daß die Patientin ein schweres Trauma erlitten hatte, sondern sie diente ihr auch dazu, die Welt so zu erleben, daß in ihr kein Trauma eintreten kann«. Eissler fragt sich, »wie oft es wohl der Fall sein könnte, daß, was auf der Ebene klinischer Beobachtung wie eine Kindheitsamnesie aussieht, in Wirklichkeit eine Deckerinnerung mit negativem Inhalt ist« (S. 77 f.). Eisslers Beispiel erläutert auf sehr schöne Weise meine Auffassung.

drängung sowie über die Wechselwirkung von Verleugnung und Verdrängung, aber auch über das Zusammenwirken mit anderen Abwehrmechanismen, für uns von Nutzen sei. Ich verwies damals auf die Vorläufigkeit meiner Untersuchung sowie darauf, daß weitere Forschung nötig sei. Mir scheint, daß meine Arbeit inzwischen weitere psychoanalytische Beobachtungen angeregt hat (Geleerd, 1965; Modell, 1961; Moore and Rubinfine, 1969; Siegman, 1967, 1970). Selbstverständlich beschränkt sich die Anwendung der Verleugnung keineswegs auf Psychotiker. Kris und andere haben darauf aufmerksam gemacht, daß die Verleugnung auch im normalen Leben eine nützliche Funktion erfüllen kann. Viele neurotische Patienten, allerdings vorwiegend narzißtische Persönlichkeiten, setzen die Verleugnung als zusätzliche Abwehr ein. Es versteht sich, daß Patienten, die sich für eine Psychoanalyse eignen, die Untersuchung dieses Mechanismus besser ermöglichen als psychotische Patienten.

Falldarstellung – Herr F.

Von einigen meiner psychoanalytischen Behandlungsfälle, die in ihren Abwehrvorgängen auffallende Ähnlichkeiten zeigen, habe ich den Eindruck, daß sie auf manche Eigenschaften, die für die Verleugnung charakteristisch sind, ein ziemlich deutliches Licht werfen. Ich habe für unser Thema eine kurze, geeignete Falldarstellung ausgewählt.

Herr F., ein hochintelligenter, gebildeter junger Mann Anfang dreißig, stammte von der Westküste und hatte kürzlich geheiratet. Klinisch gesehen, bot er eine zwanghaft-depressive Persönlichkeitsstruktur, die sich mit Neigungen zum Agieren und zu Symptombildungen psychosomatischer wie konversionshysterischer Art verknüpfte. Er war trotz seiner Unzulänglichkeitsgefühle arbeitsfähig; manchmal jedoch legten ihn seine zwanghaft-depressiven Hemmungen lahm. Allgemeiner betrachtet litt er darunter, daß es ihm bei allen Tätigkeiten, einschließlich der Sexualität, an Initiative und ursprünglicher Freude mangelte. Er klagte vor allem, sein Gefühlsleben sei so abgestumpft und gedämpft. Bei allem verhielt er sich als distanzierter »Zuschauer«, gleichsam wie jemand, der sich immerzu im Schatten aufhält und sich doch nach der Sonne sehnt. Trotz dieser affektiven Störungen, auf die ich noch zurückkommen werde, konnte der Patient eine herzliche Beziehung zu seiner Ehefrau aufrechterhalten, einer gefühlswarmen und impulsiven Frau, die ihn mit der Stärke ihrer Gefühle und Triebregungen angezogen hatte.

Auf Jahre schloß die rührend anhängliche, sanfte und zärtliche Form der Zuneigung, die er in der Übertragung entwickelte, sexuelle Wünsche oder offene Feindseligkeit völlig aus. Diese Gefühle für die Analytikerin wie für die Ehefrau waren deutlich mit zwei für seine Kindheit wichtigen Personen verknüpft. Die eine davon war die verwaiste Tochter von Freunden, ein gefühlvolles, ziemlich reizvolles Mädchen, das zehn Jahre älter als er war und viele Jahre lang in der Familie des Patienten lebte. Sein einziger Bruder war die andere wichtige Person. Als der Patient sechs Jahre alt war, kam dieser Bruder zur Welt und starb mit drei Jahren an Kinderlähmung. Sie hatten zusammen ein Zimmer gehabt, und der Patient vermochte sich auf die lebhafteste und liebevollste Art an den kleinen Bruder zu erinnern, auch an dessen tragische Krankheit und an seinen Tod, auf den er mit tiefem Schmerz und einer Depression reagierte. Er wünschte sich damals, er selber hätte an Stelle dieses liebenswürdigen und von allen geliebten Kindes sterben sollen. Es dauerte Jahre, bis sein Groll gegen den kleinen Eindringling hervorkam, sein Ärger, seine Wut, in der er nach der Schule häufig zu Freunden lief, »weil zu Hause kein Platz für ihn war«.

Bis zur Adoleszenz hatte der Patient zu seinem Vater ebenfalls eine sehr enge Beziehung, die dann in eine Phase von verstärkter Ambivalenz, Auflehnung und Entfremdung überging. Der Vater starb, als der Patient achtzehn Jahre alt war, an einer Blutvergiftung. Die Nachricht vom Tod des Vaters versetzte den Sohn in einen schweren Schockzustand; er erlitt einen Anfall, »der den ganzen Körper erschütterte« und fast an das Ausmaß von Krämpfen reichte. Sein Anfall stellte eine Nachahmung jener Schüttelfröste dar, die den Vater in seinen letzten Lebenstagen ergriffen hatten. Nach dem Tod des Vaters mußte die Familie feststellen, daß dieser seine gesamten Ersparnisse für eine Geliebte ausgegeben hatte. Der Patient konnte sich jedoch nicht daran erinnern, daß er den Vater wegen dieses Vergehens jemals bewußt für schuldig gehalten hatte. Ganz im Gegenteil; er hatte damals den »Mut« des Vaters auf eine schadenfrohe Art bewundert. Diese Einstellung beruhte auf seinem Gefühl, des Vaters Engagement für das aufwendige außereheliche Liebesverhältnis sei als Antidot zur unliebsamen Mutter sozusagen »gerechtfertigt«. Und er verhielt sich hinsichtlich der Lösung des finanziellen Dilemmas, um die sich einer der engsten Freunde des Vaters bemühte, äußerst unbesorgt, denn er verließ umgehend und mit einem enormen Gefühl der Befreiung seine Mutter und zog in eine andere Stadt.

Die Überzeugung des Patienten, er sei nie eifersüchtig auf seinen geliebten Bruder gewesen, wurde allein dadurch noch übertroffen, daß er fest daran glaubte, er habe seine Mutter nie geliebt. Er beschrieb seine Mutter als sehr schöne, aber kalte, depressive und geistlose Frau, die immerzu an ihm herumnörgelte und ständig einen Ausdruck von Verletztheit und Vorwurf zeigte, der ihr geradezu ins Gesicht geschrieben schien. Ihr gegenüber hatte er nie anderes als Kälte und Groll, Verärgerung und den Wunsch, sie loszuwerden, verspürt. Als ein Erdbeben seine Heimatstadt erschütterte, hoffte und wünschte er, bewußt und kaltblütig, daß seine Mutter umkäme. Hielten seine Freunde ihn für einen ziemlich schlecht geratenen Sohn, so lautete seine boshafte Antwort, sie, seine Mutter, sei viel schlechter. Er meinte, sich schämen zu müssen, hätte er einen derart wertlosen Menschen geliebt. Allerdings verbargen die ersten vier Lebensjahre dieses Patienten sich hinter einer verdächtig vollständigen Amnesie. Im Verlauf der Analyse konnten wir herausfinden, wie sich hinter der hartnäckigen Behauptung des Patienten, daß er seine Mutter niemals geliebt habe, seine tiefe präödipale Zuneigung zu ihr verbarg. Seine Behauptung leugnete diese Zuneigung, die durch ein traumatisches Erlebnis zerriß, als er dreieinhalb Jahre alt war.

Einige Jahre nach dem Tod des Vaters entstand die Beziehung zwischen dem Patienten und seiner Geliebten; sie schloß sich einem enttäuschenden Liebeserlebnis mit einem reizenden Mädchen an, das seiner Mutter ähnlich war. Zu jener Zeit hatte sich der Patient sehr deprimiert gefühlt und war auch körperlich krank. Im Gegensatz zu seiner Mutter und zu seiner ersten Liebsten war dieses Mädchen von anderer Art; sie ähnelte mehr seinem Vater. Sie hatte sich großzügig erboten, sich während seiner Krankheit um ihn zu kümmern. Und er wandte sich ihr so zu, wie er sich in seiner Kindheit dem Vater zugewandt hatte, als er sich von seiner Mutter im Stich gelassen fühlte. Es ist auch von Bedeutung, daß dieses Mädchen gehbehindert war, was den Patienten an die Kinderlähmung seines Bruders erinnerte. Er bewunderte sie, obgleich er sie nie geliebt hatte; er bedurfte ihrer Unterstützung und fühlte sich ihr zutiefst verpflichtet. Als er erfuhr, daß sie heimlich eine Abtreibung hatte vornehmen lassen, fühlte er sich in hoffnungsloser Weise auf sie angewiesen. Die persönliche und sexuelle Beziehung zwischen ihnen verschlechterte sich. Dennoch blieb er weitere sechs Jahre mit ihr zusammen. Er wollte sie nicht heiraten, war aber auch nicht in der Lage, sie, die ihn nun immer mehr an seine kranke, nörgelnde und vorwurfsvolle Mutter erinnerte, zu verlassen. Schließlich wurde er immer passiver, deprimierter und empfand seiner Freundin gegenüber jene Kälte und jenen Groll, die er seiner Mutter gegenüber hegte. In den Beziehungen zur Mutter und zur Geliebten eiferte der Patient seinem Vater nach, lehnte sich zugleich aber auch gegen ihn auf. Der Vater hatte sich, nachdem er die Mutter verführte, genötigt gefühlt, sie zu heiraten. Er hatte sich ihr gegenüber in einer feindseligen und herabsetzenden Weise verhalten, ohne sie jedoch, woran der Patient als kleiner Junge mit Gehässigkeit dachte, jemals zu verlassen.

Als der Patient glaubte, er würde seine Situation nicht länger aushalten, kam ihm der Gedanke, daß er seine Geliebte, wenn er sie nicht verlassen konnte, mit Gift, an das er heranzukommen glaubte, umbringen könnte. Die Qualität dieser Mordneigungen war nicht in echter Weise paranoid. Der Patient beschuldigte zu dieser Zeit seine Geliebte nicht einmal in der gleichen Weise wie seine Mutter; er fühlte nur, daß er sie, so wertvoll sie ihm war, nicht liebte, daß er an sie gekettet war und sie loswerden wollte. Seine Vorstellung, sie zu töten, bereitete ihm keinerlei bewußte Schuldgefühle. Und er war davon überzeugt, ihn würden nach dem Verbrechen, solange er in Sicherheit war – und das hieß, sicher sein, nicht gefangen zu werden –, keine Gewissensbisse peinigen.

Selbstverständlich führte der Patient seinen Plan nicht aus. Er zog statt dessen einen befreundeten und an Jahren viel älteren Rechtsanwalt zu Rate, der auch seine Geliebte kannte und sie sehr schätzte. Dieser Rechtsanwalt bedrängte ihn mit dem Rat, er solle bei seiner Geliebten bleiben und sie heiraten. Wenig später gelang es dem Patienten, seinen Freund dabei zu ertappen, als ihm in einer gerichtlichen Entscheidung ein schwerer Irrtum unterlief. Darauf verließ er ihn und fühlte sich sehr erleichtert; nun war er auch in der Lage, sich von seiner Geliebten zu trennen, sich in ein anderes Mädchen zu verlieben und diese schließlich auch zu heiraten.

Es ist wohl nicht nötig, daß wir auf den deutlich erkennbar homosexuellen Konflikt eingehen, den der Patient mit seinem Freund wiederaufleben ließ. Wir wollen nur festhalten, daß sich in seinem Agieren wiederholte, was nach dem Tod seines Vaters geschehen war. Denn als er entdeckt hatte, daß sein scheinheiliger Vater, der moralische Werte predigte und ihnen der Form nach auch anhing, insgeheim sündigte, fühlte er sich von seinen eigenen Schuldgefühlen der

Mutter gegenüber erlöst. Und nachdem er zunächst den befreundeten Rechtsanwalt bloßgestellt hatte, gelang es ihm, diesen auch wieder zu entlasten, indem er der Frau, in diesem Fall seiner Geliebten, die Schuld zuschob – sie hatte ihn ebenso wie seinen Freund dadurch zum Narren gehalten, daß sie ihnen Liebe und Freundlichkeit vortäuschte. Sobald er aber aus seiner Bindung frei war, konnte er sich mit der verherrlichten und wunschbestimmten Imago eines Vaters identifizieren, der die Mutter, anstatt heimlich zu sündigen, erbarmungslos bloßgestellt, verlassen und sich dann nach ehelichem Glück mit einer anderen Frau umgesehen hätte.

Das Agieren des Patienten stellt seine Überich-Störung gewissermaßen in gedrängter Form dar. Obgleich er gelegentlich sehr selbstanklagend und niedergedrückt war, beteuerte er geradezu, daß er kein wirkliches Gewissen besäße, worunter er eine Reihe von ethischen Prinzipien verstand. Er lebte im wesentlichen in Übereinstimmung mit bestimmten formalen Regeln dessen, was er als »angemessenes oder unangemessenes Verhalten« ansah. So gab es weder für ihn noch für andere einen Grund, böser Gedanken wegen Schuldgefühle zu bekommen, jedenfalls so lange, wie aus diesen Gedanken keine Handlungen erwuchsen. Des weiteren stand in krassem Gegensatz zu seinen tatsächlichen Hemmungen, daß er sich laut vernehmbar für »Befreiung von scheinheiliger oder doppelter Moral« einsetzte und jegliche Handlungen zu verteidigen wußte, die er persönlich für »gerechtfertigt« hielt. So war es möglich, daß dieser Mann, der auf der einen Seite nicht imstande war, auch nur die leiseste Wut zu empfinden und auszudrücken, der sich äußerst distanziert und unaufdringlich verhielt, auf der anderen Seite Mordneigungen entwickelte, und zwar ohne jedes Zeichen von Angst oder Schuldgefühlen.

Der Weg zu einem tieferen Verständnis seiner abweichenden Überich-Funktionen wurde uns von einer Kindheitserinnerung aus dem Alter zwischen fünf und sechs Jahren gewiesen. Der Patient hatte den Sommer zusammen mit seiner schwangeren Mutter auf dem Land verbracht. Er erinnerte sich, wie er während dieser Ferien eines Tages einen Stock zur Hand genommen und damit im Garten eine kleine Kröte durchbohrt hatte. In seinen Assoziationen verknüpfte er die dickbäuchige Kröte mit seiner schwangeren Mutter. Und er erinnerte sich weiter, daß er den Anblick der verletzten Kröte nicht aushalten konnte, weil sie ihn »vorwurfsvoll anschaute«. Er hatte sie eigentlich nur loswerden, »verschwinden lassen« wollen. Dann tötete er sie. Uns wurde darauf einsichtig, daß seine Mutter wie auch seine spätere

Geliebte ihn, was immer er auch tat, um die beiden Frauen versöhnlich zu stimmen und ihnen zu gefallen, ihn wie die kleine verwundete Kröte »verletzt und vorwurfsvoll anschauten«[3]. Es war dieser unerträgliche und vorwurfsvolle Blick, der ihn so weit zum Gefangenen dieser Frauen machte, daß er sie schließlich, wie damals die Kröte, »verschwinden lassen wollte«. Die Frauen zu verlassen, hätte einen offenen Kampf mit Schmerzen und Verletzungen heraufbeschworen; er konnte sie jedoch nur dadurch verlassen, daß er die verabscheuten Objekte auf schmerzlose Weise beseitigte.

Als bei dem Patienten allmählich bewußte Schuldgefühle auftraten, besonders seiner Mutter gegenüber, leitete dies zur Analyse seiner ödipalen und präödipalen Konflikte über. Zu Anfang hatte er von sich gewiesen, daß er ein Überich haben könne, mehr noch, daß es bei ihm einen Ödipuskomplex geben könne. Er war ihm in der Tat nicht möglich, von der Existenz des Unbewußten bei sich selbst wie bei anderen überzeugt zu sein. Sein Unglaube hinsichtlich eines Überichs und eines Es spiegelte sich deutlich in seinen emotionalen Einstellungen. Wann immer er seinem Überich nachgab, geschah es ohne bewußte Überzeugung; gab er seinem Es nach, fehlten Leidenschaft und Lust. Sein Verlangen nach jeglicher Art von emotionalen Erlebnissen, seien sie noch so erschütternd, erwies sich als Sehnsucht nach einem »offenen« Konflikt zwischen stürmischen emotionalen und triebhaften Regungen einerseits und einem Gewissen andererseits, das sich als vernehmbar starke und überzeugende innere Stimme äußert.

Seine Analyse gelangte an einen Wendepunkt, als er vom Absturz eines Flugzeugs träumte, in dem er selber, seine Mutter und sein Bruder Willi saßen. Bei seinem Bruder handelte es sich jedoch nicht um den richtigen, sondern um einen »zweiten« Willi. Er kam ums Leben. Der Patient und seine Mutter überlebten den Absturz, aber die Mutter wurde verrückt. Als er sie in einem Sanatorium besuchte, empfand er Liebe und tiefes Mitleid für sie. Diese Gefühle hatte er ihr gegenüber im realen Leben nie verspürt.

Da dieser Traum den Patienten stark beeindruckte, nahm ich an, er könnte sich auf ein Ereignis beziehen, das in seiner Kindheit wirklich stattgefunden hatte. Im gleichen Moment fiel dem Patienten überra-

---

3 Die Art, wie mein Patient den Gesichtsausdruck von Frauen besetzte, und die Verbindung, die zur depressiven Verstimmung seiner Mutter bestand, erinnert an den Fall, den Kris (1956) in seiner Arbeit *The Rediscovery of Childhood Memories in Psychoanalysis* beschrieb.

schend ein, bei seiner Mutter müsse es, als er dreieinhalb Jahre alt war, zu einer Fehlgeburt gekommen sein. Er sagte aufgeregt: »Wenn das wahr ist, bin ich vom Unbewußten überzeugt.« Der Traum lag in der Tat sehr nahe bei der Wahrheit. Die Fehlgeburt war wirklich zu dieser Zeit eingetreten und wurde durch einen Omnibusunfall verursacht. Sie fand zu Hause statt, und der Vater des Patienten war nicht zugegen. Die Mutter war noch viele Wochen danach körperlich krank und sehr deprimiert gewesen. Hier hatten wir das Trauma gefunden, das die Beziehung des Patienten zu seiner Mutter zerstörte. Hinter der vollständigen Amnesie verbarg sich diese Beziehung, wie sie während der ersten Kindheitsjahre und vor dem Trauma war. Zugleich stellte die Amnesie einen Schutz für die Verleugnung dar, die sich auf die frühe Zuneigung des Patienten zu seiner Mutter bezog wie auch auf die schweren Konflikte, die durch ihre Schwangerschaft und ihre Fehlgeburt heraufbeschworen wurden.

Das traumatische Ereignis wurde überdies noch durch sehr deutliche Erinnerungen an sexuelle Spiele verleugnet und verdeckt. Sie fanden mit einem kleinen Mädchen statt, das den damals vierjährigen Jungen aufgefordert hatte, sie zu masturbieren. Der Patient erinnerte sich sehr lebhaft an das »schöne« Geschlechtsorgan dieses Mädchens und an die intensive genitale Lust, die sie empfand. Beides lieferte ihm einen überzeugenden Beweis dafür, daß das weibliche Genitale ein sehr potentes und eigentlich viel schöneres und mächtigeres Organ als der Penis sei. Diese starke Überzeugung diente dazu, daß er die genitale Verletzung, die seiner Mutter zustieß, ebenso verleugnen konnte wie seine in der Folge entstehenden tiefen Kastrationsängste und Schuldgefühle.

Offenbar hatte das Kind von dem, was geschehen war, recht viel mitbekommen und erahnt[4]. Als er einer Bediensteten überlassen wurde, war er sehr verwirrt und fühlte sich verloren. Es war ihm weder möglich seine blutende, kranke Mutter zu beschuldigen, noch den Vater anzuklagen, von dem er nun so verhängnisvoll abhängig wurde. Weiteres Material aus der Analyse zeigte, daß dieser Unfall der Mut-

---

4 Das folgende Ereignis läßt uns vermuten, daß der Patient bei der Fehlgeburt, die seine Mutter hatte, tatsächlich zugegen war. Als er zwischen Zwanzig und Dreißig war, sah er einen Film, in dem eine Zangengeburt gezeigt wurde. Herr F. hatte keinen Platz mehr bekommen und sah sich den Film im Stehen an. Als die Zange angelegt wurde, erlitt er einen Ohnmachtsanfall und fiel zu Boden. Er verletzte sich dabei seinen Kopf so schwerwiegend, daß er unverzüglich chirurgisch versorgt werden mußte.

ter sich in seiner Phantasie als ein Verbrechen darstellte, von dem er glaubte, daß seine Eltern, letztlich die Mutter, es begangen hätten. Dieser Phantasie nach schien es, daß seine kranke, depressive und vorwurfsvolle Mutter jedoch in ihm für immer den Schuldigen sehen würde. Dieses frühe Trauma wiederholte sich sechs Jahre später, als der kleine Willi starb. Von da an trug der Patient die schwere Last von Schuldgefühlen, die er weder auf sich nehmen noch ertragen konnte, da seinem Gefühl nach in den Eltern die »wirklichen Verbrecher« zu suchen waren.

Nun können wir verstehen, weshalb er so gestört auf seine Geliebte reagierte. Ihre geheime Abtreibung, nach der sie ebenfalls längere Zeit krank war, steigerte sowohl seine konflikthaften Schuldgefühle wie auch seine Auflehnung ins Unerträgliche. Seine Mordvorstellungen stellten eine letztmögliche, magische Abwehrstrategie dar, die ihn vor unverdienter Bestrafung und Verfolgung schützen sollte; zugleich richteten sie sich auf den »echten Verbrecher«, der auf rachsüchtige und strafende Weise vernichtet werden sollte.

Die Analyse dieses Materials warf wiederum Licht auf die psychosomatischen (allergischen) und hysterischen Symptome des Patienten, durch die nämlich seine masochistischen Identifizierungen mit den verletzten oder sterbenden Familienmitgliedern verkörpert wurden.

In dem Maß, wie seine Verleugnung abnahm, konnten starke Schuldgefühle, dann Mitleid und schließlich stürmische Zuneigung zu seiner Mutter in ihm aufkommen und an die Stelle seiner Symptome treten. Endlich kam auch seine eigene »Schuld« zum Vorschein, nämlich seine schweren präödipalen und ödipalen Rivalitätskonflikte, vor allem seine starken Gefühle von Neid, Eifersucht und Haß, die sich sowohl hinter seiner homosexuellen Zuneigung zum Vater wie auch hinter seiner mütterlichen Hinwendung zu seinem kleinen Bruder verbargen.

Was können wir aus dieser Falldarstellung für unsere Untersuchung der Verleugnung lernen?

Die Abwehrmechanismen des Patienten F.

Die Grundprobleme des Patienten entstanden während der Schwangerschaften seiner Mutter. Sie drehten sich um Phantasien, die einen sadistischen Wunsch enthielten, nämlich den schwangeren Leib der Mutter zu verletzen. Normalerweise kann ein Kind Angst, Eifersucht und Haß, die es einem künftigen Rivalen gegenüber empfindet, durch eine Verdrängung der verbotenen Impulse meistern; einen weiteren Schutz stellen seine Zuneigung für seine Mutter und den Säugling dar sowie zusätzliche Reaktionsbildungen. Bei unserem Patienten schloß das Schicksal eine normale Lösung aus. In verhängnisvoller Weise erfüllten sich die sadistischen Wünsche des Jungen: zunächst durch die Fehlgeburt der Mutter, ihre Krankheit, ihre Depression und dadurch, daß sie vom Vater im Stich gelassen wurde; dann durch den Tod des kleinen Willi, den auch die verzweifelte Liebe unseres Patienten nicht zu retten vermochte. Auf diese Weise verwandelte sich die magische Wunscherfüllung in eine Bestrafung, mit der der Keim für seine sadomasochistische Persönlichkeitsentwicklung gelegt war. Der Patient schwankte während seines weiteren Lebens zwischen zwei Haltungen; mal ordnete er sich unterwürfig und sanft der strafenden Macht unter, mal begehrte er feindselig gegen die Ungerechtigkeit seiner Strafe auf. Da sein Bedürfnis nach der Zuneigung seiner Mutter derart früh und traumatisch erstickt worden war, wurde und blieb seine Mutter die Zielscheibe seiner Feindseligkeit, damit aber auch der Kernpunkt seiner pathologischen Introjektionen und Projektionen. So wie sie war, mußte sie den größten Teil der Angst und Aggression aufnehmen, die vom Vater und Bruder abgelenkt waren; sie eignete sich gut für die Rollen des Opfers, des Mörders und des Richters, des Verführers (das Es) und des Rächers (das Über-ich).

Nachdem er den kleinen Willi verloren hatte, entwickelten sich bei dem Patienten alle Zeichen einer chronischen Depression. Dieser Zustand oder andere Äußerungsformen von Masochismus wurden ihm aber nicht bewußt, da sein Ziel darin bestand, sich des »unverdienten« Schuldkonflikts, den das Leben ihm aufgebürdet hatte, zu erwehren. Zu diesem Zweck errichtete er einen zwar mächtigen, aber auch wieder unwirksamen Überbau magischer Abwehr, der ihm zweifachen Schutz bieten sollte; zum einen sollte er ihn vor den Ängsten, die sich mit der Schuld verbanden, wie auch vor der Schuld selbst schützen, zum anderen vor den eigenen heimtückischen masochistischen, selbstbestrafenden Neigungen und vor seinen tieferliegenden, sadistischen Tendenzen. Wir wollen die Beschaffenheit dieser Abwehr, bei der die Verleugnung die vorherrschende Rolle spielt, genauer untersuchen und mit dem Kampf beginnen, den der Patient gegen seine unbewußten Schuldgefühle führte.

Nach einem Hinweis von Freud (1916 d) leiden hysterische Patienten unter einem unbewußten Strafbedürfnis. Allerdings sind ihre Verdrängungen und affektiven Hemmungen meist selektiver Art und bleiben auf bestimmte verbotene Triebimpulse und die ihnen entsprechenden Schuldgefühle beschränkt. Sowohl die Triebregungen wie auch die Schuldgefühle finden in den hysterischen Symptomen eine Ausdrucksform, die einen Sinn hat. Im Gegensatz zu diesen mehr gehemmten hysterischen Patienten, leiden impulsive und hyperaffektive Hysteriker unter Angstzuständen und verspüren Gewissensbisse, ausgenommen jenen seelischen Bereich, der der Verdrängung anheim gefallen ist. Herrn F.s Abwehr arbeitete allerdings in einer weitaus radikaleren Art. Es gelang ihm, nicht nur bestimmte Schuldgefühle, sondern alle Schuldgefühle und Ängste abzuwehren; ebenso wehrte er nicht nur die verbotenen Impulse, sondern alle ursprünglichen Regungen ab. Seine Abwehr wirkte derart drastisch, daß sie gleichsam zwei Fliegen mit einer Klappe schlug; sie setzte gleichzeitig am Es und am Überich an, und zwar so gründlich, daß er die Existenz beider verleugnen konnte. Wie erreichte er dieses Ziel?

Meine frühere Feststellung, daß der Patient an allgemeinen Hemmungen des Fühlens, Denkens und Handelns litt, muß ich noch genauer ausführen. Das Fallmaterial zeigte, daß er nicht nur, nach der Art zwanghafter Persönlichkeiten, die Vorstellungen von den mit ihnen verknüpften Affekten isolierte, sondern daß er ganz allgemein die Verknüpfung zwischen Handlungen, Gedanken und Gefühlen auflöste und unterschiedlich mit ihnen umging. Schlimme Gedanken waren statthaft, wenn sie nicht zu schlechten Handlungen führten; sie blieben emotional blaß, da sie keinen Schaden anrichten konnten. Schließlich gelang es ihm sogar, seine Mordvorstellungen und die Tatsache, daß er seine Geliebte wirklich im Stich ließ, so ausreichend zu rationalisieren und zu rechtfertigen, daß sie annehmbar erschienen. Die Abwehr zielte hauptsächlich auf seine Emotionen und erstickte sie in so allgemeiner Weise, daß er dem echten Erleben jedweder unannehmbaren sexuellen wie aggressiven Triebregungen und folglich auch jeglichen Gefühlen von Angst oder Schuld, also kurz gesagt, allen unerwünschten und unlustvollen Gefühlen auszuweichen vermochte. Dank dieser Strategie konnte er selbst den verbotensten Strebungen den Zutritt ins Bewußtsein gewähren.

Sein Leben war in hohem Maße stumpf und leer, denn er hatte für sein emotionales Ausweichmanöver einen hohen Preis zu zahlen; er verlor das Erlebnis echter Lust in seinem Leben. Kamen unerwünschte Gefühle und Impulse dennoch auf, konnte er ihre Eigenart ver-

153

leugnen. Manchmal erschien er niedergeschlagen, und auf seinem Gesicht zeigten sich alle Zeichen von Angst oder Schuld, aber er gestand sich nicht ein, daß er sich deprimiert, ängstlich oder schuldig fühlte. Da seine Todeswünsche so kalt und leidenschaftslos waren, schien es für ihn nicht schwierig zu sein, ihren feindseligen Charakter zu verleugnen und sie überdies zur magischen Abwehr zu verwenden. Seine sexuellen Aktivitäten waren derart zwanghaft, daß er sie als »eine Sache« erlebte, »die gemacht werden muß«. Da er diese Einstellung auch seiner Arbeit gegenüber hatte, konnte sie ihm auch kein ursprüngliches Vergnügen bereiten. Gelegentlich äußerte er sich seiner Frau gegenüber verletzend und grausam, war sich jedoch seines Verhaltens nicht bewußt. Wenn ihm gesagt wurde, was er angerichtet hatte, konnte er sich zunächst an den Vorfall nicht erinnern; dann verstand er nicht, warum eine derartige Äußerung sie verletzte. Und schließlich verleugnete er, daß er Reue empfand, fühlte sich aber sehr schlecht. Die Art, wie seine Abwehr arbeitete, erinnert an den Witz von der Verteidigung jenes Mannes, der von seinem Nachbarn angeklagt war, ihm einen Kessel in schadhaftem Zustande zurückgegeben zu haben. Erstens habe er ihn unversehrt zurückgebracht, zweitens sei der Kessel schon durchlöchert gewesen, als er ihn entlehnte, drittens habe er nie einen Kessel vom Nachbarn entlehnt[5].

Die von mir soweit beschriebenen Abwehrmechanismen des Patienten waren, wie auch im Fall dieses Witzes, nicht wirksam genug. Die Verleugnung bedurfte einer weiteren Unterstützung durch Projektionsmechanismen, die in drastischer Weise sowohl am Es wie am Überich ansetzten. Auf diese Weise wurden seine Überich-Ängste externalisiert und in die Ängste gekränkter und zu Schaden gekommener Frauen zurückverwandelt, die ihn mit ihrem vorwurfsvollen Blick verletzten.

Den Elternfiguren, vornehmlich Frauen, wurde jedoch nicht nur das strafende Überich zugeschrieben, sondern auch die Schuld selbst, die Es-Strebungen. Wir erinnern uns an die Bloßstellung jener heuchlerischen oder scheinheiligen Autoritäten, die vorgaben, gut zu sein (das Ichideal), in Wirklichkeit aber sündigten (das Es) und ihm für ihre eigenen Sünden die Schuld gaben (das Überich). Schließlich dehnte die projektive Abwehr des Patienten sich noch dadurch aus, daß er Sittenwidriges oder Unmoralisches verherrlichte, wodurch er nun wirk-

5 Hier wurde in der Übersetzung der Originaltext aus Freuds *Traumdeutung* (1900 a) übernommen. Dieses Beispiel findet sich auf S. 125 im Zusammenhang mit Freuds Deutung des »Irma-Traums« (Anm. d. Übers.).

lich zu einem Heuchler wurde, da hierin das Verdrängte unter dem Deckmantel eines Ideals wiederkehrte.

Seine massiven Verdrängungen und umfassenden Hemmungen, die von Mechanismen wie Isolierung, Verleugnung, Introjektion und Projektion unterstützt wurden, stärkten durch ihr Zusammenwirken seine Abwehrstruktur in so großem Ausmaß, daß es ihm schließlich gelang, die Existenz seines Es und seines Überich zu leugnen, oder, wie ich lieber sagen möchte, sie zu verstoßen oder zu enteignen. Dadurch, daß er diese psychischen Strukturen leugnete, sie nicht als zu sich gehörig anerkannte und auf die Außenwelt projizierte, schuf er eine andere Grundlage für die Auseinandersetzung mit seinen Schwierigkeiten. Nun konnte er mit intrapsychischen Konflikten so umgehen, als seien sie Konflikte mit der Realität. Er wich dem Verbrechen und der Strafe durch Zurückhaltung und Beschwichtigung seiner Selbst aus oder, indem er notfalls vor den gefährlichen Objekten entweder floh oder sie beseitigte. Letzteres trägt zur Erklärung seines Agierens bei; wir sind gewohnt, bei Patienten mit dieser Form der Abwehr deutliche Neigungen zum Agieren festzustellen.

Beim Agieren des Patienten möchte ich in diesem Zusammenhang darauf aufmerksam machen, daß seine Wahrnehmung in außerordentlichem Maße besetzt war. Anschauen und Angeschautwerden spielten in seinem Sexualleben wie in seinem gesamten Gefühlsleben eine vorherrschende Rolle. Seine sexuellen Phantasien und Handlungen waren auf ein Hauptmotiv abgestimmt; sie verleugneten seine eigenen Wünsche, die sich um Sadismus und Kastration drehten, enthüllten die gleichen Strebungen bei den weiblichen Partnern und unterwarfen deren Kastration der Verleugnung oder dem Ungeschehenmachen. Seine Phantasien drehten sich beispielsweise um aggressive Frauen, die ihn dadurch verführten, daß sie ihm zeigten, wie unwiderstehlich sie seinen Penis begehrten, den er ihnen in passiver Weise für ihre Absichten anbot. Eine andere Phantasie, in der er Frauen mit seinen sexuellen Handlungen überraschte und verblüffte, löste nicht nur sexuelle Erregung, sondern auch triumphierende und frohlockende Gefühle aus.

Er konnte zu seiner Frau eine ziemlich befriedigende Beziehung aufrechterhalten, indem er sich anhaltend darum bemühte, sie zu erfreuen und sexuell zu befriedigen, während er auf seine eigenen psychosexuellen Bedürfnisse und seine genitale Lust verzichtete. Wenn er »auf ihrem Gesicht den Ausdruck sexueller Entzückung« hervorbringen und betrachten konnte, gelang es ihm mit ihr zusammen, »den

vorwurfsvollen Blick verschwinden zu lassen« (ihre Kastration ungeschehen zu machen). Er empfand dies als reichliche Belohnung, für
die er seiner Frau wiederum mit Gefühlen der Zuneigung dankte.
Wenn er dieses Ziel aber, wie mit seiner Mutter und seiner vorigen
Geliebten, nicht erreichte, wurde er sexuell und gefühlsmäßig lustlos,
lieblos, kalt und distanziert, was manchmal das Ausmaß einer Depersonalisation erreichte, wenn er sich nämlich so verhielt oder so tat,
als ob weder er selbst noch seine Frau existierten. Manchmal empfand
er in der Verzweiflung über diesen Zustand, er müsse sterben, wenn
seine Frau nicht beseitigt würde.

*Theoretische Erörterung des Unterschieds und des Zusammenwirkens
von Verleugnung und Verdrängung*

Mit der Beschreibung der Abwehrvorgänge des Patienten beabsichtigte ich, diejenigen Merkmale der Verleugnung hervorzuheben,
durch die sie sich in ihrer Wirkungsweise von der Verdrängung unterscheidet. Im Sinne einer weiteren Untersuchung dieser Fragestellung wollen wir uns in Erinnerung rufen, daß sich die Bezeichnung
»Verdrängung« nach Freuds Definition (1915 d) im wesentlichen
auf einen Abwehrvorgang bezieht, der sich gegen die Triebe richtet
oder vielmehr gegen die Vorstellungsrepräsentanzen der Triebe (mit
einer gleichzeitigen Hemmung der entsprechenden Affekte). Allerdings hat sich eingebürgert, schon bei Freud selbst, den Begriff der
Verdrängung in einem weitergefaßten Sinn zu verwenden[6]; bei der
»Verdrängung von Erinnerungen« denken wir beispielsweise nicht
nur an die Abwehr, die sich gegen die Triebe richtet, sondern auch an
das Vergessen äußerer Ereignisse. Dieser Punkt wird für unsere Erörterung wichtig, da die Verleugnung ursprünglich und im wesentlichen auf die äußere Realität einwirkt.
Solange der Abwehrmechanismus der Verleugnung nicht für sich allein untersucht wurde, war es auch nicht erforderlich, diesen Begriff
terminologisch präzis zu erfassen. Es ist bemerkenswert, daß die Verleugnung kaum untersucht wurde, obschon Freud in der *Traumdeutung* (1900 a) feststellte: »Es ist allgemein bekannt, wieviel von die-

6 In *Hemmung, Symptom und Angst* bezeichnete Freud (1926 d) als »Verdrängungsvorgang« den gesamten Abwehrvorgang bei den Phobien, der zusätzlich zur Verdrängung mit Mechanismen wie Regression, Verschiebung
und Projektion zusammenhängt (S. 191).

ser Abwendung vom Peinlichen, von der Taktik des Vogels Strauß, noch im normalen Seelenleben des Erwachsenen nachweisbar geblieben ist« (S. 606). Überdies finden wir auf den Seiten 623 und 624 zwei schöne Beispiele für das, was wir heute als Verleugnung ansehen[7]. Freud hat mit ihnen zu dieser Zeit vor allem die Existenz einer

7 Da auf die Beispiele Freuds zweifach hingewiesen wird, werden sie an dieser Stelle zitiert (Anm. d. Übers.). »Ein Konsilium im Vorjahre führte mich zu einem intelligent und unbefangen blickenden Mädchen. Ihr Aufzug ist befremdend; wo doch sonst die Kleidung des Weibes bis in die letzte Falte beseelt ist, trägt sie einen Strumpf herabhängend und zwei Knöpfe der Bluse offen. Sie klagt über Schmerzen in einem Bein und entblößt unaufgefordert eine Wade. Ihre Hauptklage aber lautet wörtlich: Sie hat ein Gefühl im Leib, als ob etwas *darinstecken würde*, was sich *hin und her bewegt* und sie durch und durch *erschüttert*. Manchmal wird ihr dabei der ganze Leib wie *steif*. Mein mitanwesender Kollege sieht mich dabei an; er findet die Klage nicht mißverständlich. Merkwürdig erscheint uns beiden, daß die Mutter der Kranken sich dabei nichts denkt; sie muß sich ja wiederholt in der Situation befunden haben, welche ihr Kind beschreibt. Das Mädchen selbst hat keine Ahnung von dem Belang ihrer Rede, sonst würde sie dieselbe nicht im Munde führen. Hier ist es gelungen, die Zensur so abzublenden, daß eine sonst im Vorbewußten verbleibende Phantasie wie harmlos in der Maske einer Klage zum Bewußtsein zugelassen wird.«
Ein anderes Beispiel: Ich beginne eine psychoanalytische Behandlung mit einem vierzehnjährigen Knaben, der an Tic convulsif, hysterischem Erbrechen, Kopfschmerz u. dgl. leidet, indem ich ihm versichere, er werde nach dem Augenschluß Bilder sehen oder Einfälle bekommen, die er mir mitteilen soll. Er antwortet in Bildern. Der letzte Eindruck, ehe er zu mir gekommen ist, lebt in seiner Erinnerung visuell auf. Er hatte mit seinem Onkel ein Brettspiel gespielt und sieht jetzt das Brett vor sich. Er erörtert verschiedene Stellungen, die günstig sind oder ungünstig, Züge, die man nicht machen darf. Dann sieht er auf dem Brett einen Dolch liegen, einen Gegenstand, den sein Vater besitzt, den aber seine Phantasie auf das Brett verlegt. Dann liegt eine Sichel auf dem Brett, dann kommt eine Sense hinzu, und jetzt tritt das Bild eines alten Bauern auf, der das Gras vor dem entfernten heimatlichen Hause mit der Sense mäht. Nach wenigen Tagen habe ich das Verständnis für diese Aneinanderreihung von Bildern gewonnen. Unerfreuliche Familienverhältnisse haben den Knaben in Aufregung gebracht. Ein harter, jähzorniger Vater, der mit der Mutter in Unfrieden lebte, dessen Erziehungsmittel Drohungen waren; die Scheidung des Vaters von der weichen und zärtlichen Mutter; die Wiederverheiratung des Vaters, der eines Tages eine junge Frau als die neue Mama nach Hause brachte. In den ersten Tagen nachher brach die Krankheit des vierzehnjährigen Knaben aus. Es ist die unterdrückte Wut gegen den Vater, die jene Bilder zu ver-

157

Zensur zwischen dem Vorbewußten und dem Bewußten belegen wollen; wir stoßen hier auf den topographischen oder topischen Unterschied, der zwischen Verdrängung und Verleugnung besteht, auf den ich später zurückkommen möchte.

Von Lewin (1950) stammt eine äußerst sorgfältige und scharfsinnige Untersuchung der Verleugnung und ihrer Wirkungsweise. In seinem Überblick der vorhandenen Literatur zur Verleugnung berücksichtigte er Äußerungen Abrahams und Veröffentlichungen von H. Deutsch, A. Katen, Anna Freud und von Freud selbst. Er zitierte eine Stelle von Freud, wo dieser Verleugnung und Verdrängung gegenüberstellt und zumindest implizit von der Wechselwirkung zwischen den beiden Abwehrvorgängen spricht. Er nahm an, daß sie in der gleichen Kindheitsphase entstünden und sich auswirkten. Unsere klinischen Beobachtungen lassen uns jedoch nicht daran zweifeln, daß die Verleugnung archaischer, unreifer als die Verdrängung ist und zeitlich früher entsteht. Sie ist ein Abwehrmechanismus, der einen Vorläufer der Verdrängung darstellt und dem Bestreben des Kindes entspringt, sich unlustvoller Wahrnehmungen der Außenwelt zu entledigen. Lewin faßte Freuds späte Äußerungen (1940 a)[8] zusammen und sagte: »Durch die Verleugnung wird die äußere Welt abgelehnt ... während bei der Verdrängung die Triebe nicht anerkannt werden« (S. 52 f.). Daher besteht die Verleugnung im wesentlichen immer in einer Verleugnung von Wahrnehmungen. Dies kann erreicht werden, wenn

ständlichen Anspielungen zusammengesetzt hat. Eine Reminiszenz aus der Mythologie hat das Material gegeben. Die Sichel ist die, mit der Zeus den Vater entmannte, die Sense und das Bild des Bauern schildern den Kronos, den gewalttätigen Alten, der seine Kinder frißt, und an dem Zeus so unkindlich Rache nimmt. Die Heirat des Vaters war eine Gelegenheit, ihm die Vorwürfe und Drohungen zurückzugeben, die das Kind früher einmal von ihm gehört hatte, weil es mit den Genitalien *spielte* (das Brettspiel; die verbotenen Züge; der Dolch, mit dem man umbringen kann). Hier sind es lang verdrängte Erinnerungen und deren unbewußt gebliebene Abkömmlinge, die auf dem ihnen eröffneten Umwege sich als *scheinbar sinnlose* Bilder ins Bewußtsein schleichen« (S. 623, 624).

8 »Wir greifen auf die Angabe zurück, daß das kindliche Ich unter der Herrschaft der Realwelt unliebsame Triebansprüche durch die sogenannten Verdrängungen erledigt. Wir ergänzen sie jetzt durch die weitere Feststellung, daß das Ich in der gleichen Lebensperiode oft genug in die Lage kommt, sich einer peinlich empfundenen Zumutung der Außenwelt zu erwehren, was durch die *Verleugnung* der Wahrnehmungen geschieht, die von diesem Anspruch Kenntnis geben (S. 134; Anm. d. Übers.).

die Besetzung von der unerwünschten Wahrnehmung abgezogen wird.

Die Verleugnung kann auch, für den Fall, »daß sie die Verdrängung unterstützt oder ersetzt«, zur Abwehr der »›inneren‹ Realität gebraucht werden«. Sie wird im Gegensatz zur Verdrängung und den Abwehrvorgängen, die »unmittelbar auf den Trieb einwirken,... vor allem herangezogen, um Angst zu vermeiden« (S. 53 f.). Diese Feststellung ist für uns sehr wichtig; sie wird sicherlich durch das Fallmaterial, das ich vorgetragen habe, bestätigt. Ich hatte schon hervorgehoben, daß die Hauptstrategie meines Patienten darin bestand, Angst, und noch allgemeiner alle Unlustgefühle, zu vermeiden.

Optimistische und hypomanische Menschen bestätigen uns auf überzeugende Weise, daß das Ziel der Verleugnung in der Vermeidung von Unlust liegt. Wie steht es aber mit der Verleugnung von Lust, wenn wir beispielsweise an pessimistische und depressive Menschen denken, die zweifellos jeden lustvollen Aspekt ihrer selbst oder der äußeren Welt in Abrede stellen oder verleugnen? Wir wollen uns in diesem Zusammenhang damit begnügen, über den Pessimisten nachzudenken, bei dem der Fall einfacher liegt. Seine chronische Erwartung, daß immer das Schlimmste eintritt, soll auch ihn vor kommenden Schmerzen und Kränkungen schützen. Ein sehr masochistischer Patient, der große Angst vor körperlicher Verletzung hatte, phantasierte, er kehre als Krüppel oder Blinder aus dem Krieg zurück. Er meinte, daß er mit diesen Phantasien das, was wirklich geschähe, besser ertragen könnte. Wir sehen daran, daß selbst die Verleugnung lustvoller Realität auf die Vermeidung von Angst und Schmerz abzielt, auch dann, wenn sie ihr Ziel unter Umständen verfehlt.

Letztlich dienen alle Abwehrmechanismen zur Vermeidung von Angst. Bei der Verdrängung löst die Signalangst einen Abwehrkampf gegen die Gefahrenquelle, das heißt gegen die Triebe aus. Was die Verleugnung betrifft, stellte Lewin zutreffend fest: »Wenn die Triebrepräsentanzen bewußt geworden sind und fordern, daß sie vom Ich als Realität (die an dieser Stelle als »innere« Realität bezeichnet werden sollte, vom Ich aber wie die äußere behandelt werden kann) anerkannt werden, dann tritt die Verleugnung gegen sie auf« (S. 53).

Genaugenommen ist es für die Verleugnung wohl charakteristisch, daß zunächst das Ich auf das Gefahrensignal unverzüglich mit dem Versuch reagiert, gerade dieses Signal selbst nicht zu beachten. Ich neige zu der Annahme, daß diese gleich einsetzende, anfängliche Verleugnung des Gefahrensignals das Ich davor bewahrt, sich in einen echten Abwehrkampf zu verwickeln. Anstatt die feindlichen Triebe aus seinem Gebiet zu vertreiben, bleibt dem Ich lediglich übrig, ihre Gegenwart oder das gefahrvolle Ausmaß der Triebinvasion zu verleugnen. Wenn wir diese Überlegungen auf den Unterschied zwischen Verdrängung und Verleugnung beziehen, müssen wir sagen, daß die Verleugnung im Gegensatz zur Verdrängung, bei der die Vorstellungen unbewußt und die entsprechenden Affekte gehemmt werden, im besten Falle offensichtlich nicht mehr ausrichten kann, als zu verhindern, daß die Vorstellungen, die das Vorbewußte erreicht haben, bewußt werden[9].

Es scheint daher, daß die Verleugnung, wie auch aus den zuvor erwähnten Beispielen von Freud[10] hervorgeht, zwischen dem Vorbewußten und dem Unbewußten eine Zensur oder vielmehr eine Abschirmung *(protective screen)* errichtet. Dies läßt uns annehmen, daß die Verleugnung innerhalb des Ichs arbeitet; es würde auch mit den Äußerungen übereinstimmen, die Freud in seiner Arbeit über »Fetischismus« (1927 e) machte wie auch im *Abriß der Psychoanalyse* (1940 a), wo er von einer Spaltung des Ichs sprach, die durch die Verleugnung bewirkt sei. Er verglich die Verdrängung mit der Verleugnung und stellte fest, bei beiden fänden sich zwei gegensätzliche Vorstellungen oder Haltungen; während bei der Verdrängung die eine Vorstellung im Ich besteht und die entgegengesetzte zum Es gehört, sind bei der Verleugnung beide Einstellungen im Ich enthalten und rufen daher eine Spaltung im Ich hervor. Freud schloß daraus, daß der Unterschied zwischen den beiden Vorgängen vor allem topographischer oder struktureller Art sei.

Allerdings lassen Freuds Gedanken über die Verleugnung und die Spaltung des Ichs bestimmte Fragen unbeantwortet. Er äußerte selbst, daß er den Fall des Fetischisten nur deshalb anführte, weil er ein besonders eindrucksvolles Beispiel einer derartigen Spaltung im Ich ist, die von zwei entgegengesetzten Vorstellungen hervorgerufen wird. Wenn wir den besonderen Modus der Konfliktlösung beiseite lassen, dann scheint sich der grundlegende Abwehrvorgang des Fetischisten nicht von der Abwehr all jener männlichen oder weiblichen Patienten zu unterscheiden, die den Frauen einen »illusorischen Penis« zuschreiben und dadurch die erschreckende Vorstellung einer weiblichen Kastration umgehen.

9 Siehe in diesem Zusammenhang die Arbeit von Kris (1950) *On Preconscious Mental Processes.*
10 Siehe Fußnote 7.

Die Verleugnung der weiblichen Kastration stellt ein besonderes Beispiel der Verleugnung dar und erhellt die Realitätsentstellung, die dieser Abwehrvorgang in der Regel mit sich bringt. In Wirklichkeit entstellt jede einzelne der beiden entgegengesetzten Vorstellungen die faktische Realität: Frauen sind, auch wenn sie keinen Penis haben, gewiß nicht kastriert. Die herkömmliche Fehlinterpretation des Kindes vom weiblichen Genitale aufgrund seiner Wahrnehmung enthüllt, wie das Es die ursprüngliche Wahrnehmung beeinflußt. Dieses Phänomen wurde von Fisher (1954, 1956) untersucht.

Was unser Beispiel betrifft, so besteht die unverzügliche und schmerzliche Realitätsentstellung darin, daß sich die Kastrationsängste und -wünsche des Kindes in den äußeren Gegebenheiten widerspiegeln und bestätigen. Für unseren Vergleich von Verleugnung und Verdrängung ist wichtig, daß die entgegengesetzte Vorstellung, die das Ich zur Abwehr der erschreckenden Vorstellung benutzt, wiederum eine Es-Phantasie ist, nun allerdings wunschbestimmt und lustvoll. Auch sie kann sich gewisser Wahrnehmungen bedienen, die der Bestätigung ihrer lustvollen Qualität dienen.

Fassen wir zusammen. Jede der beiden entgegengesetzten Vorstellungen wird im Ich besetzt, und jede entstellt unter dem Einfluß von Triebkonflikten die Realitätswahrnehmung; in der Folge dient die lustvolle, wunschbestimmte Vorstellung zur Verleugnung der schmerzlichen, erschreckenden Vorstellung. Es scheint, daß wir mit dieser Feststellung die unreife Funktionsweise erfassen, die für die Verleugnung im allgemeinen gilt. Lewin (1950) bezog sich auf einen Patienten und meinte, dessen Verleugnung war »eine Funktion des Lust-Ichs und . . . deutete auf diese frühe Form der Ich-Organisation hin« (S. 58).

Vergleichen wir Verleugnung und Verdrängung nochmals. Bei der Verdrängung ist es die Errichtung von Gegenbesetzungen im Ich, wodurch gesichert wird, daß Triebrepräsentanzen, die das Ich nicht akzeptieren kann, verdrängt bleiben; bei der Verleugnung ist es eine wunschbestimmte Es-Phantasie, die zur Realitätsentstellung führt und benutzt wird, um eine gegensätzliche, ängstigende Vorstellung abzuwehren, die ihrerseits aber auch die Realität entstellt.

Dieser Vergleich zwischen Verdrängung und Verleugnung ruft uns wieder in Erinnerung, was ich zu Beginn dieses Kapitels sagte. Ich sprach von Psychotikern, die deutlich erkennbare Es-Strebungen zur Abwehr von entgegengesetzten und bedrohlicheren Es-Impulsen gebrauchen. Es hat daher den Anschein, daß immer dann, wenn die

Verleugnung gebraucht wird, der strukturelle Konflikt durch einen Triebkonflikt innerhalb des Ichs, zumindest in einem umschriebenen Bereich, ersetzt wird. Hieraus ergibt sich, daß die Verleugnung in unvergleichbar größerem Ausmaß als die Verdrängung zur Beeinträchtigung der Denkvorgänge beiträgt und störend auf das logische Denken, auf die Realitätsprüfung und die Anerkennung der »Wahrheit« einwirkt.

Klinisch trifft jedoch zu, daß die gegensätzlichen Vorstellungen, über die wir sprechen, bei neurotischen Patienten in der Regel einer echten und tiefen Verdrängung unterliegen, das heißt, sie sind im Es besetzt. Dagegen spricht nicht, daß die abwehrende, wunschbestimmte Phantasie einer phallischen Frau näher an die psychische Oberfläche reicht und sich deutlich in den Ich-Einstellungen *(ego attitudes)* dieser Patienten, in ihrem sozialen oder sexuellen Verhalten, äußert. Aus der unvollendeten Arbeit über *Die Ichspaltung im Abwehrvorgang* (1940 e) läßt sich jedoch schließen, daß Freud sich auf die ursprüngliche und infantile Situation bezog, in der die betreffenden Vorstellungen erstmals entstanden. Derartige Vorstellungen, die eine ursprüngliche Entstellung *(distortion)* und Verleugnung von Realitätswahrnehmungen darstellen und eine Spaltung im Ich bewirken, können im Laufe der weiteren Entwicklung einer echten Verdrängung verfallen. Daran erkennen wir, daß wir nicht immer einen augenblicklichen oder aktuellen Abwehrvorgang meinen, wenn wir von einer Verleugnung sprechen; wir können in zutreffender Weise von einer verdrängten Vorstellung sprechen, die eine andere, gegensätzliche und verpönte, aber ebenfalls verdrängte Vorstellung verleugnet. In der klinischen Situation sehen wir häufig, daß sich Patienten, wenn verdrängte Vorstellungen dieser Art ins Bewußtsein zurückkehren, immer noch weigern, die Realität anzuerkennen, und daß sie im Sinne einer letztmöglichen Abwehr wieder auf die Verleugnung und Entstellung zurückgreifen. Die sich anschließende Darstellung, wie Verleugnung und Verdrängung bei der Entstehung einer infantilen Amnesie zusammenwirken, wird die Wichtigkeit dieser Überlegungen zeigen. Die Tatsache, daß Vorstellungen, die ihrerseits die Realität verleugnen und entstellen, verdrängt werden können, widerspricht keineswegs der Annahme, daß eine Vorstellung durch den Abwehrvorgang der Verleugnung lediglich im Vorbewußten gehalten oder dorthin verbracht wird.

Lewin (1950) führte den Vergleich von Verleugnung und Verdrängung fort, indem er zeigte, daß »die Verleugnung wie die Verdrängung eine zweifache Leistung vollbringt. Sie kann der intellektuellen Anerkennung einer äußeren Tatsache, sagen wir einem Todesfall, entgegentreten... oder sie richtet sich auf die affektive Belastung, die mit dieser äußeren Tatsache verbunden ist« (S. 53 f.).

Demnach können wir unsere bisherige Auffassung ergänzen. Die Verleugnung kann nicht verhindern, daß unannehmbare Vorstellungen voll in unser Bewußtsein gelangen; dennoch können durch die Verleugnung Angst und Unlust vermieden werden, indem sie entweder die wahre Natur der betreffenden unerwünschten Vorstellungen verhüllt oder im Sinne eines letztmöglichen Mittels verhindert, daß wir der unlustvollen Eigenschaft jener Affekte gewahr werden, die mit den betreffenden Vorstellungen verknüpft sind. Ich meine, daß der Fallbericht von Herrn F. die genannten Arbeitsweisen der Verleugnung reichlich belegt. Lewin hob hervor, daß nicht nur die äußere, sondern auch die innere Realität verleugnet werden kann, indem sie so behandelt wird, »als sei sie äußere Realität«.

Wir stehen daher vor der Frage, auf welche Weise es der Verleugnung gelingt, mit der inneren Realität in der gleichen Weise umzugehen wie mit der äußeren Realität. Ein erster Hinweis, wie diese Frage beantwortet werden kann, ergibt sich aus der vorausgegangenen Erörterung. Das Kind verleugnet die weibliche Kastration, und ich habe gezeigt, daß die gegensätzlichen und realitätsentstellenden Imagines einer kastrierten und einer phallischen Frau die konkrete oder quasikonkrete Ausdrucksform der kindlichen Triebkonflikte und -ängste sind. In diesem Fall wird die äußere Realität von der Verleugnung dazu benutzt, um über einen Umweg auf die innere Realität einzuwirken.

Die Verleugnung der weiblichen Kastration spielte auch für Herrn F.s Abwehrvorgänge, die sich gegen Kastrationsängste, Schuldgefühle und die ihnen zugrundeliegenden verbotenen Triebimpulse richteten, eine entscheidende Rolle. Das Fundament jedoch, auf dem die Festung seiner Abwehrmaßnahmen ruhte, reichte, um in diesem Bild zu bleiben, noch viel tiefer in die Erde. Die Verleugnung diente ihm nicht nur dazu, sich unlustvoller Vorstellungen und Affekte, die von Wahrnehmungen der äußeren Realität ausgelöst wurden, zu erwehren. Im Zusammenspiel mit der Verdrängung konnte er die Verleugnung auch unmittelbar gegen triebbestimmte Phantasien, Wünsche und Impulse einsetzen. Wir haben uns offenbar jetzt an die schwierige Fragestellung, die ich versuchen werde zu beantworten, herangearbeitet: in welchem Ausmaß und auf welchem Weg kann die Verleugnung, obgleich sie nicht zur Abwehr der Triebe eingesetzt werden kann, dennoch und unmittelbar auf die innere Realität einwirken, und zwar in dem Sinne, daß sie auch die Triebe erreicht?

Die regressive Konkretisierung psychischer Realität

Erinnern wir uns daran, daß das Kind zu Anfang äußere und innere Realität nicht unterscheiden kann. Das heißt genauer, es kann das, was es über seine Sinne von den frustrierenden oder befriedigenden Objekten wahrnimmt, und was es innerlich unlustvoll oder lustvoll erlebt, nicht auseinanderhalten. Wenn die Verleugnung psychische Äußerungen so behandelt, als seien sie äußere Realität, muß sie eine partielle Regression zur Voraussetzung haben. Diese Regression reicht nicht zur genannten frühesten Stufe zurück, sondern zu einer »konkretistischen« infantilen Phase, in der das Kind, obgleich es um den Unterschied zwischen innerer und äußerer Welt, zwischen ihm selbst und den Objekten schon weiß, mit beiden Realitäten jedoch noch in der gleichen Weise umgeht. Meines Erachtens ist es nicht richtig, in dieser Phase von einer »Externalisierung« der inneren Realität zu sprechen, jedenfalls nicht im Sinne einer Vermischung oder Gleichsetzung von innerer und äußerer Realität. Wenn zum Beispiel der kleine Hans seiner Mutter nach einem Wutausbruch versichert, der schlechte Hans sei weg und der gute Hans wieder da, dann weiß er sehr wohl, daß er es war, der vorher Wut hatte und nun seine Mutter wieder liebt. Er drückt jedoch den Wechsel seiner Gedanken, seiner Gefühle, seines eigenen Zustands und Verhaltens immer noch in konkretistischen, personifizierenden und verallgemeinernden Begriffen aus, wenn er davon spricht, daß der schlechte Hans verschwunden und der gute Hans wieder da ist. Dieses Beispiel erinnert uns gewiß auch an Herrn F.; außerdem ist es für die Depersonalisation, die im nächsten Kapitel dargestellt wird, ziemlich wichtig.

Mein Fallbericht zeigte, wie unfähig Herr F. war, bestimmte annehmbare, aber auch unannehmbare Gefühle oder Vorstellungen, Phantasien oder Impulse zu erleben, sie zu bezeichnen und voneinander zu unterscheiden. Normalerweise gebrauchte Herr F. keine Schlagworte; die aufgezählten psychischen Äußerungen aber erfaßte er mit allgemeinen Bezeichnungen wie »Aggression«, »Sex«, »Liebe«, »Gewissen« oder »Leidenschaften« – als ob sie konkrete Teile seines Selbst seien, die auftauchen oder verschwinden, die ihm fehlten,

die er verloren hatte und gerne entdecken, zurückerhalten und besitzen wollte.

Diese Art des Erlebens verdeutlicht, worin ich einen wichtigen
Aspekt der Verleugnung sehe und zur Diskussion stellen möchte.
Die Verleugnung hat eine infantile Konkretisierung der psychischen
Realität zur Voraussetzung, die ihrerseits denjenigen, die diesen Abwehrmechanismus gebrauchen, ermöglicht, daß sie mit ihren
psychischen Strebungen umgehen, als handle es sich bei diesen Strebungen um konkrete, wahrgenommene Objekte.

Die betreffenden Menschen behandeln darüberhinaus auch die psychischen Äußerungen, die sie an anderen Menschen wahrnehmen, auf
die gleiche Art. Mein Patient beispielsweise reagierte ja nicht in echter und unmittelbarer Art, wenn seine Frau wütend und verletzt war
oder liebevolle und lustvolle Gefühle verspürte; er schaute ihr einfach ins Gesicht und versuchte, entweder ihrem »vorwurfsvollen und
verletzten Blick« auszuweichen oder ihn zum Verschwinden zu bringen, indem er »einen Ausdruck von Freude auf ihrem Gesicht« hervorbrachte. Solchen Patienten fehlt das empathische Verstehen dessen, was andere Menschen fühlen und denken, wie sie reagieren und
handeln; oder mit anderen Worten, sie »verschließen ihre Augen vor«
oder »schauen auf« das, was sich konkret, »sichtbar« vom Zustand
der anderen äußert. Ihre Unempfindlichkeit für die subtilen, weniger
leicht zu sehenden und zu entdeckenden emotionalen Äußerungsformen bei anderen offenbart sich häufig in einer erheblichen Taktlosig-
keit. Die von mir herausgestellte Tendenz, mit den psychischen Äußerungen bei anderen wie auch mit den eigenen so umzugehen, als seien
sie konkret, erklärt außerdem, warum die Verleugnung der äußeren
und die Verleugnung der inneren Realität im Bereich der zwischen-
menschlichen Beziehungen so gut und leicht zusammenarbeiten.

Dementsprechend stellen wir bei diesen Patienten nicht nur eine allgemeine Besetzungsverschiebung zugunsten der Wahrnehmungs- und
Auffassungsvorgänge fest, sondern auch einen spezifischen und unreifen Modus, psychische Phänomene wahrzunehmen und aufzufassen;
die seelischen Vorgänge werden betrachtet, als handle es sich um konkrete Teile der Objekte oder des Selbst. Unlustvolle Erlebnisse verschwinden aus dem Blick und werden durch lustvolle ersetzt, indem
die Besetzung von schmerzlichen Wahrnehmungen wie auch Auffassungen abgezogen wird, während erwünschte Wahrnehmungen stärkere Beachtung finden und überbesetzt werden.

Untersuchen wir diese Konkretisierung psychischer Realität sorgfältiger, so stellen wir fest, daß sie in ausgedehntem Maß auf die Vorgänge der Isolierung und Abtrennung *(disconnection)* angewiesen ist. Einerseits bringt sie eine Zertrennung psychischer Einheiten mit sich; andererseits führt sie dazu, daß die getrennten psychischen Anteile wieder verschmelzen und sich einander zuordnen, wobei sie von abstrakt-funktionalen Zusammensetzungen in neuartige, quasi-konkrete Verbindungen übergehen. Herr F. löste nicht allein die Verbindung zwischen seinen Phantasien und Gedanken von den zugehörigen Gefühlen, sondern auch von den ihnen entsprechenden Handlungen. Dann setzte er sich mit jeder einzelnen dieser psychischen Kategorien so unabhängig und drastisch auseinander, als handelte es sich um voneinander getrennte, konkrete, verbildlichte *(imagistic)* Teile seines Selbst. Da er den jeweils verschiedenen psychischen Bezugsrahmen unbeachtet ließ, neigte er auch dazu, all jene psychischen Elemente zu isolieren, in neue Einheiten aufgehen zu lassen und en bloc zu verleugnen, die sich dem Bewußtsein zu gleicher Zeit und zufällig zusammen mit einem unannehmbaren psychischen Inhalt näherten.

Es erklärt sich durch diese Wirkungsweise, warum die Verleugnung nicht wie die Verdrängung in selektiver und spezialisierter Art arbeitet, sondern umfassend und pauschal. Sie führt daher auch leicht zu einer Verallgemeinerung und Ausdehnung des Abwehrvorgangs. Die Abwehr wirkt dadurch wahllos und dehnt sich mittels Verschiebungen und Übertragungsäußerungen auf alle Objekte, Bereiche und Aktivitäten aus[11]. Bei meinem Fallbericht wies ich darauf hin, daß Herr F. nicht an bestimmten einzelnen, sondern an ausgedehnten Hemmungen litt, daß er nicht mit spezifischen Affekten reagierte, sondern mit Stimmungszuständen allgemeinerer Art; dementsprechend klagte er, ihm fehlten in toto ein Gewissen, Leidenschaften, Ideen, sexuelle Bedürfnisse, Aggression oder Lust. Der gleiche Sachverhalt wird von Lewins Beschreibung des hypomanischen Deckaffekts *(screen affect)* erläutert.

In der Einleitung zu diesem Kapitel wies ich darauf hin, daß man die weit ausgreifende Wirkung der Verleugnung außerordentlich gut an der besonderen Art der Amnesien beobachten kann, die bei Patienten

---

11 An dieser Stelle möchte ich nochmals auf die in Fußnote 1 zitierte Arbeit von Mahler und Elkisch hinweisen. Die Autoren zeigen an einem psychotischen Kind, wie die selektiv wirkende Verdrängung scheitert, wie die Wahrnehmung und der Affekt – »das Baby und das Schreien« – eine irreversible Verbindung eingehen, und sie beschreiben im einzelnen, was sie die »synkrete Konglomeration von Engrammen« nennen.

auftreten, die reichlichen Gebrauch von der Verleugnung machen. Herrn F.s Fall ermöglicht uns, diese Art des Vergessens zu untersuchen, und wir kommen damit auf die Frage zurück, wie Verleugnung und Verdrängung zusammenwirken. Die infantile Amnesie von Herrn F. erstreckte sich derart vollständig und geschlossen auf seine frühen Kindheitsjahre, daß für mehrere Jahre das analytische Material nicht den leisesten Hinweis auf die traumatischen Ereignisse gab, die sich ereigneten, als er dreieinhalb Jahre alt war. Das Vergessen dieser unglücklichen Zeitspanne erschien noch erstaunlicher, da wir entdeckten, daß seine Mutter wiederholt über das Unglück gesprochen hatte. Der Patient hatte entweder »nicht zugehört« oder »zugehört, jedoch keine Fragen gestellt« oder auch »das, was er hörte, unmittelbar darauf wieder vergessen«. Er zeigte diese Eigenart auch darin, wie er sich bei aktuellen, gegenwärtigen Konflikten verhielt. Bei jedem Erlebnis, das unangenehme Gefühle in ihm wachrief, »paßte er einfach nicht auf«, überdies gelang es ihm, auch alles andere, was während dieses Zeitraums geschah, rasch zu vergessen.

Mit anderen Worten: anstatt sich mit den jeweiligen Konflikten, die auf ihn zukamen und quälende Gefühle weckten, auseinanderzusetzen, zog er seine Aufmerksamkeit sowohl von den äußeren Reizen wie auch von seinen inneren Reaktionen ab und löschte unverzüglich und unterschiedslos seine Erinnerungen an alle inneren und äußeren Erlebnisse aus, die den betreffenden, störenden Konflikt umgaben. Die Schwierigkeiten, die der Patient in der Analyse damit hatte, zuzuhören und sich Sitzungen, die ihn aufgewühlt hatten, wieder in Erinnerung zu rufen, ließen nicht daran zweifeln, wie eng die Verdrängung bei den infrage stehenden Amnesien mit der Verleugnung der inneren und äußeren Realität im Sinne eines zusätzlichen Abwehrvorgangs zusammenarbeitete.

Es erhebt sich die Frage, in welchem Ausmaß die Verleugnung auch im Normalfall jenen Vorgang vorbereitet und unterstützt, den wir als Verdrängung von Erinnerungen bezeichnen. Ich habe zuvor schon darauf hingewiesen, daß die infantilen Amnesien nicht nur mit dem Abwehrvorgang zusammenhängen, der sich gegen die Triebrepräsentanzen richtet, sondern daß sie sich darüberhinaus auf den Wahrnehmungsbereich erstrecken. Und im Zusammenhang mit Freuds Arbeit über *Fetischismus* (1927 e) hatte ich auch herausgestellt, daß Vorstellungen, die von einer Verleugnung und Entstellung der Realität ausgehen, wie beispielsweise Vorstellungen von kastrierten oder phallischen Frauen, einem echten und tiefen Verdrängungsvorgang unterliegen können. Ich möchte auf ein typisches Kindheitserlebnis sexueller Art, das leicht vergessen, genauer gesagt, verdrängt wird, zurückgreifen und daran nochmals die Abwehrvorgänge untersuchen, die zusammenarbeiten, wenn eine infantile Erinnerung vergessen wird.

Ein kleiner Junge in der phallischen Phase sieht eines Tages unerwartet das Genitale seines Vaters, während dieser uriniert. Wir wollen uns fragen, welche verschiedenartigen Erinnerungskomponenten zu diesem Erlebnis gehören und wie sie sich möglicherweise verändern. Zunächst wird die Erinnerung all jene Elemente umfassen, die zur Wahrnehmung des Ereignisses gehören, also der Anblick des Penis, der Vater, während er uriniert, sein Verhalten und sein emotionaler Ausdruck während des Geschehens sowie der ganze Schauplatz oder Hintergrund, vor dem sich diese Szene abspielt. Allerdings ist ein wichtiger Bestandteil dieser Erinnerung, wenn wir sie unter dem Gesichtspunkt der Abwehr betrachten, das innere Erleben des kleinen Jungen, womit seine verschiedenen emotionalen und triebhaften Reaktionen auf die aufgezählten Reize gemeint sind.

An dieser Stelle möchte ich auf das zurückgreifen, was ich weiter oben über die unverzüglich eintretenden Entstellungen äußerte, die Wahrnehmungen unter dem Einfluß oder der Last triebhafter Wünsche und Ängste erfahren. Die Vorstellungen des Kindes von der kastrierten oder der phallischen Frau zeigen uns, daß sich die infantilen Imagines der Objekte und des Selbst immer aus Wahrnehmungen der äußeren Realität einerseits und aus Phantasien andererseits formen, die unter dem Einfluß triebhafter Impulse und Konflikte entstehen. Das heißt für das Beispiel unseres kleinen Jungen, daß seine verschiedenen triebhaften Reaktionen, seine homosexuellen und feindseligen Impulse, nicht allein in der Erinnerung an die besondere wahrgenommene Szene ihren konkreten Ausdruck finden, sondern auch in der bleibenden Form, die sie der Vaterimago wie auch der Selbstimago aufprägen. Diese konkreten, aber auch imaginierten (*imagistic*) Elemente verfallen der Verleugnung, die als solche und im Sinne einer ersten, unreifen Form der Abwehr erreicht, daß die Erinnerung vergessen wird. Die Kastrationsangst jedoch, die bei diesem Erlebnis in der phallischen Phase entsteht, erfordert weitaus drastischere Maßnahmen. Unverzüglich setzt ein echter Abwehrvorgang ein, der unmittelbar und im einzelnen auf die durch das Erlebnis ausgelösten, verbotenen libidinösen und feindseligen Wunschphantasien sowie die mit ihnen verknüpften Affekte einwirkt. Dieser Verdrängungsvorgang kann schließlich sogar jene Erinnerungselemente ins Unbewußte zurückweisen, die ursprünglich durch die Verleugnung abgewehrt wurden.

Wir dürfen zusammenfassend annehmen, daß bei dem Abwehrvorgang, der zu infantilen Amnesien führt, die Verleugnung in einer vorbereitenden und unterstützenden Funktion Verwendung findet. Durch diese Art der Verleugnung werden vorzugsweise jene schmerzlichen Anteile der äußeren Ereignisse und der inneren Vorstellungswelt vom Bewußtsein ausgeschlossen, die auf konkretistische Weise unannehmbare Triebregungen und Ängste enthalten und ausdrücken. In der weiter oben beschriebenen Besonderheit der infantilen Amnesien wie auch des zugänglichen infantilen Erinnerungsmaterials schlägt sich nieder, daß die Verleugnung beim gesamten Abwehrvorgang pathologisch überwiegt. Wir stoßen daher auf drastische und ungewöhnliche Entstellungen der äußeren und inneren Realität, der Vergangenheit und der Gegenwart, die in ganz bestimmte Richtungen gehen; dasselbe Ergebnis könnte von der Verdrängung nicht geleistet werden.

Bevor wir die neurotische Verleugnung und ihr Wechselspiel mit der Verdrängung verlassen und uns dem nächsten Thema, der psychotischen Verleugnung, zuwenden, muß ich noch anmerken, daß zwischen der Verleugnung und zwei weiteren archaischen Abwehrmechanismen, die unerläßliche Bestandteile von Herrn F.s Abwehrmaßnahmen waren, eine enge Verbindung besteht. Psychische Vorgänge oder Erscheinungen eignen sich, wenn sie die Form und Funktion konkretistischer Imagines von Objektteilen oder Anteilen des Selbst annehmen, selbstverständlich auch für die unreifen Introjektions- und Projektionsvorgänge. Hier bewegen wir uns sozusagen auf vertrautem Boden. Der Unterschied zwischen der Wirkungsweise der Verleugnung, die mehr das Gesamte betrifft (*collective*), und der Verdrängung, die eher auswählend oder selektiv wirkt, erinnert uns nämlich an die analogen Unterschiede, die zwischen den frühen infantilen, unreifen Formen der Identifizierung und den späteren, reiferen Ich- und Überich-Identifizierungen bestehen. Die frühere Art der Identifizierungen beruht, ähnlich wie die Verleugnung, auf konkretistischen Phantasien; gute oder schlechte Objekte werden ganz oder teilweise dem Selbst einverleibt (Inkorporation) oder vom Selbst ausgestoßen (Expulsion). Auch die Identifizierungen, die sich in einer späteren Entwicklungsphase ergeben, hängen mit Introjektions- und Projektionsmechanismen zusammen; jedoch handelt es sich bei ihnen, und darin ähneln sie der Verdrängung, um selektive Vorgänge, da sie nämlich zur Entstehung von bestimmten Werten, Haltungen, Einstellungen und Charakterzügen führen, die von den Liebesobjekten übernommen werden.

Am Fallmaterial von Herrn F. können wir das Zusammenspiel von Verleugnung und unreifen Vorgängen wie Introjektion und Projektion untersuchen. Ich habe dargestellt, wie der Patient die schlechten oder erschreckenden Teile seines Selbst verleugnete, ablehnte oder enteignete, und dann auf die Außenwelt projizierte; dabei berührte ich auch flüchtig die sadomasochistischen Identifizierungen, die diesen Vorgängen zugrundelagen und aus unreifen Phantasien entstanden, deren Inhalt und Gegenstand die böse, sadistische, verletzende, vorwurfsvolle und strafende Mutter war.

Wir wissen, daß frühkindliche Erlebnisse wie dieser Patient sie hatte, Erlebnisse, die sich darum drehen, daß man von der Mutter schwer enttäuscht und im Stich gelassen wird, eine Neigung zu archaischen Identifizierungsmechanismen hervorbringen. Fälle, wie sie von Rosen (1955) berichtet wurden, werfen die Frage auf, inwieweit eine besondere Neigung zur übermäßigen Anwendung der Verleugnung entstehen kann, wenn das Kind traumatisierenden, erschreckenden Wahrnehmungen, besonders während der präödipalen Phase, ausgesetzt ist. Ich habe bei einigen anderen Fällen, wo die Verleugnung der vorherrschende Abwehrmechanismus war, schreckliche, traumatische Ereignisse auffinden können, die in der frühen Kindheit unerwartet vorfielen. In einem Fall handelte es sich um den jähen Anblick der sterbenden Mutter, die einen Selbstmordversuch unternommen hatte. Bei einem anderen Fall war die Mutter überfallen, beraubt und ermordet worden. In einem dritten Fall erlitt die Mutter unerwartet und vor den Augen des Kindes eine Fehlgeburt; schließlich denke ich noch an einen Fall, wo das Kind bis zum neunten Lebensjahr ständig stürmischen Urszenenerlebnissen ausgesetzt war.

Im Fall von Herrn F. bin ich überzeugt, daß die Fehlgeburt der Mutter, auf die ihre Krankheit und Depression folgte, sowie die spätere Wiederholung und Erneuerung dieser Erlebnisse, als der kleine Bruder des Patienten schwer erkrankte und starb, für die besondere Rolle verantwortlich waren, die der Verleugnung im Verein mit unreifen Introjektions- und Projektionsmechanismen bei den Abwehrmaßnahmen des Patienten zukam. Offensichtlich war der Patient mit dreieinhalb Jahren in seiner Ich-Entwicklung nicht so weit fortgeschritten, daß er die äußerst starken Ambivalenzkonflikte, die unvermittelt durch die traumatischen Ereignisse entfesselt wurden, erfolgreich hätte bewältigen können.

Die psychotische Verleugnung

Den dargestellten drei unreifen Abwehrarten scheint gemeinsam zu sein, daß sie unter energetischen und ökonomischen Gesichtspunkten mit großen Beträgen deneutralisierter Triebenergien arbeiten. Bei meinen Überlegungen, welchen Fall ich darstellen könnte, gaben für Herrn F.s Fall seine ursprünglichen Tötungsphantasien, die dem Mechanismus der Verleugnung zugrundelagen und sich in seinen Mordgedanken manifestierten, den Ausschlag. Wir nähern uns nämlich mit diesem Teil des Fallmaterials dem Problem der Psychose und der Gegenüberstellung von psychotischen und neurotischen Abwehrvorgängen. Meiner Überzeugung nach sind die regressive Deneutralisierung und Entmischung der Triebe wie auch das Übergewicht, das die großen Beträge aggressiver Energien bekommen, bei den Psychotikern verantwortlich für den Zusammenbruch der Ich- und Überich-Funktionen, für die Ersetzung höher entwickelter Abwehrformen durch archaischere wie auch für die psychotischen Eigenschaften und Funktionen dieser unreifen Abwehrvorgänge (siehe dazu auch das neunte Kapitel)[12].

Ein Vergleich der Verdrängung, der Reaktionsbildungen und der reiferen Identifizierungsformen mit der Verleugnung und den unreifen Introjektions- und Projektionsmechanismen unter energetischen und ökonomischen Gesichtspunkten führt uns zu folgenden Annahmen. Wenn sich kleine Beträge neutralisierter Aggression vom Überich auf das Ich oder vom Ich gegen das Es richten, scheint es für das Ich möglich zu sein, daß es spezifische, ausgewählte, unannehmbare Triebkomponenten abwehrt, indem es gleichermaßen spezifische Gegenbesetzungen neutralisierter Art errichtet. Dagegen arbeiten die Verleugnung und die archaischen Introjektions- und Projektionsvorgänge mit großen Mengen deneutralisierter Aggression,

12 In diesem Zusammenhang wies auch Hartmann (1953), der meine Auffassung teilt, auf Mechanismen hin wie die Wendung der Aggression gegen das Selbst oder nach außen und die Verkehrung ins Gegenteil, die von Freud schon lange zuvor als früheste Arten der Abwehr erwähnt wurden.

die sich – den sexuellen Triebenergien entgegenwirkend – gegen gefährliche Selbst- und Objektimagines oder äußere Objekte richten.

Aus diesen Überlegungen folgt, wenn wir sie auf die Psychosen anwenden, daß der psychotische Konflikt drastische Besetzungsverlagerungen auslöst; sexuelle und aggressive Triebenergien werden von einem Objekt oder einer Objektimago auf eine andere verlagert oder von den Objekten auf das Selbst und umgekehrt. Wir können tatsächlich beobachten, wie sich bei Psychotikern nicht nur funktionelle psychische Einheiten, sondern auch ganze Funktionssysteme wie das (Ich-)Es-System oder das Überich(-Ich)-System in allmächtige Objekt- oder Selbstimagines zurückbilden, die ihrerseits bekämpft, entwurzelt oder ausgerottet werden, wenn sie gefährlich oder erschreckend sind. Ich habe diese Umformungen in meinem Buch *Psychotischer Konflikt und Realität* (1967[1972]) dargestellt.

Die Mechanismen, die den manischen und depressiven Zuständen zugrundeliegen, werden im zweiten Teil dieses Buches erörtert. Hier möchte ich lediglich auf den massiven Angriff hinweisen, den das personifizierte, sadistische Überich gegen das schlechte Selbst ausführt. Während depressiver Phasen führt dieser Angriff zu einer allgemeinen Hemmung der Ich-Funktionen, in manischen Phasen führt er zum Sturz des Überichs und ermöglicht ein Bündnis zwischen dem Ich und dem Es.

Häufig bringen schizophrene Patienten ihren Haß auf das Es oder das Überich in unmißverständlichen Begriffen zum Ausdruck. Der schizophrene Junge, von dem ich weiter oben sprach, erstickte zeitweise auf erbarmungslose Art seine gesamten triebhaften, aggressiven wie sexuellen Regungen, gleichviel zu welchem Triebniveau sie gehörten. Er arbeitete Tag und Nacht, gab freiwillig alle sexuellen Aktivitäten auf, begann zu fasten, rauchte und trank nicht mehr. Zur gleichen Zeit ging er jeder möglichen Begegnung mit Frauen oder Männern aus dem Wege, durch die er hätte verführt werden können. Schließlich äußerte sich sein Wunsch, alles Schlechte in ihm loszuwerden darin, daß er sich seinen Penis abschneiden wollte. Bei einer derart verzweifelten, ausgedehnten und angestrengten Abwehr kann uns die Beurteilung, wieweit die Verdrängung noch dazu gehört oder ob ausschließlich archaische Abwehrvorgänge am Werk sind, schwierig erscheinen. Zu dieser Zeit verschwanden jedenfalls sexuelle und aggressive Triebäußerungen völlig. Angesichts der außerordentlichen Anstrengung, die eine so ausgedehnte Abwehr erfordert, überrascht es uns nicht, daß diese Abwehr scheitert. Ich beob-

achtete an diesem Jungen, wie sein überfordertes Ich gleichsam
unterging und sich das Zustandsbild einer inhaltlosen (empty), katatonen Depression entwickelte, in der dieser Junge völlig arbeitsunfähig war und das Gefühl hatte, daß er tot sei und sein Selbst verloren habe. Dann folgte ein plötzlicher Umschwung; der Patient
rebellierte und brachte seinen Haß zum Ausdruck, den er gegen
jegliche Einschränkung oder auf die Autoritäten, die diese Einschränkungen verkörperten, empfand. Von einem zum anderen Tag tauchte
das Es wieder auf und entfaltete seine ungemilderte, unverminderte
Macht. Ein agitierter, paranoider psychotischer Zustand entwickelte
sich, der mit pathologischer, anfallsartiger Freßgier und ununterbro-
chener Masturbation einherging; hinzu kamen Phantasien heterose-
xueller, homosexueller, polymorph-perverser Art, die sich ständig
veränderten, und Mordimpulse, wie ich sie in der Einleitung zu diesem Kapitel beschrieben habe.
Bei Psychotikern versagen die Verdrängung und andere eher normale
Abwehrmechanismen; sie werden von archaischen Abwehrvorgängen
ersetzt. Allerdings sind Verleugnung, Introjektion und Projektion
nicht auf Psychotiker beschränkt, denn wir finden unreife Abwehrvorgänge dieser Art auch bei Neurotikern, wo sie mit der Verdrängung zusammenwirken. Worin besteht dann der Unterschied zwischen psychotischen und neurotischen Formen von Verleugnung,
Introjektion und Projektion? Wir müssen uns zunächst und sehr
genau nach den Kriterien fragen, die wir anlegen, wenn wir bestimmte Mechanismen als psychotisch bezeichnen. Katan (1950 a, 1950 b
und 1954) machte auf den nichtpsychotischen Persönlichkeitsanteil
von Psychotikern aufmerksam. Er hält lediglich jene Restitutionsmechanismen für echt psychotisch, die zu einer Wahnsymptomatik
führen. Ich denke, es ist allzu vereinfachend und in gewisser Hinsicht
sogar irreführend, wenn man derart deutlich einen psychotischen von
einem nichtpsychotischen (präpsychotischen) Persönlichkeitsanteil unterscheidet; das gleiche gilt für den Unterschied zwischen psychotischen (restitutiven) und nichtpsychotischen (neurotischen und präpsychotischen) Abwehrvorgängen.
Wenn wir von einem nichtpsychotischen Anteil der Persönlichkeit
von Psychotikern sprechen, müssen wir die deutlichen, grundlegenden
Unterschiede berücksichtigen, die zwischen der Persönlichkeitsstruktur und dem Abwehrsystem von Neurotikern und von latenten
Psychotikern, auch vor dem präpsychotischen Stadium, bestehen. Die
Psychotiker zeigen Besonderheiten, auf die ich schon in meinen ein-

leitenden Sätzen hingewiesen habe, nämlich ihre mangelhafte (*defective*) strukturelle Differenzierung, die Brüchigkeit, Schwäche und Unzulänglichkeit ihrer Ich- und Überich-Funktionen, ihre unzureichende Verdrängungsfähigkeit und das Vorherrschen archaischer Abwehrmechanismen. Ich möchte einen wesentlichen Punkt hinzufügen, den ich in meinem oben erwähnten Buch weiter ausgeführt habe, nämlich die Tendenz von latenten oder »ambulatorischen« Psychotikern[13], ihre Konflikte zu externalisieren, zu agieren und sich der äußeren Objekte sowie der Realität überhaupt zu bedienen, wenn ihre Abwehrmechanismen versagen. Bei zwei schizophrenen Erwachsenen und zwei Kindern in der Latenzzeit konnte ich aufgrund meiner Beobachtungen den späteren psychotischen Zusammenbruch zutreffend vorhersagen und habe daraus die Überzeugung gewonnen, daß die erwähnten prädisponierenden Störungen oder Defekte schon bemerkt werden können, sobald die Latenzphase beginnt.

Es sind in der Tat die gleichen Mechanismen, nämlich Isolierung, Verleugnung, Introjektion und Projektion, die psychotische Eigenschaften und Funktionen bekommen können, wenn eine manifeste Psychose entsteht. Statt der Triebabwehr dienen sie dann zum Teil den psychotischen Vorgängen von »Verlust und Wiederherstellung«. Aufgrund ihrer archaischen Qualität eignen sie sich, im Gegensatz zur Verdrängung, für solche Zwecke. Daher finden wir manchmal während der manifesten psychotischen Phase (oder während des psychotischen Schubs) nebeneinander Verleugnungen, Introjektionen und Projektionen »nichtpsychotischer« wie auch »psychotischer« Art.

Überdies ist ohnehin fraglich, ob wir nur restitutive Mechanismen als echt psychotische Mechanismen ansehen sollen. Wenn ein Patient beispielsweise sein Es oder sein Überich haßt und versucht, das eine oder das andere in toto zu zerstören und zu beseitigen, dann handelt es sich meines Erachtens um eine typisch psychotische Art der Abwehr. Nicht nur die restitutiven Mechanismen, sondern auch jene, die vor dem bevorstehenden Objektverlust auftreten, weisen auf eine Abwehr hin, die ihrer Art nach psychotisch ist.

13 Der Ausdruck »ambulatorische Schizophrenie« wurde 1956 von Zilboorg geprägt. Redlich und Freedman (1966 [1970]) weisen allerdings darauf hin, daß auch Borderline-Patienten als ambulatorische Schizophrenie »abgetan werden« (S. 697). Außerdem ist die Symptomatik, worauf die genannten Autoren ebenfalls hinweisen (S. 754), weitgehend identisch mit der Beschreibung der pseudoneurotischen Schizophrenie durch Hoch und Polatin, 1949, (Anm. d. Übers.).

Es scheint in jedem Fall so zu sein, daß die funktionellen Umwandlungen der Abwehrmechanismen des Ichs, durch die letztere psychotische Eigenschaften annehmen, von den oben dargestellten regressiven Veränderungen der Triebmengen und -qualitäten abhängen, die bei dem psychotischen Prozeß auftreten. Was den Unterschied zwischen neurotischen und psychotischen Verleugnungen, Introjektionen und Projektionen angeht, so hat man den ausschlaggebenden Faktor bei den Psychotikern in der Tiefe der Regression zu sehen.

Wir wollen soweit zusammenfassen und wiederholen. Wenn das neurotische Ich die erwähnten Abwehrmechanismen gebraucht, regrediert es lediglich auf eine (Entwicklungs-)Phase, in der es die innere, psychische Realität, obgleich sie deutlich von der äußeren Realität unterschieden werden kann, noch immer auf die gleiche konkretistische Art behandelt. Auch die neurotische Verleugnung hängt mit der Isolierung, der Abtrennung und Wiederverknüpfung von psychischen Elementen zusammen. Die quasi-konkreten, imagoähnlichen Einheiten, die bei diesen Vorgängen entstehen, verlieren dadurch jedoch nicht ihre psychische Qualität, das heißt ihre Eigenschaft, daß sie psychische Gebilde sind. Die Trennungs- oder Grenzlinie zwischen äußerer und innerer Realität bleibt erhalten, selbst bei den Introjektionen und Projektionen, die ich bei Herrn F. feststellte.

Dagegen führt der pathologische Prozeß bei den Psychotikern zu echter Fragmentierung, Spaltung (*splitting*), Konkretisierung und Externalisierung der psychischen Vorgänge. Er erreicht einen Punkt, an dem die psychischen Erscheinungen konkrete Eigenschaften annehmen. In der Folge gleicht sich einander an, was einerseits abstrakt und psychisch, andererseits konkret und physisch ist; bei dem schon erwähnten schizophrenen Jungen sah dieser Vorgang so aus, daß er seine Triebregungen zunächst mit etwas Bösem gleichsetzte, dann mit dem bösen Penis oder mit bösen Objekten, und schließlich sein Es dadurch loszuwerden versuchte, daß er sich sein Genitale abschneiden oder daß er böse Menschen umbringen wollte.

Die psychotische Konkretisierung des Abstrakten, der sogenannte Konkretismus des schizophrenen Denkens, ist uns wohl bekannt. Hartmann (1953) hat dieses Phänomen in seiner Arbeit über die Schizophrenie erneut betrachtet; er stellte dar, daß es mit ständig ablaufenden, archaischen Introjektions- und Projektionsvorgängen zusammenhängt. Durch die Introjektionen und Projektionen vermischen sich die äußere und die innere Realität; die Objekte und ihre intrapsychischen Imagines werden verwechselt, Verwirrung besteht zwischen der Wahrnehmung und den Objekten, zwischen Reizen, die von den Objekten ausgehen, und den inneren Reaktionen auf diese Reize und Wahrnehmungen. Als weitere Folge verschmelzen die Objekte und das Selbst. Schließlich können wahnhafte Mischungen von abgespaltenen Elementen oder Teilen des Selbst und der Objektrepräsentanzen entstehen, das heißt psychotische Identifizierungen von der Art, wie sie im zehnten Kapitel dargestellt werden.

Im Zusammenhang mit der psychotischen Konkretisierung erörterte Hartmann auch Freuds Auffassungen über die Sprache der Psychotiker. Sie lautete, daß die Worte von ihrer Bedeutung abgetrennt und in Ersatzobjekte verwandelt werden, indem sich die Besetzung der abstrakten Gedanken auf ihre formalen Wortsymbole, die auf konkrete Art wahrgenommen werden können, verlagert. Ich möchte Freuds These erweitern, da ich davon überzeugt bin, daß Psychotiker nicht nur Worte, sondern alle abgespaltenen, formalen psychischen Elemente, zum Beispiel Anteile des affektiven Ausdrucks wie Weinen, Lachen, Gesten oder sogar Handlungen in Ersatzobjekte umwandeln können. Ich bin Dr. Isidor Silbermann zu Dank verpflichtet, daß er mir eine Beobachtung mitgeteilt hat, die meine Überlegung bestätigt. Er hatte einen schizophrenen Jungen mit Lachkrämpfen gefragt, warum er lache, und die Antwort erhalten: »Das ist Hansi«. Eine affektive Ausdrucksform, das Lachen an sich, war zu einem Objekt – »Hansi« – geworden. Wir können vermuten, daß die schizophrene Manieriertheit die gleiche Bedeutung und Funktion hat.

Nun möchte ich das allgemeine Thema der psychotischen Konkretisierung psychischer Realität und der psychotischen Abwehrvorgänge verlassen und wieder zur Verleugnung zurückkehren. Wir wissen, daß die Rolle, die der Realitätsverleugnung und -entstellung bei der Entstehung von Psychosen zukommt, viele Aspekte hat; ich möchte mich jedoch auf die einzelne Frage beschränken, inwieweit nämlich massive Verleugnungen der äußeren und der inneren Realität den psychotischen Abzug der Besetzung von den Objekten und dem Selbst auslösen. Wir rufen uns in Erinnerung, wie Herr F. sein Gewissen wie auch seine Triebregungen verleugnete und gleichsam enteignete. Gefühle innerer Leere und Lieblosigkeit waren die Folge, erreichten jedoch nicht den Punkt, wo die Angst vor einem Verlust des Selbst beginnt. Außerdem erinnern wir uns an seinen kühlen Rückzug von der Mutter, der von seinen Wünschen herrührte, ihren vorwurfsvollen Blick zum Verschwinden zu bringen und sie zu verletzen. Sicherlich erfordert die Beziehung, die zwischen der Verleugnung und dem psychotischen Verlust der Objekt- und der Selbstbesetzung besteht, eine sorgfältige klinische und theoretische Untersuchung. Immerhin können wir eine Tendenz bei Schizophrenen beobachten, sich nämlich durch sensorischen anstelle von emotionalem Kontakt auf die Objekte zu beziehen. Auch das Gegenteil können wir feststellen; sie ziehen die Besetzung von den Objekten dadurch ab, daß sie den sexuellen Kontakt mit ihnen, die Berührung, den Anblick, den Geruch oder das Hören vermeiden und fliehen. Bei dem mehrmals erwähnten schizophrenen Jungen kündigte sich der Rückzug von der Objektwelt regelmäßig damit an, daß er den Anblick für ihn gefährlicher Männer oder Frauen zu vermeiden suchte. Wenn er ihnen begegnete, löste er die Besetzung von ihnen ab, indem er buchstäblich seine Augen und Ohren verschloß und diese Menschen ausspie. Dagegen besetzte er gute Menschen durch Anschauen, Imitieren und Einatmen. Ein anderer Patient weigerte sich, seine Eltern zu sehen. Wenn er sie von sich fernhielt, konnte er sie wie entfernte Verwandte erleben. Als er die Beziehung zu seinen Eltern wieder aufnahm, sah er, wie das Abbild seines Vaters, der in seinem Selbst »verborgen und eingesperrt« war, für ihn sichtbar aus seinem eigenen Körper herauskam und »bis zu den Knien« reichte. Dieses Bild erschreckte ihn dermaßen, daß er es rasch wieder verschwinden lassen, »wieder einsperren« wollte. Derselbe Patient trug ein Bild seiner Mutter bei sich, das er den ganzen Tag über wie versessen anschaute; dadurch erneuerte er seine Gefühle für seine Mutter. Wir bemerken, daß bei jedem dieser Beispiele der Verlust und die Erneuerung von Gefühlen dadurch zustandekommen, daß die Objektimago, die mit dem äußerlichen Abbild gleichgesetzt wird, aus dem Blickfeld verschwindet oder wieder in ihm auftaucht.

Am Ende dieses Kapitels möchte ich zum Ausgangspunkt zurückkehren, zu der Feststellung, daß bei bestimmten Psychotikern eine Diskrepanz besteht zwischen einerseits der Leichtigkeit, mit der Es-Inhalte sich äußern und ihren infantilen Amnesien andererseits, die schier undurchdringlich sind. In Wirklichkeit widersprechen sich diese beiden Phänomene nicht; sie sind sogar miteinander vereinbar. Die Erinnerungen wie auch die massiven Erinnerungsstörungen entstehen auf der gleichen, ausgedehnten Grundlage von Realitätsverleugnung und -entstellung, auf der auch die aktuelle Störung beruht. Diese Art von Amnesien sind nicht das Ergebnis einer echten Triebverdrängung, und daraus leitet sich ab, warum zum einen das Es ins Ich eindringt und warum es zum andern schwierig ist, die frühe

Kindheitsgeschichte freizulegen. Die psychoanalytische Wiederentdeckung und Rekonstruktion der Vergangenheit hat verschiedene Voraussetzungen; sie erfordert Realitätsprüfung, zeitliche Zuordnung und die Fähigkeit, aktuelle Triebäußerungen in einen geordneten Kontext äußerer und innerer historischer Realität einzuordnen, zusammenzufügen und zu integrieren. Der Psychotiker ist dafür umso unfähiger, je mehr er verleugnet und den Kontakt zur Realität verliert. Gelegentlich können wir beobachten, daß es dem Psychotiker in dem Maß, wie sich seine Fähigkeit zur Realitätsprüfung und zum Gebrauch von reiferen Abwehrvorgängen wiederherstellt, auch möglich werden kann, seine Vergangenheit zu bearbeiten.

Bei Neurotikern, deren Agieren einen Widerstand gegen das »Erinnern« und die Rekonstruktion der Vergangenheit darstellt, begegnen wir Schwierigkeiten, die im Prinzip die gleichen sind. Wie ich schon bemerkt habe, neigen Patienten, die verleugnen, im allgemeinen zum Agieren. Wenn wir diese Feststellung umdrehen, lautet sie, daß sich das Agieren in der Regel mit einer Tendenz zur Verleugnung verbindet. Wir sollten uns vom therapeutischen Gesichtspunkt aus klar machen, daß sich unser dahingehendes Bemühen, die Patienten möchten zugunsten der Aufdeckung und Rekonstruktion ihrer Vergangenheit auf das Agieren verzichten, im wesentlichen auf die Verleugnung und Entstellung der Realität richten muß.

5. Die Depersonalisation*

Sicherlich schließt die Depersonalisation auch gestörte Objektbeziehungen ein; dennoch ist mit ihr zunächst ein psychisches Erlebnis gemeint, das die Repräsentanzen des körperlichen und des seelischen Selbst betrifft.

Im ersten Fall klagt der Betroffene darüber, daß er seinen Körper oder vielmehr bestimmte Körperteile so fühlt, als gehörten sie nicht zu ihm, seien nicht Teile seines eigenen Körpers. Er wird vielleicht auch sagen, daß er diese Körperteile wie fremd geworden oder wie tot empfindet. Außerdem kann dieses Gefühl mit subjektiven Empfindungen verbunden sein, die ihn seine entfremdeten Körperteile taub und in Größe wie Umfang verändert erfahren lassen. Er berichtet vielleicht, daß er sie zu berühren und zu fühlen versucht, um sich davon zu überzeugen, daß sie wirklich »sein« sind.

Depersonalisationszustände, die sich auf die Genitalien und den Geschlechtsakt beziehen, mögen uns auf den ersten Blick hin als Fälle von Impotenz oder Frigidität erscheinen. Die betreffenden Patienten werden uns aber, sofern wir sie behutsam und doch sorgfältig befragen, die Auskunft geben, daß sie ihr Genitale als fremd oder tot empfinden. Die Männer unter diesen Patienten leiden an einer psychischen Impotenz; zugleich besitzen sie die Fähigkeit zur Erektion, können den Geschlechtsakt ausführen, eine Ejakulation haben und sogar eine Art Orgasmus erleben. Sie nehmen sich selbst jedoch so wahr, als gingen sie durch den Geschlechtsakt, ohne »dabei« zu sein, und ihr Penis vollzieht den Akt so, als sei er nicht der ihrige.

Wenn die Depersonalisation das seelische Selbst ergreift, entsteht die Empfindung, als ob das Selbst unwirklich sei und man stehe selber gleichsam »außerhalb des Selbst«. Der Patient erlebt sein eigenes Denken, Reagieren und Handeln im Zustand der Depersonalisation wie ein distanzierter Zuschauer, der das Tun eines anderen verfolgt

---

* Erstveröffentlichung in *The Journal of the American Psychoanalytic Association* (1959), Bd. 7, S. 581–610. Eine deutsche Übersetzung dieser Arbeit, die auf einen Vortrag bei einem Treffen der New Yorker Psychoanalytischen Gesellschaft am 11. 2. 1958 zurückgeht, erschien in *Psyche* (1974), Bd. 28, S. 193–219. Wegen der Änderungen durch die Autorin und der vielen Querverbindungen dieses Kapitels mit anderen im vorliegenden Buch konnte die Übersetzung von Hilde Weller nicht übernommen werden.

oder beobachtet. Nicht allein seine Handlungen, sondern auch seine eigenen Denkprozesse kommen ihm fremd und ungewöhnlich vor. Schilder (1928) stellte fest, daß akute psychische Depersonalisationserlebnisse häufig mit einem Schwindelanfall einsetzen. Die Patienten klagen häufig darüber, daß sie sich Personen und Dinge, die ihnen vertraut sind, visuell nicht vorstellen können (Hartmann, 1922).

Während manche Patienten alternierende oder kombinierte Zustände von körperlicher und seelischer Depersonalisation erfahren, leiden andere entweder nur unter der körperlichen oder nur unter der seelischen Entfremdung von ihrem Selbst. Ein bemerkenswertes Charakteristikum der Depersonalisation besteht darin, daß sie zwar besteht, aber sehr häufig keinerlei objektiven Ausdruck findet. Manchmal berichten Patienten, gerade jetzt gerieten sie in einen depersonalisierten Zustand, oder sie sagen, sie seien »weg gewesen« und jetzt »wieder da«; ihr Verhalten, ihr affektiv-motorischer Ausdruck und ihre Denkvorgänge ließen jedoch keine Veränderungen erkennen.

Kurzer Überblick der psychoanalytischen Arbeiten zur Depersonalisation

Wenn wir die psychoanalytische Literatur durchsehen, müssen wir feststellen, daß der Terminus Depersonalisation großzügig für viele Phänomene gebraucht wird, die zwar enge Beziehungen zueinander aufweisen, ihrem Wesen nach jedoch verschieden sind. Einige Autoren, wie beispielsweise Nunberg (1932) und Schilder (1928), bezogen bei der Depersonalisation auch Gefühle von Entfremdung und Unwirklichkeit der Objektwelt gegenüber mit ein; solche Empfindungen sind zwar häufig, aber sie begleiten keineswegs immer die Depersonalisation. Andere Autoren verwenden den Terminus mit der gleichen Einschränkung, wie ich sie selbst weiter oben vorgenommen habe. Daß die Depersonalisation aus einer Störung hervorgeht, die in der Beziehung eines Menschen zu seinem eigenen Selbst liegt, wurde von Federn hervorgehoben, am deutlichsten in seiner Arbeit *Das Ich als Subjekt und Objekt im Narzißmus* (1929, 1952 [1954]). Auch im *Psychiatric Dictionary* von Hinsie und Shatzky (1940) wird dieser Sachverhalt betont; allerdings wird dort die Depersonalisation definiert als »der Prozeß einer Auflösung, eines Verlustes der Identität, der Persönlichkeit, des Ichs. Ein seelisches Phänomen, das durch den Verlust des Realitätsgefühls für die eigene Person gekennzeichnet ist. Es führt häufig dazu, daß auch das Gefühl für die Realität anderer Personen und die Umwelt verlorengeht« (S. 155). In dieser Definition wird die Depersonalisation mit jenen Erlebnissen von Identitätsverlust gleichgesetzt, die wir so häufig bei Schizophrenen vorfinden.

Allerdings empfinden Menschen, die unter sporadischen, vorübergehenden oder sogar anhaltenden Zuständen von Depersonalisation leiden, keineswegs immer Ängste oder Gefühle, daß sie ihre Identität verlieren. Und umgekehrt klagen viele Borderline- oder schizophrene Patienten, die sich ständig mit der Frage nach ihrer Identität auseinandersetzen, mit dem »Wer bin ich? Was bin ich wirklich?« keineswegs immer über Gefühle von Depersonalisation.

In Wirklichkeit bleibt also die Erfahrung einer Depersonalisation, obgleich sie auf eine narzißtische Störung hinweist, nicht auf Psychotiker beschränkt. Wir können sie sogar bei normalen Menschen, die ein Trauma erlitten haben, beobachten und ebenso bei Neurotikern, insbesondere jenen, die eine narzißtische Persönlichkeitsstruktur haben. Letztere brauchen nicht unter einer gehemmten oder mangelnden Affektivität zu leiden, andererseits können sich pathologische Vorgänge, die eine schwere emotionale Hemmung, Blockierung oder affektive Leere bewirken, in Zuständen emotionaler Distanziertheit (*detachment*) ausdrücken, die bis zur Depersonalisation reichen. Die Lebhaftigkeit des »Ich«-Erlebens ist offensichtlich mit dem Ausmaß emotionaler Lebendigkeit verknüpft und von ihr abhängig. In dem Maße, wie Affekte niedergehalten werden oder »absterben«, schwindet auch die Lebhaftigkeit des Ich-Erlebens.

Die Zustände emotionalen Absterbens (»Entpersönlichung«), wie sie sich bei schwer Depressiven und bei Schizophrenen allmählich entwickeln können, sind von anderer Art als akut einsetzende Depersonalisationserlebnisse. Ihnen fehlt vor allem die erschreckende Erfahrung, daß man plötzlich zum außenstehenden Beobachter des handelnden Anteils seines eigenen Selbst wird. Echte Erlebnisse der Depersonalisation treten bei Psychotikern häufig im Anfangsstadium der Psychose auf. Dazu ist mein Eindruck, daß sie sich, gleichsam auf halbem Wege, bei pathologischen Vorgängen entwickeln, die letztlich zu generalisierten Zuständen seelischen Todes, zur Auslöschung des Selbst mit gleichzeitigem Verlust der Identität, führen. Bevor ich eigene klinische Fälle vorstelle, möchte ich einen kurzen Überblick der psychoanalytischen Arbeiten über die Depersonalisation geben.

Vor allem Nunberg (1932) wies darauf hin, daß die Depersonalisation mit einer Spaltung im Ich zusammenhängt. Seiner Ansicht nach stellt die Depersonalisation immer eine Reaktion auf einen Verlust, vor allem auf den plötzlichen Verlust der Liebe oder des Liebesobjekts dar: »(Der Verlust der Realität in der Schizophrenie, nehmen wir an, ist die Folge der allgemeinen und gewaltsamen Entziehung der Libido von den Objekten und der diesen Prozeß begleitenden Triebentmischung. Prinzipiell nicht viel anders ist es in den Depersonalisationszuständen, die sich immer nach einem Objekt- oder Liebesverluste einstellen.)[1] Mit der Wahrnehmung des Verlustes eines Liebesobjektes oder der Herabsetzung der Libido geht dann die Empfindung von dem Verlust der Realität der Wahrnehmungen und Gefühle des Ich einher. Daß dabei auch Destruktionstriebe frei werden, beweist das schmerzvolle Beklagen dieses Zustandes. Dies kann nur auf folgende Weise verstanden werden: Da die Klagen der Patienten als Kastrationsklagen gedeutet werden können (und Kranke, bei denen Depersonalisationszustände besonders intensiv auftreten, auch sonst Anzeichen von gesteigertem Narzißmus zeigen), ist hier der Schluß auf Identifizierung des Ich mit dem Genitale berechtigt. (Die bei dem Libidoverluste frei werdenden Destruktionstriebe lagern sich im Ich ab und bedrohen es so, als ob es eine Genitale wäre. Da kürzer oder länger dauernde Depersonalisationen fast immer bei plötzlichem Libidoverlust auftreten), sind die Entfremdungsgefühle direkte Folgen der plötzlichen Umstellung der Libido vom Objekt aufs Ich« (S. 160).

Schilder (1935) charakterisierte die Depersonalisation als ein »Bild, das auftritt, wenn ein Individuum seine Libido weder in der Außenwelt noch in seinem eigenen Körper zu postieren wagt« (S. 140)[2]. Es ist zu beachten, daß er den Sadomasochismus (neben dem Voyeurismus) für einen sehr wichtigen Anteil der Depersonalisation hielt.

Bergler und Eidelberg (1935) sahen in der Depersonalisation eine Abwehr von analem Exhibitionismus, der in Voyeurismus umgewandelt und vom Ich in der Form der Selbstbeobachtung anerkannt

1 Der Übersetzer hat zum Teil die Auslassungen der Autorin in das Zitat wieder eingesetzt. Damit wird der Unterschied zwischen akuten Depersonalisationserlebnissen und dem allmählichen Realitäts- und Persönlichkeitsverlust bei der Schizophrenie deutlicher.

2 Siehe dazu auch Schilders (1925) *Entwurf zu einer Psychiatrie auf psychoanalytischer Grundlage*, Frankfurt M. 1973, S. 34–40 (Anm. d. Übers.).

wird. Sie machten auf die Rolle aufmerksam, die der Verleugnung bei der Depersonalisation zukommt.

Oberndorf kehrte in seiner Arbeit *The Role of Anxiety in Depersonalization* (1950) zu Freuds Analyse des Déjà-vu-Erlebnisses zurück, in der Entfremdung und Depersonalisation als Abwehrmechanismen gesehen werden, durch die vor dem Ich etwas verborgen werden soll[3]. Oberndorf hob besonders die Erotisierung des Denkens hervor und die Bildung eines Überichs, das mit dem Körper-Ich (weibliches Überich bei einem Mann und männliches Überich bei einer Frau) nicht harmoniert. Er war der Ansicht, daß diese Disharmonie zu einer Verdrängung des fremden oder andersartigen Elements führt, die ihrerseits ein Entfremdungsgefühl verursacht. Die von ihm beschriebenen Fälle sollten zeigen, daß die Depersonalisation eine spezifische Angstabwehr darstellt, ein Phänomen simulierten Todes, eng verwandt mit dem »Sich-tot-Stellen«, das Tiere im Sinne der Abwehr benutzen, wenn sie in großer Gefahr sind.

Blank (1954) beschrieb und verglich die Mechanismen, die zu den depressiven und hypomanischen Stimmungszuständen wie auch der Depersonalisation einer jungen Patienten führten. Er sah in der Depersonalisation »eine Notmaßnahme (*emergency defense*) gegen den drohenden Einbruch eines massiven Komplexes von Entbehrungsgefühlen, Wut und Angst in das Bewußtsein … Die Depersonalisation trat auf den Plan, als es der hypomanischen Abwehr nicht mehr gelang, gefährliche Affekte verdrängt zu halten« (S. 36).

Fenichel (1945 [1975]) hat die klarste metapsychologische Beschreibung der Depersonalisation gegeben. Leider ließ er die Rolle der Aggression außer acht, auf die von Nunberg mit Recht hingewiesen wurde.

»In Entfremdungszuständen treten einer erhöhten narzißtischen Körperbesetzung Abwehrreaktionen entgegen. Bei der Depersonalisation geschieht das gleiche mit einer erhöhten narzißtischen Besetzung der seelischen Vorgänge. Überbesetzte Gefühle oder Vorstellungen werden bei ihr verdrängt … Die Erfahrungen von Entfremdung und Depersonalisation beruhen auf einer besonderen Art von Abwehr, der Gegenbesetzung gegen die eigenen Gefühle, die durch eine vorausgegangene Zunahme des Narzißmus verändert und intensiviert worden ist … Das Ergebnis dieser Zunahme wird vom Ich als unangenehm empfunden, und es ergreift daher Abwehrmaßnahmen

3 Freud, S. (1936 a), *Brief an Romain Rolland: Eine Erinnerungsstörung auf der Akropolis*. G. W., Bd. 16, S. 254, 255 (Anm. d. Übers.).

gegen sie. Diese Abwehrmaßnahmen können gelegentlich in einem reaktiven Rückzug der Libido bestehen, in der Regel aber bestehen sie aus Gegenbesetzungen« (S. 316).

Dann zitierte Fenichel die Äußerungen von Schilder (1928), nach dem wir in der Depersonalisation zwei einander widerstreitende Richtungen vor uns haben, nämlich Tendenzen, die nach der Empfindung von Körpersensationen streben oder ihr widerstreben; außerdem zitierte er, daß »das narzißtisch besetzte Organ am stärksten der Depersonalisation verfällt« (s. o.).

Bevor ich nun meine eigenen Vorstellungen zur Depersonalisation mitteile, muß ich darauf aufmerksam machen, daß mein klinisches Material nicht von Psychotikern, sondern von normalen und neurotischen Menschen stammt, die sich für eine psychoanalytische Untersuchung besser eignen. Allerdings können wir aufgrund von vergleichenden Beobachtungen psychotischer Fälle annehmen, daß die Vorgänge, die zur Depersonalisation führen, ihrer Art nach bei Normalen, Neurotikern und Psychotikern im wesentlichen die gleichen sind[4].

Depersonalisationszustände bei politischen Gefangenen

Meiner Ansicht nach ist es sehr aufschlußreich, wenn wir zunächst die psychologischen Wurzeln und das Wesen der Depersonalisation bei einer Gruppe untersuchen, deren Mitglieder vergleichsweise normal waren. Vor vielen Jahren bot sich mir die Gelegenheit, eine Gruppe weiblicher politischer Gefangener im faschistischen Deutschland zu beobachten. Ich habe das Verhalten dieser Gruppe in meiner Arbeit *Observations on the Psychological Effect of Imprisonment on Female Political Prisoners* (1949) beschrieben. Zu meiner Überraschung stellte ich fest, daß viele dieser recht normalen Menschen während der ersten Haftwochen oder -monate in Depersonalisationszustände gerieten, die offensichtlich eine Reaktion auf ihre traumatischen Erfahrungen darstellten.

Bis zu diesem Zeitpunkt war ich der Depersonalisation bei keinem meiner Patienten begegnet; deshalb erwähnte ich in der angegebenen Arbeit auch nur den durchsichtigen Zusammenhang, der zwischen der Depersonalisation und den allgemeinen Reaktionen von Gefan-

4 Siehe die neueren Arbeiten von Arlow (1959), Bird (1958) und Levitan (1969, 1970).

genen besteht. Die Haft fügt ihnen einen narzißtischen Schock oder Schlag (*blow*) zu, ein Gefühl, daß »dies doch unmöglich ihnen widerfahren sein konnte«. Seither habe ich die Depersonalisation bei einigen meiner Patienten psychoanalytisch untersuchen und mir präzisere Vorstellungen über diesen Zustand machen können. Zunächst aber will ich einige der Beobachtungen, die der obengenannte Artikel enthält, wiederholen und näher ausführen.

Die Gefangenen reagierten auf ihre überraschende und unerwartete Inhaftierung mit einem vorübergehenden Schockzustand, Bestürzung und beachtlicher Verwirrtheit; hinzu kamen Gefühle von Unwirklichkeit, die sich auf ihre Umgebung und die eigene Person erstreckten. Viele von ihnen entwickelten in diesem Stadium Symptome und Verhaltensweisen, die darauf hinwiesen, daß eine schwere, umfassende Regression auf eine mehr oder weniger infantile Position rasch einsetzte. Gewöhnlich klang dieser Zustand nach einigen Tagen ab, und die Gefangenen fanden ihren Realitätssinn wieder. Sie versuchten, sich ihrer unglückseligen Situation zu stellen, sie anzunehmen, sich ihr anzupassen und auf ihr vorheriges, erwachsenes Niveau zurückzukehren. Nach einigen Wochen hatten die meisten von ihnen ein emotionales Gleichgewicht wiedererlangt, das immerhin dazu ausreichte, daß sie wieder normal schlafen und essen konnten; es setzte sie auch instand, eine manuelle oder geistige Tätigkeit aufzunehmen, sich dem Lesen oder dem Zusammensein mit ihren Zellengenossen zuzuwenden. Im Ganzen gesehen war es bemerkenswert, wie gut in dieser recht gefestigten Gruppe das Ich und die Objektbeziehungen der Belastung durch vielerlei Härten standhielten.

Während jener beunruhigenden Zeitspanne, die einem Verhör oder einem Prozeß vorausging, litten die Gefangenen jedoch unter Ängsten und schwankten ständig zwischen traurig-deprimierten und hoffnungsvoll-optimistischen Einstellungen und Stimmungen. Besonders während der ersten Monate der Inhaftierung klagten viele über Depersonalisationsgefühle, unter denen sie in der Vergangenheit niemals gelitten hatten, die jetzt aber mehrfach wiederkehrten. Diese Zustände traten vor allem nach den ängstigenden und einschüchternden Kreuzverhören auf, aber auch nach aufregenden Anlässen ähnlicher Art; gewöhnlich folgten danach kurze Zeitspannen, wo die Betreffenden innerlich aufgerührt, dann niedergeschlagen und erschöpft waren.

Die Gefangenen fühlten sich, wenn sie zu solchen Vernehmungen gerufen wurden, in eine intensive Bereitschaft versetzt; sie erwarteten sich ein Wortgefecht mit ihren Anklägern. Die Gefangenen, denen es gelang, gefaßt, sehr auf der Hut zu sein und geschickte Antworten zu geben, berichteten den anderen, daß sie ihre Angst dadurch überwinden konnten, indem sie sich bewußt und absichtlich in einen kaltblütigen, distanzierten Zustand versetzten, der einer Depersonalisation wohl sehr nahe kam. Diese Distanziertheit führte in der Tat oft dazu, daß die Gefangenen sich fühlten, als hätten sie keinen Körper, keine Empfindungen, keine Gefühle mehr, sondern nur noch ein eiskalt kämpfendes Gehirn. Die Abwehrfunktion dieser emotionalen Distanzierung war offensichtlich, und sie bewährte sich in solchen Situationen, weil dann Angst und andere beeinträchtigende Gefühle verschwunden waren, außerordentlich gut; die Tätigkeit des Ichs blieb auf hohem Niveau erhalten, Aggressionen konnten kontrolliert und in Abfuhrkanäle geleitet werden, die dem organisierten Denken und Verhalten entsprachen.

Allerdings zogen solche Verhöre und andere verletzende Ereignisse, die das Leben in der Gefangenschaft im Übermaß bereithielt, nach sich, daß ungewollte und unlustvolle Erlebnisse der Depersonalisation sporadisch wiederkehrten. Nun wachten die Häftlinge in der Nacht mit dem Gefühl auf, daß ihre Gliedmaßen oder ihr Gesicht nicht zu ihnen gehörten. Sie betasteten ängstlich die fremd gewordenen Körperteile und suchten sich der Unversehrtheit ihres Körpers zu versichern. Aber auch tagsüber suchten sie unerwartet beängstigende psychische Erlebnisweisen heim, in denen sie sich selbst fremd, außerhalb ihres Selbst fühlten, zugleich aber beobachteten, wie sie so dachten, sprachen oder handelten, als ginge es um jemand anderen.

Aus der Art, wie die Häftlinge auf die Verhöre reagierten, können wir schließen, daß diese echten Zustände der Depersonalisation posttraumatisch auftraten und in einem fortwährenden Abwehrkampf entstanden, der auf eine Beherrschung der traumatischen Situation abzielte. Wenn wir die Vorgänge untersuchen wollen, die diese besondere Störung in Gang setzten, müßten wir die Beschaffenheit jener Traumata genauer betrachten, denen die Häftlinge ausgesetzt waren, und die Konflikte, die mit diesen Erlebnissen heraufbeschworen wurden.

Die plötzliche Verhaftung und Einkerkerung zwang den Betroffenen eine drastische und äußerst schmerzliche Veränderung ihrer gesamten Lebenssituation auf. Um das traumatisierende Ausmaß dieser Veränderung zu verstehen, müssen wir uns vergegenwärtigen, daß unser Gefühl der »Vertrautheit« mit dem gesellschaftlichen und emotionalen Klima, in dem wir leben, nicht nur aus den libidinösen Bindungen an unsere Umwelt hervorgeht, sondern auch aus einer Vielzahl von Identifizierungen mit dieser Umwelt. Dazu gehören neben den Über-ich-Identifizierungen auch alle feinen Schattierungen der Identifizierung, die auf einem unreiferen, narzißtischen Niveau liegen und teilweise »Appersonations«-Charakter haben[5]. Wahrscheinlich unterschätzen wir das Ausmaß, in dem die Festigkeit und Geschlossenheit, und damit die Stabilität unseres Selbstbildes davon abhängt, wie jene unzähligen Identifizierungen mit der großen Zahl von vertrauten, persönlichen und unpersönlichen, konkreten und abstrakten Objekten unseres vergangenen und gegenwärtigen Lebens und unserer Umwelt sich miteinander vereinbaren, aufeinander einwirken und zusammenspielen.

Die Vielfalt dieser Identifizierungen erstreckt sich nicht nur auf unsere Familie, auf das Heim und den Wohnort, unsere Arbeit und Arbeitssituation, unser Eigentum und unsere persönliche Habe, sondern auch auf die gesellschaftliche, berufliche, nationale, rassische, religiöse und weltanschauliche Gruppe, der wir »angehören«. Wir wissen auch, daß ein abrupter Wechsel von der vertrauten in eine fremde Umgebung, auch eine sogenannte Luftveränderung, selbst dann, wenn dieser Wechsel erfreulich ist, zu leichteren und flüchtigen Depersonalisationserscheinungen führen kann.

Diese Häftlinge waren aber überraschend in eine äußerst unangenehme neue Existenz und Rolle hineingestoßen worden; man hatte sie gewaltsam ihrer Welt, in der sie vorher lebten, entrissen, hatte sie ihrer Partner, Angehörigen und Freunde beraubt, hatte ihnen ihre Arbeit, ihre Interessen und Vergnügungen genommen und anständiges Essen, persönliche Habseligkeiten und sogar eigene Klei-

---

5 In der klinischen Psychiatrie bezeichnet Appersonation beziehungsweise Appersonifikation die wahnhafte Überzeugung, daß ein Mensch die Eigenschaften anderer teilweise oder ganz zu besitzen glaubt, oder gar meint, er sei dieser andere Mensch. – In diesem Zusammenhang ist mit Appersonation wohl gemeint, daß der erwähnte erste und unreife Typus narzißtischer Identifizierung durch eine Verschmelzung von Objekt- und Selbstimagines zustande kommt. Wie Jacobson in *Das Selbst und die Welt der Objekte* (1964 [1973]) schreibt, geht diese Verschmelzung von Imagines gewöhnlich einher »mit einer vorübergehenden Schwächung der Wahrnehmungsfunktionen und infolgedessen mit einer Rückkehr von der Ebene der beginnenden Ich-Entwicklung zu einem früheren, weniger differenzierten Zustand« (S. 50, 51 – Anm. d. Übers.).

dung verweigert. Sie wurden in eine Zelle eingeschlossen, ohne Rücksicht auf ihre frühere gesellschaftliche und invididuelle Position. Man behandelte sie als Schwerverbrecher. Sie wurden offenen wie versteckten, demütigenden und brutalen Angriffen ausgesetzt und der Feuerprobe eines beängstigenden Prozesses mit gnadenlosen Kreuzverhören. Die Lage, in die sie gerieten, war ihnen nicht nur äußerst unvertraut, sondern sie war furchterregend, erniedrigend, machte sie hilflos und hoffnungslos und ließ bestenfalls die Aussicht auf einige Jahre Gefängnis offen. Das Fundament, auf dem ihr bisheriges Leben und ihr Selbst geruht hatten, wurde von den Auswirkungen der plötzlichen Verhaftung, durch die Gewalttätigkeit, die in den wiederholten traumatisierenden Erfahrungen steckte, die auf sie zukamen, und durch die völlige Hilflosigkeit, in die sie gerieten, erschüttert.

Diese Ereignisse stellten eine schwere Bedrohung dar; sie unterminierten und zerbrachen das Gefüge jener vielen Identifizierungen, auf die sich die innere Vorstellung der Gefangenen von ihrem früheren, unabhängigen Selbst gründete. Die Gefangenen waren versucht, diese frühere Vorstellung durch ein neues und unerträgliches Selbstbild zu ersetzen, das auf der Identifizierung mit der ehrlosen, erniedrigenden und verbrecherischen Umwelt beruhte, in der sie nunmehr leben mußten. Es gab viele Beweise dafür, daß sich die Abwehrkämpfe der Gefangenen im wesentlichen gegen die Gefahr richteten, die sich mit einer Identifizierung mit der neuen, aufgezwungenen Umwelt verband. Ich beschrieb in meiner früheren Arbeit, wie die politischen Gefangenen es schließlich fertigbrachten, sich durch sehr vernünftige und wirkungsvolle Sicherheitsmaßnahmen, auf die ich noch zurückkommen werde, zu schützen. Zu Beginn war ihr geschwächtes Ich allerdings unfähig, sich den gefährlichen Einflüssen der neuen Umgebung angemessen zu stellen. Verhängnisvoll war auch, daß die Haftbedingungen und die ständig wiederkehrenden traumatischen Ereignisse innere Konflikte in den Gefangenen aufbrechen ließen, die sie dazu trieben, die Rolle von Kriminellen anzunehmen.

Wenn man den Buchstaben des Gesetzes folgt, dann waren diese politischen Gefangenen Kriminelle, denn sie hatten eines der schwersten Verbrechen, den Hochverrat, begangen. Vor seiner Verhaftung hatte keiner von ihnen bewußt daran gezweifelt, daß er moralisch im Recht war, wenn er gegen das herrschende Regime aufbegehrte. Die Inhaftierung und Einkerkerung erschütterten diese moralische

Position, weil sie eine Niederlage und unbewußte Bestrafung bedeuteten. Tatsächlich konnten die Gefangenen weder Zweifeln noch Schuldgefühlen ausweichen. Aber nur einige hegten ernstliche Zweifel ideologischer Art. Sie gaben später zu, daß sie vorübergehend verunsichert und auch in Versuchung waren, ihrer früheren Überzeugung abzuschwören und die nationalsozialistische Ideologie anzunehmen. Bei den meisten drehten sich dagegen die Schuldgefühle in bewußter Form um Selbstvorwürfe, weil sie Familie und Freunde in ihre Schwierigkeiten hineingezogen hatten. An der Intensität und dem Inhalt dieser Konflikte, die den Weg zu depressiven und moralisch-masochistischen Reaktionsweisen ebneten, zeigte sich, daß selbst bei jenen Gefangenen infantile Konflikte mit der elterlichen Autorität wieder aufkamen, deren Handlungsweisen nicht in erster Linie durch infantile Konflikte dieser Art bestimmt waren. Die hilflose Situation des Gefangenseins führte an sich schon dazu, daß die durch sie entstehende ungeheure Feindseligkeit erstickt und gegen das Selbst gewendet wurde.

Die politischen und moralischen Überzeugungen hätten bei den inneren Kämpfen eine stärkere Stütze darstellen können, wenn die Gefangenen nicht auch noch den Triebgefahren ausgesetzt gewesen wären, die aus ihrer neuen Umwelt stammten. Eine offensive und ansteckende Atmosphäre durchdrang die Gefängnisse; eine Atmosphäre, die durch die kriminellen Insassen ebenso geschaffen wurde wie durch die sadistisch-verführende Elternhaltung der Wärter und der Beamten, die das Gefängnis leiteten und die Kreuzverhöre durchführten. Wahrscheinlich stellte der tückische Einfluß dieser sadomasochistischen, prägenitalen Atmosphäre, die zu regressiven Triebtendenzen, infantilen Identifizierungen und Beziehungsformen mit der kriminellen Umwelt verlockte, den ausschlaggebenden pathogenen Faktor für die Trieb- und Schuldkonflikte der Gefangenen dar.

Diese Einflüsse wirkten sich bei den Kreuzverhören, obwohl sie keineswegs auf sie beschränkt waren, am gefährlichsten aus. Die psychologische List von Anklägern in Diktaturen ist uns bekannt. Die Ankläger holen sich die Geständnisse nicht allein durch die Anwendung sadistischer und brutaler Methoden, sondern ebenso durch sanftes, verführendes, emotionales und ideologisches Appellieren, was für die Gefangenen die schwerste Gefahr darstellt. Sie kann den einsamen Gefangenen verführen, in eine stark erotisierte, sadomasochistische und infantil-abhängige Beziehung mit seinen Peinigern und Folterknechten einzutreten. Die Berichte von Menschen, die einem

189

Appell dieser Art erlagen und ein Geständnis ablegten, lassen keinen Zweifel daran, daß es sich um diese innere Gefährdung handelte, wenn die Gefangenen sich durch eine emotionale Distanzierung zur Wehr setzten, die sie »unverletzbar« machen sollte.

Während eines Verhörs, in dem ein Gegenangriff möglich war, fand das Ich der Gefangenen günstige Bedingungen, um sich der Gefahren von außen und innen erfolgreich zu erwehren. Ein Gefecht, das mit dem Feind wirklich stattfand, erforderte eine Überbesetzung der Denkvorgänge; dies ließ einen Abzug libidinöser Besetzungen von den Gefühlen zu, der bis zur vollständigen Distanzierung vom brutalen, verführenden Gegner wie auch vom verletzbaren Selbst reichte, das seinerseits nahe daran war, der Verführung zu erliegen. Außerdem ließ diese Überbesetzung die Denkvorgänge zu einem sinnvollen, vermittelnden Medium werden, durch das sich die aggressive Abfuhr nach außen leiten ließ; gleichzeitig diente sie als Gegenbesetzung, die sich gegen die inneren Gefahren einer masochistischen Unterwerfung oder eines sadistischen Ausbruchs richtete. Solange diese Situation bestand, konnte der Abwehrvorgang noch auf der Ebene einer gewaltsamen Verdrängung und Hemmung der drohenden Es-Impulse gehalten werden.

Wenn die äußerst erregten Gefangenen in ihre Zellen zurückgebracht wurden, fühlten sie sich, da ihnen ein reales Objekt und ein Ventil für ihre Feindseligkeit fehlte, auf einmal völlig verstört und entwertet. Ihr gehobenes, triumphierendes Gefühl wich der deprimierenden Einsicht, daß, mochte die Verteidigung auch noch so gut sein, letztlich eine Niederlage zu erwarten war. Dadurch wurde die Gefahr akut, daß unvermutet und erneut ein regressives, pathologisches Geschehen einsetzte, von dem das Ich überwältigt werden konnte. Nach solchen Verhören fiel es den Gefangenen in der Tat sehr schwer, zu sinnvollen Tätigkeiten zurückzukehren. Viele Tage lang konnten sie der Versuchung nicht widerstehen, zumindest in ihrer Phantasie weiterhin wütende, frustrierende und erschöpfende Gefechte mit ihren Verfolgern auszutragen. Häufig kamen bei diesen imaginären Kämpfen wilde, sadomasochistische Phantasien zum Vorschein. Außerdem neigten die Gefangenen, wenn sie in dieser Verfassung waren, dazu, die Gefängnisregeln zu verletzen, und verwickelten sich in ernstliche Schwierigkeiten mit den Wärtern und der Amtsgewalt oder Verwaltung.

Bemerkenswert ist, daß die Depersonalisationserscheinungen gewöhnlich dann auftraten, wenn die Gefangenen eher verstört als deprimiert waren. Das heißt, sie traten auf, wenn die Gefangenen zwischen Zeiten normalen Verhaltens, wo sie ruhig arbeiteten, und Rückfällen in ein erregtes prägenitales Phantasieleben, das sie zu entsprechenden Handlungen antrieb, hin und her schwankten. Darin drückte sich aus, daß das Überich und das Ich in ihren Aufgaben versagten; sie konnten weder zeitweilige Regressionen und Triebentmischungen verhindern noch die ungeheure Feindseligkeit beherrschen, die durch die traumatischen Erlebnisse hervorgerufen wurde. Die Gefangenen schwankten zwischen zwei Zuständen, die einander widersprachen, hin und her, da sie außerstande waren, mit Hilfe normaler Abwehrvorgänge zu verhindern, daß unannehmbare infantile Es-Impulse in ihr Ich eindrangen. Ihr geschwächtes Ich ließ eine Zeitlang prägenitale, sadomasochistische »Delinquenz« zu, indem es die normalen ethischen Maßstäbe und Verhaltensweisen aufgab. Danach wurden die früheren Maßstäbe wieder angelegt, und das Ich kehrte auf ein normales Niveau seiner Funktionen und Verhaltenssteuerung zurück.

In dieser Situation, die durch ein Versagen der Verdrängung gekennzeichnet war, griff das Ich bei dem Versuch, die verlorene Position wiederzugewinnen, zu einem letztmöglichen, unvergleichlich unreiferen Mittel der Abwehr. Eine Aufspaltung der Selbstrepräsentanz in zwei entgegengesetzte Selbstrepräsentanzen trat ein, in der sich die Entzweiung der miteinander abwechselnden Ich-Zustände widerspiegelte. Das Ich versuchte seine Unversehrtheit neu zu bestätigen und wiederherzustellen, indem es sich von der Existenz des regredierten, »kriminellen« Selbst distanzierte, sie verleugnete oder sogar behauptete, dieses Selbst existiere nicht. In diesem Zusammenhang ist nun für uns interessant, daß es sich bei den Körperpartien, die als entfremdet und tot empfunden wurden, soweit ich feststellen konnte, meist um das Gesicht, insbesondere die Mundpartie, sowie die Arme und Hände handelte, das heißt jene Körperteile, die unbewußt oder auch bewußt mit Phantasien von Angreifen und Angegriffenwerden zusammenhängen.

So gesehen erscheint die Depersonalisation als das pathologische Erlebnis eines Konflikts, der sich innerhalb des Ichs abspielt, und zwar zwischen dem Teil des Ichs, der die Identifizierung mit einer entwürdigten Objektimago – in diesem Fall der Imago des infantilen, prägenitalen, sadomasochistischen und kastrierten Verbrechers – akzeptiert hat, und einem anderen Teil des Ichs, der diese Identifizierung ungeschehen zu machen versucht. – Wichtig ist noch, daß sich die

Identifizierung jener wenigen Gefangenen, die sich versucht fühlten, Nationalsozialisten zu werden, unter dem Deckmantel eines neuen Ideals herstellte, das zu ihren früheren Idealen im Widerspruch stand. Die Beschaffenheit dieser unreifen Identifizierungsvorgänge, die der Depersonalisation vorausgehen und zu ihr hinführen, wird bei den klinischen Fällen jedoch noch deutlicher werden.

Weiter oben sagte ich, daß die Depersonalisation prima vista als eine Reaktion auf den schweren narzißtischen Schock erscheint, den die Inhaftierung den Gefangenen beibringt; in ihr drückt sich das Gefühl der Gefangenen aus, »ihnen könne dies unmöglich widerfahren sein«. Diese Erklärung behält ihre Gültigkeit, solange wir nicht die Komplexität der Reaktionen unterschätzen, die das Ich in der Folge von äußeren, traumatisierenden Ereignissen entwickelt. Offenbar ist es weniger die von außen zugefügte narzißtische Kränkung, die nicht hätte geschehen sollen und dürfen, sondern mehr der narzißtische Schlag, der von innen heraus einem Ich zugefügt wurde, das sich gegenüber der Bedrohung, die eine überraschende Regression, Triebentmischung und ein destruktiver Triebeinbruch darstellen, schwach empfand.

Eine andere interessante Beobachtung war, daß die Depersonalisationszustände im gleichen Maß abnahmen, wie es den Gefangenen gelang, ihre frühere Ich- und Überich-Stärke wiederzugewinnen, wie sie zu regelmäßiger, sinnvoller, manueller und geistiger Arbeit zurückkehren und darauf verzichten konnten, entweder in masochistisches Grübeln über ihr Mißgeschick zu verfallen oder ihre Verfolger, real oder phantasiert, auf sadistische Weise anzugreifen.

Die wirkungsvollen Sicherheitsmaßnahmen, die diese Gefangenen allmählich gegen die gefährlichen Einflüsse ihrer Umgebung errichteten, habe ich schon erwähnt. Diese Abwehrmaßnahmen dienten deutlich, und zum Teil bewußt, dazu, eine Art Demarkationslinie zwischen den politischen und den kriminellen Gefängnisinsassen zu ziehen; sie hoben das unterschiedliche Persönlichkeitsniveau hervor. Auf diese Weise schlossen die politischen Gefangenen sich als deutlich abgegrenzte Gruppe zusammen, von der Intimitäten jeglicher Art sowohl mit den Kriminellen wie auch mit den nationalsozialistischen Gefängnisbediensteten zurückgewiesen und verboten wurden.

Die politischen Gefangenen führten einen strengen Kodex ethischen Verhaltens ein; sie ermutigten vor allem zum Lesen, zu geistiger Arbeit und jeglicher Art von Sublimierung. Unter den vielen Regeln, die sie aufstellten, nahmen jene eine besondere Stellung ein, die zu körperlicher Pflege und Sauberkeit anhielten, orale Gier zügelten und darauf abzielten, daß man Lebensmittel, aber auch andere Privilegien miteinander teilte und freundliche gegenseitige Beziehungen unterhielt. Mit einer Haltung von kühler Höflichkeit und Würde versuchten sie sowohl offenen Aufruhr zu verhindern wie auch haltlose Unterwerfung den Wachtmeisterinnen und anderen Gefängnisbediensteten gegenüber. Die Vorschriften dieser Gruppe waren ganz offenkundig dazu bestimmt, einen besonderen Schutz vor prägenitalen wie sadomasochistischen Neigungen und Versuchungen zu gewähren.

Wir wollen im folgenden Depersonalisationserscheinungen bei einigen klinischen Fällen untersuchen und an ihnen die Richtigkeit dieser Annahmen prüfen.

Frau G.

Eine junge Mutter, Frau G., die an einer Angsthysterie litt, hatte eine reizende kleine Tochter im Alter von fünf Jahren. Sie war ihr auf eine narzißtische Art zugetan, denn sie hatte auf das Kind Phantasien übertragen, die der Beziehung zu ihrer eigenen, mächtigen Mutter entsprangen. In ihrer Phantasie hatte sie das kleine Mädchen tatsächlich mit einem Penis ausgestattet; mehr noch, sie hatte sie sogar in einen Penis umgewandelt, der ihr selbst gehörte. Diese Phantasien gewährten ihr anhaltende narzißtische Zufuhr; diese Zufuhr war frei von der Furcht und Feindseligkeit, die ihre dominierende Mutter in ihr geweckt hatte.

Eines Morgens hatte die junge Frau den gleichaltrigen kleinen Freund ihrer Tochter mitzuversorgen. Die Kinder wurden ins Badezimmer gebracht, zogen ihre Höschen aus und entblößten ihre Geschlechtsorgane. Die Mutter schaute zu und konnte nicht umhin, den Unterschied wahrzunehmen. Im nächsten Moment sah sie verschwommen, fühlte sich benommen, schwindlig und eigenartig entfernt. Angst überfiel sie, und kurz darauf entstand in ihr ein unvermutetes, vorübergehendes Gefühl von Depersonalisation, das sie bislang nicht kannte – ein Gefühl, daß sie nicht mehr sie selbst, daß sie unwirklich sei.

Was war vorgefallen? Sie hatte das Genitale des kleinen Mädchens wahrgenommen und mit demjenigen des Jungen verglichen; dies zerstörte ihre illusorischen oder verfälschenden phallischen Vorstellungen und fügte ihr einen schweren Kastrationsschock zu. Die Reaktion, die in ihrer Sehstörung und ihrem Gefühl der Distanziertheit zum Ausdruck kam, bestand in einem abrupten Libidoabzug und einer unverzüglichen Verleugnung der erschreckenden Wahrnehmung. Das Material aus der Analyse ließ keinen Zweifel, daß sie sich mit ihrer anfänglichen Abwehr und der beginnenden Symptombildung ihrer eigenen unvermuteten, feindseligen und sadistischen Reaktionen erwehrte, die sowohl gegen das »kastrierte« wie auch gegen das »phallische« Kind in ihr aufkamen. Statt auf die desillusionierenden Wahrnehmungen mit einem Ausbruch offener Feindseligkeit zu reagieren, machte sie mittels eines unreifen Verleugnungsmechanismus, der eine Sehstörung hervorbrachte, die beiden verschiedenartigen Wahrnehmungen gleichzeitig »inexistent«. Abwehr wie Symptombildung reichten jedoch nicht aus, um sie vor den Auswirkungen der erschreckenden Wahrnehmung auf ihr eigenes Selbst zu schützen. Die narzißtische Beziehung zu ihrer kleinen Tochter prädisponierte sie dazu, daß sie, wenn sie sich von ihrem Kind zurückzog, mit einer vorübergehenden narzißtischen Regression reagieren mußte, die eine sofortige Verlagerung von Libido und Aggression auf sie selbst bewirkte. Ihr Konflikt mit dem Liebesobjekt wandelte sich dadurch in einen narzißtischen Konflikt um, in einen Konflikt zwischen zwei gegensätzlichen Identifizierungen, die zu einer Spaltung ihrer Selbstrepräsentanzen führte. Da die Mutter das Kind geliebt hatte, war sie versucht, auch die nun entstandene masochistische Identifizierung mit der »kastrierten« kleinen Tochter zu akzeptieren. Da sie die Tochter aber auch gehaßt und sich von ihr, als einem entwerteten Objekt, zurückgezogen hatte, versuchte sie diese Identifizierung wieder ungeschehen zu machen. Sie ersetzte und erhielt zugleich das verlorene phallische Objekt durch eine reaktiv überbesetzte phallische Selbstimago und konnte sich dadurch von dem »kastrierten« Selbst distanzieren, die Besetzung von ihm abziehen und es leugnen. Auf magische Weise eliminierte sie das »kastrierte« Selbst ebenso, wie sie anfänglich das äußere Liebesobjekt beseitigt hatte.

Wir sehen, daß zwischen dieser Patientin und den Gefangenen eine Analogie besteht; der Depersonalisationszustand der Patientin entwickelte sich aus einem Erlebnis, das wegen ihrer Neurose eine traumatische Wirkung hatte. Auch hier scheint der (narzißtische) Schock ein kurzes regressives Geschehen auszulösen, das mit abrupter Triebentmischung einhergeht, und Angst, aber auch Feindseligkeit in solchem Ausmaß aufrührt, daß die Verdrängung versagt und eine unreifere und einschneidendere Abwehrmaßnahme nötig wird.

Lehrreich an diesem Beispiel ist, daß es uns an der Symptombildung zwei Phasen erkennen läßt. In der ersten, mit der das verschwommene Sehen entsteht, bezieht sich der Konflikt der Patientin auf das Objekt. In der zweiten Phase, die zur Depersonalisation führt, zeigt sich ein Konflikt innerhalb des Ichs, der sich auf ihre Selbstimago bezieht.

Außerdem gibt dieser Fall einen wichtigen Sachverhalt preis, was die Prädisposition zur Depersonalisation angeht. Nunbergs Feststellung, daß sich die Depersonalisation als Reaktion auf einen plötzlichen Verlust von Liebe oder eines Liebesobjekts entwickeln kann, wird durch diesen Fall sicherlich bestätigt; die Voraussetzung für diese besondere Symptombildung bestand jedoch darin, daß die Objektbeziehung dieser Patientin zu ihrem Kind narzißtischer Art war, und dies führte zum sofortigen Rückzug und zur narzißtischen Regression, als der Anblick des Geschlechtsteils ihrer kleinen Tochter im Vergleich zu dem des kleinen Jungen sie schockierte.

Herr H.

Der nächste Patient, Herr H., war ein hochbegabter Akademiker in den Dreißigern. Er hatte ebenfalls eine hysterische Persönlichkeitsstruktur, allerdings mit zwanghaften Zügen[6]. Seit seiner Kindheit litt er unter Angstzuständen, depressiven Verstimmungen und kurzfristigen, wiederkehrenden Depersonalisationserlebnissen, die ihn sehr erschreckten und von ihm sehr gut als das Gefühl beschrieben wurden, »unwirklich, unkörperlich zu sein, gleichsam ohne Schatten – vom ständigen Beobachter des ganzen Geschehens abgesehen«. Ansonsten besaß der Patient sehr starke, leidenschaftliche und warmherzige Gefühle. Er war glücklich verheiratet, arbeitete viel und verfügte über reiche Sublimierungsfähigkeiten.

Seine Depersonalisationszustände setzten in seinem fünften Lebensjahr ein, nachdem seine Mutter bei einer Entbindung gestorben war. Der kleine Junge war auf die Ankunft eines Kindes vorbereitet worden. Als die Mutter während der Schwangerschaft versucht hatte, ihn in einem Kindergarten unterzubringen, hatte er so bitterlich und beharrlich nach ihr geweint, daß man ihn wieder nach Hause schicken mußte. Eines Tages war die Mutter plötzlich fort, und es hieß, sie

6 Im 7. Kapitel werde ich diesen Fall unter einem anderen Gesichtspunkt diskutieren.

sei ins Krankenhaus gegangen; sie kehrte nie zurück. Er erinnerte sich lebhaft daran, wie die Erwachsenen im Nebenzimmer weinten und flüsterten. Er hörte seine Großmutter sagen: »Solange Lebenszeichen vorhanden sind, besteht auch noch Hoffnung«. Dieser Satz bezog sich auf das Neugeborene, das einige Stunden später ebenfalls starb. Am nächsten Tag fand sich der Junge in der Wohnung seiner trauernden Großmutter wieder, entfernt von seinem Zuhause, seinem Zimmer mit dem Spielzeug, weg von seiner Mutter und seiner alten Kinderschwester. Er war für kurze Zeit auch von seinem Vater getrennt. Weder damals noch Jahre danach wurde ihm erklärt, was geschehen war.

Er war seinen eigenen Vermutungen und phantasiebestimmten Erklärungen überlassen. Bald geriet er in einen Zustand von Desorientiertheit und Depersonalisation. Er konnte einfach nicht glauben, daß er noch derselbe Junge war wie vor den tragischen Ereignissen; aus ihm war in der Tat ein anderer, ein böser Junge geworden. Die tragischen Ereignisse waren für ihn sicherlich äußerst traumatisch gewesen. Die Analyse zeigte jedoch, daß ihre Wirkung auf das Kind so schwerwiegend war, weil zum einen die prägenitale Beziehung zwischen ihm und seiner Mutter sehr eng war und er sich übermäßig abhängig fühlte; zum anderen, weil seine Kinderfrau zu nachgiebig war und sich all seinen tyrannisierenden Forderungen weichherzig untergeordnet hatte. Mutters Versuch, ihn während der Schwangerschaft in einem Kindergarten unterzubringen, mußte also einen ungewöhnlich leidenschaftlichen Rivalitätskonflikt hervorrufen, der sich in schweren Trennungsängsten des Jungen äußerte. Daraus folgte, daß er sich nach ihrem überraschenden, unvorhersehbaren und unerklärlichen Tod, dem zusätzlichen Verlust seiner Kinderfrau und dazu noch durch die zeitweilige Trennung vom Vater aufs äußerste verlassen und geängstigt fühlte. Die Analyse brachte zum Vorschein, daß die besonderen Umstände, die mit dem Tod seiner Mutter verbunden waren, heftige und gefährliche Urszenenphantasien mobilmachte, worin die Mutter ihm als das Opfer der väterlichen Leidenschaft und der Vater als Sexualmörder seiner Mutter erschien. Wie heftig diese Phantasien waren, zeigte sich an der Lebhaftigkeit, mit der er sich an ein Bild, mit dem das Schlafzimmer seiner Eltern geschmückt war, erinnerte, auf dem ein dürftig bekleidetes Paar dargestellt war, das in enger Umarmung bei Donner und Blitz durch eine gefährlich aussehende Berglandschaft läuft; der junge Mann hält ein großes Horn in seiner Hand.

Der Vater des Jungen war in Wirklichkeit ein freundlicher Mann; er blieb mit ihm zusammen in einem Haus von Verwandten und war ihm liebevoll zugetan. Er verherrlichte die verstorbene Mutter, seine Frau, und bezeichnete sie als Engel; zugleich hatte er jedoch nach ihrem Tode eine Geliebte nach der anderen, zeitweise in einer separaten Wohnung, und bekannte sich offen zu einer freien, lustorientierten (*hedonistic*) Lebensauffassung. Daraus folgte, daß bei dem Patienten sehr gegensätzliche Gefühle dem Vater gegenüber entstanden. Einerseits hing er sehr an ihm, andererseits verurteilte er die »unmoralische« Haltung seines Vaters heftig. Er löste und distanzierte sich aber nicht nur von dieser Seite seines Vaters, sondern versuchte auch von seiner eigenen präödipalen Vergangenheit mit Mutter und Kinderfrau loszukommen. Als die Kinderfrau ihn zu Anfang der Latenzzeit besuchte, fand er sie »abstoßend« und fühlte sich ihr völlig entfremdet. In der Folge phantasierte er einen Familienroman, der durch die Adoleszenz fortbestand, und in dem er sich als den Sohn einer britischen Aristokratenfamilie sah. Der Mythos von seiner engelgleichen Mutter und die Phantasievorstellungen seines Familienromans stellten die Grundlage dar, auf der er ein reaktives Ichideal ausbildete und schließlich zum Puritaner wurde. Die einschränkende Haltung seiner strengen Großmutter verstärkte diesen Puritanismus. Im allgemeinen beugte er sich seinem unnachgiebigen Moralkodex und seinen Überzeugungen. Er neigte jedoch zu intensiv erotisierten, latent homosexuellen und masochistischen Beziehungen mit älteren Männern, insbesondere seinen Vorgesetzten. Diese Neigung brachte mit sich, daß er in erheblichem Ausmaß agierte.

Bezeichnenderweise heiratete der Patient eine Frau, deren Familie gesellschaftlich höher stand als die seine. Und obgleich er in seiner Ehe recht glücklich war, wurde sein Familienleben häufig von stürmischen Szenen erschüttert, die zwischen ihm, seiner temperamentvollen Frau und seinen impulsiven Kindern entstanden. Ein bestimmter Bereich von Sublimierungen, den er aus seiner beruflichen Arbeit strikt heraushielt, gestattete ihm, daß er sich heimlich und unter dem schönen, aber recht fadenscheinigen Deckmantel einer hoch idealisierten, ästhetischen Beschäftigung sehr regressiven, sadomasochistischen prägenitalen Phantasien – einschließlich Phantasien von gegenseitigem Verschlingen – hingab. Offensichtlich traten seine Depersonalisationszustände ein, wenn sein Ich von unannehmbaren, regressiv-prägenitalen, sadomasochistischen Elementen der »Urszene« überschwemmt wurde – Elemente, die aber auch das Fundament seiner Identifizierungen mit den Eltern bildeten.

Bestimmte Merkmale seiner Ich- und Überich-Struktur verbinden diesen Patienten mit den nächsten beiden Fällen. Das ziemlich unsichere, schwankende Überich seines Vaters, worauf ich weiter oben hingewiesen habe, bewirkte bei dem Patienten, daß er ein reaktives Ichideal und ein Überich von übermäßiger Strenge entwickelte. Im allgemeinen war seine Ich-Entwicklung gut gelungen, hatte ein hohes Niveau erreicht; sein Überich war auf zuverlässige Weise wirksam. Und dennoch waren, unter dem Deckmantel eines »idealen« Interesses und einer »idealen« Heirat mit einem Mädchen der »Oberschicht«, seine früheren Identifizierungen mit dem amoralisch-sadistischen Vater und der zugehörigen Imago einer prägenital-masochistischen Mutter ins Überich gelangt, das, auf diese Weise gleichsam getäuscht, für begrenzte Gebiete gestattete, daß das Ich in das Agieren von regressiven Phantasien zurückfiel.

Im Fall von Herrn H. ist der Ursprung seiner Depersonalisationszustände sicherlich in den schweren traumatischen Kindheitserlebnissen zu suchen. Aber wir dürfen auch die prädisponierenden pathogenen Faktoren nicht unterschätzen, nämlich die prägenitalen Versuchungen durch Mutter und Kinderfrau, den beeinträchtigenden und verführerischen Einfluß, den ein Vater mit einem unzulänglichen (*defective*) Ich und Überich nimmt, wie auch die Gegensätzlichkeiten in der eigenen Persönlichkeit des Patienten, die sich aus diesen Faktoren ergaben. Es ist ziemlich wahrscheinlich, daß diese Faktoren dafür verantwortlich waren, daß während der Kindheit des Patienten und in seinem erwachsenen Leben ständig Entfremdungszustände wiederkehrten. Außerdem ist bemerkenswert, daß die hier erwähnten Faktoren für die Pathogenese bei den nächsten beiden Patienten eine noch auffallendere Rolle spielen.

Herr F.

Die bisher geschilderten, akut einsetzenden und vorübergehenden Depersonalisationserlebnisse entstanden bei emotional ungehemmten, hysterischen Persönlichkeiten. Im Gegensatz dazu entwickelten sich die Entfremdungszustände bei meinem nächsten Patienten, Herrn F. (dessen Fall ich im vierten Kapitel ausführlicher besprochen habe) auf der Grundlage schwerer und generalisierter affektiver Hemmungen. Dieser junge Mann war vor allem zwanghaft-depressiv; er litt am meisten unter einer chronischen emotionalen Distanziertheit oder Teilnahmslosigkeit, die zeitweise zu Depersonalisationserscheinungen führte. Er gehörte zu einer Gruppe von Menschen, die ich am Anfang dieses Kapitels erwähnte; sie leiden mal an psychischer Impotenz, ein anderes Mal führen sie den Geschlechtsverkehr ohne Freude und echten Orgasmus in einem leicht depersonalisierten Zustand aus und beobachten sich dabei.

Im vierten Kapitel habe ich die komplizierte Abwehrstruktur dieses Patienten erläutert. Sie diente ihm im wesentlichen dazu, starke sadomasochistische, prägenitale Triebimpulse zurückzudrängen. Außerdem zeigte ich, wie sich seine Verleugnungs- und Projektionsmechanismen, die einen Zustand quälender emotionaler Distanziertheit oder Gleichgültigkeit hervorriefen, gleichzeitig gegen sein Überich und sein Ich richteten und ihn von seinen frühen präödipalen, sadomasochistischen Identifizierungen mit den Eltern, vornehmlich der Mutter, frei machen sollten. Ich beschrieb auch, daß es zwischen ihm und seiner Mutter, als er dreieinhalb Jahre alt war, zu einem Bruch kam.

Damals erlitt seine Mutter eine Fehlgeburt, die beinahe tödlich verlief und wobei der Junge wahrscheinlich zugegen war. Der Fehlgeburt folgten körperliche Erkrankung und ein depressiver Verstimmungszustand der Mutter, die mehrere Wochen anhielten. Von da an empfand der Patient offene und kalte Feindseligkeit gegen seine Mutter. Er verleugnete, daß er seine Mutter jemals geliebt hatte. Seine Verleugnung bezog sich jedoch nicht nur auf die präödipale Bindung oder Zuneigung, sondern besonders auf seine Identifizierung mit beiden, mit der Mutter und dem Kind, das sie erwartete. Ich nahm an, daß dieses frühe und traumatisierende Kindheitserlebnis, das wiederauflebte, als der Patient sieben Jahre alt war und sein jüngerer Bruder auf tragische Weise starb, erklären könnte, warum dieser Patient vorzugsweise die Verleugnung zur Abwehr einsetzte. Seine Übertragungsreaktionen führten mich zu dem Schluß, daß er bereits auf das erste Trauma mit einem vorübergehenden deprimiert-entfremdeten Zustand reagiert hatte, der sich nach dem Tod seines Bruders wiederholte. Das Material aus späteren Abschnitten der Analyse rückte den infantilen Ursprung jener Vorgänge von Identifizierung oder »Desidentifizierung«, die seinen Entfremdungserlebnissen zugrunde lagen, in ein helleres Licht.

Als die prägenitalen Strebungen des Patienten an die Oberfläche drangen, bildete er gastrointestinale Symptome wie Schwindel, Dickdarmkrämpfe und Durchfälle, die immer wiederkehrten. Wie schon früher versuchte er auch jetzt, die Bedeutung dieser Symptome und seiner Angst vor Krebs durch Verleugnung und Distanziertheit zurückzudrängen. Indem er weiterhin aß, wozu er Lust hatte, auch wenn es ihm wie üblich keinen rechten Genuß bereitete, übersah und mißachtete er seine Erkrankung. Es stellte sich heraus, daß ihm sein kranker Darm fremd vorkam, und »er sich weigerte, ihn als den seinen zu betrachten«. Er war auf sein Gedärm »wütend« und hätte es gern auf die folgende Art ausgeschimpft: »Du benimmst dich wie ein ungezogenes Kind, aber du wirst dich mit dem, was ich esse, abfinden und dich daran gewöhnen müssen«. Hier spielte er in seiner Ärgerlichkeit die Rolle der scheltenden, zurückweisenden Mutter, die es übergeht, wenn das kleine Kind krank ist, und das »böse Kind« – das verbotene Nahrung gegessen und die Kontrolle über seinen Stuhlgang verloren hat – zwingt, sich zu unterwerfen, das übliche Essen zu sich zu nehmen, Schmerzen und Strafe anzuerkennen. In dieser Situation setzte er seinen »kranken Darm« mit dem kranken Brüderchen gleich. In seiner Weigerung, »Babykost« zu sich zu nehmen, identifizierte er sich auch mit dem bösen Kind, das sich auflehnt, das essen möchte, was ihm gefällt; daneben identifizierte er sich außerdem mit der versuchenden, verführenden Mutter, durch die sich Gelegenheit zu gefährlicher, oraler Freiheit boten. Dieser zweiseitigen Identifizierungen wegen kam dem Patienten nicht nur seine Krankheit fremd vor, sondern ebenso sein »gieriges« Selbst, was ihn wiederum unfähig machte, seine unvernünftigen, oralen Exzesse zu genießen.

An diesem Beispiel ist so außerordentlich interessant, daß es Vorgänge von körperlicher und seelischer Selbstentfremdung zeigt, die sich zusammen gegen vielfältige Identifizierungen mit verschiedenen abgewerteten, infantilen Objektimagines richten.

Schließlich entdeckte der Patient, was er als eine perfekte Lösung seines Dilemmas empfand; eine Flasche guten Rotweins sei das beste Heilmittel und würde seinen Durchfall sicherlich zum Stillstand bringen. In dieser geschickten Lösung des Problems sollten Mutter und Kind – sein entfremdeter, kranker Darm mit seinem verwöhnten, gierigen Selbst – sich gleichsam versöhnen und vereinen. Die liebevolle Mutter würde dem Kind die Flasche geben, die es wirklich haben will und die ihm auch die Genesung bringt.

Die körperlichen Selbstentfremdungsvorgänge im Zusammenhang mit den gastrointestinalen Symptomen beleuchten außerdem das Bedürfnis des Patienten nach vielfältigen Projektionen, die seine Verleugnung unterstützen sollten. Im vierten Kapitel berichtete ich, wie der Patient unbewußt fühlte, daß seine Mutter ihn zu Unrecht für Vergehen beschuldigte, die er nicht begangen hatte, nämlich des Mordes an den Kindern und der Vergiftung, das heißt der Schwangerschaft, der Fehlgeburt und ihrer eigenen Erkrankung. Die Projektionen zielten auf seine Familie, im wesentlichen auf seine Mutter, und zeigten diese als die »wahren Verbrecher«. Die Entfremdung von seinem »kranken Darm« wie auch von seinem verwöhnten Selbst zeigte im Grunde die gleiche Tendenz, nämlich zu verleugnen, daß »er« der Verbrecher sein könnte. In den Zuständen der Selbstentfremdung oder Depersonalisation versuchte der Patient diese unerwünschten Identifizierungen loszuwerden, indem er, anstatt auf andere Objekte zu projizieren, unangenehme und annehmbare Teile seiner Selbstimago voneinander abspaltete und die unannehmbaren Anteile leugnete.

Die Widersprüche im Verhalten dieses Patienten, die scheinbar strenge und strafende Haltung seinem kranken Körper gegenüber, mit der er seine Unachtsamkeit, aber auch seinen Unwillen, vorübergehende Einschränkungen hinzunehmen, verschleierte, sind Merkmale seiner Ich- und Überich-Struktur. Im schon erwähnten Kapitel habe ich die Störung seines Überichs, durch die sich die vielen widerspruchsvollen Züge im Charakter des Patienten erklären lassen, ausführlicher beschrieben. Er zeigte nebeneinander zwanghafte Züge wie Sauberkeit, Schönheitskult, Anständigkeit, Freundlichkeit und isolierte kalte, offene Todeswünsche seiner Mutter wie auch seiner Geliebten gegenüber. Solange er unter dem Druck eines grausamen und einschränkenden Überichs stand, hielt er bewußt die Fahne eines Ideals hoch, das die völlige (prägenitale) Triebfreiheit ohne Schuldgefühle anstrebte. Und er klagte über seine gemäßigte, allzu vernünftige Einstellung, über seine Hemmungen, obgleich er sich offen wünschte, daß er trinken, huren, stehlen und Geld verschwenden könnte. Dabei war ihm überhaupt nicht bewußt, daß er zu anderen Zeiten tatsächlich trank, Geld verschwendete und sich prägenitalsexuellen Phantasien und Verhaltensweisen hingab. Da diese Schwächen ihm das lebhafte Gefühl und die Lust nach der er sich sehnte, gerade nicht brachten, sondern ihn in einer deprimierten Stimmung zurückließen, konnte er sein Verhalten weder bemerken noch sich zu ihm bekennen.

Man kann das Wesen dieses Patienten am besten beschreiben, wenn man sagt, daß er versucht hatte, eine in sich schlüssige, zwanghafte Persönlichkeitsstruktur aufzubauen, was ihm aber nicht richtig gelungen war. Man kann dies auch häufig bei Patienten mit manifesten Zwängen beobachten, jedoch nicht im gleichen Ausmaß. Er zeigte innerhalb seines Überichs und seines Ichs Widersprüche, die während der Adoleszenz deutlich wurden, als er damit begann, den einschränkenden und dem Anschein nach zwanghaften Vater, der in Wirklichkeit ähnliche widerspruchsvolle Charakterzüge aufwies, zu verdächtigen und sich offen gegen ihn aufzulehnen. Daher entstand in ihm ein Überich, das abwechselnd zu einschränkend und wieder auch, obgleich es strafte, zu nachlässig war. Mal äußerte sich sein Ich gehemmt, mal impulsiv. Seine akzessorischen Abwehrvorgänge (Isolierung, Verleugnung, Distanzierung und Projektion) sollten sein Ich vor fortbestehenden prägenitalen und sadomasochistischen Triebeinbrüchen schützen, die auf frühen Identifizierungen mit seinen Eltern und seinem Brüderchen beruhten.

Wie bei Herrn H. so hatte auch bei Herrn F. das Es unter dem Deckmantel eines bewußten Ideals einen Weg ins Überich gefunden. Bei Herrn H.s Ideal handelte es sich um ein ästhetisches Interesse und Ziel; Herrn F.s »Freiheitsideal«[7], das sein Verhalten weitgehend beeinflußte, war offen »delinquent«. Ich beobachtete an manchen Borderline-Fällen oder psychotischen Depressionen, wo Depersonalisationserlebnisse im Vordergrund der Symptomatologie standen, daß die Selbstanklagen der Patienten, ähnlich wie bei Herrn F., einen Kern hatten, der der Wirklichkeit näher kam, als es bei melancholischen Depressionen üblich ist. Diese Patienten hatten sich zu Zeiten entweder sehr unbeherrscht oder delinquent verhalten oder sie hatten mindestens einmal etwas »Unmoralisches« oder »Unverzeihliches« geplant oder auch tatsächlich begangen.

Die Anstrengungen, die Herr F. unternahm, um zu beweisen, daß nicht er, sondern die Eltern die eigentlichen Verbrecher waren, haben mit der emotionalen Situation, in der sich die beschriebenen Gefan-

---

7 Man kann die Idealisierung sadomasochistischer Vorstellungen, in einer grotesken oder sogar wahnhaften Form, bei bestimmten schizophren-paranoiden Patienten beobachten. Ein zwanzigjähriger, schwer paranoider schizophrener Junge beispielsweise machte Hitler zu seinem Idol und identifizierte sich mit ihm. Während seiner Arbeit stellte er sich vor, er sei entweder »Hitler, der eine Stadt mit Bombern angreift und überfällt«, oder »Hitler, der Märtyrer, der für sein Volk und sein Endziel stirbt«.

genen befanden, eine gewisse Ähnlichkeit. Der Unterschied liegt jedoch in den realen Umständen. Die Gefangenen lebten tatsächlich unter Verbrechern, und für ihr Gefühl, daß sie ungerecht behandelt wurden und nicht sie, sondern ihre Ankläger und Verfolger die »echten« Verbrecher waren, gab es gute Gründe.

Mir begegnete unter den kriminellen Insassen des Gefängnisses ein Mädchen, das wegen seiner Mittäterschaft bei Raub und Mord acht Jahre zu verbüßen hatte. Ihr Beispiel ist besonders interessant, weil es die Art von Konfliktsituation, die wir hier besprechen, besonders deutlich heraushebt. Während ihrer Inhaftierung litt sie unter einer schweren Depression, die mit einer Depersonalisation einherging. Sie hatte als Sekretärin gearbeitet, und ihr soziales Verhalten war bis zu dem Zeitpunkt, wo sie sich leidenschaftlich in einen kriminellen Psychopathen verliebte, normal gewesen. Er verleitete sie zur Beihilfe an der Ermordung und Beraubung einer alten Frau. Dann entfloh er, und sie hatte die Folgen zu tragen. Sie war, wie erwähnt, stark deprimiert und verhielt sich als Mustergefangene, die ihre Strafe als verdient hinnahm. Überdies erkrankte sie im Gefängnis an einer Tuberkulose. Zunächst hatte sie sich als politische Gefangene ausgegeben, aber ihre Lüge kam heraus. Sie weckte mein Interesse und brannte auch darauf, mir ihre Geschichte zu erzählen. Sie hatte sich stets als ein Mädchen gesehen, das Idealen nachhing und recht differenziert war, aber sie gestand mir gegenüber ein, daß sie sich, was ihr kriminelles Selbst betraf, völlig entfremdet und unwirklich fühlte. Sie vermochte zeitweise nicht zu glauben, daß sie ein solches Verbrechen begangen hatte. Dieser Depersonalisationszustand hatte schon eingesetzt, bevor man sie festnahm. Während der sklavischen Bindung an ihren kriminellen Geliebten hatte sie sich gefühlt, als wäre sie in Trance, als sei sie nicht mehr derselbe Mensch und werde gezwungen, so zu handeln, wie sie es tat. Ihre Vorspiegelung, sie sei keine Verbrecherin, sondern eine politische Gefangene, stand im Einklang mit ihrer Selbstentfremdung und ihrer inneren Gespaltenheit.

Wir sehen in ihrem Fall einen völligen Zusammenbruch des Überichs, der unter dem Einfluß einer leidenschaftlichen Verfallenheit stattfand. Dadurch konnte sich die Identifizierung mit dem angebeteten, kriminellen Liebesobjekt in ihrem Ich vollständig durchsetzen. Ihr Beispiel rückt durch die Tatsache, daß sie ihre Leidenschaft so erlebte, als stünde sie unter dem »hypnotischen« Einfluß ihres Liebhabers, in die Nähe dessen, was in echten hypnotischen Verfassungen und

»Fugue«-Zuständen (Poriomanie) geschieht[8]. In der Hypnose wird durch den Hypnotiseur künstlich ein plötzlicher regressiver Prozeß erzeugt, der dazu führt, daß frühere Überich-Ich-Zustände wieder aufleben. Für die »Fugue«-Zustände stellten Fisher und Joseph (1949) fest, daß sie dann einsetzen, wenn die Gefahr besteht, daß Mordimpulse ins Bewußtsein einbrechen oder tatsächlich schon bewußt geworden sind.

Leider muß ich darauf verzichten, die auf der Hand liegende Beziehung, die zwischen den hypnotischen Verfassungen und »Fugue«-Zuständen auf der einen Seite und der Depersonalisation andererseits besteht, gründlicher zu untersuchen. Stattdessen möchte ich über einen letzten Fall berichten, der für die infantilen Ursprünge der Depersonalisation sehr aufschlußreich ist. Er zeigt, wie während der Kindheit Zustände der Selbstentfremdung als das Ergebnis von Verführungen, die das Kind erlebt, entstehen. Hierin wird nochmals deutlich, welchen prädisponierenden Einfluß frühe Verführungen durch die Eltern und ein widersprüchliches elterliches Überich ausüben.

Frau J.

Es handelte sich um eine junge geschiedene Frau in den Zwanzigern, die wegen depressiver Verstimmungen und masochistischem Verhalten zur Behandlung kam. Diese Beschwerden beeinträchtigten ihr Liebesleben. Frau J. besaß trotz ihrer Symptome eine ungewöhnliche Ich-Stärke, die sich in ihrem heroischen Kampf gegen eine schwere Erkrankung äußerte. Sie wurde seit ihrer Kindheit immer wieder von Blasen- und Nierenbeckenentzündungen heimgesucht. Die fast chronische Erkrankung hatte schon dem Kind eine beträchtliche physische und auch allgemeine Ich-Einschränkung auferlegt. Ständige medizinische Betreuung war erforderlich, zu der auch sehr schmerzhafte Blasenspülungen gehörten. Ihre Erkrankung hatte sie zudem

---

[8] Als ich die erste Fassung dieser Arbeit im *Austin Riggs Center* vortrug, machten mich Dr. Brenman und Dr. Rapaport auf die Beziehung aufmerksam, die zwischen der Depersonalisation und den Erlebnissen von hypnotischen und »Fugue«-Zuständen besteht. – Für diese psychopathologischen Verfassungen wird auch die deutsche Bezeichnung »Wanderzustände« gebraucht. Sie sind sowohl im Rahmen der Psychosen wie auch bei den Epilepsien beschrieben worden. Vgl. Redlich/Freedman, *Theorie und Praxis der Psychiatrie,* Frankfurt 1970, S. 897 f. (Anm. d. Übers.)

viele Jahre daran gehindert, die Beherrschung des Blasenschließmuskels zu erlangen.

Die unvernünftigen Eltern tadelten das kleine Mädchen wegen seiner Krankheit wie auch wegen der mangelnden Blasenkontrolle unaufhörlich und ungerechtfertigt. Sie taten ihr Möglichstes, um die echte körperliche Versehrtheit ihres Kindes zu leugnen. Ihre Schuldgefühle milderten sie durch Projektionen und die Zurschaustellung ihres eigenen Leidens. In der Tat hatten sie guten Grund, sich schuldig zu fühlen; das kleine Mädchen war durch die therapeutischen Maßnahmen, wozu Untersuchungen und ziemlich unbedachte Berührungen des Genitalbereichs gehörten, ständig verführerischen Reizen ausgesetzt. Zum Teil wurde die Behandlung neben dem Arzt von den Eltern, auch vom Vater, ausgeführt. Das Kind war von den ersten Lebensjahren bis in die Latenzphase sadistischen urethralen, analen und genitalen Überreizungen ausgesetzt, die zu einer Vermischung von Schmerzen und sexuellen Erregungen führten.

Die Blasenspülungen waren besonders traumatisierend. In angstvoller Erwartung versuchte sich das kleine Mädchen auf diese Prozedur einzustellen. Sie konnte sie alsbald hinnehmen, wenn sie sich eines klugen Hilfsmittels bediente. Vor der Prozedur sprach sie für sich mit der Blase, schalt und bestrafte sie wie folgt: »Böse Blase, schäm dich, geh und stell dich drüben in die Ecke«. Sie entfernte das böse und kranke Organ auf magische Weise aus ihrem Körper, wurde dadurch sozusagen körperlich taub oder vermochte doch zumindest die unerträgliche Spannung und den Schmerz so weit herabzusetzen, daß sie stilliegen und die Prozedur ohne Angst und Auflehnung ertragen konnte. Wenn es vorbei war, gab sie die Blase sozusagen wieder frei und sagte fröhlich: »Jetzt bist du wieder gut und kannst zu mir zurückkommen«. Die rührend einfache Art, mit der das kleine Mädchen sich wirksam behelfen, zumindest seine Schmerzen verringern konnte, verriet nichts von der tieferen Bedeutung dieser Prozedur wie auch von den in der Tiefe bestehenden Triebkonflikten, die durch diese Abwehrmaßnahme nicht gelöst werden konnten.

Die therapeutisch-sexuellen Situationen übten auf den Vater eine ebenso verführerische Wirkung aus wie auf das Kind. Er hing übermäßig an seiner kleiner Tochter, und zwar mehr physisch als gefühlsmäßig. Eine Erinnerung zeigte, daß er die eigenen inzestuösen Wünsche seiner Mutter gegenüber auf diese Tochter übertragen hatte. Auch während der Adoleszenz der Patientin verhielt er sich verführerisch. Die Patientin reagierte mit Schrecken, Abscheu und Feindseligkeit. Schließlich distanzierte sie sich auch vom Vater, nachdem sie sich zuvor schon von der Mutter abgewandt hatte.

Zunächst konnte sie der ungesunden häuslichen Situation dadurch entfliehen, daß sie sich eng der anziehenden, warmherzigen und interessanten Familie einer Freundin anschloß. Dieser wohltuende und anregende Einfluß ließ sie gefühlsmäßig wie auch intellektuell aufblühen. Sie begann ein Studium und entfaltete viele Interessen und Sublimierungen.

Als sie jedoch durch äußere Umstände diese Freunde verlor, nahm sie den ersten ernsthaften Heiratsantrag, den sie erhielt, an und zog mit achtzehn Jahren aus ihrer Heimatstadt fort. Es überrascht nicht, daß die Patientin einen Psychopathen zum Ehemann gewählt hatte. Er zwang sie in eine stark masochistische Position, die eine Wiederholung ihrer Kindheitssituation darstellte. Sieben Jahre lang verleugnete die Patientin hartnäckig, daß sie versagt hatte und unglücklich war; sie wahrte den Anschein einer ungestörten Ehe. Das hochintelligente und begabte Mädchen gab während dieser Jahre alle eigenen Neigungen, Interessen und Fähigkeiten ihrem zwar talentierten, jedoch unverantwortlichen und parasitär eingestellten Ehemann zuliebe auf. Sie nahm untergeordnete Arbeiten an, schuftete von morgens bis abends und lebte gewissermaßen auf einem regressiven und eingeschränkten Ich-Niveau, in einem gefühlsmäßig tauben, chronisch deprimierten und depersonalisierten Zustand, der an die schlimmste Phase ihrer Kindheit erinnerte.

In ihrer Analyse kam jedoch zum Vorschein, daß sie sich während all dieser Jahre ein heimliches Phantasieleben bewahrt hatte, dem der verführerische Einfluß des prägenitalen Klimas, das ihr Partner schuf, ständig Nahrung gab. In diese eigene oder private Welt gehörten auch sexuelle Phantasien, die sich als nahezu unverhüllte Abkömmlinge der früheren quälenden Kindheitserlebnisse erwiesen. Mit der Analyse dieser Phantasien und der frühkindlichen Erinnerungen erschloß sich auch die tiefere Bedeutung und Struktur ihrer infantilen Abwehrmaßnahme. Wenn sie ihre »böse« Blase »in die Ecke schickte«, sollte sie dies nicht nur vor Schmerz und Verletzung schützen, sondern mehr noch vor der Gefahr stürmischer, sadistisch-motorischer Reaktionen, vor analen und urethralen Ausbrüchen. Schließlich stellte diese Abwehrmaßnahme auch einen Schutz gegen den masochistischen Genuß dar, vom Vater »vergewaltigt« zu werden. Das kleine Mädchen hatte bei all seinem Wunsch nach Vergeltung und Umkehrung der Situation nie die wunderbaren, lockenden Gefühle vergessen, die sie empfand, als sie, mindestens einmal, sich aufgelehnt und dem behandelnden Arzt ins Gesicht uriniert hatte.

Ihr Zwiegespräch mit der Blase offenbarte nun, daß sie die Behandlungen als Strafmaßnahmen und zu gleicher Zeit auch als sexuelle Befriedigung empfand. Die »böse« Blase war mit Sicherheit sie selbst, das böse kleine Mädchen nämlich, das sich inzestuöse Lust wünschte, sich dieser Lust hingab und daher auch Strafe verdiente und erhielt. Wenn sie die Blase aus ihrem Körperselbst ausstieß, konnte sie das Verbrechen wie auch die Bestrafung verleugnen und auf das personifizierte Organ verschieben. Zugleich stellte die »böse«, gescholtene und bestrafte Blase auch die »bösen« Eltern dar, von denen sie sich entfernen wollte, weil diese sie verführten und gleichzeitig bestraften, weil sie, was noch schlimmer war, ihr eigenes Leiden zur Schau stellten und das Kind dafür verantwortlich machten.

Bemerkenswert ist noch, daß die Patientin unter zwanghaften Zweifeln litt, ob sie oder ihre Eltern an ihrem Mißgeschick schuldig waren. Sie suchte nach Beweisen für die Schuld der Eltern. Und wie Herr F. glaubte sie schließlich, daß nicht sie, sondern die Eltern die eigentlich Schuldigen waren.

Es kennzeichnet die Vitalität dieser Patientin, daß sie nach sieben Jahren masochistischer Sklaverei noch die Kraft fand, sich aufzulehnen und ihren Mann zu verlassen. Erneut unter dem Einfluß von Freunden, die sie ermutigten, holte sie ihr »gutes Selbst« aus dem Exil zurück. Sie griff ihre früheren Interessen aus der Zeit der Adoleszenz wieder auf und ging zurück zum College. Sie schloß ihr Studium ab und schlug eine erstaunliche berufliche Laufbahn ein. Schließlich führte die Behandlung dazu, daß sie in einer neuen Ehe auch persönliches Glück fand.

Schlußfolgerungen

Nachdem wir die Konflikte und Abwehrvorgänge, die den Depersonalisationszuständen zugrunde liegen, zunächst an einer Gruppe normaler Menschen, die sich in einer außergewöhnlichen Situation befanden, und dann an verschiedenen Persönlichkeiten mit neurotischer und Borderline-Struktur untersucht haben, möchte ich die Eindrücke, die sich aus diesem Material ergeben, zusammenfassen und meine eigenen Schlußfolgerungen neu formulieren.

In den Depersonalisationszuständen zeigt sich offenbar stets der Ver-

207

such, einen narzißtischen Konflikt zu lösen. Wenn die Depersonalisation durch einen überraschenden Liebesverlust oder den Verlust eines Liebesobjekts entsteht, hat sie Objektbeziehungen narzißtischer Art zur Voraussetzung. Dieser narzißtische Konflikt erwächst jedoch nicht, wie es bei einer Depression der Fall ist, aus einer Entzweiung (*schism*) von Überich und Ich, sondern er entsteht innerhalb des Ichs. Er entspringt einem inneren Kampf mit Identifizierungen und Selbstimagines, die einander widersprechen.

Unser Beobachtungs- und Fallmaterial läßt vermuten, daß selbst normale Menschen, wenn ihnen traumatische oder auch nur ungewöhnliche Ereignisse zustoßen, mit vorübergehenden Depersonalisationszuständen reagieren können. Ich erwähnte jene leichten, flüchtigen Entfremdungserlebnisse, die dann auftreten, wenn Menschen überraschend in eine Umgebung versetzt werden, die ihnen ungewohnt und fremd ist. Auch eine neue, faszinierende Umgebung, auf die wir uns mit Sicherheit einstellen können, die wir überdies lebhaft und lustvoll erleben, kann Zustände der Entfremdung bewirken. So köstlich das neue Erlebnis ist, wir fühlen doch, daß wir nicht zu dieser herrlichen, neuen Welt »gehören«. Offenbar lädt sie zu neuen Identifizierungen ein, und unser Ich weigert sich, diese neuen Möglichkeiten sogleich zu akzeptieren. Dieser Vorgang weist darauf hin, daß die primäre Ursache unseres gestörten Erlebens nicht eine Störung oder ein Bruch in den Objektbeziehungen ist, sondern ein narzißtischer Konflikt, der aus der Verschiedenheit gegensätzlicher Identifizierungen entsteht.

Wahrscheinlich entstehen flüchtige Entfremdungserlebnisse dieser Art nicht unter den gleichen Voraussetzungen wie die echt pathologischen Depersonalisationszustände, über die ich weiter oben berichtet habe. (Es ist jedoch interessant, daß die Depersonalisationsempfindungen beim Patienten H. »in leichterer Form« wiederkehrten, wenn er in eine unvertraute Umgebung versetzt wurde und dadurch vorübergehend sein Heim, Familie und Freunde verlor.) Es scheint, daß die pathologische Depersonalisation entsteht, wenn unvermutet schwere regressive Prozesse das Ich und das Überich bedrohen, zur Triebentmischung führen und prägenitale Triebregungen in die beiden Strukturen eindringen. Diese Vorgänge können durch äußere, traumatische Ereignisse ausgelöst werden oder durch Erlebnisse, die aus inneren Gründen eine traumatische Wirkung haben. Sie können kürzer oder länger andauern; bei Menschen, die durch eine unausgewogene, mit Widersprüchen behaftete Ich-Überich-Struktur zu regressiven Rückfällen prädisponiert sind, können sie wiederholt auftreten. Außerdem können diese regressiven Prozesse auf eine psychotische Störung hinweisen.

Die narzißtische Konfliktsituation lag bei der Patientin G. am unkompliziertesten. Der Kastrationsschock weckte eine heftige Feindseligkeit in ihr, die sie dadurch abwehrte, daß sie sich von ihrem Kind zurückzog. Dies weist sicherlich darauf hin, daß dieses Trauma eine plötzliche narzißtische Regression und Triebentmischung auslöste. Jedoch blieb in Frau G.s Fall der Konflikt auf einen inneren Kampf zwischen zwei gegensätzlichen Selbstrepräsentanzen beschränkt. Die gegensätzlichen Phantasien, die in diesen Repräsentanzen ihren Niederschlag gefunden hatten, betrafen einerseits ihre Identifizierung mit der bewunderten, phallischen Tochter, andererseits ihre Identifizierung mit der abgewerteten, kastrierten Tochter. Dies erklärt, warum ihr Depersonalisationserlebnis heftig war, kurz andauerte und sich nicht wiederholte.

Die Konfliktsituation lag bei den anderen Patienten und den politischen Gefangenen verschieden, weil das Überich stärker hineinspielte. Weiter oben betonte ich, daß sich der Konflikt, der zur Depersonalisation führt, nicht zwischen Überich und Ich, sondern innerhalb des Ichs abspielt. Das schließt jedoch nicht aus, daß die Rolle, die dem Überich bei der Konfliktentwicklung zukommt, dennoch überaus wichtig ist. Unser Beobachtungs- und Fallmaterial liefert dafür genügend Beweise. Mit der Ausnahme von Frau G. war der Grund dafür, daß Triebregungen ins Ich eindrangen, in einer Instabilität und Schwäche der Überich-Struktur wie auch in den daraus resultierenden Widersprüchen zu suchen. Daraus entstand die eigentliche Spaltung im Ich, zwischen einem Ich-Anteil nämlich, der eine normale, auf sicheren Identifizierungen beruhende Verhaltensebene wiederherzustellen und zu erhalten suchte, und einem anderen Teil, der vorübergehend regrediert war und prägenitalen, sadomasochistischen Identifizierungen und Objektbeziehungen nachgab. Daher fanden sich bei den Gefangenen und den drei Patienten Zeitabschnitte, wo sie deutlich zwischen entgegengesetzten, normalen oder regressiven Ich-Zuständen schwankten und entweder in kurze oder wiederkehrende oder auch anhaltende Depersonalisationszustände gerieten.

Die besonderen Abwehrmaßnahmen, die solche Zustände herbeiführen, richten sich gegen unannehmbare, verpönte Identifizierungen und können daher als Versuche definiert werden, diese Identifizierungen ungeschehen zu machen, indem der verpönte Ich-Anteil und die entsprechenden Selbstrepräsentanzen übergangen und verleugnet werden. Diese Abwehr trägt demnach alle jene Merkmale unreifer Abwehrvorgänge, wie ich sie im vorhergehenden Kapitel beschrieben habe. Wir sahen am Beispiel der politischen Gefangenen, daß die Verdrängung den einzelnen verpönten Es-Impulsen, die in Versuchungssituationen geweckt wurden, so lange entgegenarbeiten konnte, wie das Überich und das Ich unversehrt, funktionsfähig blieben. Sobald aber die Überich-Struktur geschwächt war und die Verdrängung versagte, gerieten die Gefangenen in die Situation, daß sie gegen Rückfälle in einen »kriminellen« Ich-Zustand ankämpfen mußten, in dem sie sich mit den verhaßten, wertlosen Kriminellen nicht nur identifiziert fühlten, sondern mit ihnen auch tatsächlich identifiziert waren. Die Abwehr richtete sich dann nicht mehr gegen »böse« Triebimpulse, sondern gegen »schlechte« Körperteile oder das »kriminelle« Selbst *in toto*, und die entsprechenden Imagines wurden abgespalten und ausgelöscht.

Im vierten Kapitel habe ich auch die Überbesetzung der Wahrnehmung dargestellt, von der das beobachtende Ich in den Entfremdungszuständen zeugt. Ich beschrieb dort, wie Herr F. danach verlangte, beim Geschlechtsverkehr den beglückten Gesichtsausdruck seiner Frau zu beobachten. Während sein Beobachten die weibliche Kastration ungeschehen machen und verleugnen sollte, brach jedoch bei anderen Gelegenheiten sein ursprünglicher sadistischer Wunsch durch, denselben Schaden oder Fehler bloßzustellen. Beim Verkehr befriedigte er höchst selten seine Wünsche; stattdessen wurde er sich selbst fremd und »beobachtete« sein eigenes Tun. An diesem Beispiel können wir sehen, wie bei der Depersonalisation die Selbstbeobachtung den ursprünglich sadistisch-voyeuristischen Impuls, der sich auf die Frau richtete, in sich aufnahm, ihn umwandelte und dazu gebrauchte, die Identifizierung mit dem kastrierten Objekt zu verleugnen, indem sie diesen Impuls gegen das Selbst umwendete.

Auch Oberndorf (1950) legte besonderes Gewicht darauf, daß bei solchen Patienten ein pathologisches Überich vorliegt. Ich möchte seiner Annahme, das Überich dieser Patienten zeige einen Mangel an Übereinstimmung und Stabilität, zustimmen. Er behauptete aber, das Überich weise Diskrepanzen auf, weil unannehmbare Überich-Identifizierungen mit der gegengeschlechtlichen Elternfigur bestünden. Diese These wird durch meine Beobachtungen nicht in vollem Umfang bestätigt. Gewiß kam es im Fall von Frau G. zur Depersonalisation, weil bei ihr ein Konflikt zwischen der phallischen und der unannehmbaren masochistischen Identifizierung mit dem »kastrierten« Kind bestand. Da in diesem Konflikt gegensätzliche Ideale, nämlich ein männlich-aggressives und ein weibliches, zum Ausdruck kamen, scheint Oberndorfs Annahme zutreffend zu sein. Ich meine dagegen, die widersprüchlichen Eigenschaften des Überichs entstehen bei diesen Patienten, weil Triebregungen ins Ichideal eindringen und dort eine Diskrepanz erzeugen. Bei meinen sämtlichen Fällen entstanden diese Widersprüche und Unvereinbarkeiten unter dem Einfluß eines unzureichenden (*defective*) elterlichen Überichs; ich räume allerdings ein, daß dies nicht allgemein zuzutreffen braucht.

Dies führt uns zu den Beziehungen zwischen Depersonalisation und (melancholischer) Depression und zu den verschiedenen Identifizierungsmechanismen, die bei diesen Zuständen vorliegen. Depression und Depersonalisation gehen aus narzißtischen Konflikten hervor, und es scheint, daß beide Objektbeziehungen narzißtischer Art voraussetzen. Der Konflikt bei der Depersonalisation ist jedoch unter strukturellem Gesichtspunkt völlig verschieden vom Konflikt bei der Depression. In beiden Fällen führen die Identifizierungsvorgänge zu einer inneren Entzweiung oder Spaltung; bei der Depression entsteht der Bruch jedoch zwischen dem strafenden, sadistischen Überich und dem Ich oder der Selbstimago, während bei der Depersonalisation, wie der Fall von Frau G. zeigt, das Überich an diesem Konflikt nicht beteiligt sein muß. Offenbar führen jedoch bei vielen dieser Patienten die Unvereinbarkeiten im Überich zu einem Bruch im Ich und zu einer Spaltung innerhalb der Selbstrepräsentanzen. Wir finden bei der Depersonalisation anstelle eines Überichs, das straft und das wertlose Selbst anklagt, einen unversehrten, distanzierten Ich-Anteil, der den anderen, unannehmbaren, gefühlsmäßig oder körperlich toten Ich-Anteil beobachtet.

Wir erinnern uns, daß Nunberg (1932) die Beschwerden von Patienten mit schweren Depersonalisationszuständen als Kastrationsklagen deuten konnte und auf die Identifizierung des Ichs mit dem Genitale hinwies. Dies steht mit meinen Ergebnissen im Einklang, die überdies zeigen, daß der entwertete, kastrierte Teil der Selbstimago entfremdet und tot erlebt wird, weil er mit abgewerteten, kastrierten Objektimagines identifiziert ist. In der Depression lenkt das Überich die Feindseligkeit auf das Ich als Ganzes oder auf die Selbstrepräsentanzen, während bei der Depersonalisation ein Teil des Ichs die Aggression verwendet, um den anderen, »schlechten« Teil des Ichs auszulöschen. Auch dies bestätigt Oberndorfs (1950) Annahme, daß die Depersonalisation ein »Sich-tot-Stellen« bedeutet.

Wir können uns nun fragen, wie die Depersonalisation im Rahmen einer Depression entsteht; die Antwort ist nicht schwer. Das Überich und ein Teil des Ichs können leicht ihre Kräfte vereinigen, um gegen das wertlose, erniedrigte und infantile Selbst zu kämpfen. Dies wurde von Bergler und Eidelberg (1935) nachdrücklich betont. Sie nahmen allerdings an, daß bei der Depersonalisation immer ein Teil des Ichs dem Überich seine Dienste anbietet, und das Ich seine eigenen Waffen benutzt, um sich selbst zu besiegen. Meines Erachtens trifft diese Annahme nur in einzelnen Fällen zu, und ich stimme in meinen Schlußfolgerungen wohl mit H. R. Blank (1954) darin überein.

Eine letzte Bemerkung noch, was die Depersonalisationszustände bei schizophrenen Patienten betrifft. Meinem Eindruck nach weisen Depersonalisationserlebnisse, die meist zu Beginn der Erkrankung eintreten, auf die plötzliche Mobilisierung regressiver Vorgänge hin. Es wurde auch die Auffassung geäußert, die Depersonalisation stelle einen Restitutionsvorgang dar. Ich meine dagegen, daß sie auch bei psychotischen Patienten als eine Abwehrmaßnahme des Ichs anzusehen ist. Das Ich versucht gleichsam zu genesen und seine Unversehrtheit zu bewahren, indem es dem regredierten, erkrankten Anteil entgegentritt, sich von ihm distanziert und ihn verleugnet.

Teil II

6. Nosologische und theoretische Probleme der depressiven Zustände*

Begriffsverwirrung und verschiedene Forschungsmethoden

Im zweiten Teil dieses Buches werden uns diejenigen klinischen, theoretischen und entwicklungspsychologischen Fragen beschäftigen, die sich uns stellen, wenn wir schwer depressive Patienten verschiedener Art, Borderline-Fälle oder ambulante Psychotiker, behandeln. Einige der Kapitel enthalten wiederum vergleichende Untersuchungen, wobei ich auf die differentialdiagnostischen Kriterien besonderes Gewicht gelegt habe; ausführliches Fallmaterial wird dargestellt, um die theoretischen Annahmen zu erhärten. Bevor ich mich jedoch einzelnen Fragen zuwenden kann, muß ich einige strittige Punkte erörtern, deren Klärung für die psychoanalytische Erforschung von depressiven Fällen meines Erachtens vorausgesetzt werden muß.

Im Verlauf der vergangenen vierzig Jahre konnte ich eine ziemlich große Gruppe von schwerkranken Patienten beobachten, behandeln und ihre weitere Entwicklung verfolgen. Diese Patienten litten unter wiederholten, episodischen oder chronischen depressiven Zuständen. Durch die Untersuchung dieser Fälle und das Studium der psychoanalytischen Literatur[1] über Depressionen entstand bei mir der Eindruck, daß unsere früheren wie auch unsere gegenwärtigen Vorstellungen über die Depression, insbesondere über die psychotisch-depressiven Zustände, noch immer bruchstückhaft, wenig schlüssig und sogar widersprüchlich sind. Dieser Sachverhalt führte dazu, daß sich mein Interesse auf die Affekte und ganz allgemein auf die Erfor-

---

* Dieses Kapitel geht auf eine Reihe von Vorstellungen zurück, die ich in einer unveröffentlichten Arbeit über *Primary and Secondary Symptom Formation in Endogenous Depression,* auf dem *Midwinter Meeting* der Amerikanischen Psychoanalytischen Vereinigung am 16. Dezember 1947 in New York vorgetragen habe. Der größte Teil dieser Arbeit ist jedoch später geschrieben und bisher nicht veröffentlicht worden.

1 Ich werde nicht versuchen, einen Überblick der gesamten psychoanalytischen Literatur zum Thema Depression zu bieten, da einige Übersichtsarbeiten bereits von anderen Autoren veröffentlicht wurden (siehe beispielsweise Bellak, 1952; Grinker, 1961; Mendelson, 1960; Ostow, 1970 und Rochlin, 1965).

schung der normalen und pathologischen Stimmungen richtete; diese Themen habe ich im ersten Teil dieses Buches behandelt.

In den Ungereimtheiten der psychoanalytischen Depressionstheorie schlägt sich zum Teil nieder, wie unsere theoretischen Vorstellungen sich gewandelt haben; ich denke dabei an die letzte Angsttheorie, die Freud einführte, an seine Gedanken über die Rolle, die der Aggression zukommt, an die Anfänge struktureller Gesichtspunkte und die Entstehung der psychoanalytischen Ich-Psychologie. Es kommt hinzu, daß die gegenwärtige psychoanalytische und psychiatrische Literatur, die sich mit den Psychosen im allgemeinen und psychotischen Arten der Depression befaßt, von überraschend guten Ergebnissen berichten kann, die mit der psychoanalytisch orientierten Psychotherapie, aber auch der Psychoanalyse bei der Behandlung von psychotischen Patienten erreicht wurden. Solche Ergebnisse sind nicht nur interessant und vielversprechend, sondern sie belegen auch, welche bedeutsame Rolle den psychogenetischen Faktoren für die Entstehung der Psychosen zukommt. Aber leider hat diese »dynamische« Methode auch zu der Tendenz beigetragen, daß man die deutlichen Grenzlinien zwischen Neurosen, Borderline-Fällen und Psychosen, aber auch zwischen den verschiedenen Arten der psychotischen Störungen, verwischte. Ich denke, daß diese Tendenz uns bei einer gut fundierten klinischen Orientierung auf dem Gebiet der Psychosen behinderte und diagnostische, nosologische, terminologische und theoretische Verwirrung stiftete.

Ein charakteristisches Beispiel dieser Begriffsverwirrung findet sich in der gebräuchlichen psychiatrischen Literatur, wo häufig die »neurotische« mit der »reaktiven« Depression gleichgesetzt wird. Bei dem Terminus reaktive Depression handelt es sich jedoch um einen alten, sehr brauchbaren psychiatrischen Begriff, der sich nicht auf die neurotische Depression bezieht, sondern auf jene Art der psychotischen Depression, die sich im Gegensatz zur »endogenen« Depression sehr deutlich als »Reaktion« auf ein auslösendes Ereignis entwickelt.

Die genannte Tendenz hat unter ätiologischem Gesichtspunkt auch zu einer Vernachlässigung von Freuds »Ergänzungsreihen kausaler Faktoren«[2] geführt, durch die den konstitutionellen und erblichen Faktoren auch für die Entstehung der Übertragungsneurosen ein Anteil eingeräumt wurde. Im Falle der affektiven Störungen läßt sich die Tendenz, eine deutliche Grenzlinie aufzugeben, bis auf Karl

2 Freud (1905 d), *Drei Abhandlungen zur Sexualtheorie*, S. 141 (Anm. d. Übers.).

Abraham zurückverfolgen. Er war der erste Analytiker, der manisch-depressive Patienten in psychoanalytische Behandlung nahm und bemerkenswerte therapeutische Erfolge erzielte. Abraham war ein hervorragender Kliniker, und sein Fallmaterial ist sehr lehrreich. Im Gegensatz zu Freud jedoch ging er mit den affektiven Störungen so um, als wären sie Neurosen; seine analytischen Ergebnisse mit derartigen psychotischen Fällen veranlaßten ihn wohl dazu, sie in der Hauptsache psychogenetisch aufzufassen. Wir dürfen auch nicht außer acht lassen, daß seine bemerkenswerten Beiträge der Einführung von Freuds neuen Theorien über die Triebe und die seelische Struktur, deren Anfänge man in *Trauer und Melancholie* (1917 e) auffinden kann, zeitlich vorausgingen. Daraus folgte, daß sich Abrahams Unterscheidung von manisch-depressiven und neurotischen Zuständen vor allem darauf gründete, daß es sich um jeweils unterschiedlich tiefe, prägenital-narzißtische Regressionen und, was die erblichen Faktoren betrifft, um die Frage der Triebkonstitution handelte. Theoretisch fehlte ihm noch der ichpsychologische Gesichtspunkt. Abraham machte zwar auf die Entwicklung der Objektbeziehungen beim Kind aufmerksam, beleuchtete aber noch nicht die Ich-Überich-Entwicklung des Kindes, ihren Stillstand und ihre Regressionen auf frühe Stufen der Objektbeziehungen, der Überich-Funktionen und der Abwehrmechanismen des Ichs bei den Psychotikern.

Seit Abrahams Beiträgen sind fünfzig Jahre vergangen, aber auch ein so hervorragender zeitgenössischer psychoanalytischer Autor wie Edward Bibring, der den Versuch unternahm, eine neue, ichpsychologische Theorie der Depression zu entwickeln, gebrauchte in der Vergangenheit übliche psychiatrische Begriffe in falschem Sinn und reduzierte die Unterschiede zwischen Trauer sowie normalen, neurotischen und psychotischen Arten der Depression auf Fragen des »Inhalts«. Ich werde seine Auffassungen später darstellen.

Viele Autoren haben ihrer Unzufriedenheit mit den verschiedenen vorhandenen nosologischen Systemen Ausdruck verliehen, und einige haben ihrerseits, wie erst kürzlich Rangell (1965), versucht, eine verbesserte »psychoanalytische« Nosologie zu entwerfen. Ich schätze die Kritik, die Rangell an unserer gegenwärtigen Einteilung übt, auch die Bedeutung, die er »einer sorgfältigen Einschätzung der Ich-Funktionen« als Voraussetzung für eine verbesserte psychoanalytische Nosologie beimißt, und halte auch einige andere Vorschläge, die er macht, für sehr wertvoll; jedoch kommen mir einige Zweifel über seine Beispiele (S. 141). So denke ich nicht, daß ein »wilder, adoleszenter, neurotischer Haß wahnhaft werden kann«. Haß ist ein Affekt, und als solcher ist er weder neurotisch noch psychotisch; seine Qualität und Intensität kann uns daran denken lassen, daß sein Vorstellungsinhalt ins Wahnhafte umschlagen könnte. Meines Erachtens stellt Rangells »zusammenfassende Beurteilung« – »der Charakter qualitativ hysterisch, in den Funktionen auf Borderline-Niveau und symptomatisch depressiv-süchtig« (S. 152) – den älteren und einfachen klinischen Begriffen gegenüber keine wesentliche Verbesserung dar. Diagnostisch würde ich diese Patientin als schizophrenienahen Borderline-Fall ansehen. Sie zeigt hysterische Charakterzüge, wie es bei vielen Schizophrenen der Fall ist; sie leidet unter depressiven Verstimmungen und neigt wegen ihrer Depressionen – und damit steht sie im Gegensatz zu den manisch-depressiven Patienten – zu suchthaftem Verhalten.

Meine Äußerungen lassen erkennen, daß ich mit jeglicher Art von neuen Vorschlägen, nosologisch oder anderweitig, unzufrieden bin, wenn sie dazu führen, daß klinische Beobachtungen und Tatsachen verunklärt und wichtige differentialdiagnostische Kriterien vernachlässigt werden. Meiner Meinung nach helfen uns diese Tendenzen nichts bei dem Bemühen, ein besseres klinisches und theoretisches Verständnis der Psychosen zu gewinnen; sie stellen außerdem auch keinen Ansporn für eine gut fundierte, gemeinschaftliche psychologisch-psychoanalytische und somatisch-neurophysiologische Forschung auf dem Gebiet der Psychosen dar. Zu einem gewissen Teil wird dieser Mangel an Zusammenarbeit durch Psychoanalytiker verursacht, die kein Interesse an somatischen Fragen der Forschung (das heißt an Fragen nichtpsychologischer Art) haben, zum anderen tragen dazu aber auch jene Wissenschaftler bei, die sich auf dem Gebiet der Psychiatrie wenig und auf dem der Psychoanalyse noch weniger auskennen. Die neurophysiologische Erforschung psychotischer Störungen setzt sorgfältige differentialdiagnostische Überlegungen voraus. So ist es beispielsweise aussichtslos, physiologische Forschung über »endogene« Arten der Depression zu treiben, wenn man eine Gruppe von Patienten untersucht, die aus neurotischen, manisch-depressiven und schizophrenen Patienten besteht[3]. Derartige Forschung kann nicht zu wissenschaftlich korrekten, gültigen Ergebnissen führen.

3 Dr. E. J. Sachar, ein Forscher, der klinisch und psychoanalytisch sehr viel weiß, bestätigte mir in einer persönlichen Mitteilung, daß eben dies vorkommt.

Es gibt jedoch bemerkenswerte Ausnahmen wie die Auffassungen, die von Reiser in seiner Arbeit *Toward an Integrated Psychoanalytic-Physiological Theory of Psychosomatic Disorders* (1966) oder von Bellak (1958) und Weiner (1958) in dem Buch *Schizophrenia: A Review of the Syndrome* (herausgegeben von Bellak) vertreten werden. An diesem Buch erweist sich, daß unterschiedliche Meinungen nicht mit Verwirrung gleichzusetzen sind. Es ist sicher kein Zufall, daß jeder dieser drei Autoren eine sorgfältige somatisch-psychiatrische und eine psychoanalytische Ausbildung hat.

Bellak weist darauf hin, daß seine »multifaktorielle, psychosomatische Theorie der Schizophrenie es erlaubt, die Schizophrenie als das gemeinsame Ergebnis einer Vielheit von individuell verschiedenen ätiologischen Faktoren zu verstehen« (S. 5). Wir können uns fragen, ob man mit diesen Worten von einer »Theorie« der Schizophrenie sprechen kann, aber ich bin der Ansicht, daß dieser »multifaktorielle, psychosomatische« Ansatz ein gutes Fundament darstellt, von dem eine umfassende Theorie der Schizophrenie und der affektiven Störungen ausgehen kann.

Die Hypothese, daß die Psychosen mit einem bislang noch unbekannten psychosomatischen Prozeß einhergehen, ist gut begründet, und deshalb sehe ich in Bellaks Ansatz eine Art von Voraussetzung, wenn man eine schlüssige Theorie der Depression aufstellen will. Da eine derartige Theorie sich mit den psychologischen Gesichtspunkten der neurotischen oder psychotischen Depression auseinandersetzt, halte ich es für selbstverständlich, daß sie von der psychoanalytischen Theorie Gebrauch macht; ich meine damit, daß wir in die Psychologie der Psychosen nur eindringen können, wenn wir die individuell verschiedenen und spezifischen, psychogenetischen Faktoren unter psychoanalytischen Gesichtspunkten untersuchen. Dazu gehören: für jede Gruppe der Psychosen die Art und die spezifische Struktur der bewußten und unbewußten psychotischen Konflikte, die charakteristischen Affekt- und Stimmungszustände sowie die besonderen Mechanismen der Abwehr und der Restitution. Diese Überzeugung liegt meiner Methode zugrunde, mit der ich an die Fragestellungen, die in diesem Buch entfaltet werden, herangegangen bin. Welchen Wert diese Methode für die Diagnose, die Prognose und die Therapie hat, zeigt sich zum Beispiel sehr deutlich an den Arbeiten von Kernberg, insbesondere an seinen Aufsätzen über Borderline-Patienten (1967, 1968).

Die Unterscheidung von »einfacher« psychotischer und akuter psychotischer Depression

In diesem Abschnitt möchte ich über einige klinische Beobachtungen berichten, die mir als Grundlage für meine theoretischen Annahmen dienten. Meine Feststellungen möchte ich dadurch vervollständigen, daß ich drei hervorragende psychoanalytische Arbeiten zur Depression diskutieren werde (E. Bibring, 1953; Mahler, 1966, und Rubinfine, 1968).

Wir erinnern uns, daß Freud die Neurose, die Melancholie und die Schizophrenie, nachdem er seine Unterscheidung der seelischen Strukturen Es, Ich und Überich eingeführt hatte, als Ergebnisse der Konflikte zwischen diesen Strukturen und der Realität definierte (1924 b [1923]). Seit dieser Zeit haben die Psychoanalytiker, die melancholische Depressionen untersuchten, sich hauptsächlich auf die Struktur und die infantilen Ursprünge des Konflikts zwischen Ich und Überich konzentriert. Diese Forschungsrichtung hat zweifellos sehr wertvolle klinische und theoretische Beiträge hervorgebracht; in gewisser Hinsicht hat sie jedoch auch den psychoanalytischen Weg zum Verständnis der Depression eingeengt.

Als ich Fälle beobachtete, die zur manisch-depressiven Gruppe seelischer Störungen gehörten (Patienten mit wiederkehrenden Phasen endogener Depressionen, zum Teil mit hypomanischen Zuständen abwechselnd), fiel mir schon 1943[4] auf, daß die Nachdrücklichkeit, mit der man das Schuldgefühl als Kern des Konflikts herausstellte, nicht allen Fällen gerecht wurde. Ich denke dabei nicht an diejenigen Fälle, die sich schließlich als Schizophrenie herausstellten, sondern an Patienten, die zweifellos manisch-depressiv waren und es auch blieben[5]. Bei der Mehrzahl dieser Patienten war das Problem der Schuld nicht einmal im Vordergrund des klinischen Bildes. Bei einigen zeigte sich ein schwerer, aber weder typisch »melancholischer« noch wahnhafter Schuldkonflikt, oder er kam im Verlauf der Behandlung zum Vorschein; bei den anderen war das emotionale Bild – neben der niedergedrückten Stimmung, der Denkhemmung und der psychomo-

4 Jacobson, E. (1943), ›The Oedipus Conflict in the Development of Depressive Mechanisms‹. *Psychoanalytic Quarterly*, 12, 541–560. Siehe außerdem Kapitel 8 (Anm. d. Übers.).

5 Meines Erachtens gibt es keinen Übergang von manisch-depressiven zu schizophrenen Zuständen. Ich konnte eine Reihe von Fällen verfolgen, die immer im Rahmen der affektiven Störung blieben.

torischen Verlangsamung etc. – gekennzeichnet durch Ängste, Gefühle von Leere und Gleichgültigkeit, von innerer Müdigkeit und Apathie. Sie fühlten sich seelisch und körperlich unfähig, das Leben und die Liebe zu genießen, waren sexuell impotent (oder frigid) und fühlten sich zutiefst minderwertig, unzulänglich und insgesamt wertlos. Diese Gefühle entsprachen der Verarmung ihres Ichs, ihrer Unfähigkeit, mit anderen Menschen eine Beziehung einzugehen sowie ihrem allgemeinen Interessenverlust. Ich habe schon in Kapitel 3 erwähnt, daß einige der Patienten, die über ihren Mangel an Gefühlen (ihr Gefühl der Gefühllosigkeit) klagten, sich auch nicht »traurig« fühlen konnten und sich sogar nach dieser Empfindung sehnten. Manche Patienten hatten paranoide Züge; andere ängstigten sich vor finanzieller Verarmung. Manche waren hypochondrisch: ihre Beschwerden und Ängste drehten sich um intellektuelle Störungen – sie hielten sich für »dumm« – um körperliche Defekte oder auch um körperliche und psychosomatische Symptome, vor allem im gastrointestinalen oder kardiovaskulären Bereich[6]. Bei den meisten Patienten der letztgenannten Gruppe, besonders denjenigen, die sich nicht der geringsten gefühlsmäßig deprimierten Empfindung bewußt waren, war weder ihnen selber noch ihren Ärzten der depressive Charakter ihrer Erkrankung aufgefallen. Der Verdacht, daß bei einigen von ihnen eine Schizophrenie vorläge, war gerechtfertigt, jedoch ist meines Wissens bei keinem jemals das klinische Bild einer Schizophrenie entstanden. In Übereinstimmung mit der üblichen psychiatrischen Terminologie handelte es sich bei den meisten Patienten, die ich beobachtete, eher um eine »einfach« verlaufende *(simple)* Depression als um das »akut« verlaufende (klinische) depressive Syndrom. Bedeutende klinische Psychiater wie Emil Kraepelin und Eugen Bleuler hatten auf die große Zahl von Fällen mit »einfacher Depression« hingewiesen, die zwar keine psychotischen Symptome im Sinne von

6 Ich weiß, daß meine Ansichten nicht mit denjenigen von Beres (1966) übereinstimmen. Während ich seiner Meinung bin, daß man bei einem klinischen Bild die depressiven Aspekte von anderen, mit denen sie zwar zusammenhängen, aber qualitativ verschieden sind, sorgfältig unterscheiden muß, kann ich dagegen seine Vermutung nicht bestätigen, die dahin geht, daß wir es beim Fehlen von Schuldgefühlen nicht mit einer Depression, sondern mit anderen Affekten wie Traurigkeit, Apathie oder Enttäuschung zu tun haben. Auch sein Fallbeispiel finde ich nicht überzeugend (S. 481 f.), schon weil sich bei nichtpsychotischen Depressionsformen die morgendliche Depression häufig nach dem Frühstück spontan aufhebt.

Wahnideen oder Halluzinationen bieten, aber dennoch der manisch-
depressiven Gruppe zugehören[7]. Diese Fälle werden, wenn es sich
um leicht verlaufende Depressionen handelt, gern mit neurastheni-
schen oder psychoneurotischen, somatischen oder psychosomatischen
Störungen verwechselt und dann an einen Analytiker überwiesen.
Häufig sind diese Patienten, auch während sie in einer depressiven
oder hypomanischen Verfassung sind, für eine psychoanalytische Therapie geeignet, was aber unser Wissen voraussetzt, daß wir es im
Grunde mit einem psychotischen Fall zu tun haben. Eine korrekte
Diagnose wird unter therapeutischem Gesichtspunkt die Wahl unserer
Behandlungsmethoden bestimmen; unter wissenschaftlichem Gesichtspunkt wird sie unser Verständnis derartiger Fälle vertiefen.
Sicherlich kann eine klare Differentialdiagnose bei Depressionen oft
schwierig oder sogar unmöglich sein, und der Fall, den ich im 8.
Kapitel vorstellen werde, zeigt diese Schwierigkeiten nur allzu deutlich. Wir können jedoch wertvolle diagnostische Kriterien gewinnen,
wenn wir uns auf die psychosomatischen, »endogenen« Aspekte des
in Zweifel stehenden Syndroms konzentrieren. Dabei denke ich nicht
nur an die folgenden Symptome, die auch Freud derart beeindruck-
ten, daß er ihren Ursprung eher im Somatischen als in psychologischen Zusammenhängen vermutete: Schlaflosigkeit, Anorexie, Ame-
norrhoe, Gewichtsverlust, Störungen des Vegetativums und des
Stoffwechsels sowie die häufigen gastrointestinalen oder kardiovaskulären psychosomatischen Symptome. Neben diesen Symptomen
möchte ich besonders nachdrücklich auf die psychosomatischen Merkmale der depressiven Verlangsamung hinweisen; sie färben auf die
Qualität, die Art der Depression ab und nicht auf den Inhalt. Echte
zyklothyme Patienten erleben ihre Verlangsamung sehr verschieden
von der Art, wie depressive Neurotiker ihre Hemmungen empfinden.

7 Katan (1954), der den Terminus »psychotisch« für Zustände reserviert,
die von deutlichen Zeichen bestimmt sind, daß sich ein Bruch mit der Realität vollzogen hat, würde von diesen Patienten wahrscheinlich sagen, daß sie
sich in einem »präpsychotischen« Zustand befinden. Aber angesichts der
Tatsache, daß sie in erster Linie die typische Symptomtrias bieten, die in der
phasenhaften depressiven Stimmung, der Hemmung des Denkens und der
psychomotorischen Verlangsamung sowie ihrem Gegenteil bestehen, fand ich
es jeweils nützlich, und überdies auch in Übereinstimmung mit der klinischen Psychiatrie, die psychotische Qualität ihrer Störung hervorzuheben.
Ich gebrauche den Terminus »präpsychotisch« bei diesen Störungen nur, um
ihre charakterlich bestimmte Prädisposition zu bezeichnen.

Zyklothyme scheinen sich bewußt zu sein, daß dieses Phänomen der Verlangsamung eine somatische Qualität hat. Sie erleben es so, als ob sie die Verlangsamung, ebenso wie der überreizte Zustand, wie eine körperliche Krankheit befällt. Ihrem gewohnten Erleben gegenüber kommt ihnen diese Empfindung fremdartig vor, wie etwas, was vom gesunden Anteil ihrer Persönlichkeit mit einer gewissen Distanz betrachtet und bis zu einem bestimmten Punkt sogar überwacht, kontrolliert wird. Einer dieser Patienten, eine Ärztin zwischen Vierzig und Fünfzig, sagte: »Wissen Sie, das ist eine richtige ›Krankheit‹. Auf einmal wache ich morgens auf und habe keinen Appetit mehr. Ich kann nicht denken, ich kann mich nicht bewegen, aber ich kann mich doch noch genügend beherrschen, um arbeiten zu können. An einem anderen Tag weiß ich dann nach dem Aufwachen, daß es vorüber ist.«

Häufig klagen diese Patienten, die sich ihrer deprimierten affektiven Verfassung nicht bewußt sind, nur über ihre seelische wie körperliche Müdigkeit und ihre Erschöpfung. Sie vergleichen ihre Verlangsamung mit einem Nebel, der in ihrem Verstand aufsteigt und ihn umhüllt; sie sprechen von einem Schleier, der sich über ihre Gedanken legt, oder von unübersteigbaren Mauern, woran ihre Gefühle, ihre Gedanken und ihre Handlungen gleichsam abprallen. Andere Patienten, besonders solche, die unter einer Involutionsdepression leiden, werden ruhelos und beklagen dies. Sie ziehen sich von ihrer Familie zurück und bleiben in ihrem eigenen Zimmer, wo sie immer wieder auf und ab gehen. Neben ihrer Ruhelosigkeit zeigen sie auch Angstzustände, aber keine Panik. Soweit ich es beurteilen kann, tritt die subjektive innere Wahrnehmung eines endogenen Vorgangs bei der einfachen (psychotischen) Depression deshalb deutlicher als bei manisch-depressiven Fällen mit augenfälligen psychotischen Symptomen hervor, weil bei ihr das Ich noch nicht vollständig in den pathologischen Vorgang verstrickt ist.

Wenn wir die klinischen Beobachtungen an diesen »endogenen« Phänomenen mit einer vergleichenden psychoanalytischen Untersuchung verschiedener neurotischer und psychotischer Arten der Depression verknüpfen, können wir die folgenden Schlüsse ziehen: erstens ist in neurotischen und psychotischen Zuständen nicht nur der Inhalt, sondern auch die Qualität der Depression verschieden; zweitens ist es richtig, wenn man die einfachen und die akuten psychotischen Arten der Depression als nosologische Einheit ansieht, die man von der großen Vielfalt neurotisch depressiver Zustände unterscheiden sollte.

(Ich werde die Unterschiede zwischen zyklothymen und schizophrenen depressiven Zuständen im 11. Kapitel besprechen.)

Die klinischen Tatsachen, auf die ich mich hier bezogen habe, rufen uns in Erinnerung, daß Freud (1917 e [1915]) bei einigen Formen der melancholischen Depression eine primäre Ich-Störung vermutete, deren Ursache entweder eine narzißtische Kränkung oder ein rein somatischer (toxischer) Vorgang ist. Sie erinnern außerdem daran, daß Freud (1914 c) bei den Schizophrenen zwischen Symptomen unterschied, die den psychotischen Vorgang als solchen zum Ausdruck bringen, anderen Symptomen, die sich aus neurotischen Abwehrvorgängen ergeben, und solchen, die im Dienste der Restitution entstehen. Wenn wir diesen Gedankengang weiterverfolgen, so bietet er uns eine Möglichkeit, eine ähnliche Unterscheidung für die affektiven Störungen vorzunehmen und an der Depression innerhalb der manisch-depressiven Zustände jene Symptome, die den eigentlichen psychotisch-depressiven Prozeß zum Ausdruck bringen, von denjenigen zu sondern, die sekundäre Versuche der Abwehr und Restitution darstellen.

Wir können, wenn wir diese Unterscheidung verwenden, die verschiedenen Arten der zyklothymen Depression auf einen gemeinsamen Nenner bringen. »Einfache«, insbesondere »endogene« Zustandsbilder der Depression zeigen wohl vorwiegend die Ich-Störung, in der sich der psychotische Vorgang ausdrückt. Symptome wie Versündigungsideen, (wahnhafte) Selbstanklagen, Suizidimpulse und -handlungen, die aus einem psychotischen Schuldkonflikt erwachsen und im typischen Fall einer »akuten« Depression im Vordergrund stehen, sind mehr das Ergebnis scheiternder Restitutionsversuche[8].

Die vorgeschlagene Unterscheidung trägt ihrerseits zum »multifaktoriellen« Verständnisansatz der psychotischen Depression bei, von dem ich weiter oben gesprochen habe. Sie räumt ein, daß die zugrunde liegenden konstitutionellen, erblichen, somatischen wie auch psychologischen kausalen Faktoren in Betracht gezogen werden, deren Rolle jedoch im Einzelfall sehr unterschiedlich sein kann. Weiterhin läßt sie uns leichter verstehen, warum wir bei offensichtlich wahnhaften Fällen die psychotische Qualität der Erkrankung gewöhnlich nicht in Frage stellen. Leider aber werden Zustände »einfacher«

---

8 Diese Auffassung ist in Wirklichkeit nicht neu. Rado (1928) beschrieb in seiner Arbeit über die Depression die Entstehung des melancholischen Schuldkonflikts als eine gewaltige Anstrengung, die auf eine Genesung abzielt.

(psychotischer) Depression – und insbesondere solche, die als »Reaktion« auf Verlust- oder Enttäuschungserlebnisse entstehen – leicht als neurotisch angesehen oder sogar mit Trauer gleichgesetzt.

Die Arbeiten von Edward Bibring, Margaret S. Mahler und David L. Rubinfine

Die genannte Unterscheidung verschiedener Arten der zyklothymen Depression führt mich zu Bibrings Arbeit *Der Mechanismus der Depression* (1953). Er gibt einen kurzen Überblick über die psychoanalytische Literatur zur Depression und beschreibt, daß dieses Thema von zwei verschiedenen Seiten her angegangen wurde.
»Der einen Auffassung zufolge gibt es letztlich zwei Formen der Depression, die sich sowohl klinisch wie auch theoretisch unterscheiden; die erste Form (man nennt sie auch einfach, essentiell, endogen, leicht, rein etc.) wird einerseits durch die unkomplizierte Trauerreaktion (Freud), andererseits durch diejenige Depression vertreten, die vor allem auf eine Erschöpfung der »Ich-Energie« (»Ich-Libido«) zurückgeht ... Die zweite (schwere oder melancholische) Form ist ... durch narzißtische Kränkung gekennzeichnet, durch orale Wiederherstellungsmechanismen wie Identifizierung via Inkorporation sowie gleichzeitig dadurch, daß die Aggression sich vom Objekt weg gegen das Selbst richtet ... Der zweiten Auffassung anderer Autoren zufolge ist allen Formen der Depression ein Verlust des Selbstwertgefühls gemeinsam. Die klinischen Unterschiede (die von einfacher Traurigkeit bis zu schweren Formen der Melancholie reichen) werden dementsprechend durch zusätzlich ätiologische, vorwiegend oral-aggressive Mechanismen erklärt, die im Verlauf des Wiederherstellungskampfes in Anwendung kommen« (S. 20)[9].
An Bibrings Formulierung läßt sich zunächst einmal zeigen, daß er, im Gegensatz zu den Autoren, auf die er sich bezieht (Freud, Abraham, Federn, Weiss, Jacobson), den Begriff »einfach« (oder »mild« und »endogen«) für jegliche Art der Depression gebraucht, bei der das klinische Bild nicht vom Schuldkonflikt beherrscht wird, das heißt, er verwendet diesen Begriff für die Trauer, für die normale, die neurotische und die »einfache« psychotische Depression. Dies hat

9 Die deutsche Fassung dieser Arbeit stimmt leider nicht mit der von Jacobson zitierten, englischen Fassung überein; daher beziehen sich die angegebenen Seitenzahlen auf die englische Fassung (Anm. d. Übers.).

zur Folge, daß er die Auffassungen anderer Autoren, zum Beispiel meine eigenen, mißversteht.

In seinen Äußerungen über Fenichel und Lewin kritisiert Bibring, daß diese Autoren nachdrücklich die intensive Fixierung oder Regression auf die Oralität betont haben, und zwar deshalb, weil sie eine narzißtische Verletzbarkeit hervorbringe, die zur Depression prädisponiere. Leider trifft es zu, daß Fenichel, ebenso wie Rado, für alle Arten der Depression die Bedeutung der Oralität hervorhob und auch den Mechanismus der jeweiligen Depression immer für denselben hielt. Auch Lewin (1950) hat die Bedeutung der Oralität stark unterstrichen, jedoch hat er den Zustand der gehobenen Stimmung (*elation*) niemals als »narzißtische Neurose« angesehen. Freud gebrauchte diesen letzteren Begriff lediglich für die Melancholie, die er gerade wegen der bei ihr vorliegenden narzißtischen Identifizierung sorgfältig von anderen Formen der Depression unterschied.

Die wesentliche Aussage von Bibrings Auffassungen findet sich in seiner These, daß »Depression ein ich-psychologisches Phänomen, ein ›Zustand des Ichs‹, eine affektive Verfassung (ist)« (S. 21). Aus einigen klinischen Beispielen zieht er die Schlußfolgerungen, daß sich erstens ein Zustand der Hilflosigkeit und Ohnmacht des Ichs in der Depression gefühlsmäßig ausdrückt, und zweitens, daß die Spannung zwischen hochbesetzten narzißtischen Strebungen und der Wahrnehmung des Ichs von seiner eigenen Hilflosigkeit und Unfähigkeit, diesen Zielen nahezukommen, zur Depression führt.

Zur ersten Schlußfolgerung möchte ich sagen, daß ein Zustand der Hilflosigkeit meiner klinischen Erfahrung nach nicht immer in eine depressive Verfassung übergeht. Man kann dies sicherlich häufig beobachten, zum Beispiel bei Kindern oder bei masochistischen Patienten mit paranoiden Zügen und besonders bei Borderline-Patienten oder paranoiden Schizophrenen, die unter depressiven Verstimmungen leiden. Diese Patienten neigen dazu, bitterlich über ihre Gefühle der Hilflosigkeit zu klagen. Dies bewirkt ihr Masochismus, der sie daran hindert, daß sie Kontrolle und Macht über ihre Umwelt und ihr eigenes Triebleben erlangen.

Bibring nimmt an, daß die Depression in erster Linie durch einen intrasystemischen Konflikt, eine Spannung innerhalb des Ichs determiniert ist. Selbstverständlich bin ich damit einverstanden, daß in den Fällen »einfacher« (psychotischer) Depression, die ich weiter oben beschrieben habe, der narzißtische Konflikt einen Konflikt im Ich darstellt. Das trifft auch für viele schizophrene Zustände der Depression zu, ebenso wie für jene neurotischen oder sogar normalen Arten der Depression, wo Gefühle der Unzulänglichkeit und Minderwertigkeit die Hauptrolle spielen. Bei diesen Fällen besteht der Konflikt zwischen der wunschbestimmten Selbstimago und der Imago des scheiternden, versagenden Selbst. Allerdings kann sich bei vielen dieser Fälle zeigen, daß die tiefer liegenden Schuldgefühle von den Gefühlen der Unzulänglichkeit verdeckt sind. An dieser Stelle möchte ich hervorheben, daß Zwanghaft-Depressive im Gegensatz zu Patienten, die unter einer »einfachen« psychotischen Depression leiden, für gewöhnlich über ihre Schuldgefühle klagen und auch gegen sie ankämpfen (Freud, 1923 b, S. 279 f).

Bibring teilt die Ich-Zustände zusammenfassend in vier Grundarten ein, die »nicht weiter reduzierbar sind« (S. 34): das sichere und gefestigte, das stimmungsgehobene oder triumphierende, das ängstliche und das deprimierte (depressive) Ich; ihnen entsprechen die Zustände des im Gleichgewicht befindlichen Narzißmus, des angeregten oder gesteigerten Selbstwertgefühls, des bedrohten Narzißmus und der zerstörten Selbstachtung (S. 35 f). Nach Bibrings Auffassung stellen Angst und Depression diametral entgegengesetzte Grundreaktionen des Ichs dar. Die Prädisposition zur Depression sei daher nicht immer durch eine »orale Fixierung« bestimmt, sondern auf »die schockartige Erfahrung des Kindes oder Kleinkindes von seiner eigenen Hilflosigkeit und der Fixierung an dieses Gefühl der Hilflosigkeit« (S. 37) zurückzuführen. Sie sei »*eine Grundreaktion* auf Situationen narzißtischer Frustration ... in ähnlicher Weise, wie die *Angst eine Grundreaktion* des Ichs in Gefahrensituationen darstellt« (S. 40). Bibring meint, die Depression sei »im wesentlichen unabhängig von den Schicksalen der Aggression wie auch denjenigen der oralen Triebe« (S. 40); er ist davon überzeugt, daß »den oralen und aggressiven Strebungen in der Depression nicht die ausschließliche Bedeutung zukommt, die ihnen üblicherweise beigemessen wird« (S. 41).

Man kann wohl mit Recht sagen, daß die depressiven Konflikte in neurotischen Zuständen der Depression von anderer Art sind als diejenigen bei der psychotischen Depression. Neurotisch-depressive Patienten regredieren im Gegensatz zu psychotisch-depressiven Patienten nicht auf eine derart frühe Stufe ihrer Entwicklung. Hier erhebt sich die Frage, was Bibring darunter versteht, wenn er von der »Fixierung« des kleinen Kindes auf das Gefühl der Hoffnungslosigkeit spricht, mit dem es auf eine narzißtische Frustration reagiert. Sicherlich bezieht sich diese »Fixierung« auf einen Ich-Zustand, der einer frühen Stufe der Entwicklung angehört, das heißt der infantil-narzißtischen Stufe der Ich-Entwicklung. Während dieser Phase ist das Kind unter dem Gesichtspunkt der Triebentwicklung auf einer prägenitalen Entwicklungsstufe und leidet unter einer ausgeprägten Ambivalenz. Gerade dadurch müssen wir uns aber fragen, welche Rolle der Aggression für die Depression zukommt.

Auffallend ist, daß Bibring die Wendung der Aggression vom Objekt gegen das Selbst so darstellt, daß sie in bestimmten Fällen »die Struktur der Depression kompliziert« (S. 41). Die Stärke des Ambivalenzkonflikts ist seiner Ansicht nach keine allgemeine Vorbedingung. Diese Ansicht stimmt weder mit anderen Autoren noch mit meinen eigenen klinischen Erfahrungen überein. Die Grundreaktionen des Ichs, die Bibring beschreibt, stellen eigentlich charakteristische Zustände normalen oder gestörten narzißtischen Gleichgewichts dar, wie man sie in der frühen Kindheit beobachten kann. Bibring läßt die Auffassung gelten, daß die Depression als Reaktion auf Frustration entsteht und einen (intrasystemischen) Konflikt ausdrückt zwischen narzißtischen Zielen oder Erwartungen und der Unfähigkeit des Ichs, diesen Strebungen nachzukommen oder sie zu befriedigen. Aber er läßt außer acht, daß ein Mensch auf eine Frustration normalerweise so reagiert, daß er seine narzißtischen Ziele und Erwartungen auf aggressive, wütende Weise durchzusetzen versucht, und im Falle des Scheiterns empfindet, wie sein Selbstwertgefühl schwindet und sein Selbstbild einer feindseligen Entwertung unterliegt. Dies gilt wohl auch für solche Zustände, die wir als libidinöse Erschöpfung ansehen können; auch solche Patienten verleihen ihrer Empfindung, daß ihr Selbst herabgesetzt ist, deutlichen Ausdruck.

Bibring schränkt zwar die Bedeutung, die der Aggression für die Depression zukommt, auf ein Mindestmaß ein, unterstützt jedoch auch durch seine eigenen Beobachtungen die Ansicht, daß es Fälle gibt, bei denen Selbsthaß ohne Depression auftritt. Obgleich seine Beobachtungen zutreffen, verknüpft er sie mit einer falschen Argumentation. Bei manchen Menschen können Schuldgefühle, Gefühle der Unzulänglichkeit oder sogar Selbsthaß entstehen, ohne daß sie auch depressiv werden. Dann beziehen sich diese Gefühle jedoch lediglich auf bestimmte Impulse, Einstellungen oder Handlungen, und es fehlt ihnen die Generalisierung, die zu einer Stimmung führt, wie ich es im dritten Kapitel dargelegt habe.

An dieser Stelle möchte ich hervorheben, daß Bibring tatsächlich nicht sorgfältig zwischen Stimmungen und emotionalen Reaktionen – seien sie nun lustvoll oder unlustvoll, deprimiert, gehoben oder ängstlich – unterscheidet. Stimmungen sind, wie ich sie im dritten Kapitel definierte, generalisierte affektive Ich-Zustände, die über eine bestimmte Zeitspanne anhalten. Ich denke, es ist aus klinischen und theoretischen Gründen sinnvoll, wenn man zwischen vorübergehenden emotionalen Reaktionen auf bestimmte Erlebnisse einerseits und den Stimmungen andererseits unterscheidet. Angst ist eine Reaktion, die zu einer Stimmung werden kann; Depression und Gehobenheit (*elation*) werden normalerweise zwar als Stimmungen angesehen, können jedoch auch als eher flüchtige, kurze emotionale Reaktionen vorkommen. Da Bibring nicht zwischen affektiven Reaktionen und Stimmungen unterscheidet, verstellt er sich auch den Weg zu weiteren Erklärungen.

Außerdem möchte ich hinzusetzen, daß ich bei einigen schizophrenienahen Borderline-Fällen Selbsthaß beobachten konnte, der scheinbar ohne Depression auftrat; später stellte sich jedoch heraus, daß die Depression verleugnet wurde.

Aber nehmen wir an, es stimmt, daß die Depression entsteht, weil das Ich unfähig ist, narzißtische Befriedigung zu erlangen, und daß als Folge davon die Selbstherabsetzung bewirkt, daß das Selbstwertgefühl schwindet – können wir dann von einer Grundreaktion des Ichs sprechen, das heißt einer Reaktion, die nicht weiter reduzierbar ist? Es ist eigentümlich genug, daß Bibring nicht die Gefühle von Liebe oder Haß einbezieht, die sich als »Grundreaktionen des Ichs« auf die Objekte richten und nicht, wie die Depression, durch einen Konflikt entstehen. Es scheint, daß Bibrings Grundzustände des Ichs sich nur auf Gefühle beziehen, die die jeweilige Lage des narzißtischen Gleichgewichts anzeigen.

Selbstverständlich denken wir, wenn wir von Gefühlen der Liebe oder der Feindseligkeit sprechen, in Begriffen von sexuellen oder aggressiven Trieben, die diesen Gefühlen zugrunde liegen. Aber genau dies umgeht Bibring, auch dann, wenn er von narzißtischen Kränkungen und ähnlichem spricht. Solange wir jedoch an der psychoanalytischen Triebtheorie festhalten, sollten wir alle psychischen Erscheinungen, einschließlich der »Grundreaktionen des Ichs«, unter dem Gesichtspunkt der ihnen zugrundeliegenden Besetzungs- und Abfuhrvorgänge betrachten, die mit selbst- und objektgerichteten, sexuellen, aggressiven oder neutralisierten Trieben verbunden sind. Es stimmt zwar, daß sich Freud, was die Angst betrifft, nicht weiter mit der Art der Triebe befaßte, auf die sie zurückgeht, aber die Angst unterscheidet sich auch erheblich von der Depression, da sie nicht das Ergebnis, sondern der »Hauptmotor« der Abwehr ist. Meines Erachtens liegt in diesem wesentlichen Unterschied der Grund, weshalb Bibring den Ambivalenzkonflikt, der zu allen Depressionen gehört, vernachlässigte.

Der besondere Wert von Bibrings Arbeit liegt darin, daß der Autor sich auf die Vorgänge im Ich konzentrierte; außerdem machte er verständlich, daß es sich bei den narzißtischen Konflikten, die den depressiven Zuständen zugrunde liegen, nicht immer um Konflikte zwischen Überich und Ich, sondern auch um intrasystemische Konflikte im Ich handelt. Leider aber vernachlässigte er die Rolle, die die Objektbeziehungen und die Triebe im allgemeinen spielen, besonders aber die Aggression und die Feindseligkeitskonflikte, die schon bei frühkindlichen Depressionen (Mahler, 1960) beobachtet werden können.

An dieser Stelle soll uns der Kinderanalytiker mit seinen Kenntnissen weiterhelfen. Auf den ersten Blick sieht es so aus, als ob Mahlers (1966) Beobachtungen an Kleinkindern Bibrings Annahmen unterstützten; es zeigt sich jedoch, daß sie uns auf die Probleme, die seinen Gedankengängen anhaften, aufmerksam machen. Mahler und ihre Mitarbeiter stießen bei ihren Untersuchungen auf »... unmißverständliche Beweise für die Ansicht, daß eine Grundstimmung (das heißt eine individuell charakteristische affektive Reaktionsbereitschaft) während des Loslösungs- und Individuationsprozesses entsteht ... [sie untersucht den Begriff Objektverlust und spricht zutreffend von einem] Verlust in der Phantasie – das heißt von einem intrapsychischen Konflikt besonderer Art ... der die genetische Ursache dafür ist, daß die Depression als Affekt, als Neigung zu einer Grundstimmung auftritt (S. 156) ... [für die erste Subphase des Loslösungs- und Individuationsprozesses, der Differenzierung, hebt Mahler hervor], daß das Moment der libidinösen Reaktionsbereitschaft erheblich vergrößert wird ... durch den ›Dialog‹ mit der Mutter ... es scheint, daß die gehobene Stimmung *(elation)* die phasenspezifische Stimmung oder Grundstimmung während der zweiten Subphase der Individuation (der ›Übungsperiode‹) ist« (S. 158).

Bei ihrer Darstellung der nächsten Subphase des »Rapprochement« beschreibt Mahler sehr klar, wie sich das Selbstwertgefühl des Kindes verringert, wenn es von der Mutter mangelhaft angenommen und unzureichend »emotional verstanden« wird. Daraus entwickelt sich beim Kind die Ambivalenz (»Ambitendenz«) und »besonders ein wiederholtes, aggressives Bedrängen oder Unter-Druck-Setzen« der

Eltern. Diese Einstellungen führen zu einer Wendung der Aggression gegen das Selbst und »einem Gefühl der Hilflosigkeit, das ... den depressiven Grundaffekt hervorruft« (S. 162).

Mahlers Arbeit wurde von mir deshalb so ausführlich zitiert, weil sie gerade auf das aufmerksam macht, was ich zeigen möchte – daß die sogenannte Grundform der Depression das Ergebnis eines aggressiven Konflikts ist; ein Mangel von Verständnis und Anerkennung auf seiten der Mutter setzt das Selbstwertgefühl des Kindes herab und verursacht diesen aggressiven Konflikt. Obgleich es frühe, präverbale Vorläufer von Stimmungen gibt, ist es interessant, daß die gehobene Stimmung sich nach Mahler vor dem Zeitpunkt entwickelt, von dem an depressive Reaktionen deutlich beobachtet werden können.

Nun möchte ich mich der kürzlich erschienenen Arbeit von Rubinfine (1968) über die Depression zuwenden. Zunächst lobt er Bibring für seinen hervorragenden Versuch, eine ichpsychologische Theorie der Depression aufzustellen; dann weist er darauf hin, daß Bibring nicht erklärt und nicht einmal die Frage stellt, »warum es bestimmten Menschen gelingt, den depressiven Affekt zu beherrschen, während andere einer depressiven Erkrankung erliegen« (S. 402). In diesem Zusammenhang vertritt er folgende Ansicht: »Rein theoretisch sollte eine psychologische Theorie der Depression die Überzeugungskraft ihrer Erklärungen nicht von der Triebtheorie herleiten.« Meiner Ansicht nach handelt es sich hier um ein bedauerliches Mißverständnis, das die gegenwärtige Tendenz, die Triebtheorie aufzugeben, fördert. Rubinfine setzt sich dann aber damit auseinander, daß Bibring den Schwerpunkt seiner Theorie der Depression auf den Narzißmus und das Selbstwertgefühl – das heißt die libidinöse Triebe – legt und macht ebenfalls darauf aufmerksam, daß Bibring die Aggression ausließ. Er erinnert uns an die infantile Wut, die als Reaktion auf länger anhaltende Frustration entsteht und der Erschöpfung, die der Hilflosigkeit (Depression) vorausgeht. Uns allen ist bekannt, welche Rolle diese Reaktionen bei der Depression spielen.

Dann läßt Rubinfine jedoch einige ziemlich vereinfachte Erklärungen folgen, die sich auf die Faktoren beziehen, durch die ein Kind zur Psychose, zur psychosomatischen Krankheit und zur Depression prädisponiert wird. Diese Fragestellungen sind wenig früher von anderen Autoren bearbeitet worden, beispielsweise von Schur und auch von mir. Zunächst stellt Rubinfine fest, daß mit der Einbeziehung der Aggression als solcher »noch keine theoretische Erklärung gegeben wird«. In »... der Aufeinanderfolge und dem Zeitpunkt, außerdem aber auch im modifizierenden Ausmaß, oder mit anderen Worten, in der Reihenfolge, dem Zeitabschnitt und dem Betrag der erlebten Frustration« (S. 404) sieht er zwei hauptsächlich prädisponierende Faktoren. Rubinfine nimmt an, daß die Faktoren der zeitlichen Abfolge *(sequence)* und der zeitlichen Abstimmung *(timing)* während des ersten Lebensjahrs die Prädisposition für die drei genannten Krankheitsgruppen herstellen.

In diesem Zusammenhang macht Rubinfine einige wichtige Anmerkungen zur psychotischen Depression, die er in enge Verbindung mit den Störungen der zeitlichen Abfolge *(sequence type of disturbance)* bringt. Als Merkmale der psychotischen Depression gelten ihm Entdifferenzierung, schlechte Realitätsprüfung, Denkstörungen sowie Fragmentierung der Selbst- und Objektrepräsentanzen. Diese Äußerungen zeigen, wie nachteilig sich unsere terminologische Verwirrung auf unser klinisches und theoretisches Denken auswirkt. In Rubinfines Einteilung haben die psychotischen Depressionen zwar Ähnlichkeiten mit der Depression, sind in ihrer Struktur aber mit der Schizophrenie identisch (S. 405). Da diejenige Art der psychotischen Depression, die er beschreibt, bei Schizophrenen vorkommt, ist seine Feststellung schon richtig, jedoch handelt es sich bei den einfachen oder den akuten (wahnhaften) Depressionen, die zur manisch-depressiven Gruppe gehören, ebenfalls um »psychotische« Depressionen. Der Begriff manisch-depressive Gruppe wird von Rubinfine bei seiner Darstellung der »depressiven Erkrankung« nicht gebraucht. Der umfassendere Begriff »depressive Erkrankung« wurde von Zetzel (1965) eingeführt, ist jedoch zu unbestimmt.

Wir können auch sagen, daß Rubinfine sich Bibrings mangelnder Unterscheidung von neurotischen Zuständen der Depression und solchen, die entweder zur manisch-depressiven oder zur schizophrenen Krankheitsgruppe gehören, anschließt. Seine Darstellung der narzißtischen Fixierungen bei Patienten mit »depressiver Erkrankung« und seine Schlußfolgerungen beziehen sich zweifellos auf psychotische, manisch-depressive oder schizophrene Arten der Depression. Er hebt die narzißtischen Fixierungen dieser Patienten im Sinne eines Entwicklungsstillstandes *(arrest)* hervor, das heißt, sie sind im Zustand der narzißtischen Einheit mit der Mutter verblieben. Meines Erachtens ist diese Feststellung zu stark verallgemeinert; sie ist sicherlich richtig, wenn wir nur an symbiotische Formen der Schizophrenie denken, läßt sich aber nicht auf manisch-depressive Patienten anwenden, bei denen die Dinge viel komplizierter liegen (siehe die Kapitel 9, 10 und 11).

Außerdem erwähnt Rubinfine, daß »depressive Menschen offensichtlich deshalb leiden, weil es ihnen nicht gelungen ist, Objektkonstanz zu erreichen« (S. 416). Auch dies stimmt wieder mit dem überein, was wir bei Schizophrenen beobachten können, trifft aber weder für die einfachen noch die akuten manisch-depressiven Zustände der Depression zu. Hier verschleiert Rubinfine die Sachverhalte, weil er zwischen den beiden Hauptgruppen der Psychosen nicht unterscheidet.

Seine Auffassung jedoch, daß der Depressive niemals, auch nicht beim Selbstmord, die Hoffnung aufgibt, teile ich, und ich stimme auch mit seiner Unterscheidung von depressivem Affekt und Schuldgefühlen überein, jedoch nicht mit seiner Erklärung. Schon weiter oben habe ich darauf hingewiesen, daß es Überich-Ich-Konflikte gibt, die Schuldgefühle, aber keine Depression bewirken, da sie mit spezifischen, objektgerichteten und verbotenen Triebimpulsen zusammenhängen. Im dritten Kapitel habe ich meine Ansicht dargelegt, daß die Schuldgefühle in depressiven Zuständen generalisiert sind. Sie entstehen wegen der schweren Ambivalenz, in der sich die Patienten allen Objekten gegenüber befinden, und stellen eine moralische Verurteilung des eigenen Selbst dar. Der Patient spürt nicht, daß sich ein verbotener Impuls in ihm regt, sondern daß er ein »schlechter Mensch« ist. Am Schluß seiner Arbeit stimmt Rubinfine, ebenso wie ich, Zetzel (1965) zu, »daß die Fähigkeit, Depression und Angst zu ertragen, ein wichtiges Maß der Ich-Stärke darstellt« (S. 417).

Zusammenfassung eigener Ansichten

Nachdem ich die Arbeiten anderer kritisiert habe, möchte ich meine eigenen Ansichten über die Depression oder besser, über die verschiedenen depressiven Zustände, nochmals klar und in den wesentlichen Zügen formulieren.

Zunächst möchte ich wiederholen, daß ich eine klare Unterscheidung zwischen dem neurotischen, Borderline- und psychotischen Niveau der Depression wie auch zwischen verschiedenen Formen der depressiven Zustände für eine Voraussetzung sowohl der psychoanalytischen wie der neurophysiologischen Depressionsforschung halte[10].

10 Arlow und Brenner (1964) behaupten, daß es zwischen Neurosen und Psychosen lediglich quantitative Unterschiede gibt. Ich denke jedoch, daß quantitative Unterschiede an einem bestimmten Punkt in sehr grundlegende, qualitative Unterschiede übergehen.

Wenn ich die psychoanalytische Ich-Psychologie zum Verständnis der Depression anwende, dann verstehe ich Gefühle von Sicherheit, Depression oder gehobener Stimmung *(elation)* nicht im Sinne von Grundzuständen des Ichs, sondern als Zustände, die für ein normales oder ein gestörtes narzißtisches Gleichgewicht charakteristisch sind. Mit Mahler (1966) bin ich der Ansicht, daß sich hochgestimmte oder depressive Reaktionen schon in einem frühen Alter finden lassen und aus Erlebnissen narzißtischer Befriedigung oder Frustration entstehen. Ich zweifle nicht daran, daß aus diesen Reaktionen Indikatoren, vor allem »Halt«- oder »Freie-Fahrt-Signale«, werden können; ihre Signalfunktion läßt sich jedoch nicht mit derjenigen der Angst, dem Motor der Verdrängung, vergleichen.

Ein ichpsychologischer Ansatz zur Erforschung der Depression wäre jedoch nicht psychoanalytisch, wenn er die Triebtheorie außer acht ließe, und die klinischen Tatsachen weisen auf eine Beteiligung der Triebe hin. Selbst die kindlichen Formen der Depression liefern deutliche Beweise für einen ihnen zugrundeliegenden »Konflikt«, wie Mahler (1966) ausführlich darlegte. Der *Grundkonflikt* scheint in allen depressiven Zuständen von gleicher Art zu sein: Frustration bewirkt Wut und feindselige Versuche, die erwünschte Befriedigung zu erlangen; ist das Ich, aus äußeren oder inneren Gründen, unfähig, dieses Ziel zu erreichen, wendet sich die Aggression gegen die Selbstimago. Der sich anschließende Verlust des Selbstwertgefühls bringt einen narzißtischen Konflikt zum Ausdruck, das heißt einen Konflikt zwischen der wunschbestimmten Selbstimago und der Imago des scheiternden, entwerteten Selbst. Die Art der Stimmung, die sich in der Folge entwickelt, hängt davon ab, wie stark die Feindseligkeit und wie schwer, aber auch von welcher Dauer, die Frustration und die Enttäuschung sind. Damit ist aber die Frage, was die verschiedenen Gruppen der Depression voneinander unterscheidet, immer noch nicht vollständig beantwortet.

Sicherlich geht es dabei nicht nur um eine Frage des »Inhalts«. Freud hatte die verschiedenen Mechanismen, die in den depressiven Zuständen von Zwangsneurotikern und bei den Melancholien wirksam werden, sehr schön beschrieben. Und was die psychotischen Depressionen betrifft, habe ich schon meine Vermutung ausgesprochen, daß ihre sehr besonderen Eigenschaften möglicherweise durch eine ihnen zugrundeliegende neurophysiologische Störung determiniert sind. Eine umfassende und schlüssige psychoanalytische Depressionstheorie setzt für die Genese einen »multifaktoriellen« Ansatz voraus, in dem die folgenden Faktoren Berücksichtigung finden müssen: die Art und die Intensität der am Konflikt beteiligten Triebe sowie die Triebkonstitution; die Triebqualitäten im Sinne der Deneutralisierung und Entmischung, die besonderen Triebfixierungen und Triebregressionen sowie die Art der Besetzungsverhältnisse, außerdem die Vorgänge der Triebabfuhr und Veränderungen in den Besetzungen der Selbst- und der Objektrepräsentanzen. Die Bedeutung der genannten Faktoren besteht in ihrer Einwirkung auf das Niveau der Ich-Funktionen.

Außerdem soll eine psychoanalytische Theorie der Depression die Frage der individuellen Ich-Anlage, den Stillstand der Ich-Überich-Bildung oder ihre Regressionen sowie ihren Einfluß auf die Arbeitsweise des Ichs darstellen. Sowohl die strukturellen Unterschiede in der depressiven Konfliktsituation bei verschiedenen Depressionsgruppen wie auch die unterschiedlichen Abwehr- oder Restitutionsmechanismen sollten sorgfältig herausgearbeitet werden. Des weiteren dürfen in einer umfassenden Theorie die entwicklungspsychologischen, psychogenetischen Gesichtspunkte nicht vernachlässigt werden; zu ihnen gehören auch die Faktoren der zeitlichen Abfolge und der zeitlichen Abstimmung, die zusammen mit einer Untersuchung der regressiven Vorgänge die »inhaltliche« Problematik der Depression erhellen können.

Abschließend möchte ich nochmals meine Überzeugung vertreten, daß die Unterschiede zwischen neurotischen und psychotischen depressiven Zuständen auf konstitutionellen neurophysiologischen Vorgängen beruhen und daß dahingehende Überlegungen die psychologischen, das heißt auch die psychoanalytischen Annahmen ergänzen sollten. Die sorgfältige klinische Beobachtung und psychoanalytische Untersuchung der verschiedenen klinischen Bilder, die man in den unterschiedlichen Gruppen der depressiven Zustände findet, stellt meines Erachtens die Grundlage für die beiden genannten Auffassungen und Forschungsrichtungen dar. Ich möchte es so ausdrücken: wir können zwar nicht »eine« Theorie der Depression, jedoch hinreichend schlüssige theoretische Annahmen über das Wesen der kindlichen und der erwachsenen, der neurotischen und der psychotischen depressiven Zustände bilden, wenn wir alle die genannten Faktoren miteinander verknüpfen.

7. Eine besondere Reaktionsweise auf frühen Objektverlust*

Familienroman und früher Objektverlust

Dieses Kapitel gilt einer besonderen Reaktionsweise auf frühen Objektverlust, die bei drei Patienten mit neurotisch-depressiven Zuständen zu beobachten war.

Im Laufe meiner psychoanalytischen Praxis behandelte ich eine ganze Reihe von Patienten, die in ihrer frühen Kindheit entweder beide oder einen ihrer Eltern verloren hatten. Das Problem solcher Patienten hat viele Einzelaspekte[1]; ich möchte eine besondere Reaktionsweise auf den frühen Objektverlust darstellen, die für die Neigung dieser Patienten zu depressiven Zuständen eine entscheidende Rolle spielte.

Diese Reaktionsweise war nicht nur mit depressiven Verstimmungen, sondern auch mit dem wohlbekannten Familienroman, den so viele Kinder ausbilden, verknüpft. In der Tat hatten fast alle Patienten, die als Waisen oder Halbwaisen groß wurden, in ihrer Kindheit einen ausgeprägten Familienroman entwickelt; dazu gehörten Tagträume von bewundernswerten Familien oder Menschen von reicher, begabter und vornehmer Abkunft, die sich letztlich als die wirklichen Eltern erweisen würden. Von ihnen waren die Patienten als Kinder einst mit Gewalt getrennt worden und mit ihnen würden sie eines Tages wieder zusammen sein.

Während der Adoleszenz veränderten diese Patienten ihre Tagträume. Sie brachten sie gleichsam näher an die Realität heran und suchten nach Familien oder Personen, die sich mit ihren Phantasien verbinden ließen. Ihre Suche galt höhergestellten, »wertvollen« und häufig auch reichen Menschen, die sozusagen willens wären, sie zu »adoptieren« (Lehrmann, 1927; Greene, 1958). Verständlicherweise waren diese Versuche zum Scheitern verurteilt. Die so auserwählten Menschen konnten weder der Rolle, die sie spielen sollten, noch den

---

* Dieses Kapitel geht auf meine Arbeit *The Return of the Lost Parent* zurück, die erstmals veröffentlicht wurde in *Drives, Affects, Behavior*, Bd. 2, herausgegeben von Max Schur. New York, International Universities Press, 1965.

1 Siehe dazu Bonaparte, 1928; Meiss, 1952; Tarachow und Fink, 1958; Neubauer, 1960; Pollock, 1961; Fleming und Altschul, 1963.

verklärten Phantasievorstellungen der Patienten gerecht werden. Die Patienten reagierten ihrerseits auf ihre Enttäuschung mit einer Depression und begannen ihre Suche, wenn die Depression vorüber war, von neuem.

Die drei Patienten, die ich vorstellen möchte, reagierten auf den Verlust der Eltern mit dieser Art von Phantasien, was ihnen später im erwachsenen Leben besondere Schwierigkeiten bereitete. An ihrer Reaktionsweise auf den frühen Objektverlust war charakteristisch, daß sie sich hartnäckig weigerten, jemals die tatsächlichen Ereignisse als Realität anzuerkennen. Sie zweifelten statt dessen an diesen Ereignissen und entstellten oder verleugneten sie sogar völlig. In seiner Arbeit *A Type of Neurotic Hypomanic Reaction* (1937) beschrieb Lewin, wie solche Patienten den verlorenen Elternteil verherrlichen und verklären, wie sie unbewußt davon überzeugt sind, daß er nicht gestorben ist, und welchen besonders intensiven Ambivalenzkonflikt sie mit dem anderen, überlebenden Elternteil haben. Diese Eigenschaften waren auch bei meinen Patienten vorhanden, die jedoch ihre Verleugnung bis zu dem Punkt ausdehnten, an dem sie vorbewußt, gelegentlich sogar bewußt, erwarteten, daß der verlorene Elternteil eines Tages wiederkehren würde. Ihre Phantasien und Erwartungen von der Rückkehr des verlorenen Elternteils wechselten ab oder paarten sich mit Tagträumen von der Art des üblichen Familienromans.

Im ersten Fallbeispiel, das ich berichten möchte, stand die Hoffnung der Patientin, den verlorenen Vater wiederzufinden, auf realistischerem Boden als bei den anderen Patienten, da ihr Vater nicht gestorben war, sondern ihre Mutter verlassen hatte, bevor die Patientin zur Welt kam. Er blieb für immer verschwunden, obgleich es praktisch möglich gewesen wäre, ihn zu finden. Bei dieser Patientin, aber auch bei den anderen beiden Patienten, trug der Verhaltensstil der zurückgebliebenen Familie zur Verleugnung der wichtigen realen Begebenheiten bei. Die beiden anderen Patienten nahmen tatsächlich an, daß der Elternteil nicht gestorben war, sondern die Familie verlassen hatte und an irgendeinem weit entfernten anderen Ort lebte. Nach der Meinung dieser Patienten war dem verlorenen Elternteil nicht anzulasten, daß er die Familie, vermeintlich oder wirklich, im Stich gelassen hatte; im Gegenteil, sie zweifelten nicht daran, daß er ein außerordentlicher, wertvoller Mensch war. Er hatte die Familie wegen des unerträglichen Charakters oder der moralischen Wertlosigkeit des zurückgebliebenen, überlebenden Elternteils verlassen.

Mary K.

Unter klinischem Gesichtspunkt war Marys Fall von den drei Fällen, die ich vorstellen möchte, der eindrucksvollste. Eine monosymptomatische Hysterie und ein depressiver Zustand, unter dem sie seit zwei Jahren litt, führten sie in die Behandlung. Ihre Lebensgeschichte zeigte, daß sie außerdem an einer »Schicksalsneurose«[2] litt, die ihr Leben zu ruinieren drohte.

Mary K. war dreißig Jahre alt, ziemlich attraktiv, unverheiratet und arbeitete als Sekretärin. Sie lebte mit einer älteren Schwester zusammen, die auch unverheiratet war und einer ähnlichen Arbeit nachging. Diese Schwester übte einen bemerkenswerten Einfluß auf Marys Meinungen und Entscheidungen aus; sie wich nicht einen einzigen Tag von ihre Seite. Trotz der engen Beziehung zwischen den Geschwistern gab es jedoch einen Bereich in Marys Leben, den sie geheimgehalten hatte. Weder bei der Schwester noch bei ihren Freunden und den verschiedenen Ärzten, die sie vor mir konsultierte, hatte sie davon etwas verlauten lassen.

Ihr wichtigstes Symptom, das sie zu den früheren Arztbesuchen und Behandlungen veranlaßte, wurde durch einen Unfall verursacht. Sie war die Treppe zur Untergrundbahn hinuntergestürzt, ohne sich ernsthafte körperliche Verletzungen zuzuziehen. Zu Hause, als sie ihre Hände bewegte, stellte sie jedoch fest, daß ihr rechter Zeigefinger steif wurde und sich aus der gestreckten Stellung heraus nicht mehr krümmen ließ. Die Behandlung bei verschiedenen Orthopäden sowie Heilgymnastik brachten ihr keine Hilfe. Schließlich schickte man sie zu einem Psychiater, der sie nach einem kurzen Stück Psychotherapie zur psychoanalytischen Behandlung an mich überwies.

Mary erzählte mir ihre Geschichte unter Tränen und klagte bitterlich darüber, wie sehr sie durch dieses Symptom bei ihrer Arbeit als Sekretärin behindert werde. Als ich sie jedoch genauer über ihre Arbeit befragte, stellte sich heraus, daß sie schon seit vielen Jahren den Posten einer vorgesetzten Sekretärin innehatte und ihr eine ausreichende Zahl von Schreibkräften zur Verfügung stand. Sie wurde an diesem Punkt unseres Gesprächs sehr verlegen und antwortete mir, als ob ich sie bei einer Lüge ertappt hätte. Schließlich konnte sie mir die »wahre Geschichte« erzählen, die sie bisher sorgsam hatte geheimhalten können.

2 Helene Deutsch, *Psychoanalyse der Neurosen*, Wien, 1930, oder *Neuroses and Character Types*, 1965 (Anm. d. Übers.).

Mit Anfang Zwanzig hatte Mary, die über eine bemerkenswerte musikalische Begabung verfügte, beschlossen, sich in ihrer freien Zeit ernsthaft als Pianistin ausbilden zu lassen und Berufsmusikerin zu werden. Sie sah sich in ihren Tagträumen als bewunderte, erfolgreiche Konzertpianistin, die mit anderen berühmten Musikern in engem Kontakt stand. Ihre Pläne konnte sie bis zu einem bestimmten Grad verwirklichen. Sie hatte jeden Abend mit viel Energie bis in die Nacht hinein geübt; außerdem besuchte sie regelmäßig Konzerte und Proben, wo sie auch in Musikerkreise eingeführt wurde. Bei einer dieser Gelegenheiten kam sie mit Karl, dem Konzertmeister eines bekannten Symphonieorchesters, zusammen.

Karl war siebenundzwanzig Jahre älter als sie, verheiratet und hatte zwei Töchter, die ungefähr in Marys Alter waren. Sie erzählte ihm von ihren beruflichen Plänen. Nach und nach entstand zwischen ihnen eine sonderbare Freundschaft. Sie trafen sich wöchentlich nach der großen Orchesterprobe heimlich in einem kleinen Restaurant und verbrachten ein paar Stunden miteinander, wobei sie hauptsächlich über Musik sprachen. Das war alles. Karl wurde nicht zudringlich, versuchte nie, die Beziehung in irgendeiner Weise zu ändern. Mary richtete sich völlig auf diese Freundschaft aus, die ihr doch nur eine sehr begrenzte Befriedigung bieten konnte; sie liebte Karl sehr. Wenn sie bei einem Konzert seine Familie in einer der Logen sah, wurde sie fürchterlich eifersüchtig, aber nicht seiner Frau, sondern seiner beiden Töchter wegen. Mary sah keinen einzigen anderen Mann an, und die Idee einer Heirat, jetzt oder in Zukunft, wies sie weit von sich. Sie wünschte sich nichts anderes als diese Freundschaft und ihr Klavier.

Eines Abends, nachdem die Freundschaft schon länger als sechs Jahre andauerte, sprach Karl schließlich den Wunsch aus, daß er mit ihr in ihrer Wohnung Sonaten spielen wolle. Mary reagierte ängstlich und ausweichend; schließlich wurde sie ärgerlich, aber er bestand auf seinem Wunsch, und sie vereinbarten, daß sie sich an einem der nächsten Tage zum gemeinsamen Spiel treffen wollten. Als Mary an diesem Tag von der Arbeit nach Hause ging, fühlte sie, wir ihr überraschend schwindlig wurde. Sie wollte zum Bahnsteig der Untergrundbahn; als sie auf der Treppe war, überkam sie ein Gefühl der Ohnmacht, sie verlor das Gleichgewicht und stürzte die Stufen hinunter. Als sie wieder zu sich kam, dachte sie zuallererst und mit einem Gefühl der Erleichterung: »Nun habe ich mir den Arm gebrochen – heute abend werde ich mit Karl nicht spielen können.« Mit Ausnahme von ein paar Prellungen hatte sie sich in Wirklichkeit keine körperlichen Verletzungen zugezogen. Sie eilte in einem schockartigen Zustand nach Hause und setzte sich ans Klavier. Beim Spielen stellte sie fest, daß ihr rechter Zeigefinger nicht in Ordnung war und daß sie keinesfalls spielen konnte. Sie rief sofort ihren Freund an, berichtete, was geschehen war, und sagte die Verabredung ab. Karl reagierte mit einem verstehenden Schweigen und versuchte von diesem Zeitpunkt an nie mehr, sie bei ihr zu Hause zu besuchen. Da Marys Symptom nicht verschwand, konnte sie ihre Klavierstudien nicht mehr fortsetzen. Ihre Tagträume brachen jedoch nicht völlig in sich zusammen. Sie setzte ihre Hoffnungen auf eine Behandlung, hielt ihr Interesse für die Musik wach und sah Karl weiterhin jede Woche. Er nahm diese Situation ebenso hin wie die frühere.

Diese Geschichte von der hoffnungslosen Liebe eines Mädchens zu einem Mann, der dem Alter nach ihr Vater hätte sein können, von ihrem Symptom, das gerade dann entstand, als sie sich von einer sexuellen Verführung bedroht fühlte, erscheint einem Psychoanalytiker ziemlich durchsichtig. Kein Analytiker hätte jedoch die ungewöhnliche Kindheitsgeschichte und die außergewöhnlichen Erlebnisse erraten können, die in Wirklichkeit dafür verantwortlich waren, daß Marys Neurose entstand.

Marys Leben als Musikerin stellte nicht ihr einziges »Geheimnis« dar. Sie hatte außerdem ihr Leben lang versucht, die Tatsache geheimzuhalten, daß sie adoptiert worden und die uneheliche Tochter eines Bauernmädchens war, von dem der Säugling wenige Wochen nach der Geburt in ein Pflegeheim gegeben wurde. Marys Pflegeeltern waren liebenswerte Menschen; sie gehörten der unteren Mittelschicht an und hatten schon ein kleines Mädchen. Obgleich sie ein Jahr später noch ein weiteres Mädchen bekamen, fanden sie an dem hübschen Kind großen Gefallen und adoptierten es.

Die richtige Mutter schien sich darüber zu freuen, daß sie ihr Kind los wurde. Sie bekam eine Arbeit als Näherin, ließ sich in der Umgebung derselben Stadt nieder und hat auch später nicht geheiratet. Von Zeit zu Zeit besuchte sie Mary und brachte ihr zwar kleine Geschenke mit, zeigte aber nie ein Zeichen wahren Interesses oder des Versuches, Marys Liebe zu gewinnen. Mary betrachtete sie als »Fremde«. Als sie während der Latenzzeit von anderen Kindern erfuhr, daß ihre Pflegeeltern sie adoptiert hatten und diese »Fremde« ihre richtige Mutter war, zeigte sie mehr und mehr Verachtung bei diesen Besuchen und zog sich schließlich ganz von ihrer Mutter zurück. Die Pflegeeltern schwiegen über Marys Herkunft; diese Haltung förderte Marys Ver-

240

leugnungsmechanismen, und in ihrer Phantasie entstand das, was man eine besondere Variante des Familienromans nennen könnte. Da sie so deutlich das »Lieblingskind« ihrer Pflegeeltern, insbesondere ihres Pflegevaters war, entstand in ihr das Gefühl, die Pflegeeltern müßten ihre richtigen Eltern sein, während ihre richtige Mutter früher ihre Kinderschwester war.

In der Adoleszenz nahmen Marys Phantasien eine neue Wendung. Sie und ihre ältere Schwester waren schon immer ebenso ernst, streng und voller Moralität gewesen wie die Adoptivmutter. Die jüngste jedoch, für die sie nie viel Achtung zeigen konnten, entwickelte zunehmend Zeichen von Eigensinnigkeit und Widerspenstigkeit. Mary bildete daraufhin die Phantasie aus, die während der Analyse wieder in ihr Bewußtsein zurückkehrte, daß vielleicht dieses Mädchen damals adoptiert wurde und in Wirklichkeit das uneheliche Kind der Näherin war.

Marys Phantasie fiel offenbar der Verdrängung anheim, als ihre Adoptivmutter sie ziemlich unerwartet und ernst vor Beziehungen zu Jungen warnte. Diese Warnungen enthielten die stillschweigende Sorge der Adoptivmutter, Mary könnte die Fehltritte ihrer richtigen Mutter wiederholen. Auf diese enthüllenden Äußerungen der Pflegemutter reagierte das Mädchen mit schockartigen und verwirrenden Gefühlen, mit Verletztheit und Groll; sie schloß aus den Warnungen der Pflegemutter, daß diese ihr wenig vertraute. Aber bald gelang es Mary wieder, ihr früheres Selbstwertgefühl und ihre gute Beziehung zu ihrer Pflegemutter zurückzugewinnen, indem sie ihre Wut und Verachtung auf ihre richtige Mutter und die jüngere Schwester verschob – sie waren diejenigen, die einer moralischen Führung bedurften.

Als diese jüngere Schwester mit achtzehn Jahren sich mit einem ziemlich attraktiven, wenn auch nicht sehr soliden jungen Mann verlobte, war die ganze Familie erleichtert. Nach Marys Ansicht jedoch verdiente dieses wertlose Mädchen keinen Ehemann, da sie wie ihre richtige Mutter nicht besser als eine Prostituierte war. Mary fühlte sich dieser feindseligen, abschätzigen Gedanken wegen schuldig. In ihr stieg der Verdacht auf, daß sie selber möglicherweise auf ihre Schwester eifersüchtig sei und für sich ebensoviel sexuelle Freiheit haben wolle, wie dieses Mädchen und ihre eigene Mutter sich herausgenommen hatten.

Zu dieser Zeit geschah es, daß der Verlobte der jüngeren Schwester ins Haus kam, als Mary alleine war. Er versuchte sich ihr zu nähern und sie zu verführen. Das ließ ihre Abwehr zusammenbrechen, und mit der Abwehr ihre Identifizierung mit den Tugenden ihrer Adoptivmutter und ihrer älteren Schwester. Sie mußte die echte Tochter ihrer richtigen Mutter sein, wenn dieser Mann es wagte, mit ihr wie mit einer Prostituierten umzugehen. Daraufhin gab Mary der Verführung nach, und als dieser Vorfall vorüber war, wurde Mary von Gefühlen der Schuld und Sündhaftigkeit gequält. Sie war deprimiert, und Abscheu erfüllte sie vor diesem Jungen und vor sich selber. Weder sie noch der junge Mann gestanden irgend jemandem ein, was sie getan hatten. Mary schwor für sich jedoch einen heiligen Eid, daß sie sich nie mehr von einem Mann verführen ließe.

Wenige Jahre später verlor Mary ihre Adoptiveltern, erst die Mutter, dann den Vater. Die jüngere Schwester hatte inzwischen geheiratet; Mary blieb zurück mit ihrer älteren Schwester, die eine Art moralischer Vormund für sie war. In ihrer Analyse beschrieb Mary, daß sie eine Zeitlang sehr um ihre Pflegeeltern trauerte und schließlich plante, die Musik zu ihrem Beruf zu machen. In Tagträumen stellte sie sich ihre zukünftige Karriere vor. Zu diesem Zeitpunkt fiel ihr plötzlich eine befremdliche, wie sich aber herausstellte, sehr wichtige Deckerinnerung ein. Sie erinnerte sich, daß sie mit fünf oder sechs Jahren von einem seltsamen Fremden besucht wurde, der ihr Süßigkeiten schenkte. Einen sonderbaren großen Kasten, den er im Arm hielt, hatte er in der Zimmerecke abgestellt. Mary hatte diesen Anblick niemals vergessen.

Sie erfuhr erst jetzt von ihrer Schwester, daß es ihr richtiger Vater war, der sie besucht hatte. Der mysteriöse Kasten erwies sich als Tasche eines Musikinstruments, einer Trompete. Der Vater war Trompeter in einer Militärkapelle, die im Wohnort von Marys Mutter ihr Quartier hatte. Nach dieser Enthüllung hatte Mary das Gefühl, sie hätte diese Geschichte schon immer gewußt. Es stellte sich heraus, daß sich der Tagtraum, den sie ausbildete, nachdem sie ihre Adoptiveltern verloren hatte, unbewußt um ein verklärtes Bild ihres verlorenen Vaters, des Musikers, drehte. Sie erinnerte sich auch an flüchtige Phantasien zu jener Zeit, worin sie sich vorstellte, daß sie ihren richtigen Vater eines Tages wirklich wiedersehen würde. Dadurch, daß der Beruf ihres Vaters verdrängt blieb, war es ihr möglich, diese Gedanken an ihn von ihren Vorhaben und Tagträumen über eine musikalische Karriere fernzuhalten, vor allem aber von ihrer Beziehung mit Karl, dem verheirateten Musiker, der seinem Alter nach ihr Vater hätte sein können.

Allmählich und unter großer Angst verstand Mary, daß und wie ihre musikalischen Interessen ihrer geheimen Suche nach dem verlorenen Vater dienten. Schließlich kam ihr der Gedanke, daß Karls liebevolle Zuneigung und geheime Beziehung zu ihr einen besonderen Grund hätte – er könnte in Wirklichkeit ihr Vater sein, der seinerseits nach ihr gesucht und sie gefunden hatte. Sie spürte in der Tat, daß er sie, ebenso wie ihr Adoptivvater, seinen beiden ehelichen Kindern vorzog, die seine musikalische Begabung nicht ererbt hatten. Hinsichtlich dieser Identifizierung mit ihrem richtigen Vater brachte die Analyse schließlich noch Marys Vorstellung zum Vorschein, ihr richtiger Vater hätte ihre richtige Mutter geheiratet, wenn entweder die Mutter anständig oder statt Mary ein Junge zur Welt gekommen wäre. Auch ihr Adoptivvater hatte es bedauert, daß unter seinen Kindern kein Junge war. Mary war nur dadurch sein Lieblingskind geworden, daß sie musikalisch begabt und intelligenter als die anderen war, das heißt, daß sie den Eigenschaften eines Jungen am nächsten kam.

Erst jetzt können wir die Ursachen für Marys Symptombildung verstehen. Eine sexuelle Beziehung mit Karl wäre für sie möglicherweise einer tatsächlichen Inzesthandlung gleichgekommen. Karl war demnach kein oder nur teilweise ein »Übertragungsobjekt«. Sie vermutete, daß er in Wirklichkeit ihr verlorener richtiger Vater sei, der sie und ihre Mutter verlassen und eine »ehrbare« Frau geheiratet hatte. Insgeheim aber hatte er nach ihr gesucht und sie schließlich gefunden. Sie konnte ihn zurückgewinnen und auf alle Zeit für sich behalten, wenn sie ihm und sich selber beweisen konnte, daß sie seiner wert war, also wirklich sein wertvollstes Kind, der Gegensatz zu ihrer dirnenhaften Mutter und sogar noch besser als seine ehelichen Kinder war. Da das Klavier-»Spielen« mit Karl bei ihr zu Hause für Mary ein sexuelles Spiel bedeutete, drohte der Vorschlag ihres Freundes sowohl das Bild, das sie von ihrem idealisierten Vater wie auch von ihrem virtuosen Selbst hatte, zu zerstören. Daher reagierte sie auf seinen Vorschlag nicht nur mit großer Angst, sondern sie wurde auch sehr wütend auf ihn. Als er seinerseits die Auswirkungen ihres Unfalls in ruhiger Art hinnahm, legte sich ihre Wut, aber sie wurde deprimiert.

Wir können nun die Hauptaufgabe von Marys Abwehr bestimmen, wenn wir auf die verschiedenen Geschichten, die sie »erfand«, zurückgreifen und die Verleugnungen wie auch Projektionen betrachten, die ihrem »Roman« zugrunde lagen. Die Abwehr sollte nicht allein ihren Wunsch erhalten und sogar befriedigen, daß sie das verlorene Liebesobjekt zurückgewänne; sie stellte auch einen Versuch dar, jene mit der Kastration und den Schuldgefühlen zusammenhängenden Konflikte zu meistern, deren normaler Ausgang und Lösung von ihrer besonderen Situation her ausgeschlossen waren. Marys phantasierte Geschichten dienten, indem sie die narzißtische Kränkung ihrer unehelichen Geburt und ihrer Adoption ungeschehen machten, dazu, die für sie unannehmbaren, unbewußten Identifizierungen mit der sündhaften (kastrierten) »Prostituierten«-Mutter abzuwehren. Die Mutter war für das, was Mary angetan wurde, verantwortlich. Zugleich strebten ihre Phantasien eine Lösung jener Schuldkonflikte an, die einesteils von eben diesen Identifizierungen herrührten und andererseits aus der starken Feindseligkeit entsprangen, die sie ihrer richtigen Mutter gegenüber empfand. Es liegt auf der Hand, daß Marys illusorische Phantasieerlebnisse und die unreifen Abwehrvorgänge, die sie einsetzte, nicht die gewünschte Wirkung hatten, sondern eine unhaltbare Situation entstehen ließen und zur neurotischen Symptombildung führten, wozu auch die depressiven Verstimmungen gehörten.

Ich möchte meinen Fallbericht mit dem Zusatz abschließen, daß Mary sich mit Hilfe der Analyse allmählich der masochistischen Fesseln, die sie an ihren Freund, den Musiker, und ihre puritanischen Einstellungen im allgemeinen banden, entledigen konnte. Sie suchte einen Partner, der zu ihr paßte, begann eine sexuelle Beziehung und wurde immer unabhängiger von ihrem moralischen Vormund, ihrer Schwester, die alsbald Marys Beispiel folgte. Nach der Beseitigung ihrer Symptome nahm Mary den Klavierunterricht wieder auf, ließ jedoch von ihren Vorstellungen über eine Karriere als Musikerin ab.

Bei den folgenden zwei Fällen gehörte die Verleugnung in einen anderen Rahmen; während Mary sich geweigert hatte, die Tatsache anzuerkennen, daß sie ein uneheliches, adoptiertes Kind und die Tochter einer Näherin war, konnten sich diese beiden Patienten, die als Halbwaisen groß wurden und ebenfalls unter depressiven Verstimmungen litten, nicht zugeben, daß einer ihrer Eltern tatsächlich gestorben war.

Robert H.

Dieser Patient war verheiratet und in den Dreißigern, als er in die Behandlung kam; ich habe seinen Fall unter einem anderen Gesichtspunkt schon im fünften Kapitel erörtert. Am Ende der ödipalen Phase hatte er seine Mutter verloren; sie starb, nachdem sie einen Jungen zur Welt gebracht hatte, der nur einen Tag am Leben gehalten werden konnte. In den Jahren davor war Robert der Mutter sehr eng zugetan, und das Kindermädchen hatte ihn völlig verwöhnt. Als seine Mutter ihn während ihrer Schwangerschaft in einen Kindergarten bringen wollte, litt er unter Trennungsängsten, die so stark waren, daß sie ihn schließlich wieder nach Hause nahm.

Als das tragische Ereignis eintrat, wurde Robert völlig übergangen; er wußte zwar, daß seine Mutter ins Krankenhaus gegangen war, weil sie ein Baby bekommen sollte, jedoch erklärte ihm niemand, was dort geschehen war. Am folgenden Wag wurde er zu Verwandten gebracht, wo er für eine Weile blieb. Nachdem der kleine Junge so unvermutet seine Mutter und sein Kindermädchen verloren hatte, sein Zuhause und für einige Zeit auch sein Vater ihm fehlten, und er selber sich in einer neuen Umgebung wiederfand, mitten unter trauernden Erwachsenen, geriet er erst in eine Phase von Angst und hilfloser Verwirrung, dann in tiefe Einsamkeit, Depression und Gefühle von Selbstentfremdung. Weder sein Vater noch seine Verwandten erklärten Robert jemals, was es mit dem Verschwinden seiner Mutter auf sich hatte; die einzige Antwort, die er später zu hören bekam, wann immer er seinen Vater fragte, was mit seiner Mutter geschehen sei, lautete: »Deine Mutter war ein Engel.« So unbefriedigend diese Antwort für das Kind auch war, sie half ihm darin, daß er sich von seiner verlorenen, »engelhaften« Mutter ein äußerst verherrlichtes, nahezu mystisches Bild erschuf. So ließ sich seine Feindseligkeit von ihr ablenken und auf die zurückgebliebenen Familienmitglieder wenden. Sein ehemaliges Kindermädchen wurde zur Zielscheibe seiner negativen, abwertenden Gefühle. Als sie ihn besuchen kam, fand er sie »abstoßend«, wandte sich ab und löste sich schließlich völlig von ihr.

Roberts Vater ging keine neue Ehe ein. Er zog mit seinem Sohn zu seiner eigenen Mutter. Obgleich er sich im allgemeinen mit Liebe um seinen Sohn kümmerte, konnte weder er noch die Großmutter, eine finstere, übermäßig strenge Frau, die emotionalen Bedürfnisse des Kindes befriedigen. Als sich der Vater eine Stadtwohnung nahm, wo er seine Abende mit wechselnden Geliebten verbringen wollte, wurden Roberts Konflikte stärker. Die Situation verschlimmerte sich noch, als der Vater seinen Sohn einigen dieser Frauen vorstellte. Wieder entstand für Robert, nun um diese Frauen, ihre Rolle, ihr Erscheinen und Verschwinden, eine unangenehme, geheimnisvolle und rätselhafte Atmosphäre. Sobald er ahnte, welcher Art die Beziehungen zwischen seinem Vater und diesen Frauen waren, begann er, ihn wegen seiner unmoralischen und materialistischen Einstellungen zu tadeln. In ihm formten sich ein reaktives, übermäßig strenges Überich und außerdem ein hochgespanntes Ichideal, das dem Bild seiner »heiligen« Mutter nacherschaffen war.

Während dieser Zeit entstand in der Phantasie des einsamen Jungen ein Familienroman. Seine Phantasien drehten sich darum, daß er der Sohn einer britischen Aristokratenfamilie sei; in diesem Familienroman war für eine Mutterfigur keine besondere Rolle vorgesehen. Es ist sicherlich interessant, daß diese Phantasien seine äußere Erscheinung, die Art, wie er sich gab und verhielt, in dem Sinne erheblich beeinflußten, daß man annehmen konnte, er stamme aus der englischen Oberschicht; in gleicher Weise beeinflußten diese Phantasien seine Wahl des Ehepartners.

Als Robert im Alter von Anfang Zwanzig seinen Vater verlor, verheiratete er sich kurz darauf mit einem wohlerzogenen, sehr intelligenten Mädchen, dessen Herkunftsfamilie sozial höher stand als die seine. Das ziemlich große Erbe vom Vater ermöglichte ihm das Leben eines feinen Mannes. Er distanzierte sich von seinen Verwandten, die von einfacherem Wesen und weniger gebildet waren; die Familie seiner Frau wurde ihm zur eigenen Familie. Da er ein begabter Mann mit weitgespannten intellektuellen und ästhetischen Interessen war, gelang ihm alsbald ein erfolgreicher Aufstieg in einem Arbeitsbereich, der dem seines Schwiegervaters ähnlich war.

Robert hatte vor seiner Heirat keinerlei sexuelle Beziehungen gehabt. Wie Mary K. war und blieb er, was seine Einstellungen, Überzeugungen und mit gewissen Ausnahmen auch sein Handeln betraf, ein Puritaner. Er suchte die Behandlung, weil er unter wiederkehrenden Zuständen von Depression und Depersonalisation litt.

Die Analyse dieser Zustände brachte ein stark besetztes, sadomasochistisches Phantasieleben zum Vorschein, das sich auf heftige Urszenenphantasien gründete, die durch die Schwangerschaft und den Tod seiner Mutter geweckt worden waren. Insgeheim war es ihm gelungen, diese unbewußten Phantasien zu befriedigen, vor allem in den sich

246

wiederholenden heftigen Auftritten zwischen seiner bezaubernden, intelligenten und temperamentvollen Frau, seinen impulsiven Kindern und ihm selber. Da Robert sowohl seine Heirat wie auch seine einzelnen ästhetischen Interessen in jeder Hinsicht idealisierte, verstörte es ihn sehr, als er entdecken mußte, daß gerade die vorher genannten Strebungen unter dem Deckmantel seiner Ideale in seinen Phantasien und seinem Verhalten Ausdruck gefunden hatten. Und wie Mary empfand er, als er dies entdeckte, daß er eigentlich nicht besser als sein »unmoralischer« Vater war.

Das Material der Analyse ließ erkennen, daß seine sadomasochistischen Phantasien mit dem unbewußten Verdacht verknüpft waren, sein Vater hätte beim Geschlechtsverkehr Frau und Kind umgebracht; diese Phantasien waren für ihn so wenig annehmbar, daß er sie abwehren mußte, indem er den Tod seiner Mutter verleugnete. Das Geheimnis, das ihr plötzliches Verschwinden umgab, ließ sich ebensogut mit der Annahme erklären, die Mutter habe seinen Vater verlassen, weil er unmoralisch und nichtswürdig war. Der Vater blieb auch bei diesem Erklärungsversuch für den Verlust der Mutter verantwortlich, war jedoch kein Sexualmörder mehr und die Mutter somit auch nicht mehr das Opfer ihrer sexuellen Leidenschaft für den Vater.

Wie stark Robert an diesen letzteren Hergang der Ereignisse glaubte, wurde deutlich, als er mir erzählte, wie er jeden Morgen zum Briefkasten eilte, weil er einen »bestimmten« Brief erwartete. Er war jedesmal sehr enttäuscht darüber, daß »der Brief« wieder nicht angekommen war. Es handelte sich bei diesem mysteriösen Brief, auf den er, solange er sich erinnern konnte, so ausdauernd gewartet hatte, um einen Brief von seiner Mutter und seinem Bruder; er vermutete, daß die beiden an einem weit entfernten Ort lebten, eines Tages schrieben und zu ihm zurückkämen. In diesem Zusammenhang soll noch erwähnt werden, daß zwischen Roberts Familienroman, in dem er der Sohn eines britischen Aristokraten war, und jener Reihe von Phantasien, die den Tod seiner Mutter verleugneten und die Hoffnung aufrechterhielten, sie käme zurück, womit Mutter und Sohn schließlich wieder zusammen wären, zunächst keinerlei Verknüpfung zu bestehen schien.

Die erste dieser Phantasien bestand aus einem bewußten Tagtraum, der vor allem Roberts Wunsch nach einem wertvollen, idealen Vater ausdrückte, mit dem er sich identifizieren könnte. Trotz des Einflusses, den dieser Teil seines Familienromans auf seine Ich- und Über-ich-Entwicklung wie auch auf seine Objektbeziehungen ausgeübt hatte, war sich der Patient immer bewußt gewesen, daß es sich um eine Phantasie handelte.

Die Vorstellungen darüber, daß Mutter und Bruder noch lebten, waren dagegen von anderer Art; es handelte sich nicht um Tagträume, sondern um vage Vermutungen, Hoffnungen und Erwartungen, die nur hin und wieder Roberts Bewußtsein erreichten. Diese Vorstellungen waren mit dem Geheimnis, das sein Vater und seine Großmutter um den Tod der Mutter ausgebreitet hatten, entstanden, und die Ambivalenz, die Robert diesen beiden Menschen gegenüber empfand, schlug sich in seinen vagen Vorstellungen nieder. Die geheimnisvolle Art, mit der später die wechselnden Geliebten seines Vaters auftauchten und verschwanden, wie auch das teils exhibitionistische, teils verstohlene »schlechte« sexuelle Verhalten seines Vaters, förderten Roberts Phantasien.

Selbstverständlich können wir sagen, daß Roberts unbewußte Verleugnung des Todes seiner Mutter und seine Erwartung, sie käme später wieder, ihn an dem illusorischen Glauben festhalten ließen, er bekäme sein frühestes Liebesobjekt wieder, an das er so eng gebunden war; sie dienten jedoch, wenn wir ins einzelne gehen, zur Abwehr seiner Urszenenphantasien, die sich um Mord drehten, und sie richteten sich gegen seine Identifizierung mit den sündigen Eltern und gegen die Schuldgefühle, die seine sadomasochistischen Identifizierungen heraufbeschworen. Sein illusorischer Glaube half ihm, die unglücklichen und einsamen Jahre im Haus seiner Großmutter zu überstehen und mit gewissen optimistischen, hoffnungsvollen Aussichten auf sein zukünftiges Leben zu blicken. Später drückte sich dieser Glaube in leicht gehobenen Stimmungen aus, die mit seinen Depressionen abwechselten. Wahrscheinlich ging sein Optimismus auf die unzerstörbaren, glücklichen Erinnerungen an die frühen Jahre seiner Kindheit zurück. Da seine optimistischen Erwartungen jedoch ziemlich illusorisch waren, konnten sie auch nicht verhindern, daß sich immer wieder depressive Verstimmungen entwickelten. In diesen Depressionen wiederholte sich seine ursprüngliche Reaktion auf den überraschenden Tod der Mutter, und die konflikthaften Schuldgefühle, die mit seinen feindseligen Reaktionen auf die Schwangerschaft der Mutter und seinen Todeswünschen dem künftigen Rivalen gegenüber zusammenhingen, lebten wieder auf.

Paul L.

Dieser Patient war verheiratet und kam mit Ende Zwanzig zur Behandlung. Seine schweren depressiven Episoden, auf die gelegentlich eine hypomanische Attacke folgte, hatten in der Latenzzeit, wahrscheinlich sogar früher angefangen. Kurz bevor er geboren wurde, war sein Vater verstorben. Der Patient erlitt zwar nicht das traumatisierende Erlebnis eines frühen Objektverlusts, konnte aber auch nicht dem Schicksal eines vaterlosen Kindes entrinnen.

Nachdem Krankheit und Tod des Vaters die finanziellen Reserven seiner Mutter aufgebraucht hatten, war sie bald nach Pauls Geburt gezwungen, die Versorgung der Familie zu übernehmen. Zunächst arbeitete sie zu Hause; als Paul ein wenig größer war, suchte sie sich feste Anstellungen. Ihre ältere Schwester, ebenfalls verwitwet, zog zu ihr und kümmerte sich um die Wohnung. Sie sorgte auch für den kleinen Paul und seine Schwester, die ein paar Jahre älter war. So kam es, daß Paul inmitten von drei ziemlich aggressiven Frauen aufwuchs. Die alte Tante, eine Art Original, schien die liebenswerteste dieser drei Frauen gewesen zu sein. Jedoch hatte weder sie noch ihre Schwester viel für das andere Geschlecht übrig. Keine von ihnen sprach jemals über das Leben, das sie früher geführt hatten, und sie wollten sich wohl auch nicht wieder verheiraten. Pauls Onkel, ihr Bruder, der an den Wochenenden häufiger die Familie besuchte, stand bei ihnen in geringer Achtung.

So lebte der kleine Junge in einer häuslichen Atmosphäre, die man nicht als glücklich bezeichnen kann. Er war sehr einsam, bevor er in die Schule kam, denn keine der drei Frauen schien zu bemerken, welche Bedürfnisse oder Wünsche Paul hatte. Niemand spielte mit ihm. Pauls Mutter war sehr pflichtbewußt, aber auch ein ziemlich narzißtischer, zwanghafter, depressiver Mensch, und sie klagte ständig über ihr schweres Leben. Sie legte schon sehr früh in Paul hinein, daß sie von ihm erwartete, er würde sie für all ihre Verluste und Opfer entschädigen und jene Verantwortlichkeit übernehmen, die ein »Mann« für das Zuhause trägt. Zugleich aber setzte sie alles daran, um ihn an sich zu binden, um zu verhindern, daß er jemals selbständig würde. Als Antwort auf diese widersprüchlichen Einstellungen seiner Mutter entstand in Paul die Überzeugung, daß er als vaterloser Junge keinerlei Chance hätte, jemals ein richtiger Mann zu werden. Er kam in die Schule und fühlte sich den anderen Jungen gegenüber, die »normale« Familien hatten, andersartig und sehr fremd.

Der Onkel versuchte sich in der Rolle des Vaters, und Paul ging mit einem heftigen Verlangen einige Jahre lang darauf ein. Als der Onkel ihn einmal dazu einlud, die Ferien in seinem Haus in der Vorstadt und zusammen mit seinen eigenen Jungens zu verbringen, regte sich in Paul sogleich die Hoffnung, der Onkel möchte ihn für immer in seiner Familie behalten. Er war sehr enttäuscht, als der Onkel ihn nicht »adoptierte« und auch nicht mehr einlud. Später hatte dieser Onkel sehr viel an Paul auszusetzen, offensichtlich aus Eifersucht, denn Paul war viel aufgeweckter und gescheiter als seine eigenen Söhne. Das Verhalten dieses Onkels trug erheblich dazu bei, daß Pauls Selbstwertgefühl noch mehr dahinschwand.

Einige Jahre später ging Paul mehrere Freundschaften mit Jungens ein, deren Eltern ihm bewunderswert und liebevoll erschienen. Er versuchte in diese Familien aufgenommen zu werden, und deshalb verbrachte er dort so viel Zeit, wie er nur konnte. Nun begann er erstmals und aktiv mit anderen Jungens zu konkurrieren. Seine neuerlichen Anstrengungen um eine Familie, die ihn adoptieren würde, waren ebenso vergeblich wie der Versuch mit dem Onkel; sie endeten jedesmal mit Enttäuschungen und Depression.

In seinem eigenen Zuhause war die Atmosphäre inzwischen unerträglich geworden. Ständig kam es zu Auseinandersetzungen zwischen den drei Frauen und mit ihm; sie spielten sich gegeneinander aus. Als Paul sich dagegen auflehnte, seine Männlichkeit und Selbständigkeit durchsetzte und den drei Frauen zeigte, daß er ihnen körperlich und geistig überlegen war, wurde die Atmosphäre noch feindseliger.

In der Tat war Paul das begabteste Mitglied dieser Familie. Er war aufgeweckt und strebsam, zweifelte jedoch ständig daran, wie weit seine körperlichen und intellektuellen Fähigkeiten reichten. Dies änderte sich auch nicht, als er finanziell selbständig wurde. Nachdem er sich durch das College und eine Anwaltsschule gearbeitet hatte, bekam er eine sehr gute Stelle in einem Anwaltsbüro. Er heiratete und fühlte sich mit Anfang Zwanzig schließlich in der Lage, sich von seiner Familie auf die gleiche Weise wie Robert H. zu lösen.

Beruflich und finanziell gelang Paul alsbald ein erfolgreicher Aufstieg. Seine Frau war anziehend und anhänglich, und er hatte ein liebenswertes, heiteres Kind. Er hatte wirklich alles, was er sich in diesem Alter wünschen konnte, erreicht. Trotzdem war er ständig unzufrieden und deprimiert. Obwohl seine Frau und auch das Anwaltsbüro ihm alle Freiheit, die er sich wünschte, ließen, fühlte er sich in seiner

Ehe und in seinem Beruf ebenso gefangen, wie er sich früher zu Hause bei seiner Mutter eingeengt gefühlt hatte. Dauernd klagte er über seine Frau, das Büro und seine eigene Arbeit. Zur gleichen Zeit stellte er sich in seinen Tagträumen vor, wie drastisch sich sein zukünftiges Leben ändern würde. Er war tatsächlich immer auf der Suche nach den »richtigen« Menschen und der »rechten« Arbeit, durch die er schließlich doch noch sein wahres Selbst finden könnte.

Wir kommen damit zu der Beziehung, die Paul in der Phantasie zu seinem Vater hatte, den er schon verlor, bevor er zur Welt kam. Das Verhalten von Pauls Familie trug nichts zum Ruhm oder zu einer Verklärung des verstorbenen Vaters bei. Paul wußte nur in groben Umrissen von der Herkunft seines Vaters, von seinem Beruf und der tödlich verlaufenden Krankheit. Selbst diese Aussagen waren unvollständig, verwirrend und widersprüchlich. Die Mutter hatte mit Paul nie darüber gesprochen, wie sein Vater als Mensch war; sie hatte auch keine Begegnung mit den hinterbliebenen Familienmitgliedern ihres verstorbenen Mannes ermöglicht. Soweit sie selber es anging, schien Pauls Vater niemals gelebt zu haben. Es beeinflußte Paul tiefgreifend, daß die Mutter sich über ihren verstorbenen Mann vielsagend ausschwieg, und er schuf sich eine Legende über seinen Vater. In ihm entstand eine sehr verherrlichte Vaterimago, die ohne Leben und recht abstrakt war. Paul selber meinte, daß dieses Bild von einem außerordentlichen und bedeutenden Mann, das er in sich trug, nichts mit seinem richtigen Vater zu tun hätte, da er selber keine Erinnerungen an ihn besaß und auch selten etwas über ihn hörte. Dieses Vaterbild hielt er für eine Schöpfung seiner eigenen Vorstellungskraft und empfand so etwas wie Triumph darüber, daß er ohne ein lebendiges Vorbild ausgekommen war und seine Ziele und Ideale, die sich in dieser Imago niederschlugen, unabhängig und aus sich selbst heraus erschaffen hatte.

Dieses Triumphgefühl hatte auch eine boshafte Seite, mit der er einerseits verleugnete, wie dringend er eines Vaters bedurfte, und worin sich andererseits äußerte, daß er das Verhalten seiner Mutter und ihre Einstellungen ablehnte, ihre Wertmaßstäbe im allgemeinen und besonders ihre übertriebenen moralischen Grundsätze. In der Tat hatten sich sein reaktives Ichideal und seine ehrgeizigen Ich-Ziele in einem ständigen Kampf gegen die unbewußten Identifizierungen mit seiner Mutter, seiner Tante und seiner eigenen Schwester herausgebildet, und leider hinterließ dieser Kampf deutliche Identitätskonflikte und verhinderte ständig, daß in Paul ein Gefühl von Kontinui-

tät und fester Richtung entstand[3]. In Pauls anhaltender Identitäts-
suche zeigte sich jedoch nicht nur sein Wunsch nach einer leibhaften
Elternfigur, die er sich zum Vorbild hätte nehmen können, denn offenbar hätte niemand, weder Mann noch Frau, diese Rolle in akzep-
tabler Weise ausfüllen können, da Paul darauf zu warten schien, daß
sein richtiger Vater zurückkehren und die Rolle des Vorbilds spielen
würde, dessen Paul so dringend bedurfte.

Da Paul stärker als Robert daran zweifelte, ob seine Vermutung richtig sei, war die Geschichte, die er sich über seinen Vater ausdachte,
wesentlich ausgeklügelter. So hätte er gerne gewußt, ob der Vater seine intolerante, feindselige Frau verlassen und an der Westküste, wo
seine Verwandtschaft lebte, eine neue Familie gegründet hatte. Vielleicht war dies der Grund, warum die Mutter Paul niemals mit den
Verwandten des Vaters hatte zusammenkommen lassen. Er nahm an,
die Mutter habe ihn deshalb so eng an sich gebunden, weil sie nicht
wollte, daß er die Wahrheit entdeckte, seinen Vater finden und sich
dessen neuer Familie anschließen würde. Außerdem bestand bei Paul
auch der leise Verdacht, er wäre vielleicht nicht der Sohn seiner Mutter.

Obwohl Paul nichts unternahm, um diese Verwandten des Vaters zu
sehen und ihnen auch nicht schrieb, zeigte sich, daß er die gleiche
Gewohnheit wie Robert entwickelt hatte. Auch er wartete jeden
Morgen aufgeregt auf einen »besonderen« Brief, einen Brief von seinem Vater, der niemals eintraf, und er hielt an seiner Hoffnung fest,
eines Tages würde sein Vater ihm schreiben und sie kämen wieder
zusammen.

Pauls Agieren während der Analyse machte deutlich, mit welcher Intensität er auf die Rückkehr seines Vaters hoffte. Er faßte überraschend eine von sehr starken Gefühlen getragene Zuneigung zu einem
eindrucksvollen, wesentlichen älteren Rechtsanwalt, bis er schließlich
herausfand, wie ähnlich dieser Mann seinem Vater war, von dem er
selber nur ein einziges Bild besaß. Er hatte für eine kurze Zeit sogar
gehofft, daß dieser Mann sein richtiger Vater wäre. Pauls Vermutungen, daß der Vater die Familie verlassen hätte und jetzt in Kalifornien lebte, hatten immer schon die Ebene des Vorbewußten, manchmal sogar auch sein Bewußtsein erreicht. Ihm war allerdings nicht
bewußt, daß seine Gefühle, er säße in einer Falle, sein zwanghaft
auftretender Drang, von seiner Mutter, seiner Frau, seiner Arbeit

3 Siehe Greenson (1954), *The Struggle against Identification.*

und den Vorgesetzten wegzulaufen und sich nach den richtigen Menschen und der rechten Arbeit umzuschauen sowie die Suche nach dem Vater seinen Wunsch zum Ausdruck brachten, mit diesem Vater und seiner neuen Familie zusammen zu sein.

Die mutmaßliche zweite Frau des Vaters spielte in Pauls bewußten Phantasien keine Rolle; ihre unbewußte Bedeutung klärte sich jedoch durch das, was Paul über bestimmte ältere und verheiratete Frauen phantasierte, die ihm nämlich irgend etwas ganz »Besonderes« geben könnten. Offenbar war dieses »besondere« Geschenk, auf das er wartete und es doch nie von ihnen bekam, sein richtiger Vater, und damit auch sein eigenes, richtiges »mannhaftes« Selbst. Wir können die Gesamtheit dieser Phantasien, Hoffnungen und Erwartungen als Familienroman bezeichnen, der sich um die Person des richtigen Vaters drehte und in der Latenzphase entstand, zur gleichen Zeit, als Paul sich wünschte, »adoptiert« zu werden und seine Versuche in dieser Hinsicht ihm große Enttäuschungen bereiteten. Pauls illusorisches Vorstellungsgebilde stellte vor allem einen Versuch dar, die in ihm bestehenden narzißtischen Konflikte zu lösen. Da Paul den Verlust seines Vaters als narzißtische Kränkung erlebte, genau genommen als Kastration, hatte für ihn das Überleben und die zukünftige Rückkehr seines Vaters die Bedeutung, daß für ihn selber die Möglichkeit bestand, seine eigene männliche Identität wiederzuerlangen.

Jedoch diente, wie bei Robert, diese Legende zusätzlich dazu, tief unbewußte Phantasien über den gewaltsamen Tod seines Vaters abzuwehren. In der Analyse tauchte sadomasochistisches Material auf, das sich um Pauls Mutter und die Urszene drehte, und enthüllte ähnlich wie bei Roberts Phantasien, daß die Mutter den Vater aus Rache tötete, als er versuchte, sie zu vergewaltigen. Paul erinnerte, daß er sich im Alter von sechs Jahren vorgestellt hatte, ein Mann würde seine Mutter auf der Straße überfallen und entkleiden. Da er selber ein kleiner hilfloser Junge war, konnte er dieser Szene nur zusehen, aber nichts tun, womit er seiner Mutter hätte helfen können. Als er größer wurde, veränderte sich seine Phantasie dahingehend, daß er den Aggressor angriff und die Mutter zu retten versuchte.

Die Analyse von Pauls Phantasie machte die tieferliegende Feindseligkeit deutlich, die Paul gegen seinen verherrlichten Vater hegte, und sie deckte auf, wie stark er mit den Rollen und den Untaten beider Elternteile identifiziert war. In der Tat litt er unter Schuldgefühlen, die von beiden Eltern gleichsam entliehen waren. Besonders als Paul spürte, wie seine Mutter sich wünschte und ihn dazu bringen wollte, daß er die Stelle seines Vaters einnehmen sollte, empfand er, wie er mit seiner Mutter die Verantwortung für den Tod des Vaters teilte.

Vergleich und Zusammenfassung

Wenn wir diese drei Fälle miteinander vergleichen, stoßen wir auf recht erstaunliche Ähnlichkeiten und ebenso auf interessante Unterschiede; dies betrifft nicht nur die unmittelbaren Reaktionen dieser Patienten auf den Objektverlust, sondern auch ihre Psychopathologie im weiteren Sinne, die sich auf der Grundlage dieses Verlustes allmählich entwickelte.

Es ist sicher nicht nebensächlich oder zufällig, daß alle drei Patienten in einem depressiven Zustand zur Behandlung kamen. Wichtig ist jedoch, daß Marys Depression von hysterischer Art war und deutliche Züge echter Trauer zeigte; die Ursache war leicht ersichtlich und lag in der bitteren, traurigen Erkenntnis, daß sie weder als Frau noch als Musikerin zukünftig keinerlei Befriedigung oder Glück zu erwarten hätte. Marys Konflikte waren mehr hysterischer als tiefgreifend narzißtischer Art, und sie drehten sich im wesentlichen um ihre inzestuösen Neigungen und Ängste. Die Tatsache, daß Mary ein uneheliches Kind, ein Adoptivkind war, bedeutete natürlich eine schwere narzißtische Kränkung; dadurch richtete sich ihre gesamte Feindseligkeit auf die »dirnenhafte« Mutter, von der sie, als sie ein kleines Kind war, ausgesetzt wurde. Wir dürfen allerdings nicht vergessen, daß Mary von ihrer frühen Kindheit an bei sehr liebenswerten Adoptiveltern aufwuchs. Wahrscheinlich hing ihre Bereitschaft, Inzestneigungen zu agieren, ursächlich gerade mit dem Umstand zusammen, daß der Adoptivvater ihr gegenüber eine wesentlich ungehemmtere körperliche Zuneigung entgegenbringen konnte als seinen eigenen Kindern.

Die Liebe, die Mary empfing, konnte nicht abwenden, daß sie an einer Schicksalsneurose erkrankte, wodurch ihr der Weg zu einem normalen heterosexuellen Liebesleben versperrt blieb. Marys allgemeine Fähigkeit für Objektbeziehungen war jedoch nicht schwerwiegend beeinträchtigt. Allerdings war der schimpfliche Umstand ihrer unehelichen Geburt und ihrer Adoption für sie so unerträglich, daß sie in ihrer Phantasie Geschichten erfand, die ihr nicht allein dazu dienten, diesen Umstand zu verleugnen, sondern ihn auch auf die jüngere Schwester projizierten, womit sich die Verhältnisse umkehrten. Marys Verleugnungs- und Projektionsmechanismen blieben trotz des Ausmaßes, das sie erreichten, auf dieses eine Problem beschränkt, mit dem auch das Geheimnis um ihre beruflichen Pläne und um ihre Freundschaft mit Karl verknüpft war.

Während Mary nicht den Verlust ihres Vaters, sondern lediglich die Tatsache ihrer unehelichen Geburt und ihrer Adoption verleugnete, bedienten sich die zwei halbverwaisten Patienten der Verleugnung, um mit dem Tod des betreffenden Elternteils fertig zu werden. Sie hatten beide eine ziemlich einsame und unglückliche Kindheit verlebt. Robert besaß immerhin Erinnerungen an die frühesten Jahre seiner Kindheit, wo er glücklich war, auch wenn dieses Glück mit den traumatischen Erlebnissen endete, über die hier berichtet wurde. Dies erklärt, warum er, wenn wir seine depressiven Zustände und seine verlängerte Adoleszenz, wo er seinen Verwandten sehr entfremdet war, beiseite lassen, fähig wurde, sein Leben zu genießen, haltbare emotionale Beziehungen einzugehen und eigene Interessen zu finden. Roberts Persönlichkeitsstruktur war im wesentlichen hysterischer Art, wies allerdings auch zwanghafte Züge auf. Die Ursache seiner narzißtischen Verletzbarkeit lag darin, daß sich sein Leben traumatisch verändert hatte; aus dem beschützten und verwöhnten Jungen wurde plötzlich ein mutterloses, emotional isoliertes Kind, das noch zu jung war, um mit seinen Verlusten durch echtes Trauern fertig zu werden.

Die Fälle von Robert und Paul zeigten erstaunliche Ähnlichkeiten, die zum einen darin bestanden, daß beide vermuteten, ihre Eltern wären nicht verstorben, sondern sie hätten den unwürdigen Partner verlassen und lebten in einer anderen Stadt, woher eines Tages ein Brief käme, der diese Vermutung bestätigen und ein zukünftiges Wiedersehen verheißen würde; zum anderen hatte in beiden Fällen der Umstand, daß der überlebende Elternteil sich weigerte, über den verstorbenen Partner zu sprechen, bewirkt, daß die Patienten den Tod des verlorenen Objekts verleugneten. Und schließlich diente bei beiden Patienten ihre erstaunlich ähnliche Phantasiegeschichte dem gleichen Zweck; mit ihrer Hilfe wurden nicht nur jene unerträglichen Phantasien abgewehrt, worin die verlorenen Objekte von ihren Partnern im Geschlechtsakt umgebracht wurden, sondern vor allem auch die Schuldgefühle, die davon herrührten, daß die Patienten sich unbewußt in ihrer Phantasie mit der mutmaßlichen Feindseligkeit und den verbrecherischen Handlungen des überlebenden Elternteils identifizierten. In Roberts Fall wurden die Mordphantasien über die Urszene ausgelöst, als er erfuhr, daß mit seiner Mutter und dem Neugeborenen bei der Geburt etwas Schreckliches geschehen war; zu Pauls entsprechenden Phantasien hatte die enge zeitliche Verknüpfung, die zwischen seiner eigenen Geburt und der tödlich verlaufenden Krankheit seines Vaters bestand, den Anstoß gegeben. Wenn wir Pauls frühe emotionale Entbehrungen in Betracht ziehen, überrascht es uns nicht, daß im Gegensatz zu Mary und Robert aus ihm ein zwanghafter, chronisch depressiver Mensch wurde, der unter deutlichen Identitätskonflikten litt.

Die Persönlichkeitsunterschiede dieser drei Patienten und die unterschiedliche Struktur ihrer Konflikte, die mit dem frühen Objektverlust heraufbeschworen wurden, habe ich absichtlich hervorgehoben. Was nun die Ähnlichkeit, die zwischen Roberts und Pauls phantasierter Geschichte besteht, und die Hoffnung aller drei Patienten, der verlorene Elternteil werde zurückkehren, anlangt, so scheint mir von allergrößter Bedeutung, daß die Phantasiegeschichte, der Familienroman, in jedem der drei Fälle helfen sollte, die narzißtischen Kränkungen, die durch den frühen Verlust des hochgeschätzten Liebesobjekts entstanden, zu meistern, und die Konflikte, die sich um Feindseligkeit, Kastration und Schuldgefühle drehten, zu lösen. Die Erwartung dieser Patienten, sie kämen in ferner Zukunft mit dem verlorenen Objekt wieder zusammen, erinnern uns an die Hoffnungen des kleinen Mädchens darauf, daß es den verlorenen Penis zurückerhält. In Analogie zum »illusorischen Penis« der Frauen möchte man bei diesen Patienten von einem »illusorischen Elternteil« sprechen.

Offensichtlich wird der Verlust eines Elternteils in der frühen Kindheit nicht nur als Liebesverlust oder Verlust eines Liebesobjekts, sondern auch als schwere narzißtische Kränkung, nämlich als Kastration, erlebt. Kinder sind in ihren ersten Lebensjahren darauf angewiesen, daß sie von ihren Eltern narzißtische Zufuhren erhalten und an ihrer mutmaßlichen Größe partizipieren können; sie empfinden es daher als äußerst erniedrigend, wenn sie den Vater oder die Mutter verlieren und Waisenkinder oder Adoptivkinder werden. Die feindseligen und herabwürdigenden Gefühle, die in den betroffenen Kindern durch die Verluste entstehen, richten sich sehr häufig auf den überlebenden Elternteil oder die Ersatzeltern, während das verlorene Liebesobjekt überhöht und verklärt wird, was dazu beiträgt, daß der narzißtische Wert und die Bedeutung dieses Objekts so weit zunimmt, bis es für diese Kinder den wertvollsten Teil ihres eigenen Selbst darstellt, den sie verloren haben und wiederfinden müssen. Aus diesem Grund weigern sich so viele Kinder, den hinterbliebenen (kastrierten) Elternteil oder die Ersatzeltern anzunehmen und sich mit ihnen zu identifizieren; sie neigen dagegen zu Illusionen über die Größe des verlorenen Elternteils, mehr noch, sie bilden in ihrer Phantasie einen intensiv ausgeprägten Familienroman, der ihrer eigenen Überhöhung und Verklärung dient.

Mary sah in der sie entehrenden Tatsache, daß ihr Vater ihre Mutter verlassen hatte, daß sie also unehelich zur Welt kam und adoptiert wurde, unbewußt eine Kastration, eine Strafe für sexuelle Sünden, die ihre Mutter, aber auch sie selber, begangen hatte; daß sie gegen ihre unbewußte Identifizierung mit ihrer richtigen Mutter kämpfte und darauf hoffte, der verlorene Vater, aber auch der verlorene Penis, kämen zu ihr zurück, beruhte darauf, daß sie unbewußt erwartete, sie werde mit der Rückkehr beider für ihre außergewöhnliche sexuelle Abstinenz und Tugendhaftigkeit belohnt.

Obgleich Robert seine Mutter verloren hatte, sah auch er in diesem Verlust, der ihn dazu zwang, mit seiner Großmutter und seinem »unmoralischen«, sündigenden Vater zu leben, eine Erniedrigung, und unbewußt eine Kastration. Die verklärte, engelgleiche Mutter verkörperte in seinem Unbewußten den wertvollsten Teil seiner eigenen Person, den Penis nämlich, mit dessen Verlust er und sein Vater für ihre Verfehlungen bestraft wurden. Entsprechend der Kastrationsverleugnung bei Frauen sollten seine Verleugnung, daß die Mutter tot war, und seine Hoffnung, sie werde eines Tages zurückkommen, sichern, daß dieser außerordentlich wertvolle Teil seiner Person nicht wirklich verloren war, sondern daß er ihn als Belohnung für seine Heiligenähnlichkeit zurückerhalten würde.

Paul hatte den Verlust seines Vaters sogar bewußt mit der mangelnden Männlichkeit, die er für sich annahm, gleichgesetzt. Seine Zweifel und seine Phantasien über die Größe seines Vaters, über dessen Tod oder Überleben, ließen sich gleichsam austauschen mit den Zweifeln, die ihn hinsichtlich seiner sexuellen Identität befielen. Er sah in der von ihm vermuteten Kastration eine Strafe für seine unbewußten, von ihm selber verzweifelt bekämpften, sadomasochistischen Identifizierungen mit seinen Eltern. In seinem Suchen nach dem wunderbaren Vater und dessen wertvoller zweiter Frau kamen seine unbewußten Wünsche nach einer Mutter zum Vorschein, die ihm beides, Vater und Mutter, hätte sein können und dadurch einen mächtigen, großen Mann aus ihm gemacht hätte.

Ich möchte abschließend bemerken, daß die Unfähigkeit des kleinen Kindes, echte Trauerarbeit zu leisten[4], und der Versuch, Ambivalenzkonflikte und narzißtische Konflikte mit dem überlebenden Elternteil oder den Ersatzeltern mittels Phantasien zu lösen, die über die Wirklichkeit hinwegtäuschen, für die betroffenen Kinder eine Prädisposition zu depressiven Zuständen darstellen.

---

4 Ich kenne die kontroversen Auffassungen, die zur Zeit hinsichtlich der Frage diskutiert werden, ob und inwieweit das kleine Kind zur Trauer fähig ist. Mit Anna Freud und Dorothy Burlingham (1944), Anna Freud (1960), Nagera (1970) und Wolfenstein (1966) stimme ich darin überein, daß man Bowlbys (1960, 1961, 1963) und Furmans (1964 a, 1964 b) Auffassungen in Frage stellen muß. Auch die Fallberichte von Root (1957) und Laufer (1966) zum Beispiel weisen auf die Tatsache hin, daß sich die Trauer bei Kindern von der Trauer bei Erwachsenen unterscheidet.

8. Der Einfluß frühkindlicher Konflikte auf wiederholte depressive Zustände*

Peggy M. – differentialdiagnostische Fragen

In diesem Kapitel sollen jene Aspekte der frühen Kindheitsgeschichte einer Patientin dargestellt werden, die auf die Entwicklung ihrer Persönlichkeit, ihrer Objektbeziehungen und ihrer wiederholten depressiven Zustände einen entscheidenden Einfluß auszuüben schienen.

Eine Reihe besonderer Umstände zeichnet den Fall dieser Patientin aus. Zum einen gestattete die psychoanalytische Behandlung dieser Patientin einen Einblick in die Entstehung depressiver Zustände, denn in ihrem Fall ließ sich eine »primäre« Depression aufdecken, die auftrat, als die Patientin dreieinhalb Jahre alt war. Zum anderen hatte ich die Möglichkeit, die weitere Entwicklung dieser Patientin, die vor ungefähr dreißig Jahren bei mir in psychoanalytischer Behandlung war, bis zum gegenwärtigen Zeitpunkt zu verfolgen. Ich verdanke diesem glücklichen Umstand, daß ich das Material aus der damaligen Behandlung erneut mit der Erfahrung und dem Wissen, die seit dieser Analyse gewonnen wurden, durchsehen konnte. Diese lange Katamnese ist noch in anderer Hinsicht von entscheidender Bedeutung, denn sie läßt die differentialdiagnostischen Fragen, vor die uns Fälle dieser Art stellen, scharf hervortreten.

Bei der Patientin Peggy M. handelte es sich um eine vierundzwanzigjährige Lehrerin, die in die psychoanalytische Behandlung kam, weil sie sehr depressiv war und unter phobischen Ängsten litt. Ihrer Erinnerung nach war sie seit ihrem dritten oder vierten Lebensjahr immer ein ziemlich unglückliches Kind gewesen. In der späten Adoleszenz

---

* Diesem Kapitel liegen zwei, allerdings zusammenhängende, Arbeiten zugrunde, die unter folgenden Titeln erstmals veröffentlicht wurden: ›Depression: The Oedipus Conflict in the Development of Depressive Mechanisms‹, in: *Psychoanalytic Quarterly*, 1943, 12, 541–560, und ›*The Effect of Disappointment on Ego and Superego Formation in Normal and Depressive Development*‹, in: *Psychoanalytic Review*, 33 (1946), 129–147 und in *The Yearbook of Psychoanalysis*, 3 (1947), 109–128, New York, International Universities Press. Da es sich bei beiden Arbeiten jeweils um dieselbe Falldarstellung handelte, wurden sie zu einem Kapitel zusammengefaßt und erheblich überarbeitet.

war sie überraschend in eine schwere Depression geraten, die längere Zeit anhielt. Mit Anfang Zwanzig machte sie einige kürzere und leichter verlaufende depressive Verstimmungen durch, bis schließlich jene letzte schwere Depression auftrat und jene agoraphobischen und klaustrophobischen Symptome entstanden, die sie dazu zwangen, Hilfe zu suchen.

Die Patientin schien zwischen den depressiven Episoden in einer leicht hypomanischen Stimmung gewesen zu sein. Ich neigte zu Beginn der Behandlung dazu, Peggy wegen ihres Verhaltens und ihrer Symptome als psychoneurotische Patientin, nämlich als einen Fall von präödipal fixierter Angsthysterie anzusehen. Ihr Realitätssinn war ziemlich gut entwickelt, und sie zeigte überraschend günstige Fähigkeiten zur Einsicht. Außerdem war sie fähig zur Zusammenarbeit und bildete mit mir ein ausgezeichnetes Behandlungsbündnis. Meine Annahme, daß bei ihr eine Neurose vorlag, erhärtete sich durch die Stärke ihrer synthetischen Ich-Funktion, die Ergiebigkeit ihrer freien Assoziationen wie auch durch ihre Fähigkeit zur Sublimierung und zur Entwicklung ihrer Persönlichkeit. Nach hysterischer Art neigte sie zum Übertreiben, zum Dramatisieren, und gelegentlich »agierte« sie ihre Erinnerungen.

Im Verlauf der Analyse entwickelte Peggy deutliche Zeichen einer Übertragungspsychose, und ich mußte daher die Diagnose einer Psychoneurose aufgeben. Während einer schweren depressiven Episode begann sie unter Depersonalisationserlebnissen zu leiden. Damals dachte ich, besonders als Peggy Erinnerungen an eine »primäre Depression« im Alter von dreieinhalb Jahren brachte, daß sie an einer manisch-depressiven Erkrankung leiden würde; mir war die Tatsache noch nicht bekannt, daß auch schizophrene Patienten und Borderline-Fälle, die unter depressiven Zuständen leiden, derartige frühe Depressionen in Erinnerung behalten oder sich später wieder an sie erinnern können.

Die Entdeckung von Peggys »primärer Depression« bedeutete in keinerlei Hinsicht eine echte diagnostische Hilfe. Ihre Depressionen waren sicherlich schwer und echt; sie führten zu einer tiefen narzißtischen Regression, zu einer gefährlichen Schwächung der Objektbeziehungen und zu Suizidimpulsen. Während aber die depressiven Zustände in dem Sinne »reaktiv« waren, daß sie durch gerade bestehende Konflikte hervorgerufen wurden, die wiederum auf die eigentlichen, tieferliegenden infantilen Konflikte zurückgeführt werden konnten, traten die anschließenden, mehr oder weniger gehobenen

260

(elated) Stimmungszustände überraschend auf und waren, was ihre Motivierung betrifft, kaum verständlich.

Allerdings änderte sich nach weiterem Fortschreiten der Analyse das Bild dieses Falles nochmals. Als in einem bestimmten Stadium tief verdrängtes, unbewußtes psychisches Material an die Oberfläche kam, entstanden schwere Angstanfälle und Peggy geriet kurzfristig in Verwirrtheitszustände. Ihre Phantasien wurden so erschreckend, daß sie wahnhaft schienen, und gewisse körperliche Empfindungen wirkten ihrer Art nach schizophren. Als ich meine Aufzeichnungen wieder durchlas, gewann ich den Eindruck, daß die Patientin eine Übertragungspsychose entwickelt hatte.

Die emotionalen Reaktionen dieser Patientin waren aber trotz der psychotischen Erscheinungen niemals oberflächlich oder inadäquat, sondern besaßen Vitalität und Intensität, auch wenn Peggy gelegentlich ein wenig kühl und distanziert war. Die Depersonalisationszustände waren von kurzer Dauer, und auf die wenigen akuten Anfälle von Verwirrtheit und panikartig gesteigerter Angst folgte jeweils eine rasche Rückkehr zur Realität. Ansonsten trat innerhalb von dreieinhalb Behandlungsjahren kein Zeichen einer psychischen Desintegration auf; auch die genannten alarmierenden Reaktionsweisen kehrten nach Abschluß der Behandlung nicht mehr wieder.

Als ich vor vielen Jahren diesen Fall vor der New Yorker Psychoanalytischen Gesellschaft vortrug, wies ich auf diese diagnostischen Schwierigkeiten hin, verlieh jedoch meiner Überzeugung Ausdruck, die Erkrankung dieser Patientin sei wahrscheinlich den affektiven Störungen zuzuordnen. Darauf entgegnete mir Gregory Zilboorg, ein hervorragender und sehr erfahrener Psychiater, er würde zu jeder Zeit eine Wette abschließen, daß diese Patientin in einigen Jahren in eine psychiatrische Klinik käme und dort für immer verbleiben würde. Offensichtlich dachte er an eine Schizophrenie, in deren Verlauf eine rasche Verschlechterung eintreten würde. Ich denke, dies ist erwähnenswert, denn Zilboorgs düstere Voraussagen erwiesen sich als falsch. Soweit ich von Peggy, mit der ich zuletzt im Frühjahr 1969 sprach, erfahren konnte, war sie seit dem Zeitpunkt ihrer Ehe, die sie kurz nach Behandlungsende schloß, mit Ausnahme von drei leichteren depressiven Episoden klinisch gesund geblieben.

Die erste dieser Depressionen wurde ausgelöst, als sie sich, einem inneren Impuls nachgebend, von ihrem Verlobten trennte. Nach einem langen Gespräch mit mir kehrte sie zu ihm zurück. Die anderen beiden Depressionen entstanden jeweils nach spontanen Fehlgeburten.

Auch während der letzten Depression kam sie wieder für einige Tage nach New York zurück und suchte meine Hilfe. Mit Ausnahme dieser Störungen ist Peggy also klinisch gesund geblieben.

Gelegentlich war sie in einem leicht hypomanischen Zustand. (Ihre Mitarbeiter nannten sie gern »unser kleiner Sonnenschein«.) Im allgemeinen jedoch war und ist Peggy immer noch eine freundliche, aber ein wenig zurückhaltende Frau, die in ihrem beruflichen und in ihrem privaten Leben überraschend gut zurechtkam. Unter dem Gesichtspunkt ihres Masochismus ist noch bemerkenswert, daß sie einen Partner mit einer körperlichen Behinderung wählte. Ihre Ehe war jedoch glücklich, und ihr Sohn entwickelte sich gut. Leider verhilft uns auch das gute Behandlungsergebnis nicht zu einer Klärung der diagnostischen Probleme. Gegenwärtig würde man ihre Störung als »schizoaffektiv« einschätzen. Ich selber würde heute dazu neigen, sie als Borderline-Patientin zu betrachten, die während der Analyse eine vorübergehende Übertragungspsychose entwickelte und jenem Patiententypus sehr nahekommt, wie er von Knight (1953) und Kernberg (1967) beschrieben wurde[1].

Der Fallbericht

Die Patientin selber nahm an, daß ihre depressiven Verstimmungen eine Reaktion auf ihre Schwierigkeiten darstellten, die sie mit der Sexualität und ihren Liebesbeziehungen hatte. Sie war nach verschiedenen, unglücklich ausgegangenen Liebesgeschichten mit Sidney, einem Lehrer, der älter als sie war, ihre erste sexuelle Beziehung eingegangen. Dies geschah einige Monate vor Beginn der Analyse. Als sie das unausweichliche Ende dieser Beziehung voraussah, fiel sie in eine tiefe Depression. Ihre Arbeitsleistung sank dermaßen, daß sie fürchten mußte, ihre Stelle zu verlieren und damit den einzigen Bereich, in dem sie bisher erfolgreich gewesen war. In dieser mißlichen Lage suchte sie bei mir Hilfe.

Peggy war eine große, attraktiv und intelligent aussehende junge Frau. Ihr Gesichtsausdruck war traurig, sie bewegte sich verlangsamt, und ihrem freundlichen, höflichen Auftreten fehlte es an Spontaneität und Wärme.

Die Patientin schilderte ihren Vater als kalt und aggressiv; er soll

1 Siehe auch Atkins (1967), Dickes (1967), Frosch (1967 b), Khan (1960, 1964), Peto (1967 b), Ross (1967) und Wallerstein (1967).

jahrelang seelisch krank und arbeitsunfähig gewesen sein. Außer an seinen Depressionen litt er noch unter Verarmungsängsten und Zwangssymptomen. In einer besonderen Weise war sein zwanghaftes Händewaschen auch auf Peggy bezogen, denn er weigerte sich, von ihr das Essen anzunehmen, weil sie es mit schmutzigen Händen berührt haben könnte.

Von ihrer Mutter, einer warmherzigen, aber »dominierenden« Frau, war Peggy immer gehätschelt und vor dem Leben, das hieß im wesentlichen vor dem aggressiven Vater, geschützt worden. Die Mutter hatte schon sehr früh offen davon gesprochen, ihr Mann hätte durch sein unerfreuliches Verhalten das Familienleben zerstört.

Peggy war ein unglückliches Kind, das immer versuchte, »lieb und nett« zu sein. Diese Haltung wie auch ihr Gehorsam und ihre Leistungen in der Schule dienten ihr dazu, mit einem dreieinhalb Jahre jüngeren Bruder konkurrieren zu können. Er war ein einnehmender, fröhlicher, aber auch ein aufsässiger und labiler Junge, früher ein Bettnässer und ein schlechter Schüler, und später konnte er es bei keiner Arbeit aushalten. Peggy erinnerte sich daran, wie sie sich während ihrer Adoleszenz über sein aggressives, ungehemmtes Verhalten ärgerte, ihn zugleich aber auch darum beneidete, denn sie selbst konnte sich nicht die kleinsten sexuellen Freiheiten gestatten. Sie klammerte sich an ihre gutaussehende, leistungsfähige Mutter und schaute zu ihr auf.

Als sich Peggy mit achtzehn Jahren von ihrer Familie lösen wollte, geriet sie in ihre erste depressive Episode. Ihre geistigen Interessen brachen zusammen; sie konnte nicht arbeiten, schlief schlecht, fühlte sich körperlich krank und litt unter verschiedenen hypochondrischen und phobischen Symptomen. Als sie wieder gesund war, nahm sie ihre geistigen Interessen nicht mehr auf, sondern traf sich statt dessen mit Jungen; allerdings hielt diese Situation nicht lange an. Damals machte sie ihrem Vater Vorwürfe, weil er sich in ihre Liebesgeschichten einmischte.

Als Peggy vierundzwanzig Jahre alt war und einige enttäuschende Liebeserlebnisse hinter sich hatte, auf die jeweils kurze depressive Verstimmungen folgten, erfuhr ihre Einstellung zur Mutter eine deutliche Veränderung. Unter dem Einfluß von Freundinnen begann sie mit Sidney, dem schon erwähnten Lehrer, ihre erste sexuelle Beziehung. In dieser Zeit wurde sie auf eine nahezu paranoide Art ihrer Mutter gegenüber feindselig, die sie kurze Zeit zuvor noch sehr verehrt hatte, nun aber dafür verantwortlich hielt, daß sie sexuell versagte, denn »die Mutter hat mich so abhängig und schwach gemacht«. Sie faßte den Entschluß, sich von ihren Eltern zu trennen und zog in die Wohnung einer geschiedenen Frau, die mit ihrem Liebhaber zusammenlebte und Peggys Mutter in vielerlei Hinsicht ähnelte.

Eifersüchtig beobachtete Peggy das glückliche Paar, denn ihr eigenes Liebesverhältnis ließ sich nicht gut an. Allmählich war sie so deprimiert, daß sie eine Analyse machen wollte. Sie wußte, daß Sidney immer noch eine frühere Beziehung zu einem anderen Mädchen aufrechterhielt. Sie sah ihn selten, und sie zweifelte an seiner Liebe. Immer wenn er von ihr wegging, war sie deprimiert und meinte, sie sähe ihn nie wieder. Sie verfing sich dann in Phantasien darüber, wie er sie betrügen und wie sie sich an ihm wegen seiner Grausamkeit rächen würde. Kam er wieder zu ihr, war sie jedoch unfähig, für diese Gefühle einen Ausdruck zu finden, und es blieb ihr nichts anderes übrig, als sich seinen Wünschen zu fügen.

So entstand der Eindruck, die Beziehung zwischen Peggy und Sidney wäre vorwiegend auf sexuellen Interessen und Zielen aufgebaut. Durch lang ausgedehnten Geschlechtsverkehr empfand Peggy vaginale Lust von leichter Intensität. Sie hatte, obgleich sie daran festhielt, daß Geschlechtsverkehr »die einzig wertvolle Sache im Leben« sei, nie einen Orgasmus und wollte ihn auch nicht haben, denn er bedeutete für sie »das Ende«, und sie haßte das Ende.

Eines Tages sagte Sidney ihr, daß seine andere Freundin schwanger sei und er sich verpflichtet fühle, sie zu heiraten. Zum erstenmal konnten sie vertraut und persönlich miteinander reden. Peggy war sehr überrascht, als Sidney ihr eingestand, daß seine Zuneigung zu ihr größer gewesen sei, als er ihr gegenüber gezeigt hatte. Sie wurde an die Haltung ihres Vaters erinnert, der ihr nämlich, während er sie schlecht behandelte, gleichsam nebenbei zu verstehen gab, daß er sie gern hatte. Bevor Sidney sie verließ, schliefen sie miteinander, was auf Peggys Seite mit einem heftigen emotionalen Ausbruch endete; sie schrie: »Geh nicht fort, nimm mir das nicht weg, verlaß mich nicht!«

Zu Beginn der sich anschließenden Depression weinte die Patientin verzweifelt und klagte, alle Frauen nähmen ihr die Männer weg, und sie selber wäre nicht liebenswert. Sie haßte alle verheirateten Frauen, deren Ehemann ihr Mann hätte sein können. Diese anfängliche agitierte Phase ging in einen lähmend depressiven Zustand über, der von Gefühlen der Leere und erheblicher Depersonalisation bestimmt war. »Ich habe mein Gefühl für die Zeit verloren; alles geht so langsam vorüber, und nichts kommt zu einem Ende. Für mich ist alles vorbei, und ich werde nie mehr lieben. Das Leben ist so sinnlos und schwindet dahin. Ich bin schon tot; ich bin innerlich leer wie das Nichts, wie der Tod. Und ich fühle, wie ich mit dem Nichts eins werde, verschmelze. Manchmal fühle ich mich, als wäre ich allein im Raum, um mich herum nur Leere, und ich der einzige Mensch auf der Welt. Für einen kurzen Moment meine ich, mein Liebster sei mit im Zimmer, aber dann ist alles wieder verlassen und leer. Nur eine tote Welt bleibt zurück; das ist die Ewigkeit.« In dieser Zeit verspürte die Patientin Suizidimpulse; sie wollte aus dem Fenster springen oder sich vor die Untergrundbahn werfen.

Nach dem agitierten und dem lähmenden Zustand folgte eine mehr ängstlich-depressive Verfassung, in der sich Peggys phobische und hypochondrische Symptome verstärkten. Sie hatte Angst, ihre Arbeitsstelle und ihr Geld zu verlieren, und sie fürchtete sich vor einer Ansteckung mit Tuberkulose oder anderen Krankheiten. Offene Klosetts jagten ihr einen Schrecken ein; alle Türen mußten geschlossen sein. Wenn sie im Theater, im Kino oder in anderen geschlossenen Räumen wie beispielsweise einem Aufzug war, überfiel sie anfallsartige Angst. Sie fürchtete, »irgend etwas wird mich erdrücken«. Ihre Hauptangst richtete sich auf Fahrten mit der Untergrundbahn. Jeweils wenn der Zug anhielt, packte sie ein Schrecken: »Alle sehen sie aus, als ob sie aus Wachs wären oder eingefroren. Im nächsten Moment wird etwas Fürchterliches geschehen, vielleicht ein Unglück, und alles wird in Tod und Zerstörung untergehen.«

Nachdem diese Depression mit den einzelnen verschiedenen Zuständen einige Wochen angehalten hatte, hob sich unerwartet Peggys Stimmung. Sie begann ein neues Liebesverhältnis, das aber nach kurzer Zeit auseinanderging, worauf wieder eine Depression einsetzte. Dieser Vorgang kehrte wie ein Schema mehrere Male im Verlauf ihrer Analyse wieder. Wenn sie in einer gehobenen Stimmung war, begann sie ein Liebesverhältnis und stürzte sich leidenschaftlich in die neue Bindung. Jedesmal wiederholte sich der gleiche Umschwung von anfänglicher, hoffnungsvoller und übertriebener Erwartung zu tiefster Enttäuschung und Verzweiflung. Bald wurde deutlich, daß der rasche Wechsel, der im Verhalten der jeweiligen Partner vor sich ging, auf Peggys eigene Einstellung zurückzuführen war, denn jedesmal, nachdem einige Verabredungen glücklich verlaufen waren, kam eine deprimierte Stimmung über sie, wenn sie auf ihren Liebhaber wartete. Sie wurde von Eifersuchtsphantasien verfolgt und benahm sich daher so kühl und zurückhaltend, daß sie den betreffenden Mann stark abschreckte, und er schließlich auch sein Interesse an ihr verlor.

Peggy kam trotz ihrer schweren seelischen Störungen mit dem alltäglichen Leben überraschend gut zurecht. Während der ersten beiden Analysejahre, jenem Zeitraum, in dem Depressionen mit gehobenen Stimmungszuständen abwechselten, versäumte sie weder ihre Sitzungen noch ihre Arbeit, wenige Male ausgenommen, wo sie dermaßen zusammenbrach, daß sie für ein paar Tage das Bett hüten mußte.

Nun möchte ich den infantilen Konflikt, der Peggys allererster Depression vorausging, so beschreiben, wie er sich in ihren Phantasien, Erinnerungen und in ihrem »Agieren« enthüllte. Der Kern des pathogenen Konflikts fand sich, wie schon gesagt, im Liebesleben der Patientin. Seine Analyse führte auf jene entscheidende Kindheitsphase zurück, wo Peggy dreieinhalb Jahre alt war und ihr Bruder geboren wurde. Offenbar war Peggy bis zu ihrem dritten Lebensjahr ein ausgeglichenes Kind, das die Liebe sowohl der Mutter wie des Vaters besaß. Sie erinnerte sich an gemeinsame Spaziergänge mit dem Vater, wo sie herzlich miteinander gespielt und geredet hatten. Aber unerwartet »war alles vorüber und vorbei, und ich hatte alles verloren. Als ob ich zu dieser Zeit gestorben wäre. Von da an war mein Leben für immer inhaltslos, leer«.

Was war damals geschehen? Peggy erinnerte sich daran, daß ihre Mutter vor der Geburt des Bruders ins Krankenhaus ging, während sie und der Vater in der Nähe von New York bei der Großmutter mütterlicherseits wohnten. Allem Anschein nach war zu dieser Zeit der erste große Konflikt zwischen den Eltern ausgebrochen. Peggys Vater war in einer sehr schlechten Stimmung; er vernachlässigte Peggy, stritt sich mit seinen Schwiegereltern herum und ging schließlich nach New York zurück. Das Mädchen blieb allein und war von ihrem Vater sehr enttäuscht; nun wartete sie mit Ungeduld darauf, daß die Mutter zurückkäme. Als die Mutter wiederkam, brachte sie aber das Baby mit. »Das war nicht meine Mutter, sondern jemand anderes.« Zunächst war die Mutter krank; dann vernachlässigte sie Peggy, um sich des kränklichen Babys anzunehmen. »Das Baby konnte weder sprechen noch laufen, aber es bekam alle Liebe von der Mutter.« Es war Peggy auch nicht möglich, die Beziehung zu ihrem Vater zu erneuern. »Er war so stolz auf seinen Sohn, daß er sich um mich überhaupt nicht mehr kümmerte.« Das kleine Mädchen erlitt einen Zusammenbruch in Form ihrer ersten Depression.

Aber was war an dem Baby, »diesem unbedeutenden, winzigen Nichts«, so wichtig? Sein Penis; dank diesem Organ »konnte es sich auf aggressive Weise Lust verschaffen, die ihm eigentlich nicht zukam«. Es war »ein magisches, mächtiges Werkzeug, das die Männer unabhängig und aggressiv macht«. Hierin lag die Wahrheit, nämlich daß Peggy die Männer haßte und beneidete, weil sie ein Organ haben, das »gefährlich ist, aber auch die höchste Lust verschaffen kann«. Dennoch wollte sie nicht wie ein Mann sein. Der Geschlechtsverkehr war für sie etwas Besonderes, nahezu Heiliges, und sie verhielt sich gänzlich passiv und rezeptiv. Aus der nämlichen Passivität heraus lehnte sie auch die Masturbation ab. Nur ein Mann sollte ihr diese Lust verschaffen; immer hatte sie »ein Leeregefühl in der Vagina, ähnlich wie bei großem Hunger, und in dieser Leere liegt, wie bei einem inhaltslosen Leben, etwas Trauriges«. Ein Mann konnte vorübergehend »diesen Mangel durch die Nähe und den Kontakt mit seinem Penis ausgleichen«.

Damit erklärt sich Peggys emotionaler Ausbruch, als Sidney sie verließ. Immer wenn sie von einem Liebhaber verlassen wurde, sah Peggy in ihrer Vorstellung Penisse, »so groß wie bei Pferden«. Dabei empfand sie »eine Art von Kribbeln in ihren Lippen, ähnlich wie bei einer sexuellen Reizung«. Sie sagte, daß diese Phantasiebilder sie »wie der Teufel anzogen und zugleich erschreckten«. Sie wünschte sich, daß ihre Liebhaber zu ihr zurückkehren sollten und wollte sie dennoch in ihrer Phantasie »dahin zurückschicken, wo sie hergekommen waren, nämlich in die Hölle«. Aber warum wollte sie ihre Partner, die sie so sehr haßte und fürchtete, festhalten? »Damit in der Vagina ein Penis ist, auch wenn er mich vielleicht vernichtet.«

Zunächst schien der Penis, den sie gleichermaßen heftig haßte und begehrte, der ihres Bruders zu sein. Sie hatte während der Pubertät manchmal vom Geschlechtsverkehr mit dem Bruder geträumt; sie hatte sich auch als kleines Kind phantasiert, das dem Bruder seinen Penis abbricht. Späteres Analysematerial ließ vermuten, daß sie vielleicht in einem unbeobachteten Moment tatsächlich versucht hatte, ihren kleinen Bruder sexuell anzugreifen. Sicherlich hatte sie ihn sehr beneidet und ihm sowohl seinen Penis wie auch die Lust, die er an Mutters Brust empfing, wegnehmen wollen.

Peggy erinnerte sich, wie das Baby gestillt wurde, wie es gierig und aggressiv nach der Brust griff, während sie an ihrem Tisch für sich allein essen mußte. Ihr kleiner Bruder konnte sich nehmen, was er wollte, weil er den Penis besaß, der früher ihr gehört hatte. »Die

Mutter muß mir meinen Penis weggenommen und dem Bruder gegeben haben, genauso wie er Mutters Brust bekam, die mir gehörte. Ich durfte nicht einmal an meinem Daumen lutschen.« Zu dieser Zeit litt Peggy unter Brechreiz, sie nahm ab und fürchtete sich vor vergiftetem Essen. Es handelte sich nicht um echt wahnhafte Vergiftungsideen, aber sie erreichten fast diese Qualität. Peggy erinnerte sich, wie ihre Mutter sie, als sie zwei oder drei Jahre alt war, fest in Tücher wickelte, ihr die Nase zuhielt und mit Gewalt Medikamente einflößte. Die Mutter hatte das kleine Mädchen dazu gezwungen, das Daumenlutschen aufzugeben, indem sie ihr die Hände an die Bettpfosten fesselte und eine bitter schmeckende Substanz auf die Finger strich. Das Mädchen schrie: »Bitte laß mich doch, laß mich doch!«
Die Selbstbefriedigung wurde auf ähnliche Weise unterdrückt. Mit fünf Jahren erkrankten sie und ihre Mutter gleichzeitig, und ein unangenehmes Kindermädchen kümmerte sich um Peggy. Sie ertappte Peggy beim Onanieren, unterbrach sie sofort und gab ihr Schläge. Dann wurden ihr die Hände festgebunden und der Körper fest in die Bettwäsche eingewickelt. Den damit entstehenden Spannungszustand setzte die Patientin bei ihren Onanieversuchen erneut in Szene (to re-enact); verzweifelt versuchte sie, zu einem vaginalen Orgasmus zu kommen, brach in Tränen aus und flehte sich selbst an: »Bitte laß mich doch, laß mich doch!« Ihr Bitten war umsonst, und ihre Erregung erlosch kurz vor dem Orgasmus; statt dessen geriet sie in Angst, die sie so empfand, »als wäre ich selber in mir eingesperrt und könnte mich nicht befreien«. Dies ähnelte dem Gefühl, in einem geschlossenen Raum, einem Aufzug oder der Untergrundbahn eingesperrt zu sein. Abrupt schwanden ihre Gefühle und Empfindungen, weil es andernfalls zu einem schrecklichen emotionalen Ausbruch gekommen wäre, der sie zugleich zerstört und befreit hätte. »Das wäre wie Selbstmord«, sagte sie.
Als Peggy den Impuls verspürte, aus dem Fenster zu springen, verstand sie in der Analyse, daß ein Ziel dieser Handlung war, sich selbst zu befreien. Sie phantasierte, wie sie ins Freie hinausflog und sich selbst, auf dem Weg in die Freiheit, tötete; in dieser Phantasie schlug sich ihr Impuls nieder, der überwältigenden psychischen und physischen Onaniespannung, die kurz vor dem Höhepunkt abbrach, zu entkommen. Sie mußte sich gleichsam am Rande des Orgasmus, ähnlich wie vor einem drohenden Suizid, selbst zurückhalten, um ihrer Vernichtung zu entgehen. Damit sie sich selber vor dem Tod retten konnte, mußte sie ihre Empfindungen absterben lassen. Warum

suchte die Patientin im Orgasmus ihre Befreiung, obgleich sie ihn wie den Tod fürchtete? Bei der Selbstbefriedigung kamen Impulse in ihr auf, zu urinieren oder zu defäzieren; sie fühlte sich von diesen Impulsen bedroht, empfand Ekel und Schrecken. Sie hatte diese Entleerungsfunktionen, die von ihrer Mutter ebenso drastisch wie das Daumenlutschen unterdrückt wurden, seit ihrer frühesten Kindheit verabscheut. Sie war so streng zur Reinlichkeit erzogen worden, daß sie schon im Alter von einem Jahr sauber war. Von da an konnte sie weder urinieren noch defäzieren, wenn sie von zu Hause weg war, und sie bekam schwere Verstopfungen. Mit Groll erinnerte sie sich daran, wie ihre Mutter sie überredete, den Stuhlgang herzugeben. »Mutter hat mich reingelegt, sie hat mir zu ihrer eigenen Lust meinen Kot weggenommen.«

Peggy gelang es durch hartnäckigen und übermäßigen Gehorsam, daß sie von der Mutter dem Bruder, der einnäßte, gierig und aggressiv war, vorgezogen wurde. Die Mutter gab ihr jahrelang Einläufe, und das kleine Mädchen fürchtete und liebte diese Prozedur gleichermaßen; sie stellte die letzte Möglichkeit zu sexueller Abfuhr dar, die ihr verblieb, und sicherte ihr überdies eine langwährende, geheime, passiv homosexuelle Beziehung zur Mutter, die sie später, im Alter von sechs und sieben Jahren, in den analen Spielen mit einer Freundin fortführte. Während der Adoleszenz fühlte sie sich unbehaglich, wenn sie mit ihrer Mutter oder mit Freundinnen im selben Zimmer schlafen mußte; ängstlich vermied sie jegliche körperliche Berührung, und sie ekelte sich zutiefst vor ihrer Mutter, wenn diese sie streicheln oder küssen wollte. Die homosexuellen Wünsche der Patientin entwickelten sich früh in der Übertragung auf die Analytikerin und andere mütterliche Ersatzpersonen. Sie nahm an, daß die Analytikerin sie zum Denken überlisten und ihr die Gedanken aus dem Kopf ziehen wollte. Allein konnte Peggy nicht denken; das Denken rief in ihrem Kopf ein solches Spannungsgefühl hervor, daß sie meinte, er müsse bersten, und sie forderte tatkräftige Hilfe, damit sie von ihrem Denken freikäme. Die Analyse nahm eine wichtige Wende, als wir verstanden, wie ihre emotionale Distanziertheit aus der schweren Einschränkung und Unterdrückung ihrer Ausscheidungs- oder Entleerungsfunktionen hervorgegangen war. Sie durfte weder Liebesnoch Haßgefühle zeigen, sondern mußte sie wie Stuhl oder Urin zurückhalten, um zu verleugnen, daß es solche Gefühle in ihr gab; andernfalls hätten diese Gefühle sie überwältigt. Ihre Kühle und Distanziertheit waren dem Verhalten nachgebildet, das der Vater ihr gegenüber gezeigt hatte. Sicherlich hatte sie versucht, ihm ihre Gefühle zu »geben«, jedoch nahm er, wie auch ihre späteren Liebhaber, nicht an, was sie ihm anbot, und behandelte sie überdies schlecht. Allein die Mutter hatte ihr echte »Werte« gegeben, die annehmbar waren.

Peggy dachte an ihre Mutter, wie sie dem kleinen Brüderchen die Brust gegeben hatte oder das Baby zur Welt brachte. Jeweils kurz vor der Menstruation schwollen Peggys Brüste an, und sie hatte Angst, sie würden platzen. Sie litt unter Krämpfen und hielt ihre Menstruation wochenlang zurück. Vorstellungen vom Geburtsvorgang tauchten auf, und Peggy hatte Angst, sie würde daran, daß sie ein Kind zur Welt bringt, sterben. Dieses Kind wäre »sie selber und dennoch ein anderer Mensch«. Als ihre Mutter damals aus dem Krankenhaus zurückkehrte, war sie krank; sie veränderte sich und war nie mehr so fröhlich und glücklich wie früher. Ohne Zweifel handelte es sich hier um eine zutreffende Beobachtung, denn die Beziehung zwischen der Mutter und ihrem Mann hatte sich zu jener Zeit verschlechtert. Aber für Peggy war die Geburt des kleinen Brüderchens an dieser Veränderung schuld. »Bei einer Entbindung muß es einen schrecklichen Kampf zwischen dem Baby und der Mutter geben.« Sie sah im Traum, wie Schmutz, Kot und Blut das Gesicht ihrer Mutter überdeckten, und sie schloß daraus, so müsse ihr Genitale nach der Entbindung ausgesehen haben. »Hätte dieses Kind den Weg durch den Analkanal genommen, wäre es sicherlich in Stücke zerquetscht und wie Kot geformt worden.« Ihr Bruder hatte in diesem Kampf gesiegt, weil er einen Penis besaß; sie wurde dagegen besiegt und verlor in diesem Kampf ihren Penis.

Dann stellte Peggy sich vor, sie hätte in ihrem Inneren doch einen Penis (vielleicht dachte sie dabei an den Gebärmutterhals), der während eines Orgasmus herauskommen könnte. In einem Angstanfall phantasierte sie, wie während des Orgasmus alles, was in ihr war, aus ihr herausrinnen und herauskommen könnte, der Penis, Kot, Urin und Blut; dieser phantasierte Ausbruch glich den jähen Entleerungen, die sie an sich erlebte, als die Mutter ihr Einläufe gab. Schließlich gab sie beim Masturbieren den Entleerungsimpulsen nach und erlebte auf diesem Weg eine Entspannung, die für sie einem Orgasmus gleichkam.

Zur gleichen Zeit regten sich jedoch in ihrem Körper Empfindungen, die sie als »innere Leere« bezeichnete, »so tief, daß nichts darauf einwirken kann«. Sie hätte gern »etwas Riesiges in sich aufgenommen, das vom Magen her den Körper auffüllt«. Sie assoziierte diesen Wunsch zu ihren Erinnerungen an die Einläufe, an ihre Empfindungen, wenn ihr die Mündung des Schlauchs in den Anus gesteckt wurde, und das Wasser ihren Darm füllte. Sie wünschte sich, daß sie mit einem Mann beim Geschlechtsverkehr ein ähnliches Erlebnis hätte. Wenn sie onanierte, sah sie ihren Vater in seltsamen und unbestimmten Bildern; sie träumte auch, daß sie in einem Bett mit ihm wäre. Den tatsächlichen sexuellen Kontakt zwischen einem Kind und einem Erwachsenen stellte sie sich als völlige Vernichtung vor. In einer ihrer Phantasien sah sie ein dreijähriges Kind, das den Penis eines ausgewachsenen Mannes in sich aufnahm, einen Penis, »der so groß und mächtig war, daß er dieses Kind in zwei Hälften spaltete«.

Schließlich kam der Patientin ein Erlebnis ins Bewußtsein, das zeitlich in ihr drittes Lebensjahr zurückreichte. Sie erlitt in der Behandlung einen schweren Angstanfall, der mit Gefühlen von Verwirrtheit, aber auch innerer Unberührtheit einherging und Übelkeit, Brechreiz und den Drang, Urin und Kot zu entleeren, mit sich brachte; bei diesem Angstanfall sah sie sich selbst, wie sie im Bett auf Vaters Schoß saß und von ihm geschaukelt wurde. Sie meinte, daß sie bei diesem Spiel den erigierten Penis ihres Vaters gefühlt haben müsse und selber genital erregt gewesen wäre. Peggys Gefühle von überwältigender Erregung und Schrecken lebten in vollem Maße wieder auf, ebenso ihr Wunsch, den riesigen Penis in sich aufzunehmen. Sie verstand auch, wie in den vergrößerten, bildhaften Vorstellungen von diesem Organ, das dem männlichen Körper als Ganzem gleichgesetzt war, sich die schreckliche Intensität jener mit Angst vermischten Wünsche niederschlug, die ihr schwaches Ich zu überwältigen drohten, als sie auf dem Schoß des Vaters im Spiel hin und her geschaukelt wurde. Sie stellte sich vor, wie der Penis in sie eindrang und Flüssigkeit in sie entlud; dabei spürte sie eine fast unerträgliche Spannung und fühlte, wie sie den Penis loswerden, zugleich aber auch wie sie ihn bei sich behalten wollte. In ihrer größten Angst phantasierte sie, wie sie dieses Organ durch ihren Anus, das Genitale oder den Mund aufnahm und, bevor sie platzen würde, mit den Zähnen wieder herauszog.

In dieser Phantasie schlugen sich ihre kindhaften Vorstellungen über Schwangerschaft und Entbindung nieder. Peggy stellte sich eine schwangere Frau vor, viel größer als sie selbst, riesig »wie ein Berg« – so muß ihre Mutter damals auf sie gewirkt haben. Sie phantasierte mächtige Brüste mit roten, blutenden Brustwarzen und sah in ausgedehnten dunklen Räumen Penisse, die jenen schwarzen Schlangen mit roten Köpfen glichen, die sie früher auf dem Landsitz der Großmutter gesehen hatte. Vielleicht waren es Penisse, vielleicht aber auch Därme oder Säuglinge. Hinter allen Vorwölbungen vermutete sie diese dunklen Räume mit den glitschigen Schlangen. Sie fürchtete, diese Schlangen könnten sie versengen, mit Gift bespritzen oder zu Tode würgen. In dieser Zeit verstärkten sich Peggys Ängste vor der Untergrundbahn, und Atembeschwerden traten auf. Eine schreckliche Szene, die während der Schwangerschaft ihrer Mutter vorgefallen war, tauchte in ihrem Bewußtsein auf und konnte im späteren Verlauf der Analyse bestätigt werden. Ihre Mutter hatte für die Zeit von zwei Wochen eine schizophrene Negerin als Hausmädchen eingestellt. Als eines nachts die Eltern ausgegangen waren, kam dieses Hausmädchen ins Kinderzimmer, hatte ein Messer bei sich und halluzinierte von verstorbenen Menschen, die sie verfolgen würden. Peggy erinnerte sich, wie sie beim Anblick des schwarzen Mädchens mit dem weitgeöffneten roten Mund, den weißen Zähnen und dem Messer in der Hand erschrak und sich ängstigte.

Die Patientin hatte als kleines Mädchen dieses Erlebnis mit jenen eigenen sadomasochistischen Wünschen und Ängsten verknüpft, die sich auf die Schwangerschaft ihrer Mutter bezogen. Sie phantasierte, wie ihre Mutter sie packte und sie an Stelle des Bruders sich einverleibte, wie der Bauch der Mutter für sie zu einem höllischen Gefängnis würde, in dem sie Todesqualen erlitt. »Vielleicht fängt Mutter alle Kinder und Penisse ein, die sie kriegen kann und verschlingt sie – auf diese Art wird eine Frau schwanger.« Eine weitere Phantasie hatte zum Inhalt, daß die Mutter den Penis des Vaters in sich aufgenommen hatte und »als Quelle ihrer Macht und Stärke in sich trägt«. Auch Peggy wünschte sich den Penis des Vaters; da er ihr seinen Penis aber nicht geben wollte, richtete sich ihr Wunsch auf andere Männer, auf ihren Bruder oder auf ihren Onkel, dessen Penis sie einmal gesehen hatte, als der Onkel auf der Toilette war. Vielleicht wäre Peggy aus ihren Schwierigkeiten herausgekommen, wenn die Mutter ihr friedfertig das gegeben hätte, was sie sich wünschte, wenn sie mit ihr nämlich das vom Vater empfangene Kind geteilt hätte. Die Patientin ahnte, daß es ihr in diesem Falle möglich gewesen wäre, den kleinen Bruder, und später auch die Männer, zu lieben. Allmählich besserte sich das Verhältnis, in dem sie zu ihrem Bruder stand. Peggy merkte, daß die Mutter ihr den Bruder ebenso wie den Vater weggenommen hatte und damit bewirken wollte, daß Peggy nur ihre Mutter lieben und sich von den Männern dagegen ein schlechtes, gefährliches Bild machen sollte. Was aber hatte sie von der Mutter bekommen? Nichts! Die Mutter hatte ihr alles weggenommen und für sich selbst behalten. »Mutter muß so etwas wie besondere Organe besessen haben, die ihr dauerhaft Lust, Sicherheit und Unabhängigkeit verschafften.«

In dieser Behandlungsphase verspürte Peggy Regungen, das Genitale und den Anus einer Frau zu küssen. In ihrer Phantasie rächte sie sich für alle Entbehrungen, die ihre Mutter ihr auferlegt hatte. Sie stellte sich vor, wie sie die Mutter angriff, niederschlug und ihr alles, was sie besaß, wegnahm, wie sie der Mutter mit einem Messer den Leib öffnete und den Inhalt ihres Bauchs zerstörte. Sie wollte die Mutter in kleinen Teilen in sich aufnehmen, Stück um Stück verschlingen und auf diese Weise ihre Mutter werden. »Zusammen können Mutter und ich nicht leben«, sagte sie, »eine von uns muß sterben.« Als damals die Mutter ins Krankenhaus ging, um das Baby zur Welt zu bringen, hätte sie nie mehr zurückkommen und statt dessen sterben sollen; dann hätte die Patientin ihren Platz einnehmen und sowohl Vaters Penis wie auch das Baby für sich bekommen können. Da ihr aber der Vater nicht gab, was sie sich wünschte, sondern sie statt dessen gleichsam für immer verließ, wünschte sie sich reuevoll, daß ihre Mutter zurückkäme. Die Mutter kam, aber sie brachte das Baby mit, und die Patientin fühlte sich wiederum verlassen.

In der Analyse klärte sich, wie Peggy auf dieses zweifache Verlassenwerden reagierte. Zum einen klagte sie, wenn sie deprimiert war, darüber, daß sie körperlich und gefühlsmäßig stark »verändert« wäre; sie meinte, sie hätte sich in ein häusliches, unvorteilhaft aussehendes, schwaches oder sogar minderwertiges Wesen verwandelt und dachte, daß ihre Initiative, ihre Intelligenz und ihre Gefühle gleichsam abgestorben wären. Diese Gefühle, daß ihre Persönlichkeit sich derart verändert hätte, waren mit Erinnerungen an die beschriebene und entscheidende Phase ihrer frühkindlichen Entwicklung verbunden. Zum anderen dachte sie, daß ihre Eltern sich damals deutlich »verändert« hätten. »Nach dem Streit mit meinen Verwandten«, sagte Peggy, »war der Vater ein anderer Mensch. Er kam mir kühl und distanziert vor und wurde nie mehr so, wie er früher war. Auch meine Mutter war verändert, als sie mit dem Baby aus dem Krankenhaus kam. Das war nicht mehr meine Mutter, sondern ein anderer Mensch – als wäre meine richtige Mutter gestorben.«

Diese Erfahrungen wiederholten sich in der Übertragungssituation auf lebhafte Weise. Als ich erkrankte, und die Behandlung für mehrere Wochen unterbrochen werden mußte, wurde Peggy, als sie zu ihrer Analysestunde kam, von einem Arzt über meine akute Erkrankung unterrichtet. Auf die Erkrankung der Analytikerin reagierte sie vor allem damit: »Es bedeutet für mich, daß ich allein gelassen werde und daß die Analytikerin nichts mehr für mich wert ist.« Zugleich machte sie sich ein Bild von diesem Mann und phantasierte, ich könnte mit ihm verheiratet sein. Während ich zum Objekt ihrer intensiven Eifersucht wurde, hing Peggy verklärenden Phantasien über diesen Mann nach. Sie stellte sich vor, wie sie sich an mir rächen würde, indem sie diesen Arzt für sich selber gewänne. Da sie ihn aber nicht mehr sehen konnte, wuchs ihre Enttäuschung; allmählich wertete sie ihn ab und wartete darauf, daß sie mich wiedersähe. Nun kam *er* ihr plötzlich verändert vor und war ihres Interesses nicht mehr wert, denn er schien ihr ebenso unangenehm, kühl und distanziert wie ihr eigener Vater zu sein.

Die Patientin wiederholte dieses Verhaltensmuster mehr als einmal während der Analyse. Immer dann, wenn sie sich enttäuscht fühlte, begann sie Liebesbeziehungen und spielte diese gegen die Analytikerin aus[2]. Nach dem unglücklichen Ausgang ihrer Liebesbeziehungen richteten sich ihre Liebeserwartungen jedoch wieder auf mich. Dieses Wechselspiel war jeweils davon begleitet, daß sie über eine plötzliche Veränderung an mir oder an ihrem Liebhaber klagte, und dies setzte sich in der Folge, nämlich während ihrer depressiven Phasen, in Form von Selbstanklagen fort. Mit anderen Worten: wenn die Patientin sich von der Analytikerin enttäuscht und verlassen fühlte, dann wertete sie mich ab, zugleich aber lebte in ihr die verklärte Vorstellung vom Vater wieder auf, und sie stülpte diese Vorstellung dem betreffenden Mann über, dem sie sich anschloß; zerbrach dieses väterliche Bild, dann kehrte sie zum mütterlichen Ideal zurück, wie es für sie durch die Analytikerin vertreten wurde. Als Peggys Desillusionierung ihren Höhepunkt erreichte, fühlte sie sich von den Repräsentanten beider Eltern verlassen, und die Folge war, daß sie tief narzißtisch und sadomasochistisch regredierte und in einen voll entfalteten depressiven Zustand fiel.

In die erste Phase dieses Zustands war häufig ein Stadium der Auflehnung eingeschaltet. Die Patientin zog sich sowohl von der Ana-

---

2 Peggys Wünsche, das Liebesobjekt zu betrügen, gehören zu ihren paranoiden Tendenzen. Diese Fragestellung wird im dreizehnten Kapitel behandelt.

lytikerin wie auch von ihren Freunden und ihrer Familie zurück. Sie gab sich bitteren, boshaften Phantasien hin, die in auffallendem Gegensatz zu ihrem tatsächlichen Gefühl von Ich-Verarmung standen und zum Inhalt hatten, daß sie ihr Leben allein und ohne Liebe verbringen würde. In diesem Stadium führte sie lange, liebevolle Dialoge mit sich selbst und spielte eine Mutter, die ihr kleines Kind tröstet und liebkost. Zur gleichen Zeit brach ihre Aggression gegen die Analytikerin durch, in der Form, daß sie die Analyse beenden und zeigen wollte, sie brauche die Behandlung nicht mehr. Ihre Wünsche schienen ihr dadurch erfüllt, daß sie die Analytikerin als unterlegenes Wesen hinter sich ließ, während sie selber aus der Analyse siegreich hervorging, überlegen und mächtig, womit sich die Rollen umgekehrt hätten. Außerdem nahm in diesem Stadium Peggys Aggression gegen beide Eltern zu und wechselte mit kurzen depressiven Episoden ab, die von Angst, Schuldgefühlen und Selbstverachtung begleitet wurden. Während ihre Phantasien sich auf die Beziehung zwischen Vater und Mutter konzentrierten, nahm die Eifersucht, die sie ihrem derzeitigen Liebhaber und seiner Freundin gegenüber verspürte, immer mehr zu.

Die Patientin erinnerte sich an eine Urszene, zunächst vage, dann deutlicher. Sie hatte bis zum Alter von zweieinhalb Jahren im Zimmer ihrer Eltern geschlafen. Als sie drei war, verließ sie gern ihr eigenes Zimmer und lief zum Schlafzimmer der Eltern, »nur um mal reinzugucken«. Eines Tages muß sie das Zimmer auch betreten und etwas Fürchterliches gesehen haben; sie erinnerte sich zunächst, das Ganze habe damit geendet, daß ihr unbekleideter Vater sehr ärgerlich wurde und sie aus dem Zimmer herausjagte. Dann erlitt sie einen Angstanfall und sah zwei Menschen, die nackt waren, sich heftig bewegten und keuchten, als lägen sie in einem Kampf miteinander. Plötzlich jedoch trat Stille ein, und die Bewegungen hörten ganz auf. In diesem Moment der Analysestunde empfand die Patientin äußerste Angst, Benommenheit, hatte Atembeschwerden und ein Gefühl, »als sänke sie wie tot um«. Sie sah das Bild einer Frau, die mit nach hinten geneigtem Kopf und offenem Mund nach Luft schnappte und umsank, als wäre sie gerade gestorben.

In dieser Phantasieversion vermischte sich die Urszene mit zwei späteren Erlebnissen. Als Peggy fünf Jahre alt war, hatte sie gesehen wie ihre Mutter, die an einer Lungenentzündung erkrankte, schwer atmete und beinahe starb. Ungefähr zwei Jahre später wurden Peggy die Mandeln herausgenommen; sie behielt von der Betäubung das

Gefühl des Umsinkens oder Untergehens, die Angst, die Atemnot und das Würgegefühl zurück. Als sie erwachte, sah sie wie aus großer Entfernung den Arzt, der ein Instrument mit einem unförmigen, blutenden Klumpen in der Hand hielt. Mit diesen Erinnerungen und Assoziationen zeigte Peggy, wie sie mit ihrer Mutter identifiziert war, mit der kranken, dem Tode nahen Mutter, die im nächtlichen Kampf vom Vater besiegt wurde. Zu dieser Zeit entwickelte die Patientin Mitleid mit ihrer armen Mutter, die immer so unglücklich gewesen war. Das Leben der Mutter war von ihrem Mann zerstört worden, und Peggy teilte sich mit ihm in diese Schuld. Dieses Schuldempfinden und das Mitleid bezog sich jedoch, ebenso wie Peggys Liebe, auf beide Eltern, denn nicht allein ihre Mutter war unglücklich, sondern ihr Vater war auch kaum besser dran. Vielleicht litt er sogar noch mehr als seine Frau, da er weder von seiner Frau noch von seiner Tochter wirklich geliebt wurde. In einem Traum sah die Patientin den Vater einer Schulfreundin, wie er auf den Tod krank im Bett lag, während sie und die Mutter freudig das Begräbnis vorbereiteten. Auf diese Weise verlagerte Peggy ihre Reue- und Schuldgefühle von einem Elternteil auf den anderen.

Als die Urszene auf ihre Dreiecksverhältnisse bezogen wurde, kamen Peggys destruktive Strebungen allmählich zum Vorschein und kulminierten in einem sadistischen Ausbruch. Sie phantasierte, wie sie ihrem Vater dabei half, ihre Mutter »zu Boden zu reißen« und umzubringen. Sie wollte nicht nur das Genitale der Mutter aussaugen, sondern auch ihren ganzen Körper und ihn in sich aufnehmen. Dann wollte sie mit ihrem Vater kämpfen, auch ihn töten, sein Geschlechtsorgan mit den Zähnen abreißen und seine Eingeweide verschlingen. Das Kernstück dieser Phantasien war, wie die Patientin schließlich zum Ausdruck brachte: »Nachdem ich meine Mutter in mich aufgenommen habe und wie sie geworden bin, möchte ich auch noch wie mein Vater werden. Dann wären drei Menschen in einem, nämlich in mir.« Diese umfassende Zerstörung würde das Ende der Objektwelt bedeuten: »Das Nichts oder Nichtsein – außerhalb von mir bliebe weder Gefahr noch Lust übrig, und mein Wunsch nach absoluter Unabhängigkeit wäre auf diesem Weg erfüllt.«

Zu dieser Phase der Analyse gehörte noch ein Traum, in dem Peggy sah, wie sie ein anderes Mädchen – »das ich auf irgendeine Weise selber bin« – körperlich liebte. Sie wachte mit Ekelgefühlen und Übelkeit auf; der Traum bedeutete, »daß ich alles mir selbst geben wollte, daß ich mich in mir selbst haben wollte«. Sie spürte autoerotische Regungen, wollte sich selber streicheln und liebkosen, ihr eigenes Genitale bewundern und küssen, die Finger in das Genitale und den Anus stecken und ihren Kot essen. Sie wünschte sich, daß sie Mann und Frau zugleich wäre, daß sie einen Penis und eine Vagina hätte; so würde sie die äußerste Unabhängigkeit erreichen und über Vater und Mutter, die sie beide allein gelassen hatten, triumphieren können. Sie wäre fähig, sich selber alles zu verschaffen und von sich selbst zu beziehen – körperliche Lust, Liebe und Bewunderung. Und sie würde, unabhängig von der Kritik der anderen, ihr eigener Richter sein und sich nur noch ihren eigenen Gesetzen unterordnen.

Nach diesem Stadium der Analyse, in dem sich die destruktiven Phantasien und Antriebe zusammen mit Gefühlen von verzweifelter Sehnsucht ausdrückten, geriet die Patientin in unerträgliche Angst und Hilflosigkeit. Peggy bot das Bild einer schizophrenen Psychose. Sie brachte zunehmende Ängste zum Ausdruck, daß die Stärke, mit der sie die Analytikerin ausgestattet hatte, als Folge ihrer eigenen sadistischen Wünsche augenblicklich schwinden könnte, was für sie den Zusammenbruch bedeutete. Da sie von ihrer Analytikerin abhing, die ihren »einzigen Weg« darstellte, wollte sie lieber Angst vor deren Macht haben als das Gefühl, die Analytikerin könnte zu einem Nichts zusammenschrumpfen. Verzweifelt strengte sie sich an, das machtvolle Bild der Analytikerin in sich wieder aufzurichten, und sie klammerte sich an dieses Bild wie an eine allmächtige Göttin, die sie vor ihrem archaischen, gefährlichen Überich schützen könnte, das sie mit magischen Zerstörungsängsten verfolgte. Für kurze Zeitspannen der tiefsten Regression löste sich auch Peggys Beziehung zur Analytikerin auf, das heißt, die Beziehung war dann nichts anderes mehr als der Niederschlag ihres inneren Konflikts.

Während der beschriebenen Behandlungsphasen war besonders eindrucksvoll, wie das Überich der Patientin sich vorübergehend und regressiv in schreckerregende »Introjekte« umformte. Ich habe weiter oben Peggys oralsadistische Phantasien beschrieben; die Patientin fühlte nun, daß die Objekte, die sie sich in ihrer Phantasie körperlich einverleibt hatte, sie »von innen her zu zerstören drohten«. Zugleich aber sagte sie: »Meine Ängste sind der einzige Wert, der mir geblieben ist. Ich muß diese Gefahren am Leben halten, denn durch sie habe ich wenigstens Gefühle, und das ist besser als völlige Leere. Mein eigenes Selbst würde sterben, wenn ich meine Ängste überwinden könnte. Weder Gefahr noch Lust blieben übrig. Die Gefahr, die in mir lebt, verspricht mir, daß es in Zukunft auch wieder Lust geben wird.« Peggy meinte damit, daß die »Gefahren« die letzten, entstellten Überreste ihrer zerstörten Liebesobjekte verkörperten, an denen sie festhielt, da sie immer noch von ihnen abhängig war. In der Tat stellte sich das, was von ihren Liebesbeziehungen übrig blieb, in der masochistischen Unterwerfung unter ihre Ängste dar. Da sich ihr Ich im Kampf mit den grausamen Überich-»Introjekten« noch am Leben erhielt, bestand auch die Hoffnung, daß es zu einer späteren Versöhnung und Vereinigung mit dem Überich kommen könnte.

Es blieb ihr nur ein Weg, die schreckliche, bedrohliche innere Gefahr abzuwehren – »ich muß das, was in mir ist, hinaustreiben«, und zwar in einem überwältigenden, orgastischen Ausbruch, von dem sie meinte, daß er sie befreien würde. Wenn sie alles, was sie besaß, weggäbe, würde es zu einer Wiedergeburt der inkorporierten Welt und einem Wettmachen ihrer Schuld kommen. Dies wäre außerdem ihre eigene Wiedergeburt, ihre Versöhnung mit einer guten Welt, in der es Liebe und Lust gibt. »Ich werde diese innere Gefahr überstehen, beseitigen und aus mir entfernen, oder aber sie überwältigt mich, und ich muß sterben.« Das hieß, die Patientin würde vielleicht die Zerstörung der Welt oder ihre eigene Selbstdestruktion vollenden anstatt wiedergeboren zu werden und sich eine gute Welt neu zu erschaffen.

Als die Patientin dem erwähnten Ausbruch nahekam, quälten sie Befürchtungen, sie könnte verrückt werden, einen Mord oder Selbstmord begehen. Sie war in eine Sackgasse geraten, gefangen zwischen ihren gegensätzlichen Regungen, weder fähig, ihren Wunsch nach Versöhnung mit sich selbst und der Welt zu erfüllen noch imstande, ihre Aggression auszutragen. Auf dem Höhepunkt dieses Dilemmas wurde eine vierstündige Sitzung mit der Patientin notwendig. Ihre Abwehr bestand darin, Zerstörung zu vermeiden, indem sie »weder etwas von außen in sich aufnahm noch etwas aus sich herausließ«. Immer dann, wenn überwältigende aggressive und libidinöse Spannungen, wie beispielsweise beim Geschlechtsverkehr, sie bedrohten, kam sie in diese Situation. Sie gelangte an diesen inneren Gefahrenpunkt, und plötzlich trat eine Art Stillstand ein, das heißt eine Verleugnung jeglicher Empfindung oder Emotion und eine Lähmung ihrer gesamten Aktivität. In Erwartung der Zerstörung tat sie, als ob sie selber oder die Objektwelt tot wären und vermied so ihre tatsächliche psychische und physische Vernichtung. Dieser Abwehrvorgang, der infantile und magische Verleugnungsmechanismus nämlich, den ich im vierten Kapitel dargestellt habe, kam gegen die genitale Ver-

278

führung durch ihren Vater und bei der Beobachtung der Urszene zur Wirkung. Ihr höchstes Ausmaß erreichte die Verleugnung, wenn sie die Masturbation der Patientin traumatisch unterbrach. Außerdem war dieser Mechanismus verantwortlich für die Distanziertheit und Kühle dem Sexualpartner gegenüber sowie dafür, daß während des Geschlechtsverkehrs die Empfindungen der Patientin schwanden. Schließlich bewirkte die Verleugnung noch jene Phasen bloßer, inhaltsloser Depression mit dem Gefühl vollständigen inneren Abgestorben- oder Nichtseins, die von der Patientin so erlebt wurden, als hätte ihr beschädigtes, zerstörtes Ich sogar noch die Kraft verloren, mit jenen Ängsten zu reagieren, die letzte Verkörperungen der Objektwelt darstellten.

Die entscheidende Phase von Peggys Analyse wurde erreicht, als sie verstand, daß die Zustände von Distanziertheit ihr als eine Art Schutzschild (*protective screen*) gegen ihr gefährliches Phantasieleben dienten. Je mehr ihre sadistischen Impulse zugunsten der libidinösen Anteile an Boden verloren, desto deutlicher wurde die Neigung der Patientin, ihre Phantasien zu dramatisieren und zu genießen. Erst dann brachen die ambivalenten Gefühle, die sie der Analytikerin gegenüber empfand, unmittelbar durch, und zur gleichen Zeit versuchte sie, die erste echte Liebesbeziehung ihres Lebens aufzubauen. Der Partner, den sie sich wählte, wurde später ihr Ehemann.

Die Patientin beendete die Behandlung, als ihr Freund an die Westküste zog und sie eine gute Stellung in derselben Stadt finden konnte. Da ihr Freund ihr keinen Heiratsantrag machte, solange er sie nicht ausreichend versorgen konnte, wiederholte sich nochmals, daß sie ihre Vergangenheit agierte. Sie verließ ihn überraschend und kam nach New York zurück, das heißt zu ihrer Mutter, die sie auch zur Rückkehr ermutigt hatte. Umgehend wollte sie auch mich sehen, und sie ging nach einer Sitzung mit mir und dem Besuch bei ihrer Mutter zurück zu ihrem Freund; wenig später heiratete sie.

Zusammenfassung des Fallberichts

Zunächst soll die Geschichte der frühkindlichen Depression dieser Patientin zusammengefaßt werden. Als Kind hatte sie eine liebende, aber »dominierende« Mutter, die frühe sexuelle wie aggressive Verbote auferlegte und eine strenge Sauberkeitserziehung durchführte. Damit war für die Entwicklung des kleinen Mädchens ein Weg in die

Unterwerfung, den Gehorsam im Übermaß und in den Masochismus angelegt, und es entstanden Anzeichen von passiver Aggression. Häufige Einläufe hatte zur Entstehung analsadistischer, homosexueller Fixierungen beigetragen.

Wir können trotz alledem sagen, daß sich das Kind im Alter von drei Jahren in den Anfängen einer normalen ödipalen Situation befand. Zum Vater, der bis zur Geburt seines zweiten Kindes emotional ungestört erschien, hatte das kleine Mädchen eine zärtliche Beziehung entwickelt. Nach der Geburt seines Sohnes litt der Vater offensichtlich unter einer psychotisch-depressiven Störung, die wieder verschwand oder sich zumindest deutlich besserte, als die Patientin das Elternhaus verließ und heiratete. Wir können annehmen, daß der Vater auf die enge Beziehung zwischen Mutter und Tochter ziemlich eifersüchtig war. Ich weiß zwar nichts Genaueres über die Ursachen und die Art dieser Depression, zweifle aber nicht daran, daß der Zusammenbruch und der Rückzug dieses Vaters, als ihm ein Sohn geboren wurde, wie auch seine psychische Störung seit dieser Zeit auf Peggys Entwicklung einen entscheidenden Einfluß ausübten.

In Peggys Erinnerung stellten ihre ersten Lebensjahre eine kurze, glückliche Zeitspanne dar; dies erwies sich allerdings als falsch. Daran anschließend erlitt sie eine Reihe von traumatischen Erlebnissen, die im Alter von dreieinhalb Jahren zu einer schweren Depression führten. Diese Reihe beginnt mit dem erwähnten Spiel im Bett des Vaters. Als Peggy bei diesem Spiel das Genitale ihres Vaters spürte, stand sie in ihrer Entwicklung an jenem Grenzpunkt, wo ihre präödipalen und prägenitalen Fixierungen in eine (phallisch-)genitale Position übergingen. Dieser Entwicklungsschritt beginnt bei Mädchen immer mit Wünschen nach dem Penis des Vaters. Das Spiel hatte nicht nur Peggys genitale Empfindungen stark und frühzeitig geweckt, sondern auch ihre prägenitalen Fixierungen mobilisiert. Sie erwartete vom Vater eine ähnliche Befriedigung, wie die Mutter sie ihr durch die Einläufe verschafft hatte. Die ansonsten übliche, sich auf den Vater richtende Erregung hatte, mit anderen Worten, zu früh eingesetzt und wirkte sich traumatisch aus, weil das kleine Mädchen diese Erregung noch nicht meistern konnte. Sie kollidierte mit der weiteren Entwicklung, mit der Annahme einer weiblich-genitalen Position und trug dazu bei, daß prägenitale, sadomasochistische Introjektions- und Projektionsmechanismen persistierten.

Unglücklicherweise folgte der Szene mit dem Vater bald die Schwangerschaft der Mutter, und das traumatische Erlebnis mit dem psychotischen Hausmädchen ereignete sich auch in dieser schwierigen Zeit. Was das kleine Mädchen früher vom Liebesleben seiner Eltern beobachtet hatte, wurde wieder lebendig, und sie erklärte es sich ihrem gegenwärtigen Wissen gemäß. Sie war daher überzeugt, daß ihre Mutter sich den Penis des Vaters in einem harten Kampf einverleibt hätte und reagierte deshalb mit starker Feindseligkeit auf die Schwangerschaft ihrer Mutter. Sie wollte ihre Mutter umbringen, ihr den Bauch öffnen und seinen Inhalt zerstören, aber sie wollte auch das Baby für sich haben. Als ihre Mutter während des Krankenhausaufenthalts weg war, wollte das kleine Mädchen ihren Platz einnehmen und hoffte auf die Befriedigung, die sie sich vom Vater wünschte. Dieser enttäuschte sie jedoch, ließ sie im Stich und wandte sich ihr auch später nicht mehr liebevoll zu. Es ist bedeutsam, daß die Reaktionen der Patientin während der Analyse zeigten, daß sie die Trennung – erst von der Mutter, dann vom Vater – weniger mit »Trennungsangst« beantwortete, sondern mehr mit Gefühlen des Zurückgewiesenwerdens, die ihrerseits zu Enttäuschung und Feindseligkeit führten. Als Peggy sich daher in ihrem bitteren Haß, aber auch reumütig ihrer Mutter wieder zuwandte, mußte sie sich nochmals verlassen fühlen, denn die Mutter schenkte ihre ganze Aufmerksamkeit dem kränklichen Säugling. Das Mädchen suchte einen Ausweg in der Flucht, im narzißtischen Rückzug; sie beschloß gleichsam, ihr Liebesbedürfnis auszumerzen, und wollte unabhängig und selbstgenügsam werden.

An diesem Ziel mußte sie scheitern, nicht allein, weil sie zu klein war, um eine Lösung für ihre intensiven Ambivalenzkonflikte zu finden, sondern auch deswegen, weil ihre Bemühungen um autarke Unabhängigkeit die entgegengesetzte Wirkung hatten. Sie führten nämlich zu einer noch stärkeren masochistischen und regressiv symbiotischen Anlehnung an ihre Liebesobjekte, wodurch die entwicklungsgemäße Trennung von Selbst- und Objektrepräsentanzen nicht vorangetrieben, sondern behindert wurde. Die Patientin hatte weder Erfolg, ihre (realen) Liebesbeziehungen zu den »guten« Eltern wieder aufzubauen, noch gelang es ihr, sich mit den »guten« Imagines der Eltern zu identifizieren; daher war das, was sie in ihren Dreiecksliebesverhältnissen immer wieder in Szene setzte, der Ausgang ihrer infantilen Konflikte, nämlich ihre »primäre Depression«. Seit der Zeit dieser Depression waren ihre Beziehungen zur Familie durch ihre eigenen ambivalenten Gefühle beeinträchtigt. Sie fand eine gewisse Sicherheit in ihrer zwar abhängigen, jedoch auch verläßlichen

Bindung an die Mutter und auch dadurch, daß sie als »gutes«, sich allzu sehr unterwerfendes Kind mit ihrem Bruder konkurrierte sowie schließlich darin, daß sie mit Hilfe ihrer intellektuellen Überlegenheit um die Bewunderung des Vaters warb. Leider trugen die Schwierigkeiten, die sie in der Pubertät hatte, dazu bei, daß ihre frühkindlichen Konflikte wiederauflebten und depressive Verstimmungen bewirkten, deren Grundmuster durch die »primäre« Kindheitsdepression festgelegt war.

Im folgenden möchte ich mich genauer mit Peggys Persönlichkeitsstruktur, der Art ihrer Objektbeziehungen und ihren Ich-Überich-Funktionen auseinandersetzen.

Es liegt auf der Hand, daß Peggy keine reife Entwicklungsstufe erreicht hatte, sondern in ihren Einstellungen und ihren Liebesbeziehungen ausgeprägte präödipal-narzißtische Züge aufwies. Sie mußte ihre Liebesbedürfnisse in starkem Ausmaß auf Männer oder Frauen richten, zu denen sie ein Verhältnis von Abhängigkeit und Anlehnung entwickeln konnte. Ihre ängstliche und masochistische Unterwürfigkeit verbarg nur dürftig, daß Peggy ihren Liebespartnern und Freunden gegenüber fordernd und besitzergreifend war; diese unterwürfige Haltung bot allerdings auch keinen ausreichenden Schutz vor ihren tieferliegenden, leidenschaftlich feindseligen, eifersüchtigen und neidischen Regungen Männern wie Frauen gegenüber. Leider projizierte sie auch ihre hochgesteckten Werte auf die Freunde und Liebespartner und sah dann in deren Überlegenheit einen Maßstab für ihren eigenen Wert. Sie hob die anderen auf ein Podest und erwartete von ihnen, daß sie jene idealen Eigenschaften verkörperten, die sie ihnen in ihrer Phantasie zukommen ließ.

Wir können daher auch sagen, daß ihre Liebesobjekte verherrlichte Elternimagines darstellten und daß sie sich mit ihnen identifizierte, indem sie an ihrer Größe und Überlegenheit partizipierte. Wenn sie von den Liebesobjekten anerkannt und geliebt wurde, diente dies zur Stützung ihres Selbstwertgefühls, für das die übermäßige Strenge ihrer Wertvorstellungen und die Stärke ihres Ehrgeizes eine ständige Bedrohung bedeuteten. Wichtig ist, daß Peggy nicht dazu neigte, wie es bei gewissen schizophrenen Patienten vorkommt, sich das Ich oder das Überich ihrer Liebesobjekte zu »leihen«. Sie war statt dessen darauf angewiesen, daß sie die Liebesobjekte achten, lieben, bewundern konnte und daß sie von ihnen emotionale Unterstützung erhielt. Da sie ihre Liebesobjekte so hochschätzte und verherrlichte, nahmen ihre Beziehungen wiederum narzißtische Züge an, die mit jener Entwicklungsphase übereinstimmten, in der sie im Alter von drei Jahren in ihre erste Depression fiel.

Weil das Selbstwertgefühl der Patientin vom besonderen Wert ihrer Liebesobjekte abhing, riefen Enttäuschungen nicht nur eine Entwertung der Liebesobjekte, sondern auch eine schwere narzißtische Kränkung und Verletzung hervor, die ihre Achtung vor sich selber bedrohte und aushöhlte. Jedesmal, wenn Enttäuschungen sich derart auswirkten, versuchte sie ihr narzißtisches Gleichgewicht darüber wiederherzustellen, daß sie sich an einen anderen Menschen anlehnte und ihn mit den ersehnten Merkmalen ausstattete, bis sie sich erneut enttäuscht fühlte. An ihrem Agieren zeigte sich, daß Peggy in ihrer Wahl der Liebesobjekte zwischen mütterlichen und väterlichen Stellvertretern oder Ersatzfiguren abwechselte. Ihr Selbstwertgefühl sank, wenn eine dieser Elternfiguren eine Entwertung erlitt, und es hob sich, sobald es ihr gelang, die gute, überlegene Imago des anderen Elternteils neu aufzubauen und einen realen Menschen darauf festzulegen.

Die Depression setzte dann ein, wenn Peggy von beiden elterlichen Ersatzobjekten enttäuscht wurde. Da die Eltern zum Zeitpunkt der ersten Depression noch die gesamte Objektwelt des Kindes verkörperten, führte damals, wie auch später, Peggys Enttäuschung an beiden zu einer umfassenden Desillusionierung ihres Lebens, das ihre hochgespannten Erwartungen nicht erfüllen konnte. Überdies verlagerte sich das Konfliktgeschehen (verfrüht) in ihr Ich, denn ihre damaligen Liebesbeziehungen erlitten eine folgenschwere Unterbrechung.

Durch den narzißtischen Rückzug von den entwerteten Liebesobjekten, von denen Peggy andererseits abhängig war, drohte ihrer Selbstimago der Zusammenbruch. Sie versuchte dieser Gefahr zu entkommen, indem sie die mächtigen Elternimagines in sich selbst wieder belebte und aufrichtete; in diesen kurzen Phasen der Auflehnung, die Peggys völligem depressiven Zusammenbruch meist vorausgingen, hing sie Wunschphantasien von autarker Unabhängigkeit nach. Im Kampf gegen die eigene Feindseligkeit gelang es ihr eine Zeitlang, die Rolle der »guten«, mächtigen Eltern zu übernehmen und sich selbst mit Liebe zu überschütten; ihre Feindseligkeit nahm allerdings immer mehr zu und zwang sie zur Aufgabe dieser illusorischen Wunscherfüllung. Dann unterwarf sie sich einem strafenden Überich, das zukünftige Versöhnung und Glück versprach. Dies führte zu einer verhängnisvollen Freisetzung ihrer zerstörerischen Triebimpulse; ihr innerer Druck stieg um so mehr, je weniger sie zu einer entwerteten Objektwelt zurückfand, auf die sie ihre Imagines ohnehin nicht mehr projizieren konnte. Während ihre Selbstliebe sich in Angst und Haß auf sie selbst verwandelte, nahm ihr Überich die archaischen Züge böser Dämonen an, die sie mit Ängsten überschwemmten und in ihre Selbstzerstörung weiter hineintrieben. Als in diesem pathologischen Vorgang die Spaltung zwischen Ich und Überich nicht mehr zu überbrücken war, kehrte sich die ursprünglich stärkende Funktion des Überichs um, und es galt nun, die Vereinigung dieser beiden Strukturen zu verhindern, weil sie eine zweifache Gefahr darstellte, in Form eines mörderischen manischen Ausbruchs nämlich oder als selbstmörderischer Sieg des Überichs; beide Wege hätten zur Selbstzerstörung geführt.

Abschließende Bemerkungen über den grundlegenden depressiven Erkrankungsvorgang

Nachdem ich den depressiven Konflikt beschrieben habe, wie er sich in Peggys Fall entwickelte, möchte ich meine Ansicht über den grundlegenden depressiven Erkrankungsvorgang zusammenfassen, wie er bei diesem Patiententypus abläuft, denn das Material aus Peggys Analyse entspricht in wesentlichen Punkten dem, was wir aus den Behandlungen von anderen Patienten wissen, deren depressive Zustände in den Rahmen von Borderline- oder psychotischen Störungen gehören.

Das Fallmaterial ermöglichte uns Einblicke in die Störungen, die von frühkindlichen Erlebnissen des Verlassenwerdens und der Desillusionierung verursacht werden. Ich möchte jedoch feststellen, daß sich derart früh vorkommende Frustrationen und Enttäuschungen nur bei jenen Menschen so verheerend auswirken, die mit ungewöhnlich starker Feindseligkeit auf solche Erfahrungen reagieren. In Peggys Fall wurde die primäre Kindheitsdepression von bestimmten traumatischen Geschehnissen ausgelöst, auf die wiederum schwere Enttäuschungen an beiden Eltern zu Beginn der ödipalen Phase folgten. Die Objektbeziehungen sowie der Narzißmus entwickeln sich in einer schwer gestörten Weise, falls eine umfassende Desillusionierung dieser Art in einer Phase eintritt, wo einerseits die Grenzen zwischen Objekt- und Selbstimagines noch nicht gefestigt sind und andererseits die infantilen Liebesbeziehungen noch die präödipal-narzißtischen Merkmale besitzen, wie ich sie weiter oben beschrieben habe. Peggys Fall zeigt weiterhin, wie sie als Kind, nachdem sie sich von der primären Depression erholt hatte, erneut versuchte, die verlorenen Liebesobjekte für sich zu gewinnen. Damit, daß ihr Ich und Überich (oder seine Vorläufer) wieder mehr normale Funktionen erlangten, wurde narzißtische Libido zum Teil wieder in Objektlibido umgewandelt. Die geschwächten, brüchigen Objektbeziehungen blieben jedoch durch präödipal-narzißtische Abhängigkeit und Unterwerfung gekennzeichnet, weil die ödipale Entwicklungslinie, die schon zu Beginn der phallischen Phase unterbrochen wurde, nie ihren Höhepunkt oder ihre Blütezeit erreichte[3]. Übermäßige Erwartungen herrschten vor, die nicht befriedigt werden konnten und sich sowohl auf die Liebesobjekte wie auch auf das Selbst bezogen. Die Liebesobjekte wurden idealisiert und überschätzt; das Ichideal und die wunschbestimmten Selbstimagines waren so überhöht, daß sie unerreichbar wurden. Wenn sich bei diesen Voraussetzungen das narzißtische Persönlichkeitsgepräge nicht grundlegend verändert, kann jede neue Enttäuschung die brüchigen Beziehungen sprengen und zu einer kränkenden Erniedrigung des Liebesobjekts führen, an der die Selbstimago partizipiert.

Meines Erachtens geht die Störung der Überich-Funktionen auf jene restitutiven Bemühungen zurück, welche die narzißtische Kränkung wiedergutmachen sollen, indem an die Stelle der entwerteten Liebesobjekte eine Introjektion ihrer verherrlichten, allmächtigen Imagines in das Überich tritt. Rado (1928), der erstmals auf den zweifachen Introjektionsvorgang bei der Melancholie hinwies, meinte: »Das ›gute Objekt‹, nach dessen Liebe das Ich sich sehnt, wird ins Überich introjiziert und inkorporiert. Dort ... wird es mit dem geltenden Recht ausgestattet ... auf das Ich böse zu sein – wirklich sehr böse« (S. 434 f.). Meine Auffassung zielt auf eine Abwandlung dieser Feststellung; ich möchte eine deutliche Unterscheidung treffen zwischen der Introjektion der entwerteten, schlechten Eltern in die Selbstimago und der Introjektion der aufgewerteten, guten oder schlechten, strafenden Eltern ins Überich[4]. So kann das Kind immer noch die Hoffnung haben, daß es wieder Liebe, Lob und Sicherheit von den strafenden, gottähnlichen Eltern erhalten wird, während es von den abgewerteten Eltern nichts mehr erwarten kann. Dieser Restitutionsversuch ist allerdings zum Scheitern verurteilt, und die grenzenlose Feindseligkeit kann sich doch noch gegen das Selbst richten und zur Selbstzerstörung führen.

3 Siehe dazu Gerös Arbeit *The Construction of Depression* (1936).
4 Siehe auch im neunten Kapitel, S. 239–240 (Anm. d. Übers.).

Was die Manie betrifft, kann ich lediglich einige Bemerkungen anfügen, die sich auf die Unterscheidung beziehen, die man hinsichtlich einer bestimmten Art von hypomanischen Zuständen vornehmen sollte. An Peggys Fall zeigte sich, daß der hypomanische Zustand im Rahmen einer im wesentlichen kranken Persönlichkeit eine vorübergehende, erfolgreiche Konfliktlösung darstellen kann, die durch eine echte Versöhnung von Ich und Überich zustande kommt. Während sich bei manchen hypomanischen und manischen Zuständen das Ich, indem es sich mit dem Es verbündet, in eine illusorische Macht flüchtet, dabei jedoch seine wichtigsten Funktionen aufgibt, stellt der hypomanische Zustand bei anderen Hypomanieformen einen Sieg der Liebe über die Zerstörung dar, der zu einer echten Erweiterung des Ichs führt, die in sozialen und kulturellen Bahnen verläuft.

Ein bekanntes Beispiel sind schöpferische Menschen, die an einer Zyklothymie leiden und in jenen Intervallen, wo sie dem Anschein nach gesund sind, eine außerordentliche Leistungsfähigkeit besitzen; in Wirklichkeit befinden sie sich in diesen Intervallen jedoch in einem hypomanischen Zustand. Ich konnte an zwei Patienten beobachten, wie das strafende Überich in jener Phase, wo die langsame Genesung von der Depression in eine Hypomanie übergeht, allmählich seine zerstörerischen Züge verlor und überschwengliche Ideale, soziale Interessen, kulturelle Strebungen und Liebesbeziehungen wiederaufgebaut wurden, die das gestärkte und hochgestimmte Ich nun erfolgreich verfolgen und auf intensive Weise genießen konnte. Ich denke auch, daß Peggy ein gutes Beispiel für einen derartigen Verlauf bietet.

9. Zur psychoanalytischen Theorie der zyklothymen Depression*

Ein allgemeines metapsychologisches Konzept der Psychose

Im Gegensatz zu den Neurotikern suchen psychotische Patienten auf dem Weg einer regressiven Flucht nach einer Lösung ihrer emotionalen und triebhaften Konflikte. Dies bringt außer der Triebregression auch eine schwere regressive Veränderung der gesamten Persönlichkeitsorganisation mit sich. Ein Patient, nachdem er von einer schizophrenen Episode genesen war, fand dafür eine drastische Ausdrucksweise: »Ich rannte und rannte, zurück zum Mutterleib.« Die Prädisposition dieser Patienten zu einer derart tiefgehenden Regression besteht offensichtlich darin, daß ihre Ich- und Überich-Entwicklung durch das Zusammenwirken von konstitutionellen und umweltbedingten Faktoren (emotionale Entbehrungen sowie übermäßige Stimulation und/oder Frustration der Triebe in der frühen Kindheit) zum Stillstand gekommen und unzulänglich verlaufen ist.

Das wesentliche Element dieser gestörten Vorentwicklung ist meines Erachtens eine ungenügende Neutralisierung libidinöser und aggressiver Triebenergien. Wir können vermuten, daß die psychosomatischen Vorgänge, die den Psychosen zugrunde liegen, zu einer Verminderung und Erschöpfung, oder aber auch zu einer nicht ausreichenden Neubildung der libidinösen, möglicherweise auch zu einer Überproduktion aggressiver Triebe führen; dadurch wird das Verhältnis zwischen Libido und Aggression zugunsten der letzteren verändert und die Entmischung und Deneutralisierung der Triebe gefördert. Diese pathogenen Vorgänge stehen – ungeachtet ihrer Beschaffenheit – einer normalen Reifung im Wege und stören somit ebenso die Entwicklung von dauerhaften libidinösen Besetzungen der Objekt- und der Selbstrepräsentanzen wie die Fähigkeit, stabile Objektbeziehungen und feste Ich- und Überich-Identifizierungen aufrechtzuerhalten.

Selbst- und Objektrepräsentanzen und das Ichideal sind bei präpsychotischen Persönlichkeiten nicht scharf gesondert; die Repräsentan-

---

* Dieses Kapitel ist eine gekürzte Fassung meiner Arbeit »*Contribution to the Metapsychology of Cyclothymic Depression*«, die erstmals in *Affective Disorders* veröffentlicht wurde, herausgegeben von Phyllis Greenacre, New York, International Universities Press, 1953, S. 49–83.

zen behalten Eigenschaften frühkindlicher Objekt- und Selbstimagines und bleiben dadurch Träger unreifer, infantiler und magischer Wertvorstellungen. Das Überich der präpsychotischen Persönlichkeit ist kein fest integriertes intrapsychisches System, sondern personifiziert und in seinen Funktionen instabil; es neigt dazu, entweder das Ich exzessiv zu beherrschen, oder selbst zu desintegrieren, das heißt sich aufzulösen und mit den Objekt- und Selbstrepräsentanzen zu verschmelzen. Dieses Überich, das leicht auf die Außenwelt reprojiziert wird, aber auch die Objekt- und Selbstrepräsentanzen zeigen eine Tendenz zu regressiver Fragmentierung, indem sie sich einerseits in primitive frühe Imagines aufspalten und andererseits miteinander fusionieren. Weiterhin besteht bei der präpsychotischen Persönlichkeit die Neigung, Konflikte mit der Objektwelt nicht mittels Abwehrmechanismen des Ichs (gegen unannehmbare Triebregungen) zu verarbeiten, sondern libidinöse und aggressive Besetzungen abzuziehen und zu verlagern – nicht nur von einem Objekt auf ein anderes und von personalen auf unbelebte Dingrepräsentanzen, sondern auch von den Objektrepräsentanzen auf die Selbstrepräsentanzen sowie umgekehrt.

Der Ausbruch der eigentlichen Psychose ist von einer gefährlichen, unaufhaltsamen Triebentmischung und Triebdeneutralisierung gekennzeichnet. Zwischen den libidinösen und den destruktiven Triebkräften bricht ein heftiger Kampf um die Vorherrschaft aus, der ungeachtet dessen, was ihn in Gang setzte, schließlich zu einer verhängnisvollen Erschöpfung der libidinösen Kräfte führt und überdies zur Anhäufung reiner Aggression, zu einer Entstrukturierung und Durchsetzung des ganzen Selbst mit den entmischten Trieben. Ich vermute, daß die »endogenen« psychosomatischen Phänomene der Psychose, auf die ich im sechsten Kapitel verwies, zusammen mit der Entwicklung einer Verfassung wie der beschriebenen entstehen.

Psychologisch gesehen, kommt die psychotische Verarbeitung wahrscheinlich dadurch in Gang, daß infantile Konflikte wiederbelebt werden, die zunächst im wesentlichen mit den elterlichen Liebesobjekten oder deren Ersatzobjekten zusammenhängen, dann aber eine Ausdehnung auf die gesamte Objektwelt erfahren. Das unzulängliche *(defective)* Ich der präpsychotischen Persönlichkeit ist unfähig, diese Konflikte mit Hilfe neurotischer Abwehrmechanismen zu meistern. Es versucht Konfliktlösungen mittels Besetzungsverlagerungen, erst der libidinösen, dann auch der aggressiven Besetzungen von den Objektrepräsentanzen auf die Selbstrepräsentanzen. In einem weiteren Versuch zur Konfliktlösung bemüht sich das Ich, die Objekte wiederzubesetzen; schließlich finden zunehmende Fusionen von Objektimagines und Selbstimagines statt. Dieses Geschehen geht mit einer schweren regressiven Deformierung der Objekt- und der Selbstrepräsentanzen einher und führt zu ihrem Zusammenbruch, letztlich zu ihrer Auflösung und Aufspaltung in unreife Imagines. Die Ich- und Überich-Identifizierungen desintegrieren und werden durch »narzißtische Identifizierungen« ersetzt, das heißt durch regressive Fusionen des Überichs, der Selbstimagines und der Objektimagines. Schließlich kann es zu einem Zusammenbruch des gesamten psychischen Systems kommen. In den Erlebnissen des Schizophrenen »vom Ende der Welt«, im Verlust der Identität und den Gefühlen, gestorben zu sein, finden diese psychischen Vorgänge ihren Ausdruck.

Bei solchen Psychotikern versagt das sekundärprozeßhafte Denken, und sie zeigen schwere Störungen ihres Realitätssinnes, das heißt Störungen bezüglich ihrer Wahrnehmung und Einschätzung der Objektwelt wie auch ihres eigenen Selbst. Die emotionalen Beziehungen zu realen, persönlichen wie auch unbelebten Objekten verschlechtern sich, und die Ich-Funktionen sind beeinträchtigt; Fehlinterpretationen der Objektwelt, verbunden mit inadäquaten Reaktionen, häufen sich.

Ziel der psychotischen Abwehrmechanismen ist die Aufrechterhaltung und/oder Restitution von Objekt- und Selbstrepräsentanzen. In erster Linie wird die reale Objektwelt für diesen Zweck benutzt. Der Psychotiker versucht sich zu retten, indem er Unterstützung von seiten der Außenwelt sucht. Dies habe ich in meiner *Sigmund-Freud-Vorlesung* (1967 [1972]) beschrieben. Der Psychotiker sucht nach äußeren Anregungen emotionaler und ideeller Art, um mit ihnen seine Ich-Funktionen abzustützen. Mit Hilfe von Introjektions- und Projektionsmechanismen macht er am Ich und am Überich anderer Personen Anleihen und projiziert Teile seines eigenen Selbst auf gewisse Objekte, an deren Handlungen er in magischer Weise partizipieren kann. Wenn diese Bemühungen scheitern, zieht er sich von der Objektwelt zurück. Regressiv reaktivierte, unreife Objekt- und Selbstimagines, die ihren Weg ins Bewußtsein gefunden haben, verschmelzen miteinander und formen zusammen mit den Abkömmlingen realitätsorientierter, innerer Konzepte neue Einheiten. Auf diesem Weg setzt der Psychotiker sich über die Realität hinweg, errichtet wahnhafte Objekt- und Selbstrepräsentanzen, die er auf die Außenwelt reprojiziert.

Möglicherweise bestimmt die Art und die Tiefe der Regression darüber, ob sich eine manisch-depressive oder schizophren-paranoide Psychose entwickelt. Es hat in mancher Hinsicht den Anschein, daß die manisch-depressiven Patienten eine höhere Stufe der Differenzierung und Integration psychischer Systeme erreicht haben. Dementsprechend geht in ihren psychotischen Episoden die akute Regression nicht soweit wie bei schizophrenen Patienten und ist auch von anderer Art. Gewöhnlich führt ihre Regression nicht zu einer vollständigen Desintegration der Persönlichkeit und ist auch reversibel; sie macht an einer Stelle halt, die immer noch eine nahezu vollständige Genesung zuläßt. Bleuler (1911) beschrieb einen charakteristischen Unterschied zwischen schizophrenen und manisch-depressiven Patienten: die Ängste der Schizophrenen beziehen sich auf Unheil, das zum gegenwärtigen Zeitpunkt eintritt, während die Ängste der Manisch-Depressiven mit zukünftigen Katastrophen zusammenhängen. Ich nehme an, dieser Unterschied bedeutet unter metapsychologischem Gesichtspunkt, daß der Zusammenbruch der Objekt- und Selbstrepräsentanzen innerhalb des Ichs bei Schizophrenen bis zum Punkt der Auflösung dieser Repräsentanzen geht, während der Manisch-Depressive fühlt, daß diese Auflösung droht. Die Ängste des Manisch-Depressiven können sehr intensiv sein, sind aber keine echten Panikzustände. Außerdem weisen die Wahnvorstellungen in manischen oder melancholischen Zuständen gegenüber schizophrenen Wahnvorstellungen charakteristische Unterschiede auf, die meines Erachtens die These einer andersartigen Regression bei den manisch-depressiven Patienten unterstützt[1]. Zum Selbstmord des Melancholikers wollen wir uns Freuds Feststellung in Erinnerung rufen, wonach sich das Liebesobjekt mächtiger erwiesen hat als das Selbst[2]. Dazu möchte ich ergänzen, daß auch das Selbst in der Selbstmordhandlung ein Gefühl der Macht wiedererlangt und einen endgültigen, wenn auch todbringenden Sieg erringt.

Das klinische Bild der manisch-depressiven Persönlichkeit – Herr N.

Wenn wir die Gelegenheit haben, zyklothyme Patienten vor ihrem Zusammenbruch oder während der erkrankungsfreien Intervalle zu

1 Im elften Kapitel werden weitere Unterschiede zwischen zyklothymen und schizophrenen depressiven Zuständen besprochen.
2 Siehe *Trauer und Melancholie* (1917 e), S. 439 (Anm. d. Übers.).

beobachten, beeindruckt uns, wie reich ihre Sublimierungsmöglichkeiten sind. Außerdem erstaunt uns, daß sie, solange sie nicht erkranken, warmherzige Kameraden oder Ehepartner sein können; bei Bleuler fand diese Eigenschaft besondere Erwähnung. In ihrem Sexualleben können sie zur vollständigen genitalen Reaktion fähig sein; im Gegensatz zu Schizophrenen zeigen sie eine rührende Gefühlswärme oder, zumindest manchmal, eine ungewöhnliche liebevolle Anhänglichkeit an Menschen, die sie mögen. Sie haben ohne Zweifel intensiv besetzte emotionale Objektbeziehungen aufbauen können und sind ihren Möglichkeiten nach fähig, außerordentlich gut zurechtzukommen. Jedoch scheinen sie, obgleich sich bei ihnen kein Mangel an inneren Fähigkeiten äußert, unter einer spezifischen Ich-Schwäche zu leiden, die sich in ihrer bemerkenswerten Verletzbarkeit, ihrer Intoleranz für Frustration, Kränkung und Enttäuschung zeigt.

Freud (1917 e) hob die widersprüchliche Tatsache hervor, daß diese Menschen die gleichzeitige Tendenz zu überstarken Fixierungen an ihre Liebesobjekte und zu einem schnellen Rückzug der Objektbesetzung zeigen. Er wies auf eine Bemerkung Otto Ranks hin[3], nach der die Objektwahl dieser Menschen von Anfang an auf narzißtischer Grundlage erfolgt sei, die es ihnen ihrerseits ermöglicht, leicht auf die narzißtische Identifizierung mit dem Liebesobjekt zu regredieren, wie es von Freud in *Trauer und Melancholie* beschrieben wurde. Dies ist sicherlich zutreffend; wir wissen außerdem, daß sich diese Anschauung auch auf die Schizophrenen anwenden läßt, obgleich deren Entwicklung wohl auf einer anderen narzißtischen Stufe zum Stillstand gekommen ist.

Man findet bei Manisch-Depressiven eine besondere infantil-narzißtische Abhängigkeit von ihrem Liebesobjekt. Sie sind darauf angewiesen, daß ein hochgeschätztes Liebesobjekt sie ständig liebt und moralisch unterstützt, wobei dieses Objekt keine Person zu sein braucht, sondern auch durch eine mächtige Organisation oder eine wichtige Angelegenheit vertreten sein kann, an der sie sich beteiligt fühlen. Solange ihr »Glaube« an dieses Objekt anhält, vermögen sie mit Enthusiasmus und großer Leistungsfähigkeit zu arbeiten. Dabei neigen sie jedoch dazu, ihre Partner oder »Angelegenheiten« in masochistischer Weise zu wählen und eine Lebenssituation herzustellen, die den Schauplatz für ihre Erkrankung bildet, da sie ihnen Enttäu-

3 Ebenda S. 439 (Anm. d. Übers.).

schung bringen muß. Gerö (1936) machte darauf aufmerksam, daß Manisch-Depressive zu den masochistischen Persönlichkeiten gehören. Wenn wir sowohl den Patienten wie auch seinen Partner beobachten können, stellen wir häufig fest, daß sie eine besondere »symbiotische« Liebesbeziehung miteinander haben (Mahler, 1966). Sie leben füreinander, aber auf eine Weise, die sich vom Zusammenleben Schizophrener sehr unterscheidet. In manchen Fällen sind beide Partner manisch-depressiv und erkranken abwechselnd; in anderen Fällen ist der Partner eines Manisch-Depressiven eine orale Persönlichkeit anderer Art[4].

Als Ausgangspunkt für die klinische Untersuchung des depressiven Konflikts, der Abwehrvorgänge und der Restitutionsmechanismen habe ich einen kurzen Traum des Patienten N., eines Arztes mit einer beginnenden Depression, ausgewählt. Die beängstigende Nachricht, daß seine Mutter Gebärmutterkrebs habe, der eine sofortige Operation erforderte, hatte die Depression ausgelöst. In den vorausgehenden Jahren hatten sich bei Herrn N. depressive Zustände entwickelt, die sich in Gefühlen von Müdigkeit und Erschöpfung, einer Reihe psychosomatischer und hypochondrischer Symptome sowie Befürchtungen äußerten, und außerdem paranoid gefärbt waren. Diese Zustände begannen, als er feststellte, daß seine Frau sich einer gynäkologischen Operation unterziehen mußte, die ihre Fruchtbarkeit gefährdete.

Herr N. träumte, er hätte zwei seiner »wunderbaren« Zähne verloren. Als sie ausfielen, zerbrach ein feiner, dünner Silberdraht, der sie zusammengehalten hatte. Der Patient selber interpretierte sofort, daß die beiden Zähne ihn und seine Mutter darstellten; der feine Draht stünde für die Nabelschnur, durch die er noch immer mit ihr verbunden sei. Falls seine Mutter stürbe, würde er sich so fühlen, als hätte er sein eigenes Selbst verloren. Der Silberdraht stellte also auch seine schwache Persönlichkeit dar, die, im Falle von Mutters Tod, zerbräche.

Wenn dieser Patient nicht deprimiert war, zeigte er eine ziemlich deutliche »Aufblähung« seines Selbst. Sein Verhalten deutete darauf hin, daß er sich als sehr gut aussehend empfand, strahlend und geistreich, in seiner Arbeit so »wunderbar« wie seine Zähne. Wenn er in dieser Verfassung war, sprach er außerdem unaufhörlich von seiner Verehrung für seine Mutter, von ihrer unendlichen Güte

4 Die Objektwahlen depressiver Patienten und ihre Arten der partnerschaftlichen Interaktion werden ausführlich im zwölften Kapitel behandelt.

und Großzügigkeit, ihrer hohen Intelligenz, ihrer körperlichen und geistigen Stärke. Er hatte seine Frau geheiratet, weil sie seiner Mutter zu gleichen schien. Indes entsprach keine der beiden Frauen diesem Idealbild. Sie waren neurotisch, überängstlich, anklammernd und hatten beide, wie schon erwähnt, ein gynäkologisches Leiden. Dem Patienten war es jahrelang gelungen, ihre Schwächen einschließlich ihrer körperlichen Einschränkungen zu verleugnen. Er selbst hatte einige schwere Krankheiten durchgemacht, auf die er jeweils mit depressiver Verstimmung, hypochondrischen Beschwerden und Ängsten reagierte. Sonst aber stellte er einen ungewöhnlichen Stolz auf seinen Körper zur Schau.

Der Traum vom Verlust seiner Zähne hing mit einem Erlebnis in der Adoleszenz zusammen. Damals hatte er einen Zahn verloren, weil seine Mutter versäumt hatte, für eine ausreichende zahnärztliche Behandlung ihrer Kinder zu sorgen – in der gleichen Weise, wie sie später ihre eigene Krankheit übergangen hatte, bis es für jede Hilfe fast zu spät war. Als der Junge damals die Beschwerden wegen seines Zahnes hatte, mußte er sich selber darum kümmern und fand einen Zahnarzt, der ihm den Zahn zog, weil er vermutlich nicht mehr saniert werden konnte. An dieser Stelle möchte ich einfügen, daß Herr N. sich der Medizin zuwandte, weil der einzige Bruder seiner Mutter, aber auch sein eigener Bruder, der ihm den Vater ersetzte, Ärzte waren. Er hatte diese beiden Männer außerordentlich bewundert. Seine Berufswahl Medizin stellte somit ein Ideal dar, daß sich von beiden elterlichen Liebesobjekten herleitete, denn seine Mutter hatte ihm wiederholt erzählt, wie sie ihn während seiner Kinderkrankheiten gesundpflegte. Ein frühes Kindheitstrauma von besonderer Schwere traf den Jungen, als seine Großmutter mütterlicherseits starb und weder der Onkel noch der Bruder sie von ihrer Krankheit hatten heilen können. Onkel und Bruder waren beide als junge Männer sehr begabt und ließen viel erhoffen; in ihrer späteren beruflichen Laufbahn aber scheiterten sie.

In derselben Sitzung, in der der Patient mir seinen Traum erzählte, brachte er auch seinen tiefen Groll darüber zum Ausdruck, daß seine Mutter und seine Frau unfähig waren, für die eigene Gesundheit wie auch die ihrer Kinder richtig zu sorgen. Er gab seiner Mutter die Schuld für seine schweren Kinderkrankheiten, die von ihr wahrscheinlich ebenso nachlässig wie seine Zähne behandelt wurden. Im weiteren Verlauf der Sitzung mußte er den gesamten medizinischen Beruf herabsetzen und als völlig machtlos bezeichnen. Er sprach von bekannten Ärzten, die Nichtskönner seien und aus der Unwissenheit ihrer Patienten eigene Vorteile herausholten. Schließlich erging er sich in schweren Selbstvorwürfen. Er beschuldigte sich, ein unfähiger und nachlässiger Arzt zu sein, der an seinen Patienten kein Interesse habe und sie nicht behandeln könne. Am Ende der Stunde drückte er schwere Schuldgefühle seiner Mutter gegenüber aus; er hätte ihre Krankheit übersehen, nachlässig gehandelt und jedenfalls erst festgestellt, als es für ihre Rettung zu spät war. Er verließ die Stunde in sehr deprimiertem Zustand[5].

Der Traum, die zugehörigen Einfälle und die entsprechenden emotionalen Reaktionen während dieser einen Sitzung zeigen in kurzer Zusammenfassung die Voraussetzungen für den depressiven Konflikt und seine Entstehung. Der Patient bietet uns eine mehr an der psychischen Oberfläche liegende symbolische Interpretation an und setzt uns sogleich über den pathogenen Kern der manisch-depressiven Persönlichkeit in Kenntnis.

Der dünne, zerbrechliche Silberdraht, von dem er träumte, zeigt die Schwäche seines Ichs an, die auf der engen Bindung zwischen ihm und seiner Mutter beruht. Die beiden Zähne sind Symbole seines Liebesobjekts und seiner Selbstrepräsentanzen. Einer seiner Zähne steht für die Mutter, und die beiden Zähne sind miteinander verbunden. In dieser Symbolik können wir erkennen, was ich für ein Charakteristikum dieser Patienten halte, daß – mit anderen Worten – die Repräsentanzen ihres Liebesobjekts unzureichend von den Repräsentanzen ihres Selbst getrennt sind. Die fehlenden deutlichen Grenzen zwischen diesen Repräsentanzen lassen sich mit einer zu starken Fixierung des Patienten an seine elterlichen Liebesobjekte erklären. Die Selbstrepräsentanzen dehnen sich sozusagen auf die Objektrepräsentanzen aus und beide zeigen eine unzureichende Ausreifung und Stabilität.

Der Patient mißt seine Liebesobjekte und sich selbst an infantilen Wertmaßstäben, vorzugsweise an körperlicher Allmacht und Unverletzbarkeit. Diese Maßstäbe sind in seinem hochfliegenden Ideal eines sachkundigen, genaugenommen aber allmächtigen Arztes verankert, der sich mit seinem ganzen Leben der Rettung seiner Patienten verschreibt. Aus seinen Assoziationen können wir ersehen, daß sein Ichideal personifiziert und unzulänglich von der idealen Elternimago gesondert ist; ohne kritisch zu unterscheiden spricht er einmal vom

5 Die Mutter des Patienten lebt noch; sie litt allerdings unter einer schweren senilen Depression, die eine Elektrokrampftherapie erforderlich machte.

294

Wert, mal vom Unwert der gesamten medizinischen Wissenschaft und des ärztlichen Berufs sowie von einzelnen Ärzten, die für Elternimagines stehen. Außerdem zeigt sein Beispiel, wie die Repräsentanzen der überschätzten elterlichen Liebesobjekte bei den Manisch-Depressiven eine Art von psychischem Mittelpunkt darstellen, um den sich alle ihre Neigungen und Absichten drehen; die elterlichen Liebesobjekte dehnen sich sozusagen auf die ganze Welt aus. Damit hängt auch zusammen, daß den Manisch-Depressiven alle Ich-Funktionen versagen, wenn das Liebesobjekt ihnen eine Enttäuschung bereitet und an Wert verliert. Wir sehen häufig, daß Manisch-Depressive eher für ihre Ideale oder ihre idealisierten Partner als für ihr eigenes Ich leben. Sie zeigen, daß sie auf ihre Idealisierungen ungewöhnlich stolz sind – als könnte allein ihr eigener Idealismus sie schon zu wertvollen Menschen machen. Ich möchte hinzufügen, daß sich der »Idealismus« des Manisch-Depressiven von dem des Schizophrenen erheblich unterscheidet; er ist, wie im Fall von Herrn N., meist mit einer Person, einem menschlichen Objekt, verknüpft, während er sich bei Schizophrenen abstrakter äußert und von den menschlichen Objekten wegbewegt. Dieser Unterschied verleiht den Manisch-Depressiven einen Schein von »Realismus«, wie er von den klinischen Psychiatern, zum Beispiel von Lange (1928), beschrieben wurde.

Zur Entstehung des depressiven Zustands

Unter klinischem Gesichtspunkt waren die depressiven Zustände dieses Patienten ihrem Wesen nach »reaktiv«. Die hier beschriebene Depression war von der Krankheit seiner Mutter ausgelöst worden; frühere Depressionen entstanden jedoch, weil er entweder selber erkrankte, in seiner Arbeit versagte, finanzielle Schwierigkeiten bekam oder in seinen Liebesbeziehungen enttäuscht wurde. Wir können auch sagen, daß sein eigenes Versagen ebenso wie das Versagen seines Liebesobjekts depressive Zustände auslöste. Die Analyse zeigte jedoch, daß er sich in beiden Fällen verletzt fühlte und dafür das Liebesobjekt anschuldigte. Dieser Patient vermochte in der Tat mit ungewöhnlicher Klarheit sein Gefühl auszudrücken, daß all seine Leistungen oder Fehler davon abhängig waren, ob er seine Intuition, seine »Eingebung« nutzen konnte oder ob sie versagte; das heißt, daß alle seine Leistungen und Fehler die Folge oder Auswirkung dessen waren, was ihm gegeben worden war. Die Arbeitsweise seines Ichs galt ihm nicht als eigenständige Leistung, sondern als Nachbildung dessen, was er erhalten hatte.

Wir sehen, wie sich ungeachtet dessen, wozu er möglicherweise fähig war, in seinen Selbstrepräsentanzen die infantile Vorstellung von einem hilflosen Selbst erhielt, das seine Stärke von einem mächtigen, idealen Liebesobjekt bezieht. Er bemühte sich, die Imago dieses Liebesobjekts in einem Zustand libidinöser Überbesetzung zu halten; die libidinöse Besetzung, die er der Selbstimago ständig entzog, ließ er der Objektimago zufließen. Dann freilich mußte er wieder seine Selbstimago stützen, indem er sich von der Imago des Liebesobjekts einen libidinösen Rückfluß sicherte. Diese ständigen Fluktuationen der Besetzung drückten sich in entsprechenden emotionalen Schwankungen aus. In seinem konkreten Verhalten zum Liebesobjekt mischten sich Eitelkeit und Demut, Sadomasochismus und Beschützung; zugleich forderte er ständig Beweise, daß sein Liebesobjekt wertvoll, mächtig und ihm zugeneigt sei.

Diese Position in der Beziehung zum Liebesobjekt ist zwangsläufig unsicher; kleinste Herausforderungen können sie leicht erschüttern und rasch Besetzungsänderungen mit sich bringen. Der Manisch-Depressive sucht in hochpathologischen Sicherheitsvorkehrungen Schutz gegen diese Gefahr; im wesentlichen kommen die Verleugnungsmechanismen in Anwendung, die ich im vierten Kapitel darstellte und die von Lewin (1950) wunderbar beschrieben wurden. Der Manisch-Depressive kann die Imago des Liebesobjekts nur dadurch anhaltend libidinös überbesetzen, indem er mit ständiger Anstrengung sowohl seinen eigenen inneren Wert wie auch die Schwächen des realen Liebesobjekts verleugnet. Oder mit anderen Worten: eine fortgesetzte illusorische Überschätzung des Liebesobjekts und eine gleichermaßen illusorische oder sogar wahnhafte Unter- oder Überschätzung seines Selbst sollen die eigene unsichere Position dem Liebesobjekt gegenüber schützen. Im Falle einer Enttäuschung oder eines Mißerfolgs müssen die Verleugnungsmechanismen entweder dermaßen verstärkt werden, daß der Patient in einen manischen Zustand geraten kann, oder sie versagen.

Im Unterschied zu schizophrenen Größenideen stellt die Manie meines Erachtens einen Zustand dar, in dem das Selbst dauerhaft an der phantasierten Allmacht des Liebesobjekts partizipiert. Der manische Patient kann es sich sozusagen leisten, daß sich seine Aggression vollständig und diffus entlädt; da er die Existenz von Unlust und Zerstörung verleugnet, wird die ganze Welt zu einem Reich, in dem die Lust nicht endet, nicht zerstört wird, und seine Aggression keinen Schaden anrichtet. Ich denke beispielsweise an eine Patientin, die nach einer depressiven Phase von neun Monaten hypomanisch wurde und mir erzählte, wie gierig sie sich fühlte. Ihr war danach, alles aufzuessen – Nahrungsmittel, Bücher, Bilder, Menschen, die ganze Welt. Ich entgegnete ihr scherzhaft und leicht provozierend, dies sei eine recht arge und auch gefährliche Begierde – denn was würde sie tun, wenn alles aufgegessen wäre? Diese Bemerkung schien ihr großen Spaß zu bereiten, denn sie sagte: »Aber nein, die Welt ist doch so reich, und das wird nie aufhören; die Dinge werden nicht einmal abnehmen. Ich kann weder einem Menschen noch einer Sache schaden.«

Falls aber die Verleugnungsmechanismen versagen, besteht die erste Reaktion des Patienten darin, daß er versucht, die entstandene narzißtische Kränkung zu meistern und sein Selbstwertgefühl wieder aufzurichten, indem er das Liebesobjekt auf ebenso illusorische Weise herabsetzt, wie er es zuvor verherrlichte. Eine Besetzungsverschiebung soll die Kränkung beseitigen: die gesamte aggressive Besetzung wird auf die Objektimago und die libidinöse Besetzung auf die Selbstimago gerichtet. Dieser Mechanismus war in der Adoleszenz meines Patienten noch wirksam; durch die Herabsetzung seiner vernachlässigenden Mutter und eine reaktive Identifizierung mit ihrer idealen Imago konnte er sich behaupten und sich anstelle wie auch trotz seiner Mutter um seine Zähne kümmern. In seinem Traum gab er jedoch zu erkennen, daß er seinen Erfolg – aus guten Gründen – unbewußt für ein Versagen hielt. Er verlor tatsächlich seinen Zahn, der im Traum seinem eigenen Selbst und seiner Mutter entsprach.

Es kommt in der Tat vor, daß Manisch-Depressive auf einen Erfolg in der Liebe oder bei der Arbeit genauso reagieren wie auf ein Versagen; sie werden entweder hypomanisch, manisch oder depressiv. Ihre Reaktion hängt davon ab, was der Erfolg für sie bedeutet, nämlich eine aggressive Selbstbehauptung, bei der sie das Liebesobjekt herabsetzen und zerstören, oder ein Geschenk, das ihnen das mächtige Liebesobjekt macht. Ihre Unfähigkeit, Erfolge zu bejahen, ist weder immer noch ausschließlich der Ausdruck ihres moralischen Masochismus und ihres Schuldkonflikts. Einer meiner depressiven Patienten reagierte auf seine Leistungen regelmäßig derart, daß in ihm ein Kampf zwischen Gefühlen von enormem Stolz, von anwachsender Angst und Leere ausbrach. Er fühlte sich, als wäre das Wertvollste, was das Leben zu bieten hat, verloren, als würde sein weiteres Leben für immer leer sein. Er verlor das Interesse an seinen früheren Unternehmungen, und schließlich hatte er das Gefühl, seine gesamte Arbeit sei in jeder Hinsicht wertlos gewesen. Diese Reaktion ist wohl lediglich ihrer Intensität nach pathologischer als die wohlbekannte Haltung narzißtischer Menschen, die ein Objekt, solange sie es nicht erlangen können, schätzen und es abwerten, sobald sie es bekommen haben.

Der Manisch-Depressive kann jedoch eine Selbstbehauptung, die in der Abwertung seines Liebesobjekts besteht, nicht ertragen und trachtet, eine derartige Situation zu vermeiden, indem er das hochgeschätzte Liebesobjekt auf Distanz zu sich hält, um es auf diese Weise vor der Entwertung zu schützen. Diese Haltung unterscheidet sich von der schizoiden Unnahbarkeit durch die gleichzeitige libidinöse Überbesetzung des Objekts. Da das Liebesobjekt unerreichbar bleiben muß, wird der Manisch-Depressive vermeiden, ans Ziel zu kommen oder Erfolg zu haben, indem er das endgültige Zustandekommen oder den tatsächlichen Vollzug einer Liebesbeziehung aufschiebt, für die er verzweifelt gekämpft hat.

Offensichtlich fürchtet der Manisch-Depressive, wenn er sein Selbst anhaltend auf Kosten des Liebesobjekts aufwertet, daß dies zu einem vollständigen libidinösen Rückzug führen und sich seine ganze heftige Feindseligkeit diesem Objekt gegenüber entfesseln könnte. Seine Angst vor einem »Verlust des Objekts« ist die Angst vor der völligen destruktiven Absorption der »guten, mächtigen« Objektimago durch die Selbstimago. Diese Situation erzeugt ein unmittelbares und intensives Bedürfnis, die alte, ursprüngliche Position dem Liebesobjekt gegenüber zurückzugewinnen; der Manisch-Depressive wird mit übermäßiger Aufmerksamkeit auf jeden Fehler bei seinen Leistungen achten und diese Fehler benutzen, um sich seine eigene Schwäche zu bestätigen und um den Wert und die Stärke des Objekts wiederherzustellen. In diesem Vorgehen ist der Grund zu suchen, warum den Manisch-Depressiven ein Erfolg auf die gleiche Weise quält wie ein Versagen, denn durch beide kann eine feindselige Herabsetzung des Liebesobjekts ihren Anfang nehmen. Diese Situation muß, weil sie nicht toleriert werden kann, durch eine rasche Umkehrung, durch Ungeschehenmachen und Verleugnung, ersetzt werden. Dafür tritt aber eine Situation ein, in der Aggression unmittelbar und verstärkt vom Liebesobjekt auf die Selbstimago zurückströmt. Der pathologische Prozeß kann jedoch inzwischen so weit fortgeschritten sein, daß der Patient libidinös erschöpft ist und das Objekt nicht mehr ausreichend zu besetzen vermag. Es gelingt ihm lediglich die aggressive Entwertung beider, seines Selbst und des Liebesobjekts. Er kehrt wieder in die partizipierende Position zurück, partizipiert nun aber an der Wertlosigkeit statt am Wert des Liebesobjekts. Viele erwachsene Patienten, besonders diejenigen mit chronischen, »einfachen« (simple) Depressionen, aber auch viele depressive Kinder können dieses Bild zeigen, das sich in einem allgemeinen Pessimismus, in Desillusionierung und mangelndem Interesse am Leben und an sich selbst äußert; alles ist wertlos, unlustvoll oder leer geworden. Sie halten eine ununterbrochene Verleugnung ihrer eigenen Werte wie auch derjenigen der Welt aufrecht.

Im ersten Abschnitt des sechsten Kapitels habe ich diese Situation als die eigentliche oder primäre depressive Störung angesehen, die man von den sekundären Versuchen der Abwehr und Restitution unterscheiden sollte. Bei manchen Patienten tritt sehr deutlich in Erscheinung, wie intensiv sie sich mühen, die Imago des Liebesobjekts wiederzubesetzen, aufzurichten und damit ihr ursprüngliches labiles Gleichgewicht wiederherzustellen.

Wir werden jetzt die Abwehrvorgänge untersuchen, die der Patient zu diesem Zweck einsetzt. Da seine eigenen libidinösen Reserven schwinden, besteht die erste Abwehrlinie darin, daß er sich an die Welt der äußeren, realen Objekte wendet und dort Unterstützung sucht; er wird versuchen, den inneren Konflikt mit äußerer Hilfe zu lösen[6]. Die Liebe eines Außenstehenden, mit dem er die Imago seines idealen Objekts verbindet, soll ihm als Stimulans für seine versagende Fähigkeit zur Liebe und Zuwendung dienen. In dieser Phase klammert sich der Patient in seiner verzweifelten Anstrengung, den depressiven Prozeß aufzuhalten, hartnäckig und immer stärker an einen Menschen, den er zu diesem Zweck ausersehen hat. Er sammelt alle ihm zur Verfügung stehende Libido und überschüttet damit diesen einen Menschen. In diesem hoffnungslos verzweifelten Appell versucht er einen derart überzeugenden Beweis von unendlicher Liebe, unzerstörbaren Kräften und Werten zu geben, daß in ihm selbst wieder eine libidinöse Reaktion entsteht, wodurch er auch wieder fähig wäre, eine ideale Objektimago aufzurichten, die nicht entwertet und zerstört werden kann.

Es handelt sich um eine Phase des Agierens, die wir bei der Behand-

6 Siehe meine Sigmund-Freud-Vorlesung *Psychotischer Konflikt und Realität* (1967 [1972]).

lung depressiver Patienten in der Übertragungssituation gut beobachten können. Der Patient erschöpft sich in dem angestrengten Versuch, alle Liebe, über die er noch verfügt, auf den Analytiker zu richten. Er verhält sich extrem unterwürfig, masochistisch und zugleich sadistisch, indem er sich dem Analytiker völlig überantwortet und ausliefert, jedoch als Gegenleistung Unmögliches erwartet. Er verlangt die ständige Gegenwart des Analytikers und möchte von ihm eine stetige Demonstration von allmächtiger Liebe, Macht und Wert erpressen. In dieser Phase hängt viel davon ab, wie der Analytiker mit der Übertragungssituation umgeht[7]. Die Situation kann jedoch außer Kontrolle geraten, wenn sich die depressive Episode weiterentwickelt. Der Analytiker ist dann nicht mehr fähig, den Erwartungen des Patienten zu entsprechen; Analytiker und Patient sitzen in einer Falle. Der Patient wird immer weniger die Wärme und Sympathie des Analytikers ertragen können, da sie kein angemessenes libidinöses Echo mehr in ihm hervorbringen können und seine Enttäuschung und seine feindselige Forderung nach mächtigerer Liebe nimmt daher weiter zu.

In seiner Angst vor einem völligen Zerfall der Objektimago regrediert der Patient einen Schritt weiter. Wir können uns vorstellen, daß ein verlassenes Kind ein aggressives, starkes Liebesobjekt dem Verlust vorzieht; in entsprechender Weise versucht der Patient auf dieser Stufe wenigstens an der neubelebten Imago eines allmächtigen, nicht liebenden, sondern strafenden und sadistischen Objekts festzuhalten. Dies äußert sich in den zunehmenden masochistischen Provokationen, durch die der Patient den Zorn des Analytikers wecken möchte; der Analytiker soll seine Aggressivität zeigen, was den Patienten zwar vorübergehend erleichtert, in Wirklichkeit aber den pathologischen Prozeß fördert.

Wenn diese beiden Schritte der Konfliktlösung über die Außenwelt mißlingen, sucht der Patient seine letzte Linie der Abwehr auf und zieht sich von der Objektwelt zurück. Der Konflikt verlagert sich völlig ins Innerseelische, und es kann sich ein akutes, ganz offensichtlich psychotisch-depressives Syndrom entwickeln.

Bevor ich mich aber dem Problem der Melancholie zuwende, muß ich an dieser Stelle einfügen, daß ich absichtlich aus Gründen der einfacheren Darstellung den depressiven Konflikt noch nicht unter den Gesichtspunkten der Beteiligung des Überichs betrachtet habe.

7 Die Schwierigkeiten mit der Übertragung bei der Behandlung von depressiven Patienten werden im zwölften Kapitel genauer dargestellt.

300

Meines Erachtens stellen die Mechanismen der melancholischen Introjektion den letzten, aber ebenfalls scheiternden Versuch dar, die
verlorengegangene ursprüngliche Position zum Liebesobjekt zu ersetzen; zumindest aber bewirken sie die Wiederherstellung der
mächtigen Objektimago, indem diese zu einem Teil des Selbst wird.
Ich will kurz zusammenfassen, was im einzelnen geschieht. Zunächst
ermöglicht die endgültige Flucht des Patienten aus der realen Objektwelt, daß die Besetzung vom realistischen Anteil der Objektrepräsentanzen abgezogen wird. Die Folge davon ist, daß die Objektimagines sich aufspalten. In der vorigen Abwehrphase (oder der letzten
Phase des Konflikts mit der Außenwelt) wurde gleichsam als ein
Gegenüber des schwachen, schlechten Liebesobjekts die archaische,
wunschbestimmte Imago eines mächtigen, aber strafenden Liebesobjekts aufgerichtet. Diese neubelebte, aufgewertete und wunschbestimmte Imago löst sich nun als (Objekt-) Repräsentanz im System
Ich auf und wird vom Überich absorbiert, während die zur Wertlosigkeit abgewertete Objektimago mit den Selbstrepräsentanzen (im
Ich) verschmilzt. Es entsteht eine verhängnisvolle Spaltung, in der
sich aber immer noch widerspiegelt, wie sich der Patient bemüht, das
für ihn wertvolle Objekt zu retten, indem er die wunschbestimmte
Vorstellung, die er von diesem Objekt hat, vor seinen eigenen destruktiven Impulsen in Sicherheit bringt, nämlich in unerreichbare
Distanz zur herabgesetzten, verschmähten Selbstimago. Die aggressiven Energien häufen sich folglich innerhalb des Überichs an und
besetzen die Selbstimago, während das Ich zwar die reduzierten
libidinösen Kräfte sammelt, aber vor diesem Angriff des Überichs
kapitulieren muß. Auf diese Weise kann der Patient das mächtige
Liebesobjekt retten, allerdings um den Preis einer totalen Abwertung
oder gar Zerstörung des Selbst. Die unablässigen Beschwerden und
Selbstanklagen des Melancholikers wie auch die Zurschaustellung
seiner Hilflosigkeit und seines moralischen Unwertes stellen jeweils
die Verleugnung, aber auch das Geständnis von Schuld an der verbrecherischen Zerstörung des wertvollen Liebesobjekts dar; allerdings
zeugen beide auch von der Wahrheit, denn die mächtige Imago ist
als Objektrepräsentanz im Ich zerstört, im Überich jedoch wieder
neu errichtet worden.
Diese Introjektionsprozesse weichen von den normalen oder neurotischen Ich- und Überich-Identifizierungen ab. Während bei normalen und neurotischen Überich-Identifizierungen die Objektrepräsentanzen im System Ich erhalten bleiben, führt die melancholische

Introjektion der idealisierten (mächtigen, aber strafenden) Objekt-imago ins Überich auch dazu, daß die »guten« Objektrepräsentanzen im Ich aufgegeben werden und mit dem Überich, das eine Personifizierung erleidet, verschmelzen. Eine ursprüngliche, unzureichende Sonderung von wunschbestimmter Objektimago und Ichideal erleichtert diesen Vorgang. Andererseits führt auch die Introjektion ins Ich nicht zu einer Identifizierung des Ichs mit dem Liebesobjekt, sondern zu einer Verschmelzung der »wertlosen« Objektimago mit der Imago des Selbst. Das Ich nimmt keinerlei Merkmale des Liebesobjekts an; das Selbst wird vom Überich so wahrgenommen und behandelt, als wäre es das entwertete Liebesobjekt[8].

Meine Erörterung und metapsychologische Beschreibung der Depression mußte notwendigerweise einseitig und schematisch ausfallen. Ich habe die zugehörigen Triebvorgänge absichtlich außerhalb unserer Betrachtung gelassen, da es mir im Rahmen dieses Kapitels weniger wichtig erschien, daß der Melancholiker uns Phantasien von kannibalistischer Einverleibung (Inkorporation) und analsadistischer Ausstoßung (Expulsion) preisgibt. Alle Psychotiker, Schizophrene wie Manisch-Depressive, liefern derart tiefes regressives Es-Material, und dies entspricht auch den Vorgängen, die ich dargestellt habe, nämlich der drohenden Zerstörung von Objekt- und Selbstrepräsentanzen und ihrer Restitution, indem die Repräsentanzen zum Teil wieder miteinander verschmelzen.

In diesem Kapitel wollte ich folgende Fragestellungen untersuchen: wo finden unter strukturellem Gesichtspunkt bei der psychotischen Depression diese Fusionen, genauer Introjektionen, statt? Was bedeuten sie für die Pathologie der Funktionen von Ich und Überich? Ich konzentrierte mich daher auf die folgenden Themen: auf die Bedeutung, die den Konzepten der Selbstrepräsentanzen und der wunschbestimmten, guten und schlechten Objektrepräsentanzen für unser Verständnis der depressiven Art von Identifizierungen zukommt; auf die Besetzungsschwankungen und -verschiebungen zwischen den Selbstrepräsentanzen und den Objektrepräsentanzen sowie ihren Fusionen. Ich erörterte den Kampf, den der Manisch-Depressive führt, um seine Position aufrechtzuerhalten und wiederherzustellen, aus der heraus er an der Macht seines Liebesobjekts partizipieren kann; außerdem beschrieb ich, daß das Verhalten des Patienten, wenn er sich während der depressiven Phase an die reale, äußere Ob-

8 Die Darstellung dieser Introjektionsvorgänge wird im folgenden zehnten Kapitel fortgeführt.

jektwelt klammert, eine Funktion der Abwehr ist, und schließlich habe ich die melancholische Symptombildung als Ausdruck eines letzten, scheiternden Versuchs erklärt, bei dem ein mächtiges Liebesobjekt restitutiv im Überich eingesetzt werden soll.

Selbstverständlich sind die einzelnen Phasen, die ich für die Entstehung des depressiven Konflikts und seiner pathologischen Lösung aufführte, miteinander verflochten und können nicht so klar voneinander getrennt werden, wie es in meiner Darstellung geschehen ist. Die geschilderten Vorgänge lassen sich in einer geringeren Ausprägung auch in den freien Intervallen bei Manisch-Depressiven beobachten; die Patienten zeigen mehr oder weniger anhaltende Schwankungen ihrer Stimmung und ihrer Leistungsfähigkeit, und sie versuchen ihr narzißtisches Gleichgewicht zum einen dadurch zu stabilisieren, daß sie sich an ihre realen Liebesobjekte anklammern und Hilfe von außen beanspruchen, zum anderen ziehen sie sich zeitweilig in eine scheinbare Selbstgenügsamkeit zurück und suchen bei ihren eigenen Überich-Werten Zuflucht. Daher reicht es meines Erachtens nicht aus, wenn man sagt, daß der Manisch-Depressive in seinen freien Intervallen zwanghafte Haltungen zeigt. Auch paranoide Schizophrene entwickeln Zwangserscheinungen; sie sind sogar auffallend rigid. Der Hauptunterschied zwischen diesen Haltungen beim Manisch-Depressiven und bei der zwanghaften Persönlichkeit scheint meines Erachtens jedoch darin zu liegen, daß der Manisch-Depressive sich gleichzeitig oder abwechselnd auf ein idealisiertes Liebesobjekt und auf sein eigenes Überich stützt; er leidet an einer Mischung von Pseudo-Unabhängigkeit und Abhängigkeit, die echte Zwangskranke nicht zeigen.

10. Psychotische Identifizierungen*

Zur Entwicklung der Identifizierungsvorgänge

In *Das Ich und das Es* (1923 b) leitete Freud seine Darstellung der Ich- und Überich-Identifizierungen mit einem Hinweis auf die Melancholie ein, bei der ein verlorenes Objekt im Ich wieder aufgerichtet, das heißt eine Objektbesetzung durch eine Identifizierung abgelöst wird. Er stellte fest: »Soll oder muß ein solches Sexualobjekt aufgegeben werden, so tritt dafür nicht selten die Ichveränderung auf, die man als Aufrichtung des Objekts im Ich wie bei der Melancholie beschreiben muß« (S. 257). Nun hat es sich bei vielen anderen Fragen erwiesen, daß die Untersuchung pathologischer Phänomene für das Verständnis der normalen psychischen Entwicklung außerordentlich fruchtbar ist; daher kann es unter diesem Gesichtspunkt für die eingehendere Erforschung psychotischer Identifizierungen wertvoll sein, wenn wir Freuds Vergleich fortführen und die Unterschiede zwischen normalen Ich- und Überich-Identifizierungen zum einen und den entsprechenden Mechanismen bei der Psychose zum anderen eingehender untersuchen.

Wir müssen festhalten, daß Abraham (1912), der melancholische Reaktionen und die Identifizierungen bei normaler Trauer miteinander verglich, einige Unterscheidungsmerkmale nicht entdeckte, die bei den beiden Reaktionsweisen offensichtlich verschieden sind. Abraham gab ein eigenes Beispiel für die Trauerreaktion und beschrieb, wie kurz nach dem Tod seines Vaters sein eigenes Kopfhaar vorübergehend ebenso grau wie das seines Vaters wurde[1]. Uns allen sind Beispiele

---

* Erstveröffentlichung unter dem Titel *Contribution to the Metapsychology of Psychotic Identifications*, in: *Journal of the American Psychoanalytic Association*, 2 (1954), 239–264. Eine deutsche Übersetzung dieser Arbeit, die in *Psyche*, 8 (1954/55), 272–283, erschien und von Käthe Hügel verfaßt wurde, konnte nicht übernommen werden, da sie auf den Vortrag der Autorin auf dem 18. Internationalen Psychoanalytiker-Kongreß in London zurückgeht und·die zahlreichen Veränderungen nicht enthält, die von der Autorin für die Erstveröffentlichung 1954 und die Einfügung in die vorliegende Monographie vorgenommen wurden.

1 Die erwähnte Eigenbeobachtung Abrahams findet sich allerdings nicht in der Arbeit von 1912, sondern in *Versuch einer Entwicklungsgeschichte der Libido auf Grund der Psychoanalyse seelischer Störungen* (1924), S. 130–131 (Anm. d. Übers.).

für solche Identifizierungen bekannt, die nach dem Tod eines Liebesobjekts auftreten. Diese Identifizierungen müssen nicht, wie es bei Abraham der Fall war, zu körperlichen Veränderungen führen, sondern sie können auch auffallende Persönlichkeitsveränderungen bewirken. Nehmen wir das Beispiel einer Frau, die ihren Ehemann verliert und sein Geschäft übernimmt, dessen Führung alsbald das maßgebliche Ideal und Ziel ihres Lebens wird. Sie verändert sich erheblich, wird eine tüchtige Geschäftsfrau und führt nicht nur die Interessen ihres Ehemannes fort, sondern sie eifert ihm in seinen geschäftlichen Methoden und Verhaltensweisen nach.

Normale Identifizierungsvorgänge dieser Art unterscheiden sich in ihrem Ergebnis erheblich von depressiven Identifizierungen. Wenn bei einer Frau nach dem Tod ihres Ehemannes eine melancholische Depression entsteht, dann ist der Schatten des Objekts auf ihr Ich gefallen, wie Freud es sprachlich so schön in Trauer und Melancholie (1917 e [1915] ausdrückte. Statt seine Ideale, Ziele oder Charakterzüge zu übernehmen, klagt diese Frau sich dafür an, daß sie sein Geschäft nicht fortführen kann oder sogar, daß sie ihren Ehemann ins Verderben gestürzt hat, und sie weiß nicht, daß unbewußt ihre Selbstanklagen dem verstorbenen Ehemann gelten. Wir erkennen selbstverständlich, daß ihre schwere unbewußte Feindseligkeit dem verstorbenen Ehemann gegenüber sie daran hindert, auf seinen Tod in ähnlicher Weise zu reagieren wie die liebende Frau in unserem ersten Beispiel. Ihr Konflikt bewirkt, daß sie, anstatt ihrem Ehemann in realitätsorientierter Weise ähnlich zu werden, in ihrem pathologischen Zustand sich selber so behandelt, »als ob« sie der »schlechte« Ehemann wäre[2]. Der Ausdruck »als ob« erinnert uns an einen ganz anderen Persönlichkeitstyp, nämlich die schizoide »Als-ob«-Persönlichkeit, wie sie von H. Deutsch (1942) ausgezeichnet beschrieben wurde, als sie über Persönlichkeiten berichtete, die weder echte Gefühle und Interessen haben noch andauernde Ich- und Überich-Identifizierungen entwickeln können, sich aber verhalten, »als ob« sie dies zustande gebracht hätten.

Nicht selten besteht der Auftakt eines schizophren-wahnhaften Schubs darin, daß der Patient nun Menschen imitiert, die er zuvor

---

2 Es ist wahrscheinlich nicht nötig, wenn ich darauf hinweise, wie fruchtbar es vom theoretischen Standpunkt aus ist, die Identifizierungen bei normaler Trauer und bei der Depression deutlich voneinander zu unterscheiden; selbstverständlich finden wir in der Praxis bei trauernden Menschen alle Übergangsformen zwischen der einen und der anderen Reaktionsweise.

idealisierte. So versuchte beispielsweise ein Achtzehnjähriger zu Beginn seiner schizophrenen Erkrankung jedesmal, wenn eine Situation ihn erschreckte und handlungsunfähig machte, an einen großen, starken Freund, den er bewunderte, zu denken, mehr noch, er »zog ihn« buchstäblich wie »Atemluft« ein und imitierte sein Äußeres, sein Verhalten und einzelne Gesten. Er meinte, daß er die bestehende Situation in Ruhe und Sicherheit meistern könne, weil »aus ihm sein Freund« geworden sei. Daran wird uns klar, daß der Melancholiker sich *gegen sich selbst* so verhält, *als ob er* das Liebesobjekt *sei*, während der Schizoide und der schizophrene Patient im präpsychotischen Stadium zur Imitation greifen, sich also verhalten, *als wären sie* das Liebesobjekt. In einem schizophren-wahnhaften Zustand kann der Patient sogar bewußt glauben, er sei ein anderer geworden.

Damit sind die Fragestellungen umrissen, die ich genauer untersuchen möchte. Bei beiden Psychosegruppen, also bei den schizophrenen und bei den manisch-depressiven Patienten, werden die regressiven Identifizierungsvorgänge dadurch ausgelöst, daß sowohl die Objektbeziehungen wie auch die normalen Identifizierungen scheitern und zerbrechen. Es stellt sich die Frage, ob wir Kriterien finden können, die uns erlauben, Identifizierungsmechanismen bei schizophrenen und bei manisch-depressiven Patienten zu vergleichen und zu unterscheiden; und wir können diese Frage dahingehend erweitern, ob die charakteristischen Unterschiede von psychotischen Identifizierungsmechanismen und normalen Ich- und Überich-Identifizierungen nicht genauer definiert werden können.

Die »Als-ob«-Persönlichkeit läßt uns an eine frühkindliche Entwicklungsphase denken, wo ein derartiges Verhalten noch keine unheilvolle Bedeutung hat. Ich denke an jene Zeit, wo der kleine Junge gerne »Vater spielt«, sich Vaters Hut und Stock greift und Vaters Art zu reden und zu gehen imitiert; er tut also, als sei er der Vater, verhält sich so, »als ob« er der Vater wäre. Obgleich solche spielerischen, glaubenmachenden Verhaltensweisen bis weit in die Latenzphase fortbestehen können, gründen sie sich auf Identifizierungsmechanismen, die für die präödipale Phase charakteristisch sind, eine Entwicklungsphase, in der die Grenzen zwischen Selbst- und Objektrepräsentanzen errichtet werden.

Während der frühen präödipalen Phase formen sich die »guten« und »bösen« Imagines des Selbst und der Liebesobjekte; diese Imagines sind weit von einer Abbildung der Realität entfernt, unterscheiden sich nur undeutlich voneinander und zeigen die Tendenz, daß sie

306

leicht miteinander verschmelzen und sich erneut aufspalten. Wie wir wissen, erlebt sich das Kind einige Jahre lang als Ausdehnung seiner Mutter und partizipiert an ihrer Allmacht, die sie in seiner Phantasie besitzt, oder es sieht in der Mutter einen Teil seines eigenen allmächtigen Selbst. Außerdem hat das Kind in dieser Phase die Neigung, daß es wichtige Körperteile von Mutter und Vater in seiner Phantasie gleichsetzt oder vermischt, beispielsweise die Brust und den Phallus, daß es der Mutter den Phallus zuschreibt und ganz allgemein aus den einzelnen mütterlichen und väterlichen Imagines zusammengesetzte Einheiten der Elternimago bildet. Es widerstrebt dem Kind, derart magische Phantasien aufzugeben, und dies drückt selbstverständlich seinen Wunsch aus, daß es der Realität und ihrer schmerzlichen Einmischung entgehen möchte, indem es das verlorene Einssein mit dem frühesten Liebesobjekt, der mächtigen Mutter nämlich, aufrechterhält oder neu errichtet.

Dieser Wunsch des Kleinkindes nach dem Einssein mit der Mutter gründet sich auf Phantasien, worin das Liebesobjekt oral einverleibt wird; er führt leicht und immer dann zu Wiedervermischungen von Selbst- und Liebesobjektimagines, wenn das Kind Befriedigung erfährt und den körperlichen Kontakt wie auch die Nähe der Mutter spürt. Offensichtlich gehen diese Erlebnisse des Verschmelzens mit dem Liebesobjekt mit einer Rückkehr zum früheren, undifferenzierten Zustand einer und mit einer vorübergehenden Schwächung der Wahrnehmungsfunktion, das heißt einer Schwächung des gerade erwachenden Realitätssinns. Aber schon während des ersten Lebensjahres sucht das Kind nicht allein passiv zu seinem Ziel zu kommen, indem es Befriedigungen von außen erhält, sondern es imitiert auch aktiv seine Eltern. Diese Imitationen sind allerdings immer noch magischer Art, auch wenn sie einen Übergang zu Ich-Identifizierungen darstellen und die beginnende Ich-Entwicklung anzeigen. Zunächst handelt es sich bei diesen Imitationen im wesentlichen um formale Handlungen, das heißt um Aktivitäten ohne Vorstellungsinhalt und funktionelle Bedeutung; sie dienen offenbar nur einem einzigen Ziel, nämlich dem ersehnten Verschmelzungserlebnis des Selbst mit dem Liebesobjekt. Auch später kann die Imitation eine wichtige Rolle für die Ich-Entwicklung spielen, wie wir allein schon sehen, wenn wir uns erinnern, welche Aufgabe der Imitation beim Lernen zukommt. Gaddini (1969) hat die Fragen, die mit der Imitation zusammenhängen, in einer ausgezeichneten Arbeit erörtert.

Der weitere Entwicklungsschritt, der darin besteht, daß das Kind von einer Phase der Imitation seiner Eltern zu einer nächsten Phase fortschreitet, in der es sich im Ich mit den Eltern identifiziert, setzt allerdings voraus, daß sich im Ich des Kindes, was die Objektwelt betrifft, mit zunehmender Wahrnehmung und Unterscheidungsfähigkeit stärker realitätsorientierte Selbst- und Objektrepräsentanzen und feste Grenzen zwischen diesen herausbilden. Auf diese Weise verringert sich allmählich der Wunsch des Kindes nach völligem Einssein mit seinen Liebesobjekten zugunsten aktiver Strebungen, in Zukunft *wie* die Liebesobjekte zu werden. Diese Veränderungen entsprechen dem Fortschreiten von totalen zu partiellen (oder selektiven) Identifizierungen. Erst von da an eifert das Kind seinen Eltern dadurch nach, daß es bedeutungsvolle Einstellungen und Verhaltensweisen übernimmt und auf diesem Weg ein echtes Interesse an ihren Zielen gewinnt. Während solcher Identifizierungsvorgänge, die grundsätzlich unbewußt ablaufen, nimmt das Ich des Kindes nun wirklich die Merkmale der Liebesobjekte an. Die Selbstimago des Kindes spiegelt verläßlicher, wer es in Wirklichkeit ist, und es kann nun auf der Grundlage realitätsorientierter Ähnlichkeit eine partielle Vereinigung von Selbst- und Objektrepräsentanzen zustande bringen.

Diese kurzgefaßten Bemerkungen mögen für unsere Absicht genügen, die wesentlichen Unterschiede von Ich-Identifizierungen und frühkindlichen Identifizierungsphantasien zu bezeichnen. Ich-Identifizierungen sind insofern realitätsgerecht, als sie zu bleibenden Ichveränderungen führen, die das Gefühl rechtfertigen, den Liebesobjekten zumindest teilweise ähnlich zu sein. Frühinfantile Identifizierungsphantasien sind ihrem Wesen nach magisch; sie stellen lediglich vorübergehende, partielle oder totale, Vermischungen von magischen Selbst- und Objektimagines dar und gründen sich ungeachtet der Realität auf Phantasien oder sogar auf die vorübergehende Überzeugung, mit dem Objekt eins zu sein oder selber dieses Objekt zu werden. Die unbewußten, kurzlebigen und partiellen Identifizierungen dieser frühen, präödipalen Art leben in unserem einfühlenden Verstehen anderer Menschen als ein wichtiger Bestandteil unserer sozialen Beziehungen und unserer Liebesbeziehungen fort. An meinem klinischen Material wird sich allerdings zeigen, daß die normalen Objektbeziehungen und Identifizierungen in psychotischen Regressionsvorgängen desintegrieren und durch präödipale, magische Identifizierungsformen ersetzt werden.

Bevor ich diese Vorgänge darstelle, möchte ich auf jenen Bereich des Ichs hinweisen, wo die magischen Identifizierungen des Kindes mit seinem Liebesobjekt gewöhnlich eine sichere und dauerhafte Zuflucht finden, nämlich im Ichideal und im Überich. Genaugenommen setzt sich der Kern des Ichideals aus den idealisierten Elternimagines zusammen, die mit archaischen, überhöhten Selbstimagines vermischt sind. Ich muß hinzufügen, daß es Jahre dauert, bis das Kind mehr oder weniger realitätsgerechte Selbstrepräsentanzen entwickelt, die mit festen Grenzen von seinen magischen, wunschbestimmten Selbstimagines und seinem Ichideal abgesondert sind. Die Überich-Bildung ist ein gutes Beispiel für die konstruktive Verwendung regressiver Mechanismen im Dienste des Ichs, denn selbst das reife Überich besitzt magische Eigenschaften, ja es stellt sogar eine magische Wunscherfüllung dar, deren sich das Ich jedoch bewußt ist. Diese Bewußtheit schlägt sich darin nieder, daß wir die Diskrepanzen, die zwischen unserem Ich und den Überich-Werten bestehen, bemerken. Unsere nicht endende Sehnsucht nach der Vereinigung mit den ödipalen Liebesobjekten drückt sich immer wieder in dem unendlichen Kampf um Harmonie zwischen den Werten des Ichs und des Überichs aus.

Wir wissen, daß die Errichtung der Überich-Instanz auch die endgültige Lösung der ödipalen Konflikte bedeutet. Ich möchte nochmals betonen, daß diese großartigen Reaktionsbildungen, wenn wir sie unter dem Gesichtspunkt der Störungen bei der Melancholie betrachten, nicht nur den Verzicht auf die infantilen Sexualwünsche zugunsten sozialer und kultureller Ziele erreichen, sondern auch für die Lösung der narzißtischen Konflikte und der Ambivalenzkonflikte des Kindes von größter Bedeutung sind[3]. Die Idealisierungsvorgänge und die Ichideal-Bildung wirken der Neigung des Kindes, seine Eltern zu entwerten, entgegen und formen die Phantasien von bösen, sexuellen, aggressiven, schwachen, schmutzigen und kastrierten Eltern zu guten asexuellen, starken und auch überhöhten Vorbildern um. Die Versuche des Kindes, sich mit diesen Vorbildern zu identifizieren, werden am mächtigsten durch die Internalisierung der gebietenden und verbietenden, mißbilligenden und belohnenden elterlichen Haltungen unterstützt. Die Entstehung selbstkritischer und selbstbestätigender Überich-Funktionen fördert wiederum die Neutralisierung libidinöser und aggressiver Triebenergien, die damit auch

3 Siehe Freud *Zur Einführung des Narzißmus* (1914 c) und *Massenpsychologie und Ich-Analyse* (1921 c).

von den Liebesobjekten abgelenkt werden und sich auf zielgehemmte Ich-Funktionen und Ich-Interessen richten. In diesem Sinne wirkt auch die Einsetzung des Überichs bei den Versuchen des Ichs mit, die narzißtischen Kränkungen, die dem infantilen Selbst durch die Frustration der Triebbedürfnisse, durch Enttäuschungen und, ganz allgemein, durch den Druck der Realität auferlegt werden, zu überwinden.

Diese drei grundlegenden Aspekte der Überich-Bildung lassen uns erkennen, daß die einfache Auffassung, das verlorene sexuelle Liebesobjekt werde durch Ich- und Überich-Identifizierungen ersetzt, weder umfassend noch ausreichend genau ist. Wir müssen die Tatsache begreifen, daß die Objektbeziehungen des Kindes daraus, daß Ich- und Überich-Identifizierungen aufgerichtet werden, außerordentlichen Nutzen ziehen, ganz im Gegensatz zu den psychotischen Identifizierungen, die dann auftreten, wenn Ich-Funktionen und Objektbeziehungen versagen und realitätsgerechte Objekt- und Selbstrepräsentanzen gleichsam zerbrechen. Durch Ich- und Überich-Identifizierungen werden Objektbeziehungen weder zerstört noch ersetzt, sondern lediglich ihrer Beschaffenheit nach verändert und umgewandelt[4]. Diese entwicklungsgemäßen Identifizierungen tragen in der Tat sehr viel dazu bei, daß stabil besetzte, realitätsorientierte, bleibende Objekt- und Selbstrepräsentanzen sowie dauerhafte Objektbeziehungen und stabile Ich-Funktionen entstehen, denn sie stärken die Vorgänge der Triebneutralisierung dadurch, daß sie die sexuellen und aggressiven Besetzungen der Objekte zugunsten von Ich-Interessen und zärtlichen Liebesbeziehungen verringern.

Nachdem ich kurzgefaßt die (primären) unreifen, magischen Identifizierungen und die (sekundären) Ich- und Überich-Identifizierungen untersucht und auf ihre Unterschiede hingewiesen habe, möchte ich zwei Fälle, nämlich eine depressive (oder affektive) und eine schizophrene Psychose skizzieren. Wir wollen mit Hilfe dieser klinischen Beispiele die regressive Wiederbelebung magischer Identifizierungen in der Psychose untersuchen und einige wichtige Unterschiede bestimmen, die zwischen manisch-depressiven und schizophrenen Identifizierungsmechanismen bestehen.

4 In *Das Selbst und die Welt der Objekte* (1964 [1973]) habe ich diese Entwicklungsvorgänge ausführlicher dargestellt. – Was die Überich-Identifizierungen anlangt siehe vor allem das 7. Kapitel, S. 121–130 (Anm. d. Übers.).

Frau O.

Vor einigen Jahren behandelte ich eine vierzigjährige Patientin, die damals unter ihrer vierten depressiven Phase litt. Frau O. war einer jener seltenen Fälle, bei welchen sich die Entstehungsweise des depressiven Konflikts und der psychotischen Mechanismen, die wir in diesem Kapitel untersuchen, schon an der Oberfläche ihres Verhaltens zeigte.

Ihrem depressiven Zustand ging jeweils ein Stadium ihrer Erkrankung voraus, in dem sie auf ihren Mann und ihre Kinder mit zunehmender Feindseligkeit und Gereiztheit reagierte. Nach einigen Wochen wich die Feindseligkeit einem typisch depressiven Zustand, dessen Merkmale in Schlaf- und Appetitlosigkeit, Gewichtsverlust, schweren Angstzuständen, psychomotorischer Verlangsamung, Rückzug von allen Tätigkeiten und sozialen Begegnungen und in häufigen Selbstanklagen bestanden.

Im Übergang vom ersten zum zweiten Stadium ihrer Erkrankung kam die Patientin in die Behandlung. Zunächst füllte sie die Stunden mit endlosen Klagen über ihren Ehemann; sie sprach von seiner Untüchtigkeit, seinem unliebenswerten, selbstsüchtigen, gierigen Verhalten, seiner Aggressivität und moralischen Nichtswürdigkeit. Nahezu unmerklich veränderte sich der Gegenstand ihrer Beschwerden, und sie selbst rückte ins Zentrum ihrer Angriffe. Nun machte sie sich selbst die nämlichen Vorwürfe, die sie erst kurz zuvor gegen ihren Ehemann erhoben hatte.

In diesem Stadium unterbrach sie eines Tages unvermutet ihre abwechselnd gegen sich selbst und ihren Ehepartner gerichteten Angriffe und sagte: »Ich bin so verwirrt, und ich weiß nicht, ob ich mich nun über meinen Mann oder über mich selbst beklage. In meinem Kopf geht das Bild, das ich mir von ihm mache, mit meiner Vorstellung von mir selber durcheinander; es ist als wären wir ein und dieselbe Person. Aber in Wirklichkeit ist er doch ganz anders als ich. Wir sind uns doch nur in unserer ungeheuren gegenseitigen Abhängigkeit ähnlich, und wir lieben uns nicht. Wir hängen aneinander wie zwei Babys, und jedes scheint vom anderen zu erwarten, daß es ihm eine gute Mutter sei. Ich weiß überhaupt nicht mehr, was für ein Mensch er in Wirklichkeit ist oder wer ich selber bin. Ich denke, ich war früher immer die Großzügige und Gebende, während er selbstsüchtig ist und in boshafter Art von mir erwartet, daß ich mich für ihn aufopfere. Aber mein größter Wunsch ist, daß ich auch einmal umsorgt werden möchte, und vielleicht bin ich nur deshalb krank geworden. Jetzt soll er alles für mich tun. Ich hatte nicht die Kraft, ihn zu ändern; meine Krankheit wird ihn aber auch nicht dazu bringen, daß er mich liebt.« Dieser Ausbruch der Patientin rührt an viele Fragen, die uns die Depression stellt; ich möchte mich jedoch vorwiegend auf die Beschaffenheit und Funktion ihrer depressiven Identifizierungsmechanismen konzentrieren.

Diese Frau zeigte auf deutliche Weise den schweren Ambivalenzkonflikt, der die Beziehung zu ihrem Ehemann bedrohte. Ihre aggressive Art, den Ehepartner abzuwerten, schien nicht grundlos, und mein eigener Eindruck bestätigte ihre Behauptung, daß es sich bei ihm um einen selbstsüchtigen, »knickerigen«, übermäßig abhängigen und fordernden Menschen handelte, während sie selber normalerweise eine dominierende, zwanghafte und nörgelnde, jedoch auch warmherzige, großzügige und sich aufopfernde Frau war. Bezeichnenderweise war die Beziehung dieser beiden Menschen zueinander immer in gewisser Hinsicht symbiotisch gewesen, und jeder hatte sich als Teil des anderen gefühlt. Im Grunde war er eine narzißtische, orale Persönlichkeit, und sie beide waren sich lediglich darin ähnlich; was ihre Charaktere betrifft, so hatte sich die prägenital-narzißtische Störung bei jedem in Richtungen entwickelt, die zwar verschieden waren, sich aber auch ergänzten.

In den Vorbemerkungen zu diesem Kapitel habe ich darauf hingewiesen, daß der Melancholiker sich selber so behandelt, als ob er das wertlose Liebesobjekt sei, ohne jedoch wirklich die Merkmale dieses Liebesobjekts anzunehmen. In ihrer Depression war die Patientin allerdings so selbstbezogen und unliebenswert geworden, wie sie ihren Ehemann beschrieben hatte. Mit Sicherheit handelt es sich jedoch bei diesen Einstellungen, die bei allen Melancholikern vorkommen und ihre Regressionen zum Ausdruck bringen, nicht um Ich-Identifizierungen mit dem Liebesobjekt. Entsprechend der pathologischen, narzißtischen und häufig auch sehr masochistischen Wahl ihrer Partner kann es durchaus sein, daß diese depressiven Patienten, wie es auch bei Frau O. war, mit ihren unliebenswerten, aber anklammernden Eigenschaften das Verhalten ihrer Partner nachahmen. Dieser Vorgang unterscheidet sich erheblich von dem, was wir bei bestimmten neurotisch-depressiven Patienten feststellen können.

Charles Fisher teilte mir persönlich mit, daß er eine Reihe von depressiven Patientinnen beobachten konnte, die sich zu Beginn ihrer depressiven Verstimmung tatsächlich so verhielten, wie es für ihr erstes Liebesobjekt, die Mutter, charakteristisch war, und gerade dieses Verhalten hatten sie zuvor selber heftig kritisiert. Ich konnte bei meinen depressiv-zwanghaften Patienten ähnliches beobachten, daß wir in solchen Fällen nämlich eine zwar vorübergehende, jedoch echte Ich-Identifizierung vor uns haben, welche die schweren Selbstanklagen dieser Patienten gewissermaßen rechtfertigt.

Meine psychotisch-depressive Patientin enthüllte jedoch in ihrem Ausbruch, von dem ich berichtete, die besondere Art ihrer Identifizierungen, obgleich Melancholiker sich dessen normalerweise nicht bewußt sind. »Ich weiß wirklich nicht«, hatte sie gesagt, »ob ich mich über meinen Ehemann oder über mich selbst beklage.« Sie gestand sich ein, daß sie weder ihn noch sich selber in realitätsgerechter Weise sehen und ihre voneinander abweichenden Persönlichkeitszüge auch nicht mehr erkennen und einschätzen konnte. Hierin kam unverhüllt zum Ausdruck, daß ihr Realitätssinn beeinträchtigt war, daß entstellte Objekt- und Selbstimagines die realitätsgerechten Repräsentanzen ersetzt hatten und eine pathologische Fusion und Verwirrung der Vorstellung von ihrem eigenen wertlosen Selbst mit der Imago ihres entwerteten, »schlechten« Partners eingetreten war. Außerdem zeigte die Patientin deutlich, in welchem Ausmaß sie an jene infantile Phase fixiert war, in der die magische Partizipation an der Macht und dem Wert eines idealisierten Liebesobjekts sie für den späteren regressiven Vorgang prädisponiert hatte.

Zunächst hatte sich der pathologische Zustand der Patientin in Anklagen gegen den Charakter ihres Mannes angekündigt, und ihre Vorwürfe ähnelten denen eines enttäuschten kleinen Kindes. Während aber das Kind zu einem raschen Wechsel zwischen guten und schlechten Imagines seines Liebesobjekts fähig ist, entfachte in der Patientin die Enttäuschung an ihren Ehepartner eine tiefe Feindseligkeit, die ihr den Blick auf ihn gleichsam verdunkelte; er war in ihrer Vorstellung zu einem wertlosen Schwächling geworden. Ihre Bemühungen jedoch, sich die Zuneigung für ihr Liebesobjekt zu erhalten, und ihre Furcht, sie könnte die »gute« Imago, von der sie sehr abhängig war, verlieren, führten innerhalb weniger Wochen dazu, daß ihre Aggression sich in wachsendem Maße gegen sie selbst wendete. Dadurch wiederum konnte sie sich immer hartnäckiger an ihren Ehemann anklammern; damit war eine pathologische Identifizierung eingeleitet, die man allerdings nicht als Introjektion des Liebesobjekts ins Ich beschreiben sollte, sondern eher als einen Introjektionsvorgang, der zu einer allmählichen Absorption und Ersetzung der Imago des »bösen Ehemanns« durch ihre eigene wertlose Selbstimago führte.

An dieser Stelle möchte ich, was die Auffassungen Melanie Kleins (1948) in *Contributions to Psycho-Analysis* und Schafers (1968) in *Aspects of Internalization* betrifft, einige Bemerkungen einfügen, die sich auf die Bedeutung der Begriffe Internalisierung, Introjektion und Introjekt beziehen. Schafer verwendet den Begriff »Internalisierung« in einem viel umfassenderen Sinn als Hartmann, Kris und Loewenstein, und auch ich selbst. Da dieser Begriff deskriptiver Art ist und lediglich durch die jeweilige Verwendung seine Bedeutung erhält, habe ich gegen diese Auffassung nichts einzuwenden; ich zweifle allerdings daran, ob man den Begriff »Introjektion« gebrauchen sollte, wie Schafer vorschlägt, nämlich »im Sinne der Einsetzung eines Introjekts« (S. 17). Wir können bei vielen psychosenahen Fällen und bei akuten Psychosen, wo sich die normalen Grenzen zwischen den Selbst- und den Objektrepräsentanzen auflösen oder das Überich-System regressiv repersonifiziert wird, Symptome und Phantasiebildungen finden, die auf »introjizierte Objekte«, gelegentlich auch auf »Körper-Introjekte« hindeuten, wie sie von M. Klein beschrieben wurden. Diese »bösen Introjekte« können als der schlechte, wertlose Teil des Selbst erlebt werden, oder sie nehmen die Eigenschaften gefährlicher Objekte an, die das Selbst zu zerstören drohen. Das große Verdienst M. Kleins besteht darin, daß sie derartiges Phantasiematerial bei kleinen Kindern und psychotischen Erwachsenen beobachtete und beschrieb.

Die begrifflichen Probleme klären sich meiner Meinung nach allerdings nicht dadurch, daß man die Einsetzung von »Introjekten« mit der Introjektion gleichsetzt. Überdies hebt Schafer hervor, welche Rolle die »Introjekte« im Leben normaler Menschen spielen, wofür ich in meinem klinischen Material allerdings keine Bestätigung finden kann. Im allgemeinen habe ich in meinen Arbeiten den Begriff »Introjekt« vermieden, weil er von mehreren Autoren sehr verschieden und verwirrend gebraucht wird. Als Melanie Klein diesen Begriff prägte, bezeichnete sie damit jene Gefühle, daß man sich Objekte einverleibt habe; dagegen handelt es sich bei Introjektion und Projektion um Mechanismen, die auf einem mehr körperlichen (materiellen) oder mehr abstrakten (psychischen) Niveau zur Anwendung kommen. Wenn man die Begriffe »Introjektion« und »Projektion« so verwendet, wie es früher üblich war, erweisen sie sich als äußerst nützlich, denn die psychologischen Mechanismen oder Vorgänge, auf

314

die sie sich beziehen, können in zweierlei Hinsicht leicht bestätigt werden, in der klinischen Beobachtung nämlich und durch die Rolle, die sie beim Aufbau von Identifizierungen spielen[5].

Meines Erachtens kann man am Beispiel von Frau O., auf das ich zurückkommen möchte, die Vorgänge von Introjektion und Projektion gut erkennen. Ich hatte die introjektive Identifizierung mit dem »schlechten Ehemann« erwähnt, das heißt die Einsetzung dieser schlechten Objektimago in die Selbstimago der Patientin. Wenn man diese Phase sorgfältig beobachtet, kann man häufig erkennen, daß die jeweiligen Patienten eine Zeitlang das Liebesobjekt über Gebühr jener Charakterzüge rühmen, die in Wirklichkeit früher ihre eigenen liebenswerten Charaktermerkmale waren. Wir können auch sagen, daß im gleichen Ausmaß wie die Patienten ihr Selbst als das »schlechte Objekt« erleben, das »gute Selbst«, sozusagen im Austausch, auf das Objekt projiziert wird. Besonders bei melancholischen Depressionen, die nach dem Tod eines Liebesobjekts auftreten, wird dieses Liebesobjekt mit Hilfe projektiver Mechanismen verherrlicht, wobei es sich um eine scheinbare Verklärung handelt, da sie eigentlich dem Selbst gilt.

Während einer Sitzung unterbrach sich Frau O. unvermutet in ihren ständig wiederkehrenden Selbstanklagen und erwähnte ihre Mutter: »Wenn ich meinen endlosen Selbstvorwürfen zuhöre«, sagte sie, »so höre ich manchmal die Stimme meiner Mutter. Meine Mutter war eine großartige, starke Frau, aber sie war auch sehr streng und tadelte mich viel. Ich war damals so abhängig von ihr wie heute von meinem Ehemann. Ach, wenn er nur so stark und großartig wäre wie sie.« Die Patientin hatte mit der ihr eigenen Hellsichtigkeit nicht nur gezeigt, daß der Ehemann für sie unbewußt die Mutter darstellte, sondern sie hatte sogar bemerkt, daß ihr Überich durch die Wiederbelebung einer machtvollen, strengen, aggressiven »Mutter-Ehemann-Imago« derart strafend wurde. Wir erhalten hier einen Hinweis auf die restitutive Funktion, die den Überich-Veränderungen während der melancholischen Phase zukommt[6].

Die zuerst beschriebenen Identifizierungen führten zur Einsetzung einer entwerteten, bösen Imago des Liebesobjekts in die Selbstimago; dieser Vorgang sollte die libidinöse Besetzung des Liebesobjekts aufrechterhalten. Als dieser Lösungsversuch des Ambivalenzkonflikts

5 Siehe in der Monographie der Autorin *Das Selbst und die Welt der Objekte* (1964 [1973]) S. 56–59 und 222–225 (Anm. d. Übers.).
6 Siehe auch im neunten Kapitel, S. 239–240.

scheiterte, wurde die Besetzung des realen Liebesobjekts, schließlich sogar die Besetzung der gesamten Objektwelt mehr und mehr abgezogen. Die Objektbeziehungen der Patientin wurden gedämpft und bedeutungslos; ihre Ich-Funktionen arbeiteten verlangsamt und gehemmt. Die realitätsorientierten Objektrepräsentanzen lösten sich im Ich auf, und an ihrer Stelle erstand im Überich die Imago eines mächtigen, unzerstörbaren, strafenden und grausamen Liebesobjekts; auf diese Weise wurde das Überich repersonifiziert, seine Triebenergien deneutralisiert, und es nahm stark sadistische Züge an. Das melancholische Überich bleibt jedoch im Gegensatz zu den Überich-Veränderungen, die man bei schizophrenen Patienten beobachten kann, gleichviel wie personifiziert, archaisch und hochpathologisch es durch den regressiven Vorgang in seinen Funktionen auch wird, als psychische Instanz erhalten; sein Einfluß erhöht sich sogar, weil es den Platz der schwindenden Objektrepräsentanzen oder des äußeren Liebesobjekts einnimmt.

Was die unheilvollen Auswirkungen dieses zweifachen Introjektionsvorgangs bei der Melancholie betrifft, so möchte ich lediglich jene Punkte hervorheben, die für einen Vergleich mit der Schizophrenie wichtig sind. Das Ich bleibt, wenn der Kampf mit dem Liebesobjekt sich intrapsychisch fortsetzt, dennoch in äußerster Abhängigkeit von diesem Liebesobjekt. Man kann sagen, es wird ein Opfer des Überichs, so hilflos und machtlos wie ein kleines Kind, das von einer grausamen, übermächtigen Mutter gequält wird. Außerdem verschärft sich dieses innerliche Erleben von hilfloser Unterlegenheit zunehmend durch die bestehende Lähmung der Ich-Funktionen, die mit dem Rückzug von der Außenwelt entsteht.

Die Depression kann von einem manischen Zustand abgelöst werden; er bedeutet das Ende einer Zeit der Buße oder Sühne und kündigt eine magische Wiedervereinigung mit dem Liebesobjekt – oder auch mit dem Überich – an, das sich von der strafenden in eine gute, vergebende und allmächtige »Person« verwandelt. Dann setzt eine Re-Projektion dieser allmächtigen, alles gewährenden Objektimago auf die reale Objektwelt ein und schafft neue, jedoch unechte Objektbeziehungen. Der Patient stürzt sich gleichsam in eine phantasierte Welt und nimmt gierig und ohne Angst die unendliche Lust und die unzerstörbaren Werte, die es dort gibt, in sich auf.

Frau P.

Diese siebenundzwanzigjährige, hochbegabte Studentin der Gesellschaftswissenschaften geriet in einen akuten schizophrenen Schub mit
katatoner Erregung, als ihre zweite Ehe in die Brüche ging. Dies war
ihr zweiter akuter psychischer Zusammenbruch. Ich hatte sie vor
einigen Jahren, während ihrer ersten Ehe, über einen längeren Zeitraum hinweg betreut, und an der Art ihrer seelischen Erkrankung
bestanden keine Zweifel mehr.

Vor ihrer ersten psychotischen Episode war sie ein sehr ehrgeiziges,
gefühlsmäßig kühles und schwieriges Mädchen, mit einem anmaßen-
den Verhalten und deutlichen megalomanen Zügen. Sie war dauernd
auf der Suche nach ihrer eigenen Identität, und sie wünschte sich –
zeitweise glaubte sie es auch – ein Genie zu sein, eine Vorstellung,
die sie mit ihrer Mutter, die an Schizophrenie und schwerer Dipso-
manie (periodischer Trunksucht) litt, teilte. Als sie mit den Grenzen
konfrontiert wurde, die ihr äußerlich und innerlich von der Realität
auferlegt wurden, nahmen zunächst ihre wahnhaften Größenideen
zu, und sie verleugnete und verweigerte sich immer hartnäckiger den
Tatsachen, bis ihr Scheitern nicht mehr zu umgehen war. Dann wurde
sie deprimiert, konnte nicht mehr arbeiten und geriet, wie sie es
nannte, »in einen großen Schlamassel«.

Die Patientin hatte mich kurz vor Ausbruch des akuten Zustands
um einen Termin gebeten und als Grund angegeben, sie fürchte, ihr
Ehemann »könnte Selbstmord begehen«, wenn sie ihn, wie sie vor-
hatte, verließe. Ihren eigenen gestörten Zustand, auf den ich sie hinwies, verleugnete sie völlig und versicherte mir, daß sie selber sich,
abgesehen von den Sorgen um ihren Ehemann, ausgezeichnet fühle,
nicht zuletzt deshalb, weil sie ihn überhaupt nicht mehr »brauche«.

Bald nach unserem Gespräch geriet sie in einen Wutanfall, der sich
gegen ihren Ehemann richtete. Dann überkam sie eine überraschende
Ruhe und Kühle; sie packte ihre Habseligkeiten zusammen und zog
von ihrer Wohnung in ein Hotel um. Kurz darauf geriet sie in einen
hochgradigen Erregungszustand; sie tobte und lärmte in ihrem Hotel-
zimmer, nahm um zwei Uhr nachts singend und geräuschvoll ein
Brausebad. Man rief mich, und nachdem es mir rasch gelungen war,
den Kontakt zu ihr herzustellen, konnte ich sie auch davon überzeugen, daß sie gleich in ein Krankenhaus gehen sollte.

Im Verlauf dieses Gesprächs zog mich Frau P. zu sich auf die Couch,
auf die sie sich gesetzt hatte. Sie war nur mit einem zerrissenen

317

Nachthemd bekleidet und glich einer pathetischen, schönen Ophelia. »Kommen Sie ganz nahe zu mir«, sagte sie, »ich muß Ihnen von einer großen philosophischen Entdeckung erzählen, die ich gemacht habe. Wissen Sie, worin der Unterschied zwischen Nähe, Ähnlichkeit, Gleichheit und Einssein besteht? Nähe, das ist jemandem nahe sein, wie jetzt mit Ihnen. Wenn man jemandem ähnlich ist, so ist man doch nur *wie* der andere. Im Falle der Gleichheit sind Sie dem anderen gleich, aber er ist noch immer er und Sie bleiben Sie; aber im Einssein gibt es keine zwei Personen mehr – es ist eins, nur noch eins, und das ist entsetzlich!« Sie wiederholte: »Das ist schrecklich!« Dann sprang sie in plötzlicher Panik auf und schrie: »Kommen Sie mir nicht zu nahe, gehen Sie von der Couch runter – ich will nicht mit Ihnen eins sein!« Sie wurde handgreiflich und stieß mich von sich. Aber wenige Minuten später hob sich ihre Stimmung unvermutet. »Ich bin ein Genie«, sagte sie, »ein Genie – ich werde alle meine Studienbücher vernichten, denn ich brauche sie nicht; mögen sie zum Teufel gehen. Ich bin ein Genie, ich bin ein Genie!« (Ihr Ehemann war Dozent der Gesellschaftswissenschaften.)

Als ich sie mit dem Krankenwagen in die Klinik brachte, wurde sie ruhiger. Ihre Stimmung war gedämpft und niedergedrückt. »Nun bin ich tot«, sagte sie, »mein Mann wird sich nicht umbringen.« Sie nahm ein kleines Amulett aus ihrer Tasche; es stellte einen winzigen Krebs dar, der sich in einem Plastikschächtelchen befand. »Das ist meine Seele«, sagte sie und reichte mir die kleine Schachtel. »Meine Seele ist weg, sie ist dahin – und ich habe sie verloren. Ich bin tot – nehmen Sie es, und behalten Sie es für mich, bis ich wieder herauskomme.« Dann geriet sie unvermutet wieder in Panik, schlug auf mich ein und biß mich, als hätte ich sie angegriffen. »Ich will nicht sterben«, schrie sie wiederholt. Als wir vor der Klinik aus dem Wagen stiegen und ich mir eine Zigarette anzündete, lachte sie plötzlich los, schnappte mir die Zigarette weg und rauchte sie selber. »Sie können jetzt nach Hause gehen, ich brauche Sie nicht mehr«, sagte sie und verließ mich in einer Art von Hochstimmung.

Als Frau P. sich nach einigen Monaten Klinikaufenthalt erholte, folgte sie dem Vorschlag des Oberarztes, an den sie sich recht stark gebunden hatte, und arbeitete als Hilfskraft auf den Stationen. Sie spielte Psychiater; bei ihren Tätigkeiten imitierte sie auf deutliche Weise die Verhaltensweisen und Gesten dieses Oberarztes, und zu dieser Zeit wiederholte sie etwas, was ich in der ersten Behandlungsphase, als sie bei mir war, schon beobachtete.

Sie gab nach ihrer Genesung ihre früheren Interessen und das Studium auf, ließ sich scheiden und zog in den Westen, um bei ihrem Vater und ihrer Stiefmutter zu leben. Sie erledigte für den Vater Schreibarbeiten und half der Mutter in der Küche. Ihre früheren Neigungen und Studien gab sie so vollständig auf, daß sie Besuchern als ein Mensch erschien, der nie etwas mit intellektueller Arbeit zu tun hatte. Es sah so aus, als wäre sie von ihren Größenideen und ehrgeizigen Zielen, die sie vor ihrem Zusammenbruch hatte, losgekommen. Sie hatte sich offenbar auf einem niedrigeren Niveau zurechtgefunden und angepaßt, wozu allerdings gehörte, daß sie auf eine anklammernde Art von ihren Eltern abhängig war und versuchte, deren Verhaltensweisen und Tätigkeiten zu imitieren.

Die Patientin ist jetzt in den Fünfzigern, lebt in Kalifornien und hat bis zu einem gewissen Ausmaß ihre geistigen Interessen wiederaufgenommen. Bei den drei weiteren psychotischen Episoden, die sie erlitt, rief sie mich jeweils an und befolgte meinen Ratschlag, eine Klinik aufzusuchen. In den erkrankungsfreien Zeiten erledigte sie Schreibarbeiten und lebte mit einem psychopathischen Alkoholiker zusammen.

Der damalige akute Zusammenbruch der Patientin wurde von Konflikten ausgelöst, die sie mit ihrem Ehemann hatte, der früher in der Schule ihr Lehrer war. Die Art ihrer Objektbeziehungen, die sie vor der psychotischen Episode hatte, erinnerten in vielerlei Hinsicht an die »Als-ob«-Persönlichkeit, wie sie von H. Deutsch (1942) beschrieben wurde; außerdem unterschieden sie sich erheblich von den Beziehungen der manisch-depressiven Patientin, die zwar übermäßig eng und allzu vertrauensvoll »anklammernd«, jedoch beständig waren und feine Unterschiede zuließen. Frau P.s Liebesbeziehungen waren dagegen weniger vielfältig und differenziert; das Ich-Niveau, auf dem sie sich abspielten, war um vieles magischer und infantiler.

Auf den ersten Blick erweckte ihre Ehebeziehung den Anschein von hoher Exklusivität und Intellektualität, war jedoch in Wirklichkeit unrealistisch; es fehlten wesentliche Inhalte und echte Gefühle. Die Partnerwahl der Patientin richtete sich danach, ob sie dem betreffenden Partner die Phantasien über ihre eigene Genialität zuschreiben konnte; ihre Interessen veränderten sich entsprechend den Interessen ihres jeweiligen Liebhabers oder Ehemanns, obgleich sie selber einen scharfen Verstand besaß. Sie widmete sich den Gesellschaftswissenschaften, als sie sich in einen Sozialwissenschaftler verliebte, der ihr als außergewöhnlich aufgefallen war. Als ihr Partner diesem Vorgang nicht entsprach, gelang es ihr leicht, ihre Phantasien und Gefühle auf einen anderen Mann zu verschieben, dann auf einen dritten Partner, der sie schließlich heiratete.

Ein weiterer und erheblicher Unterschied zu der manisch-depressiven Patientin bestand darin, daß Frau P. mit dem Beginn ihrer Ehe eine unverhüllte, heftige Ambivalenz ihrem Ehemann gegenüber zeigte; dafür war charakteristisch, daß sie, begleitet von raschen Stimmungsschwankungen, entweder ihre Feindseligkeit ihm gegenüber verleugnete und sich nur auf eine herzliche Weise ihm zugetan wähnte oder daß sie ihre Zuneigung verleugnete, ihn verachtete und zurückwies. So wechselte ihr Verhalten ständig; mal pries und imitierte sie seine mutmaßlichen hervorragenden Eigenschaften, durch die sie als seine Frau ohne eigenes Zutun hohe Achtung genoß, mal spielte sie selber die geniale Frau, von der ihr Ehemann, diese klägliche und unbedeutende Kreatur, abhängig war. In der Zeit zwischen ihren beiden Ehen stürzte sie sich mit überdrehter Stimmung in voreilige, kurzlebige und sinnlose sexuelle Affären, die sie gefühlsmäßig kühl und sexuell unbefriedigt ließen. Auch hierin unterschied sich ihr Verhalten deutlich von den sexuellen »Beutezügen« der hypomanischen Patientin, die auf leidenschaftliche und lustvolle Weise ein Liebesobjekt nach dem anderen gewissermaßen verbrauchte und dann in weiterhin gehobener, aufgedrehter Stimmung auch wieder von sich stieß.

In ihren beiden Ehen hatte die Patientin sich mit den früheren Ehefrauen und Geliebten ihrer Ehepartner auseinanderzusetzen, aber diese Verstrickungen in Dreiecksbeziehungen stellten allenfalls ein vages Schattenbild der früheren ödipalen Konstellation dar. Die Träume und auch die manifesten Phantasien der Patientin ließen keinen Zweifel daran, daß ihr die heterosexuellen und die homosexuellen Liebesobjekte als »Einheiten« oder Verbindungen erschienen, als Vermischungen von infantilen, allmächtigen Vater- und Mutterimagines wie auch als Projektion ihres eigenen grandiosen Selbst. In Träumen und bewußten Phantasiebildungen konnte Frau P. diese Objekte leicht gegeneinander austauschen oder miteinander und auch mit sich selbst verschmelzen; offenbar handelte es sich bei ihren Phantasiebildern um Mischungen aufgespaltener infantiler Objektimagines. Diese Imagines strebten nach einem neuen Zusammenschluß und unterschieden sich lediglich auf dem Niveau bisexueller Organattribute, die entweder Leben, Kraft und Allmacht oder Tod, Zerstörung und Ohnmacht verkörperten. Indem sie die verschiedenartigen Eigenschaften, die sich ihrem Phantasieleben einfügten, auf wechselnde

Weise miteinander verknüpfte, entstanden zum einen Phantasiebilder allmächtiger, männlich-weiblicher Art mit Brust und Phallus und zum anderen kastrierte, verstümmelte, brustlose, tote Vorstellungsgebilde.

Als Frau P. sich nicht mehr gegen die zunehmende Zwanghaftigkeit ihres Ehemanns behaupten konnte, setzte ihr endgültiger Zusammenbruch ein. In dem Gespräch, das ihrer psychotischen Episode nur kurze Zeit vorausging, bedrängte sie mich damit, daß ich ihren Ehemann vor einem Selbstmord retten sollte. Sie erklärte mir, daß sie ihn verlassen müsse, weil sie nicht länger ertragen könne, wie er ihr ihre Arbeit und ihr Vergnügen vorschrieb. So habe er darauf bestanden, daß die Steuern rechtzeitig bezahlt werden sollten und nicht geduldet, »daß ich mir vorstellte, ein Dutzend Kinder zu bekommen«. Die Episode hatte sich also durch eine unerträgliche Ambivalenz angekündigt, die zugleich anzeigte, daß eine unaufhaltsame Triebentmischung in Gang gekommen war. Die Patientin war in eine verhängnisvolle innere Situation geraten, in einen zerstörerischen Kampf zwischen äußerst passiven, masochistischen Strebungen und schweren sadistischen Mordimpulsen dem Liebesobjekt gegenüber. Dieser »Konflikt« drückte sich in der Furcht aus, daß entweder sie oder ihr Liebesobjekt durch Mord oder Selbstmord umkommen müßte. Das Zerreißen der wissenschaftlichen Bücher – eine magische Ermordung des Ehemanns *in effigie* – und die Überreichung des Amuletts – eines Symbols ihres Selbst – stellten ein psychotisches Agieren dar, das den tieferliegenden »Konflikt« mit sadomasochistischen Wunschphantasien enthüllte, deren Inhalt war, daß entweder sie das Objekt tötete oder von ihm getötet wurde.

Dem manifesten Phantasiematerial von Frau P. wie auch von anderen schizophrenen Patienten vor der psychotischen Episode ist gemeinsam, daß es Ideen von Töten und Getötetwerden enthält; seit den Arbeiten von Abraham (1912, 1924), M. Klein (1935, 1940, 1948) und B. D. Lewin (1950) sind wir mit den Phantasien, die hinter diesen Ideen stehen, vertraut und wissen, daß sie sich um das Verschlingen, Einverleiben oder Ausstoßen der Objekte drehen – oder umgekehrt um das Verschlungenwerden etc.

Meine Patientin entzog sich dem unerträglichen Konflikt durch einen plötzlichen Bruch mit der Realität und durch eine vollständige Regression auf das seelische Funktionsniveau des magischen Primärvorgangs. Rasch entwickelten sich die Mordphantasien zu Wahnvorstellungen und panikartigen Ängsten mit dem Inhalt, daß entweder der

Tod des Objekts oder ihr eigener unmittelbar bevorstehe. Vorübergehend ließ die Überzeugung vom Tod des Objekts eine Hochstimmung und megalomane Ideen entstehen, die jedoch wieder rasch in die panischen Ängste vor dem unmittelbar bevorstehenden Tod umschlugen oder aber in depressive Zustände übergingen, wobei die Patientin Erlebnisse von Selbstverlust oder innerem Absterben durchmachte. Die manifesten psychotischen Ideen, die Frau P. zu Beginn ihrer Episode hatte, bieten uns eine Möglichkeit, jene Besetzungsverlagerungen und Identifizierungsvorgänge zu verstehen, die zu den erwähnten wahnhaften Vorstellungen und Erlebnissen führten. In einer äußerst hellsichtigen Weise beschrieb sie mit ihren »philosophischen« Gedankengängen, wie sie Schritt für Schritt dem unlösbaren Ambivalenzkonflikt mit den Liebesobjekten entfloh, nämlich von der Objektbeziehung – der »Nähe«, zur Identifizierung, und innerhalb dieser flüchtete sie sich immer mehr in magische, totale Identifizierungen – von der »Ähnlichkeit« in die »Gleichheit« und schließlich ins »Einssein«, das heißt in die vollständige Fusion von Selbst- und Objektimagines.

Wir wollen diese Vorgänge mit metapsychologischen Begriffen beschreiben. Schon lange Zeit vor Ausbruch der psychotischen Episode, wahrscheinlich seit dem neunzehnten Lebensjahr, als die Patientin vom College weglief und ihren ersten Ehemann heiratete, arbeiteten ihre Ich-Funktionen auf einem im wesentlichen magischen Niveau. Ihre Realitätsprüfung war beeinträchtigt, und ihre Vorstellungen von der Objektwelt und von ihrem Selbst wurden durch zweierlei Einflüsse entstellt; zum einen dadurch, daß hoch irrationale Imagines in ihr Ich eindrangen und es durchsetzten, zum anderen deshalb, weil zwischen den verschiedenen Objektrepräsentanzen, zwischen den Imagines der Objekte und des Selbst wie auch zwischen wunschbestimmten und realitätsgemäßen Selbstimagines deutliche Grenzen oder Grenzlinien fehlten.

Der psychotische Schub hatte sich mit Zeichen einer wachsenden Ambivalenz und mit Wutausbrüchen gegen den Ehemann angekündigt; der Moment des Ausbruchs war allerdings erreicht, als sich ihre Wut gegen ihn unerwartet legte und sie ihn, gewissermaßen kaltblütig, verlassen konnte. Offenbar kam in dem unerwarteten Versiegen ihrer Affekte, aber auch in ihrer Behauptung, daß sie ihren Ehemann »nicht mehr brauche«, ein vollständiger Abzug aller Besetzungen vom Objekt zum Ausdruck. Während sich die libidinöse Besetzung vom Objekt auf die Selbstimago verlagert hatte, richtete sich die Aggression zunächst auf unbelebte Ersatzobjekte – ihre Bücher – und entlud sich dann immer diffuser und mit wachsender katatoner Erregung an der Außenwelt. Eine magische, totale Identifizierung hatte stattgefunden. Zugleich mit der Auflösung der Objektrepräsentanzen wurde die Imago des mächtigen, mordenden Objekts in der Selbstimago aufgerichtet. Dieser Vorgang drückte sich in der megalomanen, aggressiven Expansion des Selbst und der Vorstellung aus, das Objekt sei gestorben. Verschwunden waren Furcht vor und Haß auf das Objekt, und das zuvor von dem allmächtigen Objekt noch bedrohte Selbst wurde durch den magischen Mord des Objektes gerettet.

Dieser Zustand hielt allerdings nur vorübergehend an; dann folgte der umgekehrte Vorgang, durch den das Objekt wiederhergestellt wurde, nun aber durch eine magische Zerstörung des Selbst, bei der offensichtlich die gesamte Besetzung von der Selbstimago abgezogen und auf die Objektimago zurückverlagert wurde. Somit lebte eine mächtige, bedrohliche Objektimago zu Lasten des Selbst wieder auf, und sie wurde während des Gesprächs mit mir sogleich an meine Person geheftet. Panikartige Ängste, Erlebnisse von Selbstverlust und Todesgefühle folgten dieser Unterwerfung *(surrender)*[7], und sie wiesen, ebenso wie erneute Wutausbrüche gegen mich, auf die drohende Auflösung der Selbstrepräsentanzen hin, die mit destruktiven Energien besetzt wurden, nachdem ihre libidinöse Besetzung erschöpft war.

M. Klein (1948) hob besonders hervor, daß sich bei der längeren Beobachtung von Schizophrenen die außerordentliche Beweglichkeit ihrer Besetzungsenergien zeigt und ebenso ihre Unfähigkeit, Ambivalenz zu ertragen. Sie neigen dazu, alle Besetzung vom Objekt abzuziehen und diese gesamte, libidinöse oder aggressive Besetzung nicht nur vom Objekt auf die Selbstimago und umgekehrt zu verlagern, sondern auch von einem Objekt auf andere Objekte. Außerdem konzentrieren sie vorübergehend alle verfügbare Libido auf die Besetzung einer Objektimago, während eine andere Objektimago oder das Selbst mit der gesamten aggressiven Triebenergie besetzt werden, und darüber hinaus können sich diese Besetzungsvorgänge rasch umkehren.

Einer meiner Patienten beispielsweise, der an seine Eltern äußerst eng gebunden war, »verlor jedes Gefühl für sie«, als er heiratete;

7 Siehe A. Freud (1952) ›*Studies in Passivity:* Part II, Notes on a Connection between the States of Negativism and of Emotional Surrender *(Hörigkeit)*‹.

323

sie wurden zu »schattenähnlichen Gestalten«, und er fühlte nur noch Interesse für seine Frau und seinen Schwiegervater. Als die Behandlung jedoch die Gefühle für seine Mutter erstmals wieder in ihm aufrührte, sagte er: »Ich kann sie nicht länger lieben – ich spüre, daß ich dabei mein Selbst verlieren würde.« Ein anderer Patient, der mir auf kühle, distanzierte Art versicherte, sein Vater sei »tot« für ihn, meinte, als sich seine Gefühle dem Vater gegenüber wieder regten: »Ich habe den Vater in mir eingesperrt. Nun kommt er wieder hervor und ist schon halb draußen – das ist schrecklich, und ich fürchte, ich muß sterben.« Während er dies sagte, erschauderte er vor Angst. Bald jedoch war sein Vater »wieder weg«, und er fühlte sich besser: »Nun ist er wieder drin in mir, und ich fühle mich wie vorher gut und stark.«

Man sieht im weiteren Verlauf derartiger psychotischer Episoden häufig, daß es durch die Restitutionsvorgänge gelingt, neuartige, mehr oder weniger fixierte, wahnhafte Selbst- und Objektrepräsentanzen aufzubauen. Ich habe weiter oben auf die Träume und Phantasien der ausführlicher besprochenen schizophrenen Patientin hingewiesen; an ihnen zeigte sich, wie zunächst die realitätsorientierten Objekt- und Selbstrepräsentanzen in bruchstückhafte *(fragmented)*, archaische Imagines zerfielen, wie sich dann diese Imagines mit Überbleibseln realitätsgerechter Repräsentanzen wieder vermischten und schließlich der Versuch folgte, diese verschmolzenen Imagines und Repräsentanzen zu neuen Einheiten zusammengesetzter und pathologischer Imagines zu formen.

Als Beispiel dafür möchte ich den Fall eines schizophrenen Sozialarbeiters anführen, bei dem sich gleichzeitig wahnhafte Verfolgungs- und Größenideen entwickelten. Er plante eine internationale soziale Institution, die er selber aufbauen, mit der er Kriege verhindern und die Welt vor der Zerstörung retten wollte. Zugleich quälte ihn der Wahngedanke, daß in der Regierung ein geheimer Gegner säße, der danach trachtete, alle seine wertvollen Pläne zu zerstören. Man kann sagen, daß bei diesem Patienten die Restitutionsvorgänge schließlich dahin führten, daß aus seiner Selbstimago die Imago einer allmächtigen, liebenden Vater-Mutter-Einheit entstand, nämlich der »Retter der Menschheit«, während die allmächtige, aber destruktive Vater-Mutter-Selbst-Einheit abgespalten und auf ein phantasiertes äußeres Objekt projiziert wurde, den bösen Feind in der Regierung. Der Patient verknüpfte jedoch niemals diese böse Objektimago mit einem wirklichen äußeren Objekt. Bei anderen Fällen werden solche neuen,

324

restitutiven und wahnhaften Objektimagines wiederum an reale Personen geheftet und führen dazu, daß erneut pathologische, paranoide Objektbeziehungen entstehen. Solange die Realitätsprüfung in gewissen Bereichen des Ichs noch wirksam ist, können nebeneinander Beziehungen zur Außenwelt auf wahnhaftem wie auch auf realitätsgerechtem Niveau bestehen.

Der Vergleich von manisch-depressiven mit schizophrenen Identifizierungsmechanismen

Es hat den Anschein, daß sich in den regressiven, magischen Identifizierungen von manisch-depressiven Patienten ihre Fixierung an jene Entwicklungsstufe niederschlägt, in der das Kind an der Stärke und dem Wert der idealisierten Eltern auf magische Weise partizipiert. In der Tat halten diese Patienten für ihre eigene Person und für ihre Liebesobjekte an Wertmaßstäben fest, die viel zu hoch gesteckt sind, als daß sie erreicht werden könnten; hierin liegt der Grund, warum sich ihre Persönlichkeit durch narzißtische Kränkbarkeit oder Verletzbarkeit auszeichnet und warum sie schon auf kleinere Kränkungen oder Enttäuschungen mit einem tiefgehenden Ambivalenzkonflikt reagieren müssen. Sie leiden also unter einer Instabilität ihres Selbstwertgefühls, die sich darauf zurückführen läßt, daß sie allzusehr abhängig sind von der narzißtischen Zufuhr und Liebe eines überschätzten Objekts, von dem sie erwarten, daß es ihnen alles geben kann. Daher hängt die libidinöse Besetzung ihrer Selbstrepräsentanz davon ab, ob sie eine anhaltende libidinöse Überbesetzung des Liebesobjekts aufrechterhalten können, die dazu dient, eine aggressive Entwertung dieses Objekts zu verhindern, an der ihr Selbst zwangsläufig partizipieren würde. Somit kann jede Aggression, die sich in den manisch-depressiven Patienten regt, ihr empfindliches narzißtisches Gleichgewicht erschüttern und einen Regressionsvorgang auslösen, der zu einer Depression führt.

Im depressiven Zustand selbst bewirken die Versuche, die libidinöse Besetzung des Liebesobjekts zu sichern, zunächst, daß die schlechte, wertlose Imago des Liebesobjekts mit der Selbstimago zunehmend verschmilzt; gelegentlich kommt es sogar zu einer Projektion des »guten, wertvollen« Selbst auf das Objekt. Wenn diese Abwehrvorgänge scheitern, dann wird die Besetzung vom real vorhandenen Liebesobjekt immer mehr zurückgenommen und infantile, »böse« Elternimagines leben an seiner Stelle wieder auf. Schließlich kommt es zu Restitutionsvorgängen, die dazu führen, daß die Imago eines strafenden, sadistischen, allerdings auch mächtigen und unzerstörbaren Liebesobjekts gewissermaßen wiederbelebt und im Überich oder in den selbstkritischen Anteilen des Ichs eingesetzt wird.

Im Gegensatz zu den entsprechenden Vorgängen bei schizophrenen Patienten ist es für Manisch-Depressive kennzeichnend, daß die angeführten, zweifachen und magischen Identifizierungsmechanismen erreichen, daß eine Situation der Abhängigkeit des Selbst von einer mächtigen, überlegenen Imago des Liebesobjekts aufrechterhalten wird. Diese Ansicht stimmt mit den Auffassungen überein, die schon früher vor allem von M. Klein formuliert wurden (1940). Wenn sich mit dem melancholischen Zustand der Konflikt innerseelisch fortsetzt, dann ergibt sich das Selbst passiv und auf die gleiche Weise dem sadistischen Überich oder dem selbstkritischen Ich, wie es sich früher dem Liebesobjekt unterwarf. Aber auch im manischen Zustand, mit dem sich die archaische und strafende Imago des Liebesobjekts oder das entsprechend bedrohliche Überich in sozusagen liebende innere Instanzen verwandeln, ermöglicht die Re-Projektion dieser inneren Strukturen auf die Außenwelt dem Selbst, daß es sich als Teil einer außerordentlich lustvollen, guten, unzerstörbaren Objektwelt empfindet und von ihr »ernährt«. Somit dreht sich die Selbstüberschätzung des manischen Patienten um eine illusorische, grandiose Welt, von der er abhängig ist.

Vergleichen wir diese Mechanismen mit den Vorgängen, die ihnen im dargestellten Fall der schizophrenen Patientin entsprechen, so bemerken wir, daß der Regressionsvorgang bei der Schizophrenie viel tiefer geht und auch von anderer Art ist, denn er kann innerhalb der psychischen Organisation zu einem Verlust der strukturellen Differenzierung und zu einer Triebdeneutralisierung führen, die beide weit über das Maß hinausreichen, das wir bei manisch-depressiven Patienten beobachten können. Wir hatten bei der schizophrenen Patientin herausgefunden, daß ihre Hochstimmung, in der sie sich selbst überschätzte, aber auch ihre Zustände von Depression und Panik nicht mehr der Ausdruck von Konflikten – oder von Versöhnung und Vereinigung – zwischen dem Überich und der Selbstimago waren, sondern mit Vorgängen zusammenhingen, die sich als totale Fusionen von Selbst- und Objektimagines innerhalb des sich auflösenden Ich-Es-Systems beschreiben lassen.

Wir müssen uns vergegenwärtigen, daß viele schizophrene Patienten keine Schuldgefühle ertragen können, womit auch ihre Unfähigkeit verbunden ist, Triebimpulse, die Schuldgefühle auslösen, mit Hilfe von normalen oder neurotischen Abwehrmechanismen zu bekämpfen. Auch in diesem Zusammenhang möchte ich daran erinnern, daß im besprochenen Fall der schizophrenen Patientin ihr endgültiger Zusammenbruch dann eintrat, als sie die Zwanghaftigkeit ihres Ehemanns nicht mehr ertragen konnte, mit der er ständig darauf abzielte, bei ihr Schuldgefühle zu wecken[8].

Während beim Melancholiker das Überich dadurch der Selbstimago eine sadistische Kontrolle auferlegen kann, weil es archaische, strafende und mächtige Elternimages in sich aufgenommen hat, spielt sich bei schizophrenen Patienten, wie wir beobachten können, das Gegenteil ab, nämlich die Flucht vor den Überich-Konflikten durch eine Auflösung des Überichs und seine regressive Rückverwandlung in drohende Elternimagines. Möglicherweise ist der Schizophrene durch seine mangelhafte *(defective)* Überich-Bildung für derartige Auflösungs- und Regressionsvorgänge prädisponiert. Ähnlich wie bei der beschriebenen schizophrenen Patientin finden wir bei latenten oder präpsychotischen Schizophrenen, aber auch bei Borderline-Patienten, daß ihre sogenannten Ideale in Wirklichkeit ehrgeizige Tagträume und magische, wunschbestimmte Phantasien sind, mit deren Hilfe sie an der ersehnten Allmacht ihrer Liebesobjekte teilhaben oder sie sogar für sich beanspruchen und gleichsam an sich reißen. In der manifesten Psychose können diese Phantasien wahnhaften Charakter bekommen. Die Überich-Ängste werden häufig durch Ängste vor den allmächtigen, mörderischen Objektimagines ersetzt, die ihrerseits wiederum an Körperteile (Körper-Introjekte) oder an Personen der Außenwelt geheftet werden können. Während der Melancholiker unter Schuldängsten leidet und sich einem zerstörerischen Überich unterwirft, erleben Schizophrene, wie auch mein Fallbeispiel zeigt, intensive Ängste, daß sie körperlich zerstört, beeinflußt und verfolgt werden oder daß sie ihre Identität verlieren, sterben müssen und sich gelegentlich schon wie tot fühlen. Diese Ängste entsprechen Wunschphantasien, die sich um passive Unterwerfung drehen, um Verschlungen- und Getötetwerden durch die mörderischen Elternfiguren. Wir können in einigen Fällen beobachten, wie ein dem Anschein nach zwanghafter struktureller »Überbau«, der in der frühen Latenzphase entstanden war, zunächst die schizophrene Störung kli-

8 Kanzer (1952) und Pious (1949) machten ebenfalls auf das Versagen von Überich-Funktionen bei der Schizophrenie aufmerksam.

nisch latent halten konnte, dann aber allmählich oder plötzlich zerbricht und paranoide Syndrome an seine Stelle treten.

Aber auch die Hochstimmung und die Größenideen der schizophrenen Patienten unterscheiden sich von den entsprechenden Symptomen bei manischen Patienten, denn sie sind ihrem Wesen nach autistisch. Während der manische Patient sich fühlt, als besäße oder partizipiere er an einer Welt unendlicher Lust, zeigt uns der Schizophrene eine Überzeugung, mit der er sich wahnhaft überschätzt, daß er beispielsweise ein Genie ist, das ohne die Welt auskommen kann oder daß er der allmächtige, böse oder gute Herrscher der Menschheit ist, der eine Welt, die zum Untergang bestimmt ist, lenken, zerstören oder retten kann. Die Panikzustände der schizophrenen Patienten und ihre Weltuntergangsphantasien rühren von einer inneren Wahrnehmung ihrer Desintegration her (Frosch, 1967 a), vom Zusammenbruch ihrer Objektbeziehungen und Ich-Identifizierungen; in dieser inneren Wahrnehmung wiederum schlagen sich die Auflösungsvorgänge nieder, die sich an den Objekt- und Selbstrepräsentanzen abspielen. Bei dieser Auflösung spalten die Repräsentanzen sich in archaische Imagines auf und verlieren dadurch den Charakter von Einheiten; offenbar entstehen die Wahnideen durch einen Restitutionsvorgang, der zunächst zur Wiedervermischung der aufgespaltenen, bruchstückhaften Imagines führt und schließlich die Resynthese und Wiederbesetzung neuer Imago-Einheiten bewirkt, die sich wieder mit äußeren Objekten verknüpfen lassen. Die Identifizierungsmechanismen erweisen sich im Rahmen einer schizophrenen Störung daher als Introjektions- und Projektionsvorgänge, die in zwei Richtungen verlaufen können, entweder über die Auftrennung und den Abzug der Besetzung von den Selbstimagines hin zu ihrer Auflösung in allmächtige, verschlingende Elternimagines oder umgekehrt.

Zusammenfassung

Wir finden bei manisch-depressiven und bei schizophrenen Patienten verschiedenartige Regressionsvorgänge; bei Manisch-Depressiven sind sie nicht so ausgedehnt und bewirken auch keine Rückkehr zur frühen symbiotischen Phase mit »totalen Identifizierungen«. Sie rufen Mischungen von guten oder bösen Imagines des Liebesobjekts mit der Selbstimago und mit dem Überich hervor und führen schließlich zu einem schweren pathologischen Konflikt oder auch zum Einklang zwischen dem Überich und den Selbstrepräsentanzen.

Bei Schizophrenen erreicht dagegen der Zerfall oder die Schädigung der Systeme Ich und Überich ein wesentlich gefährlicheres Ausmaß; der Konflikt zwischen dem Überich und der Selbstimago verwandelt sich zurück in Kämpfe zwischen magischen, sadistischen, drohenden Liebesobjektimagines und der Imago des Selbst. Die pathologischen Identifizierungen bringen einander abwechselnde Introjektions- und Projektionsvorgänge zum Ausdruck, die zu einer mehr oder weniger vollständigen Verschmelzung der Selbst- und Objektimagines innerhalb des zerfallenden Ich-Es-Systems führen. Im gleichen Ausmaß, wie stabile, mächtige Objektimagines wiederaufgerichtet und erneut der Außenwelt zugeschrieben werden, verwandeln sich Ich-Überich-Konflikte in homosexuelle, paranoide Konflikte, die in dem Betroffenen von Mordimpulsen begleitet sind und von Ängsten, er werde von den in der Außenwelt befindlichen Verkörperungen der schreckerregenden Imagines verfolgt und zerstört.

Zu Anfang dieses Kapitels erwähnte ich, daß der manisch-depressive Patient sich selbst so behandelt, als ob er das Liebesobjekt sei, und daß sich der schizophrene Patient dagegen so verhält, als wäre oder als hielte er sich selbst für das Liebesobjekt; ich denke, daß der Sinn dieser unterscheidenden Formulierung inzwischen klarer geworden ist. Sie hebt hervor, daß der Manisch-Depressive das Liebesobjekt am Leben erhalten, sich ihm unterwerfen oder mit ihm versöhnen möchte, daß er sich an dieses Liebesobjekt klammert, seine eigenen Identitätsgefühle jedoch nicht aufgibt. Im Gegensatz dazu neigt der Schizophrene zur Zerstörung der Objektimago und ihrer Ersetzung durch die Selbstimago; oder aber er vernichtet die Selbstimago und ersetzt sie durch die Objektimago. Dieser Unterschied schlägt sich überdies in der Tatsache nieder, daß bei präschizophrenen Patienten die Imitation des Liebesobjekts und die Ängste vor dem Identitätsverlust eine überragende Rolle spielen, während der manisch-depressive Patient Bestrafung wünscht und braucht, auf die Vergebung, Liebe, Befriedigung und Belohnung durch sein Liebesobjekt oder das Überich folgen sollen.

11. Über Unterschiede zwischen schizophren-depressiven und melancholisch-depressiven Zuständen*

Die Auffassungen von E. Bleuler, E. Kraepelin und J. Lange

Wir wissen, daß depressive Zustände im Verlauf von psychotischen wie auch bei neurotischen Störungen auftreten. Sicherlich sind Versuche, die verschiedenen Depressionsformen sorgfältig voneinander zu unterscheiden[1], erstrebenswert, da sie uns helfen, eine sichere Differentialdiagnose zu stellen; dies wirft jedoch bei schweren depressiven Zuständen viele Probleme auf, wie wir beispielsweise an dem Fall sehen konnten, den ich im achten Kapitel dargestellt habe. Daher möchte ich in diesem Kapitel einige charakteristische Unterschiede zwischen melancholischen und schizophrenen depressiven Zuständen in den Mittelpunkt meiner Ausführungen stellen.

Es ist bekannt, daß Patienten, deren Störung den manisch-depressiven Psychosen zuzuordnen ist, im klinischen Bild gelegentlich Merkmale zeigen, die auf eine schizophrene Depression hinweisen, und umgekehrt bieten Schizophrene manchmal das Bild einer typischen Melancholie. Noch größer sind die differentialdiagnostischen Probleme bei jenen schizophrenen Störungen, die einen phasischen Verlauf nehmen. In der Tat erweisen sich viele Patienten, die ursprünglich als manisch-depressiv diagnostiziert wurden, später deutlich als Schizophrene, und ich möchte wegen der diagnostischen Fragen, vor die uns gerade diese Patienten stellen, auf einige charakteristische Unterschiede aufmerksam machen, die in der Psychopathologie von schizophrenen und melancholischen Depressionsformen bestehen. Leider werden diese Unterschiede vom klinischen Beobachter leicht übersehen; sie stellen dennoch eine große Hilfe dar, wenn wir diese Patienten richtig verstehen, zutreffend diagnostizieren und angemessen behandeln wollen.

Am Anfang dieses Jahrhunderts haben hervorragende klinische

---

* Dieses Kapitel geht auf eine Arbeit zurück, die erstmals veröffentlicht wurde unter dem Titel ›Problems in the Differentiation between Schizophrenic and Melancholic States of Depression‹. Sie erschien in *Psychoanalysis – A General Psychology* (Hrsg. R. M. Loewenstein, L. M. Newman, M. Schur u. A. J. Solnit), S. 499–518. New York 1966.

1 Siehe Asch (1966), Gehl (1964), Grinker et al. (1961).

Psychiater wie Kraepelin, Bleuler und Lange das Erscheinungsbild der verschiedenen Psychoseformen mit großer Sorgfalt beschrieben. So schrieb Lange (1928): »Am größten sind die Schwierigkeiten bei der Abgrenzung melancholischer gegenüber schizophrenen Depressionen ... Es gibt jedoch offenbar Krankheitsbilder, die im Einzelfall, wie zunächst im Verlauf über eine Reihe von Anfällen hinweg einen schizophrenen Fortgang keinesfalls vermuten lassen. Hier wird höchstens schizophrene Erblichkeit den Verdacht lebendig bleiben lassen. Auf der anderen Seite wird man nicht vergessen, daß sichere zirkuläre Melancholien mit reichem katatonen Beiwerk verlaufen können« (S. 198).

Auch Bleuler (1911) wies auf die »periodischen und zyklischen Formen manischer und melancholischer Verstimmung bei Schizophrenie« hin (S. 171 f.). Er hob hervor, es fänden sich »chronische und akute Depressionen wohl etwas häufiger am Anfang der ausgesprochenen (schizophrenen) Krankheit als andere Syndrome« (S. 208). »Doch gibt es sogar bei älteren (schizophrenen) Fällen wirklich melancholische Depressionen«; Bleuler setzte jedoch hinzu: »Auch wenn der Affekt die ganze Persönlichkeit zu beherrschen scheint, haben seine Äußerungen in der Regel den schizophrenen Charakter der Steifigkeit, des Gemachten, Übertriebenen ... Die Ideenhemmung zeigt sich nicht nur in langsamem Denken und in Entschlußunfähigkeit, sondern ganz besonders in einem extremen *Monoideeismus*, der im Gegensatz zur einfachen Melancholie hier geradezu absolut sein kann« (S. 172/173). Außerdem erwähnte er, daß »Wahnideen und namentlich Halluzinationen (bei der Schizophrenie) selten fehlen«. Er nahm an, die »›hypochondrische Melancholie‹ der Autoren ist, wenn nicht eine organische, in der Regel eine schizophrene Melancholie. Namentlich der *Cotard*sche Symptomenkomplex[2] gehört bei nichtorganischen fast nur der Schizophrenie an, denn hier können Größenideen ungestört durch logische Widersprüche sich neben den schlimmsten Befürchtungen entwickeln und halten« (S. 173).

Kraepelin (1913) schlug ähnliche Kriterien vor wie Bleuler, die seines

2 Von Cotard ursprünglich unter der Bezeichnung »Délire de négation« beschriebenes Zustandsbild mit Kleinheits- und Minderwertigkeitswahn, schweren Selbstbeschädigungs- und Suizidtendenzen, aber auch mit Unsterblichkeitsvorstellungen und Unempfindlichkeit gegenüber Schmerzreizen. Ähnelt am meisten der heutigen Bezeichnung »nihilistischer Wahn« (Anm. d. Übers.; nach U. H. Peters [1971], *Wörterbuch der Psychiatrie und medizinischen Psychologie*).

Erachtens für die Differentialdiagnose von melancholischen und schizophrenen depressiven Zuständen wichtig seien; jedoch wies auch er auf die Schwierigkeiten bei der Unterscheidung hin: »Für die Willens- und Denkhemmung gilt ähnliches wie für den Negativismus; es kann unmöglich sein, sie von dem Fehlen der geistigen Regsamkeit und der Willensantriebe zu unterscheiden, wie sie der Dementia praecox eigentümlich ist ... im Beginne einer Dementia praecox, wo die Kranken die allmähliche Vernichtung ihres Willens oft sehr deutlich empfinden, hört man von ihnen öfters ganz ähnliche Äußerungen, wie von manisch-depressiven Kranken, wenn sie sich auch in Wirklichkeit auf wesentlich verschiedene Vorgänge beziehen« (S. 951).

Es ist mehr als interessant, daß sich nur in Langes Monographie (1928) eine ausgezeichnete, würdigende Besprechung von Freuds Arbeit *Trauer und Melancholie* findet. Lange stellte zwar die Frage, ob Freud nicht Fälle von Melancholie und Hysterie zusammenwarf, jedoch kritisierte er nicht Freud, sondern das psychologische Vorgehen von Jaspers, was beispielsweise die manischen Zustände betrifft. Diese Kritik ist ziemlich ironisch, denn Jaspers hatte sich Freud gegenüber nicht nur höchst geringschätzig geäußert, sondern er besaß auch erstaunlich schlechte Kenntnisse über Freuds Vorstellungen und ihre Entwicklung[3].

Diese Reihe berühmter Psychiater der Vergangenheit habe ich aus bestimmten Gründen zitiert; zum einen waren sie hervorragende klinische Beobachter, zum anderen jedoch stellten sie, mit Ausnahme von Bleuler, jeden psychologisch-methodischen Ansatz, insbesondere den psychoanalytischen, vom wissenschaftlichen her in Frage, da sie selber eine im wesentlichen endogene Ätiologie für die psychotischen Erkrankungen annahmen. Diese Auffassung konnte natürlich dadurch, daß diese Autoren ihre Beobachtungen vor allem an hospitali-

3 Ich möchte in diesem Zusammenhang darauf hinweisen, daß H. Luxemburger 1949 zu Bleulers *Lehrbuch der Psychiatrie* einen Anhang verfaßte, in dem er die Ursachen von seelischen Erkrankungen darstellte. Er benutzte, ohne sich dabei auf Freud zu beziehen, das Konzept der »Ergänzungsreihe« pathogener Faktoren auch für die Entstehung der Psychosen. Er hob die konstitutionellen Faktoren hervor, die er jedoch sorgfältig von den erblichen unterschied, und machte sehr deutlich, daß man die Umwelteinflüsse nicht vernachlässigen dürfe und daß nicht alle Menschen, die eine konstitutionelle Prädisposition zur Psychose besäßen, an einer Psychose erkranken.

sierten Patienten machten, leicht gestützt werden, während dagegen »ambulatorische« Psychotiker oder Borderline-Patienten, die eine Psychotherapie oder sogar eine Analyse haben wollen und auch dafür geeignet sind, eher andere Beobachtungen ermöglichen, die auf die wichtige Rolle hinweisen, die den psychischen Faktoren bei der Entstehung von Neurosen ebenso wie von Psychosen zukommt.

Die »leichteren« depressiven Fälle, die wir als Niedergelassene so häufig zu sehen bekommen, konfrontieren uns allerdings mit differentialdiagnostischen Fragen, die vielleicht noch schwieriger sind, da sich Zweifel erheben, ob wir den jeweiligen Fall als neurotische Störung einstufen sollen oder als psychotische Erkrankung, die entweder zur manisch-depressiven Gruppe oder zur Schizophrenie gehört. Es gibt Fälle von leichten Hypochondrien im Rahmen der Schizophrenie oder zyklothyme Patienten, wo somatisch-vegetative Störungen gegenüber affektiven überwiegen; hier kann eine richtige Diagnose häufig nicht gestellt werden, da diese Patienten vielleicht nie von einem Psychiater gesehen werden, sondern in der Behandlung von anderen Fachärzten bleiben[4]. Bestimmte, scheinbar neurotische, in Wirklichkeit jedoch leicht psychotische, präpsychotische oder Borderline-Patienten, die in Psychotherapie genommen werden, können im Verlauf der Behandlung überraschend in eine psychotische Episode kommen. Ich habe bereits darauf hingewiesen, daß Erfahrungen dieser Art sich dazu eignen, jene Auffassungen zu unterstützen, die zur Verwischung von deutlichen nosologischen Unterschieden nicht nur zwischen den beiden großen Psychosegruppen, sondern auch zwischen neurotischen und psychotischen Störungen beitragen[5].

Janet Q. – der Krankheitsverlauf

Im Zusammenhang mit meinen Vorbemerkungen möchte ich Fallmaterial vortragen, das mir gestattet, auf einige Merkmale hinzuweisen, durch die sich meines Erachtens der schizophren-melancholische Zustand in diesem Fall von ähnlichen depressiven Zuständen unterscheidet, die zu den manisch-depressiven Störungen gehören. Der Fall von Janet Q., einer schizophrenen Frau, die jetzt Ende Vierzig ist, scheint mir in dieser Hinsicht besonders geeignet, da ich diese Patientin über einen Zeitraum von fast vierzig Jahren beobachten konnte,

4 Siehe Campbell (1953), S. 52–82.
5 Siehe im sechsten Kapitel S. 168 f.

nämlich zunächst während ihrer Kindheit und später im Alter von Dreißig bis heute.

Nichts deutete auf eine erbliche Disposition zur Psychose in Janets Familie hin. Der Vater konsultierte mich erstmals, als Janet sieben Jahre alt war. Er hatte eine schöne, aber unberechenbare, dominierende, narzißtische, infantile und agierende Frau. Es ist für die Pathogenese von Janets Störung sicherlich bedeutsam, daß ihre Mutter eine Affäre mit Janets späterem Vater hatte, während sie noch mit ihrem ersten Ehemann verheiratet war. Dieser Ehemann war bestens mit dem Bruder ihres Liebhabers und späteren Mannes befreundet. Er war ein Intellektueller, der »seinen Theorien gemäß« liebte, und er hatte sich zum Sklaven seiner Frau gemacht. Als sie endgültig die Scheidung wollte, erschoß er sich und hinterließ einen Abschiedsbrief, in dem sein Wunsch zum Ausdruck kam, daß sein Selbstmord das Glück seiner Frau und ihres Geliebten für immer zerstören sollte. Janets Mutter kam auch nie von ihren Schuldgefühlen los; die Feindseligkeit, die sie gegen Janets Vater empfand, der sie zur Scheidung gedrängt hatte und sich später als ein unverbesserlicher Schürzenjäger entpuppte, ließ sie an Janet, ihrem ersten Kind, aus und behandelte sie sehr grausam. Sie gab Janet nichts von der Zärtlichkeit und Zuneigung, mit der sie ihr zweites Kind, einen Sohn, der drei Jahre später geboren wurde, überschüttete.

Das kleine Mädchen litt schon sehr früh unter vielfältigen phobischen Ängsten; besonders fürchtete sie sich vor Insektenstichen. Ihre Angst war so panikartig, wie ich es kaum jemals bei einem neurotischen Kind gesehen habe. Sie zitterte vor Furcht, wenn ihre Mutter sie wie ein preußischer Offizier anschrie. Der Vater hatte von Janets Kindheit an die Mutterrolle übernommen; allerdings war und blieb sein Verhalten dem liebenswerten Mädchen gegenüber äußerst verführend. Die Grausamkeit der Mutter und ihr strafender Erziehungsstil bewirkten, daß Janet schon in der präödipalen Phase zwanghafte Persönlichkeitsmerkmale zeigte. Sie wurde extrem gehorsam, pflichtbewußt, gewissenhaft und sorgte sich übermäßig wegen ihrer Habseligkeiten. So spielte sie niemals mit ihren Puppen und anderem Spielzeug, weil sie Angst hatte, sie könnte es beschädigen. Ein zwangsneurotisches Schlafzeremoniell, das sie zu Beginn der Latenzphase entwickelte, veranlaßte ihren Vater, mit ihr zu mir zu kommen.

Das schöne Mädchen besaß eine überdurchschnittliche Intelligenz, war jedoch schon als Kind verdächtig zurückhaltend, unnahbar, steif, gefühlsarm und schwunglos. Sie hatte Lern- und Lesehemmungen und klagte, es sei ihr dauernd »langweilig«.

Schon zu dieser Zeit ließ mich die Art der affektiven Störung an eine möglicherweise später auftretende, schizophrene Psychose denken. Trotz der auffälligen Symptome von Janet wies ihre Mutter meine Ratschläge für eine unverzügliche Behandlung derart hartnäckig zurück, daß Janets Vater sich nicht dagegen durchsetzen konnte. Als Janet vierzehn war, mußte die Familie Deutschland verlassen und nach Belgien fliehen. Das Mädchen kam zuerst nach Paris, dann in ein Internat nach England. Als ihr Vater sie dort besuchte, nahm er sie in London in die Wohnung seiner Geliebten mit und schickte sie allein zum Friseur, als er mit seiner Freundin sexuellen Verkehr haben wollte. Janet hat ihm dieses Ereignis niemals vergessen oder vergeben und geriet bald darauf in eine schwere Depression. Die verstorbene Kate Friedlander, eine Psychoanalytikerin, wurde konsultiert, und sie diagnostizierte Janets Zustand als psychotische Depression, vielleicht auch als beginnende Schizophrenie. Janet wurde nach Belgien zurückgeholt, erlebte dort den Angriff der Deutschen und wurde auf einem Bauernhof versteckt. Sie soll in den folgenden Jahren abwechselnd melancholisch-depressive und manisch-erregte Zustände durchgemacht haben, und die gesunden oder »freien« Intervalle dauerten ungefähr ein Jahr. Verschiedene belgische Psychiater diagnostizierten Janet wegen des zyklischen Verlaufs ihrer Erkrankung als manisch-depressive Patientin. Ich selber hatte sie in diesen Jahren nicht gesehen. Ihr Vater erzählte mir später, Janet und ihre Mutter wären seit Beginn der Erkrankung in eine allzu enge Beziehung miteinander verstrickt gewesen; dies schien jedoch die gegenseitige Feindseligkeit nur noch vermehrt zu haben. Außerdem erfuhr ich, daß Janet zweimal in ein psychiatrisches Krankenhaus kam und mit Elektroschocks behandelt wurde; danach sollen die Intervalle zwischen den Episoden, wo Janet mehr oder weniger gesund war, länger gewesen sein.

Wenn Janet nicht depressiv war, lebte sie ihre Sexualität in recht promiskuöser Weise aus; einmal hatte sie eine Abtreibung vornehmen lassen, bei der sie vom Vater unterstützt wurde. Er billigte ihre sexuelle Freizügigkeit und sagte ihr, »wenn man so krank ist, sollte man jede Lust genießen, die das Leben bereithält«. Alle Liebschaften endeten damit, daß Janet von den Männern verlassen wurde.

Mit Dreißig, kurz nach dem Tod ihres Vaters, kam Janet in die Vereinigten Staaten. Als ich sie damals wiedersah, berichtete sie mir, ihr

335

jetziger Liebhaber, ein verheirateter Amerikaner, habe ihr versprochen, sich scheiden zu lassen und sie zu heiraten. Wie zu erwarten war, zerbrach auch diese Liebesbeziehung, und Janet wurde einige Wochen später depressiv. Sie verlor an Gewicht, litt unter Schlaf- und Appetitlosigkeit, zog sich von ihren Verwandten und Freunden zurück, dachte, sie sei wertlos und müsse wegen ihrer Denkhemmungen und schweren psychomotorischen Verlangsamung ihre Arbeit aufgeben. Die Depression hielt einige Monate an; dann geriet Janet überraschend in einen schweren katatonen Erregungszustand, in dem sie desorientiert und verwirrt war, ein bizarres Verhalten zeigte und Wahnvorstellungen mit dem Inhalt entwickelte, sie werde vergiftet. Die ganze Episode ließ keine diagnostischen Zweifel offen und dauerte ungefähr ein Jahr. In dieser Zeit war sie mehrere Monate in einem psychiatrischen Krankenhaus; sie erhielt Elektroschocks und anschließend Psychotherapie. Obgleich Janets Mutter wiederholt einzugreifen versuchte, nahm die Patientin meinen therapeutischen Rat an und setzte fünfzehn Jahre lang sehr zuverlässig ihre Behandlung bei dem gleichen Psychiater, Dr. D. Milrod, fort[6]. Auch jetzt sieht sie ihn noch gelegentlich, und mit Ausnahme einer kurzen depressiven Phase machte sie keine weitere psychotische Episode durch. Der Therapeut arbeitete mit ihr sehr geduldig und geschickt; so konnte ein erstaunlicher Behandlungserfolg erreicht werden. Während der Behandlung gelang es Janet, eine recht gute Arbeit zu finden und während der letzten Jahre beruflich aufzusteigen. Außerdem heiratete sie mit Ende Dreißig einen Mann, der gut zu ihr paßte; beide Partner vermochten sich gut aufeinander einzustellen. Niemand kann vorhersagen, ob die Patientin künftig Rückfälle erleiden wird. Es soll aber auch gesagt werden, daß trotz dieser überraschend guten Besserung die Zwanghaftigkeit der Patientin und die meisten ihrer Phobien aus der frühen Kindheit kaum nachgelassen haben.

Die frühkindlichen Konflikte und Identifizierungen der Patientin

Janet war eine jener schizophrenen Patienten, die zunächst als manisch-depressiv diagnostiziert werden, weil ihre psychische Erkrankung zyklisch oder phasisch verläuft[7]. Die Depression, mit der ihre

6 An dieser Stelle möchte ich Herrn Dr. D. Milrod nochmals dafür danken, daß er Janets Fall mit mir durchgesprochen hat.
7 Allerdings konnte ich nicht herausfinden, welche Diagnose in den europäischen psychiatrischen Krankenhäusern gestellt wurde.

letzte psychotische Episode anfing, war einem einfach verlaufenden, nicht wahnhaften melancholischen Zustandsbild sicherlich sehr ähnlich. Vielleicht konnte auch nur ein sorgfältiger, psychoanalytisch geschulter Beobachter vermuten, daß es sich um die Anfangsphase einer schweren schizophrenen Episode handelte.

Janets Ambivalenzkonflikte drehten sich um ihren Vater und um ihre späteren Liebhaber, die ihr offensichtlich als Vaterersatz dienten und sie zunächst verführt, dann jedoch verlassen hatten. Ihre tiefgreifenderen Konflikte rührten jedoch von der masochistischen Abhängigkeit her, in der sie sich von ihrer narzißtischen Mutter befand, von der sie auf sadistische Art beherrscht und behindert wurde, wodurch all ihre Anstrengungen, sich von dieser Frau zu lösen, aussichtslos verliefen. Die homosexuelle Auseinandersetzung mit ihrer Mutter, die auch in ihren bewußten Konflikten immer im Vordergrund stand, weckte bei mir gerade wegen ihrer besonderen Art und Intensität schwerwiegende Befürchtungen.

Auch ein weiteres Charakteristikum von Janet paßte nicht ins Bild einer Melancholie. Ihre Selbstanklagen, die sich wiederholten, als würde eine »Schallplatte« abgespielt, unterbrach sie nicht nur im Beginn, sondern auch während der gesamten depressiven Phase oft und überraschend durch kühle, scharf kritisierende und abwertende Bemerkungen, die sie besonders über ihre Mutter, aber auch über ihren Vater, ihre späteren Liebhaber wie auch über ihre Verwandten und Freunde fallen ließ. Auch ihr gefühllosfrostiger Gesichtsausdruck, der nicht mit ihren Anklagen oder Selbstvorwürfen in Einklang zu bringen war, erschien mir verdächtig. Ihre Feindseligkeit wies zu dieser Zeit zwar keinerlei wahnhaft-paranoide Züge auf, aber in den offen feindseligen Bemerkungen der Patientin kamen äußerst unreife, gierige und auch ziemlich absurde Forderungen zum Vorschein, die sie an ihre Mitmenschen stellte. Dieser Art von Bemerkungen folgten wiederum bittere Klagen, daß sie unfähig sei, sich durchzusetzen und die Erfüllung ihrer prägenital-sadistischen Wünsche zu erlangen.

Mit Janets gestörtem Selbstwertgefühl hängen einige wichtige Merkmale ihrer Persönlichkeit zusammen, die von den Selbstwertproblemen abweichen, wie wir sie üblicherweise bei Melancholikern, paranoide oder agitierte Formen der Depression eingeschlossen, zu sehen bekommen. Janets Vorstellungen über ihre eigene Wertlosigkeit drehten sich darum, daß sie unfähig sei, zu arbeiten und sich ihren Lebensunterhalt zu verdienen; hierin kehrten die Persönlichkeitszüge ihrer Mutter wieder. Oder sie klagte, daß sie nicht lesen und keinen intellektuellen wie auch künstlerischen Interessen nachgehen könne, womit sie Mängel oder Schwächen zum Ausdruck brachte, die ihre Mutter dem Vater immerzu vorgeworfen hatte. Janet sprach neben dieser Art von Selbstvorwürfen kaum jemals über Schuldgefühle. Selbst während ihrer depressiven Phase sprach sie sachlich-nüchtern über ihr erst kurz zurückliegendes promiskuöses Sexualverhalten, über ihre Verhältnisse mit verheirateten Männern und die Abtreibung. Sie litt, mit anderen Worten ausgedrückt, nicht unter »Versündigungsgedanken«, die für eine Melancholie so charakteristisch sind; sie klagte auch nicht darüber, daß sie zu wenig für andere empfinde und unfähig sei zu lieben. Ganz im Gegenteil, sie warf sich selber vor, daß sie die Männer nicht dahin bringen konnte, sie zu »verwöhnen«; sie klagte darüber, daß sie sich an ihren früheren Liebhabern nicht rächen konnte, daß sie keine Macht über sie gewann und aus ihnen nicht alles, was sie sich wünschte – zum Beispiel teure Kleidung und ähnliches – herausholen konnte. Immer wieder warf sie sich vor, daß sie nicht über andere Menschen, vor allem über ihre Mutter, herrschen konnte. Janets unverhüllte Forderungen, ihre offene, kalte Feindseligkeit und ihre Scham- und Minderwertigkeitsgefühle darüber, daß sie keine »erfolgreiche Geliebte« sein konnte, spielten nicht nur während ihrer depressiven Phase eine außerordentliche Rolle, sondern sie hielten auch nach der akuten Episode noch einige Jahre lang an.

In dem Zeitraum nach der psychotischen Episode wurde auch deutlicher, daß in Wirklichkeit ihre Identitätskonflikte den Kern ihrer narzißtischen Konflikte bildeten. Wenn es ihr nicht gelang, in aggressiver Weise auf andere Menschen Macht auszuüben, fühlte sie sich, als sei sie für immer dazu verurteilt, ein »Nichts« zu bleiben. Die Selbstvorstellungen, die sie zu jener Zeit hatte, erschienen noch widersinniger, wenn man ihnen gegenüberstellte, daß Janet ansonsten rechtschaffen, anständig und großzügig war und ihre Arbeit auf zwanghafte Weise wichtig nahm. Ihre ehrgeizigen Ziele, eine »erfolgreiche Geliebte« zu sein, gründeten in den Einstellungen und Verhaltensweisen ihrer Eltern, besonders im verführenden Verhalten ihres Vaters, der sie darin ermutigt hatte, daß sie sich sexuell völlig freizügig verhielt und dem Leben alles, was sie sich wünschte, abverlangte. Der Vater hatte sie als kleines Mädchen immer seine »Prinzessin« genannt und ihr versprochen, sie bekäme später einen reichen Mann, der ihr auch alles, was ihr wegen ihrer Schönheit zustand, beschaffen würde. Sein Interesse für schöne Frauen und das große Lob, daß er der Schönheit seiner Tochter spendete, trugen zu Janets außergewöhnlicher Eitelkeit bei; damit hing auch ihre übermäßige Sorge um ihre körperliche Erscheinung zusammen, die sich während der depressiven Phase ins Hypochondrische steigerte. So äußerte sich Janet manchmal recht bizarr über ihre Körperbehaarung oder über ihre häßlichen Augen, von denen sie sagte, sie sähen wie »Jet-Perlen«[8] aus. Oder sie erzählte mir, sie würde nicht wie gewöhnliche Menschen »von innen nach außen« schwitzen, sondern »von außen nach innen«. In Gedanken dieser Art kam offensichtlich ihr Wunsch zum Ausdruck, daß sie sich eine Identität eigener Art aufbauen wollte.

Die befremdende Mischung von zwanghaften Charakterzügen mit impulsivem Verhalten und dem Ziel, eine erfolgreiche, schöne Geliebte zu werden, ergab sich aus Janets Identifizierungen mit ihrem amoralischen Vater – einem erfolgsgewohnten Schürzenjäger – mit seinen Werten und mit seinen Geliebten; aber auch ihre Identifizierungen mit der schönen, eitlen Mutter schlugen sich darin nieder. Diese Mischung widersprüchlicher Persönlichkeitszüge brachte die verworrenen Wertmaßstäbe der Eltern zum Ausdruck und ihre widersprüchlichen Verhaltensweisen, die sie gegenüber Janet gezeigt hatten.

Janet hatte sehr früh erfahren, was damals zwischen den Eltern vorgefallen war. Sie war ungefähr acht Jahre alt oder sogar jünger, als sie bei einem Kinderfest aufschnappte, was einige Frauen über die Liebesgeschichte zwischen Janets Mutter und ihrem Vater, über die Scheidung und den Selbstmord des ersten Ehemannes miteinander zu tuscheln hatten. Janet verstand die Geschichte nicht vollständig, aber sie erinnerte sich, daß sie zu dieser Zeit glaubte, der erste Ehemann ihrer Mutter sei ihr richtiger Vater, und ihre Mutter und der zweite Ehemann seien an seinem Tode schuld. Diese Überzeugung bewirkte jedoch nicht nur, daß sie »anders als andere Kinder war«, sondern sie diente ihr auch als Schutz vor Schuldgefühlen, die sie ihrer engen, inzestuösen Bindung zum Vater wegen empfand; in einem ihrer katatonen Erregungszustände verwandelte sich diese Überzeugung in eine paranoide Wahnvorstellung. Als ihr Vater sie ins Krankenhaus brachte, sprang sie aus dem Wagen, rannte davon und schrie in in wilder Verzweiflung: »Du bist nicht mein Vater – du bist ein Mörder! Hilfe, Hilfe – er will mich umbringen!« Janets Vater wurde damals tatsächlich von der Polizei angehalten und festgenommen. Ich möchte jedoch an dieser Stelle hinzusetzen, daß meines Erachtens Janets panikartiges und paranoides Verhalten ihrem Va-

---

8 Jet oder Gagat ist eine schwarze Bernsteinart (Anm. d. Übers.).

ter gegenüber verdeckte, welche tieferen Ängste sie vor ihrer grausamen Mutter empfand und wie masochistisch-hörig sie ihr war; vielleicht kann man sogar sagen, daß der Vater sie in Wirklichkeit vor der mörderischen Feindseligkeit ihrer Mutter zu schützen versuchte.

Nun können wir uns ungefähr ein Bild jener Merkmale von Janets depressivem Syndrom machen, die eher für eine schizophrene als für eine melancholische Art der Depression charakteristisch sind. An Janets Geschichte lassen sich besondere Umweltfaktoren erkennen, die das Schicksal ihrer Identifizierungen und Objektbeziehungen beeinflußten; sie zeigt, woher ihre Triebkonflikte und ihre narzißtischen Konflikte stammten und welche wichtige Rolle sie für die Entstehung ihrer psychotischen Störung spielten.

In der Kindheit war Janet von ihrer Mutter völlig vernachlässigt worden; diese Vernachlässigung und das gebieterische, dominierende Verhalten der Mutter sowie ihre späteren narzißtischen Bande, in die sie Janet einfing, führten zu einer Fixierung des Kindes auf einer prägenitalen, narzißtisch-symbiotischen, sadomasochistischen Stufe und ließen frühzeitig schwere Phobien und später eine Zwangsneurose entstehen. Diese Einflüsse verhinderten auch, daß sich bei dem kleinen Mädchen ein normales Identitätsgefühl und eine günstige Regulierung ihres Selbstwertgefühls entwickelten. Es kommt noch hinzu, daß der Vater, weil er so überaus nachsichtig und verführend war, das Mädchen aber zugleich wiederholt im Stich ließ, durch sein Verhalten ausschloß, daß Janet auf ihre Inzestwünsche verzichten und stabile Abwehrvorgänge in ihrem Ich ausbilden konnte. Außerdem hinderten die verwirrenden, narzißtischen Verhaltensweisen der Eltern Janet daran, liebevolle, feste Objektbeziehungen aufzubauen und gekonnte Sublimierungen zu entwickeln. Da Janet sich vernachlässigt und verlassen fühlte und echter Zärtlichkeit von beiden Eltern entbehrte, besteht wohl kein Zweifel, daß sie schon in ihrer frühen Kindheit in depressive Zustände geriet, die, was ihre Gefühlsqualität betrifft, von schizoider Art waren und eine fürchterliche Einsamkeit zum Ausdruck brachten.

Zwischen Janets Vorgeschichte und dem, was wir von Melancholikern hören, besteht ein erheblicher Unterschied. Die melancholischen Patienten erinnern sich häufig an eine frühe Phase ihrer Kindheit, wo sie von ihren Eltern übermäßig verwöhnt wurden; dann wurden sie verlassen und erlebten starke Desillusionierungen. Was die Rolle der Desillusionierung betrifft, so kommt bei Janet noch hinzu, daß sie zu Anfang der Latenzzeit ein schweres Trauma erlitt, als sie das Gerede

340

über ihre Eltern aufschnappte und falsch verstand. Wie ich schon erwähnte, wirkte sich dies auf ihre Kindheitsphantasien und auf ihre späteren paranoiden Wahnvorstellungen aus. Ich habe auch schon davon berichtet, welchen traumatischen Einflüssen sie bei ihrer Emigration und dem Einmarsch der Deutschen ausgesetzt war; die Reihe der Traumata setzte sich mit dem Ereignis in London fort, das ihren ersten psychischen Zusammenbruch auslöste. Meines Erachtens wird in der Vorgeschichte von zyklothymen Patienten nicht so oft eine derartige Anhäufung traumatischer Erlebnisse festgestellt.

Besonders wichtig ist auch die Tatsache, daß schon während des depressiven Stadiums von Janets psychotischer Episode ihre besondere Ich- und Überich-Störung so deutlich zutage trat, daß auch zu jener Zeit eine richtige Differentialdiagnose gestellt werden konnte. Janet fand trotz des verlangsamten Zustands, in dem sie war, eine Form, in der sie ihre feindseligen Einstellungen und Intentionen offen und ungerührt ausdrücken konnte, auch wenn es nur dadurch geschah, daß sie beklagte, wie unfähig sie war, ihre aggressiven Bedürfnisse zu befriedigen und ihre rücksichtslos gesetzten Ziele zu erreichen. Diese Art von Selbstanklage sprach dafür, daß Janet völlig unfähig war, die unmoralische Seite dieser Ziele zu erkennen; sie zeigte, wie stark ihr Überich gestört war, wie es zerfiel und wie sich die intersystemischen Konflikte zwischen Ich- und Überich-Forderungen partiell in intrasystemische Kämpfe zwischen ihren sadistischen und masochistischen Strebungen rückverwandelten[9]. Wir können daher sagen, daß Janet in ihrem depressiven Stadium in Wirklichkeit darüber klagte, daß sie ihrer Mutter und männlichen wie weiblichen Ersatzobjekten auf masochistische Weise hörig war; diese Hörigkeit (surrender) hatte über ihre Wünsche gesiegt, die zum Inhalt hatten, daß sie sich diesen Objekten gegenüber auf sadistische Weise durchsetzen, sich an ihnen rächen und sie beherrschen wollte.

Außerdem unterschied sich auch Janets depressives Anklammern an die Objekte davon, wie man es bei Melancholikern findet, die in der Regel über ihre Hilflosigkeit und ihre Abhängigkeit von anderen klagen. Janet lehnte sich jedoch nicht nur an andere Menschen an, sondern sie suchte auch die Dienste, die ihr andere erwiesen, weil sie ihr helfen wollten, regelrecht auszubeuten; offenbar empfand sie dadurch eine gewisse Befriedigung, daß sie zumindest in indirekter und passiver Art Macht auf andere ausübte. Als sich später ihre para-

9 Siehe Hartmann (1950), *Bemerkungen zur psychoanalytischen Theorie des Ichs.*

noiden Wahnvorstellungen entwickelten, beschuldigte sie gerade jene Menschen, die ihr geholfen hatten, indem sie behauptete, sie hätten ihr Gegenstände gestohlen und versucht, sie zu vergiften.

Unter strukturellem Gesichtspunkt unterscheidet sich Janets depressiver Konflikt erheblich von den Ich-Überich-Konflikten bei Melancholikern, auch wenn das klinische depressive Syndrom viele Ähnlichkeiten aufweist. Das Überich von melancholischen Patienten ist zwar äußerst streng und grausam, aber nicht im gleichen Ausmaß wie bei schizophrenen Patienten gestört und zerfallen. Mit diesen Unterschieden tritt nicht nur das Versagen der Neutralisierung[10] und die Intensität der destruktiven Triebregungen bei schizophrenen Störungen hervor, sondern es werden auch die besonderen Triebschicksale deutlich, die aggressive Triebregungen bei der Entstehung von Depressionen im Rahmen einer Schizophrenie erfahren.

Die Bedeutung früh auftretender affektiver Störungen für die Differentialdiagnose

Wenn man in Fällen von psychotischer Depression, die besondere differentialdiagnostische Schwierigkeiten bieten, eine zutreffende Diagnose stellen will, erweist sich eine sorgfältige, psychoanalytisch orientierte Untersuchung der Krankheitsvorgeschichte und der Entwicklung des Patienten als sehr wertvoll. Gelegentlich erfordert dies auch viele Gespräche mit den Familienmitgliedern des Patienten. In diesen Gesprächen müssen wir vor allem versuchen, die früheren und jetzigen Einstellungen und Verhaltensweisen der Eltern zu verstehen, das heißt, wir müssen uns ein Bild davon machen, wie sie das Verhalten des Patienten, seine gefühlsmäßige, triebhafte und intellektuelle Entwicklung, aber auch die Entstehung seiner Objektbeziehungen, seiner Identifizierungen und Sublimierungen beeinflußten.

Außerdem wollte ich zeigen, daß der Versuch, die Geschichte des Patienten aus den Informationen zu rekonstruieren, die wir von ihm selber und seiner Familie bekommen, uns auf mehr oder weniger feine, aber entscheidende Merkmale aufmerksam macht, mit deren Hilfe wir die besondere Struktur der tiefer liegenden depressiven Konflikte aufdecken und damit auch eine richtige Diagnose stellen können. Was Janets Fall betrifft, so habe ich schon die folgenden wichtigen Merkmale hervorgehoben, der frühe Beginn deutlicher affektiver Störun-

10 Siehe Hartmann (1953), *Ein Beitrag zur Metapsychologie der Schizophrenie.*

gen nämlich, ihre schrecklichen Ängste, ihre gefühlsmäßige Leere, ihre Steifigkeit, die Langeweile und die schwere Zwanghaftigkeit. Bei ihrem späteren Zustandsbild machte ich vor allem auf den Inhalt ihrer Wertlosigkeitsideen aufmerksam, die zwar bei oberflächlicher Betrachtung zunächst den Selbstanklagen von melancholischen Patienten ähneln und sich in der Wiederholung so gleichen, als spielte man eine Platte ab; bei genauerem Hinsehen fiel jedoch auf, daß bei Janets Selbstanklagen gerade jene Gefühle der »Versündigung« fehlten, die bei »akuten« Depressionen in der Regel vorherrschen. Janet sprach nämlich offen davon, daß sie eine ausbeuterische Geliebte sein wollte und daß ihre Minderwertigkeitsgefühle deshalb entstünden, weil sie die von ihr verherrlichten Ziele und Neigungen nicht verwirklichen konnte. Schließlich habe ich aus diesen besonderen Störungen des Selbstwertgefühls gewisse Schlüsse gezogen, die sich auf die narzißtischen Konflikte dieser Patientin beziehen und einen Vergleich mit den narzißtischen Konflikten, aber auch mit der Überich- und Ich-Störung bei melancholischen Patienten angestellt.

Es erhebt sich die Frage, inwieweit unsere Beobachtungen an Janets Fall für schizophrene Depressionen im allgemeinen gelten. Janet erinnerte mich, was den frühen Beginn ihrer affektiven Störungen betrifft, an eine andere Patientin, die ich ebenfalls während ihrer Latenzzeit häufig gesehen habe; bei ihr entstand, als sie einundzwanzig war, eine schwere schizophrene Psychose, die rasch zu einem völligen Persönlichkeitszerfall und -abbau führte. Auch diese Patientin war wohl schon als Kind in einem chronisch depressiven Zustand gewesen. Sie hatte mit ihren äußerst gleichgültigen Affekten, ihrer inneren Leere und ihrer »Einfalt«, aber auch durch ihre Beziehungsunfähigkeit Spielkameraden und Lehrer so gereizt, daß sie von ihnen geschlagen wurde; sie nahm diese Schläge zwar mit Zeichen der Angst, aber schweigend hin.

Wenn wir jene Patienten beiseite lassen, die schon die Zeichen einer manifesten Psychose in ihrer Kindheit zeigen, müssen wir allerdings sagen, daß der frühe Beginn von auffälligen affektiven Störungen weder für die schizophrenen Psychosen noch für später auftretende, schwere depressive Zustände die Regel ist. Wir können, was Gesetzmäßigkeiten angeht, nur sagen, daß ausgeprägte emotionale Störungen zwar erst mit dem Beginn oder im Verlauf einer manifesten psychotischen Erkrankung entstehen, während ihre Vorläufer schon in der gesamten emotionalen Entwicklung und Persönlichkeitsentfaltung der Patienten deutlich werden.

Wenn Gefühle moralischer Wertlosigkeit fehlen, wie ich es in Janets Fall beschrieben habe, so ist das für viele, aber keineswegs für alle schizophren-depressiven Patienten charakteristisch; wir sehen nämlich auch Patienten, die, zumindest in gewissen Stadien ihrer Erkrankung, unter schweren Schuldgefühlen oder sogar unter wahnhaften Versündigungsideen leiden, und diese Fälle bereiten uns besonders große differentialdiagnostische Schwierigkeiten. Bei einigen Patienten weichen die Versündigungsideen später Minderwertigkeitsgefühlen und der Angst, ein »Nichts« zu sein; bei anderen wiederum kann sich der Versündigungswahn sogar damit verbinden, daß die Patienten, wie in Janets Fall, über ihre eigene Unfähigkeit klagen, gewisse aggressive Ziele zu erreichen, die von ihnen als besonders wertvoll erachtet werden. Gelegentlich können wir beobachten, daß diese ins Absurde gehenden Klagen von den Vorstellungen moralischer Wertlosigkeit, die sie begleiten, völlig abgespalten sind.

In meinem Buch *Das Selbst und die Welt der Objekte* (1964 [1973]) habe ich kurzgefaßt die Störungen der Ich- und Überich-Entwicklung und der Identifizierungen bei Schizophrenen dargestellt und sie mit den entsprechenden Vorgängen bei Melancholikern verglichen[11]. Ich beschrieb auch jenen »Typus von Schizophrenen, in dessen depressiven Zuständen die Schuldkonflikte fehlen oder zugunsten paranoider Ängste vor Bloßstellung zurücktreten, während Scham- und Minderwertigkeitsgefühle, qualvolle Selbstbeobachtungen und Ängste vor oder Gefühle von Identitätsverlust häufig als charakteristische Symptomentrias auftreten« (S. 210). Im selben Kapitel sprach ich von »einem sadistisch-kriminellen oder einem glanzvoll-grandiosen Pseudoideal, das ... gewisse agierende, paranoid-psychotische Patienten entwickeln« (S. 221). Außerdem gab ich auch zwei kurze Fallbeispiele, die zur hier behandelten Fragestellung gehören, da diese beiden schizophrenen Patienten zeitweilig unter paranoid-depressiven Phasen und Erregungszuständen litten, die im Fall des ersten Patienten schließlich zum Selbstmord führten[12]. Was die Differentialdiagnose betrifft, so bereitete sie bei diesen Patienten allerdings keine besonderen Schwierigkeiten. Ich möchte jedoch für unseren Zusammenhang hervorheben, daß Janets Ziel, eine erfolgreiche Geliebte zu werden, gewissermaßen das Gegenstück zu jener sadistischen Form des Verbrecherideals darstellte, die sich bei diesen beiden Patienten entwickelt hatte. Auch sie hielten während ihrer depressiven Zustän-

11 Siehe dort im zwölften Kapitel, S. 217–221.
12 Ebenda, S. 222–223 und S. 225–228.

de an diesem Ideal fest, und zwar in Form von Wunschphantasien zum einen und Minderwertigkeitsgefühlen zum anderen, weil sie nicht fähig waren, ihre idealen Ziele zu erreichen. Allerdings bestand ein Unterschied zu Janets Symptomen darin, daß die Phantasien und Gefühle dieser beiden Patienten mit paranoiden Ängsten vor Bloßstellung oder leichteren wahnhaften Verfolgungsideen einhergingen. Wenn während der depressiven Phase paranoide Wahnvorstellungen fehlen, so kann dies wie in Janets Fall zu diagnostischen Problemen führen[13]. Ich möchte noch erwähnen, daß wir auch bei manchen Zwangsneurotikern, besonders bei jenen mit paranoiden Zügen, feststellen können, daß sie Skrupellosigkeit und völlige Freizügigkeit von Triebregungen verherrlichen. Bei ihnen bringen diese Einstellungen allerdings zum Ausdruck, daß sie gegen die Einschränkungen ankämpfen, die ihrem Ich durch die Zwanghaftigkeit auferlegt werden; man kann auch sagen, daß diese »antisozialen« Einstellungen bei ihnen ich-dyston sind und daher starke Schuldgefühle hervorrufen.

Der Mangel an bewußten Schuldgefühlen als ein weiteres Kriterium für die Differentialdiagnose

Beziehungs- und Verfolgungsideen und entsprechende Halluzinationen können bei melancholisch-depressiven wie auch bei schizophren-depressiven Patienten auftreten. Jedoch wurde schon von Kraepelin (1913) betont, daß paranoid-depressive Zyklothyme im Gegensatz zu paranoiden Schizophrenen empfinden oder glauben, sie müßten verfolgt werden und hätten die Verfolgung ihrer »Sünden« oder Verfehlungen wegen verdient. Dieser Hinweis unterstreicht, daß bei paranoid-depressiven Schizophrenen zumeist dann, wenn ihre Störung ein fortgeschritteneres Stadium erreicht, bewußte Schuldgefühle in der Regel fehlen; dies ist nicht nur in diagnostischer Hinsicht wichtig, sondern auch für das therapeutische Vorgehen von großer Bedeutung.

Wenn man einem paranoid-depressiven Schizophrenen zum falschen Zeitpunkt andeutet, daß er konflikthafte Schuldgefühle verleugnet, kann man damit einen plötzlichen paranoiden Wutanfall auslösen. Ich erinnere mich, daß mir eine Patientin, die unter abwechselnd auftretenden depressiven und hypomanischen Zuständen litt, als sie sehr

13 Siehe auch im zehnten Kapitel über psychotische Identifizierungen, S. 252 f.

depressiv war, einen Traum erzählte, in dem sich deutlich zeigte, daß sie sich schuldig fühlte, weil sie ihren kleinen Sohn vernachlässigt hatte. Als ich sie auf diese Schuldgefühle hinwies, wurde sie von heftiger Wut gepackt, leugnete jegliche Schuldgefühle oder auch Anlässe zu solchen und sprach in einer nahezu größensüchtigen Art über ihre außergewöhnlichen ethischen Werte und ihr moralisches Verhalten; zugleich aber warf sie mir, ihrer Familie und anderen vor, es fehle uns an Rechtschaffenheit, und erzählte ins Häßliche entstellte Geschichten über ihren Bekanntenkreis. Außerdem gab es eine andere Verhaltensweise dieser Patientin, die viel stärker als bei Janet hervortrat; während ihrer Depressionen verhielt sie sich nahezu »parasitär« und besaß die selbstgefällige Auffassung, alles, was andere für sie taten, machten sie um ihrer außergewöhnlichen Persönlichkeit und nicht ihrer Hilflosigkeit wegen. Die Gesamtheit der Einstellungen und Verhaltensweisen, die ich hier beschrieben habe, ließ mich bei dieser Patientin, die man ebenfalls als manisch-depressiv mit paranoiden Zügen diagnostiziert hatte, die richtige Differentialdiagnose stellen.

Das Verhalten eines schizophrenen jungen Mannes, dessen wiederholte katatone Erregungszustände jeweils mit derart lähmenden depressiven Verstimmungen einsetzten, so daß er häufig völlig unfähig wurde, sein Bett zu verlassen, war in einem noch viel größeren Ausmaß verstiegen und psychopathisch-parasitär. Wenn er depressiv war, erwartete er, daß er zu Hause und ohne Bezahlung von »den besten Psychiatern New Yorks« behandelt würde. Er verschaffte sich durch Lügen und Betrügereien Geld und von verschiedenen Ärzten unglaubliche Medikamentenmengen. Während er auf diese Weise jeden, dessen er habhaft werden konnte, ausbeutete, rechtfertigte er sein parasitäres Verhalten, indem er auf die Schwere seiner depressiven Stimmung verwies. Wenn dieser Patient weniger depressiv war und seine Wohnung wieder verlassen konnte, kreuzte er zu jeder Tageszeit auf und wollte so lange bleiben, wie es für ihn gerade »nötig« war.

Es scheint, daß solche in offener Weise größensüchtigen Einstellungen und Verhaltensweisen für eine Gruppe von schizophren-depressiven Patienten sogar während der depressiven Phase charakteristisch sind. Auch Melancholiker haben, allerdings wegen ihrer psychomotorischen Verlangsamung, Schwierigkeiten, Vereinbarungen einzuhalten, pünktlich zu sein und zu gehen, wenn eine Stunde zu Ende ist. Ich habe jedoch nie Melancholiker – einschließlich jener mit paranoiden Zügen – gesehen, die sich ihrem Therapeuten, ihren Freunden oder ihren Familien in vergleichbarer Weise aufdrängten wie die beschriebene Gruppe von Schizophrenen in schweren depressiven Phasen.

In unserer Praxis sehen wir eine andere Gruppe von Patienten, die keine deutlichen Symptome einer psychotischen Depression zeigen, aber eine Behandlung suchen, weil sie unter wiederholten, schweren depressiven Verstimmungen leiden, die gelegentlich mit hypomanischen Zuständen abwechseln. In solchen Fällen kann uns die Entscheidung schwerfallen, ob es sich um Neurosen handelt oder um leichtere Psychosen, wobei es im letzteren Falle noch offen bleiben kann, ob die Störung zu den zyklothymen oder den schizophrenen Erkrankungen gehört. Wir können bei impulsiven, agierenden Patienten mit vorwiegend hysterischem Verhaltensstil in der Regel zumindest eine affektive psychotische Störung ausschließen. Hysterische Züge brauchen bei manisch-depressiven Patienten nicht zu fehlen, sie stehen jedoch nie im Vordergrund des klinischen Bilds. Am schwierigsten ist die Entscheidung, ob es sich bei solchen Patienten um prägenital fixierte, impulsiv-dranghafte Charakterstörungen handelt, die häufig einer psychoanalytischen Behandlung zugänglich sind und auf die Therapie auch reagieren, wenn sie langsam, sorgfältig und geduldig durchgeführt wird, oder ob es agierende schizophrene Patienten mit hysterischen Zügen sind, die eine psychoanalytische Situation meistens nicht ertragen können. Ich möchte noch hinzufügen, daß ich an Janet wie auch bei anderen Schizophrenen Verhaltensweisen beobachten konnte, die man pseudohysterisch nennen muß, weil sie in Wirklichkeit die unangemessene Affektivität dieser Patienten zum Ausdruck bringen. Außerdem meine ich, daß sowohl bei schizophren-depressiven wie bei melancholisch-depressiven Patienten die körperliche Symptombildung viel häufiger von psychosomatischer als von hysterischer Art ist; jedoch treten solche Symptome bei jenen Schizophrenen, wo sie rasch auftreten und wieder verschwinden, noch viel häufiger zusammen mit hypochondrischen Ängsten und Beschwerden auf.

Nach meiner Erfahrung bieten auch zwanghaft-depressive Patienten, besonders wenn ihre Persönlichkeit paranoide Züge und eine deutliche emotionale Distanziertheit aufweist, größere differentialdiagnostische Schwierigkeiten. Handelt es sich jedoch um Zwangsneurotiker, dann werden ihre affektiven Störungen durch die konsequente Analyse ihrer Abwehr, insbesondere der Isolierung, beseitigt. Bei jenen Patienten, die im Grunde unter einer affektiven (psychotischen) Störung leiden, beobachten wir, daß sie sich während der depressiven

Verstimmung zurückziehen und ihre Fähigkeit zu warmherzigen, zärtlichen Beziehungen in der Regel dann – und trotz ihrer zwanghaften Züge – wiederkehrt, sobald die depressive Phase zu Ende ist. Meine hier beschriebene Erfahrung stimmt auch mit älteren Beobachtungen überein; Campbell (1953) zitiert in diesem Sinne E. Kretschmer: »Deshalb ist der Durchschnitt der cycloiden Menschen, besonders in den ruhigeren Mittellagen, eben *gesellig, menschenfreundlich, realistisch und anpassungsfähig* gestimmt. Weil ihr Temperament mit dem Milieu mitschwingt, gibt es für sie keinen schroffen Gegensatz zwischen Ich und Umwelt, kein prinzipielles Ablehnen, kein starres Korrigierenwollen nach festgefaßten Richtlinien, keinen tragisch zugespitzten Konflikt, sondern ein Leben in den Dingen, ein Aufgehen in den Dingen, ein Mitleben, Mitfühlen und Mitleiden« (S. 168)[14].

Die Zwanghaftigkeit schizophrener Patienten zeichnet sich durch entgegengesetzte Eigenschaften aus, nämlich durch kühle Förmlichkeit und Höflichkeit, durch steifes, gekünsteltes und unnahbares Verhalten sowie durch fehlende emotionale Wärme und Spontaneität. Diese auffälligen Gefühlsqualitäten und Persönlichkeitszüge waren in Janets Fall schon in der Kindheit aufgetreten; sie haben im Verlauf der Behandlung zwar eine deutliche Besserung erfahren, können aber immer noch an ihr festgestellt werden.

In der Kindheitsgeschichte von Manisch-Depressiven habe ich, obgleich sich bei diesen Patienten während der Latenzphase Züge eines Zwangscharakters herausbilden können, nie solche schrecklichen Ängste und früh einsetzende, starke Zwangssymptome wie bei Janet und anderen schizophrenen Patienten gesehen. Auch die beschriebenen bizarren Kombinationen oder das rasche Abwechseln von zwanghaften mit impulsiven Einstellungen und Verhaltensweisen (unkontrolliertes Verhalten bei manischen Erregungszuständen ausgenommen), von sexueller Promiskuität mit puritanischen Idealen, von Zurückhaltung und Altruismus mit unverhüllter, aggressiver Selbstsüchtigkeit und Gier ist bei zyklothymen Patienten nicht zu finden.

Es gibt einen Patiententypus, der uns zunächst zwanghaft und paranoid-depressiv erscheint, in Wirklichkeit aber zu den leichten und latenten Formen der Schizophrenie gehört; bei diesen Patienten besteht die tiefer reichende emotionale Störung auch nach der Depression und ihrer Behandlung fort, obgleich sich die Beziehungsfähigkeit dieser Patienten durch die Behandlung erheblich verbessern läßt. Wir

14 Siehe Kretschmer *Körperbau und Charakter*, 1955 (21. u. 22. Aufl.), S. 168 (Anm. d. Übers.).

haben von diesen Patienten zunächst den Eindruck, daß sie für eine psychoanalytische Behandlung geeignet sind, jedoch werden wir im Verlauf der Therapie, insbesondere dann, wenn sie nicht sorgfältig und vorsichtig durchgeführt wird, vom Auftreten einer psychotischen Episode überrascht oder die Patienten machen keinerlei Fortschritte, und wir müssen die Behandlung schließlich als einen Mißerfolg bezeichnen. Wenn wir allerdings die Psychopathologie dieser Patienten, im einzelnen also ihre spezifische Störung der Überich- und Ich-Struktur, die Art ihrer Objektbeziehungen und ihrer Triebkonflikte gründlich untersuchen, so gewinnen wir Kriterien, die für eine richtige Differentialdiagnose ausreichen.

Zusammenfassung

Im Folgenden möchte ich unter dynamischen und strukturellen Gesichtspunkten nochmals die Unterschiede bestimmen, die sich an den depressiven Konflikten von schizophrenen und von melancholischen Patienten feststellen lassen; dazu muß ich allerdings auch wiederholen, daß sich mein Vergleich auf schizophrene und melancholische Depressionen beschränkt und sich nicht auf alle Phänomene ausdehnen läßt, die bei schizophrenen und manisch-depressiven Psychosen auftreten.

Auch der manisch-depressive Patient kann in der Anfangsphase einer melancholischen Depression, aber auch bei einer »einfach« verlaufenden Depression[15], sehr reizbar sein und die Unzufriedenheit, die er mit sich selbst wie auch mit seinen Liebesobjekten und der Welt insgesamt empfindet, offen ausdrücken. Allerdings zeigt sich bei ihm, wenn sein Ambivalenzkonflikt stärker wird, die charakteristische Tendenz, daß die destruktiven Triebimpulse vom Überich oder auch von den kritischen Ich-Anteilen völlig aufgenommen und dann gegen das Selbst gerichtet werden. Dieser Vorgang bedeutet wohl einen Schutz davor, daß feindselige Regungen das Ich durchbrechen und sich auf die Außenwelt entladen.

Dagegen lassen die Stärke der destruktiven Triebkräfte und die Störung wie auch der Zerfall des Überichs und des Abwehrsystems selbst bei schwer depressiven Schizophrenen nicht zu, daß sie ihre Aggression anhaltend gegen ihr Selbst richten, es sei denn, sie befinden sich

15 Zum Begriff der »einfachen« psychotischen Depression siehe auch S. 175 (Anm. d. Übers.).

in einem katatonen Stupor, den ich in diesem Zusammenhang aber beiseite lassen möchte. Daher dringt bei depressiven Schizophrenen trotz ihrer psychomotorischen Verlangsamung und ihrer Wertlosigkeitsideen die Feindseligkeit immer wieder an die psychische Oberfläche und äußert sich ausbruchsartig, auch wenn der starke aggressive Gefühlston nicht selten fehlt und von Verherrlichungen, Rationalisierungen oder Idealisierungen aggressiver Ziele und Handlungen verdeckt ist, deren wahre Natur verleugnet wird[16]. Diese Ausbrüche verleihen den Kleinheits- und Wertlosigkeitsideen solcher Patienten eine auffällige Widersinnigkeit.

Wenn wir Begriffe der Strukturtheorie verwenden, dann können wir sagen, daß melancholische und schizophrene depressive Patienten unter intersystemischen Konflikten – Konflikten zwischen Überich und Ich – wie auch unter intrasystemischen Konflikten – Konflikten innerhalb des Ichs – leiden, wie uns Hartmann zeigte[17]. Jedoch schlägt sich beim Melancholiker in derartigen Konflikten die Diskrepanz nieder, die zwischen seinen allzu hohen ethischen, moralischen, kulturellen und intellektuellen Wertmaßstäben und der pathologisch entstellten, wertlosen oder sogar »sündhaften« Imago seines Selbst besteht, während beim depressiven Schizophrenen die regressive Rückverwandlung des Ichideals in verherrlichte, wunschbestimmte Imagines eines mächtigen, skrupellosen und sadistischen Selbst ermöglicht, daß aggressive Phantasien und Ziele ins Ich gelangen und bewußt werden. Diese pathologischen Vorgänge haben zur Folge, daß sich im Konflikt des depressiven Schizophrenen zum Teil auch die Diskrepanz zwischen den erwähnten prägenital-sadistischen Neigungen und seiner schwachen, hilflosen und masochistischen Selbstimago ausdrückt.

Da ich weiß, daß meine Beschreibung der strukturellen Unterschiede von depressiven Konflikten bei Melancholikern und bei Schizophrenen aus Gründen der Anschaulichkeit den Sachverhalt stark vereinfacht und daher der Vielfalt und Komplexität des Einzelfalls oder den verschiedenen Erkrankungsstadien nicht gerecht wird, möchte ich nochmals hervorheben, worauf es mir im wesentlichen ankam. Schizophrene neigen dazu, vor allem destruktive Triebimpulse gleichzeitig oder im raschen Wechsel in Richtung auf die äußeren Objekte

16 Auch Lange erwähnte, daß »plötzliche, unvermittelte und affektinadäquate Triebhandlungen« für schizophrene Depressionen, die nach einer Melancholie aussehen, charakteristisch sind (S. 198).

17 Siehe Hartmann (1950).

und auf das Selbst abzuführen oder zu entladen. Selbst in schweren depressiven Zuständen kommt diese Tendenz auf symptomatische Weise zum Ausdruck und läßt uns verstehen, warum bei Schizophrenen, sofern sie nicht in eine lähmende Depression geraten sind, mörderische mit selbstmörderischen Regungen und Handlungen leicht und unvorhersehbar abwechseln.

In diesen dynamischen und strukturellen Verschiedenheiten spiegeln sich die unterschiedlichen Objektbeziehungen und psychotischen Identifizierungen von melancholisch-depressiven und schizophren-depressiven Patienten, wie ich sie schon im zehnten Kapitel dargestellt habe. Wir finden bei depressiven Schizophrenen, daß ihre Selbst- und Objektkonstanz unzureichend entwickelt ist und die Selbst- und Objektimagines sich leicht miteinander vermischen; diese Gegebenheiten führen dazu, daß sich frühe Formen projektiver und introjektiver Identifizierungen vollständig vermengen oder rasch einander abwechseln. So werden entgegengesetzte sadistische und masochistische Strebungen eines Patienten voneinander abgespalten und projektiv an verschiedene Objektimagines geheftet, um dann bald und mit Hilfe von Introjektionsvorgängen wieder in den gegensätzlichen Selbstimagines dieses Patienten aufgerichtet zu werden. In dem Maße, wie paranoide Züge das depressive Bild färben, verändern oder die Oberhand gewinnen, werden wahrscheinlich die »skrupellos«-sadistischen Selbstimagines re-projiziert und erneut mit äußeren Objekten verbunden, die dadurch zu haßvollen, bedrohenden Verfolgern werden. Als Beispiel dafür mag jene Episode dienen, in der Janets richtiger Vater für sie zum »Mörder« wurde. Der Zerfall des Ichs und die Beeinträchtigung der Triebneutralisierung[18] können in diesem Stadium einen Punkt erreichen, an dem das Ich von destruktiven Triebenergien überwältigt wird, und der Patient wird, indem er von einem depressiven Zustand in einen katatonen Erregungszustand wechselt, manifeste selbstmörderische wie auch mörderische Tendenzen – gelegentlich beides zusammen – zeigen.

Ein besseres klinisches und theoretisches Verständnis der unterschiedlichen Psychopathologie sowie der verschiedenen Konflikte und Mechanismen, die bei den beiden großen Psychosegruppen vorkommen, kann uns sowohl bei Patienten, die in einer floriden psychotischen Episode sind, wie auch bei leichten oder latenten Psychosen oder bei Borderline-Fällen diagnostisch weiterhelfen. Zu welcher Behand-

18 Siehe Hartmann (1953).

lungsmethode wir uns im Einzelfall auch entschließen, die Ergebnisse werden nur dann befriedigend sein, wenn wir die Art der psychischen Erkrankung erkennen und die spezifische Störung der strukturgebenden Instanzen Es, Ich und Überich verstehen. Ich denke, dies wird vor allem bei einer Reihe von schizophrenen Patienten sehr deutlich, die wir allerdings recht selten sehen; nachdem sie sich von einer psychotischen Episode erholt haben, ist ihre Ich-Struktur so wenig beschädigt, daß es möglich ist, sie mehr oder weniger modifiziert psychoanalytisch zu behandeln. In diesen Fällen sind die emotionalen Reaktionen und die therapeutischen Wirkungen richtiger Deutungen manchmal erstaunlich und können nach einigen Jahren zu einem erfolgreichen Abschluß der Behandlung führen.

Es gilt wohl allgemein, daß psychotischen Patienten, Borderline-Fälle und latente Psychosen eingeschlossen, am meisten mit einer stetigen, sehr lange dauernden Behandlung geholfen wird, wie es bei Janet der Fall war. Gelegentlich ist es aber auch ratsam, die psychotherapeutische Behandlung eine Zeitlang auszusetzen, und manchmal muß sie unterbrochen werden, weil eine stationäre Behandlung in einer Klinik notwendig wird. Manisch-depressive und schizophrene Patienten, die wiederholt unter schweren depressiven Zuständen leiden und am Ende der depressiven Phase hypomanisch werden, neigen dazu, dann die Behandlung abzubrechen, aber sie kommen bereitwillig wieder, wenn die nächste Depression einsetzt. In der Regel möchten manisch-depressive Patienten, auch jene mit paranoiden Zügen, bei demselben Therapeuten bleiben; sie sollten dies auch tun, da sie zu einer zwar sehr ambivalenten, jedoch intensiven und persönlichen Zuneigung fähig sind. Bei schizophrenen Patienten liegen die Objektbeziehungen auf einem regressiveren Niveau; sie verhalten sich ihrem Therapeuten gegenüber in raschem Wechsel anklammernd, zurückhaltend und feindselig. Diese Verhaltensweisen, aber auch ihre schwere Überich- und Ich-Störung und ihre mangelhafte Selbst- und Objektkonstanz sind dafür verantwortlich, daß sie gelegentlich sogar während einer depressiven Phase die Behandlung abbrechen oder, wenn wieder eine Depression einsetzt, zu einem anderen Therapeuten gehen. Meines Erachtens trifft es besonders für paranoid-depressive Schizophrene zu, daß sie die Therapeuten wechseln oder sogar zu zwei Therapeuten gehen. Allerdings gibt es unter ihnen auch Patienten, für die ein Therapeutenwechsel ratsam erscheint[19].

19 Diese Frage werde ich im dreizehnten Kapitel behandeln.

Die unterschiedliche Übertragung bei melancholisch-depressiven und schizophren-depressiven Patienten führt uns zu den verschiedenartigen Einstellungen, die der Therapeut diesen beiden Erkrankungsformen gegenüber entwickeln muß. Alle Psychotiker, und besonders jene, die in einem depressiven Zustand sind, brauchen von seiten des Therapeuten ein gewisses Maß an emotionaler Wärme; vor allem haben sie es nötig, daß der Therapeut sehr geduldig ist. Während Melancholiker hauptsächlich auf Freundlichkeit, Achtung und Ermutigung angewiesen sind, ist es auch bei sehr depressiven und ängstlichen Schizophrenen gelegentlich nötig, daß wir sehr bestimmt oder sogar streng sind, wenn sie beispielsweise die Behandlung abbrechen wollen oder sich äußerst parasitär verhalten. Wenn wir einem solchen Verhalten der Patienten Grenzen setzen, so heißt es in Wirklichkeit, daß wir ihnen unser Ich und Überich gleichsam leihen; Strenge schließt also nicht aus, daß wir solchen Patienten vorübergehend gestatten, sich auf unser Ich zu stützen und sich dessen Stärke zu »borgen«.

Im allgemeinen bleiben Besprechung und Deutung der erwähnten Verhaltensweisen ohne Sinn oder ohne Wirkung, solange die Depression oder die psychotische Episode nicht im ganzen vorüber ist, aber es gibt auch günstige Fälle, wo sie zu den infantilen Ursprüngen der Triebkonflikte, der narzißtischen Konflikte sowie zu der früheren Fehlentwicklung von Objektbeziehungen und Identifizierungen des betreffenden Patienten führen. Jedenfalls brauchen diese Patienten sehr lange, bis sie die Mängel und Widersprüchlichkeiten ihres Wertsystems und die ihnen entsprechenden pathologischen Ich-Einstellungen (ego attitudes) anerkennen und verstehen können. Weiter oben habe ich den paranoiden Wutanfall erwähnt, in den eine paranoid-depressive, schizophrene Patientin geriet, als ich sie zu einem ungünstigen Zeitpunkt auf ihre konflikthaften Schuldgefühle hinwies. In entsprechender Weise sollten wir sehr geduldig zuwarten, bis wir die konflikthafte Feindseligkeit des Melancholikers unmittelbar ansprechen.

Meine abschließenden und kurzgefaßten Bemerkungen über die unterschiedlichen Schwierigkeiten, die bei der Behandlung von melancholisch-depressiven und schizophren-depressiven Patienten entstehen, sollten nochmals darauf hinweisen, wie sehr wir darauf angewiesen sind, die unterschiedliche Psychopathologie der beiden großen Psychoseformen genau zu verstehen, um daraus einen richtigen methodischen Ansatz für die Behandlung zu gewinnen.

12. Zur erschwerten Handhabung der Übertragung bei der psychoanalytischen Behandlung von Patienten mit schweren Depressionen*

Die wichtigsten Fragestellungen und die Eingrenzung des Themas auf Patienten mit erheblich gestörter Ich-Struktur

In diesem Kapitel sollen vor allem Übertragungsprobleme besprochen werden, die sich während der psychoanalytischen Behandlung sehr depressiver Patienten ergeben. Zum einen besitzen die Patienten, über die ich berichten werde, Gemeinsamkeiten, beispielsweise darin, daß alle Schwierigkeiten, die in ihrem Leben standen, von ihrer Prädisposition zu schweren depressiven Verstimmungen abhingen, daß sie sich wegen dieser Verstimmungen in Behandlung begaben und sie sich für eine psychoanalytische Behandlung eigneten. Auf der anderen Seite boten sie recht unterschiedliche Syndrome; unter ihnen waren chronisch depressive Patienten mit unregelmäßigen Stimmungsschwankungen, Depressive mit schweren Angstzuständen, andere mit hypochondrischen und paranoiden Formen der Depression und schließlich Patienten mit schweren, reaktiv-depressiven Verstimmungen. Oder anders ausgedrückt, es handelte sich bei den meisten dieser Patienten um Borderline-Fälle, die auf der Grenzlinie zur manisch-depressiven wie auch zur schizophrenen Psychose lagen.

Bei allen Fällen ließ sich in der frühen Kindheitsgeschichte ein ziemlich charakteristisches pathogenes Muster auffinden, das für die spätere Erkrankung eine wichtige Rolle spielte, obgleich auch der Einfluß eines hereditären Faktors deutlich wurde. Wir finden darin eine weitere Bestätigung der Annahme, daß die depressive Konstitution sehr viel weiter verbreitet ist als die eigentliche klinisch-depressive Erkrankung. Bei diesen Patienten rechtfertigen ihre schwere Störung

---

* Dieses Kapitel geht auf zwei früher veröffentlichte Arbeiten zurück, deren erste ich als Beitrag für das Symposion »The Widening Scope of Indications for Psychoanalysis« ausarbeitete, im Mai 1954 auf der Arden House Konferenz der New Yorker Psychoanalytischen Vereinigung vortrug und im *Journal of the American Psychoanalytic Association,* 2 (1954), 595–606, veröffentlichte. Die zweite Arbeit erschien unter dem Titel *Interaction between Psychotic Partners: I. Manic-Depressive Partners* in: *Neurotic Interaction in Marriage* (Hrsg. V. W. Eisenstein), S. 125–134, New York 1956.

und das Gewicht erblicher Faktoren die Frage, wie nahe wir mit ihnen, auch wenn sie für eine Psychoanalyse geeignet sind, an das eigentliche Ziel der psychoanalytischen Behandlung heranreichen und eine strukturelle Veränderung bewirken können, die nicht allein zu einer symptomatischen, sondern auch zu einer kausalen Heilung führt. Oder anders gefragt – können wir an der Prädisposition dieser Patienten zu schweren depressiven Zuständen oder Zusammenbrüchen eine Veränderung erreichen?

Es gibt allerdings gewisse klinische Erfahrungen, die einen Teil unserer Bedenken und Zweifel aufheben. So kenne ich beispielsweise eine Frau, die jetzt siebenundvierzig Jahre alt ist und von ihrem sechzehnten bis zu ihrem achtundzwanzigsten Lebensjahr unter schweren, typisch verlaufenden, depressiven Phasen litt. Sie mußte jeweils ins Krankenhaus aufgenommen werden, erhielt jedoch nie eine psychotherapeutische Behandlung. Als sie achtundzwanzig war, starb ihr Vater; ein halbes Jahr später begann ihre erste Liebesbeziehung, und nachdem sie zwei Jahre lang keinen Rückfall in ihre Krankheit hatte, heiratete sie. Sie erlitt keinen richtigen Zusammenbruch mehr, obgleich sie noch die Selbstmordversuche ihrer Mutter und ihrer einzigen Freundin erleben mußte. Jedoch zeigt sie bis heute noch auffallende Stimmungsschwankungen und leidet unter leichteren depressiven Verstimmungen. Fälle dieser Art sind nicht allzu selten, und wenn die Lebensumstände so viel erreichen können, sollte es eigentlich der Psychoanalyse möglich sein, noch mehr zu bewirken. Ich möchte mich mit dieser optimistischen Einstellung jetzt den Schwierigkeiten zuwenden, die bei der psychoanalytischen Behandlung solcher Patienten auftreten.

Mit dem undeutlichen, für die Praxis jedoch recht brauchbaren Begriff »Borderline« werden bei den weiter oben genannten Patienten bestimmte Gemeinsamkeiten ihrer Persönlichkeitsstruktur und ihrer Strategien der Konfliktlösung hervorgehoben und zusammengefaßt[1]. Diese Patienten haben eine erheblich gestörte Ich-Struktur (*ego-distortions*) und Überich-»Defekte«; sie sind in ihren Objektbeziehungen beeinträchtigt, und ihre affektiven Störungen reichen über das, was wir bei den gewöhnlich vorkommenden Neurosen sehen, weit hinaus. Sie brauchen dieser Störungen wegen in der Regel eine Analyse, die viele Jahre dauert und mit langsamer, geduldiger Arbeit im Bereich der Ich- und Überich-Funktionen ausgefüllt ist; auch die

1 Siehe Kernberg (1967, 1975).

besonderen Abwehrvorgänge und die affektiven Reaktionen, durch die sich diese Abwehrvorgänge ausdrücken, erfordern große Aufmerksamkeit. Die analytische Arbeit wird darum schwierig, weil diese Patienten zusätzliche Abwehr- und Restitutionsmechanismen ins Spiel bringen, durch die ihre Realitätsprüfung in mehr oder weniger großem Ausmaß beeinträchtigt wird, und sie außerdem die Außenwelt, besonders jene Objekte, die ihnen wichtig sind, für den Zweck ihrer pathologischen Konfliktlösungen einbeziehen. Die letzteren Vorgänge kann man sehr deutlich bei der psychoanalytischen Behandlung psychotischer Patienten, besonders bei Schizophrenen während jener Stadien beobachten, in denen sich keine manifest psychotischen Symptome zeigen. In meiner Sigmund-Freud-Vorlesung *Psychotischer Konflikt und Realität* (1967 [1972]) habe ich dieses Thema ausführlich dargestellt, und diese Vorlesung kann in vielerlei Hinsicht das, worauf ich in diesem Kapitel eingehe, ergänzen.

Aus den oben angeführten Gründen wird es bei sehr depressiven Patienten nötig, daß wir unsere übliche oder klassische Behandlungstechnik modifizieren, was wir bei neurotischen Patienten nicht zu tun brauchen. Dies heißt in einem spezifischen Sinn, daß depressive Patienten versuchen, ihre verlorene Liebes- und Leistungsfähigkeit mit Hilfe einer übermäßigen und magischen Liebe, die sie von ihrem Liebesobjekt erwarten, wiederzugewinnen. Ein melancholischer Patient sagte mir einmal: »Für mich ist Liebe wie Sauerstoff.« In diesem Sinn gebrauchen die Patienten die verschiedensten Mittel der Abwehr. Wenn es ihnen nicht gelingt, von der Außenwelt Hilfe zu erhalten, ziehen sie sich von ihrem Liebesobjekt oder sogar von der gesamten Objektwelt zurück und setzen den Kampf um das Liebesobjekt in sich selber fort.

Es gehört unumgänglich zum Verlauf der Analyse, daß der Analytiker zum hauptsächlichen Liebesobjekt wird und ins Zentrum des depressiven Konflikts rückt. Daher werden auch die depressiven Verstimmungen, in die der Patient mit fortschreitender Analyse gerät, immer schwerer, und es gilt ganz allgemein, daß er über längere Zeiträume hinweg in Zustände der Ich- und Es-Regression kommt, die tiefer sind als je zuvor. Wir können auch sagen, daß wir dann vor einer besonderen Spielart dessen stehen, was wir negative therapeutische Reaktion nennen. Es liegt auf der Hand, daß diese Besonderheiten mit großen technischen Schwierigkeiten verbunden sind; dies trifft besonders für die Handhabung der Übertragung zu.

Wie sollen wir mit diesen Problemen umgehen? Wieweit und in

welche Richtung soll der Analytiker von der üblichen Praxis abweichen und auf die pathologischen Abwehrbedürfnisse des Patienten eingehen, die auf aktive emotionale Unterstützung oder sogar praktische Hilfe von außen gerichtet sind? Wie gefährlich ist es, wenn der Analytiker die sich auf ihn richtenden sadomasochistischen Phantasien und tiefgreifenden ambivalenten Regungen des Patienten zum Zuge kommen läßt?

Bevor ich diese Fragen im einzelnen behandle, möchte ich einige allgemeine Bemerkungen vorausschicken. Wenn manisch-depressive Patienten in einem hypomanischen oder manischen Zustand sind, bemühen sie sich nicht um eine Behandlung, weil es ihnen in dieser Verfassung an Einsicht mangelt. Aber auch während der sogenannten freien oder gesunden Intervalle kommen die Patienten, wenn sie überhaupt zur Analyse finden, nicht in die Behandlung, obgleich der analytische Prozeß gerade in diesen Phasen die besten Fortschritte macht. Ich erinnere mich an einen Patienten, dessen dritte depressive Phase unerwartet endete, als er es »geschafft« hatte, sich ein Bein zu brechen; er beschloß, daß er auf gründliche, durchgreifende Art etwas für sich tun wolle, änderte jedoch bald wieder seine Ansicht, da er sich alles in allem doch »zu gut« fühlte. Offenbar gelingen bei solchen Patienten die Restitutionsvorgänge besonders gut, das heißt die an der Restitution beteiligten Verleugnungsmechanismen bauen starke Behandlungswiderstände auf.

In der Regel beginnen Patienten, die unter Depressionen leiden, eine Behandlung im deprimierten Zustand. Die Voraussetzung für jede Form von Psychotherapie mit depressiven Patienten ist eine »leistungsfähige Übertragung«[2], die man nach meiner Erfahrung mit depressiven Patienten oft schon während des ersten Interviews einschätzen kann. Ich halte es für wichtig, den Patienten nach seinem Gefühl über den gegenseitigen Rapport zu fragen, da dies in der Regel zu einer offenen und einfachen Antwort führt, die meistens ja oder nein lautet. Es gehört zu depressiven Patienten, daß sie entweder einen unmittelbaren und intensiven Rapport herstellen oder keinen; daher ist es ziemlich schwierig und riskant, wenn man sie an einen anderen Therapeuten überweisen möchte, da er für sie unverzüglich zur »zweiten Wahl« werden kann.

Man beginnt bei typischen, phasisch verlaufenden Depressionen mit

2 Für *sufficient transference basis* wurde vom Übersetzer eine Formulierung Freuds aus der Arbeit *Zur Einleitung der Behandlung* (1913 c), *G. W.*, Bd. 8, S. 473 gewählt.

der Behandlung am besten im Anfangsstadium oder am Ende der Depression, das heißt in Stadien, wo der Rückzug des Patienten seinen Höhepunkt noch nicht erreicht oder schon wieder überschritten hat. Selbstverständlich hängt das therapeutische Vorgehen bei depressiven Patienten vom individuellen Fall und der jeweils besonderen Art der Depression ab, aber am Verlauf der Analyse lassen sich doch bei allen Fällen einige Merkmale feststellen, die ihnen gemeinsam und für diesen Patienten charakteristisch sind.

Am Beispiel der Analyse eines depressiven Borderline-Patienten möchte ich in großen Zügen skizzieren, wie eine recht typische Entwicklung der Übertragungsphänomene und der mit ihnen zusammenhängenden Symptomreaktionen während der Behandlung aussieht. Ich werde zwar viele einzelne Details weglassen, dafür aber jene Behandlungsphasen aufzeigen, die ich für typisch halte. Auf die erste Phase eines unechten und trügerischen Erfolgs durch die positive Übertragung entwickelte sich eine verborgene, negative Übertragung, der negative therapeutische Reaktionen entsprachen, das heißt sie ging im wesentlichen mit immer schwerer werdenden depressiven Verstimmungen einher; die dritte Phase war durch gefährliche, introjektive Abwehrvorgänge und narzißtischen Rückzug gekennzeichnet, während sich in der Abschlußphase allmählich eine neue und schöpferische Form der Konfliktlösung entwickelte.

Neben diesen Einzelheiten bestärkte mich dieser Fall in meiner Auffassung, daß die analytische Arbeit am erfolgreichsten mit Patienten gelingt, die dann, wenn sie nicht depressiv sind, eine Mischung von leicht hypomanischen mit zwanghaften Einstellungen und Verhaltensweisen zeigen.

Herr R. – die Entfaltung der Übertragung in vier typischen Stadien

Herr R., ein hervorragender Wissenschaftler um die Vierzig, litt seit seiner Kindheit an unregelmäßig auftretenden depressiven Verstimmungen, schweren Ängsten und einer funktionellen Darmsymptomatik. Wenn er depressiv war, wehrte er sich gegen die drohende Passivität und psychomotorische Verlangsamung damit, daß er sich in aufregende sexuelle Beziehungen und fieberhaftes Arbeiten stürzte. Daher war er weniger verlangsamt, sondern oft zu gleicher Zeit deprimiert, sehr geängstigt, erregt und auf zwanghafte sowie übertriebene Art aktiv. In den Zügen seiner Persönlichkeit schlugen sich die widerstreitenden Gefühle und Strebungen nieder; er war warmherzig, anziehend, liebenswert und bestrebt, anderen zu gefallen, zugleich aber erfüllte es ihn mit Stolz, daß er sich für eine Kämpfernatur hielt und meinte, er habe seine außergewöhnliche Karriere keinem anderen zu verdanken als sich selbst.

In früher Kindheit hatte der Patient seine Mutter, die unter schweren Depressionen litt, durch einen Unfall verloren. Danach wurde sein Vater chronisch depressiv, gab das gemeinsame Zuhause und seine Arbeit auf und brachte die Kinder bei Pflegeeltern unter, wo sie in einer Atmosphäre emotionaler Gleichgültigkeit und Interesselosigkeit aufwuchsen. Später drehten sich die Konflikte des Patienten um die Ehe, von der er enttäuscht war, und sein ungesichertes Anstellungsverhältnis an der Universität. Er war, bevor er mich aufsuchte, in einer psychotherapeutischen Behandlung gewesen, die ihm nur zu einer geringen Besserung seiner Beschwerden verholfen hatte.

Bei gesellschaftlichen Anlässen hatte er verschiedene Analytiker flüchtig kennengelernt und mich ausgewählt, da ich ihm nicht allein fachkundig, sondern auch »so warm, mütterlich und nicht aggressiv« zu sein schien; er hatte einen unmittelbaren gefühlsmäßigen Kontakt zu mir herstellen können. Die starke Begeisterung für die Analytikerin und für die bevorstehende analytische Arbeit, mit der dieser Patient seine Behandlung begann, weckte meinen Argwohn. Die Analytikerin wurde zum wertvollsten Teil seiner selbst, und in seinen Übertragungsphantasien schlug sich nieder, wie nah er ihr war und wie sehr er sie idealisierte. Der Zustand des Patienten besserte sich unter dem Sternenlicht dieser initialen positiven Übertragung sehr rasch; er fühlte sich besser, oder genauer, so hoffnungsvoll wie seit Jahren nicht. Auch seine Arbeit schien ihm leichter zu fallen, und er fühlte sich seiner Frau, die ihm nun viel angenehmer vorkam, wieder näher. Der Patient fühlte sich trotz fortbestehender Stimmungsschwankungen und Angstzustände subjektiv erheblich besser; dies hielt ungefähr ein Jahr an, und die Analyse entwickelte sich in dieser Zeit scheinbar gut, denn sie verlief insgesamt in einer Atmosphäre von Optimismus und zärtlicher, bewunderungsvoller Dankbarkeit für die Analytikerin, die, wie der Patient es erlebte, ihm so viel geben konnte.

Wären die Übertragungsgefühle des Patienten nicht in so hohem Maß illusorisch und magisch gewesen, so hätte der Gang der Analyse und die gelungene Übertragung ungefähr dem entsprochen, was uns aus der Analyse von Hysterien bekannt ist. Herr R. idealisierte die

Analytikerin auf übertriebene Art und verleugnete hartnäckig ihre sichtbaren oder möglichen Unzulänglichkeiten. Außerdem wollte der Patient nicht sehen, daß er, obwohl er sich subjektiv besser fühlte, in dieser ersten Phase der Behandlung zu keinen grundlegenden objektiven Veränderungen oder Einsichten gekommen war; er fühlte vor allem, wie er immer hoffnungsvoller wurde, und wußte auch, daß seine Analyse alles andere als ein Geschenk war, sondern sehr viel Zeit erfordern würde, aber er glaubte, sie werde schließlich, wenn auch erst in entfernter Zukunft, zum Erfolg führen. Die Art, wie dieser Patient seine gegenwärtige Situation außer acht ließ, ist für depressive Patienten sehr charakteristisch; sie können die Rolle, die ihre Vergangenheit in ihrem jetzigen Leben spielt, nicht wahrhaben oder anerkennen und füllen stattdessen ihr Leben mit Hoffnungen oder Ängsten aus, die sich auf die Zukunft richten.

Nach ungefähr einem Jahr veränderte sich die beschriebene Situation, und Herr R. trat in ein neues Behandlungsstadium ein, in dem seine Enttäuschung gleichsam schleichend und heimtückisch anwuchs. Als seine Frau ins Klimakterium kam, löste dies bei ihm schwere reaktive depressive Verstimmungen aus. Das vorgerückte Alter seiner Analytikerin ließ ihn erstmals an ihr zweifeln, und er phantasierte, wie ihr Charme welkte und ihre Sexualität, aber auch ihre geistigen Leistungen und ihre Möglichkeit, ihm weiterhin viel zu geben, dahinschwanden. Sobald diese Anzeichen einer unaufhaltsamen Desillusionierung in sein Bewußtsein vordrangen, versuchte der Patient unverzüglich, seine Analytikerin wieder in eine gute, ideale und liebende Imago rückzuverwandeln. Zugleich fühlte er stärker, wie ihn Hoffnungslosigkeit und Sorge wegen seines eigenen fortgeschrittenen Alters und den damit verbundenen Einschränkungen der sexuellen wie intellektuellen Leistungsfähigkeit und ähnlichem überkamen. Die Gefühlslage des Patienten und die Übertragungsäußerungen wiesen darauf hin, daß der Ambivalenzkonflikt gefährliche Ausmaße annahm, über der Analytikerin gleichsam heraufzog und sich zusammenballte. Allerdings hielt der Patient seine Ehefrau weiterhin in der Rolle des Sündenbocks fest und richtete auf sie seine Feindseligkeit. Er empfand sie gefühlsmäßig und sexuell abstoßend und zog sich von ihr zurück, mit einer Mischung aus Wut und starkem Schuldgefühl, die ihren Forderungen nach Liebe und Sexualität galt. Darüber, daß ihn nicht mehr wie früher sexuelle Seitensprünge trösten konnten, brachte er unverhüllten Ärger zum Ausdruck; auch seine sozialen Beziehungen wurden schlechter. Mit seiner Vermutung, er verliere das Interesse an anderen Menschen und Dingen, weil die Analyse ihn so sehr in Anspruch nahm, lag er eigentlich richtig, und während er seiner Frau weiterhin vorwarf, sie sei an seinen immer schlechter werdenden Zustand schuld, wurde seine Bindung an die Analytikerin noch enger, als sie ohnehin schon war.

In der anschließenden dritten, lang anhaltenden und auch wieder typischen Behandlungsphase lebte der Patient fast ausschließlich in der Aura oder Atmosphäre der Analytikerin und zog sich in gefährlichem Ausmaß von anderen persönlichen Beziehungen zurück. Die Übertragung war zum einen durch sehr abhängiges, masochistisches Verhalten der Analytikerin gegenüber gekennzeichnet, zum anderen aber auch durch zunehmende Forderungen nach einer Gegenleistung für dieses Verhalten, nach einer aufopferungsvollen Hingabe meinerseits nämlich. Wenn der Patient sich von mir zurückgewiesen fühlte, kam es zu kurzen Ausbrüchen von Trotz mit der wiederkehrenden Redewendung: »Ich brauche Sie nicht!« Seine Übertragungsphantasien gestalteten sich zunehmend ambivalent und sadomasochistisch; auch die ihnen entsprechenden Phantasien und Erinnerungen aus der Kindheit kamen zum Vorschein. Die Stimmungen des Patienten wechselten rasch; mit ihnen veränderten sich auch die Vorwürfe, die er gegen die Analytikerin erhob; mal erschien sie ihm zu verführend, mal selber frustriert und voll von unerfüllten sexuellen Wünschen, dann empfand er sie wieder kalt und zurückweisend. Auf jedes berufliche Versagen, aber auch auf Erfolge wie auf jede »verletzende« oder »hilfreiche« Deutung reagierte der Patient in dieser Behandlungsphase mit Ängsten und Depressionen.

Die beschriebene Behandlungsphase gestaltet sich in einigen Fällen besonders schwierig, weil die sadomasochistischen Provokationen der Patienten den Analytiker sehr ermüden; diese Herausforderungen können unbewußt eine Erpressung darstellen, indem sie nämlich die Schuldgefühle des Analytikers ansprechen, und der Patient hofft, auf diese Art die von ihm ersehnte Reaktion des Analytikers zu erhalten. Gelingt dies nicht, so versucht der Patient den Analytiker zu einer Demonstration von Stärke, Strenge und strafendem Zorn zu bringen, was für den Patienten bedeutet, daß er entweder Unterstützung oder Entlastung vom Druck seines schonungslosen Überichs erfährt.

Als ich einen Frühjahrsurlaub machte, begann für Herrn R. eine neue und noch schlechtere Zeit seiner Behandlung, denn er fühlte sich in gleicher Weise von mir verlassen, wie es ihm früher durch seine Mutter widerfahren war, die er im Alter von sieben Jahren und ebenfalls im Frühjahr verloren hatte. Er trieb in eine schwere Depression hinein. Seine Vermutung, daß ich ihn »allein ließ«, um bei einer Tagung einen Vortrag zu halten, traf zu, und er faßte den trotzigen Entschluß, sich wie damals in seiner Kindheit unabhängig zu machen. Darauf begann er die Arbeit an einem wissenschaftlichen Werk, das jenes Buch übertreffen sollte, an dem ich, wie er annahm, schrieb. Nun geriet ihm sein Buch zu einem Vorhaben, das ihn aufzehrte und von dem er in zwanghafter Weise nicht lassen konnte; einerseits wurde es zum idealen und höchsten Ziel seines Lebens, andererseits stellte es ein Ungeheuer dar, das ihn Tag und Nacht mit Ängsten und Depressionen quälte. Er setzte voraus und erwartete von sich, daß er die beste Arbeit schriebe, die zu diesem Thema jemals verfaßt wurde; außerdem erschien ihm alles, was er vor dieser Zeit geschrieben hatte, ganz und gar wertlos. Die Phase, die er mit der Arbeit an diesem Buch verbrachte, stellte einen deutlichen narzißtischen Rückzug sowohl von mir wie auch ganz allgemein von der (Objekt-)Welt dar. In der Tat versuchte er, mich durch ein Buch zu ersetzen, das er mir in der Phantasie gestohlen hatte.

Zu dieser Zeit wiesen seine starken Darmbeschwerden, die mit Schmerzen ins Genitale und in die Beine ausstrahlten, und das entsprechende analytische Material auf die tiefer liegenden Einverleibungs- und Ausstoßungsphantasien hin. Er nannte das, was ihn innerlich schmerzte und ängstigte, einen »Kloß im Magen«, und er setzte es mit der Analytikerin, mit seiner Mutter und auch mit dem Buch gleich, dessen Thema unmittelbar mit dem gewaltsamen Tod seiner Mutter zusammenhing. Außerdem stellte dieses Kloß-»Introjekt« einen »Kind-Penis« dar, und nach der Phantasie des Patienten war sein Penis eine Fortsetzung dieses Introjekts nach außen. Er wollte ihn von sich abschütteln und im Schoß der Analytikern verwahren (ejakulieren), hatte jedoch große Angst, daß er dabei stürbe. Immer dann, wenn er sich ein wenig freier von Schmerz und Angst fühlte, fürchtete er, er werde den Kloß verlieren und »leer« sein. Es erschreckte ihn gleichermaßen, daß er jemals die Analyse beenden oder das Buch fertigstellen würde, denn ein erfolgreicher Abschluß stellte für ihn das Ende dar.

Die bedachtsam und vorsichtig stützende Haltung, die ich ihm gegenüber einnahm, half ihm über das schwierigste Stadium hinweg. Soweit, wie es mein vages Wissen zu diesem Thema zuließ, zeigte ich, daß ich an seinem Buch sehr interessiert war; ich nahm also an den Schwierigkeiten, die er mit diesem Buch hatte, teil und gewann ihn zurück, indem ich eine vorübergehende Situation des Partizipierens zuließ.

Gleichzeitig mit der Analyse von homosexuellem und präödipalem Phantasiematerial brach eine neue Behandlungsphase an, in der ich durchgehend Übertragungsdeutungen verwendete. Als das Material der Urszene und die sadomasochistischen Identifizierungen mit beiden Elternteilen in der Übertragung durchgearbeitet werden konnten, wendete sich das Blatt.

An dieser Stelle möchte ich den Fallbericht abbrechen. Die ungewöhnliche Einsicht und die unermüdliche Mitarbeit dieses Patienten verdienen große Anerkennung. Innerhalb seiner Berufsgruppe, der er sich zugehörig fühlt, ist er ein geschätztes Mitglied. Seine Ehe besserte sich allerdings nicht, auch wenn sein sexuelles Verhalten ihm mehr Befriedigung bot. Seine Frau erlitt einen psychotischen Zusammenbruch, und das Eheleben wurde dadurch viel schwieriger; dieser Zusammenbruch verhinderte aber auch, daß der Patient sich von seiner Frau scheiden ließ. Er kam jeweils für einige Wochen oder Monate wieder in die Behandlung, wenn er meinte, er werde mit seiner Ehesituation nicht fertig.

Die pathologische Interaktion zwischen manisch-depressiven Patienten und ihren Partnern

In diesem Abschnitt möchte ich die persönlichen Beziehungen und die Objektwahl von Borderline- und psychotisch-depressiven Patienten untersuchen; der Schwerpunkt wird auf der pathologischen Interaktion von manisch-depressiven Patienten mit ihren Partnern liegen. Meine Beispiele zeigen, in welchem Ausmaß der jeweilige Partner die psychische Verfassung des Patienten und damit auch die Behandlungssituation beeinflußt; das Fallmaterial zeigt außerdem, wie der Partner an der Form oder Beschaffenheit dessen, was der Patient auf den Analytiker überträgt, mitwirkt, und welche Gefahr für den therapeutischen Fortschritt des Patienten darin liegt, wenn der Analytiker in die Rolle des Partners hineingetrieben wird.

Die persönlichen und ehelichen Beziehungen depressiver Patienten wirken oft gut und herzlich. Solange Manisch-Depressive nicht erkranken, sind sie großartige Kameraden, denn sie zeigen emotionale Wärme, sind sexuell ansprechbar und besitzen eine reiche Sublimierungsfähigkeit, kurz gesagt, sie haben Persönlichkeitsmerkmale, durch die sie ihre Partner für sich gewinnen können. Sehen wir uns in solchen Fällen die Ehebeziehung genauer an, dann stoßen wir auf wesentliche pathologische Gegebenheiten, die den Keim zu späteren Zusammenbrüchen des depressiven Partners in sich tragen. Wir finden nämlich, daß die Ehe, die uns zunächst warmherzig und eng erscheint, in Wirklichkeit symbiotische Züge trägt; die Partner klammern sich zu sehr aneinander, stützen sich gegenseitig und sind in hohem Maße voneinander abhängig.

Die günstigste Partnerkonstellation scheint bei Paaren vorzuliegen, deren gegenseitige Abhängigkeit ein festes Fundament besitzt, das entweder in praktischer Zusammenarbeit, zum Beispiel im Beruf oder in gemeinsamen Interessen und Liebhabereien besteht. In vielen Fällen ist jedoch die offensichtlich allzu große Enge zwischen den Partnern und ihre übermäßige gegenseitige Abhängigkeit mit einem auffälligen Fehlen gemeinsamer Interessen verknüpft; die Partner bedürfen einander sehr und haben sich doch nichts zu sagen, obgleich jeder von ihnen ein mit reichlichen Fähigkeiten entwickeltes Ich besitzt und sie sich eigentlich viel zu sagen hätten. Diese Situation fördert eine Form des Ehekonflikts, der beim manisch-depressiven Partner depressive Phasen auslösen muß.

Wenn sich uns die Gelegenheit bietet, die Persönlichkeitsstruktur beider Partner unter psychoanalytischen Gesichtspunkten sorgfältig zu untersuchen, so stoßen wir auf die Gesetzmäßigkeit, daß beide, wenn auch in verschiedener Ausgestaltung, den präödipal fixierten Charakterformen angehören. Bei solchen Paaren entsteht eine Art von »oralem« Wechselspiel, das zu immer größeren gegenseitigen Forderungen führt, die schließlich einen Punkt erreichen, an dem die Enttäuschung unvermeidlich wird und der eine oder der andere Partner an ihr scheitert. Manchmal sind beide Partner Manisch-Depressive und müssen abwechselnd im Krankenhaus behandelt werden; in anderen Fällen hält sich der eine Partner, solange der andere in einer depressiven Phase ist, erstaunlich gut, wird aber sofort depressiv, wenn der andere sich erholt.

Die Partnerwahl vieler Depressiver ist rein masochistisch. Solange sie nicht selber erkranken, wehren sie ihr eigenes infantiles, orales Verlangen ab, indem sie die Rolle der aktiven, sich aufopfernden, aber auch dominierenden Mutter übernehmen; als Gegenleistung für diese praktische Unterstützung erwarten sie emotionalen Beistand, den sie so dringend benötigen, um ihr Selbstwertgefühl aufrechtzuerhalten; oder mit anderen Worten: für den manisch-depressiven

Partner stellt das Liebesobjekt vor allem eine Überich-Figur dar. Er braucht ein Liebesobjekt, das er in äußerstem Maße überschätzt, mit seiner ganzen Liebe besetzt und für das er, getragen von der Hoffnung auf Lob und Liebe, alles opfern möchte.

Der Partner ist für einen Manisch-Depressiven eine Art Nährboden oder Medium, in dem er leben und sein seelisches Gleichgewicht halten kann. Wir stellen jedoch häufig fest, daß der sogenannte gesunde Partner passivere, selbstsüchtigere Charakterzüge hat und seine Forderungen an den Partner unverhüllter stellt; die Dienste, die ihm der andere erwies, begleicht er gerne damit, daß er ihm seine tiefe Dankbarkeit und Anerkennung ausspricht, jedoch deckt sich diese Einstellung meistens nicht mit seinem tatsächlichen Verhalten.

Natürlich gibt es viele verschiedene Kombinationen, wie sich die Mutter- und Kindrollen aufteilen; so sorgt beispielsweise einer der Partner für Geld und materielle Güter, der andere beschafft die intellektuelle und geistige »Nahrung« und so fort. Ein derart empfindliches Gleichgewicht ist außerordentlich störbar. Es kommt häufig vor, daß der neurotische Partner, wenn er in seiner eigenen Rolle bei diesem Tauschgeschäft ermüdet, mehr und mehr Vorteile aus den masochistischen Verhaltensweisen des anderen Partners zieht und schließlich immer abhängiger und fordernder wird. Dies wiederum scheint den depressiven Konflikt beim anderen Partner auszulösen, und es ist daher nicht überraschend, wenn wir in jenen Fällen, wo wir beide Partner untersuchen können, herausfinden, daß die Klagen und Beschwerden des Patienten über sein Liebesobjekt, die hinter den depressiven Selbstanklagen stehen, den Kern der ehelichen Schwierigkeiten genau treffen.

Frau S. zum Beispiel, eine manisch-depressive Sozialarbeiterin, warf ihrem Ehemann vor, er sei kindlich und auf unreife Art selbstsüchtig, obgleich er vorgab, idealistisch zu handeln und mit ihren politischen und sozialen Ansichten übereinzustimmen. Sie meinte, er habe sich im wesentlichen deswegen an sie geklammert, weil er selber passiv und schwach sei; mehr noch, er habe sie anderen nur deshalb vorgezogen, weil er ihre gründlichere Ausbildung, ihren besseren sozialen Hintergrund und nicht zuletzt ihre Fähigkeit, Geld zu verdienen, bewunderte. Da er nun aber selber eine gutbezahlte Arbeit bekommen hatte, war sie sich sicher, daß er sie loswerden wollte, um dann ein einfaches und unbedarftes Mädchen zu heiraten, das für ihn kochen und immerzu auf ihn warten würde. All dies leugnete der Ehemann, und er machte viel Aufhebens davon, wie sehr er sich um sie sorge, versagte jedoch völlig, als es an ihm war, seine Frau während ihrer depressiven Phasen zu unterstützen.

Frau S. erlitt einen schweren Rückfall zu einer Zeit, wo ich keine Möglichkeit hatte, mich um sie zu kümmern; sie wurde an einen anderen Psychiater überwiesen, erhielt in der Klinik Elektroschocks und beging Selbstmord, als sie eine Woche nach dieser Behandlung aus dem Krankenhaus entlassen wurde. Ihr Ehemann reagierte auf den Verlust mit einem kurzdauernden hypomanischen Zustand; nachdem er seine Erschütterung einigermaßen überwunden hatte, suchte er mich wegen bestimmter sexueller Probleme auf. Zu dieser Zeit konnte er auch zugeben, daß er sich nie in echter Weise um seine Frau gekümmert hatte, und er gestand sogar ein, daß er sie nur deshalb geheiratet hatte, weil sie sozial höher stand als er. Er hatte sie, obwohl er sie wirklich bewunderte, nicht lieben und ihren Wertmaßstäben nicht nachkommen können. Nun kam er recht schamlos und unverfroren zu dem Schluß, er sei froh, sie los zu sein. Kurz nach ihrem Tod zog er ins Stadtzentrum, gab sein Kind bei Freunden in Pflege und suchte den Umgang mit Prostituierten. Dann kam er wieder zur Ruhe und lernte ein einfaches Mädchen kennen, das sehr häuslich war und keinerlei geistige Interessen verfolgte. Dieses Mädchen wollte sich um ihn kümmern, womit er das, was er brauchte, bekam; nach kurzer Zeit heiratete er sie, und sie kamen gut miteinander aus.

Vor vielen Jahren behandelte ich in Europa Frau T., deren Fall dem von Frau S. ähnelt. Auch sie klagte damals, daß ihr Ehemann sie nicht liebe, da er mit jedem hübschen Mädchen flirte, das ihm über den Weg lief. Sie hielt ihn außerdem für schwach, gedankenlos und meinte, er besäße kein Taktgefühl, sei oberflächlich und unreif, kümmere sich nicht um ihr gemeinsames Kind, wolle seine Vaterrolle nicht annehmen und so weiter. Frau T. beging später, wie auch ihr Vater und Großvater, während einer weiteren depressiven Phase Selbstmord. Zwanzig Jahre später kam ihr Ehemann in New York zu mir. In diesem Gespräch bestätigte er jede einzelne Anklage, die sie gegen ihn erhoben hatte, das heißt, er hatte sie vor allem wegen ihres Geldes geheiratet, fühlte sich jedoch durch die frühe Heirat und die nachfolgende Vaterschaft festgelegt und überlastet und sehnte sich nach der Freiheit seines früheren Junggesellenlebens. Die Zuneigung, die er für seine Frau empfand, verblaßte, als sie schwanger wurde. Im Gegensatz zu Herrn S., dessen zweite Partnerwahl wesentlich vernünftiger war, heiratete Herr T. Jahre später eine

366

Frau, die sofort nach der Hochzeit in schwere depressive Phasen geriet; dieses Beziehungsmuster wiederholte sich ein drittes Mal mit einer Freundin.

Ein weiteres Beispiel ist Herr U., der Ehemann einer depressiven Patientin, die von mir behandelt wurde; er begann eine Analyse, als sie in der Abschlußphase ihrer Behandlung war. Sein Analytiker wußte nichts von den Klagen der Ehefrau, die ihr während der Behandlung bei mir bewußt wurden, und er schilderte mir in düsteren Farben, wie infantil und selbstsüchtig Herr U. sei, wie fordernd er von seiner Frau Besitz ergreife und sich überdies noch berechtigt fühlte, sie zu betrügen, soviel er wollte. Die geschilderten Charakterzüge stimmten im einzelnen damit überein, wie mir die Patientin ihren Ehemann beschrieben hatte.

In vielen Fällen geht der kritischen Ehesituation ebenso wie den Erkrankungsphasen des manisch-depressiven Partners ein Stadium der Auflehnung voraus, auf das die eigentliche Depression folgt; das heißt, der Patient lehnt es offen ab, dem Partner gegenüber die Rolle der aktiven, versorgenden Mutter oder des unterstützenden Vaters zu spielen. Einige Patienten haben dies in die folgenden Worte gefaßt: »Er ist wie ein Kind und so selbstsüchtig. Was soll denn mit mir werden? Ich kann ihn doch nicht immer bemuttern, da ich ja selber eine Mutter brauche.« Wir können daher auch sagen, daß die Depression des Patienten darauf hinzielt, den Partner in die mütterliche Rolle zu zwingen.

Ein psychomotorisch verlangsamter und hilfloser Patient, der seine Selbstvorwürfe zur Schau stellt, spricht Mitgefühl, Bedauern und Schuldgefühle auf seiten des Partners an. Wir kennen alle die besondere Art des versteckten Sadismus bei Melancholikern und finden ihn schwer erträglich. Auch in solchen Fällen, wo gegen den Partner gerichtete Auflehnung und Vorwürfe, wie ich sie weiter oben erwähnt habe, nicht auftreten, bekommt der Partner die feindseligen Anwürfe und Klagen zu spüren, die hinter der selbstbestrafenden Verhaltensweise des Melancholikers stehen.

Wir können auch sagen, daß der depressive Patient nie aufhört, sich so zu verhalten, daß oftmals seine gesamte Umgebung, vor allem auch die Kinder, sich quälend schuldig fühlt und ihrerseits immer mehr in eine depressive Verfassung gebracht wird. Dadurch erklärt sich auch, warum sich der vermeintlich gesunde Partner dem anderen gegenüber – im Sinne einer Abwehr – erschreckend aggressiv und sogar grausam verhält und damit seinen depressiven Partner gerade da trifft, wo er am verletzbarsten ist. Wenn die depressive Phase länger anhält und der Patient aus der Familie nicht herausgenommen wird, entsteht ein Circulus vitiosus, denn der gesunde Partner erliegt allmählich der verborgenen, starken Feindseligkeit seines Gatten und versucht die eigene depressive Reaktion dadurch abzuwehren, daß er zum Gegenangriff und zu Beschuldigungen übergeht, wodurch die patholisch gesteigerten Gefühle von Wertlosigkeit auf seiten des Patienten nochmals verstärkt werden. Versucht der gesunde Partner dagegen, dem deprimierenden Zusammensein mit dem Patienten zu entkommen und außerhalb der Beziehung, entweder bei der Arbeit, bei anderen sozialen Tätigkeiten oder in sexuellen Abenteuern Beistand und Trost zu finden, muß das Gefühl des Patienten, er werde nicht geliebt, weiterhin zunehmen. Wenn die Depression des Patienten besonders lange anhält, kommt es fast immer dazu, daß die übrigen Familienmitglieder sozusagen infiziert und schließlich selber depressiv werden.

Da meine Ausführungen sich vor allem auf manisch-depressive Patienten und ihre Partner beziehen, möchte ich mich auch dazu äußern, was geschieht, wenn die Patienten in einer hypomanischen Verfassüng sind. Ich erinnere mich an den Ehemann einer Patientin, der seinerseits, als durch die Genesung seiner Frau der starke Druck ihrer Depression von ihm genommen war, in eine leichtere, gehobene Stimmungslage geriet und mich immerzu anrief, um mir zu versichern, wie gut sich alles wieder anließe.

In anderen Fällen kann der Partner den hypomanischen Zustand des Patienten noch schlechter als die Depression ertragen, und zwar besonders dann, wenn der Patient aggressiv ist und zu ständigem Ärger Anlaß gibt, weil er seiner eigenen Aggressivität nicht gewahr wird und sich auch noch in anderen Bereichen einsichtslos verhält. Führt der hypomanische oder manische Zustand zu sexuellen Seitensprüngen oder sorgloser Geldverschwendung, dann reagiert der Partner oft erschrocken, abgestoßen oder mit Ängstlichkeit, die offen zum Ausdruck kommt; schließlich kann der Partner selber in eine Depression geraten, und diese Reaktionen führen oft zur endgültigen Auflösung der Ehe, die wegen der depressiven Phase allein nicht erfolgt wäre.

Es ist hervorzuheben, daß die teilweise gerechtfertigten negativen Verhaltensweisen, die der mehr gesunde Partner dem depressiven Gatten während der akuten Erkrankungsphase entgegensetzt, den Konflikt des Patienten unweigerlich verschärfen müssen. Wiederum entwickelt sich die pathologische Interaktion solcher Paare zu einem Teufelskreis, in den auch ihre Kinder und die übrigen Familienmitglieder mit einbezogen werden, und die insgesamt pathologische Familiensituation kann so lange andauern, bis sich schließlich der Patient völlig von seiner Familie zurückzieht. Klinische Psychiater begründen mit der Gefährlichkeit solcher Familiensituationen, warum sie befürworten, daß der Patient zumindest in dem Stadium, wo die psychotische Depression am stärksten ausgebildet ist, im Krankenhaus behandelt oder von seiner Familie getrennt wird und auch nur selten von ihr besucht werden soll. Es gibt allerdings Patienten, die auf eine Behandlung im Krankenhaus sehr schlecht reagieren und besser genesen, wenn man sie in ihrem Zuhause läßt. Wahrscheinlich handelt es sich dabei um Patienten, die besonders hart dagegen ankämpfen, daß sie ihre Libido nicht völlig von den Liebesobjekten abziehen und die deshalb auch das Gefühl haben, daß ihnen allein schon die Gegenwart ihres Partners hilft, die Verbindung zu ihm, wie ambivalent sie auch immer sein mag, aufrecht zu halten.

Meine Ausführungen über partnerschaftliche, pathologische Interaktionen möchte ich mit einigen Bemerkungen abschließen, die den »Gegensatz«-Ehen (»Gegensätze ziehen sich an«) gelten, wie man die eheliche Partnerschaft von manisch-depressiven und schizophrenen Patienten nennen könnte. Ich habe unter den wenigen Fällen, an die ich mich erinnere, nie sehen können, daß eine solche Partnerschaft gut geht. Die Zusammenbrüche des manisch-depressiven Partners waren unvermeidlich, weil er das, was er wirklich brauchte, nämlich emotionale Wärme und Zuneigung, nicht erhielt. Gehen wir von den emotionalen Bedürfnissen des einzelnen Partners aus, dann können wir schwer verstehen, warum ein Manisch-Depressiver den Wunsch hat, einen Schizophrenen zu heiraten. In einem dieser Fälle war der Ehemann ein manisch-depressiver Patient, in dessen Verhalten sich, wenn er nicht akut erkrankte, zwanghafte Züge und leicht hypomanische Stimmungslagen mischten, das heißt, er war in diesem Zustand meistens sehr aktiv, liebenswert und auch darauf ausgerichtet, seiner Frau zu helfen und ihr viel Liebe zu geben. Vielleicht kann man sagen, daß solche Menschen schizoide Persönlichkeiten anziehen und ihnen gleichsam Leben einhauchen oder sie »anwärmen«. Ich habe jedoch nie beobachten können, daß sich zwischen dermaßen gegensätzlichen Psychotikern ein ausgewogenes oder stabiles Gleichgewicht herstellte.

Was die Ehebeziehungen von schizophrenen Patienten betrifft, so habe ich bei ihnen drei charakteristische Formen der Objektwahl feststellen können. Bei der ersten Form handelt es sich um Patienten, die in gewissem Grad und über sexuelle Gelegenheitsbeziehungen hinaus zu persönlichen Beziehungen fähig sind; sie stellen eine gewisse Übereinstimmung dadurch her, daß sie Partner wählen, die ihnen intellektuell und von der sozialen Schicht her unterlegen sind. Eine zweite Gruppe von Schizophrenen verheiratet sich wiederum mit Schizophrenen oder mit Psychopathen; sie teilen sich in eine gemeinsame, aber unrealistische Welt. Die dritte Form der Objektwahl besteht darin, daß Schizophrene sich mit rigiden, zwanghaften Partnern zusammentun, und es scheint, daß die Reaktionsbildungen des zwanghaften Partners dazu dienen sollen, die eigene Zwangsabwehr zu stärken und vor dem Versagen, das ihr droht, zu schützen. Ich habe jedoch auch in einigen Fällen gesehen, daß gerade die Zwanghaftigkeit des einen Partners beim anderen, schizophrenen Partner eine psychotische Episode auslöste, weil der Schizophrene diese Rigidität nicht mehr ertragen konnte[3].

Da es sich häufig zeigt, daß die depressiven Zustände des Patienten, aber auch die Übertragung, die er zum Analytiker herstellt, von der Störung seines Partners erheblich beeinflußt werden, entsteht oft auch die Notwendigkeit, daß beide Partner behandelt werden. Ich konnte in einigen Fällen erreichen, daß die Partner meiner Patienten sich um eine Psychotherapie oder eine Analyse bemühten, die dann zu bemerkenswert guten Ergebnissen führte.

Die emotionale Einstellung des Analytikers zum schwer depressiven Patienten

Nun möchte ich mich dem Thema zuwenden, wie technische Schwierigkeiten zu handhaben sind, die mit den besonderen Übertragungsreaktionen jener Patienten entstehen, die unter schweren Depressionen leiden. Die Kernfrage lautet wohl: Wie können wir erreichen, daß sich die äußerst ambivalente Übertragung solcher Patienten so weit entfaltet, daß es auch möglich wird, sie zu analysieren? Wie können wir zugleich verhindern, daß der Patient seine Behandlung im Dienste des Widerstands beendet, was so aussehen kann, daß er

3 Siehe auch im 10. Kapitel, S. 321.

entweder, nachdem er seine Depression überwunden hat, die Behandlung mit dem trügerischen Ergebnis einer Übertragungsheilung beendet oder mit einem negativen therapeutischen Ergebnis, nämlich mit dem Rückzug vom Analytiker und einer schweren Depression? Können wir solche Behandlungsausgänge vermeiden oder fördern wir sie, wenn wir die Bedürfnisse unserer Patienten befriedigen, die zum einen auf eine Belebung ihrer schwindenden libidinösen Reserven gerichtet sind und zum anderen auf eine Überich-Figur, die sich ihnen gegenüber mal vergebend, dann aber auch wieder strafend verhält?

Sicherlich werden die Antworten, die ich auf diese Fragen geben kann, nicht in jeder Hinsicht befriedigend sein. Ich bin, was die allgemeinen Zusammenhänge betrifft, der Ansicht, daß wir für die psychoanalytische Behandlung dieser Patienten heute besser gerüstet sind, da sich unser Wissen um das Ich, um seine Entwicklungsstufen in der frühen Kindheit und seine komplexen Abwehrstrategien vermehrt hat. Die neueren Entwicklungen der psychoanalytischen Ich-Psychologie geben uns die Möglichkeit, den methodischen Ansatz unserer Behandlungstechnik mehr vom psychoanalytischen Verstehen als von der Intuition her zu modifizieren.

In den Anfängen der Psychoanalyse wagten sich nur wenige Analytiker an die Behandlung schwer gestörter, depressiver und manisch-depressiver Patienten. Einer von ihnen war Abraham, der uns auf die übermäßigen oralen Ansprüche dieser Patienten aufmerksam machte, die gestörte Oralität aber noch nicht im Sinne von notwendigen Abwehrvorgängen des Ichs erkannte (1911, 1924). Erst später, als nämlich die Analyse der Arbeitsweise des Ichs ebenso wichtig wurde wie die Rekonstruktion der libidinösen Entwicklungsphasen, war es möglich, mehr Patienten mit schwereren Depressionen zu behandeln. Diese Verlagerung des Interesses auf die Ich-Funktionen führte allerdings dazu, daß einige Analytiker die vorherrschende Rolle, die der Oralität bei den Depressionen zukommt, weniger hoch bewerteten[4]; dies trifft meines Erachtens sicherlich für normale oder neurotische Menschen zu, die unter einer Depression leiden, jedoch nicht für psychotische und Borderline-Patienten, die in der Regel tiefreichende Regressionen aufweisen.

Die Häufigkeit der Behandlungsstunden soll am Anfang meiner Überlegungen stehen. Es ist bekannt, daß die Mehrheit der Analy-

4 Zum Beispiel E. Bibring (1953), dessen Auffassung ich im 6. Kapitel dargestellt habe.

tiker meint, man solle schwer depressive Patienten in täglichen Sitzungen behandeln; meine Erfahrungen haben mich jedoch eines anderen belehrt. Ich meine, daß die Art, wie der Analytiker emotional reagiert, von größerer Bedeutung ist als die Menge der Behandlungsstunden. In der Tat vertragen viele depressive Patienten drei oder sogar vier Sitzungen besser als sechs oder sieben Stunden in der Woche. Gibt man diesen Patienten die Gelegenheit, ein Stück Distanz – im Sinne von Raum und Zeit – zwischen sich und den Analytiker zu legen, so bewirkt dies eher, daß sich ihre Ambivalenz vermindert als daß sie größer wird. Die Patienten können die Vereinbarung von täglichen Sitzungen zunächst als verführerische Versprechung erleben, die zu groß ist, um sich erfüllen zu lassen; diese Vereinbarung kann für sie später jedoch in eine unerträgliche Verpflichtung umschlagen, mit der die masochistische Unterwerfung der Patienten gefördert wird. Auch während einer depressiven Phase, wenn die Patienten sehr verlangsamt sind oder wenn Suizidgefahr besteht, sollten wir mit der Verlängerung einzelner Behandlungsstunden und einer Erhöhung der Stundenzahl äußerst vorsichtig sein. In diesem Zusammenhang erinnere ich mich an eine sehr verlangsamte, paranoid-depressive Patientin, die oft bis zu zehn Minuten brauchte, um sich von der Couch zu erheben und zu gehen; später jedoch war sie sehr verärgert und warf mir vor, ich hätte durch die 60-Minuten-Sitzung ihre Ansprüche geweckt und gesteigert.

Die Patienten können, solange ihre starke psychomotorische Verlangsamung anhält und sie in ihrem Fühlen und Denken gehemmt sind, weder frei assoziieren noch Deutungen aufnehmen. Aber auch dann, wenn sie einen Kontakt herstellen und aufrechterhalten können, versinken sie so tief in ihren Ängsten, Schuldgefühlen, Befürchtungen und in zwanghaftem Grübeln, daß sie in ihrem Therapeuten vor allem den geduldigen Zuhörer brauchen, an den sie ihre sich endlos wiederholenden Klagen richten dürfen. Während Wochen oder Monaten kann der einzige Gewinn, den solche Patienten aus der Behandlung ziehen, lediglich darin bestehen, daß eine tragfähige, dauerhafte Übertragung, die schließlich auch über die Depression hinweghilft, ihnen Unterstützung und Schutz bietet.

Abraham war der Ansicht, daß bei manisch-depressiven Patienten die eigentliche Analyse in der Regel auf die sogenannten freien Intervalle beschränkt bleibt. Falls der Analytiker in solchem Ausmaß geduldig und einfühlsam ist, daß er sich auf die gebremsten Gefühlsabläufe und Denkvorgänge dieser Patienten einstellen kann, wird

372

der analytische Prozeß auch während einer depressiven Phase und sogar bei deutlicher psychomotorischer Verlangsamung fortschreiten. Diese Einstimmung auf die pathologisch veränderte seelische Rhythmik wird besonders schwierig, wenn man Patienten behandelt, deren Stimmungen rasch und stark schwanken. Ich erinnere mich an einen Patienten, der mir zu Recht vorwarf, daß ich mit meinen Reaktionen und Deutungen entweder zu impulsiv und rasch oder zu träge und langsam sei. In dieser Hinsicht habe ich vieles aus *trial and error* gelernt. Die Beziehung, die zwischen dem Analytiker und seinen depressiven Patienten besteht, sollte dauerhaft und sehr einfühlsam sein; wir müssen mit Sorgfalt darauf achten, daß sich kein leeres, inhaltsloses Schweigen ausbreitet oder daß wir nicht zu viel, zu rasch und zu eindringlich reden, das heißt, kurz gesagt, wir sollten nie zu viel, aber auch nie zu wenig geben.

Mehr noch als häufigere und verlängerte Sitzungen brauchen diese Patienten in jedem Fall, daß ihr Analytiker ein ausreichendes Maß von Spontaneität und warmherzigem Verständnis besitzt; überdies sollte er sich auf ihre Stimmungslage flexibel einstellen können und ihnen, was besonders wichtig ist, mit echter und unerschütterlicher Achtung begegnen. Die aufgezählten Eigenschaften und Einstellungen des Analytikers dürfen nicht mit zu großer Freundlichkeit, Mitleid, gefühlsmäßigem Einklang und einer allzu beruhigenden oder beschwichtigenden Haltung verwechselt werden. Droht in manchen Phasen der Behandlung ein narzißtischer Rückzug des Patienten, so kann es wichtig sein, daß wir unseren Patienten in einer recht aktiven Weise zeigen, wie wir mit Interesse an ihren alltäglichen Aufgaben und besonders an ihren Sublimierungen teilnehmen. Ich weiß, daß sich Analytiker, die ihrem Wesen nach eher distanziert sind, mit der Behandlung depressiver Patienten ziemlich schwer tun. Schwer gestörte, depressive Patienten können ohne diese Atmosphäre von Wärme und flexibler Einstimmung keine therapeutische Arbeit leisten; gelegentlich können noch Interventionen und besondere Verhaltensweisen den Patienten gegenüber nötig werden, die sich jedoch als das kleinere Übel erweisen, das in jedem Falle seinen Preis hat. Es gehört unumgänglich zur Arbeit mit solchen Patienten, daß wir, bildlich gesprochen, zwischen zwei Feuer geraten.

Aber auch bei äußerst umsichtigem Vorgehen erlebt der depressive Patient das Verhalten und die Deutungen seines Analytikers abwechselnd als verführerische Versprechungen, schwere Zurückweisungen, mangelndes Verstehen oder als sadistische Bestrafung, und dies alles wird während bestimmter Behandlungsphasen die unstillbaren Bedürfnisse, seine Enttäuschung, seine Ambivalenz und schließlich auch die Depression noch steigern. Am gefährlichsten wird es, wenn der Patient an einen Punkt gelangt, an dem ihm der Analytiker seine Macht und Stärke demonstrieren soll. Ich habe auf verschiedene Weise und mit wechselndem Erfolg versucht, mit dieser Gefahr umzugehen und meine, der Analytiker solle darauf gefaßt sein, daß er selber entweder mit einer spontan freundlichen Geste reagiert oder daß er auch einmal seinen Ärger zum Ausdruck bringt; dieses Verhalten kann dem Patienten über besonders gefährliche depressive Phasen hinwegbringen. Da sich schwer depressive Patienten oft ziemlich herausfordernd verhalten und den Therapeuten sehr gegen sich aufbringen können, hat eine offene Gefühlsreaktion des Analytikers selbstverständlich zur Voraussetzung, daß er sich selber äußerst sorgfältig erforscht und kontrolliert. Meine Ausführungen zielen jedoch weniger darauf ab, daß solche unterstützenden Einstellungen des Analytikers seinem Patienten gegenüber nötig sind; sie zeigen vielmehr, wie man ein unterstützendes Vorgehen für die Analyse nutzbar machen kann und soll.

Es ist meiner Erfahrung nach ratsam, daß man während der Phase der positiven Übertragung den illusorischen Charakter der übertragenen Erwartungen schon sehr früh deutet und gewisse Warnungen hinzusetzt, die sich auf die Zukunft richten. Wir sollten uns besondere eigene emotionale Einstellungen dem Patienten gegenüber, die immer dann erforderlich werden, wenn schwierige Übertragungssituationen entstehen, gut merken, damit wir uns später darauf beziehen und die Motive unseres Verhaltens im Sinne der Abwehrstrategien erklären können, auf die unser Patient angewiesen ist. Aus der Behandlung von paranoid-schizophrenen Patienten habe ich gelernt, daß es besser ist, solche Deutungen dann zu vermeiden, wenn der Patient dem Analytiker vorwirft, er zeige eine falsche emotionale Haltung. Jede Erklärung unserer Motive kann der Patient dann mißbrauchen, um den Analytiker noch stärker zu beschuldigen, daß er abwehre oder ähnliches.

Zum Schluß möchte ich mich der Frage zuwenden, ob es angezeigt ist, die Analyse solcher Patienten so weit voranzutreiben, daß ihre präödipalen Phantasien und Triebregungen zum Vorschein kommen und interpretiert werden können. Dies ist mit manchen depressiven Patienten wohl einfach nicht möglich, und wir sollten uns in solchen Fällen auf Deutungen beschränken, die im Bereich von Ich-Überich-

Konflikten und Übertragungskonflikten liegen, das heißt, wir sollten mehr auf die Mechanismen der Introjektion und Projektion hinweisen als auf die tiefer liegenden Einverleibungs-(Inkorporations-) und Ausstoßungs(Expulsions)phantasien. Aus meinen Erfahrungen geht allerdings hervor, daß nur dann gründliche und dauerhafte therapeutische Ergebnisse erzielt werden, wenn möglichst viel tiefes Phantasiematerial neu belebt, verstanden und durchgearbeitet wird. Ich möchte in diesem Zusammenhang auf die ausgezeichnete Arbeit von Gerö (1936) hinweisen, in der er darstellte, wie die Analyse von prägenitalen Fixierungen die Kastrationsängste allmählich in den Mittelpunkt rückt und eine Weiterentwicklung zur Genitalität fördert[5].

Patienten, die durch eine langsame, geduldige und genaue Analyse ihrer Übertragungs- und Ich-Überich-Konflikte gleichsam vorbereitet sind, können tiefes Phantasiematerial, wenn es auftaucht, ertragen und mit Erfolg durcharbeiten. Dabei kann es vorkommen, daß sie vorübergehend in sehr gestörte, manchmal sogar leicht verwirrte Zustände geraten, die überdies noch mit psychosomatischen Reaktionen (des Atemtrakts, Kreislaufs und Darmes) einhergehen und von den Patienten in solcher Heftigkeit noch nicht erlebt wurden. Mit Ausnahme der Patienten, über die ich im achten Kapitel berichtete[6], habe ich, wenn ich das Wiederauftreten depressiver Phasen während der Behandlung beiseite lasse, keinen Fall bei manisch-depressiven Patienten gesehen, bei dem der Durchbruch tiefen Es-Materials dazu führte, daß der Patient psychotisch wurde. Es ist meines Erachtens wichtig, daß man bei der Behandlung von präpsychotischen und Borderline-Patienten, wenn sie verfrüht, isoliert und bruchstückhaft tiefes Phantasie-Material bringen, diese Produktionen hemmt und nicht beachtet, denn sie kommen ohne die zugehörigen Affekte zustande; außerdem erinnern sie an die distanzierten, rationalisierten Es-Interpretationen bei Zwangsneurotikern. Das Material, das die Patienten, auf die ich mich in diesem Zusammenhang beziehe, vorbringen, ist allerdings von anderer Art, da es in den echten, unheimlichen Farben des Es erscheint. Trotzdem handelt es sich um regressive Fluchtversuche, die der Abwehr dienen und in diesem Sinne auch gedeutet werden müssen; erst wenn viele Jahre später dieses Material

---

5 Mein Fallbericht über Herrn R. belegt, daß entscheidende psychodynamische Veränderungen dann eintreten, wenn solchen Patienten bewußt wird, daß sie ihr Genitale unbewußt mit dem »bösen Objekt« gleichsetzen.
6 Siehe Peggy M., S. 276 ff.

wiederkehrt, kann es im Rahmen der Kindheitsgeschichte verstanden und auf das bezogen werden, was Jahre zuvor im Bereich des Ichs und seiner Abwehrmechanismen bearbeitet oder gedeutet wurde.

Man kann bei depressiven Patienten den therapeutischen Erfolg am ehesten an ihrer Fähigkeit messen, wie sie eine unglückliche Lebenssituation, die vor der Analyse mit dazu führte, daß depressive Zustände ausgelöst wurden, verändern und aufgeben können.

13. Über das Agieren und den Drang zu Verrat und Treuebruch bei paranoiden Patienten*

Verrat als besondere Form des Agierens

In der großen Gruppe agierender Patienten finden wir einzelne, deren Verhalten die Tendenz kennzeichnet, daß sie entweder Menschen, die sie zuvor liebten und bewunderten, verraten oder daß sie Idealen, Überzeugungen und Vorhaben, die sie kürzlich noch mit glühendem Eifer verfolgten, aufgeben und ihnen abschwören.

Meiner Erfahrung nach haben diese Patienten immer deutlich paranoide Persönlichkeitszüge, unter denen sie auch sehr leiden. Genaugenommen hatten alle meine Patienten mit paranoider Symptombildung und Persönlichkeitsstruktur derartige Schwierigkeiten, und in ihren Konfliktsituationen spielten ein begangener Verrat oder ein Treuebruch jeweils die Hauptrolle.

Mit dieser Tendenz zum Verrat verknüpfen sich meist krasse Identitätskonflikte, die sich darin äußern, daß die betreffenden Patienten unfähig sind, langfristig an einem Menschen, aber auch an einer Sache, an einer Überzeugung oder einer beruflichen Tätigkeit festzuhalten. Eine Zeitlang sehen wir bei ihnen, daß sie sich bestimmten Idealen, Vorstellungen oder Handlungen und den damit zusammenhängenden einzelnen Menschen oder Gruppen mit verdächtig großer Treue und Redlichkeit widmen; dann beobachten wir, daß sie denselben Dingen immer mehr und auf paranoide Art feindselig gegenüberstehen. An diesem Punkt setzt ein bezeichnendes Agieren ein[1].

* Dieses Kapitel geht auf eine Arbeit zurück, die ich erstmals 1965 in anderer Form als Fenichel-Simmel-Gedenkvorlesung der Psychoanalytischen Vereinigung von Los Angeles vortrug. Sie ist bisher noch nicht veröffentlicht worden.

1 Der Terminus »Agieren« (*acting out*) wird in diesem Kapitel doppelsinnig gebraucht, nämlich behandlungstechnisch und persönlichkeitsbeurteilend. Diese beiden Bedeutungen lassen sich allerdings durch ein theoretisches Konzept verknüpfen, das für die psychische Entwicklung eine allmähliche Ersetzung von Handlungen durch Gedanken und Phantasien postuliert. Bei ich-strukturell gestörten Patienten (narzißtische und Borderline-Persönlichkeiten, aber auch bei traumatischen Neurosen) bleibt diese Handlungsersetzung eingeschränkt, weil die aufschiebenden und hemmenden Funktionen des Ichs sich unzureichend entwickeln. Solche Patienten neigen, ob sie in Analyse sind oder nicht, mehr zum »Agieren« als Pa-

Während sie noch verzweifelt an ihren Absichten festhalten, spüren sie schon einen unwiderstehlichen Drang, sich nach einer neuen Gruppe mit anderen oder entgegengesetzten Überzeugungen umzusehen, und sie klagen bei den Menschen, die sie neu kennenlernen, über die angeblich schlechten Erfahrungen, die sie in der Vergangenheit machen mußten. Auf diese Weise beziehen sie die neue Personengruppe in ihren Kampf gegen die früheren Freunde wie auch gegen Vorstellungen, die von ihnen vertreten wurden, ein, wenden sich von ihnen ab und schließen sich der neuen Gruppe an.

Es ist sicher kein Zufall, daß sich das Agieren der Patienten in jenen beiden Fällen, durch die ich erstmals auf diese Fragestellung stieß, in einem zeitgeschichtlichen Rahmen abspielte, vergleichbar einem historischen Schauplatz. Dieser Rahmen umfaßte nicht nur den Bereich der Politik, obwohl diese sich für die Art des Agierens, die wir besprechen, gut eignet; in gewissen Fällen werden wir durch das Agieren der Patienten auch in recht schmerzlicher Weise an Judas, den haßerfüllten und zugleich mitleidsvollen Verräter Jesu Christi, erinnert.

Reider (1960) und Tarachow (1960) haben den Charakter dieser biblischen Gestalt zum Thema ihrer interessanten Arbeiten gewählt. Obwohl Judas selber offenbar keine historische Persönlichkeit war, sind in gewissen Abschnitten der Geschichte Menschen auf die politische Bühne getreten, deren Verhalten dem des Judas sehr glich; sie waren zunächst fanatische Anhänger einer politischen oder ideologischen »Sache«, die sie später zugunsten einer neuen Sache oder einer Gruppe mit anderen Überzeugungen fallen ließen. Solche Individuen können sich zu habituellen Renegaten entwickeln; einige von ihnen werden im echten Sinne zum Verräter an ihren früheren Freunden und Verbündeten und übernehmen sogar die Rolle eines Spitzels oder Denunzianten.

Es versteht sich von selbst, daß ich nicht ausführlich über Patienten berichten kann, die in der Politik aktiv waren; ich beschränke mich daher zunächst auf einige Bemerkungen über einen dieser Patienten,

tienten, deren psychische Störung im wesentlichen auf der neurotischen Ebene liegt. Bei den Falldarstellungen dieses Kapitels wird »Agieren« vorwiegend in diesem Sinn gebraucht, während die behandlungstechnische Bedeutung, nach der das Agieren eine besondere Form des Behandlungswiderstandes ist – der Patient inszeniert in der Analyse seine Erinnerungen durch Handlungen anstatt das Vergangene in seinen Assoziationen zu berichten – bei diesen Fällen eher zurücktritt (Anm. d. Übers.).

dessen Störung das Problem, mit dem ich mich in diesem Kapitel auseinandersetze, verdeutlicht. Er suchte mich auf, als er unter einer schweren paranoiden Depression litt. Dieser Patient hatte sein Leben in verschiedenen Ländern zugebracht, hatte unter verschiedenen Namen für ideologisch unterschiedliche Gruppen, denen er jeweils einige Jahre lang fanatisch anhing, gearbeitet. Es entstand jeweils eine paranoide Konfliktsituation, und er brach seine Arbeit ab, verließ die Gruppe, der er angehörte, und das betreffende Land, um dann auf eine neue Gruppe zu stoßen, der sein Wissen und seine früheren Erfahrungen Nutzen bringen konnten. Als er damals zu mir kam, war er von all seinen früheren Tätigkeiten und Idealen zutiefst enttäuscht, und seine psychische Erkrankung wurde dadurch ausgelöst, daß er wieder einmal versuchte, sein früheres Leben mit Hilfe einer neuen Identität zu tilgen, das heißt, er ließ sich in einem anderen Land nieder, legte sich einen neuen Namen zu, heiratete wieder und ergriff einen anderen, unauffälligen Beruf. Nach einigen Jahren beendeten wir die Behandlung, und es schien, als sei der Patient bei einer Arbeit, die ihn einigermaßen zufriedenstellte, zur Ruhe gekommen. Ich sah ihn jedoch nach fünfzehn Jahren wieder, als er abermals in einer sehr gestörten Verfassung war. Nochmals hatte er seine Stelle aufgegeben und sich von der Frau, mit der er zuletzt verheiratet war, scheiden lassen. Dieses Mal kam er nicht in meine Behandlung, ließ mich aber wissen, daß er mir für die damalige Therapie immer noch sehr dankbar sei, wenn auch die »Analyse nach Freud« ihn heute nicht mehr überzeuge. Mehr noch, er griff diese psychoanalytische Schule aufs heftigste an, denn er selber war ein Mystiker und leidenschaftlicher Anhänger C. G. Jungs geworden.

Das nun folgende Fallmaterial soll eine gründlichere Untersuchung unseres Themas ermöglichen. Auch hier liegt es auf der Hand, daß ich einige wichtige Fakten im Dienste der Diskretion weglassen mußte.

Herr V.

Bei Herrn V. handelte es sich um einen Mann in den Dreißigern, der außergewöhnliche Fähigkeiten besaß, aber auch sehr paranoid war; er litt abwechselnd unter Depressionen, die ihn lähmten, und Zuständen, in denen er in übertriebener Weise rege und tätig war. Wenn er guter Laune war und sich fast allmächtig fühlte, wurde er von guten Einfällen geradezu überschwemmt. Dann ließ er sich auf eine Reihe vielversprechender Unternehmungen ein und versuchte, geeignete oder günstige »Beziehungen« anzuknüpfen. In den Mitarbeitern, die er sich suchte, sah er »gutes Werkzeug für die Ausführung meiner Pläne.« Es dauerte jedoch nicht lange, bis er mit diesen Mitarbeitern in paranoide Konflikte geriet. Sobald sie nämlich seinen Erwartungen und Forderungen nicht nachkamen oder sich seinem herausfordernden Verhalten sogar widersetzten, fühlte er sich gekränkt, ausgebeutet, im Stich gelassen und schließlich auch hintergangen und verfolgt. Manchmal gelang es ihm noch, Zugeständnisse zu machen und sein Vorhaben erfolgreich abzuschließen. Waren jedoch die Umstände weniger günstig, dann geriet er über seine vermeintlichen Gegner in so große Wut und Enttäuschung, daß er sein Vorhaben umgehend aufgab und sich auf eine neue Unternehmung warf, die in ein völlig anderes Gebiet gehörte. Traten bei diesem neuen Vorhaben wieder ähnliche Schwierigkeiten auf, so wurde Herr V. sehr depressiv und zog sich von seiner Arbeit völlig zurück. Wochen oder Monate später tauchte er aus seiner Depression wieder auf, und neue Einfälle keimten in seinem schöpferischen, fruchtbaren Kopf. In einem neuen Rahmen ließ er sich wiederum auf gewagte Unternehmungen ein. Weil er trotz seiner Krankheit in verschiedenen Arbeitsbereichen hervorragende Leistungen vollbracht hatte, war er als außergewöhnlich begabter, aber auch unberechenbarer Mann bald recht bekannt geworden.

Für Herrn V. war charakteristisch, daß es ihm nie gelang, an einem Ort zu bleiben, einen bestimmten Beruf oder eine gleichbleibende Arbeitsweise auszuüben. Seine ständigen Ängste, daß seine Arbeit ruiniert würde, zwangen ihn dazu, sich stets noch einen möglichen Fluchtweg offenzuhalten. Er selber meinte, sowohl seine wechselnden Stimmungen als auch sein Schwanken zwischen verschiedenen Interessen und Zielen sei unvermeidlich, aber er spürte auch, daß er dies kaum noch ertragen konnte und klagte, daß er sich nirgendwo zugehörig fühle, daß er weder Kontinuität noch innere Richtung besäße. Die paranoide Qualität seiner Konflikte kam ihm stärker zu Bewußtsein, aber er konnte diese Konflikte weder vermeiden noch lösen.

Die soweit beschriebenen Probleme von Herrn V. hatten schon Jahre zuvor für die Übertragungssituation mit seinem früheren Therapeuten eine wichtige Rolle gespielt. Als Herr V. damals mit der Behandlungsmethode seines Therapeuten unzufrieden war, versuchte er dem Arzt seine eigenen Vorstellungen über die Art von Behandlung, die er für nötig hielt, aufzuzwingen. Als der Psychiater diesen Vorschlägen und Forderungen nicht nachkam, fand der Patient einen anderen Therapeuten, der seinen Vorschlägen folgte. Allerdings gab Herr V. seinen ersten Therapeuten nicht auf, sondern setzte die Behandlung mit beiden Ärzten fort, konsultierte sie abwechselnd und beklagte sich beim einen über den anderen. Dieses »Experiment« hatte zum Ergebnis, daß Herr V. schließlich, als er in eine schwere depressive Verstimmung geriet, von beiden Psychiatern wegblieb. Während der Behandlung bei mir wiederholte der Patient sein Agieren, aber nicht in der Übertragung, sondern mit einem anderen Menschen und auf eine Weise, die ein helles Licht auf die unbewußten Motive seines Verhaltens warf und die frühkindlichen Ursprünge seiner tieferliegenden Konflikte erkennen ließ.

Es ging bei dieser Wiederholung um die berufliche Karriere seines alten Freundes Max, der früher, während der späten Pubertät, einen entscheidenden Einfluß auf die persönliche und intellektuelle Entwicklung des Patienten ausgeübt hatte. Als Erwachsene schrieben sich die früheren Freunde noch gelegentlich, und in einem dieser Briefe bat Max Herrn V. eindringlich, ihn bei seiner Bewerbung um eine leitende Position in jenem Geschäft zu unterstützen, dessen Direktor früher ein enger Freund von Herrn V.s Vater war. Max und der Patient hatten vor Jahren gerade diese beiden Männer ihrer ultrakonservativen Ansichten und ihrer harten, gerissenen Geschäftsführung wegen heftigst kritisiert. Max wußte aber, daß Herr V. sich inzwischen dieser Firma und ihrem Direktor sehr verpflichtet und verbunden fühlte. Der Patient sagte seinem Freund die gewünschte Unterstützung zu und sprach mit dem Direktor; allerdings gab er diesem nicht die Empfehlung, die sich sein Freund erhoffte, sondern Informationen, die für Max sehr ungünstig waren, denn er beschrieb ihn als »liebenswerten Kerl«, aber auch als »gefährlich liberal« und meinte, er werde das Geschäft ruinieren. Nach diesem Gespräch legten Herr V. und der Direktor ihr weiteres Vorgehen gemeinsam und nach Art eines Komplotts fest. Zunächst sollte Herr V. seinem Freund schreiben, daß er ihn aufs Wärmste empfohlen habe; die Firma würde dann ihrerseits die Bewerbung von Max ablehnen, allerdings mit Gründen, die keinerlei Verdacht wecken könnten, daß Herr V. bei der Ablehnung eine Rolle spielte.

Dieser Plan ließ sich mit Erfolg durchführen und Maxens berufliche Karriere war zerstört; nicht einmal der Judaskuß – in Form eines

381

sehr freundschaftlichen Briefes – fehlte. Als dieser geheime Verrat begangen war, geriet Herr V. jedoch in eine tiefe Depression und wurde fast suizidal. Er verleugnete völlig, daß sein Handeln gegen die Moral verstieß und mit seiner depressiven Verstimmung zusammenhängen könnte, mehr noch, er hielt daran fest, daß er Max gegenüber keinerlei feindselige Regungen verspüre und sich daher auch nicht schuldig fühlen müsse. Es sei seine vornehmlichste Pflicht gewesen, dem Geschäft und dem Direktor zu dienen und zu verhindern, daß sein Freund ernstlichen Schaden anrichtete.

Die Kindheitsgeschichte und die Adoleszenz dieses Patienten enthielten Informationen, die seinen Treubruch dem Freund gegenüber und sein gesamtes paranoides Agieren besser verstehen ließen. Er war der älteste Sohn einer sehr kühlen, narzißtischen, aber auch einfältigen Mutter; sein kluger Vater tyrannisierte die Familie, führte ein promiskuöses Liebesleben und warnte seinen Sohn davor, sich allzu eng an einen Menschen, vor allem an eine Frau zu binden. Die Eltern haßten sich; sie nahmen bei ihren ständigen Streitereien keinerlei Rücksicht auf ihre Kinder. Ihr ältester Sohn war ein fröhlicher, aber zarter und wenig anziehender Junge; es schien, als hätten die Eltern ihn völlig abgelehnt und dafür seine jüngeren Geschwister vorgezogen. Die Streitsucht und gegenseitige Geringschätzung der Eltern schufen eine sadomasochistische Atmosphäre, die in jedem ihrer Kinder fortlebte, und zwar vor allem in der Art, wie sie sich zueinander verhielten.

Der Patient hatte während seiner frühen Kindheit mit viel, aber erfolgloser Mühe versucht, bei seinen Eltern Liebe und Anerkennung zu finden. Das Verhalten seiner Eltern schüchterte ihn ein; der kühlen, vernachlässigenden Mutter und dem autoritären, ständig kritisierenden und züchtigenden Vater gegenüber entwickelte er sich zu einem äußerst unterwürfigen Jungen, der das feindselige Verhalten seiner Eltern still ertrug und nie wagte, sich auch nur gegen einen von ihnen offen aufzulehnen. Seine eigene Feindseligkeit fand jedoch ein anderes Ventil; sie äußerte sich darin, daß er sich seinen jüngeren Geschwistern gegenüber sadistisch verhielt, und sie zeigte sich auch im Agieren mit seinen Eltern, das ich im folgenden noch beschreiben werde. In der späten Adoleszenz versuchte der Patient schließlich doch, sich von seiner Familie, vor allem von seinem tyrannischen, ultrakonservativen Vater, an dem er auf sehr masochistische Weise hing, zu lösen. Im Sinne dieser Selbstbefreiung entstand eine enge, homosexuell getönte Beziehung mit dem schon erwähnten Max, und es stellte sich heraus, daß der Patient eine Art Anhänger oder Jünger von Max wurde, weil er den Freund auf diese Weise als »Schild und Schwert«[2] im Kampf gegen seinen Vater und andere Autoritätspersonen gebrauchen konnte. Er bewunderte seinen Freund, der anders als er selber zu seinen Überzeugungen stand und seine ziemlich fortschrittlichen Vorstellungen furchtlos äußerte; darin wollte er ihm nacheifern. Als er aber auch in dieser Freundschaft zum schwachen, passiven und unterwürfigen Mitläufer wurde, versuchte er sich von Max zu trennen, was ihm dadurch erleichtert wurde, daß seinem Freund, in dem alle ein Genie sahen, der berufliche Aufstieg mißlang.

Nachdem die enge Beziehung mit Max zerbrochen war, trat eine wichtige Veränderung mit dem Patienten ein. Seine Vorstellungen wandelten sich nochmals grundlegend; in seinen Ansichten und Verhaltensweisen mischten sich auf befremdliche, widersprüchliche Weise liberale und ultrakonservative Tendenzen. Zu dieser Zeit setzte der Patient alles daran, eine unabhängige, einflußreiche und machtverleihende Position zu erlangen. Er heiratete und unterzog sich verschiedenen Ausbildungsgängen, konnte sich jedoch nicht auf eine bestimmte Art der Arbeit festlegen, da es ihm früher nie möglich gewesen war, sich auch nur mit einem seiner Eltern für längere Zeit zu identifizieren. Es stellte sich heraus, daß für ihn Treue oder jede Festlegung auf ein bestimmtes Objekt, sei es ein Mensch, ein Arbeitsbereich oder ein sonstiges Vorhaben, eine Bedrohung in sich trug; er fürchtete, in eine Bindung zu geraten, wie er sie früher zu seinem Vater hatte, in eine tiefe, passive und masochistische Versklavung, die ihn aufzehren, überwältigen und zerstören würde, falls er selber nicht die Oberhand behielte.

Diese Konflikte und Ängste äußerten sich in Herrn V.s Verhalten, das mal masochistisch, mal tyrannisch fordernd war und bei seinen Mitarbeitern große Feindseligkeit hervorrief. Der Patient brachte es immer wieder fertig, daß er gerade jenen Personen und Gruppen gegenüber, von deren Unterstützung und Hilfe er so abhängig war, in eine hilflose, entmutigende und aussichtslose Situation geriet. An diesem Punkt angelangt, fürchtete er, daß er entweder das Opfer seiner eigenen masochistischen, selbstzerstörerischen Regungen würde oder daß er seinen sadistischen, destruktiven Impulsen nachgäbe.

2 Siehe zu dieser sprachlichen Wendung auch *Der Brief des Paulus an die Epheser*, 6, 16 und 17: » ... ergreifet den Schild des Glaubens und ... das Schwert des Geistes ...« (Anm. d. Übers.).

Dann setzte auch sein Agieren ein, das im wesentlichen so ablief, wie es zwischen ihm, Max und dem Direktor der Fall war. Er spielte einen Menschen, eine Gruppe oder ein Projekt gegen ein anderes aus und gebrauchte sie zugleich als Schutzschild; er beklagte sich heimlich beim einen über den anderen, versuchte Feindseligkeit zu wecken und Unterstützung im Kampf gegen die jeweils anderen zu gewinnen. Gelegentlich versuchte er auch, einzelne Personen in die Rolle des Spitzels zu bringen. Mit diesen Schlichen und Verschwörungsaktionen entwickelten sich paranoide Ideen, die sich um seine Angst drehten, daß die gesamte Gruppe sich schließlich gegen ihn verbünden würde, um ihn bloßzustellen und seine Arbeit zu zerstören. Sein Verhalten wirkte sich in der Tat häufig so aus, wie er es befürchtete. Meines Erachtens ist diese Form des Agierens für paranoide Patienten sehr charakteristisch.

In der Behandlung von Herrn V. trat die tiefere Bedeutung seines Agierens zutage, als er über einen Verbrecher sprach, der damals die Schlagzeilen füllte, weil er wahrscheinlich eine Reihe von Morden begangen hatte. Der Patient meinte, man würde diesem Mann nie nachweisen können, daß er die Morde verübt hatte, weil er so gerissen sei, daß er niemals selber gemordet, sondern andere »zur Ausführung *(execution)*« der Morde gedungen hatte. Herr V. hatte diese Formulierung ebenfalls gebraucht, als er beschrieb, wie er sich nach Mitarbeitern und Organisationen umsah, die sich »zur Ausführung *(execution)* meiner Pläne« eigneten. Wir können sagen, daß diese Formulierung für ihn im wörtlichen Sinne galt, denn in den Situationen beispielsweise mit Max und dem Direktor oder mit seinem Vater diente das Agieren des Patienten dazu, daß der eine den anderen »richten *(execute)*« sollte. Indem Herr V. die beiden anderen Beteiligten via Projektion zu Stellvertretern seines eigenen sadistischen und masochistischen Selbst machte, brachte er sie auch dazu, daß sie jene Rollen übernahmen, die er selber nicht zu spielen wagte, nämlich die Rolle sowohl der Vernichter wie auch die Rolle der Opfer.

Diese Strategie ließ sich bis in die Kindheit des Patienten zurückverfolgen. Ich habe schon darauf hingewiesen, daß er als Kind seinen Eltern gegenüber ein extrem unterwürfiges Verhalten zeigte und unfähig war, sich offen gegen sie aufzulehnen. Hinter seiner Unterwürfigkeit war jedoch eine erschreckende Feindseligkeit verborgen, die sich nur zum Teil und indirekt entlud, wenn er zwischen den streitenden Eltern insgeheim hin und her schwankte. Er nahm abwechselnd für den einen oder anderen Partei, beklagte sich beim einen oder anderen und überließ es ihnen, sich gegenseitig zu vernichten. Diese Haltung schlug sich deutlich in den Phantasien des Patienten über die Urszene nieder; er spielte darin die Rolle des passiven Beobachters, der frohlockend zusah, wie seine Eltern mörderische sexuelle Angriffe gegeneinander ausführten. Es zeigte sich sehr klar, daß er in diesen sadomasochistischen Phantasien mit beiden Eltern identifiziert war und sowohl an der Rolle des mörderisch sexuellen Aggressors wie auch an der Rolle des Opfers partizipierte. Man kann sicherlich sagen, daß diese Phantasien des Knaben das Muster seines späteren Agierens als Erwachsener ankündigten und formten.

Die ausgeklügelten Manöver erfüllten eine wichtige, doppelte Aufgabe; der Patient konnte mit ihrer Hilfe die äußeren Objekte sowohl zur Befriedigung seiner destruktiven und selbstzerstörerischen Wünsche benutzen wie auch zur Abwehr jener Impulse, denen sein unzulängliches *(defective)* Ich nicht gewachsen war. Wenn diese objektgerichtete, »interpersonale« Abwehrstrategie versagte, kam es zur paranoiden Symptombildung[3].

Der Verrat an Max erhellte noch einen anderen Aspekt von Herrn V.s Agieren. Wir erinnern uns, daß der Patient bei diesem Verrat die Rolle eines geheimen Ratgebers und Retters übernommen hatte, das heißt, er rettete das Geschäft und in dem Direktor jene Vaterfigur, die früher als Zielscheibe seiner und Maxens Feindseligkeit diente. Und es war sicher nicht zufällig, daß dieser Verrat, der seinen Freund ruinierte, dann stattfand, als der Vater des Patienten verstarb. Herr V. hatte seinem Vater gegenüber starke Todeswünsche empfunden. Es stellte sich heraus, daß sein Agieren neben der beschriebenen doppelten Aufgabe, seine destruktiven und selbstzerstörerischen Triebregungen zu befriedigen und sich zugleich vor ihnen zu schützen, einem wünschenswerten, idealen Ziel diente; sein Agieren sollte das vernichtete Opfer ebenso retten wie sein eigenes, gefährdetes Selbst, das er in seiner Phantasie mit dem Opfer gleichsetzte.

Interessant ist, daß sich im Agieren des Patienten immer destruktive Regungen mit restitutiven Tendenzen vermischten und daß die ans Wahnhafte grenzenden, selbstüberhöhenden Rettungsphantasien seine Feindseligkeit wirkungsvoll verdeckten. Indem er sich die Rolle des Retters vorbehielt, gelang es ihm, die eigenen Schuldgefühle vollständig zu verleugnen. Allerdings konnte sein Agieren ihn nicht vor

3 Siehe dazu auch Mentzos (1976), *Interpersonale und institutionalisierte Abwehr* (Anm. d. Übers.).

schweren depressiven Zuständen und paranoider Symptombildung
schützen, da es häufig den Ruin seiner beruflichen Existenz mit sich
brachte.

Am Ende dieses Fallberichts möchte ich hervorheben, daß zwischen
dem Verhalten und der Situation des Patienten in der Kindheit und
im Erwachsenenalter zwei wichtige Unterschiede bestanden. Zum
einen war Herr V. als Erwachsener nicht mehr das hilflose Kind, das
sich seinen Eltern unterwürfig und masochistisch ausgeliefert hatte;
genaugenommen löste seine postadoleszente Verweigerung jener unerträglichen Situation, seine Auflehnung und sein Bemühen, mächtig
und einflußreich zu werden, die paranoiden, homosexuellen Konflikte
aus und führte zu seiner Art des Agierens, in der Manövrieren,
Intrigieren und Verraten die wichtigsten Rollen spielten. Zum anderen drehten sich die infantilen Konflikte des Patienten um das gegen-
geschlechtliche Elternpaar, während seine späteren Probleme, sein
Verraten und die paranoiden Konflikte, meist mit einer oder mehreren Gruppen zusammenhingen, die allein aus Männern bestanden.

Herr W.

Bevor ich Herrn V.s Fall hinsichtlich der Entstehung des paranoiden
Zustands und der paranoiden Symptombildung im allgemeinen zu-
sammenfasse, möchte ich einen weiteren Fall skizzieren, bei dem der
paranoide Konflikt und die damit verbundene Tendenz zum Verrat
mit dem ersten Fall vergleichbar ist.

Herr W. arbeitete als Rechtsanwalt und war zwischen Dreißig und
Vierzig, als er in meine Behandlung kam. In meiner Sigmund-Freud-
Vorlesung habe ich über seinen Fall, allerdings unter einem anderen
Gesichtspunkt, schon berichtet[4]. Ich befaßte mich damit, daß sich präpsychotische oder latent psychotische Patienten (die sogenannten ambulatorischen Schizophrenien eingeschlossen) an die Realität und die
äußeren Objekte klammern und mit ihrer Hilfe versuchen, die psychotischen Konflikte zu lösen. Erst wenn diese Lösungsversuche scheitern, ziehen sich solche Patienten von der äußeren Realität, in der sie
zuvor noch Hilfe suchten, zurück und ihr psychotischer Zustand wird
manifest. Meines Erachtens bestätigen auch die Symptome und das
Agieren von Herrn V. diese Beobachtungen.

4 *Psychotischer Konflikt und Realität* (1967 [1972]), S. 26 ff.

Ähnlich wie Herr V. wechselte auch Herr W. ständig seine Freunde, seinen Wohnort und den Beruf. Er ging, ermutigt durch einige Freunde, die sich über sein starres zwanghaftes Verhalten beklagten, zu einem Psychiater in einer Stadt an der Westküste. Zur Zeit dieser Behandlung starben seine Eltern kurz nacheinander, und Herr W. war, obwohl er wußte, daß seine Eltern beide körperlich schwer krank gewesen waren, davon überzeugt, er habe sie mit seinen verbalen Angriffen umgebracht. Er verlor die Kontrolle über sich und geriet in einen manifest psychotischen Zustand mit wahnhaften Verfolgungsideen, die zum Inhalt hatten, daß seine Vorgesetzten und Mitarbeiter ein Komplott gegen ihn schmiedeten, daß sie ihn als Homosexuellen bloßstellen und ihn ruinieren oder sogar umbringen wollten. Er verbarrikadierte sich in seinem Zimmer und hatte neben sich ein Messer bereitliegen, um auf die Angriffe seiner Verfolger vorbereitet zu sein. Es wurde notwendig, ihn für mehrere Monate in einem Krankenhaus unterzubringen; danach setzte er die Psychotherapie bei seinem Psychiater fort und erholte sich wieder. Schließlich gab er seine politische Karriere, aber auch die Behandlung auf, zog an die Ostküste und wurde Strafanwalt in einem Vorort von New York. Manchmal flog er noch zu einem Gespräch mit seinem früheren Therapeuten an die Westküste, bis dieser ihm schließlich riet, er solle sich in New York und möglichst von einem weiblichen Therapeuten weiterbehandeln lassen. Der Patient folgte diesem Ratschlag, bat jedoch darum, daß er während der therapeutischen Arbeit mit mir gelegentlich auch seinen früheren Therapeuten wiedersehen dürfe. Ich entschied mich, nicht sofort Einwände gegen diese Bitte zu erheben, und als Herr W. verstand, welche Konflikte mit seinem Agieren zusammenhingen, gab er diese Besuche bei dem früheren Therapeuten von selbst auf. Es ist von besonderem Interesse, daß Herr W., da sein Ich relativ unversehrt war, eine normale psychoanalytische Behandlung machen konnte, ohne einen echten psychotischen Rückfall zu erleiden.

Er geriet jedoch von Zeit zu Zeit in paranoide Konfliktsituationen, in die manchmal bestimmte Klienten, vor allem aber sein junger psychopathischer Freund einbezogen war, der einige Jahre zuvor in seine Wohnung gezogen war und von ihm versorgt wurde. Die zunehmenden Konflikte mit diesem jungen Mann hatten Herrn W. auch bewogen, bei mir um eine Behandlung nachzusuchen. Diese Konflikte wurden allmählich unlösbar, und Herr W. geriet in paranoide Wutanfälle mit Wahnvorstellungen, die er jedoch rasch wieder überwand und korrigierte.

Herrn W.s paranoide Konfliktsituationen hatten eine lange Vorgeschichte. Sie begannen wie bei Herrn V. damit, daß er sich von seiner
Familie löste und persönlich wie finanziell unabhängig wurde. Er war
hochintelligent und fand gute, rationale Gründe für seine häufigen
Arbeitswechsel, in Wirklichkeit jedoch fühlte er sich, wenn zwischen
ihm, den Vorgesetzten und den Mitarbeitern eine paranoide Konfliktsituation entstanden war, gezwungen, seine jeweilige Position
aufzugeben. Auch er versuchte, die Firma oder Organisation, in der
er arbeitete, zu »kontrollieren«, was sich gut mit einer Prüfung der
Arbeit oder der Verwaltungsvorgänge begründen ließ. Ähnlich wie
Herr V. warb er bei den Mitarbeitern um Unterstützung für seine
eigenen Pläne; er weckte ihren Ärger auf die Vorgesetzten und andere Widersacher, und er spielte die beiden Parteien gegeneinander aus.
Solange keine paranoiden Konflikte aufkamen, hatte Herr W. ebenso
wie Herr V. schöpferische Ideen und erledigte seine Arbeit zufrieden-
stellend. Mit seinen Manövern und Taktiken geriet er jedoch in
unhaltbare Situationen, die schließlich in paranoid-depressive Zustände mündeten. Wenn er von den Depressionen genesen war, suchte
er sich eine neue Arbeit.
Herrn W.s Kindheit war noch schwieriger verlaufen als die von
Herrn V. Seine Mutter war eine schwergestörte, wahrscheinlich schizophrene Frau, deren Zustand sich zunehmend verschlechterte, bis
sie schließlich völlig zerrüttet war und die finanziellen Mittel der
Familie verschwendete. Sein Vater hatte auffällig paranoide und
psychopathische Züge; er war ein leidenschaftlicher Spieler, und
wahrscheinlich waren die Schulden, die er machte, der Grund, daß die
Familie ständig umzog. Der Patient war das älteste Kind und spielte
für seine jüngeren Geschwister beide Elternrollen. Er unterstützte sie,
trieb aber auch manchmal sadistische Spiele mit ihnen.
Auch Herrn W.s Eltern haßten sich und lagen ständig im Kampf miteinander. Außerdem versuchte seine Mutter, ihn in ein Mädchen um-
zuwandeln. Sie sagte ihm oft, wie abstoßend sein Geschlechtsorgan
sei und erklärte die Männer zu »wilden Tieren«. In den Jahren der
Vorpubertät begann Herrn W.s Mutter, ihm von den sexuellen Fehl-
tritten des Vaters zu erzählen, und sie versuchte ihn dadurch von sich
abhängig zu machen, daß sie ihm versprach, sie wolle später, wenn er
ein »guter«, das heißt ein geschlechtsloser Junge bliebe, mit ihm zusammenleben. Sein Vater wollte dagegen aus ihm einen richtigen Jungen machen und ließ ihn von morgens bis abends arbeiten. Er schlug
roh auf ihn ein, wenn er nicht gehorchte. Als der Vater aus dem elter-

lichen Schlafzimmer auszog, zwang er den Jungen einige Jahre lang, mit ihm im selben Bett zu schlafen.

Diese Umstände führten dazu, daß Herr W. als Kind ebenso wie Herr V. extrem unterwürfig wurde. Mit Fünfzehn wurde er Zeuge einer ziemlich gewalttätigen sexuellen Szene zwischen den Eltern. Er äußerte offen, daß ihm das Verhalten seiner Eltern mißfiel und lehnte sich vor allem gegen seinen Vater auf, indem er sich weigerte, weiterhin mit ihm in einem Bett zu schlafen. Er gewann einen jüngeren Freund für sich, und als sein Vater ihn beschuldigte, er habe zu diesem Jungen eine homosexuelle Beziehung, ließ er sich auch tatsächlich auf homosexuelle Spiele ein. Überdies zog er mit seinem Freund zu aufregenden Diebstählen aus, nachdem er entdeckt hatte, daß sein Vater ihm Taschengeldersparnisse stahl.

Dieses delinquente Verhalten hörte abrupt auf, als der Adoleszente anfing, sich offen gegen seine Eltern aufzulehnen und ihnen ihre Schwächen vorwarf. Er faßte den Entschluß, sich sowohl von ihnen wie auch von seinem Freund, von dem er sehr abhängig geworden war, frei zu machen. Er zog von zu Hause weg und unternahm ähnlich wie Herr V. viele entschiedene Versuche, sich eine eigene, unabhängige und einflußreiche Position zu schaffen. Während er das College besuchte und eine Ausbildung zum Rechtsanwalt durchlief, kam er finanziell alleine für sich auf. Er hatte vor, sich völlig seiner Arbeit zu widmen und ein puritanisches, asketisches Leben zu führen. Da diese Ziele aber auf reaktiven oder »Kontra«-Identifizierungen mit seinen Eltern beruhten, konnte er sie nie ganz erreichen. Nachdem er eine recht kurze Zeit verheiratet war, nahm er verschiedene homosexuelle Beziehungen auf und spielte in ihnen stets die Rolle des Aggressors.

Sobald Herr W. Geld verdiente, wandten sich seine Eltern wieder an ihn und baten um finanzielle und praktische Unterstützung. Obwohl er ihnen immer noch grollte, fühlte er, wie sein Gewissen ihn zu wiederholten Rettungsaktionen zwang. Er mußte vor allem seinen jüngeren Geschwistern helfen, die in ihm immer noch ihren Vater sahen. Als sein Vater und ebenso sein Vorgesetzter, der dem Vater vermutlich ähnlich war, Herrn W. in ziemlich feindseliger Art bei seiner Arbeit störten, weigerte er sich schließlich, die Eltern noch zu unterstützen. Kurze Zeit später verstarben seine Eltern, und der Patient reagierte auf ihren Tod mit starken Schuldgefühlen. Er hatte die magische Vorstellung, daß in Wirklichkeit sein Verhalten sie umgebracht hätte, und genau in dieser Zeit entstand eine paranoide Konfliktsituation mit seinem Vorgesetzten. Wegen der anschließenden psychotischen Episode unterzog er sich einer Behandlung.

Nach dieser psychotischen Episode wechselte der Patient Wohnort und Arbeitsbereich. Bei seiner Arbeit als Strafanwalt fiel sein paranoides Agieren weniger auf als bei seinen früheren politischen Tätigkeiten. Wir fanden jedoch heraus, daß er seine Klienten, die zumeist delinquente Adoleszente waren, mit dem jungen Mann gleichsetzte, den er einige Jahre lang bei sich aufgenommen hatte. Er hatte diesen Jungen zwar einige Jahre zuvor verführt, sich dann aber jeglicher sexuellen Beziehung zu ihm enthalten und viel Mühe darauf verwendet, ihn, ähnlich wie seine jugendlichen Klienten, zu retten. Der Junge sollte vom Alkoholismus und der Homosexualität geheilt werden; Herr W. verschaffte ihm sogar einen Therapeuten. Andererseits bot Herr W. diesem Jungen ständig alkoholische Getränke an und ermutigte ihn zu homosexuellen Handlungen. Oder er schürte die Feindseligkeit des Jungen gegen seine strengen Eltern und rief selber wiederholt die Eltern wie auch den Therapeuten des Jungen an, um sie über sein destruktives und selbstzerstörerisches Verhalten zu »unterrichten«. Natürlich beklagte er sich auch bei mir über seinen jungen Freund und erwartete, daß ich ihm dazu raten würde, das rückfällige Verhalten des Jungen mit Bestrafung zu ahnden. Er konnte nur schwer zugeben, daß er selber manchmal sehr stark trank und flüchtige, zumeist unbefriedigende, homosexuelle Kontakte mit Strichjungen suchte.

Es wurde immer deutlicher, daß Herr W. diesen Jungen in seinen schlechten Verhaltensweisen ermutigte, um insgeheim an ihnen teilzuhaben und selber doch das asketische Leben, das er sich vorgenommen hatte, führen zu können. Damit hing auch zusammen, daß er den jungen Mann verriet, andere von seinem Verhalten informierte und es den Eltern, dem Therapeuten und den Vorgesetzten des Jungen überließ, ihm Vorhaltungen zu machen und Strafen aufzuerlegen.

Der junge Mann stellte für den Patienten unbewußt verschiedene Personen dar; er verkörperte den Patienten selber, so wie er früher war, seine jüngeren Geschwister und vor allem die infantilen, unverantwortlichen Persönlichkeitszüge von Vater und Mutter. Wir können sicherlich sagen, daß er diesem Jungen in gleicher Weise wie seinen Geschwistern Vater und Mutter ersetzte, während er sich wünschte, daß er selber ebenso umsorgt würde.

Was sein konflikthaftes Verraten betrifft, so erschien am wichtigsten, daß er diesen jungen Mann mit seiner Schwester Luise gleichsetzte, die zweieinhalb Jahre jünger war als er. Er, der selber nicht fähig war, sich offen gegen seine Eltern aufzulehnen, hatte schon sehr früh versucht, Luisens Ärger über die Strenge der Mutter zu wecken. Er wollte Luise dazu verleiten, all die »bösen Dinge« zu tun, für die ihm der Mut fehlte. Tat seine Schwester dergleichen, lief er zur Mutter und schwärzte Luise an, das heißt, er begab sich in die Rolle des Spitzels. Sein verräterisches, doppeltes Spiel bewirkte jeweils, daß Luise schwer bestraft wurde, während er dieser Bestrafung mit Lust zuschaute und so an verschiedenen Rollen partizipierte, an der Rolle des schuldigen Empörers, der sadistisch strafenden Mutter und an der masochistischen Rolle des Opfers.

Später wiederholte er dieses Agieren mit seinen Eltern. Er beklagte sich beim einen über den anderen und wurde Zeuge ihrer heftigen Auseinandersetzungen. Auch er bildete Urszenenphantasien, die im Inhalt den Phantasien von Herrn V. glichen; allerdings übernahm er im Gegensatz zu Herrn V. als Erwachsener weder beruflich noch in seinen persönlichen Beziehungen die Rolle eines Verräters oder Spitzels. Allein wenn es ihn drängte, andere Menschen gegeneinander auszuspielen, erinnerte er sich schon daran, wie er früher mit seiner Schwester und später mit seinen Eltern agierte.

Herr W. hatte während seiner psychotischen Episode unter wahnhaften Verfolgungsideen gelitten. In seinen Wutanfällen, die sich gegen den jüngeren Freund richteten, entwickelte er häufig, aber nur für kurze Zeit, paranoide Eifersuchtsideen und hatte seinen Freund im Verdacht, daß er homosexuelle Affären mit älteren, femininen Männern – »Tunten« – habe. Allmählich wurde ihm bewußt, daß 'er die Gleichsetzung nicht ertragen konnte, die er selber zwischen diesen Verdachtspersonen und seinem femininen Selbst – seinen passiven, homosexuellen, analen Wünschen und dem Verlangen, vom Aggressor gierig verschlungen zu werden – vornahm. Er war in der Tat sowohl auf seinen Freund wie auch auf dessen mutmaßlichen Partner eifersüchtig.

Bemerkungen zur paranoiden Symptombildung, paranoiden
Persönlichkeit und Homosexualität

Die beiden skizzierten Fallberichte haben mehrere Aspekte gemeinsam; sie ähneln sich in den paranoiden Konfliktsituationen, im Agieren, in den Phantasiebildungen, den Abwehr- und Restitutionsvorgängen. Betrachten wir die Fälle psychogenetisch, so finden wir bei beiden eine Kindheitsgeschichte, die nicht allein Mißhandlung, Vernachlässigung und Grausamkeit, sondern auch schwere Auseinandersetzungen und Feindseligkeiten zwischen den Eltern zeigt. Außerdem hatten die Väter jeweils noch Liebesbeziehungen zu anderen Frauen. Die Aufzählung der Ähnlichkeiten läßt sich damit fortsetzen, daß beide Patienten sehr früh eine unterwürfige, masochistische Haltung ihren Eltern gegenüber ausbildeten. Ihre eigene, tieferliegende und intensive Feindseligkeit fand zwei Ausdrucksformen; zum einen in den Grausamkeiten, die sie ihren jüngeren Geschwistern zufügten, zum anderen in den Versuchen, die übrigen Familienmitglieder gegeneinander auszuspielen und sie Streitereien austragen zu lassen. In beiden Fällen wurde das Agieren der Patienten durch das Verhalten der Eltern, durch deren gegenseitige Feindseligkeit, erleichtert und gefördert. Wir haben hierin die Vorläufer jener verräterischen und treuebrüchigen Phantasien oder Handlungen zu sehen, die in den späteren paranoiden Konfliktsituationen dieser Patienten die Hauptrolle spielten. Bezeichnend ist, daß beide Patienten sich nicht vor der späten Adoleszenz gegen ihre Eltern aufzulehnen wagten und daß sich bei ihren Bemühungen, unabhängig, einflußreich und aggressiv zu werden, auffällige paranoide Tendenzen ausbildeten. Weiterhin ist interessant, daß beide Patienten, was ihre Arbeit betraf, außerordentlich begabt und leistungsfähig waren; lediglich in jenen Phasen des Agierens, die den paranoiden Episoden vorausgingen, kam es zu einer schweren Störung und zum Ausfall ihrer Ich-Funktionen.

Nun erhebt sich die Frage, ob meine Beobachtungen an diesen Patienten, vor allem meine Untersuchung der Rolle, die der konflikthafte Verrat für ihre paranoide Störung spielte, allgemeine Gültigkeit besitzen und zu unserem Wissen, das wir über die paranoide Symptombildung und Persönlichkeitsstruktur besitzen, beitragen können.

Paranoide Patienten berichten uns häufig ähnliches über ihre Kindheit und die Beziehung ihrer Eltern zueinander; dies gilt jedoch nicht für alle Fälle. Nach meiner Erfahrung finden sich in der Vorgeschichte dieser Patienten regelmäßig Grausamkeiten, die ihnen als Kind seelisch oder sogar physisch zugefügt wurden. Ich habe immer wieder den Eindruck gewonnen, daß die Patienten in einer intensiv sadomasochistischen Familienatmosphäre aufwuchsen, die zumindest von einem der Eltern geschaffen wurde – entweder vom Vater oder häufiger wohl noch von der Mutter. Dieser Elternteil übernahm die Rolle eines ständigen Aggressors, und die Klagen über den anderen, »guten« Elternteil bezogen sich häufig auf dessen »Schwäche«, daß heißt darauf, daß er – oder sie – unfähig oder nicht bereit war, das Kind vor dem sadistischen Verhalten des anderen Partners und folglich auch vor seinen eigenen sadomasochistischen Reaktionen auf diesen Partner zu schützen. Erstaunlich ist, daß sich keiner dieser Patienten darüber beklagte, er sei von seinen Eltern betrogen oder »verraten« worden; einige erwähnten allerdings mit deutlicher Geringschätzung und Verachtung, daß ihre Eltern trotz der beiderseitigen Feindseligkeit sexuelle Beziehungen miteinander hatten.

Weiter oben hatte ich schon darauf hingewiesen, daß sich das Agieren von Herrn V. und Herrn W. innerhalb der Familie auf verschiedene Geschlechter bezog, während die späteren paranoiden Konflikte der Patienten im wesentlichen mit Männern zusammenhingen. Dies führt uns zur Frage nach der Homosexualität bei paranoiden Patienten. Wir wissen aus Freuds klassischen Arbeiten (1911 c, 1922 b), daß Homosexualität und Paranoia, Verleugnung und Projektion miteinander verknüpft sind. Spätere Autoren haben weitere Aspekte herausgearbeitet. Knight (1940) berichtete, daß bei seinen Patienten die homosexuellen Strebungen als Abwehr gegen starke Aggression dienten. Bak (1946) folgte dem Ansatz Nunbergs (1936), legte jedoch mehr Gewicht auf die Rolle, die dem Masochismus bei der Paranoia zukommt; er suchte außerdem nach einer Antwort auf die Frage, warum die Verfolger in der Regel als »Gruppe« auftreten, wofür Cameron (1959) die Bezeichnung »Pseudo-Gemeinschaft« prägte. Bak beschrieb drei Stufen der Abwehr bei paranoiden Patienten; »die Regression sublimierter Homosexualität auf den Masochismus« als »erste Abwehrmaßnahme des Ichs«, die »Rücknahme von Liebe« als »zweite Stufe der Abwehr« und »die Zunahme von Feindseligkeit, von Haß auf das Liebesobjekt und das Auftreten sadistischer Phantasien« als »den dritten Schritt« (S. 296). Was die »Gruppe« bei der Paranoia betrifft, so vermutete Bak, man könne den »infantilen Prototyp dieser geschlossenen und feindseligen Gruppe auf die vermischte Elternimago zurückführen, auf ihre »gemeinsame Front«, die eine Verkörperung der phallischen Mutterimago ist. Diese frühe Vorstellung wird später erweitert und schließt die Geschwister mit ein« (S. 297).

Alle Fälle von Paranoia, die ich untersucht habe, bestätigen die Beobachtungen und Auffassungen von Bak und stehen in keinem Widerspruch zu Knights Ergebnissen, die Baks Untersuchungen ergänzen. Ich möchte jedoch noch eine Reihe zusätzlicher Ergebnisse anführen, die ich aus meinen Fällen gewonnen habe.

Das erste Ergebnis hängt mit der Tatsache zusammen, daß einige meiner paranoiden Patienten nicht nur homosexuell, sondern eigentlich bisexuell waren. Dies traf für Herrn W. wie auch für zwei weitere Patienten zu. Einer davon, Herr X., litt unter einer paranoiden Schizophrenie mit Verfolgungsideen und paranoiden Eifersuchtsanfällen. Er hatte viele Affären mit Frauen, gab jedoch offen zu, daß er auch seinen homosexuellen Beziehungen nachgehen müsse, da sie ihn vor paranoiden Ideen mit dem Inhalt, er werde betrogen, beraubt oder verfolgt, schützten. Er verhielt sich in echter Weise bisexuell und benutzte die vergleichsweise harmlose Tatsache seines homosexuellen Agierens als Abwehr gegen tiefer liegende, äußerst destruktive, sadomasochistische Strebungen.

Ein zweites Ergebnis meiner Beobachtungen ist, daß bei meinen paranoiden Patienten erst dann auffällig paranoide Tendenzen entstanden, als sie in der späten Adoleszenz versuchten, sich auf aggressive Art durchzusetzen und eine einflußreiche Position zu gewinnen. Dieser Befund wurde von den anderen Autoren nicht hervorgehoben, obwohl er in Baks Annahmen und Beobachtungen enthalten ist.

Das dritte meiner Ergebnisse betrifft die Bedeutung, die dem Verrat für das paranoide Agieren zukommt. Meine Fallberichte zeigen, wie diese Patienten sich innerhalb einer Gruppe in Schwierigkeiten, Intrigen und Manöver verstrickten, das heißt, wie sie argwöhnten, daß jene Menschen, die sie zunächst wie geheime Waffen benutzten und gegeneinander aufbrachten, gegen sie verbünden und schließlich zu ihren Verfolgern würden. Meine Erfahrungen mit heterosexuellen Patienten, die unter wahnhafter Eifersucht litten, sind nicht allzu groß, aber ich möchte die Schlußfolgerung wagen, daß auch in den Eifersuchtswahn eine Gruppe einbezogen ist, nämlich sowohl der heterosexuelle wie auch der homosexuelle Partner; hinzu kommen noch Wünsche, jeden dieser Partner, aber auch beide zusammen, zu verraten. In diesem Sinne fühlte sich Herr W. sowohl von seinem jungen Freund wie auch von dessen mutmaßlichem, femininen Partner, der »Tunte«, betrogen. Herr X. beispielsweise, der paranoide Schizophrene, den ich weiter oben kurz erwähnte, lieh seinem Freund und einer Freundin die eigene Wohnung. Er hatte mit jedem von ihnen früher schon eine sexuelle Affäre gehabt. Als die beiden in seiner Wohnung eine sexuelle Beziehung zueinander aufnahmen, wurde er äußerst eifersüchtig und hätte seinen Freund beinahe umgebracht. Man sollte

bei wahnhafter Eifersucht dieser Art beachten, welche Rolle Feindseligkeit und Sadomasochismus dabei spielen, da gerade diese Strebungen die betrügenden Partner in phallisch-sadistische Figuren und
ihre Opfer verwandeln.

Die Untersuchung der verräterischen oder treuebrüchigen Tendenzen
paranoider Patienten dient meiner Ansicht nach nicht nur dazu, daß
wir besser verstehen, welche Rolle einer bestimmen Gruppe von Menschen für die paranoiden Gedanken der Patienten zukommt; sie verschafft uns auch mehr Einsicht in jenes Agieren, das bei diesen Patienten einem voll ausgebildeten psychotischen Zustand vorausgeht.
Dieser Zusammenhang wurde bisher nicht ausführlich untersucht und
beschrieben. Allerdings erwähnt Cameron (1959) die »ruhelose, um-
herschweifende Lebensweise« seines paranoiden Patienten, »die häufigen und unerklärlichen Wechsel des Arbeitgebers und daß er ohne
Ende seinen Standort verlagerte. Es gelang ihm nie, sich mit seiner
Arbeit zu identifizieren oder auch anderen Dingen gegenüber für längere Zeit treu zu sein« (S. 522f).

Ich habe bei meinen Fallberichten darauf hingewiesen, daß die Neigung paranoider Patienten, gerade diejenigen zu verraten, denen sie
sich vorher masochistisch auslieferten und unterwarfen, vor allem in
therapeutischer Hinsicht beachtet werden muß, da sie in der Übertragung unweigerlich agiert wird. Nicht nur Herr V. und Herr W. versuchten, den behandelnden Psychiater zu wechseln und sich nacheinander oder gleichzeitig von zwei Psychotherapeuten behandeln zu
lassen. Manchmal wird auch ein Freund oder ein Ehepartner in diese
Art des Agierens einbezogen. Einmal wurde mir ein paranoid-schizophrener Patient überwiesen, und in der Krankengeschichte stand, daß
er »seine Frau gegen den Psychotherapeuten ausspielt und die Auseinandersetzung von diesen beiden austragen läßt, während er sich
zurückzieht«. Einem anderen paranoid-schizophrenen Patienten gelang es, in einer ziemlich kurzen Zeitspanne bei zahlreichen Psychiatern vorzusprechen und viele Medikamente in seinen Besitz zu bringen, wobei keiner der Psychiater etwas davon erfuhr, daß der Patient auch zu anderen Kollegen ging. Genaugenommen gibt es wohl
kaum einen paranoiden Patienten, der nicht von einem Psychiater
zum anderen geht und sich jeweils über die anderen beschwert.

In diesem Zusammenhang ist interessant, daß manche Psychotherapeuten gerade das beschriebene Agieren für therapeutische Absichten
nutzen. So hat Flescher (1966) bei paranoiden Patienten, aber auch in
anderen Fällen, Erfahrungen mit einer Behandlungsform gesammelt,

die er »Dual-Therapie« nennt. Andere Therapeuten »organisieren«
die Behandlung paranoid-schizophrener Patienten ebenfalls zweiglei-
sig und beabsichtigen damit, daß vor allem die Aggression des Patienten auf eine andere, dritte Person abgelenkt wird. Eine derartige
Dual- oder Doppelbehandlung ist meines Erachtens dann von Wert,
wenn die beiden Therapeuten wissen, was sie tun, von einem ähnlichen methodischen Ansatz ausgehen und eng zusammenarbeiten; im
anderen Falle fördert diese Form der Behandlung ein Agieren, das sich
wie bei Herrn V. nicht mehr handhaben läßt und zu einem negativen
therapeutischen Ergebnis führt[5].

Christus-Identifizierung und Judaskonflikt

Zum Abschluß dieses Kapitels möchte ich nochmals meinen früheren
Hinweis zur Figur des Judas aufgreifen und zeigen, daß zwischen
dem paranoiden »Judas-Konflikt« und der Identifizierung mit Jesus
ein Zusammenhang besteht. Jesus-Phantasien sind bei schizophrenen
Patienten häufig, und ich konnte in einigen Fällen beobachten, daß sie
mit konflikthaftem Verrat verknüpft sind oder, was noch häufiger
vorkommt, im Anschluß an einen Treuebruch entstehen. Trotz allem
müssen wir sehen, daß Judas ein Jünger Christi war und sich mit
ihm identifizierte, mit seiner Auflehnung und seinem Kampf gegen
die Obrigkeit, mit seinem Leiden, das ihm und den Gläubigen von
der Lehre und den Idealen der neuen Religion aufgebürdet wurde.
Während Christus sein Leben opfern wollte, um die sündige Welt zu
retten, versuchte Judas, indem er Jesus verriet, seine Kreuzigung her-
beiführte und sich selbst auf schimpfliche Weise umbrachte, die Erlö-

---

5 Siehe dazu Foudraine, J. (1973), *Wer ist aus Holz?* Der Autor berichtet
über die psychotherapeutische Aufgabenteilung in Chestnut Lodge
(S. 131 f.). Alle Patienten hatten zwei Psychotherapeuten, einen Psychiater-
Psychotherapeuten, von dem sie mehr oder weniger orthodox analysiert
wurden, und einen *administrator*, dem das Pflegepersonal unterstand und
die Zusammenarbeit mit der Familie des Patienten und mit den Sozialhel-
fern oblag. Man sah in dieser Klinik die gespaltene Übertragung als Vorteil
der Aufgabenteilung – »ein Teil der Wutgefühle (des Patienten) konnte
auf den *administrator* und das Pflegepersonal abfließen« (S. 132). Foudrain
beschreibt dagegen einige Nachteile dieser zweifachen Behandlung, unter
anderem (S. 144), daß sie ein Verharren in stark abnormem Verhalten eher
förderte als bekämpfte (Anm. d. Übers.).

sungsidee aufzuheben. Der Kreuzigungstod ließ Christus trotz des Verrats zum Retter der Welt werden, machte ihn groß und herrlich, führte zu seiner Auferstehung und mystischen Vereinigung mit Gott. Wir können daher sagen, daß im Gegensatz zur Rolle des Judas Identifizierungen mit Christus bedeuten, daß der Gläubige sich bereitwillig und masochistisch Gottvater unterwirft und damit eine Restitution des Objekts und des grandiosen Selbst gelingt.

Anhang

In diesem Anhang möchte ich kurzgefaßt darstellen, welchen Wert Nachuntersuchungen von depressiven Patienten besitzen und wie wichtig es ist, daß mit jenen Patienten, die psychotisch sind, eine positive Übertragung erhalten bleibt. An den Fällen, über die ich in diesem Buch berichtet habe, wird deutlich, daß ich Nachuntersuchungen unter den Gesichtspunkten der Diagnose, Prognose und Therapie für äußerst wichtig halte.

Die erste Langzeit-Beobachtung eines Falles, die mehr zufällig zustande kam, beeindruckte mich sehr, und ich beschloß, auch anderen Fällen nachzugehen. Bei der Patientin handelte es sich um meinen ersten Fall einer schweren und wiederholten, reaktiven Depression, die ich zu analysieren versuchte. Die Patientin litt unter starken Schuldkonflikten und klagte, sie verspüre kaum noch Gefühle und sei unfähig zu trauern. Die damalige Depression wurde vom Tod ihrer Tante, die für sie eine Art Ersatzmutter war, ausgelöst. Trotz der Art und Schwere ihrer depressiven Störung war die Patientin für eine Analyse geeignet und zeigte nach einigen Behandlungsjahren eine deutliche Besserung. Allerdings konnten einige Probleme der Übertragung nicht richtig herausgearbeitet werden, da mich die politische Situation in Berlin damals überraschend zwang, meine Praxis aufzugeben und Deutschland zu verlassen. Da die Patientin in der Stadt, in die sie umgezogen war, keinen anderen Psychoanalytiker finden konnte, schrieb sie mir Briefe nach Amerika. Sie schrieb mir immer dann, wenn sie mit ihren Schwierigkeiten nicht zurechtkam, und unser Briefwechsel, der nur durch die Kriegsjahre unterbrochen wurde, dauerte fünfunddreißig Jahre an. Als ich 1951 und 1970 mit Freunden nach Deutschland reiste, sah ich sie wieder; in der Zwischenzeit hatte ich entdeckt, daß unser zwar nicht häufiger, aber langwährender Briefwechsel für sie hilfreich, für mich interessant und lehrreich war. Zum einen litt die Patientin auch weiterhin unter depressiven Zuständen, die allerdings leichter verliefen; sie schrieb mir in diesen Zuständen und bat um moralische Unterstützung. Zum anderen konnte ich die wichtige Tatsache feststellen, daß sich ihre masochistische Einstellung völlig verändert hatte. Es war ihr gelungen, ein ausgezeichnetes Heim für behinderte Kinder aufzubauen. Sie war in ihrem Fachgebiet eine geschätzte und bekannte Persönlichkeit geworden. Ihre Gedanken waren zwar von religiösen Vorstellungen außerordentlich erfüllt, aber es war sehr klar, daß sie keine schizophrene Erkrankung hatte und auch nie in einen schizophrenen Zustand geraten war. In ihrem Fall erwies die Nachuntersuchung, daß meine damalige Diagnose richtig war, die Prognose besser, als ich erwartet hatte und daß man das therapeutische Ergebnis als befriedigend und dauerhaft bezeichnen konnte. Die Patientin hat im Verlauf späterer Jahre noch eine einzige schwere Depression durchgemacht. Dieser Zustand trat während der Nürnberger Prozesse auf, obgleich die Patientin antinationalsozialistisch eingestellt war und verschiedenen Mitgliedern der Widerstandsbewegung geholfen hatte. Heute ist sie eine alte Frau und muß das Bett hüten, weil sie unter einer schweren Herzinsuffizienz leidet. Dennoch ist sie immer bereit, dem jetzigen Leiter ihres Kinderheims jederzeit mit Rat und Unterstützung zu helfen.

Im achten Kapitel berichtete ich ausführlich über Peggy M., eine weitere Patientin mit wiederholten, depressiven Zuständen. Ich erfuhr durch einige Nachuntersuchungstermine, daß sie nicht, wie damals vorausgesagt wurde, an einer Schizophrenie erkrankte, sondern die nächsten fünfundzwanzig Jahre nach der Behandlung klinisch gesund blieb. Sie hatte sich glücklich verheiratet und kam mit ihrer Arbeit gut zurecht.

Im Fall von Janet Q., der schizophrenen Patientin, über die ich im elften Kapitel berichtete, wußte ich über ihre einzelnen Lebensabschnitte Bescheid, obgleich sie nie bei mir in Behandlung war. Besonders wichtig erscheint mir die Tatsache, daß sie nach ihrer letzten psychotischen Episode ständig in Behandlung war, und ich bin der Ansicht, daß der therapeutische Wert dieser Behandlung mit der positiven Übertragung zusammenhing, die sich über einen langen Zeitraum aufrechterhalten ließ. Nach meiner Erfahrung gilt dies ganz allgemein für schizophrene Patienten und steht im Gegensatz zu neurotischen Fällen.

Ein Beispiel soll erläutern, wie günstig es sich auswirkt, wenn mit psychotischen Patienten eine positive Beziehung erhalten bleibt. Ein paranoid-schizophrener Patient, von Beruf Physiker, den ich noch in Berlin behandelt hatte, telefonierte mit mir wenige Minuten nachdem er in New York angekommen war und wollte mich »auf der Stelle« sehen. Er erzählte mir, daß er mich in Schweden und England gesucht habe und sich sehr darüber freue, mich endlich hier gefunden zu haben. Da er eine Arbeitsstelle in einer anderen Stadt hatte, konnte er nicht wieder in meine Behandlung kommen; ich sollte ihn jedoch an einen anderen Psychoanalytiker überweisen, da er sich nicht vorstellen konnte, von jemandem behandelt zu werden, den ich nicht »kenne«. Auch dieser Patient mußte wegen seiner paranoiden Konflikte mehrfach seine Stelle wechseln. Er schrieb mir jeweils, berichtete, was ihm widerfahren war und bat um eine Überweisung. Nachdem er an einem Herzversagen verstorben war, rief sein Sohn mich an und bat um ein Gespräch. Auch er litt unter einer, wenn auch leichteren, schizophrenen Störung, und ließ sich von mir, da ich ihn nicht in Behandlung nehmen konnte, an einen anderen Psychiater überweisen. Man kann vielleicht sagen, daß in diesem Fall der Sohn die Übertragung seines Vaters auf mich übernahm.

Eine ähnliche Geschichte kann ich über einen Mann berichten, den ich in seiner Kindheit, genauer in der Latenzphase, analysierte. Ich stand in freundschaftlicher Beziehung zu seinen Eltern, die mir den achtjährigen Jungen zur Behandlung brachten. Er war in einen depressiven Zustand mit starken Ängsten geraten, nachdem er seine Kinderschwester und Erzieherin verloren hatte, die ihn großgezogen hatte, wohl sehr mütterlich war und von dem Knaben sehr verehrt wurde. Nach einigen Jahren erfolgreicher psychoanalytischer Behandlung zog die Familie mit dem Jungen nach Frankreich. Er hielt dort über mehrere Jahre hinweg eine positive Bindung an mich aufrecht. Als er später nach New York kam, zog er mich jeweils zu Rate, wenn er bei seiner Arbeit oder mit seinem Vater Schwierigkeiten hatte. Nach seiner Verlobung besuchte er mich mit seiner Braut, da er gerne wissen wollte, ob ich seine Partnerwahl guthieße. Den Eltern war seine Braut nämlich, wie er schon erwartet hatte, aus gesellschaftlichen und intellektuellen Gründen nicht recht. Als der Patient aus New York wegzog, hörte ich nur noch gelegentlich von seinen Eltern, daß er glücklich verheiratet sei und im Beruf gut vorankäme. Ich sah ihn erst wieder, als er in den Vierzigern war. Als er davon erfuhr, daß ich die Stadt, in der er wohnte, besuchen würde, lud er mich sofort ein. Damit beabsichtigte er unter anderem, sich von mir seiner Söhne wegen, die gerade in der Adoleszenz waren, Rat zu holen. Ich war sehr überrascht, als er dem einen Jungen, der erst kürzlich eine psychotherapeutische Behandlung abgebrochen hatte, erzählte, wie schön die Zeit gewesen sei, in der er bei mir Analyse machte und daß er bei mir gelernt hätte, wie man mit einem Luftgewehr schießt. Der Sohn fragte darauf den Vater, warum ich nicht hierherziehen könne, denn er würde gerne zu mir in Behandlung kommen. Offenbar waren durch meine Ankunft bei dem Vater Übertragungsgefühle wiederaufgelebt, und der Sohn hatte diese Gefühle für sich übernommen.

An dieser Stelle möchte ich noch einige Bemerkungen anschließen, die der Nachuntersuchung von Patienten gelten, die ich behandelt hatte, als sie Kinder waren. Ich konnte in fünf Fällen herausfinden, wie sich die Patienten nach Abschluß der psychoanalytischen Behandlung weiterentwickelt hatten. Dabei stellte ich fest, daß ihre Entwicklung viel besser verlaufen war, als ich ursprünglich erwartet hatte. Lediglich einer von ihnen, ein Borderline-Patient, brauchte auch als Erwachsener eine weitere Behandlung.

Der Fall eines schwergestörten elfjährigen Jungen ist besonders interessant. Seine Behandlung mußte plötzlich unterbrochen werden, als Hitler die Macht ergriff. Die antisemitische Stimmung hatte ihn als Nichtjuden sehr verwirrt, und er wußte nicht, wer nun eigentlich »böse« war, Hitler oder seine jüdische Analytikerin. Nach dem Weltkrieg schrieb mir seine Mutter, er wäre in russischer Gefangenschaft und hätte nach mir gefragt, da er sehr deprimiert sei und meine Hilfe brauche. Er schrieb mir dann selber in seinem ersten Brief, daß ihm bald klar geworden sei, wer damals »böse« war, das hieß, daß er noch von dem unlösbaren Konflikt wußte, der den Abbruch seiner Behandlung verursachte, und daß seine positiven Erinnerungen dreizehn Jahre der Trennung überdauert hatten. Da er kein Geld für eine psychotherapeutische Behandlung hatte, entstand zwischen uns ein langjähriger Briefwechsel, der ihm erstaunlich viel gab. Als ich 1951 zu Besuch nach Deutschland kam, traf ich auch ihn und sprach seine persönlichen und beruflichen Schwierigkeiten mit ihm durch. Dann hörte ich nur noch gelegentlich von und über ihn; auch ihm gelang es, seine Schwierigkeiten allmählich zu lösen. Als er sein Studium abgeschlossen hatte, bekam er eine gute Stelle, verheiratete sich glücklich und adoptierte zwei Kinder.

Auch die Nachuntersuchung von Kinderbehandlungen weisen darauf hin, wie groß der Wert von Nachuntersuchungen unter prognostischem wie auch unter therapeutischem Gesichtspunkt ist. Nun möchte ich wieder auf das Fallmaterial von erwachsenen Patienten zurückkommen.

Weiter oben habe ich über einen paranoid-schizophrenen Patienten berichtet, der seine Arbeitsstellen ständig wechselte und mich jeweils darum bat, ihn an einen Psychiater in seinem Wohnort zu überweisen. Es gilt allgemein für schizophrene und insbesondere für paranoide Patienten, daß sie häufig ihre Stelle wechseln und umziehen. Es gelang jedoch den Patienten, die ich behandelte, immer, in einem gewissen Kontakt mit mir zu bleiben, gelegentlich zu schreiben oder mich auch in New York für eine Beratung zu besuchen.

So war es auch bei Frau P., über die ich im zehnten Kapitel berichtete. Diese Patientin, die noch immer unter paranoid-schizophrenen Episoden leidet und jetzt in Kalifornien lebt, ruft mich immer dann an, wenn sie meint, am Rande eines Zusammenbruchs zu stehen. Sie erzählt mir jedesmal, es habe den Anschein, daß jemand anderes, ihr Freund oder ihr Chef, kurz vor einem Zusammenbruch stünde. Darauf sage ich ihr, es könne sein, daß sie ihre eigene schwierige Lage wieder projiziere, und wenn ich ihr den Rat gebe, sich möglichst rasch in einem Krankenhaus behandeln zu lassen, befolgt sie ihn jedesmal. Einige dieser Patienten können später sagen, daß sie für die Hilfe, die sie unter anderem in Form des Ratschlags bekamen, sich einer Behandlung zu unterziehen, Dankbarkeit empfinden.

Eine weitere Patientin, die ebenfalls an der Westküste lebt, möchte ich noch erwähnen. Ich hatte sie früher wegen einer seelischen Störung in Behandlung genommen, die ich später als Zwangsneurose mit depressiven Zuständen auffaßte. Nach Beendigung der Analyse sah ich sie noch gelegentlich, und es schien ihr gutzugehen. Fünfundzwanzig Jahre nach der ersten Behandlung kam sie unerwartet zu mir nach New York, weil sie unter einer schweren Involutionsdepression litt. Erst lehnte sie es ab, zu einem anderen Psychoanalytiker zu gehen, aber schließlich folgte sie doch meinem Rat, an ihrem Wohnort eine neue Behandlung zu beginnen. Kürzlich schrieb sie mir, ihr Therapeut habe ihr, vor allem bei einem komplizierten Eheproblem, sehr viel helfen können, und es ginge ihr jetzt wieder recht gut.

Leichter war die Nachuntersuchung bei jenen depressiven Patienten, die in oder in der Nähe von New York lebten. Bei Patienten, die früher sehr depressiv waren, wird nach einigen Jahren, wenn neue Schwierigkeiten auftauchen, oft ein weiteres Stück Analyse nötig, wenn sie wieder in depressive Zustände geraten. Neben den Patienten, die eine neue Analyse machen, gibt es andere, die zu gelegentlichen Gesprächen kommen oder solche, die längere Zeit mit einer oder zwei Sitzungen in der Woche behandelt werden. Bemerkenswert ist, daß sich auch diese Patienten auf die Couch legen und ihre frühere analytische Arbeitsweise fortsetzen möchten. Sie beziehen sich in den Stunden auf das früher zutage geförderte Erinnerungsmaterial wie auch auf die Deutungen und verhalten sich so, als hätten sie ihre Behandlung nie unterbrochen. Dieses Verhalten war bei einem Patienten besonders auffallend und interessant, der seine Analyse vor mehr als zwanzig Jahren beendet und mich in der Zwischenzeit auch nicht konsultiert hatte; nun suchte er eine Behandlung, weil ihm einige sehr traumatische Erlebnisse widerfahren waren.

Ein für die Therapie wichtiges Ergebnis meiner Nachuntersuchungen ist, daß die Behandlung bei chronisch-depressiven Patienten am wenigsten erfolgreich verläuft. Auch bei Patienten, die schon in ihrer Kindheit unter depressiven Zuständen mit Selbstmordgedanken litten, brachte die Behandlung keine zufriedenstellenden Ergebnisse.

Ich hoffe, daß die Fälle, über die ich in diesem Buch berichtet habe, die Beispiele im Anhang eingeschlossen, verdeutlichen, welchen Wert solche Nachuntersuchungen haben; sie zeigen, ob die ursprünglich gestellte Diagnose und Prognose richtig waren oder ob sie korrigiert werden müssen, liefern den Nachweis, ob die therapeutischen Ergebnisse dauerhaft sind und dienen außerdem häufig therapeutischen Zwecken.

Bibliographie

Abraham, K. (1912), ›Ansätze zur psychoanalytischen Erforschung und Behandlung des manisch-depressiven Irreseins und verwandter Zustände‹. In: Psychoanalytische Studien II. Frankfurt M., S. Fischer, 1971, 146–162.

– (1924), ›Versuch einer Entwicklungsgeschichte der Libido auf Grund der Psychoanalyse seelischer Störungen‹. In: Psychoanalytische Studien I. Frankfurt M., S. Fischer, 1969, 113–183.

Arieti, S. (1959), ›The Manic-Depressive Psychosis‹. In: The American Handbook of Psychiatry (Hrsg. S. Arieti), Bd. I. New York, Basic Books, 419–454.

Arlow, J. A. (1959), ›The Structure of the Déjà Vu Experience‹. Journal of the American Psychoanalytic Association, 7, 611–631.

– u. Brenner, Ch. (1964), Psychoanalytic Concepts and the Structural Theory. New York, International Universities Press. Deutsche Übers.: Grundbegriffe der Psychoanalyse. Die Entwicklung von der topographischen zur strukturellen Theorie der psychischen Systeme. Reinbek, Rowohlt, 1976.

Asch, S. S. (1966), ›Depression: Three Clinical Variations‹. The Psychoanalytic Study of the Child, 21, 150–171.

Atkins, N. B. (1967), ›Comments on Severe and Psychotic Regressions in Analysis‹. Journal of the American Psychoanalytic Association, 15, 584–605.

Bak, R. C. (1939), ›Regression of Ego-Orientation and Libido in Schizophrenia‹. International Journal of Psycho-Analysis, 20, 64–71.

– (1943), ›Dissolution of Ego, Mannerism, and Delusion of Grandeur‹. Journal of Nervous and Mental Disease, 98, 457–468.

– (1946), ›Masochism in Paranoia‹. Psychoanalytic Quarterly, 15, 285–301.

– (1954), ›The Schizophrenic Defence against Aggression‹. International Journal of Psycho-Analysis, 35, 129–134.

Bellak, L. (1952), Manic-Depressive Psychosis and Allied Conditions. New York, Grune and Stratton.

– (1958), ›The Schizophrenic Syndrome: A Further Elaboration of the Unified Theory of Schizophrenia‹. In: Schizophrenia: A Review of the Syndrome (Hrsg. L. Bellak). New York, Logos Press, 3–63.

Beres, D. (1966), ›Superego and Depression‹. In: Psychoanalysis – A General Psychology (Hrsg. R. M. Loewenstein, L. M. Newman, M. Schur u. A. J. Solnit), 479–498. New York, International Universities Press.

– u. Obers. S. J. (1950), ›The Effects of Extreme Deprivation in Infancy on Psychic Structure in Adolescence‹. The Psychoanalytic Study of the Child, 5, 212–235.

Bergler, E. (1950), ›Further Studies on Depersonalization‹. Psychiatric Quarterly, 24, 268–277.

- u. Eidelberg, L. (1935), ›Der Mechanismus der Depersonalisation‹. Internationale Zeitschrift für Psychoanalyse, 21, 258–285.

Bergson, H. L. (1911), Le Rire. Paris, Presses Universitaires de France. Deutsche Übers.: Das Lachen. Zürich, Die Arche, 1972.

Bibring, E. (1953), ›The Mechanism of Depression‹. In: Affective Disorders (Hrsg. P. Greenacre). New York, International Universities Press, 13–48. Deutsche Fassung: ›Das Problem der Depression‹. Psyche, 6 (1952/53), 81–101.

Bird, B. (1958), ›Depersonalization‹. Archives for Neurology and Psychiatry, 80, 467–476.

Blank, H. R. (1954), ›Depression, Hypomania and Depersonalization‹. Psychoanalytic Quarterly, 23, 20–37.

Blatz, W. E., Allin, K. D. u. Millichamp, D. A. (1936), ›A Study of Laughter in the Nursery School Child‹. Univ. Toronto Studies, Child Develpm. Series, 7.

Bleuler, E. (1911), ›Dementia praecox oder Gruppe der Schizophrenien‹. In: Aschaffenburgs Handbuch der Psychiatrie, Leipzig, 1911 (Spezieller Teil, 4. Abt., 1. Hälfte).

- (1949), Lehrbuch der Psychiatrie. 8. Ausg. hrsg. v. M. Bleuler. Berlin, Springer.

Bonaparte, M. (1928), ›L'identification d'une fille à sa mère morte‹. Rev. Franç. Psychanal., 2, 541–565. Deutsche Fassung: ›Die Identifizierung einer Tochter mit ihrer verstorbenen Mutter‹. Internationale Zeitschrift für Psychoanalyse, 15 (1929).

Bowlby. J. (1960), ›Grief and Mourning in Infancy and Early Childhood‹. The Psychoanalytic Study of the Child, 15, 9–52.

- (1961), ›Processes of Mourning‹. International Journal of Psycho-Analysis, 42, 317–340.

- (1963), ›Pathological Mourning and Childhood Mourning‹. Journal of the American Psychoanalytic Association, 11, 500–541.

Brackett, C. W. (1933), ›Laughing and Crying of Pre-School Children‹. J. Exper. Educ., 2, 119–126.

Brenner, Ch. (1966), ›The Mechanism of Repression‹. In: Psychoanalysis – A General Psychology (Hrsg. R. M. Loewenstein, L. M. Newman, M. Schur u. A. J. Solnit), 390–399. New York, International Universities Press.

Brierley, M. (1937), ›Affects in Theory and Practice‹. International Journal of Psycho-Analysis, 18, 256–268. Deutsche Übers.: ›Die Affekte in der Theorie und Praxis‹. Internationale Zeitschrift für Psychoanalyse, 22 (1936), 439–452.

Bühler, C. (1930), The First Year of Life. New York, John Day.

Cameron, N. (1959), ›Paranoid Conditions and Paranoia‹. In: The American Handbook of Psychiatry (Hrsg. S. Arieti) Bd. I., 508–539. New York, Basic Books.

Campbell, J. D. (1953), Manic-Depressive Disease. Philadelphia, Lippincott.

Cobb, S. (1950), Emotions and Clinical Medicine. New York, Norton.

Dearborn, G. V. N. (1900), ›The Nature of Smile and Laugh‹. Science, 2, 851–855.

Despert, J. L. (1940), ›A Comparative Study of Thinking in Schizophrenic Children and in Children of Preschool Age‹. American Journal of Psychiatry, 97, 189–213.

Deutsch, H. (1927), ›Über Zufriedenheit, Glück und Ekstase‹. Internationale Zeitschrift für Psychoanalyse, 13, 410–419.

– (1933), ›The Psychology of Manic-Depressive States with Particular Reference to Chronic Hypomania‹. In: Neurosis and Character Types, 203–217. New York, International Universities Press, 1965.

– (1942), ›Some Forms of Emotional Disturbance and Their Relationship to Schizophrenia‹. Psychoanalytic Quarterly, 11, 301–321.

Dickes, R. (1967), ›Severe Regressive Disruptions of the Therapeutic Alliance‹. Journal of the American Psychoanalytic Association, 15, 508–533.

Eissler, K. R. (1953), ›Notes upon the Emotionality of a Schizophrenic Patient and Its Relation to Problems of Technique‹. The Psychoanalytic Study of the Child, 8, 199–251.

– (1955), ›An Unusual Function of an Amnesia‹. The Psychoanalytic Study of the Child, 10, 75–82.

– (1959), ›On Isolation‹. The Psychoanalytic Study of the Child, 14, 29–60.

Enders, A. C. (1927), ›Laughter of the Pre-School Child‹. Papers of the Michigan Academy of Science, Arts and Letters, 8, 341–356.

Fairbain, W. R. D. (1954), An Object-Relations Theory of Personality. New York, Basic Books.

Federn, P. (1926), ›Some Variations in Ego Feeling‹. International Journal of Psycho-Analysis, 7, 434–444.

– (1929), ›The Ego as Subject and Object in Narcissism‹. In: Ego Psychology and the Psychosis. New York, Basic Books, 1952, 283–322. Deutsche Fassung: ›Das Ich als Subjekt und Objekt im Narzißmus‹. Internationale Zeitschrift für Psychoanalyse, 15. Und in: Ichpsychologie und die Psychosen. Bern u. Stuttgart, Huber, 1956.

– (1936), ›On the Distinction of Healthy and Pathological Narcissism‹. In: Ego Psychology and the Psychosis. New York. Deutsche Übers.: Ichpsychologie und die Psychosen. Bern u. Stuttgart, Huber, 1956.

Fenichel, O. (1926), ›Identification‹. *The Collected Papers of Otto Fenichel*, Bd. 1, 97–112. New York, Norton, 1953. Deutsche Fassung: ›Die Identifizierung‹. *Internationale Zeitschrift für Psychoanalyse, 12*.

– (1932), *Outline of Psychoanalysis*. New York, Norton 1934.

– (1939), ›Trophy and Triumph‹. In: *Collected Papers of Otto Fenichel*, Bd. 2, 141–162. New York, Norton, 1954. Deutsche Fassung: ›Über Trophäe und Triumph. Eine klinische Studie‹. *Internationale Zeitschrift für Psychoanalyse und Imago, 24* (1939), 258–280.

– (1941), ›The Ego and the Affects‹. *The Collected Papers of Otto Fenichel*, Bd. 2, 215–227. New York, Norton, 1954.

– (1945), *The Psychoanalytic Theory of Neurosis*. New York, Norton. Deutsche Übers.: *Psychoanalytische Neurosenlehre*, Bd. 1/2. Olten u. Freiburg, Walter, 1974/75.

Fisher, C. (1954), ›Dreams and Perception: A Study of Unconscious-Preconscious Relationships‹. *Journal of the American Psychoanalytic Association, 4*, 5–48.

– u. Joseph, E. D. (1949), ›Fugue with Awareness of Loss of Personal Identity‹. *Psychoanalytic Quarterly, 18*, 480–493.

Fleming, J. u. Altschul, S. (1963), ›Activation of Mourning and Growth by Psycho-Analysis‹. *International Journal of Psycho-Analysis, 44*, 419–431.

Flescher, J. (1966), *Dual Therapy: Triadic Principle of Genetic Psychoanalysis*. New York, D. T. R. B. Editions.

Foudraine, Jan (1974), *Wer ist aus Holz?* München, Piper.

Frank, J. (1959), ›Treatment Approach to Acting-out Character Disorders‹. *Journal of the Hillside Hospital, 8*, 42–53.

Freud, A. (1936), *Das Ich und die Abwehrmechanismen*. München, Kindler. Englische Fassung: *The Ego and the Mechanisms of Defense*. International Universities Press, 1946. Oder: *The Writings of Anna Freud*, Bd. 2, New York, International Universities Press, 1966.

– (1952), ›Studies in Passivity: Part II. Notes on a Connection between the States of Negativism and of Emotional Surrender (Hörigkeit)‹. *The Writings of Anna Freud*, Bd. 4, 256–259. New York, International Universities Press, 1968.

– (1960), ›Discussion of Dr. John Bowlby's Paper‹. *The Psychoanalytic Study of the Child, 15*, 53–62. Siehe auch: *The Writings of Anna Freud*, Bd. 5, 167–186, ›Discussion of John Bowlby's Work on Separation, Grief and Mourning‹. New York, International Universities Press, 1969.

– u. Burlingham, D. (1944), *Infants Without Families*. New York, International Universities Press. Siehe auch: *The Writings of Anna Freud*, Bd. 3, 541–666, ›Infants Without Families. The Case For and Against Residential Nurseries‹.

Freud, S. (1900 a), *Die Traumdeutung*, G. W., Bd. 2/3.*

- (1905 c), *Der Witz und seine Beziehung zum Unbewußten*, G. W., Bd. 6.
- (1905 d), *Drei Abhandlungen zur Sexualtheorie*, G. W., Bd. 5, 27–145.
- (1911 c [1910]), *Psychoanalytische Bemerkungen über einen autobiographisch beschriebenen Fall von Paranoia (Dementia paranoides)*, G. W., Bd. 8, 239–320.
- (1914 c), *Zur Einführung des Narzißmus*, G. W., Bd. 10, 137–170.
- (1915 d), *Die Verdrängung*, G. W., Bd. 10, 247–261.
- (1915 e), *Das Unbewußte*, G. W., Bd. 10, 263–303.
- (1916 d), *Einige Charaktertypen aus der psychoanalytischen Arbeit*, G. W., Bd. 10, 363–391.
- (1916–17 [1915–17]), *Vorlesungen zur Einführung in die Psychoanalyse*, G. W., Bd. 11.
- (1917 e [1915]), *Trauer und Melancholie*, G. W., Bd. 10, 427–446.
- (1920 g), *Jenseits des Lustprinzips*, G. W., Bd. 13, 1–69.
- (1921 c), *Massenpsychologie und Ich-Analyse*, G. W., Bd. 13, 71–161.
- (1922 b [1921]), *Über einige neurotische Mechanismen bei Eifersucht, Paranoia und Homosexualität*, G. W., Bd. 13, 193–207.
- (1923 b), *Das Ich und das Es*, G. W., Bd. 13, 235–289.
- (1924 b [1923]), *Neurose und Psychose*, G. W., Bd. 13, 385–391.
- (1924 c), *Das ökonomische Problem des Masochismus*, G. W., Bd. 13, 369–383.
- (1924), *Der Realitätsverlust bei Neurose und Psychose*, G. W., Bd. 13, 361–368.
- (1925 a [1924]), *Notiz über den ›Wunderblock‹*, G. W., Bd. 14, 1–8.
- (1926 d [1925]), *Hemmung, Symptom und Angst*, G. W., Bd. 14, 111–205.
- (1927 d), *Der Humor*, G. W., Bd. 14, 381–389.
- (1927 e), *Fetischismus*, G. W., Bd. 14, 309–317.
- (1931 b), *Über die weibliche Sexualität*, G. W., Bd. 14, 515–537.
- (1940 a [1938]), *Abriß der Psychoanalyse*, G. W., Bd. 17, 63–138.
- (1940 e [1938]), *Die Ichspaltung im Abwehrvorgang*, G. W., Bd. 17, 57–62.

Frosch, J. (1967 a), *›Delusional Fixity, Sense of Conviction, and the Psychotic Conflict‹*. International Journal of Psycho-Analysis, 48, 475–495.
- (1967 b), *›Severe Regressive States During Analysis: Introduction and Summary‹*. Journal of the American Psychoanalytic Association, 15, 491–507 und 606–625.

Furman, R. A. (1964 a), *›Death and the Young Child‹*. The Psychoanalytic Study of the Child, 19, 321–333.
- (1964 b), *›Death of a Six-year-old's Mother during His Analysis‹*. The Psychoanalytic Study of the Child, 19, 377–397.

* Die Schriften Freuds werden nach den *Gesammelten Werken*, Imago Publishing Co., London 1940–52, S. Fischer, Frankfurt/M. aufgeführt.

Gaddini, E. (1969), ›On Imitation‹. *International Journal of Psycho-Analysis*, 50, 475–484.

Garma, A. (1932), ›Die Realität und das Es in der Schizophrenie‹. *Internationale Zeitschrift für Psychoanalyse*, 18, 183–200.

Gehl, R. H. (1964), ›Depression and Claustrophobia‹. *International Journal of Psycho-Analysis*, 45, 312–323.

Geleerd, E. R. (1965), ›Two Kinds of Depression‹. In: *Drives, Affects, Behavior*, Bd. 2 (Hrsg. M. Schur), 118–127. New York, International Universities Press.

Gerö, G. (1936), ›The Construction of Depression‹. *International Journal of Psycho-Analysis*, 17, 423–461. Deutsche Fassung: ›Der Aufbau der Depression‹. *Internationale Zeitschrift für Psychoanalyse*, 22 (1936), 379 f.

– (1953), ›An Equivalent of Depression: Anorexia‹. In: *Affective Disorders* (Hrsg. P. Greenacre), 117–139. New York, International Universities Press. Deutsche Übers.: ›Ein Äquivalent der Depression: Anorexie‹. *Psyche*, 8 (1954/55), 641–652.

Gesell, A. E. (1925), *The Mental Growth of the Pre-School Child*. New York, Macmillan.

Gill, M. M. (1963), *Topography and Systems in Psychoanalytic Theory* (*Psychological Issues*, Monogr. 10). New York, International Universities Press.

Gitelson, M. (1958), ›On Ego Distortion‹. *International Journal of Psycho-Analysis*, 29, 245–257. Deutsche Übers.: ›Analyse einer neurotischen Ich-Deformierung‹. *Psyche*, 8 (1954/55), 85–107.

Glover, E. (1939), ›The Psycho-Analysis of Affects‹. *International Journal of Psycho-Analysis*, 20, 245–257.

– (1947), ›Basic Mental Concepts and Their Clinical and Theoretical Value‹. *Psychoanalytic Quarterly*, 16, 482–506.

– (1948), *Psycho-Analysis: A Handbook*. London, Staples Press.

Goldstein, K. (1951), ›On Emotions: Considerations from the Organismic Point of View‹. *Journal of Psychology*, 31, 37–49.

Greenacre, P. (1952), *Trauma, Growth, and Personality*. New York, International Universities Press, 1969.

– (1971), *Emotional Growth*. New York, International Universities Press.

Greene, W. A., Jr., (1958), ›Role of an Object in the Adaption to Object Loss‹. *Psychosomatic Medicine*, 20, 344–350.

Greenson, R. R. (1953), On Boredom. *Journal of the American Psychoanalytic Association*, 1, 7–21.

– (1954), ›The Struggle against Identification‹. *Journal of the American Psychoanalytic Association*, 2, 200–217.

– (1959), ›Phobia, Anxiety, and Depression‹. *Journal of the American Psychoanalytic Association*, 7, 663–674.

– (1962), ›On Enthusiasm‹. *Journal of the American Psychoanalytic Association*, 10, 3–21.

Grinker, R. R., Sr., u. a. (1961), *The Phenomena of Depressions*. New York, Hoeber.

Hart, H. H. (1947), ›*Problems of Identification*‹. Psychiatric Quarterly, 21, 274–293.
Hartmann, H. (1922), ›*Ein Fall von Depersonalisation*‹. Zeitschrift für die gesamte Neurologie und Psychiatrie, 74, 592–601.
– (1927), *Die Grundlagen der Psychoanalyse*. Leipzig, Thieme. Neuausgabe 1972, Stuttgart, Klett.
– (1950), ›*Comments on the Psychoanalytic Theory of the Ego*‹. Essays on Ego Psychology, 113–141. New York, International Universities Press, 1964. Deutsche Übers.: ›*Bemerkungen zur psychoanalytischen Theorie des Ichs*‹. In: Sonderheft der Psyche, 1960, 12–35, und in: Ich-Psychologie. Stuttgart, Klett, 1972.
– (1953), ›*Contribution to the Metapsychology of Schizophrenia*‹. Essays on Ego Psychology, 182–206. New York, International Universities Press, 1964. Deutsche Übers.: ›*Ein Beitrag zur Metapsychologie der Schizophrenie*‹. In: Sonderheft der Psyche, 1960, 57–58, und in: Ich-Psychologie. Stuttgart, Klett, 1972.
– u. Kris, E. (1945), ›*The Genetic Approach in Psychoanalysis*‹. The Psychoanalytic Study of the Child, 1, 11–30. Deutsche Übers.: ›*Die genetische Betrachtungsweise in der Psychoanalyse*‹. Psyche, 3 (1949/50), 1 bis 17.
– –u . Loewenstein, R. M. (1949), ›*Notes on the Theory of Aggression*‹. The Psychoanalytic Study of the Child, 3/4, 9–36.
Hendrick, I. (1951), ›*Early Development of the Ego*‹. Psychoanalytic Quarterly, 20, 44–61.
Hinsie, L. E. u. Shatzky, J. (1940), *Psychiatric Dictionary*. New York, Oxford University Press.

Jacobson, E. (1930), ›*Beitrag zur asozialen Charakterbildung*‹. Internationale Zeitschrift für Psychoanalyse, 16, 210–235.
– (1936), ›*Beitrag zur Entwicklung des weiblichen Kindwunsches*‹. Internationale Zeitschrift für Psychoanalyse, 22, 371–379. Englische Übers.: ›*On the Development of the Girls's Wish for a Child*‹. Psychoanalytic Quarterly, 37, 523–538.
– (1936), ›*Wege der weiblichen Über-Ich-Entwicklung*‹. Internationale Zeitschrift für Psychoanalyse, 23, 402–412.
– (1949), ›*Observations on the Psychological Effect of Imprisonment on Female Political Prisoners*‹. In: Searchlights on Delinquency (Hrsg. K. R. Eissler). New York, International Universities Press, S. 341–368.
– (1952), ›*The Speed Pace in Psychic Discharge Processes and Its Influence on the Pleasure-Unpleasure Qualities of Affects*‹. Bulletin of the American Psychoanalytic Association, 8, 235–236.

- (1954), ›The Self and the Object World: Vicissitudes of Their Infantile Cathexes and Their Influence on Ideational and Affective Development‹. The Psychoanalytic Study of the Child, 9, 75–127.
- (1964), The Self and the Object World. New York, International Universities Press. Deutsche Übers.: Das Selbst und die Welt der Objekte. Frankfurt M., Suhrkamp, 1973.
- (1967), Psychotic Conflict and Reality. New York, International Universities Press. Deutsche Übers.: Psychotischer Konflikt und Realität. Frankfurt M., S. Fischer, 1972.

Jekels, L. u. Bergler, E. (1934), ›Transference and Love‹. Psychoanalytic Quarterly, 18, 325–350, 1949. Deutsche Erstfassung: ›Übertragung und Liebe‹. Imago, 20, 1934.

Justin, F. (1922), ›A Genetic Study of Laugther-Provoking Stimuli‹. Child Development, 3, 114–136.

Kaila, E. (1935), ›Die Reaktionen des Säuglings auf das menschliche Gesicht‹. Zeitschrift für Psychologie, 135, 156–163.

Kanzer, M. (1952), ›Maniac-Depressive Psychoses with Paranoid Trends‹. International Journal of Psycho-Analysis, 33, 34–42.

Katan-Angel, A. (1934), ›Einige Bemerkungen über den Optimismus‹. Internationale Zeitschrift für Psychoanalyse, 20, 191–199.

Katan, M. (1949), ›Schreber's Delusion of the End of the World‹. Psychoanalytic Quarterly, 18, 60–66.
- (1950 a), ›Structural Aspects of a Case of Schizophrenia‹. The Psychoanalytic Study of the Child, 5, 175–211.
- (1950 b), ›Schreber's Hallucinations about the »Little Man«‹. International Journal of Psycho-Analysis, 31, 32–35.
- (1952), ›Further Remarks about Schreber's Hallucinations‹. International Journal of Psycho-Analysis, 33, 429–432.
- (1953 a), ›Mania and the Pleasure Principle: Primary and Secondary Symptoms‹. In: Affective Disorders (Hrsg. P. Greenacre), S. 140–208. New York, International Universities Press.
- (1953 b), ›Schreber's Prepsychotic Phase‹. International Journal of Psycho-Analysis, 34, 43–51.
- (1954), ›The Importance of the Non-Psychotic Part of the Personality in Schizophrenia‹. International Journal of Psycho-Analysis, 35, 119 bis 128.

Kaywin, L. (1960), ›An Epigenetic Approach to the Psychoanalytic Theory of Instincts and Affects‹. Journal of the American Psychoanalytic Association, 8, 613–658.
- (1966), ›Notes on the Psychoanalytic Theory of Affects‹. Psychoanalytic Review, 53, 275–282.

Kenderdine, M. (1931), ›Laughter in the Pre-School Child‹. Child Development, 2, 228–230.

Kernberg, O. (1967), ›Borderline Personality Organization‹. Journal of the American Psychoanalytic Association, 15, 641–685.

– (1968), ›The Treatment of Patients with Borderline Personality Organization‹. International Journal of Psycho-Analysis, 49, 600–619.

– (1975), Borderline Conditions and Pathological Narcissism. New York, Jason Aronson (erscheint demnächst in deutscher Übersetzung im Suhrkamp Verlag unter dem Titel Borderline-Störungen und pathologischer Narzißmus).

Khan, M. M. R. (1960), ›Clinical Aspects of the Schizoid Personality‹. International Journal of Psycho-Analysis, 41, 430–437.

– (1964), ›Ego Distortion, Cumulative Trauma, and the Role of Reconstruction in the Analytic Situation‹. International Journal of Psycho-Analysis, 45, 272–279.

Klein, M. (1935), ›A Contribution to the Psychogenesis of Manic-Depressive States‹. In: Contributions to Psycho-Analysis, S. 282–310. London Hogarth Press, 1948. Deutsche Übers.: ›Zur Psychogenese der manisch-depressiven Zustände‹. In: Das Seelenleben des Kleinkindes und andere Beiträge zur Psychoanalyse, S. 45–73. Reinbek, Rowohlt, 1972.

– (1940), ›Mourning and Its Relation to Manic-Depressive States‹. In: Contributions to Psycho-Analysis, S. 311–338. London, Hogarth Press, 1948. Deutsche Übers.: ›Die Trauer und ihre Beziehung zu manisch-depressiven Zuständen‹. In: Das Seelenleben des Kleinkindes und andere Beiträge zur Psychoanalyse, S. 74–100. Reinbek, Rowohlt, 1972.

– (1948), Contributions to Psycho-Analysis, 1921–1945. London, Hogarth Press.

Knapp, P. H. (1957), ›Conscious and Unconscious Affects: A Preliminary Approach to Concepts and Methods of Study‹. Psychiat. Res. Rep., 8, 55–74.

Knight, R. P. (1939), ›Psychotherapy in Acute Paranoic Schizophrenia with Successful Outcome: A Case Report‹. Bulletin of the Menninger Clinic, 3, 97–105.

– (1940), ›The Relationships of Latent Homosexuality to the Mechanism of Paranoid Delusions‹. Bulletin of the Menninger Clinic, 4, 149–159.

– (1953), ›Management and Psychotherapy of the Borderline Schizophrenic Patient‹. Bulletin of the Menninger Clinic, 17, 139–150.

Kohut, H. (1966), ›Forms and Transformations of Narcissism‹. Journal of the American Psychoanalytic Association, 14, 243–272. Deutsche Übers.: ›Formen und Umformungen des Narzißmus‹. Psyche, 20, (1966), 561–587.

– (1971), The Analysis of the Self. A Systematic Approach to the Psychoanalytic Treatment of Narcissistic Personality Disorders. New York, International Universities Press. Deutsche Übers.: Narzißmus. Eine Theorie der psychoanalytischen Behandlung narzißtischer Persönlichkeitsstörungen. Frankfurt M., Suhrkamp, 1973.

– u. Levarie, S. (1950), ›On the Enjoyment of Listening to Music‹. Psychoanalytic Quarterly, 19, 64–87.

Kraepelin, E. (1913), Psychiatrie. Ein Lehrbuch für Studierende und Ärzte. Band 3, Klinische Psychiatrie, 2. Teil. Barth, Leipzig.

Kretschmer, E. (1921), Körperbau und Charakter. J. Springer, Berlin, 1955 (21. u. 22. Aufl.).

Kris, E. (1934), ›The Psychology of Caricature‹. International Journal of Psycho-Analysis, 17 (1936), 285–303.

– (1938), ›Ego Development and the Comic‹. International Journal of Psycho-Analysis, 19, 77–90.

– (1939), ›Laughter as an Expressive Process: Contributions to the Psycho-Analysis of Expressive Behaviour‹. International Journal of Psycho-Analysis, 21 (1940), 314–341.

– (1950), ›On Preconscious Mental Processes‹. Psychoanalytic Quarterly, 19, 540–560.

– (1950), Psychoanalytic Explorations in Art. New York, International Universities Press (eine Auswahl daraus erscheint demnächst in deutscher Übersetzung im Suhrkamp Verlag).

– (1956), ›The Recovery of Childhood Memories in Psychoanalysis‹. The Psychoanalytic Study of the Child, 11, 54–88.

Kubie, L. S. (1951), ›The Role of Symbolic Distortion in Neurosis and Psychosis‹. Psychoanalytic Quarterly, 20, 500–501.

Landauer, K. (1938), ›Affects, Passions and Temperament‹. International Journal of Psycho-Analysis, 19, 388–415.

Lange, J. (1928), ›Die endogenen und reaktiven Gemütskrankheiten und die manisch-depressive Konstitution‹. In: Handbuch der Geisteskrankheiten (Hrsg. O. Bumke), Band 6, Spezieller Teil II, S. 1–231. J. Springer, Berlin.

Laufer, M. (1966), ›Object Loss and Mourning During Adolescence‹. The Psychoanalytic Study of the Child, 21, 269–293.

Lehrman, P. R. (1927), ›The Fantasy of Not Belonging to One's Family‹. Archives of Neurology and Psychiatry, 18, 1015–1023.

Levitan, H. L. (1969), ›The Depersonalizing Process‹. Psychoanalytic Quarterly, 38, 97–109.

– (1970), ›The Depersonalizing Process.‹ Psychoanalytic Quarterly, 39, 449–470.

Lewin, B. D. (1937), ›A Type of Neurotic Hypomanic Reaction‹. Archives of Neurology and Psychiatry, 37, 868–873.

– (1950), The Psychoanalysis of Elation. New York, Norton.

– (1961), ›Reflections on Depression‹. The Psychoanalytic Study of the Child, 16, 321–331.

– (1965), ›Reflections on Affect‹. In: Drives, Affects, Behavior. Bd. 2

(Hrsg. M. Schur), S. 23–37. New York, International Universities Press.

Lidz, T., Fleck, S. u. Cornelison, A. R. (1966), *Schizophrenia and the Family*. New York, International Universities Press. Siehe auch im Deutschen: Doppelheft der *Psyche,* 13 (1959/60).

Linn, L. (1953), ›*The Role of Perception in the Mechanism of Denial*‹. *Journal of the American Psychoanalytic Association,* 1, 690–705.

Little, M. (1958), ›*On Delusional Transference*‹. *International Journal of Psycho-Analysis,* 29, 134–138.

Loewald, H. W. (1958), ›*Transference and the Therapeutic Action of Psycho-Analysis*‹. (Auszug) *International Journal of Psycho-Analysis,* 39, 293.

Loewenstein, R. M. (1957), ›*A Contribution to the Psychoanalytic Theory of Masochism*‹. *Journal of the American Psychoanalytic Association,* 5, 197–234.

MacCurdy, J. T. (1925), *The Psychology of Emotion*. New York, Harcourt Brace.

Mahler, M. S. (1952), ›*On Child Psychosis and Schizophrenia*‹. *The Psychoanalytic Study of the Child,* 7, 286–305.

– (1966), ›*Notes on the Development of Basic Moods: The Depressive Affect in Psychoanalysis*‹. In: *Psychoanalysis – A General Psychology* (Hrsg. R. M. Loewenstein, L. M. Newman, M. Schur u. A. J. Solnit), 152 –168. New York, International Universities Press.

– u. Elkisch, P. (1953), ›*Some Observations on Disturbances of the Ego in a Case of Infantile Psychosis*‹. *The Psychoanalytic Study of the Child* 8, 252–261.

– Ross, J. R. u. De Fries, Z. (1949), ›*Clinical Studies in Benign and Malignant Cases of Childhood Psychosis (Schizophrenia-Like)*‹. *American Journal of Orthopsychiatry,* 19, 295–305.

Meiss, M. L. (1952), ›*The Oedipal Problem of a Fatherless Child*‹. *The Psychoanalytik Study of the Child,* 7, 216–229.

Mendelson, M. (1960), *Psychoanalytic Concepts of Depression*. Springfield Illinois, Thomas.

Mentzos, S. (1976), *Interpersonale und institutionalisierte Abwehr*. Frankfurt M., Suhrkamp.

Modell, A. H. (1961), ›*Denial and the Sense of Separateness*‹. *Journal of the American Psychoanalytic Association,* 9, 533–547.

Moore, B. E. u. Rubinfine, D. L. (1969), ›*The Mechanism of Denial*‹. *Monograph Series of the Kris Study Group of the New York Psychoanalytic Institute,* 3, 3–57. New York, International Universities Press.

Nagera, H. (1970), ›*Children's Reactions to the Death of Important Objects*‹. *The Psychoanalytic Study of the Child,* 25, 360–400.

Neubauer, P. B. (1960), ›*The One-Parent Child and His Oedipal Deve-*

lopment‹. The Psychoanalytic Study of the Child, 15, 286–309.

Novey, S. (1959), ›*A Clinical View of Affect Theory in Psycho-Analysis‹. International Journal of Psycho-Analysis*, 40, 94–104.

Nunberg. H. (1920), ›On the Catatonic Attack‹. In: *Practice and Theory of Psychoanalysis*, 1, 3–23. New York, International Universities Press, 1953. Deutsche Fassung: ›*Über den katatonischen Anfall‹. Internationale Zeitschrift für Psychoanalyse*, 6 (1920).

– (1932), *Principles of Psychoanalysis: Their Application to the Neuroses*. New York, International Universities Press, 1955. Deutsche Fassung: *Allgemeine Neurosenlehre auf psychoanalytischer Grundlage*. Bern, Huber, 1959 (2. Aufl.).

– (1936), ›Homosexuality, Magic and Aggression‹. In: *Practice and Theory of Psychoanalysis*, 1, 150–164. New York, International Universities Press, 1953. Deutsche Fassung: ›*Homosexualität, Magie und Aggression‹. Zeitschrift für Psychoanalytische Pädagogik*, 22 (1936).

Oberndorf, C. P. (1933), ›*A Theory of Depersonalization‹. Transactions of the American Neurological Association*, 59, 150–151.

– (1934), ›*Depersonalization in Relation to Erotization of Thought‹. International Journal of Psycho-Analysis*, 15, 271–295.

– (1939), ›*On Retaining the Sense of Reality in States of Depersonalization‹. International Journal of Psycho-Analysis*, 20, 137–147.

– (1950), ›*The Rôle of Anxiety in Depersonalization‹. International Journal of Psycho-Analysis*, 31, 1–5.

Ophuijusen, J. H. W. van (1920), ›*On the Origin of the Feeling of Persecution‹. International Journal of Psycho-Analysis*, 1, 235–239.

Ostow, M. (1970), *The Psychology of Melancholy*. New York, Harper and Row.

Pao, P.-N. (1968 a), *Depressive Feeling, Depressive Illness, Despair*. Vortrag zur 14. Jahrestagung in Chestnut Lodge.

– (1968 b), ›*On Manic-Depressive Psychosis‹. Journal of the American Psychoanalytic Association*, 16, 809–832.

Peto, A. (1967 a), ›*On Affect Control‹. The Psychoanalytic Study of the Child*, 22, 36–51.

– (1967 b), ›*Dedifferentiations and Fragmentations During Analysis‹. Journal of the American Psychoanalytic Association*, 15, 534–550.

Pious, W. L. (1949), ›*The Pathogenic Process in Schizophrenia‹. Bulletin of the Menninger Clinic*, 13, 152–159.

– (1950), ›*Obsessive-Compulsive Symptoms in an Incipient Schizophrenic‹. Psychoanalytic Quarterly*, 19, 327–351.

Pollock, G. H. (1961), ›*Mourning and Adaptation‹. International Journal of Psycho-Analysis*, 42, 341–361.

Rado, S. (1928), ›*The Problem of Melancholia‹. International Journal of Psycho-Analysis*, 9, 420–438. Deutsche Fassung: ›*Das Problem der*

Melancholie‹. *Internationale Zeitschrift für Psychoanalyse*, 13 (1927).

– (1951), ›*Psychodynamics of Depression from the Etiological Point of View*‹. *Psychosomatic Medicine*, 13, 51–55.

Rangell, L. (1963 a), ›*The Scope of Intrapsychic Conflict: Microscopic and Macroscopic Considerations*‹. *The Psychoanalytic Study of the Child*, 18, 75–102.

– (1963 b), ›*Structurell Problems in Intrapsychic Conflict*‹. *The Psychoanalytic Study of the Child*, 18, 103–138.

– (1965), ›*Some Comments on Psychoanalytic Nosology: With Recommendations for Improvement*‹. In: *Affects, Drives, Behavior*, Bd. 2, (Hrsg. M. Schur), S. 128–157. New York, International Universities Press.

Rapaport, D. (1942), *Emotions and Memory*. New York, International Universities Press, 1950.

– (1953), ›*On the Psycho-Analytic Theory of Affects*‹. *International Journal of Psycho-Analysis*, 34, 177–198.

Reich, A. (1949), ›*The Structure of the Grotesque-Comic Sublimation*‹. *Bulletin of the Menninger Clinic*. 13, 160–171. Auch in: *Psychoanalytic Contributions*. New York, International Universities Press, 1973, 99–120.

– (1953), ›*Narcissistic Object Choice in Women*‹. *Journal of the American Psychoanalytic Association*, 1, 22–44. Auch in: *Psychoanalytic Contributions*. New York, International Universities Press, 1973, 179–208.

Reid, J. R. (1950), ›*Introduction: Semantics and Definitions*‹. In: Cobb, S., *Emotions and Clinical Medicine*, S. 13–34. New York, Norton.

Reider, N. (1960), ›*Medieval Oedipal Legends about Judas*‹. *Psychoanalytic Quarterly*, 29, 515–527.

Reik, T. (1913), ›*Psychoanalytische Bemerkungen über den zynischen Witz*‹. *Imago*, 2, 573–588.

– (1929), ›*Zur Psychoanalyse des Jüdischen Witzes*‹. *Imago*, 15, 63–88.

Reiser, M. F. (1966), ›*Toward an Integrated Psychoanalytic-Physiological Theory of Psychosomatic Disorders*‹. In: *Psychoanalysis – A General Psychology* (Hrsg. R. M. Loewenstein, L. M. Newman, M. Schur u. A. J. Solnit), 570–582. New York, International Universities Press.

Reymert, M. L., Hrsg. (1928), *Feelings and Emotions: The Wittemberg Symposium*. Dorchester Mass., Clark University Press.

Rochlin, G. (1965), *Grief and Discontents*. Boston, Little u. Brown.

Root, N. N. (1957), ›*A Neurosis in Adolescence*‹. *The Psychoanalytic Study of the Child*, 12, 320–334.

Rosen, V. H. (1955), ›*The Reconstruction of a Traumatic Childhood Event in a Case of Derealization*‹. *Journal of the American Psychoanalytic Association*, 3, 211–221.

Rosenfeld, H. A. (1965), *Psychotic States*. New York, International Universities Press.

Ross, N. (1967), ›The »As If« Concept‹. Journal of the American Psychoanalytic Association, 15, 59–82.

Rubinfine, D. L. (1968), ›Notes on a Theory of Depression‹. Psychoanalytic Quarterly, 37, 400–417.

Sachs, H. (1928), ›One of the Motive Factors in the Formation of the Super-Ego in Women‹. International Journal of Psycho-Analysis, 10 (1929), 39–50. Deutsche Fassung: ›Über einen Antrieb bei der Bildung des weiblichen Über-Ichs‹. Internationale Zeitschrift für Psychoanalyse, 14, 163–174.

Sandler, J. u. Joffe, W. G. (1965), ›Notes on Childhood Depression‹. International Journal of Psycho-Analysis, 46, 88–96.

– – (1969), ›Towards a Basic Psychoanalytic Model‹. International Journal of Psycho-Analysis, 50, 79–90. Deutsche Übers.: ›Auf dem Wege zu einem Grundmodell der Psychoanalyse‹. Psyche, 23 (1969), 461–480.

Schafer, R. (1964), ›The Clinical Analysis of Affects‹. Journal of the American Psychoanalytic Association, 12, 275–299.

– (1968), Aspects of Internalization. New York, International Universities Press.

Scharl, A. E. (1961), ›Regression and Restitution in Object Loss‹. The Psychoanalytic Study of the Child, 16, 471–480.

Schilder, P. (1928), Introduction to a Psychoanalytic Psychiatry. New York, International Universities Press, 1951. Deutsche Erstfassung (1925): Entwurf zu einer Psychiatrie auf psychoanalytischer Grundlage. Frankfurt M., Suhrkamp, 1973.

– (1935), The Image and the Appearance of the Human Body. New York, International Universities Press, 1950.

Schmale, A. H. (1962), ›Needs, Gratification, and the Vicissitudes of the Self-Representation‹. The Psychoanalytic Study of Society, 2, 9–41.

Schur, M. (1960), ›Phylogenesis and Ontogenesis of Affect- and Structure-Formation and the Phenomenon of Repetition Compulsion‹. International Journal of Psycho-Analysis, 41, 275–287. Deutsche Übersetzung: ›Phylogenese und Ontogenese der Affekt- und Strukturbildung und das Phänomen des Wiederholungszwanges‹. Psyche, 14 (1960/61), 617–640.

– (1966), The Id and the Regulatory Principles of Mental Functioning. New York, International Universities Press. Deutsche Übersetzung: Das Es und die Regulationsprinzipien des psychischen Geschehens. Frankfurt M., S. Fischer, 1973.

Searles, H. F. (1960), The Nonhuman Environment in Normal Development and in Schizophrenia. New York, International Universities Press.

Shambaugh, B. (1961), ›A Study of Loss Reactions in a Seven-year-old‹. The Psychoanalytic Study of the Child, 16, 510–522.

Siegman, A. J. (1967), ›Denial and Screening of Object Images‹. Journal of the American Psychoanalytic Association, 15, 261–280.

– (1970), ›A Note on the Complexity Surrounding a Temporary Use of Denial‹. Journal of the American Psychoanalytic Association, 18, 372–378.

Silbermann, I. (1961), ›Synthesis and Fragmentation‹. The Psychoanalytic Study of the Child, 16, 90–117.

Sperling, O. E. (1948), ›On the Mechanisms of Spacing and Crowding Emotions‹. International Journal of Psycho-Analysis, 29, 232–235.

Spiegel, L. A. (1966), ›Affects in Relation to Self and Object‹. The Psychoanalytic Study of the Child, 21, 69–92.

Spitz, R. A. (1946), ›Anaclitic Depression‹. The Psychoanalytic Study of the Child, 2, 313–342.

– (1965), The First Year of Life. New York, International Universities Press. Deutsche Übersetzung: Vom Säugling zum Kleinkind. Stuttgart, Klett, 1969.

– u. Wolf, K. M. (1946), ›The Smiling Response: A Contribution to the Ontogenesis of Social Relations‹. General Psychological Monographs, 34, 57–125.

Stärcke, A. (1920), ›The Reversal of the Libido Sign in Delusions of Persecution‹. International Journal of Psycho-Analysis, 1, 231–234.

Sterba, R. F. (1946), ›Toward the Problem of the Musical Process‹. Psychoanalytic Review, 33, 37–43.

– (1947), Introduction to the Psychoanalytic Theory of the Libido. New York u. Washington, Nervous and Mental Desease Monographs, Nr. 68.

Tarachow, S. (1960), ›Judas: The Beloved Executioner‹. Psychoanalytic Quarterly, 29, 528–554.

– u. Fink, M. (1958), ›Absence of a Parent as Specific Factor Determining Choice of Neurosis: Preliminary Study‹. Journal of the Hillside Hospital, 2, 67–71.

Tausk, V. (1919), ›On the Origin of the »Influencing Machine« in Schizophrenia‹. Psychoanalytic Quarterly, 2, 519–556. Deutsche Ersterscheinung: ›Über die Entstehung des »Beeinflussungsapparates« in der Schizophrenie‹. Internationale Zeitschrift für Psychoanalyse, 5, 1–33. Nachdruck in Psyche, 23 (1969), 354–384.

Thompson, C. (1940), ›Identification with the Enemy and Loss of the Sense of Self‹. Psychoanalytic Quarterly, 9, 37–50.

Valenstein, A. F. (1962), ›The Psycho-Analytic Situation‹. International Journal of Psycho-Analysis, 43, 315–325.

Waelder, R. (1951), ›The Structure of Paranoid Ideas: A Critical Survey Various Theories‹. International Journal of Psycho-Analysis, 32, 167 –177.

Wallerstein, R. S. (1967), ›Reconstruction and Mastery in the Transference Psychosis‹. Journal of the American Psychoanalytic Association, 15, 551–583.

Washburn, R. W. (1929), ›A Study of the Smiling and Laughing of Infants in the First Year of Life‹. General Psychological Monographs, 6, 397–537.

Weigert-Vowinckel, E. (1936), ›A Contribution to the Theory of Schizophrenia‹. International Journal of Psycho-Analysis, 17, 190–201. Deutsche Erstfassung, Vowinckel, E. (1930), ›Der heutige Stand der psychiatrischen Schizophrenieforschung‹. Internationale Zeitschrift für Psychoanalyse, 16, 472–491.

Weiner, H. (1958), ›Diagnosis and Symptomatology‹. In: Schizophrenia: A Review of the Syndrome, S. 107–173. Hrsg. L. Bellak. New York, Logos Press.

Weinshel, E. M. (1967), ›Some Psychoanalytic Considerations on Moods‹. (1968) Auszug im Panel-Report: Psychoanalytic Theory of Affects. Journal of the American Psychoanalytic Association, 16, 645–646 (1968).

– (1970), ›Some Psychoanalytic Considerations on Moods‹. International Journal of Psycho-Analysis, 51, 313–320.

Winnicott, D. W. (1958), Collected Papers. New York, Basic Books.

Wisdom, J. L. (1963), ›Fairbairn's Contribution on Object-Relationship, Splitting and Ego Structure‹. British Journal of Medical Psychology, 36, 145–159.

Wolfenstein, M. (1966), ›How Is Mourning Possible?‹ The Psychoanalytic Study of the Child, 21, 93–123.

Zetzel, E. R. (1953), ›The Depressive Position‹. In: Affective Disorders. Hrsg. P. Greenacre, S. 84–116. New York, International Universities Press.

– (1965), ›Depression and the Incapacity to Bear It‹. In: Drives, Affects, Behavior, Bd. 2, S. 243–274, Hrsg. M. Schur. New York, International Universities Press.

– (1966), ›The Predisposition to Depression‹. Journal of the Canadian Psychiatric Association, Suppl., 11, 236–249.

– (1974), Die Fähigkeit zu emotionalem Wachstum. Stuttgart, Klett.

NAMENVERZEICHNIS

Abraham, K. 11, 122, 158, 217, 225, 304, 321, 371, 372
Allin, K. D. 62, 63, 64, 408
Altschul, S. 236, 410
Arlow, J. A. 184, 233
Asch, S. S. 330
Atkins, N. B. 262

Bak, R. C. 393, 394
Balint, M. 53
Bellak, L. 215, 219
Beres, E. 221
Bergler, E. 182, 212
Bibring, E. 113, 217, 225–231, 371
Bird, B. 184
Blank H. R. 183, 212
Blatz, W. E. 62, 63, 64, 67, 68
Bleuler, E. 221, 290, 331, 332
Bonaparte, M. 236
Bowlby, J. 258
Brackett, C. W. 63
Brenman, M. 204
Brenner, Ch. 233, 407
Brierley, M. 21, 22, 26, 30–32, 39, 51
Bühler, C. 63
Burlingham, D. 258, 410
Busch, W. 88

Cameron, N. 393, 395
Campbell, J. D. 333, 348
Cobb, S. 19
Cotard, J. C. 331

Dearborn, G. V. N. 13
De Fries, Z. 417
Deutsch, H. 12, 45, 158, 238, 305, 319
Dickes, R. 262

Eidelberg, L. 182, 212, 408
Eisenstein, V. W. 354
Eissler, K. R. 143
Elkisch, P. 142, 417
Enders, A. C. 63

Federn, P. 180, 225
Fenichel, O. 33, 50, 52, 183, 184, 226
Ferenczi, S. 17
Fink, M. 236, 421
Fisher, C. 161, 204, 312
Fleming, J. 236
Flescher, J. 395
Foudraine, J. 396
Freedman, D. X. 204
Freud, A. 158, 258, 323
Freud, S. 11, 12, 17–19, 22–24, 30, 32–37, 39, 40, 42, 43, 45, 47, 48, 62, 63, 86, 99, 108, 110, 111, 114, 117, 118, 122, 126, 152, 156, 158, 183, 216, 217, 218, 220, 222, 224, 225, 229, 234, 290, 291, 304, 305, 309, 332, 357, 393
Friedlander, K. 335
Frosch, J. 262, 328
Furman, R. A. 258

Gaddini, E. 307
Gehl, R. H. 330
Geleerd, E. R. 144
Gerö, G. 285, 292, 375
Gesell, A. E. 63
Glover, E. 25, 26, 30
Goethe, J. W. 44
Goldstein, K. 21
Greenacre, P. 55
Greene, W. A., Jr. 236
Greenson, R. R. 96, 252
Grinker, R. R. 215, 330

423

Hartmann, H. 12, 31, 41, 49, 180, 314, 341, 342, 350, 351
Hinsie, L. E. 20, 21, 180
Hügel, K. 304

Jaspers, K. 332
Joseph, E. D. 204, 410
Justin, F. 63

Kaila, W. 64
Kanzer, M. 327
Katan-Angel, A. 158, 414
Katan, M. 222
Kenderdine, M. 63
Kernberg, O. 219, 262, 355
Khan, M. M. R. 262
Klein, M. 122, 314, 321, 323
Knight, R. P. 262, 393
Kohut, H. 58
Kraepelin, E. 221, 331, 345
Kretschmer, E. 348
Kris, E. 12, 45, 49, 58, 63, 65, 68, 72, 87, 88, 144, 149, 314, 413

Landauer, K. 425
Lange, J. 295, 331, 332, 350
Laufer, M. 258
Lehrmann, P. R. 236
Levarie, S. 58, 415
Levitan, H. L. 184
Lewin, B. D. 11, 52, 121, 122, 158, 159, 161, 162, 262, 237, 296, 321
Loewenstein, R. M. 12, 17, 49, 314, 413
Luxemburger, H. 332

MacCurdy, J. T. 31
Mahler, M. S. 12, 143, 230–234, 292
Meiss, M. L. 236
Mendelson, M. 215
Mentzos, S. 385, 417
Millichamp, D. A. 62–64, 408
Milrod, D. 336

Modell, A. H. 144
Moore, B. E. 144

Nagera, H. 258
Neubauer, P. B. 236
Nietzsche, F. 88
Nunberg, H. 180, 182, 183, 195, 211, 393

Oberndorf, C. P. 183, 210–212
Obers, S. J. 407
Ostow, M. 215

Peters, U. H. 331
Peto, A. 262
Pious, W. L. 327
Pollock, G. H. 236

Rado, S. 122, 224, 285
Rangell, L. 217, 218
Rank, O. 291
Rapaport, D. 12, 19, 22, 23, 29, 30, 31, 38, 40, 47, 204
Redlich, F. C. 204
Reich, A. 71
Reich, W. 17
Reid, J. R. 18, 21, 31
Reider, N. 378
Reik, T. 68
Reiser, M. F. 219
Rochlin, G. 215
Root, N. N. 258
Ross, J. R. 262, 417
Rubinfine, D. L. 144, 231–233

Sacher, E. J. 218
Schafer, R. 314
Schilder, P. 180, 182, 184
Schopenhauer, A. 34
Schreber, D. 12
Schur, M. 40–43, 46, 57
Shatzky, J. 20, 21, 180
Siegmann, A. J. 144

424

Spitz, R. A. 64, 66
Sterba, R. F. 58

Tarachow, S. 236, 378

Vowinckel, E. 422

Wallerstein, R. S. 262
Washburn, R. W. 63

Weiner, H. 219
Weinshel, E. M. 92, 99, 101, 106, 117
Weiss, E. 225
Weller, H. 179
Wolf, K. M. 64, 66, 421
Wundt, W. 110

Zetzel, E. R. 233
Zilboorg, G. 261

SACHVERZEICHNIS

Abfuhrprozesse
- fokale 96
  generalisierte Modifizierungen 93,
  siehe auch Stimmungen
- Modell 31
- schrittweise 100
- »stumme« zentripetale 138
- und Spannung 38
- und Traurigkeit 110
- und Reflexbogen 33
- unlustvolle 53
- unvollständige 53

Abhängigkeit
- infantil-narzißtische bei Manisch-Depressiven 291
- masochistische 291

Ablösung
- von der Familie und depressive Episode 263

Abwehr
- affektive 30, 101
- akzessorische 202
- kontradepressive 358
- magische 152, 154, 205
- manisch-depressive 299
- paranoide, in drei Stufen verlaufend 393
- psychotische 289
- siehe auch unter spezifischen Abwehrmechanismen

Affekte
- Abfuhr- 26, 30
- als Sicherheitsventile und Signale 50–51
- »Äquivalente« 20
- Definitionen 18, 21
- einfache 26
- Einteilung 24–27
- Entstehung im *Bw* 22, im Ich 12
- »fixierte« 23
- Generalisierung zu Stimmungen 97, 104, 228
- Ich-Erlebnis 26
- »kontrollierte« 106
- Ladung 30
- Lust-Unlusteigenschaften 33

426

- Modell 30
- primäre 26
- reaktive 24, siehe auch Ekel und Scham
- sekundäre 26
- Spannungs- 26, 30, 33, 52
- und Abfuhr 18, 30
- und Energie, freibewegliche 39
- und hysterischer Anfall 23
- und Spannungstoleranz 52
- und Triebrepräsentanz 25
- zusammengesetzte 26

affektive Störung
   siehe Depression, psychotische und manisch-depressive Psychose

Affektivität
- bei Hysterie 106
- bei Neurosen 32
- pseudohysterische bei Schizophrenie 106, 347

Affektkomponenten 26
- mischungen 26
- theorie, psychoanalytische 13, 17
- verflachung 138
- zähmung 50, 51
- zustände, pathologische 17
   siehe auch Stimmungen

Aggression
- auf das Objekt oder das Selbst bezogen 124
- bei psychotischer Depression 287–290
- und Aktivität 60, 61
- und Lust 49
- und Lust-Unlustprinzip 41
- Wendung gegen das Selbst 228–230

Agieren 377, 378
- als Verrat 377 ff.
- bei depressiven Patienten 299–300
- des Familienromans 252
- paranoides 381–382
- psychotisches 321
- regressiver Phantasien 198
- sexueller Phantasien 82
- und Rettungsphantasien 385
- und Überich-Störung 148

»Als-ob«-Persönlichkeit 305, 306, 319

Ambitendenz 230

427

Ambivalenz
– Entstehung 230
– -konflikt 312
    abgewehrter 124
    neurotischer und depressive Verstimmung 133
    psychotischer 322
– und Trauer 112
Amnesie 141
– und Verleugnung 143, 150
Angst
– -affekt 23, 30
– Grundreaktion des Ichs auf Gefahr 227
– -hysterie 193 ff.
    präödipal fixierte 260,
    Symptombildung 195
– -lust 53
– Sexualisierung 53
– -signal 54
– -theorie, letzte von Freud 12, 23–25, 31
– und Spannung 53
– vor den Trieben 27
Anklammern, depressives 341
Anlehnung, masochistische und regressiv-symbiotische an das Liebesobjekt
    281
»Annäherungs«-Reaktion 40
Antizipation 56, 97
Apathie 25
Apparat, psychischer
– und Reflexbogen 37
– und topisches Modell 22, 32
Appersonation 187
Arbeit
– »melancholische« 100
– und narzißtischer Rückzug 362
Assoziation, freie
    und psychomotorische Verlangsamung 372
Aufwertung, narzißtische 80
Autoerotismus 276, 277

Besetzung
– narzißtische und objektgerichtete 96
– Abzug und psychotischer Schub 322
– Verlagerung als Abwehr 288, in der psychotischen Episode 323

428

– Verschiebung 96, 97
  bei Kindern 103
  siehe auch Überbesetzung
Bestrafung, unbewußte 189
Bewußtsein 22
– als psychisches Sinnesorgan 32
Bisexualität 394
Blasenkontrolle 205
Borderline-Störung (sog. Grenzzustände)
– mit Depersonalisation und delinquentem Verhalten 202
– mit Depression 358
– Therapie 355

Clown 87
Cotardscher Symptomenkomplex 331

Deckerinnerungen 76, 78, 242
– bezüglich Masturbation 82
– mit negativem Inhalt 143
Deckphantasien 141
Deformierung
– von Selbst- und Objektrepräsentanzen bei Regression 289
Déjà-vu-Erlebnis 183
Delinquenz 191
Dementia praecox siehe Schizophrenie
Depersonalisation
– akute 180–182, 193
– als Abwehrmaßnahme 183
– Definition 179–180
– depressive 212, 264, 265
– Ergebnis eines Konflikts im Ich 191
– Exhibitionismus, analer 182
– flüchtige 208
– Gegenbesetzung der eigenen Gefühle 183
– Haftreaktion 184 ff.
– und Identifizierung 192, 201
– und Konflikt, narzißtischer 208
– und körperliche Symptome 200
– Libidoverlagerung vom Objekt auf das Ich 182
– melancholische 211
– und narzißtischer Schock 192
– und narzißtische Störung 181
– und Objektbeziehung narzißtischer Art 208
– und Objektverlust 182

- pathologische 208
- posttraumatische 186
- Prädisposition 195, 204
- als Verlust des Realitätsgefühls für die eigene Person 180
- und Sadomasochismus 182, 197
- schizophrene 212
- und Selbstbeobachtung 210
- und Sexualität 155
- »Sich-tot-Stellen« 183
- Spaltung im Ich 182
- und Überich 209
- und Verleugnung 183

Depression (depressive Verstimmungen und Zustände) 311
- als Affekt 25, 27
- und Aggression 228
- agitierte Form 264
- ängstliche Form 264
- Beginn 137
- und Depersonalisation 203
- »einfach« verlaufende, psychotische 221
- »endogene« Aspekte 222–223
- Entstehung des depressiven Zustands 295 ff.
- und Erfolg 297–298
- Forschung, physiologische 218
- frühkindlicher, depressiver Affekt 230–231
- und Fusion von Imagines 325
- als Grundreaktion des Ichs 113,
  auf narzißtische Frustration 227
- und Hilflosigkeit 226 f.
- und Humor 73
- als Ich-Zustand 226
- bei Inhaftierung 203
- und Involution 223
- und Konflikt, aggressiver 231, Grundkonflikt 234, im Ich 226
- und Konstanzprinzip 57
- lähmende Form 264
- melancholische 126, 305
- morgendliche 221
- und Mutterrolle des Partners 367
- als narzißtische Störung 124
- und narzißtische Verletzbarkeit 226
- neurotische Depression 217, 233
- nosologische Probleme 215 ff.
- und Objektwelt 125, siehe auch Objekt bzw. Liebesobjekt

430

- Prädisposition 231
- »primäre«, in der frühen Kindheit 236, 259
- und psychosomatische Störungen 217
- psychotische Depression 232
  und Introjektion, zweifache 238 f.
  und Selbstimago 238 f.
  und Trauer 118
  Verlauf 220 ff.
- »reaktive« Depression 217, 295, 401
- bei Schizophrenie 343, 346, 350
- und Sucht 218
- Theorie, »multifaktorielle« 234–235
- und Trauer 111 bzw. Traurigkeit 108–109
- und Verlangsamung, psychomotorische 222 f.
- zyklothyme Depression 11, 12, 287 ff.
Desidentifizierung siehe Identifizierung
Desillusionierung 194, 340, 360
- und Beginn des depressiven Zustands 274
Desorientiertheit 196
Differentialdiagnose, bei schizophrenen und manisch-depressiven
  Psychosen 136
Distanziertheit
- als Abwehr 185
  gegen Phantasien 279
- und Depersonalisation 191
- und Reinlichkeitserziehung 269
Don Juan 82
Drang oder Streben nach einer Veränderung der psychischen Situation 43–45
Dreiecksbeziehung 82
- und »primäre« Depression 281
»Dual-Therapie« 396

Eifersucht, wahnhafte 394
Einfühlung
- und magische Identifizierungsphantasien 308
- in psychomotorisch verlangsamte, depressive Patienten 308
Ekel 24, 27
Elternhaltung
- sadistisch-verführend bei Gefängniswärtern 189
Elternimago 306–307
-- bei Paranoia 393
Emotion 19, 20, 31
Empfängnisphantasie, orale 79
Endlust 34

Entwicklung, affektive 55
Entwicklungsstillstand und narzißtische Fixierung 232
Energien, psychische
– freibewegliche 38–39
– gebundene 39
  und Objektbesetzung 50
Entspannungsgefühle 41
Entspannungslust 44
Erfolg, seine Bedeutung bei depressiven Patienten 297–298, 362
»Ergänzungsreihe« pathogener Faktoren 332
Erinnerung
– Abwehrfunktion 142
– frühkindliche, bei Neurotikern und Psychotikern 142–143
– siehe auch Amnesie
Erotisierung des Denkens 183
Erregung 27, 37
Erregungszustand, katatoner 336
Erschöpfung oder libidinöse Verarmung 299
Es
– und Schizophrenie 172
– und Verleugnung 153–154
Exhibitionismus, analer, und Depersonalisation 182
Expulsion, anal-sadistische 302
Externalisierung von Überich-Ängsten 154

Familienroman in Verbindung mit neurotischen Depressionen 197, 236–237,
  241, 246, 253, 256–257
Feindseligkeit 129, 384
Fixierung 102
– anal-sadistische 280
– homosexuelle 280
– narzißtische und Entwicklungsstillstand 232
Fragmentierung, regressive 288
Fröhlichkeit 113
»Fugue«-Zustand (Poriomanie) 204
Fusion von Selbst- und Objektimagines
– im depressiven Zustand 325
– bei psychotischer Identifizierung 313
– restitutive 324

Geburtsphantasie, anale 270
Gedächtnis und Emotion 22
Gefühl
– Definition 20–21

432

– der Gefühllosigkeit 221
– und Zeitfaktor der psychischen Prozesse 35
Gegenbesetzung
– der eigenen Gefühle bei Depersonalisation 183
Generalisierung
– der affektiven Abfuhr 97
– von Erfahrungen 104
Geschlechtsverkehr 264
Geschwindigkeit
– der psychischen Prozesse 58–59
Geständniserpressung 189
Gleichgewicht, narzißtisches 227–229, 234
Größensucht, bei depressiven Schizophrenen 436

Hemmung, affektive, bei Trauer 112
Herabsetzung des Liebesobjekts,
– feindselige und illusorische 297–298
Hilflosigkeit
– und depressiver Grundaffekt 226, 231
Hochstimmung (*elation*) 25, 265, 328
– siehe auch Hypomanie
Homosexualität
– bei paranoiden Patienten 393 f.
– weibliche 269
Hörigkeit, masochistische 341
Humor 69, 86
– als Abwehr 72 ff.
– und Depression 73
– als Triumph von Lustprinzip und Narzißmus 63
Hyperaffektivität, neurotische 59
hypnotischer Zustand 204
Hypochondrie 263, 292–293, 331–332
Hypomanie
– und Behandlungseinsicht 357
– bei Erfolg 297
– als Konfliktlösung, erfolgreiche 286
– postdepressive 260–261, 297
– als Reaktion auf den manisch-depressiven Partner 363
  siehe auch Hochstimmung
Hysterie 127 f., 193 f., 238 f.

Ich
– präpsychotisches 288
– –Einschränkung durch körperliche Krankheit 204

433

- – Entwicklung 31–33
- – Erleben und Affektabwehr 181
- – Funktionen
  Abstützung beim Psychotiker 289
  vorzeitig erzwungene 55
  Hemmung im depressiven Zustand 131
  auf magischem Niveau 322

Ichideal 309
- personifiziertes 294

Ich-Psychologie 12, 14, 23, 25

Ich-Schwäche
- und enge Bindung an die Mutter 294
- spezifische, bei Manisch-Depressiven 291

Ich-Stärke 233

Ich-Veränderung 132, 304

Ichverarmung 111, 126, 221, 275

Ich-Zustände, Grundarten 227

Idealisierung
- des Analytikers 359 f.
- und sadomasochistische Phantasien 202

Ideenhemmung 331

Identifizierung 12, 13
- mit abgewerteter, infantiler Objektimago 200
- mit Christus 396–397
- depressive und normale 305
- »Desidentifizierung« 199
- frühinfantile 308
- gegensätzliche, Spaltung der Objektrepräsentanzen 194
- Ich-Identifizierung 131, 308
  und Trauer 132
- introjektive, bei depressiven Schizophrenen 315, 351
  »Kontra«– 389
- mit Kriminellen 188
- mit Leid 108
- magische, totale 323
- masochistische 133
- narzißtische, mit dem Liebesobjekt 291
  unreife und Verschmelzung von Objekt- und Selbstimagines 187
- neurotische, gegenüber melancholischer Introjektion 301
- pathologische 329
- und präödipale Phase 306
- probeweise 88
- projektive, bei depressiven Schizophrenen 351

– psychotische 135, 304–310
  melancholische bei Schizophrenie 135–136
– totale, magische 323
  und selektive (partielle) 308
– und Trauer 131 f.
– Überich-Identifizierung 131–132
  Vergleich mit psychotischer Identifizierung und Ich-Identifizierung 310
  Ungeschehenmachen von – und Depersonalisation 209
– unreife, und Depersonalisation 192
– zweiseitige 200
Identitätsbildung 12
Imitation
– bei depressiven Patienten 312
– des Liebesobjekts 329
– magische 307

Individuation 230
Inkorporationsphantasien
– archaische 133
– kannibalische 302
Interaktion von Manisch-Depressiven
– mit ihren Partnern 363 f.
Internalisierung 314–315
– des Angstsignals 53
Introjekt 277, 314
Introjektion 135
– als Absorption der Objektimago
– in die Selbstimago 313
– melancholische 301
– psychotische 289
– allmächtiger Imagines ins Überich 285
– zweifache, bei Melancholie 285, 316
Isolierung 153

Jesus 378
Judas 378
»Judas-Konflikt«, paranoider 396–397

Kampfreaktion 41
Karikatur 87 f.
Kastrationsängste 79
Kastrationskonflikt und Projektion 85
Kastrationsschock 193
Kastrationstrauma 80

435

Klitorisneid 77
Komik und Lust 72
Komikerfilm 87 f.
Konflikt 27
– depressiver 266
  Entstehung 295 f.
  bei Melancholikern und bei depressiven Schizophrenen 350
– Ersetzung des strukturellen Konflikts durch einen Triebkonflikt im
  Ich 162
– im Ich 191
– intrapsychischer 155
– libidinöser, und seine narzißtische Umwandlung 194
– masochistischer 121
– narzißtischer 119, 209, 234
  und Depersonalisation 208, 211
  und Depression 211
  und Familienroman 253
  und gegensätzliche Identifizierungen 208
  und Identitätskonflikt 338
  und Realitätsprüfung 119
  und gestörte Stimmung 118–119
– paranoider 329, 377, 380, 387–388
– psychotischer 219
Konkretisierung psychischer Realität 164
Konstanzprinzip 36, 41, 45, 47, 53
– und Depression 57
– und Spannungstoleranz 54
– und Trauer 57
Kontrast 110, 114
Kontrastprinzip der Gefühle 110
Körper-Ich 183
Kränkung, narzißtische 192
Kummer 25

Lachen 25, 45, 67
– Ablauf in zwei Phasen 66
– und Bewegungsreize 65
– und Geschwindigkeit der psychischen Prozesse 66
– und Ich-Leistungen 68
– »inneres« 80
– und Lächeln, Vergleich 65
– als motorische, lustvolle Entladung 67
– als motorische Funktion im Dienste des Ichs 68
– als motorische Lust, Vergleich mit Sprache und Gesten 65

- als Lustgewinn, narzißtischer Triumph und Ventil für aggressive
  Freude 70
- als sozial annehmbarer Tick 67
- und Überich 69
- und Überraschungsmoment 67
- und Verschiebung 71
- und Witz 62
Lächeln, auslösende Reize 64
Langeweile 25
Lebenstriebe 23, 45
Leeregefühl 264
Liebesbeziehung, »symbiotische« 292
Lust
- als Abwesenheit von Schmerz 32, 34
- der Entspannung und Erregung 37
- des Höhepunkts 44
- sexuelle 36, 44
- als Signal 31–32
- Vorlust 34
Lustgefühle 41
Lustgewinn, als ein Zurückgewinnen 114
Lustkomponenten, narzißtische 68
Lustprämie 35
Lustprinzip 45, 54
- und »Annäherungs«-Reaktion 41
- Funktionsbestimmung 46
- und Neurose 56
Lust-Unlust 34, 40 f.
- als Bezugspunkte für bewußte Gefühlsqualitäten 42
Lust-Unlustprinzip(ien) 24, 45

Manie 57, 286, 296, 326
- und Re-Projektion 316
manisch-depressive Psychose 138, 215–219, 290–295, 311–316, 354–358,
  363–370
- und hysterisches Verhalten 347
  siehe auch Psychose, affektive, und Depression, psychotische
Masochismus 56
- bei Manisch-Depressiven 292
- bei Paranoia 393
Masturbation
- und Entleerungsimpulse 270
- vaginale 77

Melancholie 220–225, 300–304, 330–353
  siehe auch Depression, psychotische
Metapsychologie 22
Mitleid 27
Monoideeismus 331
Mordphantasien, Einverleibung der Objekte 321
Mutter, »dominierende« 263, 279, 364

Narzißmus
– und Depersonalisation 182–184
– und Depression 226–229
– Gleichgewicht, narzißtisches 227–229, 234
– und Selbstwertgefühl 228
– und Witz 62–63, 69–70
negative therapeutische Reaktion 354–358, 395
Neurose und Lustprinzip 56
Neutralisierung, siehe Triebneutralisierung
Nirwanaprinzip und Lustprinzip 35
Nosologie, »psychoanalytische« 217

Objekt
– –besetzung, libidinöse und Trauer 11
– –beziehung 13
    narzißtischer Art 195, als Voraussetzung für Depersonalisation 208
– –haß 27
– –imago, Aufspaltung 301
– –liebe 27
– Liebesobjekt
    entwertetes 302
    des Manisch-Depressiven und des Schizophrenen 329
    in Melancholie und Schizophrenie 306
    überschätztes, elterliches 295
    unerreichbares 298
    Verschmelzen mit dem – 307
Objektrepräsentanz 12
– –verlust 230
    und Depersonalisation 182
    als Liebesverlust und als narzißtische Kränkung 256
– –wahl, auf narzißtischer Grundlage 291
– –welt und Selbst, bei Hypomanie und Depression 125
    Rückzug von der – 300
    und Trauer 110
    Verarmung der – 111

Ökonomie, psychische 36 f., 45, 47
– und Abfuhr 33
Organ, personifiziertes 207
Organisation, psychische und Lustzyklen 46
Orgasmus 37, 40, 44, 59
– und Suizidideen 268

Panikzustand, bei Schizophrenen 328
Paranoia
– Abwehr in drei Stufen 393
– echte 136
– und Elternimago 393
– und Homosexualität 391–395
– und Masochismus 393
Partizipation 282, 299, 363
– magische 313, 325
– an verschiedenen, familiären Rollen 391
Partnerschaft
– bei depressiven Patienten 292
– mit hypomanischen Patienten 368
– bei Manisch-Depressiven 363
– von Manisch-Depressiven mit Schizophrenen 369
– unter Schizophrenen 370
Partnerwahl, sadomasochistische, bei depressiven und manisch-depressiven
    Patienten 364
Penis
– Gleichsetzung mit dem männlichen Körper 271
– »innerer« 79–80, 270
– phantasierter 270
Penisneid 74, 77, 79
Peniswunsch 280
Persönlichkeitsverlust 182
Phantasie
– von oraler Empfängnis 79
– von Rettung 385–386
– sadistische 276
Prädisposition
– affektive 102–103
– depressive 227, 258, 354–355
– psychotische 287–290, 332
– für Stimmungen 103
präpsychotische Persönlichkeit und – Zustand 137, 222, 287–288
Primärvorgang 100, 321
Projektion 135

439

– bei Depression 81
– und Humor 81
– psychotische 289
– Re-Projektion (von gegenwärtigem Phantasiematerial auf die Vergangenheit) 143, 289, 316, 326, 351
– des guten Selbst 325, des masochistischen und sadistischen Selbst 384
– als Unterstützung der Verleugnung 154, 201
Provokation, sadomasochistische 361
»Pseudo-Gemeinschaft« 393
pseudohysterisches Verhalten bei Schizophrenen 347
Pseudoideal 344
Psychose
– infantile 12, 142
– Ausbruch der – 288
– affektive – und Übergang in Schizophrenie 220
– manifeste 386
– paranoid-schizophrene –, Vorgeschichte 392
– physiologische Störung 137, 219
– und psychosomatische Störungen bzw. Symptome 199–200, 222–223, 231, 362–363
– und Triebregression 134
  siehe auch Depression, psychotische, manisch-depressive
– Psychose und Schizophrenie
Psychotherapie, bei Psychosen 216

Rapprochement 230
Reaktionsbildung 70
– bei latenter Psychose 140–141
– und Stimmung 91
– und Verleugnung 171
Realangst 27
Realität
– Entstellung der – 161–162
– Konkretisierung der psychischen – 164–171
– und Verleugnung 124–127, 164–165
Realitätsgefühl für die eigene Person 180
Realitätsprinzip 52, 54
Realitätsprüfung
– bei normalen Stimmungen 116
– bei psychotischen Stimmungen 134
Realitätsverlust bei Schizophrenie 182
Regression
– akute, bei manisch-depressiven und bei paranoid-schizophrenen Psychosen 290, 328–329

– narzißtische 194–195
– bei psychotischer Störung 134
– zeitweilige 191
Regulationsprinzipien, ökonomische
– (Unlust-Konstanz-Nirwana-Lust) 42 f.
Reinlichkeitserziehung 269
Reiz
– Bewegungs– 64, 66–67
– exterozeptiver 64, 67
– propriozeptiver 64, 67
– –größe und –spannung 35
Repräsentanz
– Spaltung in archaische Imagines 328
Re-Projektion, siehe Projektion
Restitution 224
– bei Borderline-Störung 285
– bei psychotischer Depression 285
– bei psychotischen Episoden 324
– seelischer Repräsentanzen 302
– und Verleugnung 357
Rückzug, narzißtischer und Arbeit 362

Sadismus, versteckter 367
Saugen 50
Schadenfreude 88
Scham 24, 27
Schicksalsneurose 238
Schizophrenie
– »ambulatorische« 386
– Beginn 332
– paranoide 202
– multifaktorielle, psychosomatische Theorie der – 219
– Übergang von affektiver Psychose in – 220
Schmerz, körperlicher 27
Schuldgefühle 25, 27
– und depressiver Zustand 233
– fehlende – bei paranoid-depressiven Schizophrenen 345
– als Konfliktkern bei psychotischer Depression 220
– als Warnsignal 104
Schuldkonflikt
– und psychotische Depression 220
– als Restitutionsversuch bei Melancholie 224
Schwangerschaftsphantasien 272
Sehstörung und Verleugnung 194

441

Selbst

Abwertung des – bei der melancholischen Introjektion 301

– –anklagen 294

bei melancholischer Depression 305

bei schizophrener Depression 337

»Aufblähung« des – 292

– –destruktion 49, 57

– –einschätzung 119

– –erhaltung 49

– hilfloses 296

– und Objekt mit »komplementären« Eigenschaften 125

– und Objektwelt in Depression und Hypomanie 125

– –repräsentanz 12

Aufspaltung der – und Depersonalisation 191

– und Trauer 110

– –wertgefühl bei Depression und Trauer 111

Sexualität, zwanghafte 154

Signal 32

Situation, psychische und Drang zur Veränderung 40 f.

Spannung 37

– und Abfuhr 38

– und Angst 53

– im Es 27

– im Ich 27

intersystemische und intrasystemische – 27

– und Unlust 30, 34

»Spannungsaffekte« 52

Spannungslust 44

Spannungsmittellinie 47

Spannungsniveau der psychischen Organisation 45

– konstantes 47

– mittleres 46

Spannungstoleranz bei Kindern 103

Stillen 52

Stimmungen 92, 93, 94, 96, 98, 99, 107

– und generalisierte Abfuhrmodifikationen 93

– und affektive Zustände 93

archaische Elemente von – 101

Einteilung von – 95–96

– Gefühlsaspekt 93

gehobene – 25 siehe auch Hochstimmung

– als generalisierte affektive Ich-Zustände 92

– als Querschnitt des Ich-Zustands 92

442

– als ökonomische Modalität des Ichs 99 f., 107, 116
  Monotonie von – 106
  Niveau von – 94
– normale 117
  paranoide – 136
  Pathologie von – und Ich-Defekte oder defekte Überich-Struktur 105
– pathologische und normale 105
– und Realitätsprüfung 116
– als psychische oder psychologische Struktur 99
  Schattierungen von – 106
– und Selbsteinschätzung 119
  Änderung von – und Repräsentanzen des Selbst und der Objektwelt 98
  Wahrnehmung von – 121

Teilhabe siehe Partizipation
Therapie
  Beginn der – bei phasischen Depressionen 358
– Behandlungsphasen bei depressiven Patienten 358–363
– –einsicht im hypomanischen oder manischen Zustand 357
– Einstellung des Therapeuten bei Manisch-Depressiven und bei depressiven Schizophrenen 353
– Ergebnisse der – bei Manisch Depressiven 375
– bei Manisch-Depressiven 352
– negative therapeutische Reaktion 358
  psychotische Episode während der – 333
– bei depressiven Schizophrenen 352
– Stundenfrequenz bei depressiven Patienten 371
– durch zwei Therapeuten 381, 399
»thrill« 53, 66
Todestrieb
– und Lebenstriebe 23
– –theorie 35, 48
Tragikomik 115
Trauer 108
– und Depression 111, 118
– und Hemmung, affektive 112
– und Identifizierung 133
– bei Kindern 258
– und Konstanzprinzip 57
– und Realitätsprüfung 110
– –arbeit, ökonomische Funktion 99
– –reaktion 304
Trauma 24

– und Kastration 80
– präödipales 170
– in der Vorgeschichte von Zyklothymien 341
Traurigkeit 108
– und Depression 108–109
– Sehnsucht nach – 109
Trennungsangst 196, 281
Treuebruchphantasien 392
Trieb
– –abfuhrschwelle 50
– –beherrschung 29, 47
– –dualismus 96
– –entmischung 126, 182, 191, 287
– –neutralisierung 287, 342, 352
    und Überich-Funktionen 309
– –regression und Psychose 134
– –theorie 231
    und Affekttheorie 17
Triumphgefühl 251

Überbesetzung 97
– der Denkvorgänge 190
– von Erinnerungen 96
    libidinöse – des Liebesobjekts 296, 325
– eines tragischen Ereignisses 110
– der glücklichen Vergangenheit 109
– der Wahrnehmung 210
Überich
– –Funktionen, bei Depressiven 285
    selbstkritische 309
– –Identifizierung bei Trauer 132
– und Lachen 69
– bei Melancholie 327, 342
– –Regression 277
    Personifizierung bzw. Repersonifizierung des –s 288, 302, 316
– bei präpsychotischer Persönlichkeit 288
– –Veränderung, restitutive während der melancholischen Phase 315
– bei Schizophrenie 327
– Signalfunktion des –s 104
– und Stimmungsregulation 105
– und Witz 69
– und magische Wunscherfüllung 309
    Zusammenbruch des –Systems 203
Überraschungsmoment 58, 114–115

Überreizung (Überstimulierung) 55–56, 77

Überschätzung
    illusorische – des Liebesobjekts 296

Übertragung
– bei depressiven Patienten 358 f.
– gespaltene 396
– idealisierende 359
– illusorische 359
– sadomasochistische 361
– und Tendenz zum Verrat 395

Übertragungs-
– heilung 371
– psychose 260

Ubw (System Unbewußtes) 22

Ungeschehenmachen 298
– und Wiederholungszwang 57

Unlust
– als »Indikator« oder Signal 31–32
– und Spannung 34
– –prinzip 40

Unterwerfung, masochistische 278
– und Feindseligkeit 384

Urszenenphantasien 196, 246, 275–277, 385

Verarmung (bzw. Erschöpfung), libidinöse 299
    siehe auch Ich-Verarmung

Verdrängung 156
– und Realitätsprüfung 118
– selektive 153
    Unfähigkeit zur – 142
– und Verleugnung,
    topischer Unterschied 158, 160
    Vergleich und Zusammenwirken 161–162
    Versagen der – 191
– Wiederkehr des Verdrängten 155
– als zusätzlicher Abwehrvorgang bei Verleugnung 167

Verdrängungsschwäche 143

Verfolger 393

Verfolgungsideen bei Zyklothymen 345

Vergiftungsideen 268

Verhör und Depersonalisation 185 f.

Verlangsamung, psychomotorische 222 f.
– und freie Assoziation 372

Verlassenwerden 273
Verleugnung 122, 156, 298
– Beispiele 157
– von präödipaler Bindung 199
– und Depersonalisation 183
– und inhaltslose Depression 279
– Einfluß auf die äußere und die innere Realität 163
– von Empfindungen 278–279
– des Gefahrensignals 159
– der weiblichen Kastration 161, 163
– als Funktion des Lustichs 161
– bei Manisch-Depressiven 296
– neurotische 120
  und Verdrängung 164–169
– normale 117
– und Projektion 154, 201
– psychotische 121, 171
– und Restitution 357
– und Sehstörung 194
– und Spaltung des Ichs 160
– und Stimmungen 117, 121
– und Verdrängung 159
  topischer Unterschied 158, 160
  Vergleich 161
– zur Vermeidung von Lust und Unlust 159
  Versagen der – 297
– als Vorläufer der Verdrängung 158
– von Wahrnehmungen 158
– als Zensur innerhalb des Ichs 160
– als zusätzliche Abwehr 144
Verliebtheit 91
Verschiebung 71
Verschmelzung
– und magische Imitation 307
– mit dem Liebesobjekt 307
– von Selbst- und Objektimago 302
Versklavung, masochistische 383
Versündigungswahn 344
Vorlust 34, 43
Voyeurismus 182, 210

Wahn
– nihilistischer 331

446

Wahnideen
– und Restitution 328
– und Systematisierung 136
Wahrnehmung
  Besetzung der – 155
Wahrnehmungs-Identität 33
Waschzwang 263
Weinen 45
Weltuntergangsphantasie 328
Widerstand
– Behandlungs- und Restitutionsmechanismen 357
Wiedergeburt der inneren Welt 278
Wiederholungszwang 23
– und Ungeschehenmachen der traumatischen Situation 57
Witz
– Vergleich mit manisch-depressiven Mechanismen 63
– und Überich 69
Wunsch 43–44
Wut 27–28

Zensur 157
Zufuhr, narzißtische 193, 325
Zwänge
– bei Manisch-Depressiven
  und zwanghaften Persönlichkeiten 303
  und Schizophrenen 347–348

Verzeichnis der Fälle

Frau A., depressive Verstimmungen, Hypomanie, Humor als Abwehr 72–81

Herr B., Entstehung von Humor, Perversion, passives Beobachten 81–84

Frau C., depressive Verstimmungen bei hysterischer Persönlichkeit 127–133

Frau D., depressive Züge bei normaler Trauerreaktion 127–133

Frau E., chronisch-depressiver Zustand, pathologische Trauer, zwanghafte Persönlichkeit 127–133

Herr F., depressiv-zwanghafte Persönlichkeitsstruktur, Depersonalisation, vorherrschende Abwehr: Verleugnung 144–156, 198–204

Frau G., Angsthysterie, schockartiges Kastrationserlebnis mit anschließender Depersonalisation 193–195, 209

Herr H. (Robert), hysterische Persönlichkeitsstruktur mit zwanghaften Zügen, Depersonalisation 195–198, Reaktion auf frühen Objektverlust 245–248

Frau J., chronisch-deprimierter Zustand, Depersonalisation, Masochismus, zurückgehend auf frühe körperliche Erkrankung und deren Behandlung wie Ausnutzung durch die Eltern 204–207

John, Stimmungsschwankungen im normalen Bereich 90–92, 96–98, 122–123

Frau K. (Mary), hysterische Symptombildung nach sexueller Verführungssituation, Adoption und früher Objektverlust 238–244, 254–258

Herr L. (Paul), schwere depressive Episoden, Hypomanie, früher Objektverlust 249–257

Frau M. (Peggy), schizo-affektive Persönlichkeit, Borderline-Störung, »primäre« Depression, Behandlungsbericht 259–286

Herr N., Beginn einer Depression bei manisch-depressiver Psychose 292–295

Frau O., manisch-depressive Psychose, psychotische Identifizierung 311–316

Frau P., schizophrene Psychose, psychotische Identifizierung 317–324

Frau Q. (Janet), schizophrene Depression, 333–343, 351

Herr R., depressive Verstimmungen, Angstzustände, psychosomatische Symptome; Entfaltung einer typischen depressiven Übertragung 358–363

Herr und Frau S., Objektwahl und Ehebeziehung eines manisch-depressiven Partners mit einem neurotischen Partner 365–366

Herr und Frau T., wie oben 366–367

Herr und Frau U., wie oben 367

Herr V., Paranoia, paranoides Agieren 379–386, 392, 394

Herr W., Paranoia, paranoides Agieren 386–391, 392, 394

Herr X., paranoide Schizophrenie 394